张长胜 ◎ 著

企业全面预算管理

（第三版）

北京大学出版社
PEKING UNIVERSITY PRESS

图书在版编目(CIP)数据

企业全面预算管理 / 张长胜著 . —3 版. —北京：北京大学出版社，2023.9
ISBN 978-7-301-34373-9

Ⅰ.①企⋯　Ⅱ.①张⋯　Ⅲ.①企业管理—预算管理　Ⅳ.①F275

中国国家版本馆 CIP 数据核字(2023)第 160643 号

书　　　名	企业全面预算管理(第三版)
	QIYE QUANMIAN YUSUAN GUANLI(DI-SAN BAN)
著作责任者	张长胜　著
责 任 编 辑	曹　月　李　娟
标 准 书 号	ISBN 978-7-301-34373-9
出 版 发 行	北京大学出版社
地　　　址	北京市海淀区成府路 205 号　100871
网　　　址	http://www.pup.cn
微信公众号	北京大学经管书苑(pupembook)
电 子 邮 箱	编辑部 em@pup.cn　总编室 zpup@pup.cn
电　　　话	邮购部 010-62752015　发行部 010-62750672　编辑部 010-62752926
印 刷 者	北京飞达印刷有限责任公司
经 销 者	新华书店
	787 毫米×1092 毫米　16 开本　27.25 印张　651 千字
	2007 年 3 月第 1 版　2013 年 1 月第 2 版
	2023 年 9 月第 3 版　2025 年 8 月第 2 次印刷
定　　　价	69.00 元

未经许可，不得以任何方式复制或抄袭本书之部分或全部内容。
版权所有，侵权必究
举报电话：010-62752024　电子邮箱：fd@pup.cn
图书如有印装质量问题，请与出版部联系，电话：010-62756370

第三版前言

距离2013年第二版发行已整整十年时间,《企业全面预算管理》第三版终于和广大读者见面了,真可谓十年磨一剑呀!承蒙读者的厚爱,本书自2007年面世以来一直畅销不衰,充分彰显了全面预算管理历久弥新的生命力。

为了让《企业全面预算管理》保持活力,自2019年以来,北京大学出版社的李娟老师就多次催促我尽快出版第三版,作为作者又何尝不想呢?然而,写作是一份痛并快乐的差事,作者所付出的脑力、体力、时间是一般人不能体会到的。特别是2015年10月我与浙江新农化工股份有限公司(下称"新农股份")董事长兼总经理徐群辉先生"以书结缘"(徐总在杭州新华书店购买了我写的《企业内部控制实务》一书,成就了一段以书结缘的佳话),我在担任分管财务的副总经理兼财务总监后,工作、学习异常繁忙和充实,确实无暇聚焦写作。同时,我也想要通过新农股份这个平台,对全面预算管理的理论和实务进行验证、补充、完善和提升。毫无疑问,六年的经历,对新农股份、对我所热爱的事业、对于本书第三版的写作都具有十分重要的意义:

(1)我亲历了新农股份IPO申报、答辩、过会、路演、挂牌的全过程。中国证监会第十七届发行审核委员会于2018年8月7日召开了2018年第118次发审委会议,核准了新农股份首发上市的申请,弥补了我历经多个公司IPO过程但未亲历过会答辩的缺憾。

(2)我将全面预算管理的理论和方法进行了全面、系统的落地实施。这样的实践不仅使新农股份的预算达成率由2015年的70%左右提高到2019年的95%左右,而且为公司培养了大批懂预算管理、会预算管理的专业人才,也为本书第三版的写作积累了丰富的第一手资料。

(3)我制定并实施了新农股份2016—2020年财务战略,构建了科学规范的财务会计体系和业财融合的管理会计体系,带领团队编写了公司《会计核算手册》《会计稽核手册》《预算编制手册》《产品成本核算规程》等规章制度,使公司的财务团队拥有了四名高级会计师、四名注册会计师、七名硕士研究生的豪华配置,为公司先强后大、追求可持续发展奠定了坚实的财务基础。

我在新农股份所做的一切,都是在徐总的领导、帮助下完成的。特别是徐总唯"好"是从、精益求精、追求卓越、言传身教、终生学习的执着精神使我深受感动,也激励着我砥砺奋进、笃定前行、笔耕不辍。在《企业全面预算管理》第三版发行之际,我谨向徐群辉先生表示由衷的感谢。在新农股份,大家不是在工作,而是在为事业而奋斗;新农股份不仅是我施展智慧与经验的平台,更是我学习、提升的大学堂;徐总不仅是我的领导,更是我的老师和学习榜样。因此,本书不仅是奉献给广大读者、学者、企业家的礼物,更是向徐总、向新农股份的工作汇报。

《企业全面预算管理》第三版在保留原书严谨、系统,同一案例贯穿预算编制大纲编写、预算编制、预算执行、预算控制和预算分析全过程的基础上,进行了以下三个方面的重大改革:

第一,将原书十二章改为十章。其中,将原书第二章(全面预算管理的前提与基础)和第四章(全面预算管理的组织体系),经过提炼完善后合并为第三版的第二章(全面预算管理保障体系);删除偏理论化的第五章(全面预算的目标);删除第十一章(全面预算的核算),将其内容精炼后并入第三版的第十章(预算的责任核算、分析与考评);新增至关重要的,也是耗费笔者时间、精力最多的第四章(战略转化)。

第二,进一步完善了全面预算管理理论和方法。本书详细论述了发展战略、经营计划、全面预算和绩效管理之间的逻辑关系,明确提出战略、计划、预算和绩效管理四者是一个密不可分的有机整体,只有实现四者高效互动、无缝对接,企业才能实现既定的战略目标和年度经营目标。这对于完善企业经营管理机制、实现可持续发展具有十分重要的指导意义。

第三,改进和全面升级了预算编制案例系统。所举案例向前延伸到了战略澄清和经营计划,向后拓展到了KPI指标和绩效管理,实现了战略、计划、预算、绩效管理四位一体,全链条无缝对接。这对于帮助读者厘清预算的来龙去脉,指导企业找准预算定位,提高全面预算管理水平具有十分重要的启示作用。

经过第三版的改进与完善,本书又一次实现了质的飞跃,系统性更强,理论与实务结合更加紧密,通俗易懂与可操作性强的特点更加彰显。

全面预算管理是一门管理学问,更是一门实践科学。"实践、认识、再实践、再认识,循环往复,以至无穷"的辩证原理完全适用于全面预算管理的理论研究与推广应用。每个企业的文化、战略定位、发展阶段、管理理念和人员素质各不相同,因此没有一种完全适合所有企业的全面预算管理标准模式。正确的做法是:系统学习、理解全面预算管理的理论与方法,借鉴企业推行全面预算管理的成功案例,因企制宜地大胆实践并不断完善,全面预算管理这朵绚丽之花就一定会在企业结出丰硕的绩效之果。

北京大学出版社李娟老师和责任编辑曹月老师对本书第三版的出版发行做了大量工作,特别是曹月老师的高水平审校工作确保了出版质量,在此表示衷心感谢。

最后,衷心希望广大读者和致力于全面预算管理研究的专家、学者多提宝贵意见,以期本书的后续改进与完善。祝愿中国的企业家们通过推行全面预算管理,完善企业经营管理机制,增强企业活力,实现基业长青。

张长胜

2023年2月9日

第二版前言

自 2007 年 3 月至今,北京大学出版社出版的《企业全面预算管理》已经问世近六年了。承蒙读者的厚爱,本书历经多次印刷,发行总量超过 2 万册。作为本书的作者,除对读者、对出版社充满感恩之心外,我对能够为全面预算管理在我国的学习研究、推广应用作出微薄贡献而感到由衷欣慰。

全面预算管理是一门与时俱进的学科,其理论探索与实务操作具有很大的发展空间。经过五年多的时间,我在全面预算管理的研究上又有一些新的成果想要奉献给社会,与广大读者和同仁分享。为此,特推出《企业全面预算管理》第二版。

第二版在保留原书基本框架的基础上,做了三项重大改进:

一是完善了全面预算和全面预算管理的有关理论。本书明确提出了全面预算由经营预算、投资预算、财务预算构成,财务预算由利润预算、现金预算和财务状况预算构成,筹资预算从属于投资预算和财务预算。基于这一观点,第二版删去了原书中的"筹资预算"一章,将筹资预算的相关内容分别融进了"投资预算"和"财务预算"的章节。

二是改进、完善了各种预算编制方法和内容。本书进一步明晰了各预算数据之间的勾稽关系,并增加了间接材料消耗预算、发货数量预算、所有者权益预算等预算编制内容。

三是对预算编制案例进行了全面升级。本书所举的同一案例贯穿预算编制大纲编写、预算编制、预算执行、预算控制和预算分析全过程,实现了预算编制环节、执行控制环节、分析环节的环环相扣、相互衔接,有助于读者厘清预算编制数据的来龙去脉,以及预算编制与预算执行、预算控制、预算分析之间的相互关系。

经过第二版的改进与完善,本书系统性强、理论与实务紧密结合、通俗易懂三个特点更加得以彰显。

北京大学出版社总编辑助理林君秀老师和责任编辑赵学秀老师对本书第二版的出版发行做了大量工作,在此表示衷心感谢。

最后,热切希望广大读者和致力于全面预算管理研究的专家、学者多提宝贵意见,以期不断改进和完善本书。

张长胜
2013 年 1 月 3 日

第一版前言

全面预算管理是以企业战略规划为依据，集计划、控制、协调、激励、评价等功能于一体，贯穿企业供产销各个环节、人财物各个方面的现代化企业管理系统，是被国内外众多企业实践证明的行之有效的科学管理方法。

全面预算管理自 20 世纪初叶在美国企业诞生以来，很快成为企业管理的标准作业程序，对现代工商企业的成熟与发展起到重大推动作用。时至今日，全面预算管理早已成为西方工业发达国家企业必备的、基础性的管理制度，是西方投资者和企业家管理、运营企业的一种必备的方法与手段。

进入 20 世纪 80 年代后，随着西方管理会计理论被引入我国，全面预算管理的理论和方法开始在我国企业中得到传播与应用；20 世纪 90 年代中后期，全面预算管理逐步为中国的大中型企业所接受，部分企业开始推行全面预算管理。

进入 2000 年后，全面预算管理这一科学的企业管理方法引起国家经济主管部门、企业理论界和企业实务界的高度重视。

原国家经济贸易委员会 2000 年 9 月颁布的《国有大中型企业建立现代企业制度和加强管理的基本规范（试行）》明确提出，企业应建立全面预算管理制度；财政部 2002 年 4 月颁布《关于企业实行财务预算管理的指导意见》，进一步提出企业应当实行包括财务预算在内的全面预算管理。

在企业理论界，许多专家、学者对我国全面预算管理的运行模式、系统构架进行了开拓性的研究和论述，有关全面预算管理的研究成果、理论专著也陆续面世；在企业实务界，广大企业纷纷推行了全面预算管理，并结合企业管理实际情况进行了大胆探索和创新。

国家经济主管部门、管理理论家、众多的企业家已经达成共识：全面预算管理是实现公司治理和企业整合的基本且有效的方法，是管理和运营现代企业的必备制度和手段。

可以预言，21 世纪必将是全面预算管理在中国企业的快速发展期和成熟期。

基于对全面预算管理重要性的深刻认识，也基于企业管理的现实需要，笔者在 20 世纪 90 年代中期担任亚星集团副总经理兼总会计师职务时，将全面预算管理应用于自己供职的企业，并取得显著成效。尔后，笔者与全面预算管理结下了不解之缘，时断时续地进行了十余年的理论研究和实践探索。现在，笔者将多年来的研究成果编纂成书奉献给广大企业经营管理者，企业理论界的专家、学者，以及其他对全面预算管理感兴趣的读者，以期为全面预算管理在我国的理论研究和应用推广做点力所能及的工作。本书具有以下两个显著特点：

一是系统性强。全面预算管理是一项系统性的管理活动,从过程看,涉及预算编制、执行、控制、核算、分析、考评等诸多环节;从内容看,涉及经营预算、资本预算、筹资预算、财务预算等多种预算。本书对全面预算管理的重要环节和预算类型都进行了阐述和讲解,可以帮助读者系统学习、掌握全面预算管理的理论和方法。

二是理论与实务密切结合。全面预算管理是一门综合性、实践性很强的管理科学,涉及企业管理活动的方方面面。笔者集30年企业管理之经验,努力将本书写得通俗易懂、贴近实务,特别是在预算编制的举例上不仅完全模拟企业实务,而且列举的案例几乎涵盖所有的预算类型,非常有助于企业实际工作者理解和模拟应用。

本书的出版得到了北京大学出版社的大力支持,特别是经济与管理图书事业部主任林君秀老师和策划编辑朱启兵老师对本书的出版发行给予了鼎力支持,在此表示衷心感谢。

我的学生皇甫晓敏不辞劳苦,为全书做了文字校对工作,在此表示由衷感谢。

为写好本书,我研究了数百万字的论文、专著,参考了大量文献资料。在此,向各位作者一并表示诚挚的谢意。

由于全面预算管理在我国的理论研究还处于初级阶段,加上笔者水平所限,书中有不妥之处在所难免,敬请各位同仁、读者不吝赐教。

张长胜
2006年11月21日

目录 CONTENTS

第一章
概 论

第一节　预算管理的产生与发展 …………………………………… 001
第二节　全面预算的概念、内容与分类 …………………………… 010
第三节　全面预算管理的概念、流程与内容 ……………………… 014
第四节　全面预算管理的原则、特征与功能 ……………………… 018
第五节　推行全面预算管理的必要性 ……………………………… 024

第二章
全面预算管理保障体系

第一节　全面预算管理实施基础 …………………………………… 030
第二节　全面预算管理组织体系 …………………………………… 036
第三节　全面预算管理制度体系 …………………………………… 045
第四节　全面预算控制体系建设 …………………………………… 057

第三章
预算编制方法

第一节　固定预算法与弹性预算法 ………………………………… 064
第二节　增量预算法与零基预算法 ………………………………… 069
第三节　定期预算法与滚动预算法 ………………………………… 074
第四节　概率预算法与作业预算法 ………………………………… 079

第四章
战略转化

第一节　战略转化概述 ……………………………………………… 088
第二节　战略转化的内容与方法 …………………………………… 094
第三节　战略转化模拟案例 ………………………………………… 112

第五章
预算编制准备

第一节　预算编制准备事项 …………………………………………………… 126
第二节　预算编制的流程和起点 ……………………………………………… 135
第三节　预算编制大纲 ………………………………………………………… 141

第六章
经营预算编制

第一节　经营预算概述 ………………………………………………………… 156
第二节　销售预算编制 ………………………………………………………… 158
第三节　生产预算编制 ………………………………………………………… 182
第四节　供应预算编制 ………………………………………………………… 205
第五节　职工薪酬预算编制 …………………………………………………… 221
第六节　期间费用预算编制 …………………………………………………… 234
第七节　其他经营预算编制 …………………………………………………… 249

第七章
投资预算编制

第一节　投资预算概述 ………………………………………………………… 268
第二节　投资项目的财务评价 ………………………………………………… 273
第三节　固定资产投资预算编制 ……………………………………………… 284
第四节　其他投资预算编制 …………………………………………………… 303

第八章
财务预算编制

第一节　财务预算概述 ………………………………………………………… 308
第二节　利润预算编制 ………………………………………………………… 310
第三节　现金预算编制 ………………………………………………………… 318
第四节　财务状况预算编制 …………………………………………………… 333

第九章
预算执行与控制

第一节　预算执行与控制概述 ………………………………………………… 342
第二节　预算执行 ……………………………………………………………… 344
第三节　预算控制 ……………………………………………………………… 357

第十章
预算的责任核算、分析与考评

　　第一节　责任核算 …………………………………………………………… 374
　　第二节　预算分析 …………………………………………………………… 386
　　第三节　预算考评 …………………………………………………………… 413

主要参考文献 ……………………………………………………………………… 423

Chapter 1 第一章

概 论

预算应用于企业管理已经有百余年的历史。由此诞生的全面预算管理早已成为市场经济发达国家企业必备的、基础性的管理制度,是投资者和企业家管理运营企业的一种必备的管理方法和工具。随着我国社会主义市场经济的日益完善和不断发展,全面预算管理也已经成为中国企业必备的、基础性的运营管理制度。

第一节 预算管理的产生与发展

一、预算管理的产生与发展

预算管理是从国家预算开始萌芽发展的,是伴随着资本主义生产方式的不断发展而逐步完善的。

人类在奴隶制社会就开始出现国家财政收支活动。12—14世纪,英国的贵族和大地主开始对国王的课税权进行一定的限制,规定国王课税政策必须征得议会的同意。1215年,英王约翰签署的《大宪章》明确规定:英皇未获议会同意不得征税。此后,英国议会又提出:对国王需要开支的款项,由议会决定其用途;政府的各项财政开支,必须事先拟订计划,经议会审查通过后才能执行。1640年英国资产阶级革命后,议会君主制的英国的财政大权受到议会的完全控制:议会核定的国家财政法案,政府必须遵照执行;政府在执行财政收支过程中,必须接受监督;财政收支的结算,必须报议会审查。1689年,英国议会通过的《权利法案》规定:财政权利永远属于议会;君主、皇室和国家机关的开支都有一定的数额,不得随意使用;必须规定国家机关和官吏处理财政收支的权限和责任,国家机关和官吏在处理财政收支时,必须遵守一定的法令和规章。这样,国家财政与各方面所发生的一切财政分配关系都具有法律的形式,并由一定的制度加以保证。这种具有一定法律形式和制度保证的国家财政分配关系就是国家预算,其具体表现形式就是国家财政收支计划。

预算管理自19世纪末开始应用于企业管理,至今已有百余年的历史,大致经历了引入期、发展期和成熟期三个阶段。

(一)引入期(19世纪末—20世纪20年代)

最早将预算管理应用于企业管理的是美国企业。第一次世界大战结束后,美国的工商企业得到迅速发展,规模不断扩大,母子公司、集团公司不断涌现,企业管理的幅度和层级日趋复杂,管理的分权化成为必然。如何做到既分权管理又有效控制,成为企业发展的一个突出问题。原有的管理手段和方法,在如何有效管控母子公司、集团公司上已显现不足。于是,一些企业管理者开始将预算管理方法引入企业,借此来计划、协调、控制企业的生产经营活动。

20世纪初,美国的杜邦公司是一家由家族控制的、专门生产炸药的大企业,拥有健全的采购、营销网络和遍布全美各地的四十多家工厂。1899年,杜邦二世辞世后,杜邦公司因为缺乏一个强有力的接班人,传统的经营管理秩序几近崩溃。1902年,在杜邦家族拟将公司变价出卖的生死关头,三位年轻的杜邦堂兄弟用2 000万美元买下杜邦公司。此后几年,杜邦公司引进系统管理方式,建立起按职能划分的组织结构,利用经营预算、现金预算和资本预算卓有成效地将财权与监督权集中起来。这成了用预算管理整合纵向型集团公司的典范。

通用汽车公司创立于1908年,其创始人威廉·杜兰特(William Durant)精于创业。1910年,公司刚成立两年,他就以"股票换股票"的方式将二十多家汽车制造厂、汽车零部件制造厂及汽车推销公司合并起来,其中包括别克、奥兹莫比尔、凯迪拉克、庞蒂克等知名汽车企业,形成一家巨型汽车公司。但由于杜兰特对所属企业缺乏有效协调,公司很快陷入财务危机且被摩根银行接管,杜兰特自己也不得不因此而下台。但是,摩根银行也无法使通用汽车公司摆脱困境。杜兰特退出通用汽车公司后,与路易斯·雪佛兰(Louis Chevrolet)一起组建了雪佛兰汽车公司,取得了辉煌的经营成就,并于1916年将通用汽车公司从摩根银行的控制下重新夺了回来。但1920年,杜兰特又同样因财务危机而永远地离开了通用汽车公司。1923年,阿尔弗雷德·斯隆(Alfred Sloan)担任通用汽车公司的总经理。他针对公司产品多样化的特点,建立多分部的组织结构,并通过预算管理实行"分散权责、集中控制",使通用汽车公司摆脱财务危机。这成了用预算管理整合横向型集团公司的典范。

1911年,被称为"科学管理之父"的美国人弗雷德里克·泰勒(Frederick Taylor)创立了科学管理学说,第一次系统地把科学方法引入管理实践,在美国许多企业中广泛推行,促进了企业管理水平和劳动生产效率的提高,也推动了企业预算管理理论的发展。科学管理理论中的标准成本(Standard Cost)、预算控制(Budget Control)、差异分析(Variance Analysis)等专门方法成为预算管理中常用的方法。1921年6月,美国国会颁布了《1921年预算与会计法》(The Budget and Accounting Act of 1921),使预算管理的职能被人们普遍了解,工商企业纷纷将预算管理引入企业,使预算管理成为企业管理的重要工具。1922年,美国全国成本会计师协会第三次会议以"预算的编制和使用"为专题展开研究,掀起1923—1929年全美会计师与工程师协同研究预算控制问题的高潮。随后,英国、德国、日本的一些企业开始效仿、采用预算管理制度。与此同时,一些学者也纷纷对预算管理理论进行研究。1922年,被誉为"美国管理会计创始人"的著名学者詹姆斯·麦肯锡(James McKinsey)出版美国第一部系统论述预算控制的著作《预算控制论》,将预算管理理论及方法从控制论的角度进行详细介绍,该书的出版标志着企业预算管理理论开始形成。德国学者李汉恩(Lehmaun M. R.)1925年出版了《工业成本计算》,1930年又出版了《企业经济计划——商业预算》,这两部著作将经营计划的原理引入预算管理,对企业界产生了深远影响,有效促进了预算管理在企业管理中的应用与发展。

在引入期,预算管理作为控制成本费用,协调、控制企业各职能部门经济活动的管理工具受到人们的普遍重视,在西方工业发达国家企业中迅速普及。

(二) 发展期(20世纪30—70年代)

进入20世纪30年代后,一方面,现代科学技术的突飞猛进和大规模应用,使生产力获得了十分迅速的发展;另一方面,资本主义企业进一步集中,跨国公司大量涌现,企业规模越来越大,生产经营也日趋复杂,外部市场情况瞬息万变,竞争更加激烈,致使企业利润率普遍下降。内外部环境的变化,不仅要求企业的内部管理更加合理、科学,而且要求企业具备灵活反应的适应能力;否则,企业就会在激烈的竞争中被淘汰出局。为此,企业管理当局更加重视经营预测和决策工作,并广泛吸收、采用大量先进的管理会计理论和方法,如盈亏平衡分析、弹性预算法、变动成本法、差额分析法、现金流量分析法等,以辅助管理当局按照最优化的要求,对企业极为复杂的生产经营活动进行科学的预测、决策、组织、安排和控制,促使生产经营活动实现最优化运转,从而大大提高企业管理的科学化、现代化水平,有效提高企业的适应能力和竞争能力,也促进企业预算管理的发展与完善。

第二次世界大战结束后,伴随着现代科学技术的发展和生产社会化程度的提高,西方出现了许多新兴的管理思想和门类众多的管理学派。这些管理思想和管理学派对预算管理的理论与实践都产生了一定的积极影响。

20世纪40年代,西方的一些管理学家把行为科学原理应用到职能管理上,形成了行为科学管理(Behavior Scientific Management)学派。该学派主要是运用社会学和心理学的一些原理和方法,研究如何调整人与人之间的关系,引导并激励人们在生产经营活动中充分发挥人的主观能动性。预算管理在其发展过程中吸收了行为科学理论,提倡和推行自上而下、自下而上的预算编制程序,使企业所有层次的管理者和关键岗位的员工都参与预算的编制,形成了参与型的预算管理,从而使预算编制更接近实际、更具备科学性和可行性。

20世纪50年代,西方的另一些管理学家把数量经济学原理与运筹学方法引入管理科学,形成了数量管理(Quantitative Management)学派。该学派主要是将管理视为数学的程序、概念、符号以及模型的演算。预算管理在其发展过程中吸收了数量管理理论,运用运筹学和数理统计的原理及方法,首先将复杂的经济现象转化为数学模型,然后通过电子计算机进行演算,促进预算管理从预测、编制到执行、控制的更加科学化。

20世纪60年代,西方的一些管理学家将系统论原理引进现代管理科学,形成系统管理(System Management)学派。该学派认为,任何企业都可以被看作一个人为的系统,而系统是一个有一定目的、由相互联系和相互作用的各个部分组成的复杂整体。因此,管理人员在执行各项管理职能时,绝不能从局部的、个体的最优出发,而应从全局的、经营管理的各个组成要素的总体出发,从而实现对经济活动的最优化规划和控制。人们把系统管理思想引入预算管理的全过程,使企业预算管理得到进一步完善。

20世纪70年代,伴随着权变管理(Contingency Management)学派的出现,零基预算法

(Zero-base Budgeting)在西方工业发达国家兴起,零基预算法的应用使预算管理在理论和方法上都有了新的进展。1970年,美国德州仪器公司的彼得·派尔(Peter Pyhrr)首先成功地将零基预算法应用于公司费用预算的编制。1971年,该公司的所有部门都采用零基预算法编制预算。同年,担任美国佐治亚州州长的詹姆斯·卡特(James Carter)饶有兴趣地读了派尔关于零基预算法的文章,马上聘请派尔为佐治亚州建立零基预算制度,并成功地将零基预算法应用于政府预算的编制。1979年,时任美国总统的卡特指示联邦政府全面实行零基预算,从而使零基预算法在美国颇为盛行。随后,零基预算法在许多国家先后被推行,零基预算也成为政府及企业管理界的流行概念。

在发展期,预算管理从理论、方法到应用实践,都在西方工业发达国家得到了迅速而全面的发展,预算管理在资源配置、沟通协调、控制监督、激励评价等方面的功能得到了有效发挥。

(三) 成熟期(20世纪80年代以后)

进入20世纪80年代,在人类社会进入信息时代的同时,世界政治格局和经济格局也发生了重大变化。政治上,随着东欧剧变、苏联解体,世界政治格局开始由两极化逐步向多极化过渡;经济上,全球经济一体化、世界经济区域集聚化的发展进一步加速,亚洲太平洋经济合作组织(APEC)与北美自由贸易区(NAFTA)相继问世,经济发达国家开始从工业经济向知识经济转变,对全球政治、经济产生了深刻影响。伴随着信息技术的发展和世界格局的剧烈变化,企业预算管理步入成熟期。促使企业预算管理走向成熟的影响因素主要有三个:一是信息技术的飞速发展;二是平衡计分卡的理论与实践;三是理论界、企业界对预算管理的不断探索。

1. 信息技术对预算管理的影响

20世纪70年代末至80年代初,美国产生了信息资源管理(Information Resource Management,IRM)理论。20世纪90年代初,IRM在理论研究和实践方面都走向成熟,美国许多大型企业在决策层专门设立了负责IRM的岗位——首席信息官(Chief Information Officer,CIO)。在日本的600多万家中小企业中,几乎每家企业都配有专职的情报研究人员,或者通过5.8万多家企业联营社获得所需的信息。1993年,美国加特纳公司首先提出企业资源计划(Enterprise Resource Planning,ERP)的概念报告。ERP系统是指将物资资源管理(物流)、人力资源管理(人流)、财务资源管理(财流)和信息资源管理(信息流)集成一体化的企业管理软件,是在整个企业范围内应用的、高度集成的信息系统。ERP的数据信息在企业各业务系统之间实现了高度共享,所有源数据只需在某个系统中输入一次,从而保证了数据信息的一致性。

ERP系统为企业预算管理的实施提供了方便、快捷的信息平台,使预算管理的信息基础发生了根本性的变化,极大地加强了企业收集、存储、分析和处理各种信息的能力,提高了信息的传递速度和实时性,扩大了业务的覆盖面和信息的交换量,为企业预算的编制、执行、调控和绩效考评提供了方便、快捷、准确、可靠的管理工具。进入21世纪后,随着全球经济一体化和现代信息技术的突飞猛进,科技进步日新月异,移动互联网、云计算、大数据等现代信息技术深刻改变着企业的经营管理方式,也为企业预算管理的进一步完善和发展提供了广阔的前景与空间。

2. 平衡计分卡对预算管理的影响

1992年罗伯特·卡普兰(Robert Kaplan)和戴维·诺顿(David Norton)在《哈佛商业评论》上发表了文章《平衡计分卡:驱动业绩的指标体系》,首次提出了"平衡计分卡"(Balanced Score Card, BSC)的概念。2002年,《哈佛商业评论》将平衡计分卡评为75年来最具影响力的管理工具之一。自问世以来,平衡计分卡的方法体系不断完善和成熟,由最初的绩效评价体系演变为战略实施的方法与工具。平衡计分卡的理论与实践风靡美国乃至许多国家的营利与非营利组织以及政府机构,不仅提升了战略与绩效管理水平,而且有效推动了预算管理的三个转变:一是预算管理涵盖的内容由狭义(即预算管理仅包含单纯的预算编制、预算执行和预算考评三个环节)向广义(即预算管理上承战略管理,下接绩效管理,中间贯穿企业运营全过程)的转变;二是由主要重视财务预算指标到财务预算指标与非财务预算指标综合平衡的转变;三是由单纯重视财务资源配置到财务资源与非财务资源全面配置的转变。

3. 理论界、企业界的不断探索对预算管理的影响

20世纪80年代以来,随着工业经济向知识经济转变和全球经济一体化的发展,企业外部环境的不确定性急剧增大,企业间的竞争更加激烈。在这种变化下,传统预算管理在应用中暴露出一些不适应的问题,如预算编制侧重于短期指标而忽视非财务指标,编制过程耗时耗力,预算控制柔性不足,预算考评与绩效管理没有很好协调等。1990年,美国《财富》杂志发表了文章《为什么进行预算对企业经营是有害的》,对预算管理的功能提出了质疑。同时,许多学者、企业家也针对预算管理在应用中存在的问题进行了批判和创新性探索。这些批判、质疑、探索对预算管理的日益成熟和不断完善起到了有效的促进作用。其中,影响较大的有欧洲实务工作者提出的超越预算(Beyond Budget)和美英学者及实务工作者提出的改进预算(Better Budget)。

(1) 超越预算理论。1998年1月,跨国型高新科技制造业联合会在欧洲组建了超越预算圆桌会议(BBRT)的产学研合作组织,该组织针对项目管理提出了超越预算的概念。超越预算是指在企业不编制预算的情况下管理业绩,并将各决策环节的权力以授权管理的形式分权化。超越预算认为传统预算管理妨碍企业的变革与创新,甚至对企业经营有危害作用,主张只将预算用于预测现金流量,传统预算的控制与激励功能则由其他绩效管理制度替代完成。超越预算理论的发展经历了两个阶段:第一阶段,通过价值基础管理和建立在业务流程再造基础上的平衡计分卡进行企业业绩评价,消除传统预算业绩评价的负面影响,重视对竞争环境和市场需求的快速反应,构建以战略为导向的经营系统;第二阶段,提倡企业组织的彻底分权化,将权限委托给企业高层管理人员。BBRT认为,为了维持卓越的竞争业绩,必须构建精简、适用和守信的企业。

超越预算理论对预算管理实践中存在的问题进行批判,提出整合各种管理控制方法,使企业的预测、业绩评价和激励机制更有效的设想是值得肯定的,但建议企业不编制预算、认为预算管理妨碍企业的变革与创新的观点是有失偏颇的。预算管理是一种不断完善、持续发展的管理方法,它可以将企业管理中所有的关键问题、关键方法融合于全面预

算管理体系（包括超越预算的理论和方法）之中，同时预算管理又具有其他管理方法无法取代的资源配置、投入产出综合平衡、全过程控制等功能。所以，预算管理只能被改进、被完善、被提高，而绝无可能被超越、被淘汰。

（2）改进预算理论。改进预算理论建议在维持原有框架的基础上，将传统预算管理与先进的管理理念和信息技术结合起来，使传统预算管理适应企业内外部环境的变化，显著提升组织绩效。改进预算理论的基本前提是：预算在管理控制中的核心地位是不可动摇的，主张利用新的管理理念和信息技术弥补传统预算管理的缺陷。改进预算理论虽然也对传统预算管理进行了批判，但没有全面否定预算管理，而是完善、改进和发展传统预算管理系统。在改进预算理论与实践方面比较有代表性的方法有战略预算、持续改进预算和预算改革等。

战略预算（Strategic Budget）是以企业战略为导向，通过优化资源配置以及过程控制来保证战略目标实现的预算思想，强调预算作为控制系统的重要部分，对不同的战略应有不同的预算模式。管理者不仅要关注经营预算的编制，还要更加关注战略预算的编制，使财务资源能够更多地支持企业战略、战术目标的实现。

持续改进预算（Kaizen Budget）起源并流行于日本，目前已在世界范围内得到应用。持续改进预算是一种在最终预算中明确体现不断改进要求并实施所有改进计划的预算方法，并通过这种方法来降低成本。在持续改进预算的编制程序中，预算是以预期的未来经营状况为基础，以已改进的活动或程序为依据编制预算，而不是像传统预算那样以延续目前的经营活动为基础编制预算。这种预算方法强调可变成本，并通过不断改进来降低可变成本，从而实现预算目标。

杰克·韦尔奇（Jack Welch）在担任通用电气 CEO 的二十年间，花费了七年的时间对传统的预算管理方法进行变革。在《赢》这本书的第 12 章"预算——不要让预算制订程序缺乏效率"中韦尔奇指出，传统预算存在"谈判式解决"和"虚伪的笑容"两种错误的预算方法。他认为传统预算方法"吞噬了人们的精力、时间、乐趣和组织的梦想，遮蔽了机遇，阻碍了增长，产生了企业组织中最没有生产效率的行为，人们相互敲诈，或者满足于中庸"[1]。因此，韦尔奇主张革除两种错误的预算方法，制订充满灵感创意的运营计划，取代传统意义的预算表。"绝大多数公司都把预算作为自己的经营管理体系的大梁，所以正确的预算制订程序确实具有改变公司经营面貌的力量——它可以重新塑造那种一年一度的'典礼'，让企业有更大的把握去赢。"[2]通过七年的改进，韦尔奇在通用电气建立了一种新型的预算体制，将传统的目标式预算方式改造成了充满开拓精神的运营规划方式。

实践告诉我们，受主客观条件限制和变化的影响，人们对新事物的认识往往需要经过从实践到认识，再从认识到实践的多次反复才能完成。预算管理在应用中出现的一些问题也是如此，有的属于预算管理理论与实践需要不断完善发展的问题，有的属于应用实践者的认识不到位、不全面的问题。

总之，经过百余年的应用、改进、完善、发展，企业预算管理已经日臻完善、趋于成熟。

---

[1] 杰克·韦尔奇,苏茜·韦尔奇.赢[M].余江,玉书,译.北京：中信出版社,2005：173.
[2] 杰克·韦尔奇,苏茜·韦尔奇.赢[M].余江,玉书,译.北京：中信出版社,2005：174.

时至今日,全面预算管理不仅成为企业战略实施落地的重要方法和工具,而且成为经济发达国家企业必备的、基础性的企业管理制度。

二、预算管理在我国的应用和发展

在中国,预算管理思想很早就产生了。例如,封建社会读书人求取功名必读的《礼记·中庸》中就有"凡事预则立,不预则废"的至理名言。历史和现代社会中的许多名人、伟人也都引用此语说明无论做什么事,都要事先进行周密的计划才能成功,否则很可能荒废、失败的道理。毛泽东主席在1938年5月发表的《论持久战》一文中明确指出,"'凡事预则立,不预则废',没有事先的计划和准备,就不能获得战争的胜利"[①]。然而,我国漫长的封建社会制度和封建王朝家国不分的集权与专制思想,导致我国现代意义上的政府预算制度在清朝末年才开始建立。1896年,康有为在维新变法中提出要编制国家预算;1898年,光绪皇帝主持的戊戌变法,其内容之一就包括"改革财政,编制国家预算"(因变法失败未能实施)。晚清王朝财政收不抵支,同时还要向外国政府赔款、借款,外国政府要求清王朝公开财政,编制财政收支计划,迫使清王朝不得不编制预算。清王朝于1908年颁布《清理财政章程》,于1910年起编制国家预算,这是我国两千多年来的封建王朝首次正式编制国家预算。1911年辛亥革命爆发,推翻了清王朝,致使1911年的国家预算只有预算而无决算。尽管如此,这仍是我国第一部现代意义上的政府预算,意味着中国的国家预算已经萌芽。到国民党统治时期,国家预算制度已经比较完善,中央政府与地方政府收支系统的划分也比较明确。

20世纪初至1949年,在半殖民地半封建社会的中国,部分企业经营者也尝试运用预算方法来管理运营企业,但没有形成系统的企业预算管理制度,更没有形成系统的企业预算管理理论。

自1949年中华人民共和国成立至20世纪80年代初期的三十多年间,我国实行高度集中的计划经济体制。企业的供应、生产、销售、分配全部纳入国家的财政预算,在国家集中统一的计划经济体制下运行。企业的生产经营活动完全服从于政府下达的生产技术财务计划,没有也不可能形成完整、独立的企业预算管理体系。但是,加强企业管理的各种方法也在当时起到了很重要的作用。1953—1957年第一个五年计划时期,我国新建了500多个大中型工矿企业。为了加强企业管理,国家开始推行企业经济核算制度,企业内部则相应地开展了班组经济核算。1958—1962年第二个五年计划时期,企业经济核算制得到进一步发展,并实行了流动资金统一计划、分口分级管理,在班组经济核算方面则进一步发展为职工"干什么,算什么,管什么",发动广大职工共同参与管理。1979年,中国共产党第十一届三中全会以后,企业管理现代化被提上议事日程。1984年,全国第二次企业管理现代化座谈会在总结各地经验的基础上,重点推荐了经济责任制、全面计划管理(含目标管理及目标成本)、全面经济核算、全面质量管理、统筹法、优选法、ABC管理法、系统工程、价值工程、市场调查与销售预测、滚动计划、决策技术、成组技术、线性规划、全员设备管理、看板管理、量本利分析和电子计算机辅助企业管理18种现代管理方法。同年,国家经

---

① 毛泽东选集(第二卷)[M].北京:人民出版社,1991:495.

济贸易委员会又提出了在企业推行 18 种现代管理方法的要求,极大地推动了现代管理方法在我国企业的推广应用。

20 世纪 70 年代末至 80 年代初,随着我国经济体制改革和对外开放,我国高等财经院校和部分综合性大学从国外引入了管理会计学科,国内部分财务学家、会计学家先后编辑出版了管理会计的相应教材,预算管理被称作预算控制(Budget Control)或全面预算(Comprehensive Budget),作为其中的一章被正式应用于教学。① 但是在 70 年代末和整个 80 年代,国家经济主管部门主要在全国企业推行 18 种现代管理方法,后来又重点推广"经营承包制""满负荷工作法"和"内部银行核算"等企业管理方法。所以,真正将预算管理应用于企业管理的并不多,只是个别企业进行了有益的尝试。

进入 20 世纪 90 年代,随着我国社会主义市场经济的培育发展和现代企业制度的推行,企业被逐渐推向市场,企业管理目标也从完成工业总产值、产品品种、产品产量计划,逐渐转移到追求经济效益、实现企业价值最大化。为了不在激烈的市场竞争中被淘汰,企业就必须外抓市场、内抓管理,并学会根据市场需求,自主安排企业的生产经营活动。预算管理这一为世界工业发达国家企业普遍采用的、行之有效的管理模式,就顺理成章地被国内越来越多的企业借鉴和采用,并取得显著成效。

中国新兴铸管联合公司从 1994 年开始在企业推行全面预算管理,收到可喜的效果:在全国 57 家地方钢铁骨干企业中,新兴铸管的规模居第 29 位,但利润水平却高居前几位。

国家大型一档企业亚星集团也从推行全面预算管理中获益匪浅。1994 年,笔者在担任亚星集团副总经理兼总会计师时,为了提高整个集团的凝聚力、有效规避财务风险,真正建立了以财务管理为中心的运营模式,创立并成功实施了"三统一分"财务管理模式,1995 年又实施了以推行全面预算管理为核心内容的"三个重点转移",促进了亚星集团的健康、快速发展。②

1999 年 6 月,汤谷良和张延波主持撰写的《企业预算管理的构造与运行》一书出版,这是我国学者较早专门研究全面预算管理理论的著作之一。由于当时我国专门从事全面预算管理研究的专家、学者还比较少,专门论述全面预算管理的专著更是凤毛麟角,加上企业管理的惯性运作,在 20 世纪 90 年代,我国大多数企业还没有或者说还没有从真正意义上推行全面预算管理。

进入 2000 年,全面预算管理受到了国家经济主管部门的高度重视和大力推广。2000 年 9 月,由国家经济贸易委员会会同有关部门起草、经国务院批准颁布的《国有大中型企业建立现代企业制度和加强管理的基本规范(试行)》第三十九条提出,企业应"建立全面预算管理制度。以现金流量为重点,对生产经营各个环节实施预算编制、执行、分析、考核"。2001 年 4 月,财政部颁布的《企业国有资本与财务管理暂行办法》中规定,"企业对年度内的资本营运与各项财务活动,应当实行财务预算管理制度"。2002 年 4 月,财政部

---

① 李天民教授是我国最早引进和研究管理会计的学者之一,其 1982 年编著的由知识出版社出版的《管理会计基础》是我国第一本正式出版的管理会计教材。

② "三统一分"是指整个企业集团的财务管理体制统一、财会人员统一、资金管理统一、会计核算分离。"三个重点转移"是指推行全面预算管理制度,实现计划管理的重点向全面预算转移;推行会计派驻员制度,实现资金管理的重点向资金运动的两头转移;推行责任会计制度,实现会计核算的重点向责任核算转移。

颁布《关于企业实行财务预算管理的指导意见》，进一步提出企业应实行包括财务预算在内的全面预算管理。2003年11月，财政部颁布《内部会计控制规范——预算（征求意见稿）》。2008年5月，财政部、证监会、审计署、银监会、保监会联合制定的《企业内部控制基本规范》第三十三条要求"企业实施全面预算管理制度，明确各责任单位在预算管理中的职责权限，规范预算的编制、审定、下达和执行程序，强化预算约束"。2010年4月，财政部会同证监会、审计署、银监会、保监会五部委联合发布企业内部控制配套指引，其中包括《企业内部控制应用指引第15号——全面预算》。2017年9月，财政部颁布《管理会计应用指引第200号——预算管理》等首批22项管理会计应用指引。2018年8月，财政部颁布了《管理会计应用指引第202号——零基预算》《管理会计应用指引第203号——弹性预算》等7项管理会计应用指引。2018年12月，财政部颁布《管理会计应用指引第204号——作业预算》等5项管理会计应用指引。2022年2月18日，国务院国有资产监督管理委员会颁布《关于中央企业加快建设世界一流财务管理体系的指导意见》，提出"建立由战略规划到年度预算、由预算到考核的闭环联动机制，推动上下贯通、协调一致，促进企业实现发展质量、结构、规模、速度、效益、安全的有机统一"。这些行政规章的颁布，标志着预算管理这一科学管理理念已经在我国政府、理论界和企业界得到广泛认同，并进入不断规范和创新发展的阶段。

在理论界，南京大学会计学系课题组在中国会计学会、中国总会计师协会的支持和指导下，在全国范围内对有关企业的预算管理进行问卷调查，并将调查报告《中国企业预算管理现状的判断及其评价》发表在《会计研究》2001年第4期上。与此同时，社会上的各种全面预算管理培训辅导不断涌现，专门论述全面预算管理理论与实务方面的著作也陆续出版。2001年，经济科学出版社将苏寿堂的博士论文《以目标利润为导向的企业预算管理》纳入全国中青年经济学家文库出版发行；2002年9月，浙江人民出版社出版了潘爱香、高晨编著的《全面预算管理——整合"四流"，创造"一流"》。企业预算管理的理论研究和培训活动都在一定程度上推动了我国企业预算管理的研究、应用和发展。

随着我国对企业预算管理研究与实践的深入，一些学者和实务工作者逐步认识到，传统预算管理不仅忽视了与企业战略承接，还忽视了与绩效管理对接，容易走进孤芳自赏、就预算论预算的误区。为此，许多学者发表论文、出版专著，提出预算管理应当以战略为导向、与绩效管理相连接。于增彪等撰写的《预算管理与绩效考核集成系统设计——亚新科BYC公司案例研究》分上、下两部分在《财务与会计》2004年第2期、第3期上发表。文章介绍了亚新科集团北京油泵油嘴厂设计并实施"预算管理与绩效考核集成系统"的案例，总结了企业运用战略地图、平衡计分卡将战略目标、预算管理、绩效管理有机结合起来的做法和取得的成效。汤谷良和杜菲在《财会通讯》2004年第3期上发表的《基于公司战略预算目标体系模型的构建》一文，提出构建战略导向下的预算目标体系模型，谋求预算目标与企业的竞争策略选择直接挂钩，通过多元化的、与战略更加匹配的预算目标体系来编制全面预算和锁定报表结构，以实现预算管理和战略控制两个系统的有效对接。2004年7月，中国财政经济出版社出版了高晨的专著《企业预算管理——以战略为导向》，书中提出以战略为核心和导向的预算管理架构,并探索将预算管理、作业成本法、经济增加值、平衡计分卡等管理会计工具进行整合的方法。甘永生在《财会月刊》2005年第14期上发表《全面预算发展趋势——战略导向全面预算》一文,提出战略导向全面预算的设想,认为战略导向全面预算是全面预算发展的大趋势。

2007年3月,北京大学出版社出版了笔者编著的《企业全面预算管理》,该书采用同一案例贯穿从预算大纲到三张会计报表预算编制的全过程,实现了预算编制、执行控制、分析报告、考评奖惩的环环相扣、相互衔接,成为国内第一部系统阐述企业全面预算管理全过程的专著。

国内学者和实务工作者对企业全面预算管理的深入研究,不仅完善了全面预算管理的理论体系,也推动了企业全面预算管理应用向更高层次发展。时至今日,实务界的大中型企业几乎全部实施全面预算管理,并取得显著效果。中国政府的经济主管部门、理论界的专家学者以及众多的企业家已经深刻认识到,全面预算管理是实现企业战略落地的有效方法,是实施内部控制、防范经营风险的主要工具,是管理与运营现代企业的必备制度和有效手段。

可以预言,21世纪必将是全面预算管理在中国政府、理论界和企业界日臻完善、走向成熟并不断发展的时期。

第二节　全面预算的概念、内容与分类

一、全面预算的概念

预算(Budget)属于计划的范畴,是以量化形式表现的计划,用以规划、分配、安排预算期内财务及非财务资源的获得、配置和使用。在不同的应用领域,预算的内涵也有所不同。

在法律领域,预算是指政府预算,是政府为了筹集、使用和分配财政资金,按照法定程序编制,经过国家权力机构审查、批准的,具有法律地位的年度财政收支计划。

在工程领域,预算是指工程预算,是根据工程项目不同设计阶段设计文件的具体内容和有关定额、指标及取费标准,预先计算和确定建设项目全部工程费用的技术经济文件。

在管理领域,预算一般指财务预算,是企业预算期内经营成果、现金流量和财务状况等财务方面的预算。

在预算的前面冠以"全面"二字说明预算的范围涵盖企业的所有经济活动,或者说是涵盖企业经营活动、投资活动、财务活动的预算。[①]

[①] 企业是依法设立、自主从事经济活动的经济组织,企业从事的经济活动涵盖企业的经营活动、投资活动和财务活动。

综上所述,全面预算(Comprehensive Budget)是以战略为导向,以战略规划、经营计划和企业资源为基本依据,按照一定程序编制、审查、批准的,以量化形式表现的企业预算期内经营活动、投资活动、财务活动及其经营成果的计划安排。

从形式上看,全面预算是以数量或货币为计量单位,涵盖企业经营活动、投资活动和财务活动的一张张具体而详尽的计划表。

从内容上看,全面预算是企业对预算期内所有经济活动及其经营成果,包括供产销各个环节、人财物各个方面所作的计划安排。

从本质上看,全面预算是企业为了实现战略目标,对预算期内经营活动、投资活动、财务活动及其经营成果进行管理控制的方法和工具。

全面预算的概念应当从以下四个方面进行理解:

第一,全面预算属于计划的范畴,是企业战略计划、经营计划在预算期的具体化、数据化和货币化,是企业实施经济活动的财务计划。将企业预算期内的经营活动、投资活动、财务活动采用数据化和货币化形式加以表述,是预算计划区别于其他计划的重要标志。

第二,全面预算是企业为了实现战略目标,对预算期内经营活动、投资活动、财务活动及其经营成果进行管理控制的方法和工具。企业编制全面预算不是目的,通过编制、实施全面预算,承接战略落地,强化各项经济活动管理,有效控制企业风险,确保战略目标实现才是企业实施全面预算的目的。

第三,全面预算是按照法定程序编制、审查、批准的,涵盖企业预算期内所有经济活动的财务计划。按照《中华人民共和国公司法》的规定:董事会制订公司的年度财务预算方案,股东(大)会审议批准公司的年度财务预算方案。因为财务预算是全面预算的核心内容,是企业各项预算的总预算,所以全面预算必须经过法定的程序编制、审查和批准后才能付诸实施。

第四,全面预算是由经营预算、投资预算、财务预算等一系列预算组成的相互衔接、相互关联的预算体系。全面预算以企业战略为导向,将预算期内的战略目标与经营计划具体化、数据化和货币化,它涵盖企业的一切经济活动(包括经营、投资、财务等各项活动),以及企业的人财物各个方面、供产销各个环节,是企业预算期内所有经济活动及其经营成果的统筹安排和行动计划。

二、全面预算的内容

全面预算是由一系列预算按照业务领域、经济内容及其相互关系有序排列组成的有机整体。各项预算之间前后衔接、相互关联、相互制约、相辅相成、环环相扣,存在严格的勾稽关系,形成一个完整的、科学的、系统的、牵一发而动全身的全面预算体系。

从业务领域上看,全面预算主要包括经营预算、投资预算、财务预算三大部分;三大部分预算各自又包括按业务范围、活动细分的诸多预算。全面预算的具体内容如图1-1所示。

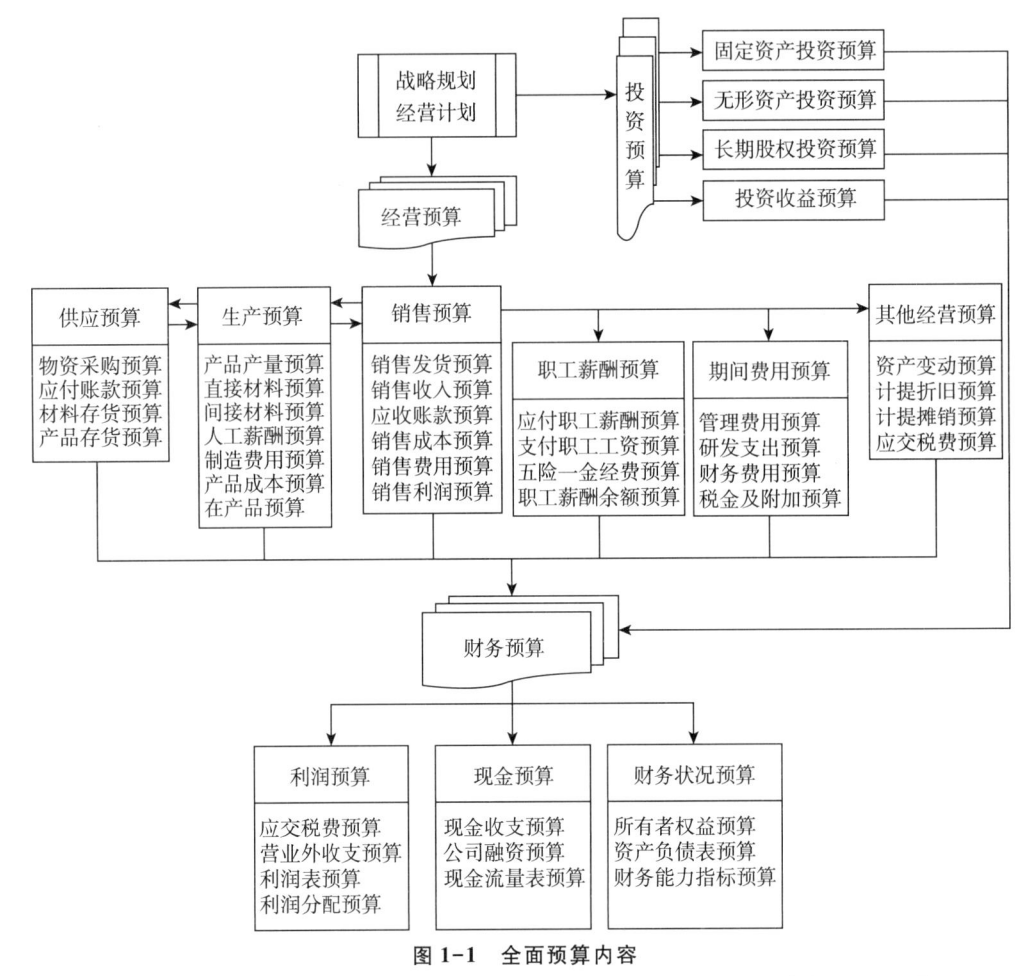

```
                    ┌──────────┐    ┌──┐  ┌──────────────┐
                    │ 战略规划 │───▶│投│─▶│固定资产投资预算│
                    │ 经营计划 │    │资│  ├──────────────┤
                    └────┬─────┘    │预│─▶│无形资产投资预算│
                         │          │算│  ├──────────────┤
                         ▼          │  │─▶│长期股权投资预算│
                    ┌──────────┐    │  │  ├──────────────┤
                    │ 经营预算 │    │  │─▶│  投资收益预算 │
                    └──────────┘    └──┘  └──────────────┘
```

图 1-1　全面预算内容

注：供应预算、生产预算、销售预算标注为双向箭头的原因是它们之间互为条件、相互影响。

（一）经营预算

经营预算（Operational Budget）是企业预算期内日常生产经营活动的预算，主要包括供应预算、生产预算、销售预算、职工薪酬预算、期间费用预算和其他经营预算。

（1）供应预算是企业预算期内采购、储备、供给各类生产经营活动物资及产成品的预算，主要内容包括物资采购预算、应付账款预算、材料存货预算、产品存货预算等。

（2）生产预算是企业预算期内产品生产活动或提供劳务活动的预算，主要内容包括产品产量预算、直接材料预算、间接材料预算、人工薪酬预算、制造费用预算、产品成本预算、在产品预算等。

（3）销售预算是企业预算期内销售产品或提供劳务等销售活动的预算，主要内容包括销售发货预算、销售收入预算、应收账款预算、销售成本预算、销售费用预算、销售利润预算等。

（4）职工薪酬预算是企业预算期内职工薪酬计提、支付和账户余额的预算，主要内容包括应付职工薪酬预算、支付职工工资预算、五险一金经费预算和职工薪酬余额预算等。

（5）期间费用预算是企业预算期内组织管理生产经营活动而发生的管理费用、研发支出和财务费用的预算,主要包括管理费用预算、研发支出预算、财务费用预算、税金及附加预算等。

(6)其他经营预算是未纳入供应、生产、销售、费用等预算类别的经营预算,主要内容包括固定资产、无形资产增减变动和折旧、摊销预算,应交税费预算等。

(二)投资预算

投资预算(Investment Budget)也称战略预算,是企业预算期内有关资本性投资活动的预算,主要包括固定资产投资预算、无形资产投资预算、长期股权投资预算和投资收益预算。

(1)固定资产投资预算是企业预算期内固定资产投资活动的预算,主要内容包括项目投资预算、项目筹资预算、工程款支付预算、项目竣工预算、在建工程预算、固定资产购置预算等与固定资产投资活动有关的预算。

(2)无形资产投资预算是企业预算期内无形资产投资、结转活动的预算,主要内容包括无形资产名称、投资或处置方式、预算金额等。

(3)长期股权投资预算是企业预算期内进行长期股权投资活动的预算,主要内容包括被投资单位、投资类型、投资股份、投资额和持股比例等。

(4)投资收益预算是企业预算期内对外投资获得收入或发生损失的预算,主要内容包括企业对外投资取得的股利收入和金融资产投资收益等。

(三)财务预算

财务预算(Financial Budget)是企业预算期内经营成果、现金流量和财务状况等财务方面的预算,主要包括利润预算、现金预算和财务状况预算。

(1)利润预算是企业预算期内经营成果及利润分配的预算,主要包括应交税费预算、营业外收支预算、利润表预算、利润分配预算等。

(2)现金预算是企业预算期内现金流量及资金筹措活动的预算,主要包括现金收支预算、公司融资预算、现金流量表预算等。

(3)财务状况预算是企业预算期初、期末财务状况变动情况的预算,主要包括所有者权益预算、资产负债表预算和财务能力指标预算。

三、预算的分类

预算的种类很多,可以从不同角度、按照不同标准将其划分为若干不同的类型。

(一)按预算的业务领域分类

按照业务领域,预算可分为经营预算、投资预算和财务预算。经营预算是安排预算期内日常生产经营活动的预算;投资预算是安排预算期内有关资本性投资活动的预算;财务预算是安排预算期内财务活动、经营成果和财务状况的预算。

(二)按预算的编制性态分类

按照编制性态,预算可分为固定预算和弹性预算。固定预算也称静态预算,是以预算期内某一业务量水平为既定基础编制的预算;弹性预算也称动态预算,是以预算期内一系列业务量水平为基础编制的具有伸缩性的预算。由于这种预算是随业务量的变化做机动调整的,本身具有弹性,故称其为"弹性预算"。

(三) 按预算的编制基础分类

按照编制基础,预算可分为调整预算和零基预算。调整预算是在过去预算的基础上,根据预算期内经营目标的要求,结合目前实际,考虑未来变化,经过综合调整而形成的预算;零基预算是不考虑过去的预算项目和基期数据,以零为基础编制的预算。

(四) 按预算的涵盖期间分类

按照涵盖期间,预算可分为短期预算、长期预算和滚动预算。短期预算是预算涵盖期间小于等于一年的预算,包括年度预算、季度预算、月度预算、旬预算和周预算;长期预算是预算涵盖期间大于一年的预算;滚动预算是预算涵盖期间始终保持为一个固定期间(如一年、一季等)的预算。

(五) 按预算的编制主体分类

按照编制主体,预算可分为部门预算和总预算。部门预算是以企业各职能部门为主体编制的预算;总预算是反映企业总体情况的预算。

第三节　全面预算管理的概念、流程与内容

一、全面预算管理的概念

全面预算管理(Comprehensive Budget Management)是以战略为导向,对预算期内的战略规划、经营计划和经营成果进行综合平衡、系统安排和资源配置,并以预算为标准,对预算执行过程和执行结果进行控制、核算、分析、报告与绩效评价,以推动企业实现战略规划和经营目标的管理活动。

正确把握全面预算管理的内涵,应当从以下五个方面进行理解:

(一) 全面预算管理是一项有目标、有方法,主体落实、客体明确的管理活动

(1) 全面预算管理的主体是指在企业内部具有决策、领导和管理职能的组织或个人。
(2) 全面预算管理的客体是指企业预算期内的经营活动、投资活动和财务活动。
(3) 全面预算管理的方法是指对战略规划和经营计划进行资源配置,使之成为企业法定的、规范的、具有权威性的行动计划,并以预算为标准管理控制企业经济活动的全过程。
(4) 全面预算管理的目标是实现企业战略规划和年度经营目标。

(二) 全面预算管理是将企业所有关键职能及管理方法整合在一起的综合管理控制系统

全面预算管理是从战略出发,将战略管理、目标管理、计划管理、运营管理、财务管理、

绩效管理等职能、方法整合在一起，上承战略、下接绩效、中间连着运营管理，把企业产供销、人财物，经济活动事前、事中和事后全过程纳入一个管理体系的综合管理控制系统。正如美国著名管理学家戴维·奥利（David Otley）所指出的，全面预算管理是为数不多的能把企业的所有关键问题融合于一个体系之中的管理控制方法之一。

（三）全面预算管理是以预算为标准的管理控制系统

企业内部控制的方法和工具有很多，包括授权批准控制、会计系统控制、财产保全控制、风险防范控制、合同管理控制、管理信息系统控制、内部审计控制等。其中，全面预算管理是企业综合性的管理控制系统，它通过预算编制，将企业的资金流、实物流、业务流、信息流、人力流等资源加以整合，制定各项经营活动、投资活动和财务活动的执行、控制和评价标准，对企业所有经济活动实施事前、事中和事后全过程的控制，在企业内部控制体系中发挥着核心作用。

（四）全面预算管理涉及企业经济活动的方方面面，是一项全员参与、全方位管理、全过程控制的综合性、系统性管理活动

"全员参与"是指企业内部各部门、各单位、各岗位，上至董事长，下至各部门负责人、各岗位员工都必须参与预算管理；"全方位管理"是指企业的一切经济活动，包括人财物各个方面、供产销各个环节，都必须全部纳入预算管理；"全过程控制"是指企业各项经济活动的事前、事中和事后都必须纳入预算管理控制系统。

（五）全面预算管理是企业实现战略规划和经营目标的有效方法与工具

战略规划和经营目标的制定是一个思维过程，而战略规划和经营目标的实施则是一个行动过程。规划和目标制定得再好，如果得不到有效实施，就不能将美好的蓝图变为现实。通过实施全面预算管理，企业不仅可以使用预算这个量化配置工具，使自身所处的经营环境、拥有的资源与企业的战略规划和经营目标保持动态平衡，而且通过预算编制可以将企业的战略规划和经营目标分解、细化为一个个具体的行动方案与作业计划，并通过预算执行、控制、分析、报告和评价等一系列预算管理活动的实施，使企业的战略规划、经营目标与具体的行动计划紧密结合，从而化战略为行动，确保企业战略规划和经营目标的实现。

二、全面预算管理的流程与内容

全面预算管理包括战略转化、预算编制、预算执行和预算考评四个阶段。

战略转化是全面预算管理流程中的基础阶段，也是预算编制的准备阶段，其任务是将宏观的、框架性的战略规划转化为具体的、可操作的行动方案，为预算编制提供重要的、必不可少的依据。此阶段主要包括制定年度经营目标、确定关键绩效指标（KPI）和重点工作、编制年度经营计划等内容。

预算编制是全面预算管理流程中的关键阶段，其任务是以战略为导向，从时间和空间两个维度为企业战略规划、年度经营计划以及各部门的业务（工作）计划配置资源，编制具体的、可执行的预算方案。此阶段主要包括编制预算草案、预算审批、预算分解与落实等内容。

预算执行是全面预算管理流程中的核心阶段,其任务是将战略规划、经营计划、预算方案变为现实结果。此阶段主要包括预算执行、预算控制、预算调整、责任核算、预算分析、预算报告等内容。

预算考评是全面预算管理流程中一个承上启下的重要阶段,它既是促进本期预算得以实现的激励约束机制,又是下期预算得以顺利实施的重要基础。此阶段主要包括预算考评、预算奖惩等内容。

全面预算管理的四个阶段及各项内容之间相互关联、相互作用、相互衔接,并周而复始地循环往复,从而实现对企业所有经济活动的规范管理与有效控制。

全面预算管理流程如图1-2所示。

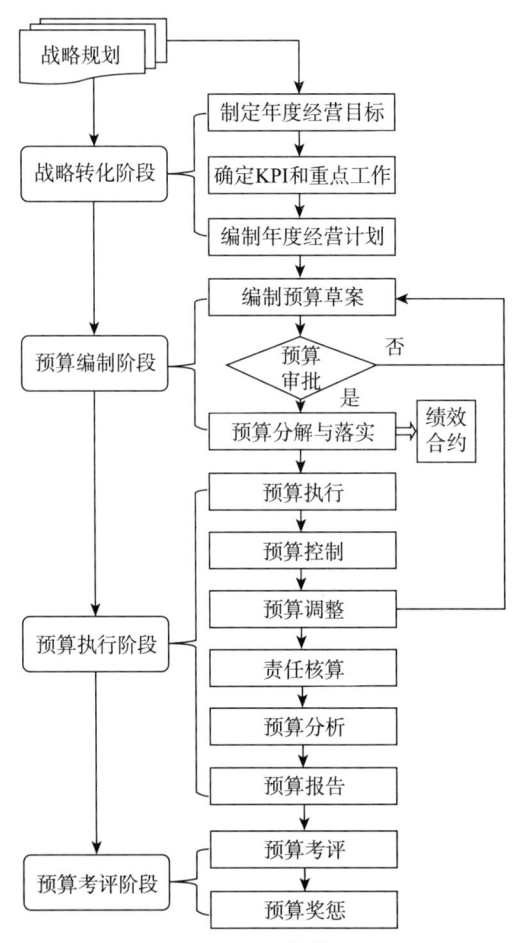

图 1-2 全面预算管理流程

全面预算管理各阶段的主要内容如下:

(一)制定年度经营目标

编制预算的首要环节是从战略目标出发,在分析企业外部环境和内部条件的基础上制定预算年度的经营目标,它既决定着企业预算年度经营活动所要达到的经营成果,也决定着企业预算年度全面预算管理的方向和目标。

（二）确定 KPI 和重点工作

年度经营目标确定后，企业要将战略目标和经营目标转化为企业层面的 KPI，并确定年度重点工作；然后，将企业层面的 KPI 和重点工作细分为各个层级、各个部门的 KPI 和重点工作。

（三）编制年度经营计划

根据战略规划和年度经营目标，在分析企业外部环境和内部条件的基础上编制年度经营计划（包括公司年度经营计划和各职能部门业务或工作计划），进而分解编制季度、月度经营计划。这是编制全面预算的重要前提和基础，是在全面预算编制之前必须完成的基础性工作。

（四）编制预算草案

各预算部门根据年度目标、经营计划和预算编制大纲，综合考虑预算期内市场环境、资源状况、自身条件等因素，按照"自上而下、自下而上、上下结合、分级编制、逐级汇总"的程序编制预算草案。

（五）预算审批

企业预算管理部门对各预算部门上报的预算草案进行审查、汇总，提出综合平衡的建议，对在审查、平衡过程中发现的问题要提出调整意见，并反馈给有关部门予以修正。然后，在企业有关部门进一步修订、调整、平衡预算的基础上，汇总编制企业全面预算草案，经公司总经理签批后提交董事会及股东（大）会审议批准。

（六）预算分解与落实

全面预算审批下达后，企业管理部门要通过签订预算目标责任书或绩效合约的方式将预算指标层层分解、细化，从横向和纵向两个维度将预算指标落实到企业内部各预算执行部门，形成全方位的预算执行责任体系。

（七）预算执行

预算执行是全面预算管理的核心内容和关键环节。在整个预算期内，企业的各项经济活动都要以全面预算为基本依据，协调好供产销、人财物各方面的关系，保障生产经营活动的顺利进行，确保全面预算的贯彻执行，形成以全面预算为轴心的企业运营管理机制。

（八）预算控制

预算控制是按照一定的程序和方法，确保企业及各预算部门落实全面预算、实现预算目标的过程，它是企业全面预算管理顺利实施的有力保证。企业通过预算编制为预算期内的各项经济活动制定目标和依据，通过预算执行将编制的预算付诸实施，通过预算控制确保预算执行不偏离预算的方向和目标。

（九）预算调整

预算调整是在预算执行过程中，对现行预算进行修改和完善的过程。预算是指导和规划未来的经济活动，而编制预算的基础很多都是假设，一旦在预算执行中发生预算指标或预算内容与实际大相径庭的情况,就必须按照规定的程序对现行预算进行实事求是的调整。

(十) 责任核算

为了对预算的执行情况和执行结果进行控制、考核和反馈,企业必须完善预算责任核算体系,建立与部门责任预算口径相一致的责任会计制度,包括原始凭证填制、账簿记录、费用归集和分配、内部产品及劳务转移结算、收入确认、成本核算,以及经营业绩确定和核算报表编制等内容。

(十一) 预算分析

预算分析是指采用专门方法对全面预算管理活动全过程进行的事前、事中和事后分析。其中,对预算执行结果的分析是重点,目的是确定预算执行结果与预算标准之间的差异,找出产生差异的原因,并确定责任归属,为预算考评提供依据。

(十二) 预算报告

预算报告是指采用报表、报告、通报等书面或电子文档形式对预算执行过程和结果等信息进行的统计、总结和反馈,既包括日常预算执行情况的报告,也包括预算年度结束后对全年预算执行结果进行反馈的决算报告。

(十三) 预算考评

预算考评是对全面预算管理实施过程和实施结果进行的考核与评价,既包括对全面预算管理活动实施效果的全面考评,也包括对预算执行部门和预算责任人的业绩考核与绩效评价。

(十四) 预算奖惩

预算奖惩是按照年初制定的KPI、预算责任书或绩效合约中的奖惩方案,根据预算执行部门的执行结果和KPI完成情况对各预算部门兑现奖惩。预算奖惩是全面预算管理的生命线,是预算激励机制和约束机制的具体体现。通过建立科学的预算奖惩制度,一方面能使预算考评落到实处,真正体现责、权、利的结合;另一方面能有效引导部门和员工的行为,使预算目标和预算行为协调一致,促进企业战略目标的实现。

第四节　全面预算管理的原则、特征与功能

一、全面预算管理的原则

企业实行全面预算管理,应遵循以下七项基本原则:

(一) 战略导向原则

全面预算管理是推动企业战略实施落地的有效工具。没有预算的承接,战略将难以执行落地;没有战略指引,预算将失去目标和方向。因此,预算管理的全过程都要以企业

战略为导向,围绕企业战略目标和经营计划有序开展。预算编制要以企业战略目标、战略规划和经营计划为基本依据,实现资源的优化配置;预算执行控制过程要服从企业战略目标,符合企业实施战略规划的总体安排和谋划;预算考评也要以预算执行结果是否与战略规划、经营计划相吻合为重要的评判依据。

(二) 融合性原则

全面预算管理要嵌入企业经营管理活动的各个领域、各个层次和各个环节,实现企业预算管理活动与各领域业务活动的有机融合。同时,预算管理要融合一切有利于企业战略实施落地、可持续发展的管理方法和工具,做到各种管理方法融会贯通、相得益彰,使之成为上承战略、下接绩效、中间连着经营活动全过程的综合管理控制系统。

(三) 适应性原则

企业是国民经济的细胞,每个企业都具有鲜明的个性化特征,都受到内外部环境因素的影响和制约,包括企业性质、文化、价值观、行业、规模、组织架构、人员素质、发展阶段、管理模式、治理水平等。因此,全面预算管理的设置、运用必须符合企业管理的内在要求,与企业自身的应用环境和个性化特征相适应,即全面预算管理的推行必须"理论联系实际",必须与本企业的实际情况相结合、相适应,可以学习、借鉴其他企业推行全面预算管理的经验、模式和做法,但绝不能照抄照搬。

(四) 综合平衡原则

全面预算管理要根据客观规律的要求,从企业战略规划、经营目标和客观实际出发,统筹兼顾、全面安排,保证重点、兼顾一般,始终把企业的可持续健康发展放在首位。要科学配置企业的财务与非财务资源,综合平衡处理好长期与短期、全局与局部、结果与动因、重点与非重点、简单再生产与扩大再生产、收入与支出等的逻辑关系,在权衡利弊中趋利避害,确保企业各层级、各部门、各类经济业务活动都能服从于企业战略规划和整体经营目标的要求,实现供产销各环节、人财物各方面的相互衔接、协调发展。

(五) 刚柔相济原则

刚性管理强调预算的严肃性,使预算令行禁止、规范高效,但如果过度强调预算管理的刚性,就会造成预算死结,致使预算脱离实际,丧失预算管理应有的效能;柔性管理侧重于管理的灵活性,注重部门、员工主观能动性的发挥,但如果过度强调预算管理的柔性,就会造成预算松弛,降低预算的权威性和执行力度。因此,企业想要建立科学、规范且行之有效的全面预算管理制度,就必须把预算管理的刚性与柔性有机结合起来,在强调预算管理对经营活动、投资活动、财务活动刚性约束的同时,又要根据内外部环境的重大变化和实际情况对预算进行必要的动态调整,并针对例外事项进行弹性处理,从而推动全面预算管理制度在企业的顺利实施,保证企业生产经营活动的正常进行。

(六) 计划先行原则

计划与预算有着密不可分的关系:预算编制以经营计划为主要依据,预算执行以经营计划安排的业务活动为主要载体,预算考评也以开展业务活动所取得的经营成果为主要对象。如果没有相关的计划,就不应该编制相应的预算,即没有计划就没有预算。然而,在实际工作中,很多企业重视目标的制定,却不重视计划的制订,而且颠倒了计划与预算的先后关系,把经营计划的制订放在预算编制之后,导致经营计划不是为了战略目标的实现,而只是为了保证预算指标的实现,这显然是本末倒置。同时,缺少经营计划的预算往往会出现"年初抢指标,年末抢花钱"的预算死结,最终导致全面预算管理的失败。因此,在预算管理的实践中必须贯彻执行计划先行原则。

(七)全面控制原则

实施全面预算管理要充分发挥控制功能,从战略转化、预算编制、预算执行到预算考评的全过程都要做到运筹帷幄、有效管控。其中,战略转化阶段要控制投资计划、经营目标不能偏离战略方向;预算编制阶段要控制好企业资源配置重点,确保预算对战略落地的保障性;预算执行阶段要通过实时控制、适时调整、有效反馈等控制措施确保预算目标的实现;预算考评阶段要控制预算考核与奖惩的规范性和严肃性,使预算管理的激励与约束功能得到有效发挥。

二、全面预算管理的特征

全面预算管理与其他管理方法相比具有以下六个方面的鲜明特征:

(一)战略性

全面预算管理是把企业战略、经营目标、绩效指标和经营活动有效结合起来的运营管理系统,凭借计划、整合、协调、控制、激励、评价等综合管理功能,整合和优化配置企业资源,服务于公司战略,是企业战略和经营目标执行与落地的工具。

预算编制是配置资源,细化目标和行动方案,使战略规划和经营目标转化为具体行动计划的活动。同时,预算编制过程中对内外部约束条件的反馈信息也是不断修正、调整战略的重要信息来源。

预算执行与控制是对公司战略规划和经营目标的具体实施,并对战略规划和行动方案不断优化,使之更好地适应企业实际经营情况和市场环境不断变化的需要,确保公司战略规划全方位落地。

预算考评是在企业高层与各分(子)公司、职能部门之间就经营目标、部门目标以及如何实现目标达成共识的基础上,通过激励与约束措施调动各分(子)公司、职能部门以及全体员工的主观能动性和工作热情,促进公司战略实现的绩效管理活动。

全面预算管理过程就是对企业战略进行细化、分解、落实、实施、控制,将战略变为现实的过程。

(二)权威性

全面预算管理的权威性是由全面预算审批机构的权威性和全面预算管理的本质属性所决定的。

(1)全面预算是按照法定程序编制、审查,并经过公司最高权力机构审议批准的。《中华人民共和国公司法》规定:有限责任公司股东会和股份有限公司股东大会行使审议批准公司年度财务预算方案和决算方案的职权。因为财务预算是以经营预算和投资预算为基础编制的,是企业的总预算,所以股东会审议批准公司的财务预算,也就相当于审议批准企业的全面预算。因此,全面预算的权威性是显而易见的。经过公司最高权力机构审议批准的全面预算是上至董事长、总经理,下至每一名员工都必须遵照执行的行动纲领。

(2)全面预算管理的本质属性是以预算为标准的管理控制系统,权威性是其发挥职能作用的必然要求。如果全面预算管理缺乏权威性,企业就不可能建立起有效的以预算为标准的管理控制系统,预算的编制、执行、控制、核算、报告、考评就会困难重重、寸步难行,所谓全面预算管理也只能流于形式、半途而废。

(三) 全面性

全面预算管理的全面性是由全面预算管理的基本属性所决定的。全面预算管理的基本属性就是全面性,如果不具备全面性,也就不能称其为全面预算管理。

首先,全面预算涵盖了企业的所有经营活动、投资活动和财务活动,其预算编制范围不仅包括财务预算,还包括经营预算和投资预算,它对企业经济活动的事前、事中和事后均具有全面控制约束力。

其次,全面预算管理涉及企业人财物各个方面、供产销各个环节,具有"全员参与、全方位管理、全过程控制"的特征,是一项综合性的系统工程。

最后,全面预算管理由预算编制、执行、控制、调整、核算、分析、考评及奖惩等一系列环节组成,是一项综合性、全面性的内部管理活动。

(四) 机制性

全面预算管理的机制性是由全面预算管理的运行机制所决定的。全面预算管理的运行机制就是将企业生产经营活动的决策管理过程机制化、模式化、规范化。

通过实施全面预算管理,企业可以明确内部各层级、各部门的责、权、利区间。在此区间内,企业各层级、各预算部门既有权力又有责任行自己该为之事,且多为不行、少为不可。同时,全面预算管理也使企业各职能机构及责任部门的权力、责任得以具体化。例如,预算的编制权归公司董事会所有;预算的审批、决策权归公司股东会所有;预算的执行权归总经理及各责任部门所有;预算的考评权归人力资源部门所有;等等。当然,企业各层级、各部门在获得权力的同时也承担了相应的责任和义务。全面预算管理正是通过这种近乎机械化的程序,使企业各组织间的责、权、利实现相互制约和平衡有序,在企业内部建立起适应市场需要的自我发展、自我约束、自我管理的经营管理机制。

(五) 适应性

全面预算管理的适应性包括外部适应性和内部适应性两个方面,它是由企业外部环境的变动性和内部环境的特殊性所决定的。

第一,全面预算管理是市场经济的产物,是企业为适应市场经济发展而引入的用于管理、控制企业各项经济活动的管理制度。因此,全面预算管理的实施过程必然要适应外部市场的需要。例如,预算的编制必须以市场为导向,以销售为起点,如果外部市场发生重大变化,编制的预算就应作适应性调整;预算的执行与控制必须贴近市场,要根据外部市场的变化及时调整企业预算的执行策略;预算的考评与奖惩必须紧扣市场,充分考虑市场变化对预算执行结果的正面或负面影响等。

第二,全面预算管理是管理运营企业的手段、工具和方法,它的设置与运行必须符合企业管理的内在要求,必须体现本企业的个性特征,必须与本企业的性质、行业、规模、组织结构、人员素质、产品特点、文化等内部环境因素相互适应。

(六) 融合性

全面预算管理是一个综合管理控制系统,其融合性特征主要体现在以下两个方面:

一是全面预算管理融合了企业的各职能管理系统。全面预算管理将企业战略、计划、市场、销售、生产、供应、工程、设备、研发、财务、人力资源、审计、信息化、行政后勤等职能系统有机地融合在一个管理控制系统之中,它以业务活动为先导、以财务管理为协同,将预算管理活动嵌入企业经营管理活动的各个领域、各个层次、各个环节和各个部门,使之成为"全员参与、全方位管理、全过程控制"的经营管理活动。

二是全面预算管理融合了企业各关键管理控制方法。全面预算管理将企业管理控制经营活动的关键管理方法和工具(如战略管理、目标管理、计划管理、运营管理、内部控制、管理会计、绩效管理、ERP 系统等方法、工具)整合在一起,使之成为上承战略、下接绩效、中间连着经营活动全过程的综合管理控制系统。

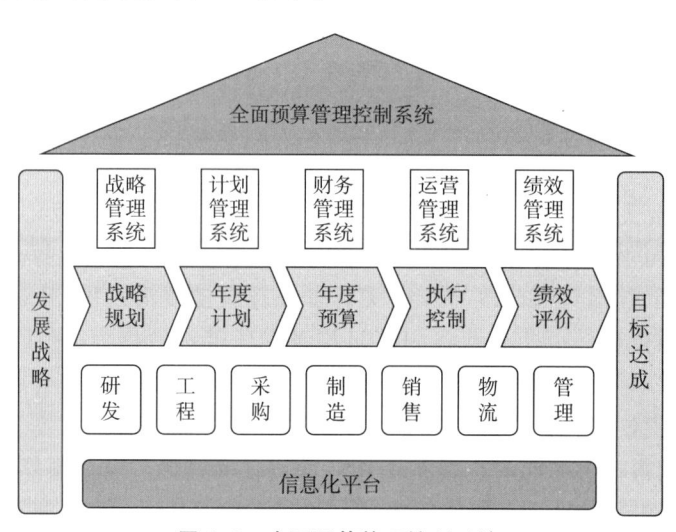

全面预算管理控制系统如图 1-3 所示。

图 1-3 全面预算管理控制系统

三、全面预算管理的功能

全面预算管理具有以下六个方面的功能:

(一) 战略承接功能

战略从宏观上规划了企业未来三年、五年,甚至十年、二十年的发展目标和实施路径。企业要把战略变为现实,就要以战略为导向,制定年度经营目标和年度实施计划,将长期目标转化为短期计划,然后通过编制全面预算化无形为有形、变抽象为具体,将企业战略、经营目标和年度计划转化为量化的、有资源保障的、可以落地执行的行动计划,从而承接战略,保障企业战略得到落地执行并最终实现战略目标。

（二）资源配置功能

全面预算管理是将企业的资金流、实物流、价值流、业务流、信息流、人力流等资源进行有效整合的管理方法，是实现企业整合的基本手段。作为一项系统工程，全面预算管理以战略为导向，以计划为依据，以价值最大化为目标，通过编制全面预算将企业有限的资源加以整合，协调分配到能够促进企业战略落地、提高经营效率和经营效果的职能板块和业务活动中，从而实现企业资源的优化配置，增强资源的价值创造能力，促进企业价值最大化[①]的实现。

（三）激励约束功能

构建责、权、利对等的激励约束机制，充分调动各部门及员工的积极性、主动性和创造性，是确保经营目标如期实现的有效措施，也是促进企业持续发展的重要基础。通过实施全面预算管理，可以将企业各层级之间、各部门之间、各责任单位之间的责、权、利关系予以规范化、明细化、具体化和度量化；可以明确每个部门、每个员工在实现企业经营目标中的责任、权力和利益，明确哪些是应该做的、哪些是不应该做的，以及做好了能得到什么样的奖励、做不好会受到什么样的惩罚，从而有效规范履职行为，对部门、员工都起到激励与约束作用。同时，通过对预算执行结果的考核与奖惩兑现，可以有效激发各部门及全体员工努力完成预算目标的主观能动性，促进企业发展目标的实现。

（四）沟通协调功能

企业经营活动是一个错综复杂、环环相扣的系统工程，任何一个因素、一个环节的变动都会引起整个系统的变动。采购影响生产，生产影响销售，反之亦然。也就是说，企业的每一因素、每一环节都是互相影响、互相制约的，这就要求企业各个部门、各个环节在经营活动中必须做到相互沟通、相互协调、相互配合。实施全面预算管理，不仅可以促使企业各级管理者从整体上考虑企业各个运行环节之间的相互关系，明确各部门的责任，加强沟通协调，避免因责任不清造成相互推诿事件的发生，而且可以将企业各部门纳入一个统一的、有序的预算体系，促进了企业各部门间的合作与交流，减少了相互间的矛盾与冲突。各部门的预算指标是相互衔接、环环相扣的，这就促使企业各级管理者能够清楚地了解本部门在全局中所处的地位和所起的作用，协调好自身发展和企业整体发展之间的有机关系，使企业内部目标一致、步调一致，促成企业发展战略的最终实现。

另外，预算管理的沟通协调功能有助于业财融合，解决财务部门与业务部门的信息不对称问题，保证会计信息的真实性和可靠性。在预算编制、审批、执行、控制、调整、核算、分析、报告、考评的过程中，各业务部门应当与财务部门进行纵向和横向的有效沟通和交流，从而使得业务部门可以了解和知晓经济活动开展对企业财务指标的影响，也使得财务部门了解和熟悉业务部门开展的经济活动，掌握各项经济活动开展对企业财务状况的影响。因此，实施全面预算管理不仅可以增强企业各个层级、各个部门的全局观念，而且有利于财务部门与各业务部门的相互融合，确保各项经济活动在财务报表上得到全面、真实、准确的反映。

---

① 企业价值最大化是指在保证企业长期稳定发展的基础上，使企业总价值达到最大，其基本思想是将企业长期稳定发展摆在首位，强调在企业价值增长中满足各方的利益。

(五) 风险控制功能

预算管理的本质是企业内部管理控制系统,是企业在开展经济活动之前根据预算方案对经济业务进行的授权批准控制。预算制定与执行的过程,就是企业不断用量化工具使企业拥有的资源与企业发展目标保持动态平衡的过程,也是企业在此过程中对其面临的各种风险进行识别、预测、评估与控制的过程。通过编制预算,可以量化经营活动,细化经营计划,避免企业因盲目发展而面临不必要的经营风险和财务风险。在预算执行中,通过责任核算与信息反馈,上级经理可以及时掌握下级经理的预算执行进度与结果,有效管理、控制生产经营活动。通过预算分析与考评,可以揭示执行结果与预算指标之间的偏差,并通过分析差异产生的原因和落实责任,查错防弊,有效控制企业风险。

(六) 考核评价功能

预算评价是全面预算管理永续循环中的承上启下环节,既是上期预算目标实现的必要保证,又是下期预算编制的重要基础。预算指标是企业数量化、具体化的经营目标,也是企业各部门、各员工的工作目标和绩效指标。通过预算的编制和下达,企业上层可以向下层落实责任、下达指标,预算指标也就顺理成章地成为上级评价下级工作绩效的量化标准,可以很方便地对各层级、各部门实施绩效评价和奖惩兑现。因此,预算指标不仅是控制企业生产经营活动的重要依据,还是考核、评价企业及各部门、各员工工作绩效的最佳标准。如果企业不将预算指标完成情况纳入绩效管理系统,不仅会使全面预算管理流于形式,丧失预算的激励约束功能,而且会影响企业绩效管理的客观性和公正性。因此,将预算管理与绩效管理有机结合起来,不仅可以有效调动各部门、各员工的工作热情,促进各项预算指标的完成,而且有利于实现企业战略管理、计划管理、预算管理、绩效管理的"四位一体"无缝对接。

第五节　推行全面预算管理的必要性

一、从发达国家企业运用全面预算管理的原因,看企业推行全面预算管理的必要性

在经济发达国家,企业运用全面预算管理的普及率几乎达到百分之百的程度,全面预算管理早已成为经济发达国家企业必备的、基础性的管理制度,是广大投资者和企业家管理运营企业的一种基本的方法和手段。20世纪80年代对美国400家大中型企业的一项调查表明,美国几乎所有大中型企业都在运用预算管理,其调查情况如表1-1所示。[①]

---

① 齐默尔曼.决策与控制会计[M].2版.邱寒,熊焰韧,李芳,译.大连:东北财经大学出版社,2000:277.

表 1-1 美国 400 家大中型企业运用预算管理情况调查

序号	企业类型	运用预算方法的企业占比(%)
1	商业银行	98
2	各种金融、财务机构	93
3	各种服务机构	100
4	医疗机构	100
5	人寿保险企业	96
6	大型生产制造企业	100
7	中型生产制造企业	98
8	批发商与零售商	97
9	交通运输企业	94
10	公共事业企业	96
11	其他	83

为什么经济发达国家企业将全面预算管理作为必备的、基础性的企业管理制度呢？笔者认为，最主要的原因来自以下四个方面：

一是全面预算管理从理论到方法都已十分成熟，并被实践证明确实是运营、管理现代企业的有效手段和方法。经济发达国家企业运用全面预算管理已经有一百多年的历史，在这期间，全面预算管理经历了引入期和发展期。进入 20 世纪 80 年代后，伴随着信息时代的到来，全面预算管理步入了成熟期。全面预算管理的理论和方法在经济发达国家已经深入人心，成为广大企业家经营、管理现代企业的必修课和必备技能。

二是经济发达国家实行的市场经济制度，迫使企业必须寻求和运用与市场经济相适应的企业管理制度与方法。市场经济区别于计划经济的明显特征是：企业的生产经营活动在国家法律和政策允许的范围内由企业自主运行。全面预算管理正是在市场经济条件下，企业对预算期内的生产经营活动进行合理规划和描述，并对预算执行过程与结果进行有效控制的管理制度和方法。

三是经济发达国家企业控制权、决策权、指挥权、监督权四权分离的公司治理结构，客观上需要实行全面预算管理制度来加以制衡。首先，股东会通过审议、批准全面预算，可以行使股东对公司的最终控制权，体现其对公司的所有权；其次，董事会通过制定全面预算，可以行使董事会对公司的经营决策权，体现其对公司的法人财产权；再次，经理班子通过执行全面预算，可以行使经理人对公司的经营指挥权，体现其对公司的法人代表权；最后，监事会通过监督、检查全面预算的执行情况，可以行使监事会对公司的监督权，体现其对公司的出资者监督权。

四是大集团、大公司，特别是跨地区、跨国度经营的公司组织模式，客观上需要采用全面预算管理制度来运营、控制和管理。19 世纪末至 20 世纪初，美国的很多公司都面临由工厂制企业转变为公司制企业所带来的管理分散化问题。正是杜邦公司和通用汽车公司的决策者成功地将国家预算管理的模式引入企业管理，才有效地解决了分公司、子公司与公司总部之间的目标一致性问题，为大公司的跨地区、跨国度经营探索出一种行之有效的控制方式。此后，预算管理方式很快风靡经济发达国家，为这些国家的企业转型为分公司、子公司遍布世界各地的巨型跨国公司奠定了坚实的基础。

目前，中国企业推行全面预算管理的四个因素都已基本具备：

首先，全面预算管理在20世纪80年代随着西方管理会计理论被引入我国后，经过四十多年的不懈努力，其理论和方法在我国已经日臻成熟，同时在许多企业中得到应用并取得显著成果。

其次，改革开放以来，我国逐步探索和实行了社会主义市场经济体制，企业成为自主经营、自负盈亏、自我发展、自我约束的法人实体和市场竞争的主体，在法律和国家政策范围内，政府不干预企业的生产经营活动。因此，企业建立与社会主义市场经济相适应、以全面预算为轴心的运营机制也就是理所当然的。

再次，随着现代企业制度的建立，特别是经过企业的股份制改造，中国企业逐步建立和完善了控制权、决策权、指挥权、监督权四权分离的公司治理结构，推行全面预算管理制度是将股东会、董事会、监事会、经理班子的"三会四权"落到实处的唯一选择。

最后，随着世界经济一体化的进程，越来越多的中国企业由过去的单一公司经营模式发展为以资本关系为纽带的多公司、跨地区、跨行业甚至跨国度经营的集团化公司模式。集团总部通过推行全面预算管理，可以将各个层级、各个单位、各个成员的具体目标与集团公司的总体目标连接起来，共同围绕集团公司的总体目标不懈努力。

因此，从经济发达国家企业运用全面预算管理的因素分析，我国企业推行全面预算管理是必要的。

二、从落实《中华人民共和国公司法》，看企业推行全面预算管理的必要性

《中华人民共和国公司法》第三十七条第五项规定，有限责任公司股东会"审议批准公司的年度财务预算方案、决算方案"；第四十六条第四项规定，有限责任公司董事会"制订公司的年度财务预算方案、决算方案"。财务预算是全面预算不可分割的有机组成部分，是经营预算和投资预算的联产品。也就是说，没有经营预算和投资预算，财务预算就会成为无源之水、无本之木。因此，《中华人民共和国公司法》有关企业财务预算的规定，也就是有关企业全面预算的规定。

《中华人民共和国公司法》是国家的法律，是在中国境内所有公司都必须遵守的法律制度和经营运作规范，也是中国企业构建公司治理结构的基本依据。显然，如果企业不实行全面预算管理制度，就不可能制订出切合企业实际的、科学的年度财务预算方案和年度决算方案。公司股东会、股东大会"审议批准公司的年度财务预算方案、决算方案"就会变成一场例行公事的游戏。因此，全面预算管理不是企业该不该、想不想实行的问题，而是企业必须实行的一项基本制度。

三、从建立现代企业制度和完善公司治理结构,看企业推行全面预算管理的必要性

建立现代企业制度是发展社会化大生产和市场经济的必然要求,我国所要建立的现代企业制度,就是在社会主义市场经济条件下,根据现代企业的内在要求,按照世界通行的国际惯例和标准,塑造适应社会主义市场经济发展要求的能自主经营、自负盈亏、自我发展、自我约束的法人实体和市场竞争主体。现代企业制度包括企业的产权制度、管理制度、契约制度、人格化制度、法人治理结构和组织结构。其中,建立和完善企业法人治理结构是建立现代企业制度的核心内容。

公司治理也称公司治理结构、企业法人治理结构等,是现代企业制度中最重要的架构。联合国经济合作与发展组织(OECD)1999年制定的《公司治理原则》给公司治理所下的定义为:公司治理是一种据以对工商业进行管理和控制的体系。公司治理明确规定了公司各个参与者的责任和权利分配,诸如董事会、经理层、股东和其他利益相关者,并且清楚地说明决策公司事务所应遵循的规则和程序。同时,它还提供了一种结构用于设置公司目标,也提供了达到这些目标和监控运营的手段。可见,公司治理本质上是一种制度装置,是处理董事会、经理层、股东和其他利益相关者间相互关系和权力制衡的契约,其核心就是协调各利益相关者的责、权、利关系,也就是公司股东会、董事会、监事会和经理人之间特有的"三会四权"分权制衡的组织制度和运行机制。

公司治理中的"三会四权"可以从两个方面来理解:一方面,它是一种产权结构,即公司内部各产权主体之间的关系。股东会是出资者所有权的主体,董事会是法人财产权的主体,而股东会派生出的监事会是出资者监督权的主体。另一方面,它又是公司治理结构。按照这种治理结构的内在规定,股东会行使最终控制权,董事会行使经营决策权,经理人行使经营指挥权,监事会行使监督权。上述四权相互独立、相互制约、有机组合,发挥公司治理的整体效能。同时,产权结构与治理结构之间的关系如下:

第一,产权结构是治理结构的基础。有了股东会的出资者所有权,才会有其最终控制权;有了董事会的法人财产权,才会有其经营决策权;有了经理人的法人代理权,才会有其经营指挥权;有了监事会的出资者监督权,才会有其监督权。只有在这种产权结构基础上,公司治理才能健康运行。

第二,治理结构是产权结构的实现形式。只有股东会拥有对公司的最终控制权,才能体现其对公司拥有所有权;只有董事会拥有对公司的经营决策权,才能体现其对公司拥有法人财产权;只有经理人拥有对公司的经营指挥权,才能体现其对公司拥有法人代理权;只有监事会拥有对公司的监督权,才能体现其对公司拥有出资者监督权。

只有在健全、规范的公司治理结构前提下,企业的"三会四权"才能正常发挥功能,产权结构的各项职能才算真正到位。

目前,我国企业的公司治理结构在法规制度上分三个层次:

第一个层次是《中华人民共和国公司法》,它是国家颁布的适用于中国境内所有公司的高度抽象的法律制度,是我国公司制企业的根本大法。

第二个层次是各公司注册成立时由发起人和股东共同签署的公司章程,它属于中间

层次的法规性契约,是公司经营运作的基本规范。

第三个层次是企业的具体规章制度,它是以《中华人民共和国公司法》和公司章程为依据,结合本企业的具体情况和市场的具体环境、具体规定,确定股东会、董事会、经营者,尤其是企业内部各部门乃至每个员工的责、权、利关系,明晰其权限范围和责任区域的制度性文件。

全面预算管理正是这样一种可以将各利益相关者的责、权、利进行细化、具体化、度量化的第三个层次的制度装置。全面预算管理以委托代理理论和信息经济学原理为基础,重点构建了企业组织内部分级管理体系。它通过分权、授权,对企业内部的所有事项进行责、权、利划分,形成了从股东会、董事会、监事会、总经理班子、部门经理到每一个员工的责、权、利管理体系。通过实施全面预算管理,企业可以健全和完善法人治理结构。

总之,通过实施全面预算管理,企业可以规范各个利益主体对企业具体的约定投入、约定效果及相应的约定利益;可以真实反馈各个利益主体的实际投入及其对企业的影响;可以检查契约的履行情况并实施相应的奖惩,使企业在既定的公司治理结构内细化治理,提高公司治理的有效性,从而健全和完善法人治理结构,建立现代企业制度。

四、从推行全面预算管理的重要意义,看企业推行全面预算管理的必要性

推行全面预算管理对于企业建立和完善现代企业制度、完善企业产权制度、提高企业管理水平、增强企业市场竞争力都具有十分重要的意义。

(一)实施全面预算管理,是企业产权制度变革的必然趋势,也是完善公司治理结构的必然要求

在传统的计划经济体制下,我国的企业只有单一的投资者——国家,企业相当于国家这个大公司的一座工厂,企业维持简单再生产或扩大再生产所需的资金由国家无偿拨付。国家还通过统购、统销、统价,从政策上让一些工厂赚钱、让另一些工厂亏钱,最后由国家这个大公司来汇总盈亏。当时企业实现的利润全部上缴国家,亏损则由国家给予全额补偿。因此,所有者(国家)对企业所关注的是其能否完成国家下达的产品生产任务;作为企业的经营管理者,其重点也是千方百计地完成国家下达的产品生产任务。

我国实行社会主义市场经济体制后,随着改革的不断深入,企业逐步做到了产权清晰、权责明确,而且部分企业实现了所有权与经营权的分离。随着企业产权的清晰和企业产权结构的多元化,出资者、经营者及员工之间的关系有了更加复杂的变化。如何明确和规范出资者、经营者、员工三者之间的责、权、利关系,如何保护出资者、经营者、员工的合法权益,如何限制和约束经营者的越权行为,如何保证公司股东会、董事会、监事会、经理班子发挥各自的职能作用,如何确保公司远景规划、经营目标、年度计划的落实等都是不可回避的重大问题。解决的办法除完善公司法人治理结构外,更重要的是利用全面预算这一强有力的管理手段,实现出资者对经营者的有效制约以及经营者对公司经营活动、对公司员工的有效计划、控制和管理。因此,实行全面预算管理,是出资者、决策者和经营者管理运营现代企业的必然选择。

（二）实施全面预算管理，是我国企业管理的一次重大革命，将使我国企业管理进入一个新的历史阶段、提升到一个新的高度

在工业发达国家，特别是美国的企业管理历史上曾经发生过两次重大革命。第一次革命发生在19世纪末20世纪初，以"泰勒制"的产生为标志。"泰勒制"在工业发达国家的历史上第一次将企业管理从"蒙昧"带入"科学"。泰勒及其追随者们将劳动过程的标准化与奖惩制度有机结合起来，成功解决了工厂经营效率问题。第二次革命是在第一次革命的基础上于20世纪40年代前后发生的，以杜邦模式和通用模式的形成为标志。杜邦公司三位堂兄弟、斯隆以及哈佛十神童为此作出了重要贡献，成功解决了集团公司的整合问题，为美国企业建成分公司、子公司遍布世界各地的巨型跨国公司奠定了基础。[1]

在我国，过去七十年的发展过程中涌现出大批成本管理的典范，特别是20世纪90年代邯郸钢铁公司推行的"模拟市场核算，实行成本否决"管理方法，在国务院和国家经济贸易委员会的推动下风靡全国，表明我国企业管理已经基本完成第一次革命。历史是一面镜子，参照美国企业管理的历史，第二次企业管理革命的核心内容就是在我国企业中实行全面预算管理，为我国企业家驾驭巨型公司提供方法和手段。全面预算管理的实施，将有效消除集团公司内部组织机构松散的弊病，实现各层级、各单位、各成员的有机整合，与国际大公司的管理惯例接轨，进一步提高企业的经营管理效率，提升经营管理者把握未来的能力，使企业管理实现从粗放型向集约型的转变，提高我国企业的国际竞争能力。

---

[1] 《管理会计应用与发展典型案例研究》课题组.我国集团公司预算管理运行体系的新模式：中原石油勘探局案例研究[J].会计研究，2001(8)：32-42.

Chapter 2 第二章

全面预算管理保障体系

全面预算管理保障体系是指为了实现全面预算管理规范、有效运行,需要建立或具备的实施基础、组织体系、管理制度及控制体系建设、信息系统建设等运行平台。实施全面预算管理涉及企业管理的方方面面,为了保证全面预算管理运行的规范性和有效性,企业必须建立健全与本企业预算管理应用水平相适应的保障体系,营造和创建促进预算管理规范、有效运行的应用环境,为全面预算管理在企业的有序、健康运行提供有力支撑。

第一节 全面预算管理实施基础

实施全面预算管理是企业管理的一场革命,它涉及企业的法人治理结构、管理模式、控制体系、管理方法和分配制度,必然会对传统企业管理思想造成巨大冲击。只有营造和创建良好的应用环境和氛围,提高各级领导对全面预算管理正确的认知,调动全体员工自觉参与全面预算管理的积极性,发挥财会人员的主力军作用,构建预算与绩效管理一体化考评机制,夯实定额管理、价格管理等基础管理工作,才能为全面预算管理的有效推行创造条件、铺平道路。

一、企业领导对预算管理的认知

全面预算管理是一个庞大的、错综复杂的系统工程,只有各级领导亲自抓、亲自管才能取得应有的成效;否则,全面预算管理的实施很难取得预期效果。换句话说,企业领导层对全面预算管理的认知程度决定着实施全面预算管理的力度,决定着全面预算管理在企业实施的成功与失败。为此,各级领导特别是主要负责人要进行全面预算管理的系统培训和学习,从以下五个方面提高对全面预算管理的认知:

第一,全面预算管理是企业法人治理结构的重要组成部分,是建立和完善现代企业制度的重要措施。实施全面预算管理是涉及《中华人民共和国公司法》的法定内容,不是企业可实行、可不实行的问题,而是企业必须实行的一项最基本的制度。

第二,推行全面预算管理是国内外成功企业的成功经验,世界上的大企业、强企业都在推行全面预算管理;国务院国有资产监督管理委员会、财政部也都颁布规章、文件,要求企业推行全面预算管理。推行全面预算管理既可以有效保障企业投资者的权益,又可以规范决策者、管理者的行为,维护全体员工的合法权益,提高企业的经济效益,是一件利国、利企、利民的好事。因此,推行全面预算管理是大势所趋,势在必行。

第三,全面预算管理是涉及整个企业的综合性、系统性、全局性的管理活动,它要求企业销售、生产、采购、人力资源、技术等各部门共同参与,仅仅依靠财务部门是不可能完成全面预算管理重任的。

第四,全面预算管理是标准的"一把手工程",没有各级"一把手"的重视、支持和参与,全面预算管理是不可能搞好的。在国外,企业预算委员会都是由董事长、总经理亲自挂帅,从而使全面预算管理拥有权力方面的有效保障。

第五,全面预算管理是一项技术性很强的管理方法,其内容包括战略转化、预算编制、预算审批、预算执行、预算控制、预算核算、预算分析、预算考核、预算奖惩等一系列管理活动,必须从人力、物力、财力各方面给予足够的重视和支持。

问渠那得清如许? 为有源头活水来。只有企业各级领导真正从思想上认识到全面预算管理的重要性,才能为全面预算管理的成功实施奠定坚实的基础。

二、全体员工的参与和配合

全面预算管理涉及企业生产经营活动的方方面面和各个环节,而这些方方面面、各个环节的工作都是由企业不同部门、不同岗位的员工分工协作完成的。就在全面预算管理中扮演的角色而言,全体员工是预算的具体执行者,而只有预算的具体执行者才最熟悉情况,预算编制的水平如何、如何完成预算,他们最有发言权。所以,推行全面预算管理必须以人为本,要让企业全体员工积极参与预算的编制、执行和控制,为更好实施全面预算管理献计献策。同时,只有让企业员工参与预算管理的过程,才能使预算易于被广大员工接受,全面预算管理才有可靠的基础。此外,成功动员企业全体员工积极参与全面预算管理,也可以有效减少领导与员工之间因信息不对称而可能受到的消极和负面影响,从而有利于企业生产经营活动的顺利进行。因此,让全体员工直接或间接地参与全面预算管理的整个过程是全面预算管理成功实施的重要前提。企业必须重视对全体员工的宣传教育和技能培训,调动全体员工参与全面预算管理的积极性和主动性。

三、高素质的财会队伍

尽管全面预算管理不是一项单纯的财务工作,但其核心是企业生产经营活动中的资金运动,财务部门无疑是企业实施全面预算管理的主力军,因此财会人员素质直接关系到全面预算管理能否成功实施。这就要求广大财会人员必须从理论和实务两个方面努力学习、掌握全面预算管理知识,提升全面预算管理的操作技能;同时,要在财务管理的广度、深度和力度上下功夫,全面提高自身能力和素质。所谓广度是要求财会人员必须树立大财务的观念,将财务管理与经营活动有机地结合起来,走出就"账"论"账"的狭小天地,把自己塑造成既精通财务会计又精通经营管理的复合型人才。所谓深度是说财务管理不能纸上谈兵,财会人员必须把财务管理落到生产经营活动的实处,使企业的每项资源都能得到充分利用。所谓力度是要求财务部门充分利用财会信息的权威性,在编制预算、审批预算、执行预算和预算考评时,做到严肃认真、权责分明。唯有如此,才能发挥财会人员在全面预算管理中的主力军作用,全面预算管理才能不流于形式、取得实效。

四、以财务管理为中心的理念

企业实施全面预算管理,必须树立以财务管理为中心的企业管理理念。1949年以来,随着社会经济的发展和经济体制的改革,中国的企业管理经历了三次"管理中心"的演变,即由计划经济时期的以生产管理为中心,转变到改革开放初期的以营销管理为中心,到如今已转变为市场经济条件下的以财务管理为中心。

市场经济条件下,企业经营环境复杂多变,经营风险越来越大。要确保企业的利润最大化,就必须重视财务管理的职能作用,发挥财务管理预测、决策、计划、控制、分析、考核等方面的功能。要特别强调的是,财务管理不仅是财务部门的职责;以财务管理为中心,也绝对不能理解为以财务部门为中心。企业的人财物各个方面、供产销各个环节,从科室到车间,上至总经理,下到每一名员工,人人都要树立财务管理的思想,人人都要参与财务管理,一切生产经营活动都要比较投入产出,都要追求经济效益,都要考虑财务成果,使财务管理成为企业全员的、全方位的、全过程的管理。例如,采购部门在采购活动中要货比三家,在保证采购物资质量的前提下,围绕努力降低物资采购成本,从而加强财务管理;生产部门在产品制造过程中,要努力保持稳定高产,降低消耗,节约制造费用,围绕降低产品制造成本,从而加强财务管理;销售部门要在产品价格合理的前提下,围绕提高产销率,降低销售费用,提高货款回收率,杜绝呆账、坏账发生,从而加强财务管理;仓储部门要在保证生产所需的前提下,围绕压缩物资库存,及时清理积压物资,盘活存量物资,节约资金占用,从而加强财务管理;产品开发与设计部门要在保证完成新产品开发任务和保证产品质量的同时,围绕降低新产品设计成本,不断改进和提升加工工艺,从而加强财务管理;各管理部门要根据各自的职能分工和职责范围,围绕提高工作质量,提高工作效率,努力降低各项管理费用支出,从而加强财务管理。可以说,企业的一切工作都与财务管理有着密切的关系,财务目标是统驭企业一切经营活动的中心环节,企业从上到下都要围绕财务管理开展工作。只有这样,企业的全面预算管理才能真正落到实处、发挥作用。

五、预算与绩效管理一体化考评机制

预算结果与奖惩挂钩是全面预算管理有效运行的重要保障。只有将预算结果与奖惩挂钩,才能切实发挥预算管理的效能。如果预算目标完成或完不成与奖惩毫无关系,那么预算目标分解、预算编制、预算执行就会变得异常简单。因为不与奖惩挂钩的预算充其量也只是仅供参考的奋斗目标,预算执行部门没有什么压力和动力,大家不会重视,更不会尽全力去完成这些预算目标,所谓全面预算管理也必然会流于形式,所以实施全面预算管理必须确立预算考评与奖惩是全面预算管理生命线的理念。按照责、权、利三统一的要求,要建立健全预算激励与约束机制,明确预算执行部门及每名员工的责任和权利,将所有的预算责任落实到相应部门和相关岗位;要建立严格的预算考评制度,使预算执行结果与奖惩密切挂起钩来,使执行预算、确保完成预算目标成为所有部门和全体员工的自觉行动。同时,企业必须构建预算管理与绩效管理一体化的绩效考评机制,实现预算考评指标与绩效考评指标的一体化。这样既可以避免传统绩效考评按照"德能勤绩"四个维度对员工进行综合考评的主观性太强、员工认同度低、激励效果不理想的弊端,又可以有效提高各部门和全体员工对全面预算管理的重视程度,促进全面预算管理取得预期效果。

六、预算管理基础工作

预算管理基础工作是指为实施全面预算管理提供资料依据、标准、基本手段等必不可少的各项基本工作,主要包括原始记录、定额工作、价格工作、计量工作、标准化工作等内容。在预算编制过程中,需要各类定额指标、价格数据和企业内外部的信息资料,如果不能提供这些基础的数据和资料,或者不能保证提供准确有效的信息资料,预算编制将无法正常进行;在预算执行过程中,需要进行核算与控制,如果缺乏必要的计量工具和控制标准,预算执行过程将难以得到准确核算和有效控制;预算分析、考评、奖惩过程涉及大量的信息资料,如果信息不全、反馈失真,预算分析评价工作也将无法有序运行。因此,预算管理基础工作与全面预算管理息息相关,实施全面预算管理必须夯实预算管理的各项基础工作。

(一)原始记录

原始记录是用来记载经济业务和完成情况的书面证明,它能及时反映生产经营活动的原始状态,是预算编制、执行、控制、核算、分析、考评的重要依据。

原始记录的基本要求有三个:一是全面完整,企业所有的经营活动都要有原始记录;二是真实可靠,原始记录内容反映经营活动的本来面目,不得弄虚作假、肆意杜撰;三是序时、及时,原始记录要按业务发生的先后顺序及时记载,一项经济业务发生后要立即填制原始凭证并及时传递,做到不积压、不拖延、不事后补制。

(二)定额工作

定额工作是指对各种消耗、费用、资金等定额的制定、执行和管理工作,是推行全面预算管理必须加强的基础工作。因为很大一部分预算指标都是按照业务量乘以定额确定的,如果企业没有制定消耗定额、工时定额、工资定额、储备定额、资金定额、费用定额等一系列基本定额,那么很多预算是没法编制的,而且各类定额的制定质量也直接影响预算的编制质量。

因为定额是在一定的生产技术和生产组织条件下,在充分考虑人的主观能动性的基础上,在人力、物力、财力配置、利用、消耗等方面确定的标准,所以定额工作不仅是全面预算管理的基础工作,也是销售、生产、采购、计划、财务、人力资源、物资管理乃至整个企业管理的重要基础工作。定额的种类很多,涉及全面预算管理的主要有劳动定额、生产及设备定额、物资定额、资金定额、费用定额五大类。

定额工作的基本要求有四个:一是落实责任,建立健全定额管理制度;二是切实可行,制定先进合理的各项定额;三是持之以恒,搞好定额的贯彻执行;四是动态管理,及时修订各项定额。

(三) 价格工作

价格工作是指对企业各种原材料、半成品、备品备件、燃料动力、劳务及产成品价格的制定、执行和管理工作,包括外部结算价格工作和预算价格工作。外部结算价格是根据市场情况和企业具体情况而制定的产品对外销售价格和生产经营所购物资的采购价格;预算价格也称计划价格,是企业为了编制预算和责任核算而制定的各种原材料、半成品、备品备件、燃料动力、劳务及产成品的内部价格,是编制预算必不可少的基础资料。

为了使全面预算管理顺利运行,每年第四季度企业必须将下一年度的预算价格手册编制完毕。预算价格手册的编制是一项非常复杂的工作,既涉及方方面面的价格内容,又需要理顺各个部门、各个环节、各个层次的相互关系。因此,企业必须将"全面、科学、系统、合理、适用"的方针贯彻到预算价格制定的全过程,要以财务部门为主,会同采购、物资、销售、生产、技术、设备等部门共同研究编制。应特别注意各分(子)公司、车间的劳务、半成品、产成品预算价格的比价关系要相对合理,避免因比价不合理而形成部门之间的苦乐不均,影响各公司及员工的工作积极性。年度预算价格一经确定,必须严格执行并保持相对稳定,一般情况下,在一个预算年度中价格不宜变动,以便保持政策的连续性。当预算价格差异率绝对值超过10%时,就应及时进行修订,以防止价格差异过大造成预算失真现象。

(四) 计量工作

计量工作是指对生产经营活动中有关物质进行的计量、检定、测试、化验、分析等方面的技术和管理工作。它主要是运用科学的方法和手段,从数量和质量两个方面反映、测定企业购销、生产和经营活动状况,为企业的生产经营活动、会计核算提供准确的依据。显然,如果没有准确的计量,就不可能获得准确的数据,也就无法据以准确地进行各项管理工作,更不可能使全面预算管理发挥应有的效能。

企业加强计量工作,主要应抓好以下三个方面的工作:一是完善计量制度,配备计量人员;二是充实计量器具,明确计量范围;三是做好计量器具的检查、维修工作。

(五) 标准化工作

标准化工作是指对生产经营活动各项标准的制定、执行和管理工作,主要包括技术标准化和管理标准化两个方面的内容。技术标准是对生产经营活动中有关质量、规格、结构以及检验方法等技术事项作出的统一规定,是进行生产技术活动的依据。管理标准是企业为了合理组织生产经营活动,便于各级机构有效地行使管理职能,对重复性的管理工作、任务、程序、内容、方法、要求和考核奖惩办法等管理事项作出的统一规定,是科学组织、管理生产经营活动的依据。它是促使企业的生产、经营、技术以及各项管理工作达到科学化、规范化、制度化和高效化的重要措施,是管理现代企业,搞好分工协作,促进经济、技术发展的重要手段。加强标准化工作,使企业的生产经营活动接受科学标准的约束,不仅有利于建立良好的生产经营活动秩序,保证产品质量,提高工作效率,增加经济效益,而且为预算编制特别是成本费用类预算的编制提供编制依据,有利于全面预算管理活动的顺利进行。

加强标准化工作,需要抓好三个方面的工作:一是及时做好企业各项标准的制定、执行、检查和修订工作;二是认真组织和贯彻执行各项标准,保证产品质量和工作质量符合或高于国家规定的各项标准;三是积极扩大企业内部标准化的工作范围,构建内容完整、结构优化、定额科学、程序规范、修订及时的标准体系,为管理规范化、现代化创造良好的工作环境。

七、预算管理信息系统建设

预算管理信息系统是指利用计算机和信息技术,对全面预算管理系统进行集成、转化和提升所形成的信息化管理平台。当今世界,科技进步日新月异,互联网、云计算、大数据等现代信息技术深刻改变着人类的思维、生产、生活、学习方式,深刻展示了世界发展的前景。全面预算管理的预算编制、预算执行、预算考评过程,实际上也是信息处理的过程。传统预算管理一般借助电子表格(如 Excel)进行信息采集、加工、处理和传输。电子表格是一款具有计算功能和图表功能的个人计算机数据处理软件。然而,电子表格毕竟只是一款数据处理软件,不是信息系统,它只能实现对数据的简单记录和人工操作下的信息处理,不能实现企业供产销各个环节、人财物各个方面的数据共享和智能化处理。要彻底改变预算编制时间长,预算编制、执行和考评三个环节容易相互脱节的弊端,就必须将预算管理与信息技术结合起来,构建全面预算管理信息处理系统,实现预算管理系统与 ERP 系统的信息共享和一体化运作。

需要注意的是,全面预算管理是一个错综复杂的管理控制系统,除数据化的信息处理外,更大、更复杂的工作是定性化的预测、决策、执行、控制、调整、分析与考评。因此,实现全面预算管理与 ERP 系统的无缝对接绝非易事。根据美国著名杂志 *CFO* 公布的 2002 年统计数据,17%的谨慎观察者一般采用分项预算,各子系统之间处于非集成状态,主要用 Excel 作为预算管理的软件工具或以此建立预算系统;46%的跟随者将部分业务子系统与预算集成,做到部分业务驱动预算,并有功能比较简单的预算管理系统;31%的早期采用者基本实现业务子系统与预算集成,做到部分业务驱动预算,并进行动态预测;6%的领导者将业务子系统与预算完全集成,做到业务驱动动态预算和预测,并有完善的预算管理系统支持,同时有些企业实现了核心企业预算与客户、供应商之间的集成。

自 1981 年沈阳第一机床厂引进我国企业第一套制造资源计划(MRPII)软件至今,成千上万家企业实施了 ERP 项目,但成功率很低。中国信息经济学会电子商务专委会副主任王汝林认为,信息化是国内企业发展的必然趋势,但企业在实施 ERP 的过程中要注意认识不足、项目实施方案存在重大缺失、实施服务链断裂三大问题,而这正是目前企业 ERP "失败率居高不下"的关键所在。[①]

笔者认为,我国企业目前 ERP 项目成功率低的原因有很多,但最主要的原因是缺乏既精通 ERP 又精通企业管理的复合型人才。ERP 人员和管理人员根本未在一个空间维度上说话和思考问题,在这种情况下,ERP"失败率居高不下"也就成了必然。

美国著名的数据管理专家威廉·德雷尔(William Durell)有句名言,"没有卓越的数据

---

① 国内企业 ERP 面临三大困境[EB/OL].(2018-08-09)[2023-04-25]. http://m.canet.com.cn/view-607406-1.html.

管理，就没有成功高效的数据处理，更建立不起整个企业的计算机信息系统。"信息系统的基础是信息资源管理，信息资源管理的核心是进行总体数据资源规划，通过对企业基础数据的重新组织，建立统一的数据标准，才能为企业信息系统建设打下坚实的基础。因此，企业在注重培养既懂信息化又懂管理的复合型人才的同时，必须十分重视信息资源的规划与管理，切实搞好数据库建设和日常维护，同时要加强业务流程梳理和表单体系建设，夯实预算管理信息化的基础；否则，就会"理想很丰满，现实很骨感"。

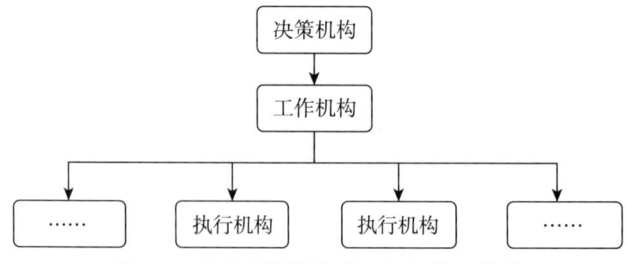

第二节 全面预算管理组织体系

全面预算管理组织体系由预算决策机构、工作机构和执行机构共同组成，是承担战略转化以及预算编制、预算执行和预算考评各个阶段预算管理活动的责任主体。它是全面预算管理有序开展的基础环境，是全面预算管理能否正常运行并发挥作用的关键性主导因素。

一、预算管理组织体系的构成与设置原则

预算管理组织体系由预算决策机构、工作机构和执行机构组成。预算决策机构是指组织领导企业全面预算管理的最高权力机构；预算工作机构是指负责战略转化，预算的编制、审查、协调、控制、调整、核算、分析、反馈、考评与奖惩的组织机构；预算执行机构是指负责预算草案编制、预算执行的各个责任预算执行主体。

预算决策机构和工作机构不仅承担相应的预算管理责任，而且预算决策机构和工作机构中的某些成员就在预算执行机构中担任负责人的职务。因此，对于企业的绝大多数职能管理部门而言，它们都具有预算工作机构和预算执行机构的双重身份。所以，预算决策机构、工作机构和执行机构并非绝对相互分离的三个层面。

全面预算管理组织体系构成如图2-1所示。

图2-1 企业全面预算管理组织体系构成

由于各企业的经营规模、组织结构、行业特点、内外部环境等情况各不相同，在全面预算管理组织体系的具体设置上可采取不同方式，并遵循如下五项基本原则：

（一）科学、规范原则

科学、规范是指设置的全面预算管理组织体系既要符合全面预算管理的内在规律，又

要符合《中华人民共和国公司法》、本企业的公司章程中有关法人治理结构的规定。例如，《中华人民共和国公司法》明确规定，年度财务预算方案的制订职权由公司董事会行使，年度财务预算方案的审议批准职权由公司股东会行使，这些条款都使各企业在设置全面预算管理组织体系、划分有关机构的责任与权力时不能与法律、法规相抵触。

（二）高效、有力原则

高效、有力是指全面预算管理机制的运行要反应敏捷、作用有力、执行坚决、反馈及时，这是现代经济社会对组织管理的基本要求。设置全面预算管理组织体系的目的在于充分、有效地实施全面预算管理职能，确保全面预算管理活动的顺利运行。显然，只有高效、有力的组织机构才能保证此目的的实现。

（三）繁简适度、经济适用原则

全面预算管理组织体系的建立一定要结合本企业的实际，既不能搞烦琐哲学、摆花架子，又不能过于简单。因为，繁简适度的组织体系是全面预算管理机制高效运行的基础。庞大、臃肿的预算管理机构，不仅会增加预算管理的成本，而且会降低管理效率，造成管理混乱，甚至危及全面预算管理的运行。提高经济效益是全面预算管理的根本目的，如果开展全面预算管理会导致费用上升、效益下滑，那将得不偿失。相反，过于简单的组织机构又难以担起全面预算管理的重任，容易顾此失彼、疲于应付，最终导致全面预算管理的失败。因此，繁简适度、因企制宜地设置全面预算管理组织体系，并配备数量适中的工作人员，对每一个实施全面预算管理的企业而言都是非常重要的。

（四）全面、系统原则

全面预算管理是以预算为标准，对企业经营活动、投资活动、财务活动进行控制、调整、核算和考评的一系列管理活动。它既涉及企业人财物各个方面，又涉及企业供产销各个环节，是一个全员参与、全过程控制的系统工程。因此，企业应本着全面、系统的原则，从以下两个方面建立健全全面预算管理组织体系：

一是明确预算决策机构、工作机构和执行机构的设置及组成人员，落实各机构在全面预算管理中的责任和权力。

二是全面预算管理组织体系的建设要与企业组织机构相适应，在由多级法人组成的集团公司、母子公司内部，应相应建立多级预算决策机构、工作机构和执行机构，避免出现全面预算管理活动相互脱节，甚至管理空白的现象。

（五）权责明确、权责相当原则

全面预算管理是以人为本的管理活动，全面预算管理的各个组织机构必须要有明确、清晰的管理权限和责任。只有做到权责明确、权责相当，才能在实施全面预算管理中减少或杜绝"扯皮"现象。

权责明确是指应根据全面预算管理组织机构所从事的具体活动，明确规定其应承担的经济责任，同时赋予其履行职责所必需的权力。

权责相当是指权力和责任是对等的。有多大权力，就应该承担多大的责任；反之，承担多大的责任，就应该拥有多大的权力。有责无权、责大权小，责任无法落实；有权无责、权大责小,就会造成权力滥用。只有权责匹配,将责、权、利有机结合起来,才能使全面预算管理活动充满生机和活力。

二、预算管理决策机构

预算管理决策机构是对企业预算管理有领导决策权,能够对全面预算管理重大事项作出决定的组织机构。预算管理决策机构在全面预算管理组织体系中居于核心地位,主要包括公司股东(大)会、董事会、预算管理委员会和公司经理班子。其中,公司股东(大)会是全面预算管理的法定权力机构,董事会是全面预算管理的法定决策机构,预算管理委员会是全面预算管理的专门决策机构,公司经理班子是全面预算管理的日常运行决策机构。

(一)股东(大)会

股东(大)会是公司的权力机构。《中华人民共和国公司法》规定,公司股东(大)会负责审议批准公司的年度财务预算方案、决算方案。因为财务预算是在经营预算和投资预算的基础上形成的,所以公司法规定股东(大)会负责审议批准财务预算方案,也就相当于规定股东(大)会负责审议批准全面预算方案。也就是说,根据公司法的规定,公司股东(大)会是全面预算管理的法定权力机构。股东(大)会进行预算决策主要是通过会议表决或书面形式行使职权。

(二)董事会

董事会是公司的决策机构,对股东(大)会负责。《中华人民共和国公司法》规定,董事会负责制订公司的年度财务预算方案、决算方案。因此,董事会是企业全面预算管理的法定决策机构,其进行预算决策主要是通过会议表决行使职权。

(三)预算管理委员会

预算管理委员会是在公司董事会领导下,负责企业预算管理重大事项的专门机构。预算管理委员会在全面预算管理组织体系中居于主导地位,它对于提高企业全面预算管理的科学性和权威性,保证全面预算管理的规范性、专业性和有效性都具有十分重要的作用。企业的性质不同、规模不同,预算管理委员会的设立方式也有所不同。

上市公司一般根据《上市公司治理准则》的规定,将预算管理委员会设立为董事会专门委员会之一,主要负责确定公司预算编制原则,组织编制、审议和修改公司中长期发展计划和年度预算,对公司预算执行情况进行监督和审核。预算管理委员会可根据需要设立或指定相关部门为预算工作部门,负责日常预算工作联络和会议组织等工作。

非上市公司的预算管理委员会是领导企业全面预算管理工作的权力机构,一般由公司董事长或总经理任主任委员,成员由公司高级管理人员、职能部门负责人和部分二级公司负责人组成,如各副总经理、三总师、财务部经理、分(子)公司经理等。副主任委员一般由总会计师(或财务总监、分管财务的副总经理)担任。

一些规模较小的企业可以不单独设立预算管理委员会,有关预算决策事项由公司董事会或总经理班子负责。

需要说明的是,预算管理委员会作为全面预算管理的专门机构,主要对公司董事会负责,在董事会的领导和授权下工作,是董事会职责在预算管理方面的延伸和具体化。预算管理委员会的主要工作方式是定期或不定期召开预算工作会议。其制定、审议的有关全面预算管理的重大事项,如年度经营目标、年度预算方案、年度决算方案、预算奖惩方案等,必须报公司董事会或股东(大)会审批。

(四)公司经理班子

公司经理班子是全面预算管理的日常运行决策机构。《中华人民共和国公司法》规定,公司经理对董事会负责,主持公司的生产经营管理工作,组织实施董事会决议,组织实施公司年度经营计划和投资方案。在企业全面预算管理实务中,经理班子作为公司经营管理团队,负责组织执行全面预算,决定和处理全面预算管理的日常运行事项,确保年度经营目标和预算目标的实现。

三、预算管理工作机构

预算管理工作机构是指负责预算编制、审查、协调、控制、调整、核算、分析、反馈、考评等全面预算管理工作的职能部门。

因为预算管理委员会是由公司董事会成员或高级管理人员组成,预算管理委员会的主要议事方式是召开预算工作会议,所以预算管理委员会一般为非常设机构,而全面预算管理日常的、具体的工作则由预算管理工作机构承担。

根据全面预算管理的内容和相互牵制原则,预算管理工作机构可分为预算管理机构、预算核算机构、预算监控机构和预算考评机构,其中预算管理机构在所有预算管理工作机构中起着组织领导作用。全面预算管理工作机构组织体系构成如图2-2所示。

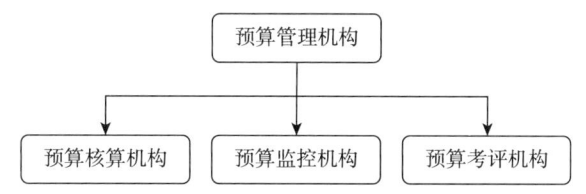

图2-2 全面预算管理工作机构组织体系构成

(一)预算管理机构

预算管理机构是负责企业全面预算管理具体组织领导和日常工作的部门。一般可在公司预算管理委员会下设立预算管理办公室作为预算管理机构。预算管理办公室既可以单独设立,也可以与财务部门以"一班人马、两块牌子"的办法设立,或在财务部门下设立一个专司预算管理的科室。但规模较大、组织结构复杂的企业,应尽量采取独立设置预算管理机构的形式。值得注意的是,若采取与财务部门合署办公的形式,则一定要清楚:财务部门是企业的职能管理部门,其作用限于财务方面;而预算管理机构是预算管理委员会的组成部分,其作用范围涵盖整个企业的经营活动、投资活动和财务活动。因此,预算管理机构的工作人员除财务人员外,还应有战略、计划、人力资源等职能部门的专业人员兼职参加。预算管理办公室主任一般由总会计师(财务总监)或财务部经理兼任。

在企业全面预算管理实务中,预算管理机构一般要接受公司预算管理委员会和公司经理班子的双重领导。

(二) 预算核算机构

预算核算机构是对预算执行过程和结果进行反映、控制、核算和信息反馈的部门。企业传统的财务会计是以资金运动,也就是企业在生产经营过程中所发生的各项经济业务为会计对象,按照产品的生产流程进行核算。财务会计的核算结果满足了政府、投资者、债权人了解企业财务状况的需要,却不能满足企业预算管理、控制成本费用的需要。因此,实施全面预算管理必须建立责任核算制度,推行以责任中心为核算对象的责任会计核算。

责任核算属于管理会计的范畴,它是以责任中心为会计对象,对责任中心的经营活动过程及其结果进行控制、核算、分析、考核、评价的一种内部会计制度。责任核算的对象不是产品,而是公司内部各个责任中心,它强调对责任中心进行事前、事中和事后的全过程管理,所要反映和评价的是每一个责任中心的工作业绩。

全面预算管理是以责、权、利相统一的机制为基础,在实行分权管理的条件下,层层分解落实预算目标,以责为核心,以权为保证,以利为目的,使责、权、利紧密结合的企业管理制度。从预算目标的确定、分解,到对各责任中心预算执行过程与结果的控制、核算、分析、反馈、考评和奖惩,都要依赖完善的责任核算体系。所以说,全面预算管理与责任核算是密不可分的。全面预算管理是建立责任核算的依据,责任核算是全面预算管理有效实施的保证。

(三) 预算监控机构

预算监控机构是对全面预算管理活动及预算执行过程和结果进行监督、控制的部门。为了保证全面预算管理活动的健康、正常运行,企业必须对各责任部门的预算执行情况进行监控,如合同监控、价格监控、信息监控、质量监控、资金监控等。

由于预算管理监控的对象主要是预算的执行过程和结果,也就是一个个责任中心执行预算的情况,因此全面预算的执行者涵盖企业的各个环节和各个部门。也就是说,预算管理监控具有全面性、全员性、系统性的特征,企业很多部门既是预算执行者,又是预算管理监控者。因此,企业不可能也没有必要设置一个独立的预算管理监控部门,而应采取由一个职能部门牵头、其他相关职能部门按照职能分工进行监控的办法,从而组成一个各职能部门共同负责、相互配合,预算执行者之间自我监控和相互监控相结合,纵横交错、相互牵制、相互监控的全面预算管理监控网。

一般情况下,全面预算管理监控网的牵头部门(或称主要负责部门)是企业预算管理办公室。全面预算管理监控网的组成及主要职责如表2-1所示。

表2-1 全面预算管理监控网的组成及职责

部门	在预算管理中的主要监控职责
预算管理办公室	组织、协调预算管理的监控工作 汇总监控结果,对出现的重大差异及时处理或召开协调会
审计部门	监督、审计公司各责任部门的预算执行情况 定期撰写审计报告
财会部门	对预算执行过程的资金流动进行监控 对预算执行过程的会计核算进行监控

（续表）

部门	在预算管理中的主要监控职责
人力资源部门	对责任单位的人力资源、劳动生产率进行监控 对工资、奖金及奖惩兑现情况进行监控 对各部门的工作质量进行考核、监控
生产计划部门	对责任单位的产品产量、品种结构进行监控 对公司综合计划执行情况进行监控
质保部门	对企业供产销各个环节的质量情况进行监控
仓储部门	对外购材料、设备、物资的价格、质量、数量进行监控 对产品质量、数量、结构进行监控

（四）预算考评机构

预算考评机构是负责对全面预算管理活动及预算执行过程和结果进行考核、评价和奖惩兑现的部门。同预算监控一样，预算考评的对象主要是预算的执行部门，涉及各个责任中心执行预算的过程和结果。而企业的很多职能部门既是预算的执行者，又是预算的考评者，因此企业没有必要设置一个独立的预算考评部门，而应采取以一个职能部门为主、其他相关专业部门按照职能分工进行考评的办法。

一般情况下，企业预算考评机构的牵头部门是预算管理办公室或人力资源部门。全面预算考评机构的组成及职责如表2-2所示。

表2-2 全面预算考评机构的组成及职责

部门	在预算考评中的职责
预算管理办公室	负责预算考评工作的组织领导
审计部门	负责对预算考评及奖惩兑现方案的审计
财会部门	负责对预算执行过程和结果进行责任核算，并提供考评依据
质保、生产等部门	负责品质、产量、安全等预算指标的考评
人力资源部门	负责组织对各预算执行部门的综合考评，并根据考评结果制订奖惩兑现方案

四、预算管理执行机构

预算管理执行机构是各级预算责任的执行主体，它以责任网络的形式存在，因此也叫预算责任网络。预算责任网络中的各责任单位被称作责任中心，是企业内部具有一定权限并能承担相应经济责任的内部单位。责任中心具有如下基本特征：

第一，拥有与企业总体管理目标相协调、与责任中心管理职能相适应的经营决策权，使其能在最恰当的时点对经营活动中遇到的问题作出最恰当的决策。

第二，承担与其经营决策权相适应的经济责任。

第三，建立与责任相配套的利益机制，使所有员工的个人利益与其工作及经营业绩密切联系起来,从而调动各部门和全体员工的工作热情和主观能动性。

第四,各责任中心的局部利益必须与企业整体利益相一致,不能为了各责任中心的局部利益而影响企业的整体利益。

建立责任中心除贯彻责、权、利相结合的原则和目标一致性原则外,还必须做到与企业的组织机构设置相适应。根据权责范围,责任中心可分为投资中心、利润中心和成本中心三个层次,如图2-3所示。

图 2-3 责任中心层次

(一) 投资中心

投资中心是对投资负责的责任中心,其特点是既要对成本、收入和利润负责,又要对投资效果负责。由于投资的目的是获取利润,因此投资中心同时也是利润中心,但它控制的区域和职权范围比一般的利润中心要大得多。它拥有投资决策权,能够相对独立地运用所掌握的资金,有权购置和处理固定资产、扩大或缩小生产能力。

投资中心是预算责任网络体系的最高层次。投资中心不仅能控制成本和收入,而且能够控制投资,因此投资中心实质上就是全面预算的执行人。正因为如此,只有具备经营决策权和投资权的独立经营单位才能成为投资中心。一般而言,一个独立经营的法人单位就是一个投资中心。投资中心的具体责任人应该是以董事长为代表的企业最高决策层,投资中心的预算目标就是企业的总预算目标。

投资中心是分权管理模式的最突出表现。当今世界各国的大型集团公司下面的公司、事业部往往都是投资中心,而且一般都是独立的法人。除非有特殊情况,公司最高管理部门对投资中心一般不宜多加干涉。

(二) 利润中心

利润中心是对利润负责的责任中心,由于利润等于收入减去成本和费用,因此利润中心实际上既要对收入负责,又要对成本和费用负责。利润中心一般是拥有产品或劳务生产经营决策权但不拥有投资决策权的部门。与成本中心相比,利润中心的权力更大,责任也更大。

利润中心处于预算责任网络体系的中间层次,属于预算责任网络体系中的较高层次。利润中心一般拥有较大的自主经营权,同时具有生产和销售的职能;有独立的、经常性的收入来源,可以决定生产什么产品、生产多少、生产资源在不同产品之间如何分配,也可以决定产品销售价格、制定销售政策等。

能否成为利润中心的衡量标准是看该责任单位有无收入及利润,凡是能够获取收入、形成利润的责任单位均可成为利润中心。

1. 利润中心的类型

根据收入、利润形成方式的不同,利润中心可以分为自然利润中心和人为利润中心两种类型。因为人为利润中心是模拟自然利润中心运作的,所以也称模拟利润中心。

自然利润中心是指能够通过对外销售自然形成销售收入,从而形成利润的责任单位。自然利润中心一般拥有产品销售权、价格制定权、材料采购权和生产决策权。例如,某些公司采用事业部制,每个事业部均有销售、生产、采购的职能,有着很大的独立性,这些事业部就是自然利润中心。

人为利润中心是指不直接对外销售,而是通过内部转移价格结算形成收入,从而形成内部利润的责任单位。一般而言,只要能够制定出合理的内部转移价格,就可以将企业大多数生产产品或提供劳务的成本中心改造成人为利润中心。

2. 成本中心向利润中心的转化

利润不仅是企业经营的最终目标,也是综合反映企业运营能力及运营效果的标志。一个企业在技术、生产、质量、产品、成本、管理、营销等方面的能力和水平,都可以通过利润这项综合指标反映出来。因此,在预算责任网络体系中,为了考核一个部门的综合能力和经济效果,也为了增强预算执行人的成就感和责任感,通常以内部结算价格的方式,在企业内部相互提供产品或劳务的部门之间进行"内部买卖",从而使这些本来只对成本、费用负责的部门能够获得收入并创造内部利润,使之由成本中心升级为人为利润中心。在一个投资中心下面往往包含若干个人为利润中心。例如,制造企业内部的各个分厂都可以是人为利润中心,它们以内部转移价格在各分厂之间进行产品或劳务的"买"和"卖";企业内部的辅助部门,包括修理、供电、供水、供气等单位,都可以按内部价格向使用部门收费,它们也可以被确定为人为利润中心。

利润中心是企业获得利润的中坚力量,其利润预算目标能否实现,关系到企业总利润目标能否实现。可见,各利润中心的预算执行情况将极大地影响到整个企业全面预算的执行结果。

需要说明的是,在实务中既可以将企业销售部门设定为人为利润中心,也可以将其设定为收入中心。当设定为人为利润中心时,销售部门的利润等于产品销售收入减去按内部价格计算的产品成本和销售部门发生的销售费用;当设定为收入中心时,则不核算销售部门的利润,只核算其销售收入和销售费用。

(三)成本中心

成本中心是对成本或费用负责的责任中心,即只负责成本和费用,不负责收入和利润的职能部门。成本中心处于预算责任网络体系的底层。它不拥有投资决策权和收入权,仅拥有一定的成本费用控制权,因而只能对其可控的成本费用预算负责。凡是不能形成收入、只对成本或费用负有一定责任的部门甚至个人,比如各职能部门和各具体作业中心、车间、工段、班组、个人等,均可成为一个成本中心。

成本中心作为企业基层预算执行组织,是最基本的预算责任单位。一个利润中心下面通常包含不同层次的若干个成本中心。例如,一个分厂一般会有多个车间、工段或班组,这些车间、工段或班组都可以成为不同层次的成本中心。它们虽然只对某些或某项成本、费用预算负责,但在企业效益实现中具有非常重要的地位,尤其是外部市场环境较为稳定的企业,其成本控制更是企业全面预算管理的核心。因此,实施全面预算管理要从最基层的预算执行单位抓起,各作业中心包括车间、班组乃至员工个人,均是预算执行机构中最基本的责任单位。

1. 成本中心的类型

根据成本中心的职能,可以将其细分为产品成本中心和费用中心。

产品成本中心是指负责产品制造的部门,如工厂、车间、工段、班组等。产品成本中心主要对产品的制造成本负责。产品成本中心的基本特点有两个:一是投入与产出能够直接用货币计量,二是投入与产出之间存在函数关系。因为产品成本中心能够对其生产的产品确定标准成本,所以产品成本中心也被称为标准成本中心。

费用中心是指企业行政管理部门和研究开发部门,如财务、人力资源、计划、技术、质量等部门。费用中心主要对费用的发生额负责。费用中心的基本特点有两个:一是产出不能直接用货币计量,二是投入与产出之间不存在函数关系。

对于此类责任中心,企业既可以将其统称为"成本中心",也可以分别称"成本中心"和"费用中心"。

2. 可控成本与不可控成本

依据可控性原则,企业在确定成本中心的责任时,应注意区分可控成本与不可控成本。所谓可控成本是指某特定的责任中心事前能够预知其发生且能控制和计算其耗用量的成本支出,即可以预计、可以控制和可以计量是可控成本需要具备的三个条件,不具备这些条件的则是不可控成本。

成本可控与否是相对于特定预算责任单位而言的。一个责任单位的不可控成本,可能是另外一个责任单位的可控成本;高层次责任单位的可控成本,未必是低层次责任单位的可控成本,但低层次责任单位的可控成本,必定是高层次责任单位的可控成本。对于不可控成本,责任单位既然无法对其实施控制,因而也就无法对其负责。所以,成本中心的责任预算应该只限于本中心的可控成本。从成本的发生与各个成本中心的关系来看:由各个成本中心直接发生的成本,大多属于直接成本,其可控因素较多;由其他部门分配来的成本,大多属于间接成本,其可控因素较少。对于不容易确定责任归属的成本费用,最好不要将其硬性分摊到各部门,因为硬性分摊容易混淆责任范围,可行的办法是按职能归口到责任部门。例如,管理部门的固定资产折旧、税金可由财务部门负责;"五险一金"可由人力资源部门负责等。

如前所述,任何一个责任中心既具有管理的职能,同时又具有执行的职能。由于二者的分层依据不同,因此同一部门或人员在不同组织体系中可能具有不同的层级,也就是在整个预算体系中具有双重甚至多重身份。例如,企业最高决策层作为投资中心的责任人,需要对企业总预算目标的实现负责;但是作为企业决策层中的决策者,为了正常开展相应的工作,他们也会发生耗费,根据成本可控原则和权责相当原则,他们应该对其耗费负责。也就是说,应将决策层的费用预算也纳入企业整体费用预算。因此,企业决策层中的决策者,同时也成为预算执行机构中的一个成本中心。又如,各职能管理部门在实施管理职能的同时,也不可避免地存在各项资源的耗费,因此同样也成为预算执行机构中的成本中心。它们均应与其他责任中心一样,承担相应的职责,接受预算约束、监督和考评。总之,预算责任网络应该是一个包容的并明确每一个部门、每一个员工职责的全方位网络系统。

第三节 全面预算管理制度体系

全面预算管理是一个庞大的系统工程,涉及面广,技术性强,一个环节出现问题就会直接影响整个预算管理的顺利执行。因此,实施全面预算管理要特别重视规章制度建设,实现以规章制度规范全面预算管理的全过程,使全面预算管理的实施有法可依、有章可循。同时,要注意在全面预算管理的实践中不断修订、健全和完善全面预算管理的各项制度,确保全面预算管理体系真正发挥效能,并特别注意抓好以下两方面的工作:

一是制定的规章制度要切实可行。既要满足全面预算管理的需要,又要简便易行,不搞烦琐哲学;既要适应情况的变化而及时修订,又要保持制度的相对稳定性,避免频繁修改,引起混乱。

二是规章制度建立以后,要认真贯彻、严格执行。必须根除"规章制度全而细,执行起来不一致"的弊端,对于违反规章制度的现象,要坚决予以抵制和纠正。各级领导要以身作则,带头维护规章制度的严肃性;同时也应在制度允许的范围内,合情合理地解决某些特殊问题。

全面预算管理制度可分为基本制度、工作制度和责任制度三大类,其制度体系架构如图2-4所示。

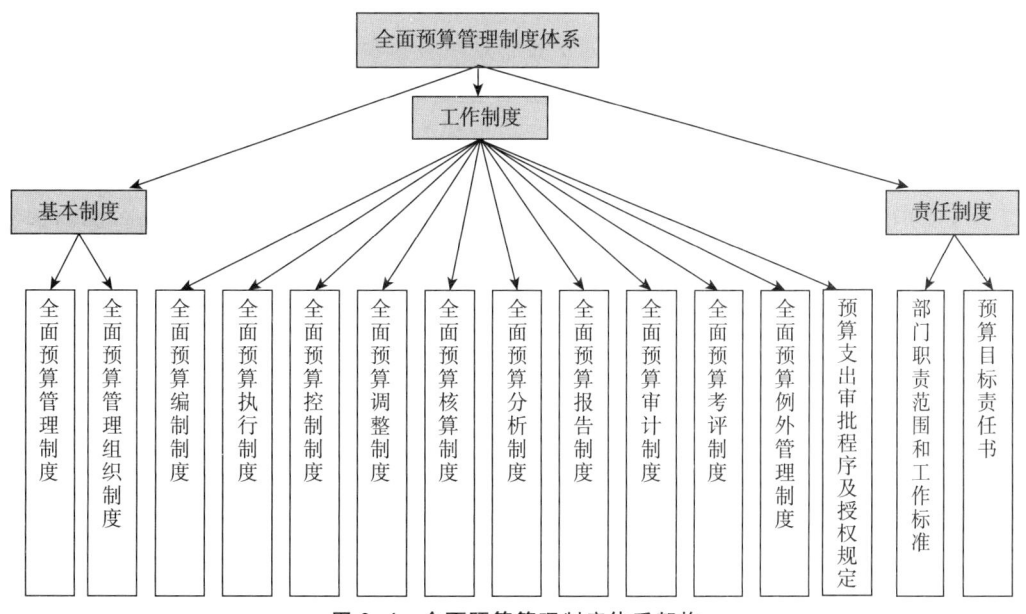

图2-4 全面预算管理制度体系架构

一、基本制度

基本制度是实施全面预算管理的根本性制度,主要包括全面预算管理制度和全面预算管理组织制度。

(一)全面预算管理制度

全面预算管理制度是关于企业实行全面预算管理的总条例,是推行全面预算管理的基本依据和规范。其内容主要包括:

(1)总则,主要对全面预算管理的原则、任务、适用范围等事项作出规定。

(2)组织体系,主要对全面预算管理决策机构、办事机构、执行机构、监控机构、考评机构等职能机构的组成及职责范围作出规定。

(3)预算编制,主要对全面预算的编制内容、编制方法、编制程序、编制时间和编制部门作出规定。

(4)预算审批,主要对全面预算的审批程序、权限、内容和时间作出规定。

(5)预算执行,主要对全面预算执行的方法、步骤作出规定。

(6)预算控制,主要对全面预算执行的控制方法、控制程序和控制权限作出规定。

(7)预算调整,主要对全面预算的调整原则、调整程序、调整权限和调整时间作出规定。

(8)预算核算,主要对全面预算执行情况的责任核算方法、核算内容作出规定。

(9)预算分析,主要对全面预算执行过程和结果的分析方法、分析内容、分析程序和分析时间作出规定。

(10)预算考评与奖惩,主要对全面预算执行过程和结果的考评与奖惩方法、时间、程序等事项作出原则性规定。

(二)全面预算管理组织制度

全面预算管理组织制度是明确全面预算管理决策机构、日常管理机构、执行机构和监控考核机构的组成与权责的制度。其内容主要包括:

(1)明确全面预算管理决策机构——公司预算委员会的人员组成、议事规则和权责。

(2)明确全面预算管理日常管理机构——公司预算管理办公室的人员组成和权责。

(3)明确全面预算管理执行机构——预算责任网络的构成,将公司内部各部门划分为投资中心、利润中心和成本中心,并明确其权责。

(4)明确全面预算管理监控考核机构——公司预算考评委员会或办公室的人员组成和权责。

二、工作制度

工作制度是有关全面预算管理的具体任务、程序、方法、规定等方面的制度,是全面预算管理制度的具体实施细则和依据,主要包括全面预算编制制度等若干个制度。

(一)全面预算编制制度

全面预算编制制度一般以预算编制大纲或预算编制手册的形式出现。企业在布置各部门编制预算之前,必须由预算管理部门编写一份预算编制大纲,用以指导各部门的预算编制工作。其主要内容包括:全面预算编制工作的组织领导,全面预算编制的种类和期间,各项预算编制的责任部门,各项预算编制的方法,各项预算编制的程序和时间要求,各项预算的审批程序和权限,各种预算表格的填制指南和有关项目之间的勾稽关系,预算编制的注意事项,预算编制的表格样式等。

(二) 全面预算执行制度

全面预算执行制度是对各种预算的执行方法、步骤、要求等事项作出的具体规定,主要包括费用支出报销审批制度、项目预算立项制度等具体制度和办法。其主要内容包括:各项预算执行的方法和程序,预算支出及报销的审批程序,各层级领导在预算执行方面的权力和责任,有关执行授权书等。

(三) 全面预算控制制度

全面预算控制制度是对全面预算执行过程和执行结果进行控制的制度。其主要内容包括:预算控制的责任部门与职责,预算控制的方法,预算控制的内容,预算控制的程序,预算控制的权限等。

(四) 全面预算调整制度

全面预算调整制度是对全面预算进行调整的制度。当遇到相关情形,必须调整预算指标时,应按制度规定的程序进行调整。其主要内容包括:预算调整的原则,预算调整的程序,预算调整的权限与责任,预算调整的时间,预算调整的具体办法等。

(五) 全面预算核算制度

全面预算核算制度是对预算执行过程和执行结果进行核算的制度。因为国家颁布的企业会计准则不能满足全面预算管理按部门、按可控性原则进行核算的要求,所以实施全面预算管理必须由财务部门设计责任会计制度。其主要内容包括:责任会计基本程序,责任会计遵循的原则,责任会计组织体系,各责任中心的核算方法与内容,内部结算制度,责任会计内部仲裁制度等。

(六) 全面预算分析制度

全面预算分析制度是对全面预算执行过程和执行结果进行分析的制度。其主要内容包括:预算分析的内容,预算分析的方法,预算分析的程序,预算分析的责任分工,预算分析的质量与时间要求等。

(七) 全面预算报告制度

全面预算报告制度是对预算执行过程和执行结果进行反馈报告的制度。其主要内容包括:反馈报告的形式与种类,反馈报告的内容与编报时间,反馈报告的编制要求,反馈报告的责任部门,反馈报告的上报与使用等。

(八) 全面预算审计制度

全面预算审计制度是对全面预算管理各环节进行审计监督的制度。其主要内容包括:预算审计的内容、形式与种类,预算审计的原则与程序,预算审计的责任部门,预算制度审计,预算编制审计,预算执行审计,预算报告审计,预算考评审计,预算奖惩审计等。

(九) 全面预算考评制度

全面预算考评制度是对全面预算执行过程和执行结果进行考核与评价的制度。其主要内容包括:预算考评的组织与责任部门,预算考评的原则与要求,预算考评的形式与内容,预算考评的方法、步骤与程序,预算考评的时间等。

(十) 全面预算例外管理制度

全面预算例外管理制度是处理全面预算管理非常规事项的制度。其主要内容包括:例外管理的原则,例外管理的范围与事项,例外管理的程序与要求,例外管理的授权与责任等。

(十一) 预算支出审批程序及授权规定

预算支出审批程序及授权规定是明确预算支出审批程序与权限的制度。其主要内容包括:预算支出的种类,预算支出的立项与审批程序,预算支出的审批权限,预算支出经办人与审批人的责任等。

三、责任制度

责任制度是有关公司总部与各分公司、子公司以及公司内部各级组织、各类人员的工作范围、工作目标、应有权限、利益和工作程序等方面的制度,如部门职责范围和工作标准、预算目标责任书等。

(一) 部门职责范围和工作标准

部门职责范围和工作标准是明确全面预算管理决策机构、日常管理机构、执行机构和监控考核机构的职责范围和工作标准的制度。其主要内容包括:预算管理委员会的职责范围与工作标准,预算管理办公室的职责范围与工作标准,预算责任中心的职责范围与工作标准,预算监控考核机构的职责范围与工作标准等。

(二) 预算目标责任书

预算目标责任书是明确预算执行部门在预算期内的预算目标和责、权、利关系的内部契约性制度文件。其主要内容包括:预算管理的主体和预算执行的主体,预算执行部门在预算期内的预算目标,预算管理主体和预算执行主体的权利与义务,对预算执行过程及结果的奖励或惩罚方案。

四、管理制度的制定

全面预算管理制度的制定一般要经过编写制度草案—征求意见—修改完善—审议通过—发布实施五个步骤。

(1) 编写制度草案:预算管理制度的起草一般由公司负责预算管理的部门及人员负责,对于技术性较强的预算管理制度也可以委托社会管理咨询机构的专家进行设计。

(2) 征求意见:制度草案编写完成后,需要广泛征求有关部门及相关人员的意见,为预算制度的实施奠定坚实的基础。征求意见的方法一般有两种:一是由制度起草部门召开专门会议,讲解制度草案,请参加会议的人员发表修改意见;二是通过将制度草案在管理部门和相关人员间传阅的办法,请传阅的人员发表书面修改意见。

(3)修改完善:由于征求的修改意见是由不同部门站在不同角度提出的,这些意见往往反映了不同部门的利益,有的带有明显的部门倾向性,因此制度起草人员必须将征求到的修改意见进行归类汇总,经过去伪存真、去粗取精、全面平衡、综合考虑的过程,全面修改、完善制度草案并经公司领导审核后,可提交有关权力机构审议通过。

(4)审议通过:制度的性质不同,审议的权力机构也是不同的。就预算管理制度而言,基本制度一般需要董事会审议通过,工作制度和责任制度一般需要总经理办公会或预算委员会审议通过。

(5)发布实施:经过审议通过的预算制度即可颁布实施,在实施中遇到的制度未尽事宜,由预算管理机构根据授权协调处理。

下面列举新纪元公司的全面预算管理制度。

新纪元公司全面预算管理制度

1. 目的

为规范公司全面预算管理活动,实现预算编制、预算执行和预算考评全过程的有章可循,化战略为行动,确保企业发展目标实现,根据《企业内部控制应用指引第15号——全面预算》,结合公司实际情况,制定本制度。

2. 适用范围

2.1 本制度涵盖公司全面预算管理活动的全过程。

2.2 本制度适用于新纪元公司及所属各分公司、子公司。

3. 术语与定义

3.1 全面预算管理是企业为了实现战略规划和经营目标,采用预算方法对预算期内所有经营活动、投资活动和财务活动进行统筹安排,并以预算为标准,对预算执行过程和结果进行控制、核算、分析、考评、奖惩等一系列管理活动的过程。

3.2 战略规划、经营目标、年度经营计划与年度预算之间的关系是:战略规划和经营目标是编制年度经营计划和年度预算的基本依据,年度经营计划和年度预算不能偏离公司战略规划和经营目标,年度经营计划和年度预算要相互对应和衔接;年度经营计划和年度预算是公司实施战略规划、落实经营目标的具体行动方案。

4. 职责与权限

4.1 全面预算管理组织体系包括公司股东大会、董事会、预算委员会、预算管理办公室和各预算执行部门。

4.2 股东大会是公司的权力机构,负责审议批准公司的年度预算方案、决算方案。

4.3 董事会是公司的决策机构,在全面预算管理中的主要职责是:

4.3.1 决定公司的经营计划和投资方案;

4.3.2 决定公司年度经营目标和预算目标;

4.3.3 制订公司年度预算方案、决算方案;

4.3.4 制订公司全面预算考评与奖惩方案;
4.3.5 决定公司年度全面预算重大调整事项;
4.3.6 决定公司预算委员会的构成及职责;
4.3.7 制订公司预算工作机构和执行机构设置方案;
4.3.8 审批公司预算管理制度及重要预算文件;
4.3.9 其他需要决定及确定的全面预算管理事项。

4.4 预算委员会是公司董事会设立的专门委员会之一,对公司董事会负责。公司预算委员会人员组成如下:

主任:总经理

副主任:财务总监

委员:公司高管团队成员,各分公司、子公司主要负责人

预算委员会在董事会的领导和授权下,决定和处理全面预算管理的重大事项。其主要职责是:

4.4.1 拟定公司年度预算目标和预算政策;
4.4.2 制定全面预算管理的具体措施和办法;
4.4.3 组织编制、平衡、审议年度等预算草案;
4.4.4 审查公司预算草案,协调解决预算编制的问题;
4.4.5 下达经批准的年度预算;
4.4.6 仲裁和协调全面预算管理中出现的冲突与纠纷;
4.4.7 协调解决预算执行中的问题;
4.4.8 审议预算调整事项;
4.4.9 听取预算与实际比较的定期预算报告,审定年度决算;
4.4.10 处理董事会授权的其他全面预算管理事项。

4.5 预算管理办公室是负责全面预算管理具体组织和日常管理的机构,与公司财务部合署办公,预算管理办公室主任由公司财务总监担任。预算管理办公室的主要职责是:

4.5.1 拟定公司有关预算管理制度、规定、办法;
4.5.2 组织、指导公司各部门、各分(子)公司的预算管理工作;
4.5.3 编制公司年度预算编制大纲;
4.5.4 审查各部门编制的预算草案,提出修改意见;
4.5.5 编制公司年度及月度全面预算草案;
4.5.6 对预算执行过程进行有效管理和控制,定期进行预算分析;
4.5.7 结合预算运行的实际情况,提出调整预算指标的建议方案;
4.5.8 定期向公司董事长、总经理提供预算反馈报告,反映预算执行中的问题;
4.5.9 负责公司预算编制、执行情况的考核与评价;
4.5.10 负责全面预算管理的其他日常工作,其中预算编制、控制、调整、核算、报告、分析由财务部牵头负责,预算考核、奖惩由人力资源部牵头负责,其他各职能部门按职能分工配合。

4.6 各分(子)公司要成立二级预算管理组织体系,专司本公司的预算管理之职。二级

预算管理组织体系的设置及人员名单要报公司预算管理办公室备案。

4.7 公司总部、各分(子)公司财务部门要设置预算管理工作岗位,配备掌握和能熟练运用全面预算管理方法的人员专司预算管理之职;各部门要指定有关岗位人员具体负责本部门的预算管理工作。各专职、兼职预算管理人员的任命及变更要报公司预算管理办公室备案。

4.8 公司各部门、各分(子)公司为预算执行主体。预算执行主体在全面预算管理中的主要职责是:

4.8.1 整理编制预算的各项基础资料,夯实预算管理的各项基础工作;

4.8.2 负责本部门全面预算的编制、完善和上报工作;

4.8.3 将公司批准下达的预算指标层层分解,落实到本部门的各环节和各岗位;

4.8.4 制定、落实本部门实施各项预算的方案和措施;

4.8.5 严格执行经批准的预算,监督检查本部门预算执行情况;

4.8.6 及时分析、报告本部门的预算执行情况,解决预算执行中的问题;

4.8.7 根据内外部环境变化及预算管理制度,提出预算调整申请;

4.8.8 组织实施本单位内部的预算考核和奖惩工作;

4.8.9 配合预算管理办公室做好企业总预算的综合平衡、执行监控及考核奖惩等工作;

4.8.10 执行预算委员会及预算管理办公室下达的其他预算管理任务。

5. 全面预算管理的原则与任务

5.1 公司全面预算管理遵循以下基本原则:

5.1.1 量入为出,综合平衡;

5.1.2 效益优先,确保重点;

5.1.3 全面预算,过程控制;

5.1.4 责权明确,精细管理;

5.1.5 严格考核,奖惩兑现。

5.2 公司全面预算管理的基本任务是:

5.2.1 通过预算编制,将公司董事会确定的经营计划、投资方案和年度经营目标分解为预算目标,细化为各责任部门的具体工作目标和行动计划。

5.2.2 通过预算执行与控制,使公司各项经营活动、投资活动和财务活动都以预算标准为基本依据,确保各项预算得到贯彻落实。

5.2.3 通过预算报告与分析,有效控制公司各项经营活动、投资活动和财务活动全过程,并落实预算责任,纠正预算偏差,保证公司年度经营目标的实现。

5.2.4 通过预算考评,链接公司绩效考核体系,为考核、评价各责任部门的经营绩效提供标准和依据。

5.2.5 通过预算奖惩,形成科学有效的激励和约束机制,体现权、责、利的有效结合,使公司的各项预算目标与各责任部门的预算行为协调一致。

6. 预算目标制定

6.1 预算目标是以公司发展战略和经营目标为导向,在预测市场和平衡公司各项资源的基础上,由董事会决定的公司预算期内各项经济活动所要达到的量化指标,是公司发展战略和经营目标在预算期内的具体化与明细化。

6.2 预算目标的制定应遵循以下原则:

6.2.1 挑战性与可实现性兼顾的原则。预算目标的制定既要考虑公司发展战略的要求,又要兼顾公司内在的经营情况、管理水平和员工素质等因素,体现促进公司资源优化配置与持续发展的理念。制定下达的预算目标应当是各预算责任部门经过努力可以实现的目标,对各预算责任部门的经营活动具有现实的指导意义。

6.2.2 外部市场与内部条件相结合的原则。在制定预算目标时,既要充分考虑行业政策环境、市场竞争等各种相关因素的变化,又要准确客观评价公司内部资源条件、竞争能力等综合优势和劣势,通过综合评价作出最优决策。

6.2.3 充分沟通与协调的原则。在制定预算目标的过程中要进行充分的沟通、协调与平衡,使各预算责任部门的分目标与公司总目标相互协调,形成有机整体。

6.2.4 短期目标与长期目标相平衡的原则。预算目标的制定既要考虑到公司短期目标的实现,也要兼顾到公司的长期发展及战略目标的实现。

6.3 公司实行"以战略为导向,上下结合,落实经营目标"的预算目标制定程序。

6.3.1 每年9月,董事会依据发展战略和实际情况拟定公司下一年度经营目标和投资计划。

6.3.2 每年10月上旬,公司经理层组织经营计划会议,落实董事会拟定的下一年度经营目标,拟订年度经营计划和投资方案。

6.3.3 每年10月中旬,预算委员会组织拟定公司下一年度预算目标和预算政策;预算管理办公室负责征求各预算责任部门对下一年度预算目标草案的修改意见,提报下一年度预算目标修正案。

6.3.4 每年10月下旬,预算委员会结合上下互动的具体情况,审议预算管理办公室提报的下一年度预算目标修正案,决定并下达公司下一年度预算目标。

7. 预算编制

7.1 预算编制的原则

7.1.1 目标性原则。预算编制要以完成经营目标为目标,要通过分析完成经营目标的有利因素和不利因素,综合考虑市场状况和内部条件,落实实现公司经营目标的策略和措施。

7.1.2 全面性原则。一是公司各个责任部门都要编制预算,将公司各部门、各环节的业务活动全部纳入预算管理的范畴;二是所有与企业经营目标有关的经济业务和事项,均要通过编制预算加以反映和规范。

7.1.3 重要性原则。预算编制要把握方向、抓住主线、关注重点、粗细结合、繁简有度,切忌不分主次、不分轻重缓急。

7.1.4 准确性原则。各项收入的来源数据要准确、可靠,既不夸大收入数额,也不隐瞒收入数额;各项成本费用支出要有依据、有标准,对于关系到企业生产经营活动正常运转的必要支出,编制预算时必须足量安排,不能留有预算缺口。

7.1.5 可行性原则。在预算指标上,要做到积极可靠、留有余地。积极可靠是指要充分估计目标实现的可能性,不能把预算指标定得过低或过高;留有余地是指预算的编制要有一定的灵活性,以免在意外事件发生时措手不及,造成被动局面,影响整个经营目标的实现。

7.1.6 参与制原则。预算编制要遵循"谁执行预算,谁就编制预算草案"的规则,让负责预算执行的部门和人员参与预算编制过程,以有效强化全员预算意识,提高全员参与全面预算管理的积极性、主动性和创造性。

7.1.7 及时性原则。预算编报牵一发而动全身,各预算责任部门应当同预算管理办公室进行充分的沟通,并在规定的时间内编制好本部门的预算草案和编制说明,不得随意推迟进度。

7.2 预算编制的范围涵盖公司所有经营活动、投资活动和财务活动,具体包括经营预算、投资预算和财务预算。

7.2.1 经营预算是预算期内公司及各预算责任部门日常生产经营活动的预算,主要包括销售预算、生产预算、供应预算、人力资源预算、成本预算、费用预算等生产经营活动预算。

7.2.2 投资预算是预算期内公司有关资本性投资活动的预算,主要包括固定资产投资预算、固定资产大修与更新改造预算、无形资产投资预算、权益性资本投资预算、收购兼并预算、债券投资预算、投资收益预算和项目筹资预算等。

7.2.3 财务预算是预算期内公司财务活动、经营成果和财务状况方面的预算,主要包括融资预算、税费预算、财务费用预算、利润表预算、资产负债表预算和现金流量表预算。

7.3 年度预算和月度预算

7.3.1 年度预算是为了实现战略规划和年度经营目标,按照一定程序编制、审查、批准的,以量化形式表现的预算年度经营活动、投资活动、财务活动的统筹计划。年度预算编制的重点是落实年度销售目标、生产目标、成本目标和利润目标,实现财务收支平衡。

7.3.2 月度预算是为了落实年度预算,细化分解的预算月份经营活动、投资活动、财务活动的具体行动计划。月度预算编制的重点是落实年度预算,将年度预算细化为公司各部门的月度经济活动执行计划和实施方案。

7.4 年度预算编制

年度预算的编制按"由上而下、上下结合、分级编制、逐级汇总"的程序进行。具体编制程序、方法和时间要求是:

7.4.1 下达目标。每年10月下旬,预算管理办公室负责编制公司下一年度预算编制大纲,牵头召开下一年度预算编制会议,确定公司下一年度预算编制的原则和要求,下达预算目标,布置年度预算编制工作。

7.4.2 编制上报。11月15日前,各预算责任部门按照公司下达的预算目标和政策,结合本预算责任部门实际以及预测的执行条件,按照统一格式和分工,编制本部门年度预算草案上报预算管理办公室。

7.4.3 审查平衡。11月30日前,预算管理办公室牵头对各预算责任部门呈报的预算草案进行审核、平衡,并签署审核意见;在与各预算责任部门共同修正调整预算草案的基础上,汇总编制公司全面预算草案,呈报公司预算委员会。

7.4.4 审议批准。预算委员会对预算管理办公室提报的公司年度预算草案进行审议,对于不符合企业发展战略或者年度预算目标的事项,预算管理办公室应当责成有关预算责任部门进行修订、调整;经预算委员会审议后的年度预算草案要在12月20日前上报公司董事会审议;公司董事会应在预算年度的1月1日前决定公司年度预算;年度预算方案需经过公司股东大会的审议批准。

7.4.5 下达执行。公司董事会决定的年度预算,在1月5日前下达到各预算责任部门。

7.5 月度预算编制

月度预算的编制按照"由下而上、上下结合、分级编制、逐级汇总"的程序进行。具体编制程序、方法和时间要求是:

7.5.1 各预算责任部门于每月25日前(2月份为23日前),将本预算责任部门下一月份的预算草案编制完毕上报公司预算管理办公室。

7.5.2 预算管理办公室于每月28日前(2月份为25日前),对各部门的预算草案进行审核,与各预算责任部门进行充分沟通,对预算草案进行修订、平衡,编制公司月度全面预算草案上报公司预算委员会。

7.5.3 预算委员会于每月30日前(2月份为28日前),审批下月预算方案。

7.5.4 月度预算经董事长签批后下发执行。

7.6 各部门、各分(子)公司上报预算管理办公室的年度、月度预算草案必须首先经过本部门的严格把关和审议,并经本部门负责人和公司总部分管领导签字认可。上报的预算草案必须围绕公司发展战略和年度经营目标,各项预算指标的确定必须以经过努力能够实现为标准。

7.7 预算管理办公室应根据各部门预算编制的准确性,确定有关部门预算编制的具体期间。凡是预算准确率低于80%的部门或公司,经预算委员会批准后,应安排编制旬预算或周预算。

8. 预算执行

8.1 预算执行是以预算为标准组织实施公司各项经济活动的过程,也是公司以预算为标准控制各项经济活动的过程。

8.2 预算方案一经批准下达即具有指令性,各预算执行部门必须认真组织实施,确保实现预算目标。

8.3 各预算执行部门要将预算指标层层分解,从横向和纵向落实到内部各环节和各岗位,形成全方位的预算执行责任体系。

8.4 各预算执行部门必须将预算指标作为预算期内组织、协调本部门各项经济活动的基本依据。

8.5 各预算执行部门要落实预算执行责任,对照已确定的责任指标,定期或不定期地对相关部门及岗位人员的责任指标完成情况进行监督检查。

8.6 各预算执行部门办理有关货币资金、采购与付款、工程项目、投融资、成本费用、固定资产、存货等的经济业务,应当严格遵照预算标准,健全凭证记录,严格执行月度预算和成本费用定额、费率标准,并对执行过程进行认真监控。

9. 预算控制

9.1 预算控制是指公司以预算为标准,通过过程监督、信息反馈、预算调整等方法促使预算执行不偏离预算标准的过程。

9.2 各预算责任部门要强化预算管理,按时组织资金收入预算,从严控制预算资金支付,调控资金收付平衡,控制支付风险。

9.3 公司各项经济活动都要严格按照公司下达的预算指标进行有效监控。

9.4 预算支出指标原则上不准突破。对于预算内的资金支付,要按照授权审批程序执行;如有特殊原因必须超出预算支出指标的,预算责任部门必须填写追加预算支出审批单,写明追加预算的理由,经部门负责人签字后报公司财务总监签批,并上报公司董事长批准。

9.5 公司建立全面预算报告制度,各预算责任部门必须按预算管理办公室的要求定期报告全面预算的执行情况。对于全面预算执行中发生的新情况、新问题及出现偏差较大的重大项目,预算管理办公室要责成有关预算执行部门查找原因,提出改进经营管理的措施和建议。

9.6 预算管理办公室要利用财务报表、核算资料和统计资料,严密监控各项预算的执行情况,及时向各预算责任部门、财务总监、总经理和董事长提供全面预算的执行进度、执行差异等预算执行信息,促使公司完成预算目标。

9.7 预算委员会和预算管理办公室有权对预算执行过程中的重大事项或者特定问题组织调查,各预算责任部门应当如实反映情况并提供相关资料。

10. 预算调整

10.1 全面预算正式下达后,一般不予调整。但在预算执行过程中,遇到下列情况可对预算进行适当的调整:

10.1.1 公司发展战略调整,需要重新制订公司经营计划;

10.1.2 公司内外相关政策、环境发生重大变化,预算编制基础产生重大差异,导致无法执行现行预算;

10.1.3 公司生产经营作出重大调整,致使现行预算与实际差距甚远;

10.1.4 外部市场发生重大变化,企业必须调整营销策略或产品结构;

10.1.5 突发事件及其他不可抗事件导致现行预算不能执行;

10.1.6 董事会和预算委员会认为应该调整的其他情况。

10.2 预算调整方式及程序

10.2.1 自上而下的预算调整。当公司内外部环境向着有利方向发展且具有中长期的稳定趋势,有明确证据表明经营预算目标应向上提高时,由公司预算委员会提出并经董事会审批预算调整方案。

10.2.2 自下而上的预算调整。当企业内外部环境向着不利方向变化,严重影响到公司预算执行时,首先应挖掘与预算目标相关的其他因素的潜力或采取其他措施进行弥补,在确实无法消除不利因素影响的情况下,启动如下调整程序:

(1)预算责任部门向预算管理办公室提出书面报告,阐述预算执行的具体情况、客观因素变化情况及其对预算执行造成影响的程度,提出预算的调整幅度。

(2)预算管理办公室对预算责任部门的预算调整报告进行审核分析,集中编制公司全面预算调整方案,提交预算委员会审定。

(3)经预算委员会审定的公司预算调整方案,提交公司董事会审议批准,然后下达执行。

10.2.3 对预算调整事项进行决策时,应当遵循以下要求:

(1)预算调整事项不能偏离公司发展战略和年度经营目标;

(2)预算调整方案应当在效益上能够实现最优化;

(3)预算调整重点应当放在全面预算执行中出现的重要的、非正常的、不符合常规的关键性差异方面。

10.3 预算调整的时间

10.3.1 年度预算的调整一般安排在每年6月份和11月份各进行一次。

10.3.2 月度预算原则上不予调整。

10.3.3 如果出现必须立即调整预算的例外事项,预算管理办公室应审时度势,立即启动预算调整程序。

10.4 未经董事会批准,各预算责任部门一律不得擅自调整预算方案。

11. 预算分析

11.1 公司建立预算分析制度,由财务部按月召开预算执行分析会议,全面掌握预算的执行情况,研究解决预算执行中存在问题的政策措施,纠正预算执行的偏差。

11.2 预算分析结果要形成预算分析报告。当出现异常情况、重大事件时要随时编报分析报告。

11.3 预算分析报告要对全面预算管理实施情况及预算执行情况进行总结,要从定量与定性两个层面全面反映预算执行的现状、发展趋势和存在的问题,说明预算执行结果与预算标准之间的差异及其形成的原因。

11.4 预算分析报告应重点针对异常情况、重大事件进行分析,确定对差异拟采取的调整措施,预算分析报告中针对差异的调整措施由预算管理办公室审议后报预算委员会批准,由相关预算责任部门落实;预算管理办公室要跟进措施的落实情况,同时在预算分析报告中应跟进反映前期改进措施的落实情况。

12. 预算考核

12.1 预算考核是保障各预算责任部门实现年度预算目标的一项重要措施,是公司绩效评价的重要组成部分。预算考核的内容和指标应当纳入公司的绩效评价体系。

12.2 预算考核原则

12.2.1 目标原则。以预算目标为基准,按照预算完成情况考核评价各预算责任部门的经营业绩。若公司对预算目标进行了调整,则分两种情况进行考核:

(1)依客观原因进行的预算调整,以调整后的预算目标为基准;

(2)依主观原因进行的预算调整,以调整前的预算目标为基准。

12.2.2 奖惩结合原则。预算考核必须与激励制度、惩罚制度相结合,做到赏罚分明、及时兑现。

12.2.3 可操作性原则。考核评价方法应具有可操作性,并充分考虑各预算责任部门的业务特点与管理重点,并与其权责协调一致。

12.2.4 例外原则。对预算执行过程中发生的一些重大的不可控因素,如产业环境变化、政策法规变化、重大意外灾害等,考核时可作特殊情况处理。

12.3 预算管理办公室和人力资源部要配合设计预算考核表以量化预算考核内容。预算考核表中指标的选取可以依据管理工作重点、各预算责任部门的经营性质设置,要驱动各部门在完成自身目标的同时促进公司整体战略目标的实现。预算考核指标表中的各指标可赋予不同的权重以体现考核的重点。

13. 预算责任落实

13.1 预算责任实行分级负责制。

13.1.1 每年1月10日之前,公司总经理与各预算责任部门签订新年度部门年度预算责任书。

13.1.2 每年1月15日之前,各预算责任部门负责人与本部门下属单位签订下属单位年度预算责任书,将预算责任分解落实。

13.2 年度预算责任书签订后,实行月度考核,年终兑现奖惩。当由于不可抗力导致预算指标需要调整时,经董事会批准,可对年度全面预算责任书的有关条款进行修订。

14. 附则

14.1 本制度由董事会审议通过,由预算委员会负责解释。

14.2 本制度自董事会审议批准之日起执行。

新纪元公司董事会
2019年2月9日

第四节 全面预算控制体系建设

为了充分发挥全面预算管理在战略承接、计划保障、资源配置、沟通协调、过程控制和绩效评价等方面的重要作用,确保全面预算管理规范、有效运行,防范和规避各类预算风险的发生,企业应当根据《企业内部控制应用指引第15号——全面预算》的规定,搞好预算控制体系建设,从源头上构筑全面预算管理风险防火墙。

一、战略转化阶段的主要风险与控制措施

战略转化阶段的主要任务是将企业发展战略转化为年度经营目标和行动方案,为预算编制提供基本依据。战略转化阶段至少应当关注下列风险:

(一)企业战略规划不明确风险

企业战略规划不明确,企业管理层对企业的战略重点缺乏共识,不仅可能导致预算编制缺乏方向和目标,还可能导致企业发展战略和经营目标难以实现。

（二）预算管理与发展战略相互脱节风险

如果预算不以战略为导向,编制的预算不能承接战略,企业就会只关注短期效益、忽视长远发展,只关注财务指标、忽视非财务指标,从而导致企业发展偏离战略目标。

（三）预算管理与绩效管理相互脱节风险

预算与绩效无缝对接是预算成功的关键,因此预算考核指标与绩效考评指标必须一体化设计。如果预算考核指标不能与绩效考评指标相对应,就会出现预算管理与绩效管理"各唱各的曲,各吹各的号"的局面,丧失全面预算管理在激励与约束机制方面的功能。

（四）经营计划缺失或编制不规范风险

对经营计划进行细化和资源配置是预算编制的基本功能之一。企业如果不编制经营计划,就会使预算编制缺乏基本依据;如果采取先编预算后编经营计划的顺序,就会本末倒置,陷入为预算而预算的误区。

为了规避战略转化阶段的预算风险,企业建立的预算控制体系要关注表2-3列示的关键控制点、控制目标和控制措施。

表2-3 全面预算战略转化阶段内部控制的关键控制点、控制目标和控制措施

关键控制点	控制目标	控制措施
战略澄清	达成共识	召开战略转化会议,运用PEST分析①、SWOT分析②、波士顿矩阵、价值链分析等方法和工具,研究、分析内外部环境,并以战略地图为工具对企业战略进行清晰的描述,明确战略规划、战略目标及其实现路径,厘清战略目标与关键措施之间的因果关系,统一思想、达成共识
制定经营目标	经营目标承接战略	要以战略规划为引领,在充分考虑企业内外因素的基础上合理确定年度经营目标,同时将年度经营目标进行纵横两个维度的分解和细化,形成一个纵横交错、环环相扣的经营目标体系
制定KPI	将战略目标层层分解为战术目标	KPI的制定要以战略目标为导向,结合企业年度经营目标、部门业务（工作）目标,依次分解、制定企业KPI和部门KPI
编制经营计划	将经营目标转化为行动方案	根据年度经营目标和绩效指标编制年度经营计划,进而分解编制季度、月度经营计划

二、预算编制阶段的主要风险与控制措施

预算编制阶段的主要任务是以战略为导向,从时间和空间两个维度为企业投资计划、经营计划以及各部门的业务计划配置资源,制订数量化、货币化的行动计划。预算编制阶段至少应当关注下列风险：

---

① PEST分析是对宏观环境的分析,P表示政治（Politics）,E表示经济（Economy）,S表示社会（Society）,T表示技术（Technology）。

② SWOT分析（S表示优势、W表示劣势、O表示机会、T表示威胁）是基于内外部竞争环境和竞争条件的综合分析。

(一)预算松弛风险

预算松弛是指最终确定的预算水平与最优预算水平之间的差距。信息不对称是预算松弛产生的客观基础。一般而言,下层管理者总是比上层管理者拥有更多、更真实的部门信息。在个体利益的驱动下,下层管理者往往利用自身的信息优势,故意高估支出、低估收入或业绩,导致预算松弛的产生。预算松弛带来的风险是:预算信息失真,导致企业决策失误;预算考评缺乏客观性、公正性,导致企业基于完成预算目标而制订的激励方案效果与预期相反。

(二)预算编制责任不落实风险

预算编制责任不明确、不落实,各业务部门参与度低,可能导致预算管理责、权、利不匹配,编制的预算不合理、不可行,形成全面预算与实际业务活动"两张皮"现象。

(三)预算编制方法不恰当风险

在预算编制方法上搞形式主义,不能根据实际情况选择恰当的预算编制方法,可能导致预算目标不科学、不严谨,甚至导致编制的预算不具备可行性。

(四)预算编制不严谨风险

职能部门不按要求编制预算或者预算编制所依据的基础信息资料严重不足,可能导致预算方案与战略规划、经营计划、市场环境及公司实际情况相互脱节,从而降低预算编制的准确率和达成率。

(五)预算审批不严格风险

职能部门不能严格审核预算草案,预算决策机构不能认真履行预算审批职责,可能导致预算审批流于形式,预算方案达不到积极可靠的预算编制目的。

(六)预算下达不规范风险

不按规定下达经过审议批准的预算方案,可能导致预算指标弱化,丧失预算的权威性,甚至导致预算执行或考核出现无据可查的后果。

为了规避预算编制阶段的预算风险,企业建立的预算控制体系要关注表 2-4 列示的关键控制点、控制目标和控制措施。

表 2-4 全面预算编制阶段内部控制的关键控制点、控制目标和控制措施

关键控制点	控制目标	控制措施
信息沟通	实现信息共享	(1)加强企业文化建设。多渠道地向管理层及员工宣传企业愿景、使命、价值观和发展战略,使员工目标、部门目标与企业目标保持一致。 (2)加强信息交流与沟通。消除信息孤岛,使预算编制信息、执行信息在上下级之间、相关部门之间实现互联互通、资源共享。 (3)建立科学合理的预算奖惩机制,实行真实引导型预算激励方案,做到既激励大家努力创造业绩,又激励大家提供真实的预测、预算数据。 (4)实施以战略为导向的全面预算管理模式。将企业战略完全融入全面预算管理,在充分协商的基础上确定各部门的战略目标和预算目标

（续表）

关键控制点	控制目标	控制措施
预算编制大纲	预算编制大纲切实可行	(1) 落实预算编制责任。在预算编制大纲中明确各部门的预算编制责任，严格执行"由预算执行者编制预算草案"的编制原则，将公司各部门、各环节的经营活动、投资活动和财务活动全部纳入预算编制范围。 (2) 科学设计预算指标体系。按照"财务指标为主体，非财务指标为补充"的原则，根据各职能部门的工作性质、权责范围、业务活动等特点，设计不同的、各有侧重的预算指标体系。 (3) 科学确定预算编制方法。充分考虑企业自身的业务特点、基础数据管理水平、生产经营周期和管理需要，选择或综合运用固定预算、弹性预算、滚动预算、零基预算、增量预算等方法
预算编制	预算草案科学合理	(1) 编制预算编制手册。财务部门要为各个预算编制部门提供预算编制手册，让各部门按照手册的要求编制预算草案。 (2) 基础信息资料必须充分。预算草案编制的依据主要是经营计划和各项定额、标准，如果这些基础资料不充分，就难以提高预算编制水平。 (3) 加强预算基础工作。要加强有关历史资料、原始记录、定额制定与管理、价格制定与管理、信息化工作、标准化工作、会计统计等的基础管理工作，确保预算编制以可靠、翔实、完整的基础数据为依据。 (4) 搞好预算编制培训。对预算编制人员进行专业培训，确保其具备正确编制预算的能力；财务部门要配备精通全面预算管理的专职人员指导各部门的预算编制工作
预算审批	严格履行预算审批程序	(1) 明确预算审批权责。在企业全面预算管理制度和权限指引表中明确各级预算管理决策机构的审批职责与权限。 (2) 落实董事会及股东（大）会审批职责。董事会在预算审批中要发挥主导作用，严格审核全面预算草案，重点关注预算的科学性和可行性，确保年度预算与公司发展战略、年度经营计划相协调
预算下达	规范预算下达方式	预算方案经审议批准后，公司要及时以文件的形式下达执行。其中，年度财务预算需报经股东（大）会审议批准

三、预算执行阶段的主要风险与控制措施

预算执行阶段的主要任务是以预算为标准组织实施企业的经营活动、投资活动和财务活动，确保预算执行过程和结果不偏离预算的方向和目标。预算执行阶段至少应当关注下列风险：

（一）不编制月度预算风险

公司不编制月度预算，可能出现年度预算方案缺乏可行性，最终导致年度预算形同虚设，根本得不到贯彻执行。

（二）预算执行不力风险

预算执行部门不严格执行预算或缺乏达成预算目标的能力，可能出现预算方案和预

算执行"两张皮"现象,导致预算目标无法实现。

(三) 预算控制不力风险

公司缺乏有效的预算控制措施或预算控制部门、人员不作为,可能导致预算行为失控,预算执行的过程和结果可能会偏离预算的方向和目标,甚至导致全面预算管理事倍功半、流于形式。

(四) 预算调整缺失风险

公司不重视预算调整,或者不适时进行预算调整,可能出现预算安排与预算执行"两张皮"现象。

(五) 预算调整随意风险

预算调整随意、频繁,不仅会丧失预算的严肃性和硬约束性,还可能导致预算编制流于形式,全面预算管理达不到预期效果,并给公司经营活动带来混乱。

(六) 预算分析不力风险

预算分析不准确、不科学、不全面、不及时,可能导致预算管理弱化,削弱预算执行与控制的效果,甚至导致预算考评不客观、不公正,影响有关部门严格执行预算、努力完成预算的积极性。

(七) 预算改进措施不落实风险

通过预算分析提出的改进措施和解决方案得不到重视和落实,可能造成预算分析和问题改进"走过场"现象,导致企业预算执行力低下。

(八) 预算目标未达成风险

预算目标不能达成,可能导致公司年度经营计划落空,甚至影响公司发展战略的实现。

为了规避预算执行阶段的预算风险,企业建立的预算控制体系要关注表2-5列示的关键控制点、控制目标和控制措施。

表2-5 全面预算执行阶段内部控制的关键控制点、控制目标和控制措施

关键控制点	控制目标	控制措施
实施月度预算	将年度预算分解为月度预算	建立实施月度预算制度。月度预算是为了实现年度预算,以量化形式表现的公司及各部门在月度预算期内的具体业务行动计划,实施月度预算制度对于确保全面预算目标的完成具有十分重要的作用
预算执行审批	严格执行预算方案	(1) 建立实施预算执行与控制制度。明确预算执行与控制的职责、权限、方法、程序和内容,有利于预算执行部门严格以预算为标准实施各项生产经营活动,各预算管理部门严格按标准监督、控制预算执行过程,确保预算执行不偏离预算目标。 (2) 建立实施预算执行授权审批制度。针对涉及资金支付的预算内事项、超预算事项、预算外事项建立规范的授权批准制度和程序,避免随意审批、越权审批、违规审批、重复审批现象的发生,有效提高预算执行效率和预算执行的严肃性

（续表）

关键控制点	控制目标	控制措施
预算调整审批	确保预算调整的规范性	（1）建立实施预算调整制度。建立实施预算调整制度，确定预算调整审批权限，规范预算调整程序，明确预算调整条件，强化预算调整原则，严格控制调整频率，杜绝随意调整预算现象的发生。 （2）规范预算调整审批。预算管理机构要严格依据预算调整制度规定的预算调整审批程序和审批权限审查预算调整申请，详细审查预算调整的理由、调整方案、调整前后预算指标的比较，以及调整后对公司预算总目标的影响等内容，确保预算调整后实现预算方案最优化的目标
预算分析	预算分析准确及时	（1）建立实施预算执行分析制度。公司建立预算执行分析制度，按月召开预算执行分析会议，通报预算执行情况，研究、解决预算执行中存在的问题，认真分析原因，提出改进措施。 （2）落实预算分析责任，改进预算分析方法。财务部门要设置预算分析岗位，增强预算分析能力，提高预算分析水平，加强对预算分析流程、方法和内容的研究，确保预算分析结果的准确性、合理性。要从定量与定性两个层面、投入产出两个维度，充分反映公司及各部门预算执行情况和存在的问题，并提出改进建议
落实改进措施	全面落实预算改进措施	建立预算改进措施落实督查制度。对通过预算分析发现的执行偏差、存在问题以及提出的解决措施和改进建议分清责任归属，落到实处。预算执行部门要将预算措施落实情况形成预算改进措施落实报告上报预算管理办公室和总经理审查
预算反馈与报告	确保预算目标达成	（1）建立实施预算执行实时监控制度。及时发现和纠正预算执行中的偏差，确保办理的采购与付款、销售与收款、成本费用、工程项目等各项业务和事项均符合预算要求，接受预算管理的有效监控。 （2）建立健全预算执行反馈和报告制度。财务部门要加强与各预算执行部门的沟通协调，利用财务信息和其他相关资料监控预算执行情况，采用日报、周报等方式及时向公司领导报告、反馈预算执行进度、预算执行差异及其对预算目标的影响，确保预算执行信息传输及时、畅通、有效，促进全面预算目标的实现

四、预算考评阶段的主要风险与控制措施

预算考评阶段的主要任务是以预算指标、预算执行结果及预算分析等相关资料为依据，运用一定的考核方法和评价标准，对企业各部门、各环节的预算管理实施过程和实施效果进行考核、评价。预算考评阶段至少应当关注下列风险：

（一）预算考评缺失风险

公司不进行预算考评，可能导致预算执行部门缺乏预算执行的积极性和主动性，全面预算管理的功能有可能丧失殆尽。

（二）预算考评不力风险

预算考评不严格、不合理、不到位,可能导致预算目标难以实现、预算管理流于形式。

（三）奖惩方案不公平合理风险

预算奖惩方案没有关注各部门利益的公平合理性,经不起比较和推敲,可能导致部门之间苦乐不均、怨声四起,使预算管理丧失激励与约束功能。

（四）奖惩兑现不客观公正风险

忽视预算奖惩结果的客观性和公正性,或者不兑现预算奖惩方案,可能导致各部门之间的利益分配不公,严重影响员工齐心协力完成公司经营目标的积极性。

为了规避预算考评阶段的预算风险,企业建立的预算控制体系要关注表 2-6 列示的关键控制点、控制目标和控制措施。

表 2-6　全面预算考评阶段内部控制的关键控制点、控制目标和控制措施

关键控制点	控制目标	控制措施
预算考评方案	考评方案科学合理	(1) 建立并实施预算考评制度。通过建立并实施预算考评制度,可以有效增强预算刚性,克服预算管理的形式主义,充分发挥预算管理的激励与约束功能。 (2) 科学设计预算考评指标。预算考评指标要以各部门承担的预算指标为主,同时本着相关性原则,增加一些全局性的预算指标和与其关系密切的相关部门的预算指标;考评指标应以定量指标为主,辅以适当的定性指标;考评指标应当具有可控性、可达成性和明晰性
预算考评结果	考评结果客观公正	按照客观、公正的原则实施预算考评。预算考评部门要认真履行预算考评职责,按照公开、公平、公正原则实施预算考评,确保预算考评的准确性、客观性、合理性和全面性,预算考评过程及结果要有完整的记录存档
预算奖惩方案	奖惩方案公平合理	(1) 建立并实施预算奖惩制度。将预算目标执行情况和执行结果纳入绩效考核体系和奖惩范围,切实做到有奖有惩、奖惩分明,有利于规范公司预算管理过程,有效提高预算目标的达成率。 (2) 合理设计预算奖惩方案。设计预算奖惩方案要遵循公平合理、奖罚并存原则,要注意各部门利益分配的合理性,根据各部门承担工作的难易程度和技术含量合理确定奖励系数,避免出现苦乐不均
奖惩方案兑现	奖惩结果及时兑现	及时兑现预算奖惩方案。预算考评结果确认后,公司要按照预算目标责任书或预算奖惩方案的约定及时兑现预算奖惩。只有这样才能维护预算考核的严肃性和权威性,才能使预算考核真正达到奖勤罚懒、激励预算执行部门完成预算目标的目的

Chapter 3 第三章

预算编制方法

预算编制方法是指用于预算编制的专门技术,是预算编制途径、规则、方式、程序、步骤、技巧和手段等的集合。预算编制的方法有若干种,正确选择预算编制方法,不仅可以有效提高预算编制效率,而且对于提高预算指标的准确性和恰当性也是至关重要的。因此,正确选择预算编制方法是保证预算科学性、可行性的重要基础。常用的预算编制方法主要有固定预算法、弹性预算法、增量预算法、零基预算法、定期预算法、滚动预算法、概率预算法和作业预算法等。各种预算编制方法都是在全面预算管理发展过程中形成的,每种编制方法各有不同的适用范围和优缺点。在具体应用时,企业没必要强调方法的一致性,而应根据不同预算项目的特点和要求,因地制宜地选用不同的预算编制方法。同一个预算项目可根据具体内容的不同,选用不同的编制方法;同样,同一种编制方法可用于不同的预算项目,从而保证预算方案的最优化。需要强调的是,不管采用何种预算编制方法,都要与本单位的实际情况相吻合,能切实增强预算编制的适用性和准确性。

第一节 固定预算法与弹性预算法

一、固定预算法

固定预算法又称静态预算法,是以预算期内正常的、最可能实现的某一业务量(如产品产量、销售量、作业量等)水平为基础,确定相应预算指标的预算编制方法。

固定预算法是编制预算最基础的方法,按固定预算法编制的预算即为固定预算。

(一) 固定预算法的优点

固定预算法的优点主要是简便易行、直观明了。

(二) 固定预算法的缺点

固定预算法的缺点主要有:

(1) 适应性差。固定预算法仅适用于预算业务量与实际业务量相差不大的预算项目。

(2) 可比性差。当实际业务量偏离预算编制所依据的业务量时,采用固定预算法编制的预算就失去了其编制的基础,有关预算指标的实际数与预算数也会因业务量基础不同而失去可比性。

(三) 固定预算法的适用范围

固定预算法的适用范围包括:

(1) 经营业务和产品产销量比较稳定的企业;

(2) 能准确预测产品需求及产品成本的企业;

(3) 企业经营管理活动中某些相对固定的成本费用支出;

(4) 社会非营利性组织。

(四) 固定预算法应用举例

【例3-1】 大地公司是产销A产品的专业公司,2023年公司计划销售A产品500吨,四个季度的销售量分别是100吨、120吨、150吨和130吨,销售单价(不考虑税收因素)为每吨产品1万元。现金回款政策规定:销售货款当季收回现金80%,其余20%下一季度收回,2022年年末应收账款余额为15万元,于预算年度的第一季度收回。

根据上述资料,采用固定预算法编制大地公司2023年分季度的产品销售预算及现金回款预算如表3-1所示。

表3-1 大地公司2023年产品销售及现金回款预算

预算类别	项目	计量单位	1季度	2季度	3季度	4季度	全年
产品销售预算	A产品销售量	吨	100	120	150	130	500
	销售单价	万元/吨	1	1	1	1	1
	销售收入	万元	100	120	150	130	500
现金回款预算	期初应收账款余额	万元	15	20	24	30	15
	本期新增应收账款	万元	100	120	150	130	500
	本期预算收回货款	万元	95	116	144	134	489
	期末应收账款余额	万元	20	24	30	26	26

二、弹性预算法

弹性预算法又称动态预算法、变动预算法,是以预算期内可能发生的多种业务量水平为基础,依据业务量与预算项目之间的数量依存关系,分别确定不同业务量对应的预算指标的预算编制方法。用弹性预算法编制的预算即为弹性预算。

弹性预算法是在固定预算法的基础上发展起来的一种预算编制方法。因为固定预算法是企业根据某一固定业务量水平编制预算的方法,所以其编制的预算指标具有唯一性。这样,一旦预算期内的实际业务量水平与原先预计的业务量水平不一致且相差比较大时,预算指标就不能成为规划、控制和客观评价企业及职能部门经济活动与工作业绩的依据。弹性预算法恰好弥补了固定预算法的这一缺陷,它是根据预算期内可预见的多种业务量水平分别编制相应预算指标的方法,即弹性预算法不仅适用于一个业务量水平下的预算编制,也适用于多个业务量水平下的一组预算编制及随着业务量变化而变化的项目预算编制。

由于弹性预算可以随着业务量的变化反映相应业务量水平下的支出控制数,具有一定的伸缩性,因而被称为"弹性预算";又由于弹性预算是随业务量的变动而作出相应调整的,考虑了预算期内业务量可能发生的多种变化,因而又称变动预算;还由于弹性预算的业务量和预算指标均呈运动变化状态,因而又称动态预算。

(一)弹性预算法的优点

弹性预算法的优点包括:

(1)适应性强。弹性预算是按预算期内一系列业务量水平编制的,从而有效扩大了预算的适用范围,提高了预算的适应性。

(2)可比性强。由于弹性预算是按多种业务量水平编制的,这就为实际结果与预算指标的对比提供了一个动态的、可比的基础,使任何实际业务量都可以找到相同或相近的预算标准,从而使预算能够更好地履行其在控制依据和评价标准两方面的职能。

(二)弹性预算法的缺点

弹性预算法的缺点是:相对于固定预算法而言,弹性预算法的预算编制工作量较大。

(三)弹性预算法的适用范围

弹性预算法的适用范围包括:

(1)变动性成本费用预算编制;

(2)变动性利润预算编制;

(3)其他与业务量之间存在明显数量依存关系的预算编制。

(四)应用弹性预算法编制预算的基本步骤

应用弹性预算法编制预算的基本步骤为:

(1)选择恰当的业务量,如产销量、材料消耗量、直接人工小时、机器工时和价格等。

(2)确定适用的业务量范围。弹性预算法所确定的业务量范围必须具有相关性,不能脱离实际,一般而言,可定在正常业务量水平的70%—110%,或者以历史上最高业务量和最低业务量为上下限。

(3)分析各项成本费用项目的成本习性,将其划分为变动成本和固定成本。

(4)研究、确定各经济变量之间的数量关系。

(5)根据各经济变量之间的数量关系,计算、确定在不同业务量水平下的预算数额。例如,在编制成本预算时,固定成本按总额控制,变动成本按不同的业务量水平作相应的调整。其计算公式为:

$$弹性成本预算 = 固定成本 + \sum (单位变动成本 \times 预计业务量)$$

(五)弹性预算法的应用方法

弹性预算法主要有列表法和公式法两种应用方法。

1. 列表法

列表法也称多水平法,它是在确定的业务量范围内,按照一定的业务量标准,划分出若干个不同的水平,然后分别计算各项预算数额,汇总列入一张预算表格中的方法。

在应用列表法时,业务量之间的间隔应根据实际情况确定。间隔越大,水平级别就越少,可简化编制工作,但间隔太大会丧失弹性预算的优点;间隔越小,用以控制成本费用的标准就越准确,但会增加预算编制的工作量。一般情况下,业务量的间隔以5%—10%为宜。

列表法的优点是:不管实际业务量是多少,不必经过计算即可找到与业务量相近的预算数额,用来控制成本较为方便、直观。但是,由于预算的实际执行结果不可能与预算标准完全一致,因此在运用列表法评价和考核实际业绩时,往往需要使用插补法来计算实际业务量的预算标准,计算过程比较麻烦。

2. 公式法

公式法是按照成本费用的线性公式 $y=a+bX$ 来代表一定业务范围内的预算数额的方法。其中,y 代表总成本,a 代表固定成本,b 代表单位变动成本,X 代表业务量。在公式法下,如果事先确定了业务量 X 的变动范围,那么只要列示出 a 和 b 的参数,便可利用公式计算任一业务量水平下的预算数额。

公式法的优点是可以计算出任何业务量对应的预算数额。但是,由于任何事物都会有一个从量变到质变的过程,当业务量变化到一定限度时,代表固定成本的 a 和代表单位变动成本的 b 就会发生变化,因此,在采用公式法编制预算时,需要在"备注"中说明:在不同的业务量范围内,应该采用不同的固定成本(a)数值和单位变动成本(b)数值。

利用公式法编制预算的关键是对各项成本费用进行习性分析,找出各项成本费用的固定成本和单位变动成本,预算表格中需要注明线性公式和相应的 a、b 数值。

(六)弹性预算法应用举例

1. 列表法举例

【例 3-2】 大地公司 2023 年预计 A 产品的销售量为 500—600 吨,销售单价(不考虑税收因素)为 1 万元/吨,产品单位变动成本为 0.6 万元,固定成本总额为 100 万元。

根据上述资料,采用弹性预算法中的列表法,按 5% 的间隔编制收入、成本和利润预算如表 3-2 所示。

表 3-2 收入、成本和利润预算(列表法)

项目	计量单位	方案1	方案2	方案3	方案4	方案5
销售量	吨	500	525	550	575	600
销售收入	万元	500	525	550	575	600
变动成本	万元	300	315	330	345	360
边际贡献	万元	200	210	220	230	240
固定成本	万元	100	100	100	100	100
利润	万元	100	110	120	130	140

如果预算期内大地公司实际执行结果为销售量550吨,变动成本总额为320万元,固定成本总额为102万元,则固定预算、弹性预算与实际执行结果的差异分析如表3-3所示。

表3-3　固定预算、弹性预算与实际执行结果差异分析

项目	计量单位	固定预算	弹性预算	实际结果	预算差异	成本差异	实际与固定预算差异
计算关系	—	①	②	③	④=②-①	⑤=③-②	⑥=③-①=④+⑤
销售量	吨	500	550	550	+50	0	+50
销售收入	万元	500	550	550	+50	0	+50
变动成本	万元	300	330	320	+30	-10	+20
边际贡献	万元	200	220	230	+20	+10	+30
固定成本	万元	100	100	102	0	+2	+2
利润	万元	100	120	128	+20	+8	+28

从表3-3可以看出:弹性预算与固定预算相比,销售量指标多出50吨,在成本费用开支维持正常水平的情况下,边际贡献增加20万元,这20万元属于预算差异;但是,将实际完成结果与弹性预算相比就会发现,由于变动成本和固定成本分别减支10万元和超支2万元,实际利润比弹性预算的要求增加8万元,增加的这部分利润属于成本差异。这两种差异的相互补充,可以更好地说明实际利润比固定预算利润多28万元的原因:一是销售量的增加使利润增加20万元,二是变动成本和固定成本的变动使利润增加8万元,合计增加利润28万元。

2. 公式法举例

沿用例3-2,采用公式法编制总成本预算如表3-4所示。

表3-4　收入、成本和利润预算(公式法)

序号	销售量(X)	总成本(y)	销售收入	利润	备注
计算关系	①	②=a+bX	③=①×单价	④=③-②	
1	500	400.0	500.0	100.0	
2	501	400.6	501.0	100.4	
3	502	401.2	502.0	100.8	已知:
4	503	401.8	503.0	101.2	$y=a+bX$
5	504	402.4	504.0	101.6	a=100
6	505	403.0	505.0	102.0	b=0.6
7	506	403.6	506.0	102.4	单价:1万元/吨
8	507	404.2	507.0	102.8	计量单位:吨
9	508	404.8	508.0	103.2	金额单位:万元
10	509	405.4	509.0	103.6	
…	…	…	…	…	
101	600	460.0	600.0	140.0	

前面例题中介绍的弹性预算是按照不同的业务量水平分别确定相应利润指标的。此外,由于成本费用的内容复杂,各费用项目随着业务量增长所发生的变动幅度也各不相同。为了加强预算控制,企业很有必要按照不同的业务量水平编制成本费用的弹性预算。

第二节 增量预算法与零基预算法

一、增量预算法

增量预算法又称调整预算法,是在基期水平的基础上,分析预算期业务量水平及相关影响因素的变动情况,调整有关基期项目及预算数额的预算编制方法。用增量预算法编制的预算即为增量预算。

增量预算法的显著特点是:从基期实际水平出发,针对预算期的业务活动预测一个变动量,然后按比例测算收入和支出指标。也就是说,根据业务活动的增减对基期预算的实际发生额进行增减调整,确定预算期的收支预算指标。

(一)增量预算法的假定前提

增量预算法的假定前提是:

(1)基期的各项经济活动是企业必需的;

(2)基期的各项业务收支都是合理的、必需的;

(3)预算期内根据业务量变动增加或减少预算指标是合理的。

(二)增量预算法的优点

增量预算法的优点有:

(1)简便易行。增量预算法的编制方法简便,容易操作。

(2)便于理解,易于得到认同。由于增量预算法考虑了基期预算的实际执行情况,因此运用这种方法编制的预算易于得到企业各层级领导、员工的理解和认同。

(三)增量预算法的缺点

增量预算法的缺点有:

(1)预算理念保守。增量预算法假定上期的经济业务活动在新预算期内仍然发生,而且上期发生的项目、数额都是合理的、必需的,如此不加分析地接受上期的预算项目和预算数额,极易导致部门间的苦乐不均,使某些不合理的开支合理化。

(2)预算结果消极。增量预算法容易使预算部门养成"等、靠、要"的惰性思维,滋长预算分配中的平均主义和简单化,不利于调动各部门增收节支的积极性;当预算期的情况发生变化时,预算数额受到基期不合理因素的干扰,可能导致预算指标不准确,不利于调动各部门实现预算目标的积极性。

(四)增量预算法的适用范围

增量预算法的适用范围包括:

（1）经营活动变动比较大的企业；

（2）与收入成正比变动的成本费用支出。

（五）增量预算法应用举例

【例 3-3】 大地公司 2023 年预计产品销售收入为 550 万元，比 2022 年增长 10%，采用增量预算法编制 2023 年销售费用预算。

销售费用中的折旧、销售管理人员工资等项目一般为固定费用，不会因产品销售收入的增减而增减，因此只对变动费用项目按增量预算法相应地调整预算数额。

预算编制的基本程序和方法如下：

第一步，将销售费用的明细项目分解为固定费用和变动费用。

第二步，固定费用项目采用固定预算法确定预算指标，因为 2023 年固定费用项目及业务范围没有发生变化，所以其预算指标与 2022 年保持一致；变动费用项目采用增量预算法确定预算指标，公司决定与产品销售收入保持相同的增长比率，即按 10% 的增长率调整变动费用项目预算指标。

第三步，汇总明细费用指标，确定销售费用预算总额。

采用增量预算法编制的销售费用预算如表 3-5 所示。

表 3-5　销售费用增量预算　　　　　　　　　　　　金额单位：万元

序号	项目	2022年实际	增减率	增减额	2023年预算
一	固定费用小计	15.0	0	0	15.0
1	销售管理人员工资	3.0	0	0	3.0
2	租赁费	7.0	0	0	7.0
3	固定资产折旧	3.0	0	0	3.0
4	其他固定费用	2.0	0	0	2.0
二	变动费用小计	50.0	10%	5.0	55.0
1	销售人员工资	10.0	10%	1.0	11.0
2	运输费	10.0	10%	1.0	11.0
3	差旅费、会务费	5.0	10%	0.5	5.5
4	广告宣传费	15.0	10%	1.5	16.5
5	业务招待费	5.0	10%	0.5	5.5
6	其他变动费用	5.0	10%	0.5	5.5
三	合计	65.0	7.7%	5.0	70.0

二、零基预算法

零基预算法又称零底预算法，全称为"以零为基础编制计划和预算的方法"，是指在编制预算时，不以上期业务活动及预算指标为基础，而以零为基点，一切从实际出发分析预算期内业务活动及相应预算指标的预算编制方法。零基预算法的基本特征是不受上期预算安排和预算执行情况的影响，一切预算收支均以零为出发点，均建立在成本效益分析的基础上,根据实际需要和可能来编制预算。用零基预算法编制的预算即为零基预算。

在采用零基预算法编制预算时,要按照预算期内应该完成的经营目标和工作内容,根据业务活动本身的重要性、合理性测算收入支出,对所有预算项目重新进行详尽的审查、分析和测算;要从实际需要与可能出发,逐项审议各项费用的内容及开支标准是否合理,并在成本效益分析的基础上,排出各项业务活动的先后次序,据此决定资金和其他资源的分配。零基预算法要求在编制预算之前先明确以下问题:

第一,业务活动的目标是什么,要达到的目标又是什么?

第二,能从此项业务活动中获得什么效益,这项业务活动为什么是必要的,不开展这项业务活动行不行?

第三,可选择的方案有哪些,目前的方案是不是最好的,有没有更好的方案?

第四,各项业务活动的重要次序是怎样排列的,从实现目标的角度看到底需要多少资金?

(一)零基预算法的特点

与传统的增量预算法相比,零基预算法有以下三个特点:

(1)预算编制基础不同。增量预算法的编制基础是上期预算的执行结果,本期预算是在上期预算执行结果的基础上通过调整确定的;零基预算法的编制基础是零,本期预算根据本期业务活动的重要性和可供分配的资金量来确定。

(2)预算编制分析对象不同。增量预算法重点是对新增加的业务活动进行成本效益分析,对上期延续下来的性质相同的业务活动不作分析研究;零基预算法需要对预算期内所有的业务活动进行成本效益分析。

(3)预算着眼点不同。增量预算法主要以预算金额为重点,着重从货币角度控制预算金额的增减;零基预算法除重视预算金额外,主要是从业务活动的必要性和重要程度上决定资金的分配。

(二)零基预算法的应用步骤

1. 提出预算目标

在正式编制预算之前,企业预算管理部门要根据企业的战略规划和经营目标,综合考虑各种资源条件,提出预算构想和预算目标,规范各预算部门的预算行为。

2. 确定部门预算目标

企业各部门根据企业的总体目标和本部门的具体目标,以零为基础,提出本部门在预算期内为完成预算目标需要发生哪些预算项目,并详细说明每个预算项目开支的性质、内容、用途、金额及必要性。

3. 进行成本效益分析

企业预算管理部门对各部门提报的预算项目首先进行成本效益分析,将其投入与产出进行对比,说明每项费用开支后将会给企业带来什么影响;然后在权衡轻重缓急的基础上,将各个费用开支项目分成若干个层次,列出先后顺序和重要性程度,归纳为确保开支项目和可适当调减项目两大类。

4. 分配资金,落实预算

根据预算项目的排列顺序,对预算期内可动用的资金进行合理安排,首先满足确保开支项目,剩余的资金再以成本效益比为权数,并结合重要性程度进行分配,做到保证重点、兼顾一般。

5. 编制并执行预算

资金分配方案确定以后,企业要对各部门的预算草案进行审核、汇总,编制正式预算,经批准后下达执行。

(三)零基预算法的优点

零基预算法的优点有:

(1)有利于合理配置企业资源,确保重点、兼顾一般。每项业务活动都通过成本效益分析进行规划,能够将企业有限的资源用到最需要的地方,提高全部资源的使用效率。

(2)有利于提高全员的投入产出意识。零基预算法以"零"为起点观察和分析企业所有业务活动,并且不考虑过去的业务支出水平,需要动员企业的全体员工参与预算编制,使得各项业务活动从投入开始就杜绝或减少浪费,提高产出水平,有效提高全员投入产出意识。

(3)有利于发挥全员参与预算编制的积极性和创造性。零基预算法采用了典型的先"自下而上",后"自上而下",再"上下结合"的预算编制程序,充分体现了群策群力和从严从细的精神,有着坚实的员工基础,既有利于发挥全员参与预算编制的积极性和创造性,又有利于预算的贯彻执行。

(四)零基预算法的缺点

零基预算法在实际应用中存在以下缺点:

(1)工作量大、费用较高。由于零基预算法要求一切支出均以零为起点,需要进行历史资料、现有状况和投入产出分析,因此预算编制工作相当繁重,需要花费大量的人力、物力和时间,预算成本较高,编制预算时间也较长。

(2)主观意识较强、短期行为较重。因为任何项目的"轻重缓急"都是相对的,所以零基预算法在对费用项目进行分层、排序和资金分配时,极易受主观意识的影响,并容易强调短期项目和当前利益,忽视长期项目和长远利益。

(五)零基预算法的适用范围

零基预算法的适用范围包括:

(1)管理基础工作比较好的企业;

(2)行政事业单位、社会团体、军队以及企业职能管理部门编制的费用预算。

具有明显投入产出关系的产品制造活动则不适合用零基预算法。

(六)零基预算法应用举例

【例 3-4】 大地公司采用零基预算法编制 2023 年度的管理费用资金支出预算,根据公司经营目标和总体预算安排,2023 年用于管理费用资金支出的总额度为 180 万元。

管理费用资金支出预算编制的基本程序如下:

第一步,公司根据2023年度总体经营目标及管理部门的具体任务,经过集思广益、认真分析、反复讨论和测算后,提出管理费用资金支出预算方案,确定的费用项目及其支出数额如表3-6所示。

表3-6 管理费用资金支出预算方案

序号	项目	金额(万元)	测算依据
1	工资	100	管理人员20名,年均工资5万元/人,全年工资100万元
2	办公费	2	管理人员20名,年办公费定额1 000元/人,全年办公费2万元
3	差旅费	40	管理人员20名,年均差旅费2万元/人,全年差旅费40万元
4	保险费	10	管理用固定资产原值1 000万元,年保险费率1%,全年保险费10万元
5	培训费	30	内部培训费10万元,外派培训费20万元,共计30万元
6	招待费	18	每月招待费1.5万元,全年招待费18万元
7	审计费	9	聘用注册会计师查账及审计年报发生的费用
8	合计	209	

第二步,预算管理部门经过分析研究认为,工资、办公费、保险费、审计费四项费用开支均为预算期内管理部门的最低费用支出,属于约束性费用,必须保证全额满足其对资金的需求;而差旅费、培训费和招待费三项开支属于酌量性开支费用项目,可在满足约束性费用资金需求的前提下,将剩余的资金按照上述项目对企业收益的影响程度(即重要性程度)择优分配。酌量性费用的重要性程度可通过成本效益分析来确定,如表3-7所示。

表3-7 成本效益分析

项目	三年平均发生额(万元)	三年平均收益额(万元)	平均收益倍数	重要性程度
差旅费	50	150	3	0.3333
培训费	30	120	4	0.4445
招待费	20	40	2	0.2222
合计	100	310	9	1.0000

第三步,将预算期内可动用的资金180万元在各费用项目之间进行分配,具体分析计算如下:

(1)全额满足约束性费用的资金需求。约束性费用所需资金总额为:工资100万元、办公费2万元、保险费10万元、审计费9万元,共计121万元。

$$100+2+10+9=121(万元)$$

(2)将剩余的资金59万元(180万元-121万元)以重要性程度为标准在差旅费、培训费和招待费三项酌量性费用项目之间分配:

差旅费分配资金数 = 59×0.3333 = 19.7(万元)

培训费分配资金数 = 59×0.4445 = 26.2(万元)

招待费分配资金数 = 59×0.2222 = 13.1(万元)

第四步,资金分配方案确定以后,编制管理费用资金支出预算,如表 3-8 所示。

表 3-8　2023 年管理费用资金支出预算

序号	项目	金额(万元)
一	约束性费用支出	121.0
1	工资	100.0
2	办公费	2.0
3	保险费	10.0
4	审计费	9.0
二	酌量性费用支出	59.0
1	差旅费	19.7
2	培训费	26.2
3	招待费	13.1
三	合计	180.0

通过例 3-4 可知,采用零基预算法编制费用预算,一方面可以杜绝不必要的费用开支,有利于企业降低成本费用;另一方面可以在保证满足企业经营业务资金刚性需求的前提下,合理分配和使用资金,有利于提高企业的资金使用效率。

零基预算法作为一种预算控制思想,核心是要求预算编制人员不要盲目接受过去的预算支出结构和规模,一切应按照变化后的实际情况重新予以考虑。

应该指出的是:在实务中,简单地将零基预算法理解为"一切从零开始"是不恰当的。大多数情况下,预算项目是在以往基础上的继续运行或持续发展,完全不考虑或抛开上期的预算项目和实际发生额是不科学的,而零基预算法强调的是以零为起点进行分析、测算。因此,零基预算法的真正内涵是:在对预算期内所有预算项目进行严格审核、分析、测算、比较、评价的基础上编制预算。

第三节　定期预算法与滚动预算法

一、定期预算法

定期预算法是以固定不变的起讫期间(如年度、季度、月份)作为预算期间编制预算的方法。

需要说明的是:定期预算法并不是一种单纯的预算编制方法,而是以预算期间固定不变为特征的一类预算编制方法,即凡是预算期间固定不变的预算编制方法,都可以称之为定期预算法。例如,本章介绍的固定预算法、弹性预算法、增量预算法、零基预算法等预算编制方法通常是以固定不变的起讫期间作为预算期间编制预算,所以上述预算编制方法都可以被称为定期预算法,用定期预算法编制的预算也称定期预算。

（一）定期预算法的优点

定期预算法的优点包括：

（1）保持了预算期间与会计期间的一致性。定期预算法编制的预算，在预算期间上与会计期间相互配比一致，便于预算资料的归集、预算指标的执行和预算执行的考评。

（2）便于预算数据与会计数据的相互比较。由于预算期间与会计期间相互配比，因此预算数据与会计数据可以相互比较，有利于对预算执行情况和执行结果进行分析与评价。

（3）预算编制过程比较简单。预算期间固定不变，简化了预算编制过程。

（二）定期预算法的缺点

定期预算法的缺点包括：

（1）预算执行难度大。企业预算一般在预算年度开始前2—3个月编制，大型企业则要提前3—5个月。此时，预算编制部门对预算期内的某些经营活动并不十分清楚或难以准确把握，尤其是编制后半期的预算容易带有盲目性，往往只能提出比较粗略的预算数据。当预算期内各项经营活动发生变化时，事先确定的预算项目和预算指标就失去了指导意义，从而导致预算执行难度较大。

（2）预算衔接难度大。由于企业的各种经营活动是连续不断的，而采用定期预算法编制的预算将经营活动人为地分割成一段段固定不变的期间，切割了企业连续不断的经营活动过程，这样就必然造成前后各个期间预算衔接有难度。

（3）缺乏远期指导性。由于采用定期预算法编制的预算的预算期是固定的，因此随着预算的执行，预算期间会越来越短。这样就会导致各级管理人员只考虑剩余期间的经营活动，过多地着眼于企业或部门的短期利益而采取短视行为，从而忽视企业的长远利益和可持续发展。

（4）市场适应性差。在市场经济体制下，很多企业是依据客户的产品订单来组织生产的。例如，纺织印染企业一般要根据客户提供的花色品种和其他具体要求来组织生产，而企业销售部门拿到客户产品订单的周期一般为一周，即只能拿到满足一周的产品生产的任务。在此种情况下，按年度、月度编制预算不仅难度较大，而且编制的预算也很难执行下去。

在管理实务中，为了解决定期预算所带来的预算方案与预算执行之间相互脱节的问题，企业往往被迫采取定期调整或更改预算项目和预算指标的办法，在一定程度上会影响预算的权威性。

为弥补定期预算法的不足，企业可以采用滚动预算法来编制连续不断的滚动预算。

二、滚动预算法

滚动预算法是指随着时间推移和预算执行，预算期间不断延伸，预算方案不断调整、完善和补充，使整个预算期间处于逐期向后、永续滚动、持续推进状态的一种预算编制方法。用滚动预算法编制的预算即为滚动预算。

（一）滚动预算法的基本原理

滚动预算法的基本原理是按照既定的预算编制周期和滚动频率，使预算方案涵盖的时间跨度始终保持在一个固定期间。滚动频率是指调整和补充预算的期间，一般以月度、季度、年度为滚动频率;预算方案的固定期间通常为 12 个月。当基期 12 个月的预算编制完成后,每执行完 1 个月或 1 个季度的预算,便根据上期预算执行情况,结合新的预测结果对原有的预算方案进行调整和完善,并追加 1 个月或 1 个季度的预算方案,逐期向后滚动,使整个预算处于一种永续滚动状态,从而在任何一个时期都能使预算方案保持 12 个月的时间跨度,所以滚动预算法又称连续预算法或永续预算法。

滚动预算法按照近细远粗的原则,采用长计划、短安排的方法,即在编制年度预算时,先将第一个季度按月划分,编制各月份的明细预算指标以方便预算的执行与控制,其他三个季度的预算则可以粗略编制,只列各季度的预算总数,等到临近第一季度结束时,再将第二季度的预算按月细分,第三、四季度以及新增的下年度第一季度预算则只需列出各季度的预算总数,以此类推,使预算不断地滚动下去。采用这种方式编制的预算有利于管理人员对预算资料进行经常性的分析研究,并能根据当前预算的执行情况修改、完善下期预算。这些优点都是传统的定期预算编制方法所不具备的。

(二) 滚动预算法的应用

滚动预算可分为中期滚动预算和短期滚动预算。中期滚动预算的预算编制周期通常为 3 年或 5 年,以年度作为预算滚动频率;短期滚动预算通常以 1 年为预算编制周期,以月度或季度作为预算滚动频率。按照滚动的时间单位不同,滚动预算法可分为逐月滚动、逐季滚动和混合滚动。

1. 逐月滚动

逐月滚动方式是指在预算编制过程中,以月度为预算的编制和滚动单位,每个月调整一次预算的方法。

例如,在 2023 年 1 月至 12 月的预算执行过程中,需要在 1 月末根据 1 月份预算的执行情况修订 2 月至 12 月的预算,同时补充 2024 年 1 月的预算;到 2 月末,要根据 2 月份预算的执行情况修订 3 月至 2024 年 1 月的预算,同时补充 2024 年 2 月的预算;以此类推。

逐月滚动预算方式如图 3-1 所示。

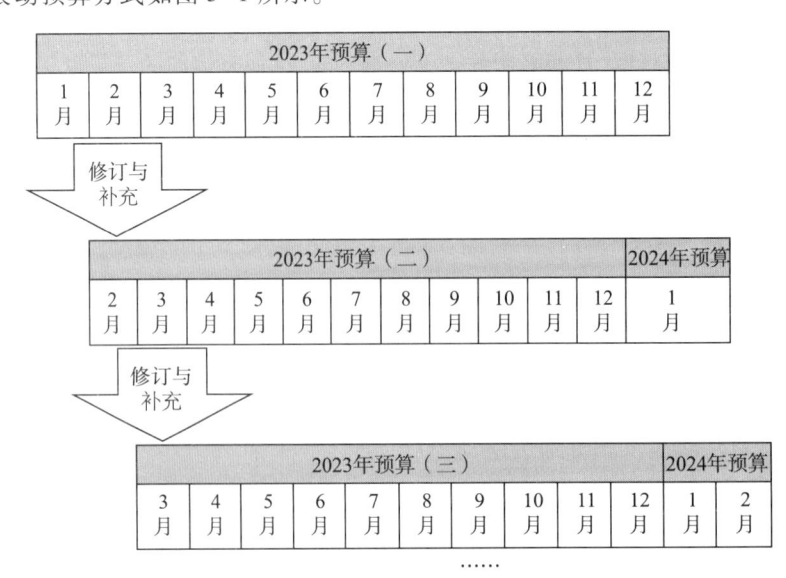

图 3-1 逐月滚动预算方式

采用逐月滚动方式编制的预算具有精确度较高的优点,但也有工作量较大的缺点。

2. 逐季滚动

逐季滚动方式是指在预算编制过程中,以季度为预算的编制和滚动单位,每个季度调整一次预算的方法。

例如,在 2023 年 1 月至 12 月的预算执行过程中,需要在 1 季度末根据 1 季度预算的执行情况修订 2 季度至 4 季度的预算,同时补充 2024 年 1 季度的预算;在 2 季度末,要根据 2 季度预算的执行情况修订 3 季度至 2024 年 1 季度的预算,同时补充 2024 年 2 季度的预算;以此类推。

逐季滚动预算方式如图 3-2 所示。

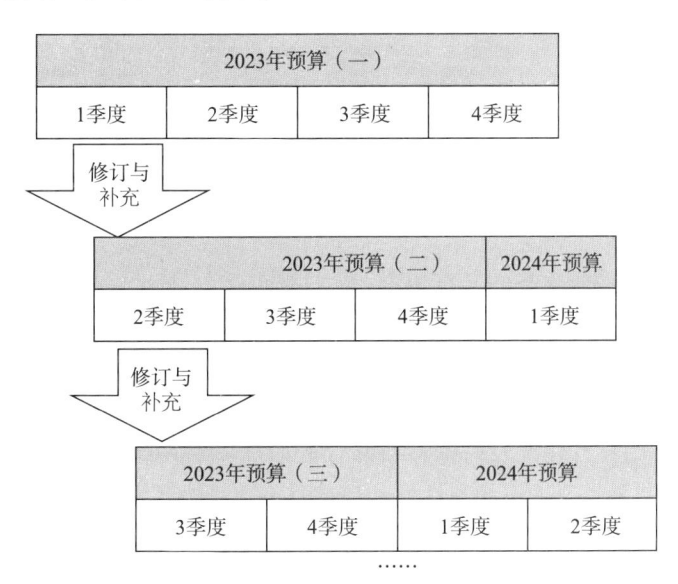

图 3-2 逐季滚动预算方式

采用逐季滚动方式编制的预算具有工作量较小的优点,但也存在精确度较低的缺点。

3. 混合滚动

混合滚动方式是指在预算编制过程中,同时以月度和季度作为预算的编制和滚动单位,每个季度细化调整一次预算的方法。

例如,在 2023 年 1 月至 12 月的预算执行过程中,需要在 1 季度末根据 1 季度预算的执行情况,分月细化修订 2 季度预算,并修订 3 季度至 4 季度的预算,同时补充 2024 年 1 季度的预算;在 2 季度末,要根据 2 季度预算的执行情况,分月细化修订 3 季度预算,并修订 4 季度至 2024 年 1 季度的预算,同时补充 2024 年 2 季度的预算;以此类推。

混合滚动预算方式如图 3-3 所示。

采用混合滚动方式编制预算集中了逐月滚动和逐季滚动方式的优点,规避了其缺点,具有较高的实用性。

(三)滚动预算法的优点

与定期预算法相比,滚动预算法具有以下优点:

```
┌─────────────────────────────┐
│      2023年预算（一）        │
├─────────────┬───┬───┬───────┤
│   1季度     │   │   │       │
├───┬───┬───┤2季度│3季度│4季度 │
│1月│2月│3月│     │     │     │
└───┴───┴───┴─────┴─────┴─────┘
         ↓ 修订与补充

┌─────────────────────────────┬──────────┐
│      2023年预算（二）        │2024年预算│
├─────────────┬───┬───────────┼──────────┤
│   2季度     │   │           │          │
├───┬───┬───┤3季度│   4季度   │   1季度  │
│4月│5月│6月│     │           │          │
└───┴───┴───┴─────┴───────────┴──────────┘
         ↓ 修订与补充

┌─────────────────────────────┬──────────┐
│      2023年预算（三）        │2024年预算│
├─────────────┬───┬─────┬─────┼─────────┤
│   3季度     │   │     │     │         │
├───┬───┬───┤4季度│1季度│2季度          │
│7月│8月│9月│     │     │     │         │
└───┴───┴───┴─────┴─────┴─────┘
         ……
```

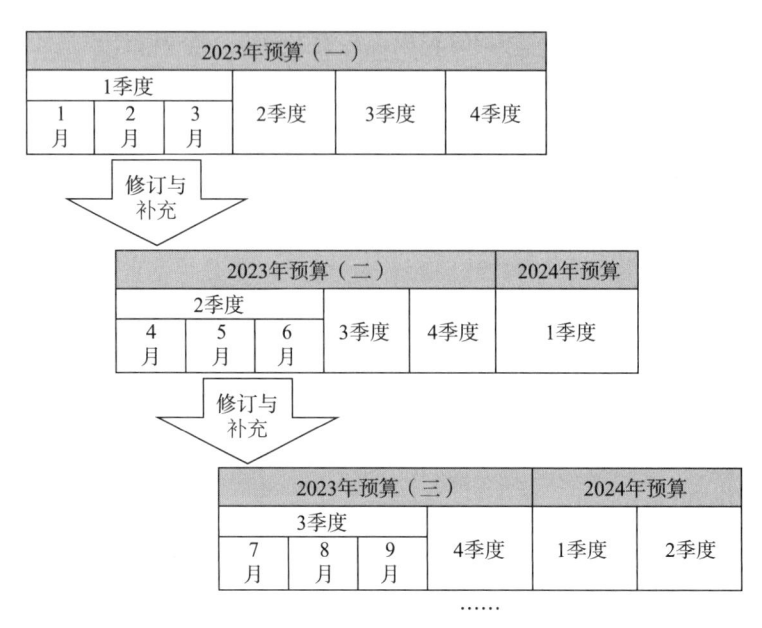

图 3-3　混合滚动预算方式

（1）滚动预算能够从动态的角度、用发展的观点把握企业近期经营目标和远期战略布局，使预算具有较高的透明度，有利于企业管理决策人员以长远的眼光统筹企业的各项经营活动，将企业的长期预算与短期预算很好地联系和衔接起来。

（2）滚动预算遵循了企业生产经营活动的变化规律，在时间上不受会计年度的限制，能够根据前期预算的执行情况及时调整和修订近期预算。在保证预算连续性和完整性的同时，有助于确保企业各项工作的连续性和完整性。

（3）滚动预算能使企业各级管理人员对未来永远保持12个月的工作时间概念，有利于稳定而有序地开展经营活动。

（4）滚动预算采取长计划、短安排的具体做法，可根据预算执行结果和企业经营环境的变化，不断调整和修订以后执行期的预算，使预算更接近和适应不断变化的实际情况，从而更有效地发挥预算的计划和控制作用，也有利于预算的顺利执行和实施。

（四）滚动预算法的缺点

滚动预算法存在以下缺点：

（1）工作量较大。由于预算的自动延伸工作比较耗时，采用滚动预算法编制预算会增加预算管理的工作量。

（2）编制成本高。企业一般需要配备数量较多的专职预算人员负责预算的编制、调控与考核，导致预算管理直接成本的增加。

（五）滚动预算法的适用范围

滚动预算法的适用范围包括：

（1）管理基础比较好的企业；

（2）生产经营活动与市场紧密接轨的企业；

（3）产品销售预算及生产预算的编制；

（4）规模较大、时间较长的工程类项目预算编制。

（六）滚动预算法应用举例

【例 3-5】 根据年度经营目标,大地公司 2023 年计划销售 A 产品 500 吨,四个季度的销售量分别为 100 吨、120 吨、150 吨和 130 吨。其中,1 季度各月份的销售量分别为 30 吨、30 吨和 40 吨,销售单价(不考虑税收因素)为 1 万元/吨。

2023 年 3 月末,在编制 2023 年 2 季度至 2024 年 1 季度 A 产品销售滚动预算时,2 季度各月份 A 产品的计划销售量分别为 35 吨、45 吨、40 吨,2024 年 1 季度 A 产品销售量比上年同期增长 20%;同时,根据市场供求关系,计划自 3 季度开始,A 产品的销售单价(不考虑税收因素)提高 10%。

根据上述资料,采用混合滚动预算法编制第一期 A 产品销售预算如表 3-9 所示,第二期 A 产品销售预算如表 3-10 所示。

表 3-9 A 产品销售滚动预算(第一期)

项目	计量单位	2023 年						合计
		1 季度			2 季度	3 季度	4 季度	
		1 月	2 月	3 月				
销售数量	吨	30	30	40	120	150	130	500
销售单价	万元	1	1	1	1	1	1	1
销售收入	万元	30	30	40	120	150	130	500

表 3-10 A 产品销售滚动预算(第二期)

项目	计量单位	2023 年					2024 年
		2 季度			3 季度	4 季度	1 季度
		4 月	5 月	6 月			
销售数量	吨	35	45	40	150	130	120
销售单价	万元	1.0	1.0	1.0	1.1	1.1	1.1
销售收入	万元	35	45	40	165	143	132

第四节　概率预算法与作业预算法

一、概率预算法

概率预算法是对预算期内具有不确定性的各预算变量,根据客观情况进行分析、预测,估计其可能的变动范围以及出现在各个变动范围内的概率,再通过加权平均计算有关变量在预算期内的期望值的一种预算编制方法。用概率预算法编制的预算即为概率预算。

预算编制过程往往会涉及很多变量,如产量、销量、消耗量、价格、成本等。在通常情况下,这些变量的预计可能是一个确定的数值;但是在市场的供应、产销变动比较大的情况下,这些变量的数值很难确定。这就要求根据有关因素和客观条件,对有关变量进行近似估计,确定它们可能的变动范围,分析它们在变动范围内出现的可能性(即概率),然后对各变量进行调整,计算出期望值,据此编制预算。

采用概率预算法编制的预算实际上是一种修正的弹性预算,即将每一事项可能发生的概率结合应用到弹性预算的变化之中。决定概率预算质量的关键因素是编制人员对各预算变量概率的估计是否准确。

(一)概率预算法的优点

概率预算法的优点有:

(1)准确性高。概率预算法充分考虑了各项预算变量在预算期间可能发生的概率,使企业能够在预算构成变量复杂多变的情况下,确定出一个预算期内最有可能实现的数值,编制出的预算比较接近实际。

(2)预见性强。概率预算法对影响预算变动的各个变量的所有可能都进行了客观的估计、分析和测算,拓展了预算变量的范围,有效提高了企业对预算期内生产经营活动的预见性。

(二)概率预算法的缺点

概率预算法的缺点是:要求预算编制者有较高的预测水平,预算构成变量的概率易受主观因素的影响。

(三)概率预算法的适用范围

概率预算法的适用范围包括:

(1)经营活动波动较大、不确定因素较多的企业;

(2)在市场的供应、产销变动较大的情况下编制销售预算、成本预算和利润预算。

(四)概率预算法的编制程序

在编制概率预算时,若业务量与成本的变动并无直接关系,则只要用各自的概率分别计算销售收入、变动成本、固定成本等的期望值,就可以直接计算出利润的期望值;若业务量与成本的变动有着密切关系,则要用联合概率法计算期望值。概率预算法的编制程序如下:

(1)在预测分析的基础上,测算各相关变量在预算期内可能的数值,并为每个变量的不同数值估计一个可能出现的概率(P_i),取值范围是 $0 \leq P_i \leq 1, \sum P_i = 1$。

(2)根据预算指标各变量之间的逻辑关系,计算各相关变量在不同数值组合下对应的预算指标数值。

(3)根据各个变量不同数值的估计概率,计算联合概率(不同变量之间各概率的乘积),并编制预期价值分析表。

(4)根据预期价值分析表的预算指标数值以及对应的联合概率,计算出预算对象的期望值,并根据各变量的期望值编制概率预算。

(五)概率预算法应用举例

【例3-6】 远景公司预测2023年H产品不含税销售单价为1 200元/件。产品销售量有三种可能,分别为700件、750件和800件,概率分别为0.4、0.5和0.1;单位变动成本有三种可能,分别为500元、550元和600元,概率分别为0.1、0.6和0.3;约束性固定成本为8万元;当H产品销售量分别为700件、750件和800件时,酌量性固定成本在不同销售量水平下分别为1万元、1.2万元和1.5万元。有关预算基础资料和概率值如表3-11所示。

表3-11 H产品预算基础资料和概率值

H产品销售量		销售单价（元/件）	单位变动成本		固定成本	
数量(件)	概率		金额(元)	概率	约束性(元)	酌量性(元)
700	0.4	1 200	500	0.1	80 000	10 000
			550	0.6	80 000	
			600	0.3	80 000	
750	0.5	1 200	500	0.1	80 000	12 000
			550	0.6	80 000	
			600	0.3	80 000	
800	0.1	1 200	500	0.1	80 000	15 000
			550	0.6	80 000	
			600	0.3	80 000	

根据表3-11的预算基础资料,采用概率预算法进行远景公司2023年H产品利润预期价值分析,如表3-12所示。

表3-12 2023年H产品利润预期价值分析

组合	H产品销售量		销售单价（元/件）	单位变动成本		固定成本		各组合对应的利润数值（元）	联合概率	利润期望值（元）
	数量（件）	概率		金额（元）	概率	约束性（元）	酌量性（元）			
计算关系	①	②	③	④	⑥	⑦	⑧	⑨=③×①-④×①-⑦-⑧	⑩=②×⑥	⑪=⑨×⑩
1	700	0.4	1 200	500	0.1	80 000	10 000	400 000	0.04	16 000
2	700	0.4	1 200	550	0.6	80 000	10 000	365 000	0.24	87 600
3	700	0.4	1 200	600	0.3	80 000	10 000	330 000	0.12	39 600
4	750	0.5	1 200	500	0.1	80 000	12 000	433 000	0.05	21 650
5	750	0.5	1 200	550	0.6	80 000	12 000	395 500	0.30	118 650
6	750	0.5	1 200	600	0.3	80 000	12 000	358 000	0.15	53 700
7	800	0.1	1 200	500	0.1	80 000	15 000	465 000	0.01	4 650
8	800	0.1	1 200	550	0.6	80 000	15 000	425 000	0.06	25 500
9	800	0.1	1 200	600	0.3	80 000	15 000	385 000	0.03	11 550
合计									1.00	378 900

表 3-12 的计算步骤如下：

（1）计算不同组合，即不同销售量、不同单位变动成本情况下对应的可实现利润值。

例如，当 H 产品销售量为 700 件，销售单价为 1 200 元，单位变动成本为 500 元，约束性固定成本为 8 万元，酌量性固定成本为 1 万元时，可实现的利润值为：

$$(1\,200 \times 700) - (500 \times 700 + 80\,000 + 10\,000) = 400\,000(元)$$

以此类推。

（2）计算联合概率，即计算不同销售量、不同单位变动成本同时出现的可能性。

例如，H 产品销售量为 700 件、单位变动成本为 500 元的可能性为：

$$0.4 \times 0.1 = 0.04$$

以此类推。

（3）根据联合概率，计算不同销售量、不同单位变动成本情况下对应的可实现利润占利润期望值的数额。

例如，可实现利润为 400 000 元的可能性为 0.04，占利润期望值的数额为：

$$400\,000 \times 0.04 = 16\,000(元)$$

以此类推。

（4）汇总计算，得出预算期的利润期望值为：

$$16\,000 + 87\,600 + \cdots + 25\,500 + 11\,550 = 378\,900(元)$$

我们也可以采取先计算销售量、单位变动成本的期望值，再计算利润期望值的方法。具体方法如下：

第一步，计算销售量期望值：

$$700 \times 0.4 + 750 \times 0.5 + 800 \times 0.1 = 735(件)$$

第二步，计算单位变动成本期望值：

$$500 \times 0.1 + 550 \times 0.6 + 600 \times 0.3 = 560(元)$$

第三步，计算酌量性固定成本期望值：

$$10\,000 \times 0.4 + 12\,000 \times 0.5 + 15\,000 \times 0.1 = 11\,500(元)$$

第四步，计算利润期望值：

$$1\,200 \times 735 - (560 \times 735 + 11\,500 + 80\,000) = 378\,900(元)$$

使用此方法，根据有关资料，编制 2023 年 H 产品利润预算如表 3-13 所示。

表 3-13 2023 年 H 产品利润预算

序号	项目	金额（元）	计算关系
1	销售收入	882 000	销售单价（1 200 元）×销售量期望值（735 件）
2	变动成本	411 600	单位变动成本期望值（560 元）×销售量期望值（735 件）
3	边际贡献	470 400	销售收入（882 000 元）-变动成本（411 600 元）
4	酌量性固定成本	11 500	$\sum$（不同酌量性固定成本×相应销售量概率）= 10 000×0.4+12 000×0.5+15 000×0.1

（续表）

序号	项目	金额（元）	计算关系
5	约束性固定成本	80 000	已知数
6	利润期望值	378 900	边际贡献(470 400元)-固定成本(11 500元+80 000元)

二、作业预算法

20世纪80年代中后期以来，随着作业成本法（Activity-Based Costing，ABC）在制造企业的成功应用，人们开始利用作业成本法提供的成本信息进行企业成本控制、生产管理和预算管理等，从而产生作业管理理论（Activity-Based Management，ABM）。其中，作业预算法（Activity-Based Budgeting，ABB）就是建立在作业成本法基础上的一种新型预算编制方法。

（一）作业预算法及相关概念

作业预算法是根据公司作业活动和业务流程之间的因果关系来合理配置公司资源、编制预算的一种方法；也可以将其定义为企业在理解作业和成本动因的基础上，对未来期间的作业量和资源需求量进行预测的一种方法。

作业预算法的重点是对作业及其结果进行管理，集中于以作业为基础的工作过程和工作结果的管理与分析，其目标是以尽可能低的成本完成每一项作业并获得预期的结果。与作业预算法相关的概念如下：

（1）作业（Activity），是指企业为了实现其生产经营目标所进行的，与产品（劳务）相关或对产品（劳务）有影响的各项具体任务或活动。

（2）作业链（Activity Chain），是指由相互联系的一系列作业活动组成的链条。现代企业实际上是一个为了最终满足顾客需求而设计的一系列作业活动实体的组合，从这个意义上讲，企业就是作业链。

（3）价值链（Value Chain），是指从货币和价值的角度反映的作业链。从生产经营环节上看，价值链就是作业链。

（4）作业消耗比率（Activity Consumption Rate），是指完成单位产品或劳务目标所需消耗的作业数量。

（5）资源消耗比率（Resource Consumption Rate），是指完成单位作业目标所需消耗的资源数量。

（6）资源需求量（Resources Needed），是指预算期内下一个经营期间完成产品或劳务目标的数量所决定的资源需求数量。

（7）资源供应量（Resources Supplied），是指目前经营期间企业所拥有的资源数量，也称可供利用的资源。

（8）资源使用量（Resources Used），是指预算期结束后，完成产品或劳务目标所实际使用的资源数量。

（9）成本动因（Cost Drivers），又称成本驱动因素，是指诱导成本发生的原因。它可以是一件事项、一项活动或作业。一般而言，成本动因支配着成本行动，决定着成本的产生，并可作为分配成本的标准。按其在资源流动中所处的位置和作用,成本动因可分为资源动因和作业动因。

（10）经营平衡（Operational Balance），是指一个企业的资源供应量和满足预算期内完成产品或劳务目标所需的资源需求量之间达到平衡。也就是说,资源供应量等于资源需求量,或者两者之间的差额处于一个可接受的限度内。

（11）财务平衡（Financial Balance），是指一个企业所拥有的资源数量和组合,可以满足预算期内完成产品或劳务目标所需的资源数量和组合。在产品或劳务价格一定的条件下,预算的财务指标达到或超出企业设定的财务目标（如利润总额、利润率、投资回报率等）就称预算达到财务平衡。

（二）作业预算法的流程与步骤

作业预算法的目的在于预测未来期间企业为实现生产经营目标而对于各种资源的需求量,而这些资源需求是由未来期间生产的产品或提供的劳务的数量所决定的。因此,作业预算法编制预算的起点是预算期间产品或劳务的需求量水平。它建立在资源消耗观的基础上,根据"作业消耗资源,产出消耗作业"的原理,先预测产出量,再预测产出消耗的作业量,最后预测作业消耗的资源量。作业预算法的基本流程如图 3-4 所示。

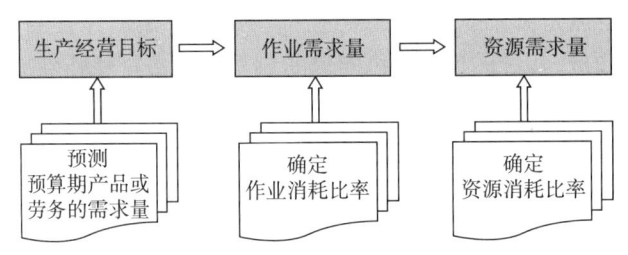

图 3-4 作业预算法的基本流程

作业预算法的基本流程可以归纳为以下 7 个基本步骤：

（1）根据生产经营目标预测产品或劳务在预算期的需求量；

（2）确定作业消耗比率；

（3）用作业消耗比率乘以产品或劳务的预测需求量,测算出预算期可以满足产品或劳务消耗的作业需求量；

（4）确定资源消耗比率；

（5）用资源消耗比率乘以步骤 3 中预测出来的作业需求量,测算出预算期可以满足作业消耗的资源需求量；

（6）用资源供应量乘以资源的预计单价,测算出资源需求的成本数据；

（7）将资源成本额度分配到预测的产品或劳务上。

在步骤 5 中,必须寻求资源的经营平衡点,即资源的需求量必须与目前的资源供应量一致。如果预测的资源需求量等于或大致上（在一个可接受的限度内）等于资源的供应量,资源就达到经营平衡,进入步骤 6；如果没有达到经营平衡,就会增加或减少目前资源的供应量（如购入新设备或处理闲置生产设备,增加或减少临时工等）,或者重新回到步骤 1,修订步骤 1—4 的投入量（如重新预测产出需求,降低消耗比率,改变产品或劳务的功能等),计算新的资源需求量以达到新的经营平衡。

在步骤 7 中,要利用作业成本法原理,把步骤 5 中达到经营平衡点的资源供应总成本分配到作业和产品或劳务上,计算相关的财务指标(如利润、投资回报率等),并与企业确定的财务目标进行比较,判断财务目标是否完成。如果计算出来的利润、投资回报率等指标值大于或等于企业的财务目标,预算就达到财务平衡。如果没有达到财务平衡,就应当回到步骤 5,修订步骤 1—4 的投入量和资源供应量,重新寻求经营平衡并转化为财务数据,以达到新的财务平衡。

从以上流程与步骤可以看出,作业预算法是一个寻求企业资源供应量和资源需求量之间的经营平衡和满足财务目标要求的财务平衡的不断循环的过程。它从战略和顾客需求的角度出发,通过预测计划期生产或提供产品或劳务的需求量,从而预测相应的作业需求量,在此基础上预测资源需求量,并与企业目前的资源供应量进行比较,使资源配置更加客观,并力求达到企业资源的配置最有效。

(三)作业预算法的应用举例

【例 3-7】 卓越公司所属的油冷器分厂采用作业预算法编制 2023 年预算。根据工艺流程,生产油冷器产品必须实施如图 3-5 所示的六项作业:

部件组装 → 焊接 → 试压 → 清洗 → 烘干 → 包装入库

图 3-5 油冷器生产作业流程

下面,以"试压"作业为例,说明作业预算法的基本流程:

第一步,测算预算年度产品的需求量。根据公司下达的经营目标,油冷器分厂预测 2023 年需要生产油冷器 100 000 个。

第二步,确定作业消耗比率。根据工艺要求,每个油冷器需要试压 2 次,即试压的作业消耗比率为每个油冷器 2 次。

第三步,测算预算期可以满足产品消耗需求的作业需求量。已知试压的作业消耗比率为每个油冷器 2 次,据此可以计算出 2023 年油冷器试压所需的作业数量为:

$$100\ 000 \times 2 = 200\ 000(次)$$

第四步,确定资源消耗比率。根据生产工艺要求,油冷器每次试压需要 3 分钟,即资源消耗比率为每次试压 3 分钟。

第五步,测算预算期可以满足作业消耗需求的资源量。已知油冷器每次试压需要 3 分钟,据此可以计算出 2023 年油冷器试压所需的人工资源需求量为:

$$200\ 000 \times 3 \div 60 = 10\ 000(小时)$$

按照上述同样的方法,可以计算出部件组装、焊接、清洗、烘干、包装入库五项作业的人工资源需求量分别为 50 000 小时、40 000 小时、60 000 小时、30 000 小时和 70 000 小时。据此,油冷器分厂 2023 年生产 100 000 个油冷器的人工资源需求量为:

$$10\ 000+50\ 000+40\ 000+60\ 000+30\ 000+70\ 000 = 260\ 000(小时)$$

第六步,测算资源需求的成本数据。据统计,油冷器分厂目前有 120 个生产工人,每个生产工人每年可以提供 2 000 小时的人工资源,则油冷器分厂的人工资源供应量为

240 000 小时。资源供应量(240 000 小时)小于资源需求量(260 000 小时),公司计划采取从其他分厂调配生产工人的方式(或雇用临时员工等其他增加生产工人的措施)解决人工资源供应量不足的问题,使预算达到经营平衡。假设每个生产工人的小时工资为 20 元,则人工资源需求成本为:

$$260\ 000 \times 20 = 5\ 200\ 000 (元)$$

按照同样的方法可以计算出油冷器分厂的直接材料消耗、制造费用等资源的需求情况。

第七步,将资源成本额度分配到预测的产品上。假设油冷器分厂六项作业的资源需求总成本为 3 000 万元,则每个油冷器的制造成本为:

$$30\ 000\ 000 \div 100\ 000 = 300(元)$$

如果公司确定 2023 年油冷器产品的目标成本为 300 元/个,那么编制的预算达到财务平衡。

企业运用作业预算法编制预算,不仅可以将业绩目标传递到资源层次,还可以传递到作业层次。而基于流程或作业的预算管理使企业能够仔细检查每个业务单元的作业和每项作业所耗费的资源,也能够计算出作业产出的单位成本,进而与内部或外部的相似作业进行比较,发现存在的差距,寻找持续改进的关键点或关键环节,确定与公司战略密切相关的、明确的、可衡量的目标和相应的职责。

(四) 作业预算法的优势

作业预算法是以作业为基础的预算编制方法,与传统预算编制方法相比具有以下明显的优势:

1. 作业预算法可以有效提高预算的准确度

第一,作业预算法以作业成本法的信息作为编制预算的基础,可以使预算建立在真实准确的基础上;第二,作业预算法对业绩报告的实际成本与预算成本采用同一种方法计算,增强了实际成本与预算成本的可比性,从而使成本控制落到实处。

2. 作业预算法可以有效实现经营预算和财务预算的综合平衡

在作业预算法下,经营预算的平衡和财务预算的平衡可以分别实现,企业在编制预算时,可以先实现经营预算的平衡,然后据此结果进行财务预算,而无须计算不能平衡的经营预算的财务结果。更为重要的是,作业预算法强调根据作业、资源来直接产生预算,它与传统的预算方法相比,多了很多诸如检验次数、调试时间等非财务成本动因,而这些动因在差异分析时有利于更清楚地显示企业运作中无效率、不平衡的原因以及生产过程中的瓶颈因素。这有利于企业优化资源配置,降低成本费用以及进行相应的定价决策,同时也为企业价值链的优化提供必要的信息。

3. 作业预算法有利于上下沟通,能有效调动基层员工的参与意识

由于作业预算法提供了关于作业量的预算数据,这就使得基层员工对于预算年度内需要完成的作业量有了很清晰的认识,能有效解决信息不对称的问题,从而使得预算更易于被基层员工接受和理解,有利于充分提高基层员工参与预算编制的积极性,使预算得以

更有效执行。

4. 作业预算法可以将企业战略与业务流程紧密地联系在一起

作业预算法能紧密联系企业战略和业务流程，将业绩目标分别传递到作业层次和资源层次，通过梳理和优化企业的作业链或价值链，识别和消除作业中的瓶颈，提高作业效率和效果，使企业战略通过日常的生产经营活动得以体现。

（五）作业预算法的应用前景

作业预算法主要适用于具有较多作业类型且作业链较长、管理层对预算编制的准确度要求较高、生产过程多样化程度较高以及间接或辅助资源费用占比较大等特点的企业。目前，作业预算法主要在流程清晰的制造业和服务业中应用。采用作业预算法，一是可以基于作业需求量配置投入资源，有效避免资源配置的盲目性，减少并消除生产经营环节中的非增值作业或成本；二是将资源充分用于增值作业，通过总体作业优化实现资源耗费最低化、产出成果最大化；三是有利于调动岗位员工参与预算编制和严格执行预算的积极性。但是，对于大多数企业而言，作业预算法在实际操作中也存在如下问题：

一是作业预算法需要企业以实施作业成本法为基础。作业预算如果不能与财务系统融为一体，就会造成资源浪费，使企业形成预算和会计核算两套系统。我国目前很多企业还难以满足实施作业成本法的条件，导致客观上作业预算法的实施有难度。

二是在采用作业预算法时，企业需要详细地预测生产和销售对作业的需求、从事作业的效率、支出和供应模式、可提供的资源等。然而，进行有效的价值链分析并获得较准确的预测结果需要相当的专业水平和分析判断能力，而且数据收集成本也比较高。

三是作业预算法中的目标和责任层层落实要比传统预算方法复杂得多，分解到具体作业后，还需要将作业进一步细分为更详细的步骤，如材料入库作业可以分解为卸载、验收、盘点、移动、摆放、记录等步骤。一般的管理逻辑是：控制过程越严密，实施难度越大，管理成本也越高。

总之，作业预算法在我国的理论与实务中还是一个新领域，成功的推广应用还有待理论界的深入研究和实务界的不懈努力。

Chapter 4 第四章

战略转化

发展战略着力解决的是企业发展过程所面临的全局性、长期性问题,通过制定发展战略,企业描绘了发展蓝图,指明了发展方向、目标与实施路径。然而,发展战略具有宏观性、长期性、纲领性和指导性等特征,无法直接用于企业及各部门、各岗位的日常执行,也无法用于对各部门、各岗位的绩效考核,更无法用来编制用于执行的年度及月度预算。因此,要将发展战略与全面预算、绩效考核连接起来,就必须进行战略转化,将发展战略转化为具体的、可执行的年度经营目标、关键绩效指标(Key Performance Indicator,KPI)和行动计划。

战略转化是发挥全面预算管理战略承接功能的关键步骤。战略转化不仅为全面预算的精准编制夯实了基础,填平了横在战略目标与目标达成之间的鸿沟,铺平了战略执行的道路,而且建立了由发展战略到全面预算、由全面预算到绩效考核的闭环联动机制,实现了企业战略管理与计划管理、全面预算管理、绩效管理的无缝对接。

第一节 战略转化概述

一、战略、计划、预算和绩效管理之间的逻辑关系

战略、计划、预算和绩效管理一脉相承,既有流程、环节上的环环相扣,又有方法、内容上的明显区别。厘清它们之间的逻辑关系,有助于深刻理解将战略转化为行动计划的重要性,完善企业运营管理机制,提高全面预算管理水平。

(一)发展战略

发展战略(Development Strategy)是指企业在对现实状况和未来趋势进行综合分析与科学预测的基础上,制定并实施的长远发展目标与战略规划。其中,长远发展目标就是战略目标,是企业在实现其使命过程中所追求的长期结果,是在最重要的经营领域对企业使命、愿景的具体化,表明企业在战略规划期的总任务和所要达到的水平;战略规划是企业为了实现战略目标而制定的每个发展阶段的具体目标和工作任务,以及达成战略目标的实施路径。

发展目标确定后,企业就要考虑使用何种手段、采取何种措施、运用何种方法来实现目标,即编制战略规划。

随着世界经济一体化和竞争环境的快速演变,战略规划已经从十年规划、五年规划、三年规划,逐渐演变成企业需要逐年复盘、逐年完善、不断迭代、滚动调整的一项常态化管理活动。其中,为了实现战略目标,企业每年都要将战略目标转化为年度经营目标,作为编制年度经营计划和全面预算的依据。

(二)经营计划[①]

经营计划(Business Plan)是指为了落实发展战略、达成经营目标而制订的预算期内企业各项经营管理活动的实施方案与行动计划。年度经营计划是指预算年度内企业从事各种经营管理活动的行动纲领,是企业安排年度、季度、月度生产经营活动的主要依据。

(三)全面预算

全面预算(Comprehensive Budget)是指以战略为导向,以战略规划、经营计划和企业资源为基本依据,按照一定程序编制、审查、批准的,以量化形式体现的企业预算期内经营活动、投资活动、财务活动及其经营成果的计划安排。

(四)绩效管理

绩效管理(Performance Management)是指各级管理者和员工为了实现战略目标,共同参与绩效计划制订、绩效辅导沟通、绩效考核评价、绩效结果应用、绩效目标提升的持续循环过程。其中,绩效计划制订是绩效管理体系的第一个关键步骤,也是实施绩效管理的主要平台。绩效计划制订可以将企业战略目标逐层分解转化为各种具体的相互平衡的绩效考核指标,将股东利益、企业利益和员工利益整合在一起,为实现企业战略目标建立可靠的执行基础。

(五)发展战略、经营计划、全面预算和绩效管理之间的关系

发展战略、经营计划、全面预算和绩效管理是贯穿战略制定、战略执行、战略落地全过程的运营管理系统,四者之间具有环环相扣、密不可分的关系。

(1)发展战略是编制经营计划和全面预算的基本依据,缺乏战略指导,经营计划和全面预算就会迷失经营活动的方向和目标。

(2)经营计划是落实发展战略、达成战略目标的实施方案与行动计划,没有经营计划的承接和传承,发展战略就会成为空中楼阁,全面预算就会失去编制依据。

(3)全面预算是从财务维度对发展战略、经营计划以及实施后的经营成果、财务状况和现金流量进行的统筹规划与系统安排,是系统化、完善化、具体化、全面化、货币化、有资源保障的行动计划。没有全面预算的承接、细化、完善和资源配置,发展战略将难以落地执行,经营计划就会遭遇"巧妇难为无米之炊"的尴尬。

(4)绩效管理是增强企业战略、计划和预算执行力的动力系统,没有绩效管理作保障,企业的战略管理、计划管理和全面预算管理就会因缺乏激励机制而变得虎头蛇尾。

[①] 经营计划(Business Plan)也译为业务计划或商务计划。《中华人民共和国公司法》针对董事会职权规定:董事会负责"决定公司的经营计划和投资方案"。

（5）战略、计划、全面预算和绩效管理活动有着严格的先后顺序：首先，企业每年通过战略转化编制年度经营计划；其次，根据战略规划和经营计划编制全面预算；最后，通过制订绩效计划，将战略、计划、预算目标分解、细化落实到各个职能部门和工作岗位。

总之，全面预算的源头是发展战略，发展战略需要转化为年度经营目标和经营计划，经营计划需要全面预算进行资源配置与统筹安排，战略、计划、全面预算需要通过绩效管理进行责任落实。也就是说，战略、计划、预算和绩效四者是一个密不可分的有机整体，只有四者实现高效互动、无缝对接，企业才能实现既定的战略目标。

在处理计划与预算编制的先后顺序上，一定要先编制经营计划，再编制预算。也就是说，企业先要确定做什么事，然后才能决定做这些事需要花多少钱，绝不能先安排花多少钱，再决定干什么事。

图4-1列示了战略、计划、预算和绩效管理之间的逻辑关系。

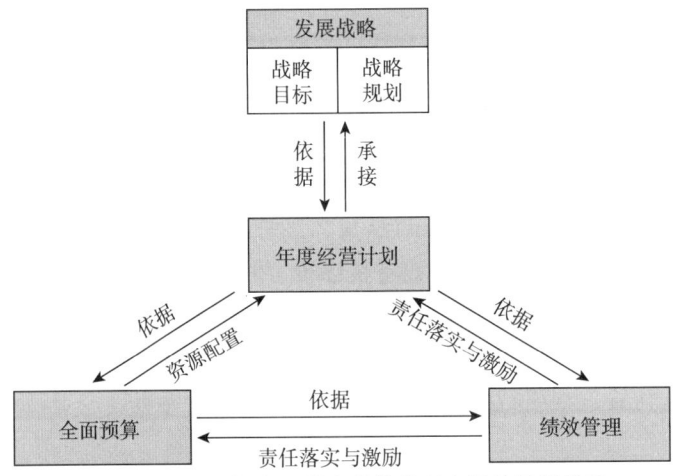

图4-1 战略、计划、预算和绩效管理之间的逻辑关系

二、什么是战略转化

战略转化是指企业为了实现战略目标，运用一系列工具和方法对企业战略规划进行解读、描述和完善，并通过量化的方式将其转化为企业各层级、各部门明确的、可理解的、可执行的、可考核的年度经营目标、关键绩效指标、重点工作和行动计划的过程。其中，行动计划是企业各层级、各部门以战略为指导，围绕如何完成年度经营目标和重点工作而制订的公司年度经营计划、部门业务工作计划，以及重点工作行动方案。

战略转化和战略制定是两个不同的概念。战略制定是根据企业使命进行战略分析、战略选择和制定战略目标、战略规划的过程；战略转化则是通过对已制定战略的澄清和诠释，将其转化为具体的年度经营目标、关键绩效指标、重点工作和行动计划，为编制全面预算提供编制依据的过程。战略转化重在"转化"二字，是着眼如何实施战略，怎样把战略转化成行动、落地为结果的过程。

三、战略转化的原则

企业进行战略转化一般应遵循以下原则：

（一）战略导向原则

战略转化的目的是确保纸面上或脑海中的发展战略落地为现实中的经营成果。因此,战略转化必须围绕企业的战略目标和战略规划有序展开,确保战略转化输出的成果不仅与发展战略无缝对接,更重要的是具备可执行性,实现化战略为行动、化战略为现实。

（二）群策群力原则

群策群力就是强调战略转化要发挥群体作用,大家一起出谋划策、贡献力量。战略转化输出的年度经营目标需要企业上下一起去达成,输出的行动计划需要企业各个部门分头去实施,输出的关键绩效指标需要企业各个部门、各个岗位去落实。因此,战略转化绝不能闭门造车、自娱自乐,而应广泛吸收企业各个层级的领导和骨干参与战略转化,通过群策群力,凝聚共识,形成心往一处想、劲往一处使的磅礴力量。

（三）统筹兼顾原则

战略转化要总揽全局、通盘筹划、聚焦重点、兼顾全面。在聚焦重点的前提下,要综合平衡长期目标与短期目标、整体利益与局部利益、投入与产出、结果与动因的相互关系,确保年度经营目标、关键绩效指标和行动计划等战略转化成果既有利于企业战略实施,又符合投资者、客户、员工、社会对企业的期望和诉求。

（四）责任落实原则

企业战略目标和年度经营目标既要按照企业内部不同层级进行自上而下的分解,明确主体、落实责任,确保纵向责任的层层承接;又要按照经营活动和业务流程步步推演,落实供产销各环节、人财物各方面的目标、计划和任务,确保横向责任环环相扣。

四、战略转化的重要意义

战略转化既是全面预算管理的首要环节,也是提高战略执行力的重要措施。搞好战略转化不仅可以为预算编制夯实基础,还可以使企业的战略管理、计划管理、预算管理、绩效管理四位一体,形成合力,实现化战略为行动,有效提高战略执行力。

（一）为预算编制夯实基础

战略承接和资源配置是全面预算管理的主要功能。战略是对企业整体性、长期性、基本性问题的谋划,是无法直接用于执行的;预算则是对经营计划的资源配置和对经营活动、投资活动、财务活动的详细安排。因此,只有将企业战略转化为具体的经营目标和经营计划,才能确保全面预算管理能实现其战略承接和资源配置功能。通过战略转化,宏观的战略变成了具体的经营目标、关键绩效指标和行动计划,这就为预算编制打下了坚实的基础;否则,就会导致预算与战略的相互脱节。在预算实践中,很多企业编制的预算不靠谱,主要原因之一就是缺失战略转化这一关键环节,使编制的预算成为无源之水、无本之木。

（二）使战略管理、计划管理、预算管理、绩效管理形成合力

战略管理、计划管理、预算管理、绩效管理是现代企业运营管理的四驾马车,四者之间一环扣一环,是一个有机联系、密切相关的整体。战略管理负责确定企业发展的方向和目

标;计划管理负责制订战略实施方案和经营计划;预算管理负责配置实施方案和经营计划所需的财务资源;绩效管理负责企业各层级、各部门以及每名员工计划、预算执行结果的绩效考核与奖惩。

然而,在企业实践中,由于战略管理、计划管理、预算管理、绩效管理的职责归属于四个不同的部门,客观上造成"各吹各的号、各唱各的调"现象,导致企业运营管理流程存在三个脱节现象:一是年度计划与战略规划脱节,不能将战略规划转化为年度经营目标和经营计划;二是预算编制与年度计划脱节,不能以年度经营计划为基本依据编制预算;三是绩效考核与战略、计划、预算脱节,绩效考核的内容与企业战略、计划、预算之间没有直接联系,预算管理孤掌难鸣是很多企业实施全面预算管理的真实写照。改变这种局面的有效方法就是实施战略转化,通过战略转化将企业的战略管理、计划管理、预算管理、绩效管理有机融合在一起,彻底改变四项关键管理活动"各扫门前雪"的分离状况,让企业的战略管理、计划管理、预算管理、绩效管理四位一体、融会贯通、形成合力,为了一个共同的目标而前后呼应、首尾相顾、相互配合、协调一致。

(三) 化战略为行动,提高战略执行力

美国著名管理专家吉姆·柯林斯(Jim Collins)指出,有无战略已经不是衡量一家公司能否成功的依据。因为无论是优秀的公司还是平庸的公司都有战略,但战略的执行力如何却是区分它们的标志。1999年6月,美国著名管理咨询专家拉姆·查兰(Ram Charan)在美国《财富》杂志发表署名文章《CEO为什么失败》指出,企业有效制定的战略只有不到10%得到了有效执行。

为什么战略执行这么难呢?是哪些因素影响了企业战略执行力呢?纵观中外企业,在战略执行上主要存在共识、行动、能力、机制和资源五大障碍。

(1) 共识障碍。共识是指企业各级员工,特别是管理团队对企业战略的认同感和责任感。战略共识程度对于企业战略能否执行落地具有十分重要的影响。共识程度越高,战略执行的效果越好;反之则反。人心是最大的政治,共识是奋进的动力,人心齐泰山移。达成共识是提高战略执行力的基础,是从思想认识上实现共振、激发战略执行力的磅礴动力。没有战略上的共识,就不可能步调一致,更谈不上战略的有效执行。如果企业各级员工,特别是管理团队对企业的战略目标、战略重点缺乏共识,做不到"力出一孔"和"一个愿景、一个声音、一致行动",就不可能凝心聚力,动力就会变成阻力,企业战略制定得再好也只是空中楼阁、一枕黄粱。因此,共识障碍是影响战略执行力的首要因素。

(2) 行动障碍。行动是指企业从时间与空间两个维度对战略规划作出的具体安排。企业只有将战略目标转化为经营目标,将战略规划转化为经营计划,并将经营计划分解、细化为各层级、各部门、各环节、各岗位的具体工作计划,实现企业战略与日常经营活动的有机结合,才能保障战略执行活动的顺利进行。如果企业没有将战略转化为可执行的经营计划,或者采取先编预算、后制订经营计划的顺序安排经营活动,就会造成行动障碍,导致企业战略无法贯穿企业日常经营活动,战略执行也就成为一句空话。因此,行动障碍是影响战略执行力的重要因素。

(3) 能力障碍。能力是指企业执行战略的能力,既包括各级管理者执行企业战略所

需的领导能力和专业能力,也包括各专业团队执行战略所需的核心能力。战略成功的基本公式是:战略成功=成功的战略×成功的战略执行。这个公式告诉我们,战略成功不仅需要成功的战略制定,还需要成功的战略执行。"三分战略,七分执行"这句话就充分说明了战略执行力的重要性。对于管理者而言,战略执行力是其领导力的组成部分;对于企业而言,战略执行力是企业成败的关键。如果企业没有相应的战略执行能力,成功的战略执行就是一件力所不能及的事情,企业战略落地也就只能变成南柯一梦。因此,能力障碍是影响战略执行力的关键因素。

(4)机制障碍。机制是指企业的绩效管理机制,是对企业战略实施过程及其执行结果进行考核评价,并辅以相应激励与约束的一种制度安排。企业战略与经营计划的执行需要明确的责任主体和相应的责、权、利机制相匹配,是确保企业战略执行到位的基础。卓越的企业往往在这个问题上重点打磨,无论是美的公司"集权有道、分权有序、授权有章、用权有度"的分权机制,还是华为公司"价值创造、价值评价和价值分配"的绩效评价和利益分配体系,都是以战略为导向的、完善的、人性化的绩效管理机制,让先进、科学、适用的机制驱动企业战略落地和目标达成。如果企业没有建立起足以让企业战略落地的有效机制,特别是在激励机制上做不到"上下同欲、利出一孔",在战略执行上就很难实现"齐心协力、力出一孔",企业战略上的失败也就成了自然而然的事情。因此,机制障碍是影响战略执行力的重要因素。

(5)资源障碍。资源是指执行企业战略和经营计划所需的各种资源,包括人力、财力、物力等。资源的稀缺性特征决定了任何企业战略和经营计划的实施,都必须通过一定的方法把有限的资源配置到经营活动、投资活动和财务活动中,实现投入产出的最佳配比,确保企业战略和经营计划的实现。这里所说的"一定的方法"就是预算方法。因为全面预算管理具有强大的资源配置功能,可以通过编制全面预算将企业有限的资源加以整合,协调分配到能够促进企业战略落地的职能板块和经营活动中,从而实现企业资源的优化配置,增强资源的价值创造能力,促进企业战略的实现。如果企业没有建立起以战略为导向的全面预算管理体系,不能为企业战略和经营计划配置相应的人力、财力、物力等资源,在战略执行上就会出现"巧妇难为无米之炊"的尴尬,企业战略和经营计划就会出现难以落地的困境。因此,资源障碍是影响战略执行力的重要因素。

综上所述,采取有效措施消除战略执行上的五大障碍是化战略为行动、提高企业战略执行力的关键所在,而搞好战略转化正是消除五大障碍的有效措施。

第一,战略转化是一个回顾战略、描述战略、澄清战略、解析战略、完善战略的过程;是汇聚全体员工特别是管理团队的集体智慧和力量,对企业战略目标、战略规划和战略举措进行修改、完善、达成共识的过程;也是采用可视化方法[①],以全体员工能够理解的形式将企业战略清晰描述出来的过程。因此,通过战略转化可以让企业全体员工,特别是管理团队消除共识障碍,达成战略共识,实现"力出一孔"。

第二,战略转化最重要的任务之一就是将企业战略转化为全体员工可理解的、可执行

---

① 可视化(Visualization)是利用计算机图形学和图像处理技术,将数据转换成图形或图像在屏幕上显示出来,再进行交互处理的理论、方法和技术。

的经营计划。通过对企业战略进行时间上和空间上的细化、分解,可以让企业决策层、管理层、执行层完整地理解战略并明确各部门、各岗位在战略落地中的角色、位置、目标和任务,从而消除行动障碍,明确做什么和怎么做的问题,实现企业战略与日常经营活动的有机结合,保障战略执行活动的顺利进行。

第三,如前所述,能力障碍是影响战略执行力的关键因素。如果缺乏核心能力的支撑,哪怕企业制定出再正确的战略,实施起来也会力不从心。因此,通过战略转化可以让企业全体员工,特别是管理团队明确实施企业战略需要哪些核心能力、自己的团队是否具备这些核心能力,然后根据木桶定律,通过人才引进、内部培养、学习成长、培训提高等有效措施快速弥补能力上的短板,使团队拥有执行企业战略必需的核心能力。

第四,将绩效管理与战略管理、计划管理、预算管理高度融合是战略转化的基本要求。通过战略转化,可以将战略规划转化为关键绩效指标和行动计划,将关键绩效指标和经营计划分解、细化为企业各部门、各岗位员工的绩效指标和工作计划,构建战略管理、计划管理、预算管理、绩效管理四位一体的联动机制,再通过全面预算管理与绩效管理体系对战略执行过程进行监督、控制、评价和激励,从而建立让企业战略落地的有效机制,做到"利出一孔",达成"力出一孔",从而保证企业战略目标的实现。

第五,全面预算管理发挥资源配置功能的前提条件是企业要有明确的战略目标、战略规划和具体可执行的行动计划。因此,战略转化不仅是全面预算管理的首要阶段,也是企业战略落地必不可少的重要环节。只有通过战略转化将企业战略细化为具体的、可执行的行动计划,才能通过编制全面预算将各种资源合理配置到能够促进企业战略落地的职能板块和业务活动中,促进企业战略的实现。

第二节 战略转化的内容与方法

战略转化是通过一套流程、运用一组工具、输入特定信息、输出特定成果将战略转化为行动计划的,其基本流程主要包括战略澄清、战略量化、指标分解和行动计划四个环节。战略转化的基本流程如图4-2所示。

战略转化四个环节的逻辑关系是:

首先,通过战略澄清,明确战略目标和实现路径,厘清各项战略目标之间的因果关系,统一思想、达成共识。

其次,通过战略量化确定公司年度目标、关键绩效指标和重点工作。

再次,通过指标分解将公司年度目标和关键绩效指标分解为各层级、各部门的年度目标和关键绩效指标,同时确定各层级、各部门的年度重点工作。

最后,各层级、各部门围绕如何完成年度目标和重点工作制订行动计划。

一、战略澄清

战略澄清是指通过研究、分析内外部环境,对企业战略进行清晰的描述,明确战略目

发展战略	战略澄清		战略量化		指标分解		行动计划	
	关键领域	战略目标	年度目标	公司KPI	部门KPI	责任主体	公司行动计划	
使命 愿景 价值观 战略	财务	收入目标	财务	营业收入	市场推广	市场部门	重点工作	行动方案
		利润目标		税金利润	营业收入	销售部门	经营计划	总经理
				现金流量	销售毛利			
				资产收益	产量质量	制造部门	部门行动计划	
	客户	市场目标	客户	市场定位	安全环保		市场计划	市场部门
		品牌目标		客户关系	成本费用		销售计划	销售部门
				品牌形象	产品交付			
	内部流程	运营目标	内部流程	客户管理	供应保障	采购部门	生产计划	制造部门
		生产目标		生产保障	采购成本		采购计划	采购部门
		技术目标		采购物流	新品上市	研发部门	研发计划	研发部门
		安全环保目标		成本费用	工艺技术		质量计划	质量管理部门
				技术质量	现金流量	财务部门	安全计划	安全部门
				研发创新	税金利润		环保计划	环保部门
				安全环保	财务费用			
	学习成长	组织目标	学习成长	组织活力	组织活力	人力资源部门	HR计划	人力资源部门
		员工目标		员工发展	员工发展		财务计划	财务部门
		信息目标		信息系统	信息系统	信息化部门	审计计划	审计部门
	关键业务流程	运营管理	公司重点工作	工作目标	部门重点工作	责任主体	信息计划	信息化部门
		客户管理	新品上市	6月上市会	渠道建设	销售部门		
		研发创新	环保工程	7月投产	营销团队			
		法规社会	流程建设	核心业务	经营分析	财务部门		
			产品研发	C产品中试	组织能力	人力资源部门		
			全面预算	准确率95%	招标管理	工程部门		

图 4-2 战略转化基本流程

标,厘清各阶段战略目标及各项战略目标之间的因果关系与实现路径,统一思想、达成共识,消除未知与模糊之处,将企业战略清晰化、可视化的过程。

战略澄清一般采用战略研讨会的形式进行,参会人员主要是企业高管和部分中层干部。会议可采用头脑风暴法集思广益、畅所欲言、反复讨论、充分发表意见,使参会人员对企业战略、分阶段目标及实现路径达成共识,实现目标一致、表达一致、认识一致、行动一致。

战略澄清一般要经过澄清企业使命、价值观与愿景,内外部环境分析,诠释战略等步骤。

(一) 澄清企业使命、价值观与愿景

战略始于使命、价值观和愿景,是为实现使命、达成愿景服务的。进行战略澄清首先要澄清企业的使命、价值观和愿景,帮助参会人员明确企业及自己使命的崇高、愿景的美好、职责的重大,增强参会人员的凝聚力和对企业的认同感,为战略澄清奠定坚实的思想基础。

使命是企业存在的目的与理由,定义了企业的性质,是企业承担并努力实现的责任,回答了企业为什么而存在,即企业要实现什么的命题。

价值观是企业及其员工共同认可和崇尚的价值评判标准,是企业及其员工在长期实践中产生并共同遵守的思维模式和职业道德,是企业文化的核心,回答了企业实现使命与愿景的思维模式和行为规范,即企业如何做事的命题。

愿景是企业对未来的设想和展望,是对企业前景和发展方向的高度概括,它为企业展

示了一个清晰的发展目标和未来景象,回答了企业要走向哪里,即企业要成为什么的命题。

(二) 内外部环境分析

环境是影响和制约企业生产经营活动及其发展的各种内外部客观因素的集合。企业的生存与发展离不开内外部环境因素的影响,企业战略只有与内外部环境相适应,顺应趋势、因势利导,才能做到适者生存、持续发展。因此,企业战略制定需要进行内外部环境分析,战略澄清也离不开内外部环境分析。

内外部环境分析主要运用 PEST 分析、波特五力分析、波士顿矩阵分析和 SWOT 分析等方法。

1. PEST 分析

PEST 分析是企业分析宏观环境的基本工具,它通过对政治(Politics)、经济(Economy)、社会(Society)和技术(Technology)四个方面的因素分析从总体上把握宏观环境,并评价这些因素对企业战略的影响。

政治环境是指企业业务所涉及国家或地区的政治体制、政治形势、方针政策、法律法规等方面对企业战略的影响。

经济环境是指企业在制定战略过程中要考虑的国内外经济条件、宏观经济政策、经济发展水平等多种因素。

社会环境是指企业业务所涉及国家或地区的社会结构、民族特征、人口状况、文化传统、价值观念、宗教信仰、教育水平及风俗习惯等因素。

技术环境是指企业业务所涉及国家或地区的技术水平、技术政策、新产品开发能力及技术发展动态等。

PEST 分析通常采用矩阵式,分析模型如图 4-3 所示。

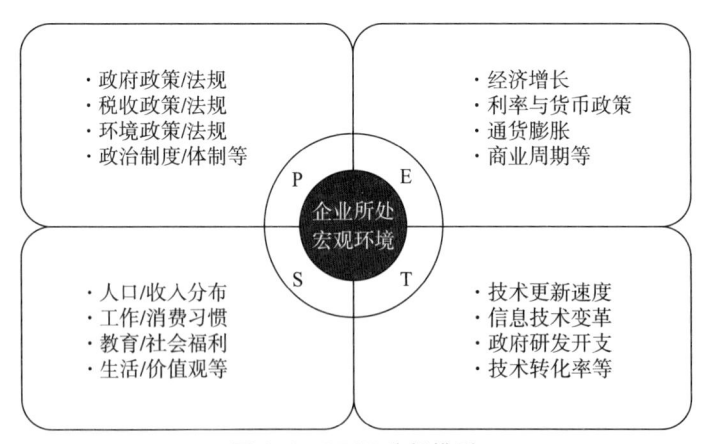

图 4-3 PEST 分析模型

通过 PEST 分析,企业可以从政治、经济、社会、技术四个方面把握宏观环境的现状及变化趋势,并据此进行战略制定与战略调整。

2. 波特五力分析

波特五力分析是企业分析竞争战略的基本工具,由迈克尔·波特(Michael Porter)在

20世纪80年代初提出。他认为行业中存在决定竞争规模和程度的五种力量,即供应商的议价能力、购买者的议价能力、潜在进入者的威胁、替代品的威胁和同业竞争者的竞争程度。

(1) 供应商的议价能力。供应商主要通过提高投入要素价格与降低单位价值来影响行业中现有企业的盈利能力与产品竞争力。一般情况下,具备如下条件的供应商具有较强的议价能力:一是供应商有比较稳固的市场地位,不受被市场激烈竞争困扰的企业控制;二是供应商的产品有很多客户,且单个客户不可能成为供应商的重要客户;三是供应商的产品具有一定特色,客户难以替换供应商或替换成本太高;四是供应商具备产业链纵向延伸的能力,而客户缺乏产业链纵向延伸的能力。

(2) 购买者的议价能力。购买者主要通过压价与要求提供质量较高的产品或服务的能力来影响行业中现有企业的盈利能力与产品竞争力。一般情况下,具备如下条件的购买者具有较强的议价能力:一是购买者的总数较少,而每个购买者的购买数量较大,占了卖方销售量的很大比重;二是卖方行业由大量小规模企业组成;三是购买者所购买的是一种标准化产品,可从多个卖方处购买;四是购买者有能力实现后向一体化,而卖方不可能前向一体化。

(3) 潜在进入者的威胁。潜在进入者在给行业带来新生产能力、新资源的同时,也希望在已被现有企业瓜分完毕的市场中赢得一席之地,这就有可能与现有企业产生原材料与市场份额的竞争,最终导致行业中现有企业盈利水平降低,严重的话还有可能危及这些企业的生存。潜在进入者威胁的严重程度取决于进入新领域的障碍与现有企业对于潜在进入者的反应情况。

(4) 替代品的威胁。两个处于同行业或不同行业中的企业,可能会由于所生产的产品互为替代品,从而产生相互竞争的行为。这种源于替代品的竞争会以各种形式影响行业中现有企业的竞争战略。一是替代品的存在会使现有企业提高产品价格的欲望得到抑制;二是由于替代品的入侵,现有企业必须通过提高产品质量、降低产品价格,或者使产品具有特色来提高竞争力,否则其收入与利润的增长就有可能受挫;三是替代品生产者的竞争强度受产品买方转换成本的影响。

(5) 同业竞争者的竞争程度。多数行业中的企业相互之间的利益都是联系在一起的。企业的竞争战略目标都旨在使自己的企业获得相对于竞争对手的优势,所以企业在实施战略的过程中就必然会产生冲突与对抗现象,这些冲突与对抗就构成了同业企业之间的竞争。同业企业之间的竞争常常表现在品牌、质量、价格、供货能力、售后服务等方面,其竞争强度与许多因素有关。

上述五种力量综合影响产业的吸引力以及现有企业的竞争战略决策。波特五力分析模型如图4-4所示。

通过波特五力分析,企业可以明晰竞争环境,确定企业在行业中的竞争优势和竞争劣势,并据此进行竞争战略制定与战略调整,以有效提高企业的市场地位与竞争实力。

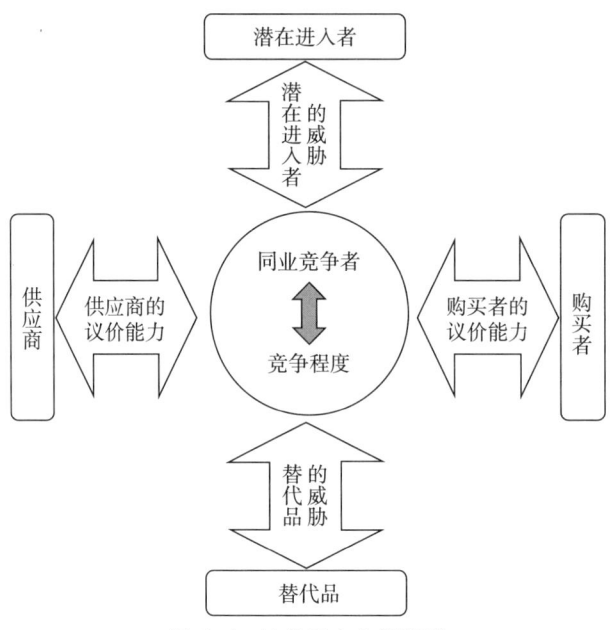

图 4-4 波特五力分析模型

3. 波士顿矩阵分析

波士顿矩阵分析(BCG Matrix)是企业产品组合战略分析的基本工具,由波士顿咨询集团(Boston Consulting Group,BCG)在20世纪70年代初开发。该方法将企业所有产品从销售增长率和市场占有率角度进行组合。在坐标图上,纵轴表示销售增长率,横轴表示市场占有率,各以10%和20%作为高低标准分界线,将坐标图划分为四个象限。然后,把企业所有产品按其销售增长率和市场占有率的大小,在坐标图上标出相应位置,依次将企业产品划分为"明星类产品""问题类产品""金牛类产品"和"瘦狗类产品"四种类型。

(1) 明星类产品(Stars)是指处于高销售增长率、高市场占有率象限内的产品群。这类产品可能成为企业的金牛类产品,需要加大投资力度以支持其迅速发展。

(2) 金牛类产品(Cash Cows)是指处于低销售增长率、高市场占有率象限内的产品群。这类产品已进入成熟期,是企业现金和利润的主要来源。由于市场已经成熟,企业不必对其大量投资来扩大市场规模,因而成为企业回收资金,支持其他产品,尤其对明星产品投资的后盾。

(3) 问题类产品(Question Marks)是指处于高销售增长率、低市场占有率象限内的产品群,这类产品处于投入期或成长期。高销售增长率说明市场机会大、前景好,低市场占有率则说明企业在市场营销上存在问题。对问题类产品应采取选择性投资战略,对那些经过改进可能成为"明星"的产品进行重点投资,提高市场占有率,使之转变成明星类产品;对其他有希望成为"明星"的产品则采取扶持对策。

(4) 瘦狗类产品(Dogs)是指处于低销售增长率、低市场占有率象限内的产品群。这类产品的特点是利润率低,处于保本或亏损状态,无法为企业带来收益。对这类产品应采取撤退战略,对那些销售增长率和市场占有率均极低的产品则应当立即淘汰。

波士顿矩阵分析模型如图4-5所示。

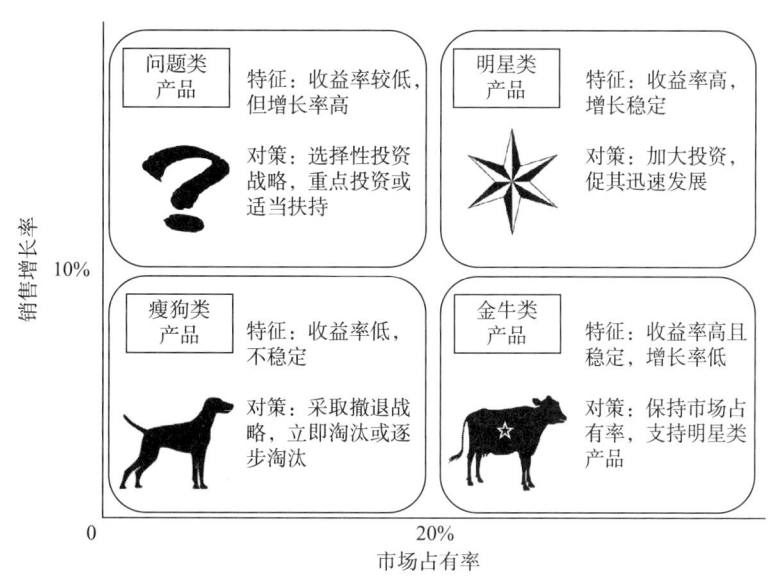

图 4-5 波士顿矩阵分析模型

波士顿矩阵分析使企业现有产品组合一目了然,从而对处于不同象限的产品采取不同的发展策略,不断淘汰无发展前景的瘦狗类产品,保持和优化"问题""明星""金牛"类产品组合,合理分配企业资源,实现产品及资源分配结构的良性循环。

4. SWOT 分析

SWOT 分析(S 表示优势、W 表示劣势、O 表示机会、T 表示威胁)也称优劣势分析、态势分析,是基于内外部竞争环境和竞争条件下的综合分析,它将与研究对象密切相关的各种主要内部优势、劣势以及外部的机会和威胁列举出来,并依照矩阵形式排列,然后采用系统分析的思想,把各种因素相互匹配起来加以分析,从中得出相应结论,进而帮助企业进行战略选择。运用 SWOT 分析的主要方法如下:

(1) 分析环境因素。分析企业所处的外部环境因素和内部资源因素。外部环境因素包括机会因素和威胁因素,是外部环境对企业发展具有直接影响的有利因素和不利因素,属于客观因素;内部资源因素包括优势因素和劣势因素,是企业发展中自身存在的积极因素和消极因素,属于主观因素。

(2) 构造 SWOT 矩阵。将分析得出的各种因素按轻重缓急或影响程度有序排列,构造 SWOT 矩阵。在此过程中,要将那些对企业发展来说直接的、重要的、大量的、迫切的、久远的影响因素优先排列出来,而将那些间接的、次要的、少许的、不急的、短暂的影响因素排列在后面。

(3) 进行战略选择。战略选择的基本思路是:发挥优势因素,克服劣势因素;利用机会因素,规避威胁因素。运用综合分析方法,将排列与考虑的各种环境因素相互匹配起来加以组合,得出一系列企业未来发展的可选择对策。运用 SWOT 分析的战略选择模型如图 4-6 所示。

通过 SWOT 分析,企业可以将内部资源与外部环境有机结合起来,明确内部资源的优

外部环境	内部资源	
	优势 (Strengths)	劣势 (Weaknesses)
机会 (Opportunities)	SO战略 (发挥优势，利用机会)	WO战略 (利用机会，克服劣势)
威胁 (Threats)	ST战略 (利用优势，规避威胁)	WT战略 (克服劣势，规避威胁)

图 4-6　SWOT 分析的战略选择模型

势与劣势，了解外部环境的机会与威胁，从而在战略与战术两个层面进行应对，把企业资源和行动聚集在优势和机会上，并根据研究结果制定相应的企业战略、行动计划和对策。

(三) 诠释战略

诠释战略是指对企业战略进行全面、系统、直观、通俗、清晰的描述和解释，将深奥、复杂的战略转化为企业各层级、各部门都能理解的语言。

通常可以运用战略地图技术对企业的战略目标和实现战略目标的方法、举措、路径等内容进行诠释。

1. 战略地图概述

战略地图(Strategy Map)是基于企业愿景与发展战略，将总体战略目标以及各层面战略目标之间的逻辑关系、价值创造路径以图示形式表示而绘制的可视化的战略因果关系图。战略地图通常以财务、客户、内部流程、学习与成长四个层面为主要内容进行直观、清晰的呈现。

企业通过绘制战略地图，能够直观地描述企业战略，准确找到实现战略目标的关键结果领域和关键成功因素，厘清各项要素之间、战略目标与经营重心之间的逻辑关系，使企业高管之间就战略问题达成共识，实现统一思想、凝心聚力，化战略为行动，为企业战略规划期内的经营管理活动指明目标、重点、措施和路径。

战略地图通用模型如图 4-7 所示。

战略地图应用一般要按照设定战略目标、确定业务增长路径、定位客户价值、确定内部流程优化主题、确定学习与成长主题等程序进行。在财务层面要以财务术语描述战略的有形成果；在客户层面要描述目标客户的价值主张；在内部流程层面要描述对战略产生重大影响的关键业务流程；在学习与成长层面要描述如何利用人力资本、信息资本和组织资本支持价值创造的关键业务流程。

战略地图四个层面的逻辑关系是：企业通过夯实学习与成长层面的人力资本、信息资本和组织资本，创新和建立内部流程层面的战略优势与经营效率，将特定价值带给客户层面的目标客户，从而实现财务层面的战略目标，最终实现总体战略目标。

2. 战略地图的构成

战略地图主要由总体战略目标，各层面的战略主题、战略目标和路径线构成。其中，

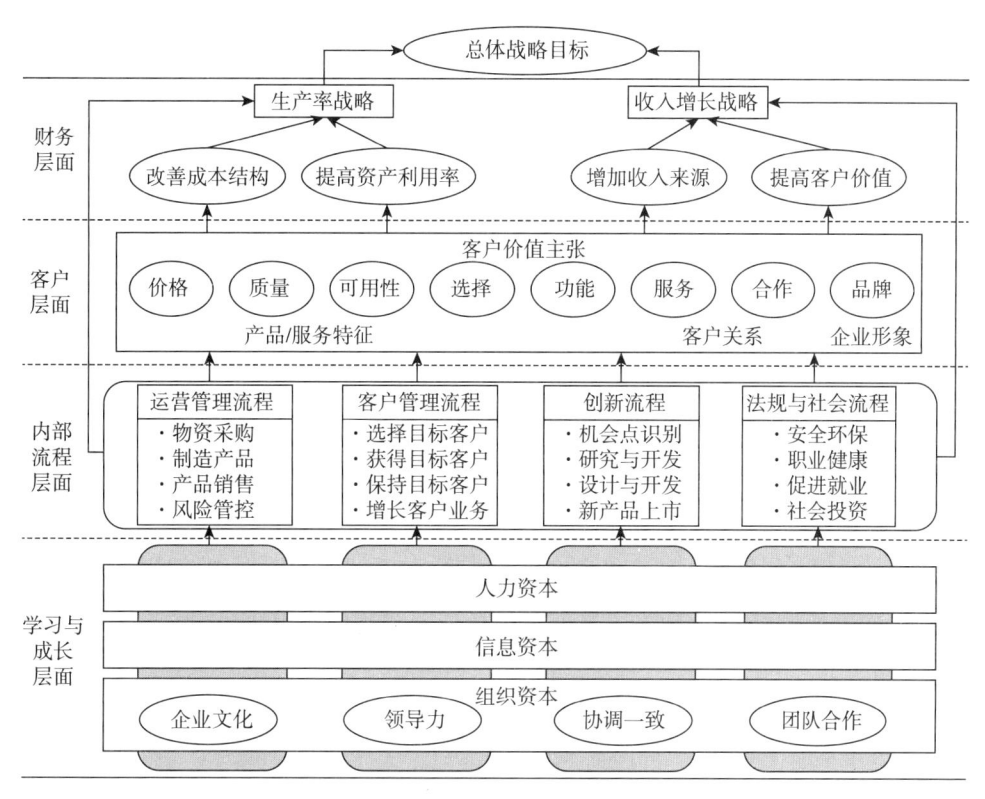

图 4-7 战略地图通用模型

总体战略目标高度概括了企业在战略规划期内的总任务和预期取得的主要成果;各层面战略主题反映了为取得战略成功,企业在各个层面必须关注和做好的事项;各层面战略目标是指企业在各个层面预期取得的主要成果,是各层面战略主题的具体化;各层面路径线是反映各层面的战略主题、战略目标之间因果关系、承接关系的箭头线。

3. 绘制战略地图

绘制战略地图是指用图示形式绘制战略因果关系图,明确实现战略目标的关键成功要素和内在逻辑关系,实现以战略地图为载体,沟通战略、统一思想、达成共识、凝心聚力的目标,为战略量化夯实基础。绘制战略地图一般包括以下六个步骤:

第一步,阐明总体目标,聚焦关键领域。总体战略目标由总体目标和具体目标构成:总体目标一般用一句话高度概括企业战略规划期内的总任务和预期取得的主要成果,是企业最核心目标的提炼和表述;具体目标主要包括市场、创新、盈利和社会四大核心目标。企业要在阐明总体目标的基础上,聚焦关键结果领域和最能有效驱动价值创造的核心指标,为绘制战略地图指明方向和路径。

关键结果领域(Key Result Areas,KRA)是指实现企业战略目标不可或缺的、必须取得满意结果的领域,是对企业使命、愿景与战略目标的实现有着关键影响和直接贡献的领域,是企业关键成功因素的聚集地。关键成功因素(Key Success Factors,KSF)是企业实施发展战略、达成战略目标所必须具备的能力或条件,是对企业战略成功起到关键作用的因素。

第二步,明确财务目标,确定增长路径。在财务层面,首先要围绕总体战略目标明确财务目标,如净资产收益率、营业收入、净利润等指标的目标值。然后,确定达成财务目标的战略主题,即采用什么途径、举措达成财务目标。

第三步,分析目标客户,定位客户价值。在客户层面,首先要分析目标客户的价值主张是什么,然后围绕产品特征、客户关系、企业形象等战略主题制定能够反映和满足客户价值主张的产品组合、价格、功能、质量、服务、合作和品牌形象等战略目标,使客户层面的目标与财务目标相互协调,从而有效支持财务层面实施收入增长战略的要求。

第四步,分析关键成功因素,确定关键流程。在内部流程层面,首先要分析实现客户价值主张和财务目标的关键成功因素,准确把握价值创造的关键业务流程;其次要确定必须改进、完善或加强的关键业务流程,确保每个战略主题都能合乎逻辑地与客户层面和财务层面的战略目标协调一致;最后要设定每个战略主题的具体目标及实施要求。

第五步,夯实支撑基础,补强无形资产。在学习与成长层面,首先要确定支持关键业务流程的人力资本、信息资本和组织资本等无形资产,然后分析评估现有无形资产与关键业务流程目标要求的战略匹配度,确定采取措施予以补强的人力资本、信息资本和组织资本,使之与内部流程层面的战略主题协调一致,为战略目标达成提供有力的人力、信息和组织支撑。

第六步,链接战略主题,形成战略地图。各层面的战略主题确定后,要将其对应绘制在战略地图上,每一战略主题要通过一个或多个战略目标加以描述。最终,将各层面的战略主题和战略目标用路径线连接,其中财务层面的战略主题要与总体战略目标对接,形成各层面战略主题、战略目标之间相互连接的战略因果关系图。

二、战略量化

战略量化是指将企业总体战略目标和各层面战略目标转化为年度目标、关键绩效指标和年度重点工作的过程。

(一)年度目标

年度目标即年度经营目标,是以战略目标和战略规划为主要依据,在分析企业外部环境和内部条件的基础上制定的企业预算年度各种经营活动所要达到的水平或取得的主要成果。

企业在绘制战略地图后,需要将总体战略目标和各层面战略目标量化为各年度预期达成的目标,即明确第一年、第二年至第 N 年预期达成的目标。其中,第一年的目标即为预算年度的年度目标。

(二)关键绩效指标

关键绩效指标(KPI)是对战略目标达成具有关键影响力的指标,是通过对战略目标、关键成功因素的绩效特征分析,识别和提炼出的最能有效驱动目标达成或衡量战略实施效果的目标式量化管理指标。关键绩效指标不仅是推动战略目标达成和衡量战略目标是否达成的重要指标,也是进行组织绩效考评的核心指标。

关键绩效指标可分为结果类和动因类两类:结果类指标是对战略实施效果进行衡量或监控的指标,动因类指标是驱动战略目标达成的关键驱动因素指标。

关键绩效指标的层级一般根据企业组织架构进行划分,可分为公司级、部门级、班组级、岗位级,也可扩展到集团级、事业部级等。

公司级关键绩效指标的选取方法主要有三个:一是将战略目标直接转化为关键绩效指标,如净资产收益率(ROE)、资产负债率、市场占有率等指标;二是由战略目标分解、细化而来的关键绩效指标,如营业收入可以细化分解为业务板块或具体产品的销售收入指标;三是采用关键成功因素分析法,将有效驱动目标达成或衡量战略实施效果的指标识别、提炼出来。

关键成功因素分析法一般要经过明确战略目标、识别关键成功因素、提取关键绩效指标、构建关键绩效指标数据库、确定关键绩效指标、设定关键绩效指标目标值六个步骤,如图4-8所示。

明确战略目标 → 识别KSF → 提取KPI → 构建KPI数据库 → 确定KPI → 设定KPI目标值

图4-8 关键绩效指标选取流程

第一步,明确战略目标。关键绩效指标的确定取决于战略目标,而且有的战略目标本身就是结果类关键绩效指标。因此,确定关键绩效指标首先要明确战略目标,也就是明确总体战略目标和各层面战略目标量化后的年度经营目标。

第二步,识别关键成功因素。要将对实现战略目标不可或缺的、起到关键作用的因素分析并识别出来。

第三步,提取关键绩效指标。这一步骤要搞清楚衡量关键成功因素的标准是什么,即用什么指标衡量关键成功因素。选择关键绩效指标要遵循以下四项原则:

(1)一致性原则。选择的关键绩效指标必须与战略目标强相关,是战略目标的有机组成部分或关键支持体系,以确保关键绩效指标与企业战略目标一致。

(2)重要性原则。要选取对战略目标影响大、对战略目标实现起到不可或缺作用的绩效指标,确保关键绩效指标能够支撑企业战略目标的实现。

(3)可衡量原则。选择的关键绩效指标必须要有明确的定义和计算方法,验证这些绩效指标的数据或者信息应容易获取并可靠、公正。

(4)统筹兼顾原则。选择的关键绩效指标既要有短期效益指标,又要有长期发展指标;既要有结果类指标,又要有动因类指标;要以财务指标为主,同时兼顾非财务指标。

我们可以采用"鱼骨图"分析法识别关键成功因素、提取关键绩效指标。例如,对于产品成本降低这一战略目标的关键绩效指标分析、识别如图4-9所示。

第四步,构建关键绩效指标数据库。在提取关键绩效指标之后,应按照战略目标、关键成功因素和关键绩效指标三个维度对关键绩效指标进行汇总,构建一个完整的公司级关键绩效指标数据库。常用的公司级关键绩效指标如表4-1所示。

图 4-9 "鱼骨图"分析法

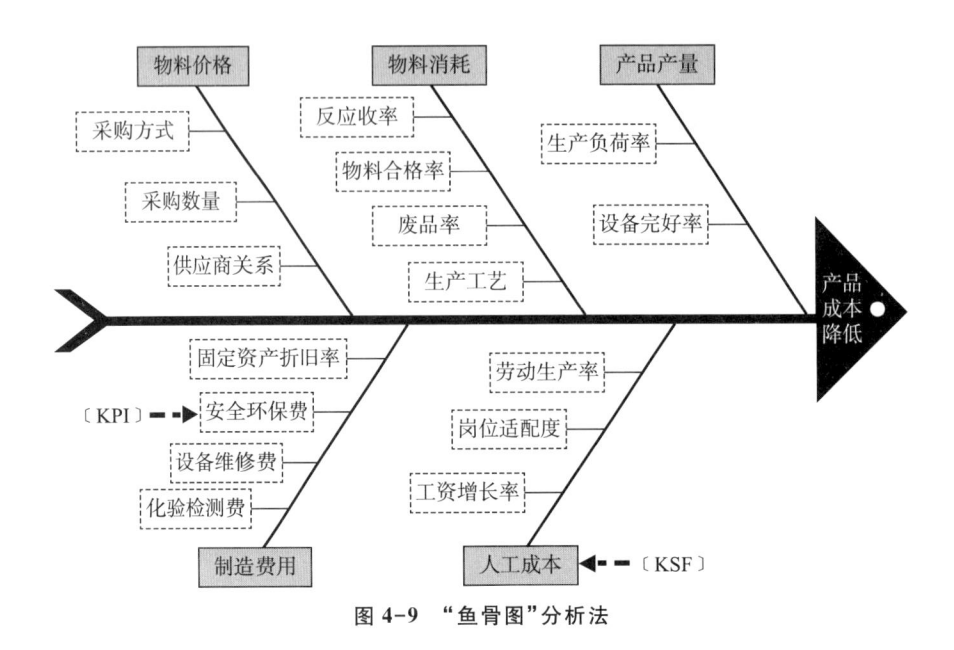

表 4-1 常用的公司级关键绩效指标

指标层面	指标名称
财务层面	净资产收益率、总资产收益率、经济增加值、息税前利润、自由现金流、净现金流量、销售数量、营业收入、新产品收入、毛利率、利润总额、净利润、销售利润率、资产负债率、销售增长率、利润增长率等
客户层面	品牌美誉度、市场份额、市场占有率、客户满意度、客户获得率、客户保持率、客户获利率、客户增长率、战略客户占比、客户投诉率等
内部流程层面	交货及时率、供货保障率、产品供货周期、采购价格指数、生产负荷率、生产保障率、产品合格率、存货周转率、应收账款周转率、货款回收率、总资产周转率、设备有效作业率、设备完好率、单位成本、总成本、期间费用、工程项目、新产品开发、研发投资、安全保障率、环保达标率等
学习与成长层面	员工保持率、培训计划完成率、核心人才流失率、人才适配度、人均销售额、劳动生产率、组织活力指数、组织能力提升、研发成果、员工满意度、信息系统等

第五步,确定关键绩效指标。根据意大利经济学家维尔弗雷多·帕累托(Vilfredo Pareto)提出的"二八原理",20%的关键行为能产出80%的效果。因此,在确定用于绩效考评的关键绩效指标时,还要结合预算年度的战略目标和工作重点,从关键绩效指标数据库中筛选出衡量战略实施效果和最能驱动战略目标达成的少数关键绩效指标。一般而言,每个战略目标可筛选 3 个左右的公司级关键绩效指标。

第六步,设定关键绩效指标目标值。关键绩效指标是为达成战略目标服务的,关键绩效指标的完成也就意味着战略目标的实现。因此,关键绩效指标目标值的设定要符合两项要求。一是确保达成公司战略目标。尽管从形式上看大多数关键绩效指标目标值不是战略目标的目标值,但是我们通过关键绩效指标目标值可以推算出战略目标能否达成。

也就是说,很多关键绩效指标目标值是根据战略目标分解、细化后的各项关键绩效指标之间的内在关系测算出来的。通常可以采用杜邦分析法、平衡计分卡等工具模型测算、设定关键绩效指标目标值。二是符合目标制定的 SMART 原则,即设定的关键绩效指标目标值必须是具体的(Specific)、可衡量的(Measurable)、可达成的(Attainable)、与战略目标强相关的(Relevant)、具有明确时限的(Time-bound)。

(三)年度重点工作

年度重点工作源于企业战略及年度目标,是企业预算年度内必须完成的重要活动或事项。企业年度目标和关键绩效指标确定之后,就要针对具体的目标、指标研究确保完成的方法和措施,特别是针对妨碍目标达成的关键障碍和瓶颈问题提出解决方案,而年度重点工作就是对实现目标的关键举措的具体落实。

年度重点工作是否实施以及实施成功与否,直接影响到战略目标或年度目标能否达成。一般而言,重点工作具有如下特征:

(1)对目标达成具有显著影响、关键或决定性作用的活动或事项;
(2)事关企业长远、全局、战略性发展的活动或事项;
(3)具有杠杆作用、支配地位,处于瓶颈环节或能够事半功倍的活动或事项;
(4)具有"牵一发而动全身"作用的活动或事项;
(5)妨碍企业实现战略目标或年度目标的关键障碍;
(6)其他影响企业战略目标或年度目标实现的重要活动或事项。

根据聚焦原则,确定的公司级年度重点工作不能太多,因为企业的人财物资源总是有限的,高层管理人员的精力也是有限的,所以公司级年度重点工作一般不超过10项。这些重点工作必须汇聚整个公司的力量,尽全力确保完成,因为完成年度重点工作往往是达成企业战略目标及年度目标的必要条件。

为了确保年度重点工作能够落实责任和如期完成,企业应当为每一项公司级重点工作任命"主帅"并组建项目团队,对年度重点工作实行项目化管理。项目化管理是指将年度重点工作当作项目对待,进而按照项目管理的模式进行管理。实施项目化管理的目的是促使年度重点工作高效率地完成工作目标,从而确保战略目标及年度目标的达成。公司年度重点工作概览如表4-2所示。

表4-2 公司年度重点工作概览

序号	战略目标及年度目标	年度重点工作	目标及里程碑	完成时间	主帅	项目组成员
1						
2						
3						

注:①战略目标及年度目标与重点工作并非一一对应关系,即一个目标可能有超过一项的重点工作,而一项重点工作可能支持超过一个的目标。②支持战略目标及年度目标实现的工作并非都要被确定为年度重点工作。

三、指标分解

指标分解是将公司年度目标、关键绩效指标分解为各层级、各部门的年度目标和关键绩效指标,以及确定各层级、各部门重点工作的过程。公司的各项工作归根结底是由公司内部各个层级、各个部门、各个岗位来完成的,因此在确定公司年度目标和关键绩效指标后,就需要对其进行纵向和横向分解。

纵向上,要将公司年度目标和关键绩效指标分解到各分公司、各子公司、各车间、各岗位,形成上下贯通、层层衔接的主体责任体系;横向上,要按照职能分工,将公司年度目标和关键绩效指标分解到各业务板块、各职能部门,形成环环相扣、协同配合的全流程闭环式管理系统。

(一) 指标分解的方法

指标分解有直接承接、目标分担和因素分解三种基本方法。

1. 直接承接

直接承接对应的是目标值由责任部门总体承接的公司战略目标或关键绩效指标。这类指标一般是一些不需要分解的目标或指标。例如,资产负债率指标可以由财务部门总体承接;人才适配度指标可以由人力资源部门总体承接。

2. 目标分担

目标分担对应的是目标值由几个同类部门分担的公司战略目标或关键绩效指标。例如,营业收入、管理费用关键绩效指标的目标分担如表4-3所示。

表4-3 营业收入、管理费用关键绩效指标的目标分担

公司级关键绩效指标		部门级关键绩效指标		责任部门
指标名称	目标值	指标名称	目标值	
营业收入	60 000万元	外贸营业收入	20 000万元	国际业务部门
		国内营业收入	40 000万元	国内业务部门
管理费用	1 600万元	战略管理部管理费用	200万元	战略管理部门
		行政管理部管理费用	400万元	行政管理部门
		人力资源部管理费用	600万元	人力资源部门
		财务部管理费用	300万元	财务部门
		审计部管理费用	100万元	审计部门

3. 因素分解

因素分解对应的是依据目标值及其影响因素的关系,首先对各影响因素进行量化,然后将量化后的影响因素落实到责任部门的公司战略目标或关键绩效指标。例如,总资产周转天数关键绩效指标的因素分解如表4-4所示。

表 4-4　总资产周转天数关键绩效指标的因素分解

公司级关键绩效指标		部门级关键绩效指标		责任部门
指标名称	目标值	指标名称	目标值	
总资产周转天数	100 天	货币资金周转天数	5 天	财务部门
		应收账款周转天数	12 天	销售部门
		产品存货周转天数	18 天	销售部门
		物料存货周转天数	22 天	采购部门
		其他流动资产周转天数	3 天	财务部门
		固定资产周转天数	30 天	设备部门
		在建工程周转天数	8 天	工程部门
		其他非流动资产周转天数	2 天	财务部门

需要指出的是，各部门的年度目标和关键绩效指标不仅包括对上承接的目标、指标，还包括根据部门使命、职责确定的本部门年度目标和关键绩效指标。

（二）部门重点工作

部门重点工作源于部门的年度目标和关键绩效指标，是部门在预算年度内必须实施的重要活动或事项。

部门重点工作的特征、要求与公司级年度重点工作相似，不再赘述。

四、行动计划

行动计划是企业各层级、各部门以战略为指导，围绕如何完成年度经营目标和重点工作而制订的公司年度经营计划、部门业务工作计划以及重点工作行动方案。

企业通过战略量化和指标分解，不仅确定了公司年度目标、关键绩效指标和重点工作，而且将公司年度目标和关键绩效指标分解、落实到了各层级、各部门，同时也确定了各层级、各部门的年度重点工作。接下来的工作就是制订行动计划，并为行动计划配置资源——编制全面预算，最后执行行动计划和全面预算以确保所有战略及年度目标的实现。

行动计划是战略转化过程的重要环节，具有承上启下的重要作用。它既是落实战略规划的具体行动、安排全年经营管理活动的行动纲领，也是编制年度预算、进行绩效管理的重要依据和基础。制订好行动计划，对于实现战略及年度目标、提高全面预算管理和绩效管理水平都具有十分重要的意义。

第一，行动计划是战略落地的具体行动。战略澄清、战略量化和指标分解三个环节很好地解决了企业战略"是什么、为什么、做什么"的问题，明确了战略目标、年度目标、关键绩效指标和重点工作；行动计划则确定了实现战略目标、年度目标和重点工作的具体方法、步骤、衡量标准、时间节点和具体行动人，将目标、指标和重点工作转化为一套完整的施工图，解决了企业战略"谁去做、怎么做"的问题。

第二,行动计划是全年经营管理活动的行动纲领。行动计划提出了全年经营管理工作的经营方针和总体思路,对落实战略规划、达成经营目标、完成重点工作所需的各种资源,从时间和空间上作出了统筹安排与明确要求,是贯穿企业全年经营管理活动的行动纲领,也是安排年度、季度、月度经营管理活动的主要依据。

第三,行动计划夯实了全面预算的编制基础。行动计划是企业从事经营管理活动的行动方案,全面预算是对行动计划的资源配置和系统完善。没有全面预算的承接与资源配置,行动计划将难以落地执行;没有科学、完善的行动计划,全面预算的编制也将丧失严谨、可靠的基础。

第四,行动计划为绩效管理提供了核心依据。绩效管理是提高行动计划执行力的动力系统。没有行动计划提供目标、指标、衡量标准、责任人等考核依据,企业的绩效管理就会迷失方向,就会变成"为考核而考核"的自娱自乐,绩效管理就会丧失应有的战略驱动价值。

(一) 公司年度经营计划

公司年度经营计划是为了落实战略规划、实现经营目标而制订的预算年度企业各项经营管理活动的实施方案与行动计划。

年度经营计划的制订要紧紧围绕如何完成战略目标、年度目标和重点工作进行,计划的基本结构与内容如表4-5所示。

表4-5 公司年度经营计划的基本结构与内容

序号	条款	说明
1	上年度经营计划执行情况总结	如果企业有独立的经营计划执行情况总结,为了简化,这部分内容可以省略
1.1	年度目标及关键绩效指标完成结果及执行情况分析	以表格形式列明公司级年度目标及关键绩效指标完成结果,同时对执行情况进行简要分析说明
1.2	年度重点工作完成结果及实施情况分析	以表格形式列明公司级年度重点工作完成结果,同时对实施情况进行简要分析说明
1.3	上年度经营管理活动取得的主要成绩和存在的主要问题	对成绩和问题的总结应简明扼要,要聚焦影响企业发展和目标达成的关键瓶颈问题
2	预算年度的内外部环境分析	这部分内容可简、可繁、可略,简单的方法是只进行SWOT分析
2.1	PEST分析	通过PEST分析,把握宏观环境的现状及变化趋势
2.2	SWOT分析	通过SWOT分析,明确内部资源的优势与劣势,了解外部环境的机会与威胁,把企业资源和行动聚集在优势和机会上

(续表)

序号	条款	说明
3	预算年度经营计划	这部分是核心内容,不可省略
3.1	经营方针或总体经营思路	为了实现年度目标,根据外部环境和企业实际情况提出的预算年度经营方向、经营思路、管理思想和指导原则
3.2	年度经营目标	通过战略转化确定预算年度经营目标,主要包括营业收入、净利润、资产规模等体现企业经营效率、效益与发展能力的指标
3.3	主要经营计划	支撑年度目标达成的经营活动及经营成果计划,主要包括销售计划、生产计划、采购计划、人力资源计划、成本计划、财务计划等
3.4	投资计划	主要包括基本建设计划、工程项目计划、固定资产投资计划、大修计划、对外投资计划等
3.5	实现年度目标的保障措施和重点工作	确保年度目标达成的关键方法、方案、途径和必须完成的公司级重点工作
3.6	附件1:年度目标行动计划	确保年度目标、指标完成的具体实施计划,原则上针对每一项年度目标编制一份年度目标行动计划
3.7	附件2:年度重点工作行动方案	确保年度重点工作顺利实施和目标达成的具体实施计划,针对每一项年度重点工作编制一份年度重点工作行动方案

年度目标行动计划是为了完成年度目标而制订的行动步骤、关键举措、资源需求行动方案,其基本结构与内容如表4-6所示。

表4-6 年度目标行动计划

年度目标		目标及里程碑		完成时间										负责人	
行动步骤	关键举措	目标及里程碑	责任人	行动起止时间(月份)											资源需求
				1	2	3	4	5	6	7	8	9	10	11	12	

(二)部门业务工作计划

部门业务工作计划是为了落实公司经营计划、实现部门年度目标而制订的预算年度部门各项业务活动及管理工作的实施方案与行动计划。

部门业务工作计划的制订要紧紧围绕如何完成公司年度目标、部门年度目标和重点工作进行,其基本结构与内容如表4-7所示。

表 4-7　部门业务工作计划的基本结构与内容

序号	条款	说明
1	上年度部门业务工作计划执行情况总结	如果部门有独立的业务工作计划执行情况总结,为了简化,这部分内容可以省略
1.1	年度目标及关键绩效指标完成结果及执行情况分析	以表格形式列明部门年度目标及关键绩效指标完成结果,同时对执行情况进行简要分析说明
1.2	部门重点工作完成结果及实施情况分析	以表格形式列明部门年度重点工作完成结果,同时对实施情况进行简要分析说明
1.3	上年度部门工作取得的主要成绩和存在的主要问题	对成绩和问题的总结应简明扼要,要聚焦影响部门职能发挥和目标达成的关键瓶颈问题
2	预算年度的内外部环境分析	这部分内容业务部门适用,管理部门不适用
2.1	波特五力分析	通过波特五力分析,明晰竞争环境,制定竞争战略,有效提高企业的市场地位与竞争实力
2.2	波士顿矩阵分析	通过波士顿矩阵分析,明晰现有产品组合,实现产品及资源分配结构的良性循环
2.3	SWOT 分析	通过 SWOT 分析,明确内部资源的优势与劣势,了解外部环境的机会与威胁,把企业资源和行动聚集在优势和机会上
3	预算年度业务工作计划	这部分是核心内容,不可省略
3.1	主要思路及策略	关于如何完成部门年度目标和关键绩效指标的经营策略、业务构思和管理思想
3.2	部门年度目标	根据指标分解和部门使命职责分析确定的部门年度业务及工作目标
3.3	经营计划与投资计划	根据部门职能分工,分别编制销售计划、生产计划、采购计划、质量计划、安全计划、环保计划、人力资源计划、成本计划、财务计划、研发计划、资金计划、基本建设计划、工程项目计划、固定资产投资计划、大修计划、对外投资计划等
3.4	实现部门年度目标的保障措施和重点工作	确保部门年度目标达成的关键方法、方案、途径和必须完成的部门重点工作
3.5	需支持的重要事项	计划编制部门需要上级领导、同级部门在业务活动或管理活动中提供的支持或协助事项
3.6	附件 1:部门年度目标行动计划	确保部门年度目标、指标完成的具体实施计划,原则上针对每一项部门年度目标编制一份部门年度目标行动计划
3.7	附件 2:部门年度重点工作行动方案	确保部门年度重点工作顺利实施和目标达成的具体实施计划,针对每一项部门年度重点工作编制一份部门年度重点工作行动方案

（三）重点工作行动方案

重点工作行动方案是为了确保重点工作顺利实施和目标达成而制订的实施步骤、衡量标准、进度安排等具体实施计划。

重点工作项目团队组建后，主帅和项目团队就要讨论并确定如何完成所承接的年度重点工作，并制订年度重点工作行动方案，如表4-8所示。

表4-8 年度重点工作行动方案

重点工作名称													主帅	
主要内容概述														
目标及里程碑													完成时间	
分阶段行动步骤	目标及里程碑	责任人	行动起止时间（月份）											资源需求
			1	2	3	4	5	6	7	8	9	10	11	12	
1															
2															
3															
4															

年度重点工作行动方案是为了开展重点工作、完成工作目标而进行的一系列资源重组活动，对于战略目标、年度目标能否实现具有十分重要的意义。为了确保重点工作的有效实施，每项重点工作行动方案都要明确以下九个要素：

（1）重点工作名称。名称要体现重点工作的性质、主要内容和范围，用词要准确，避免发生歧义。例如，组织体系建设与组织体系设计、新产品研发与新产品研发计划的工作内容和范围就不尽相同。

（2）主帅。主帅即某项重点工作的总负责人。公司重点工作的主帅一般由公司高管担任，部门重点工作的主帅一般由部门负责人担任，对所承担的重点工作负全责。

（3）主要内容概述。重点工作需要团队协同完成，因此内容概述要用简单、直白的语言将重点工作说清楚、讲明白，确保理解的一致性。

（4）目标及里程碑。重点工作的目标要求具体、明确、量化、便于衡量，不能量化的用里程碑事件表示。里程碑事件是指重点工作过程中已完成的具有标志性意义的工作，在即将进入下一阶段的时刻，这个具有标志性意义的事件或活动即可被称为里程碑事件。

（5）完成时间。这是指整项年度重点工作的最终完成时间。

（6）分阶段行动步骤。年度重点工作一般具有重要性、长期性、复杂性、艰巨性和紧迫性的特征，必须制定具体的行动步骤，设定行动的先后顺序以及各项行动的组合，并明确各行动步骤的工作目标或里程碑事件。

（7）责任人。这是指对分阶段行动步骤工作结果负责的人员。只有明确了各行动步骤的责任人，才能保证各行动步骤按计划实施。

（8）起止时间。这是指各行动步骤的起止时间，允许个别行动步骤的起止时间互有交叉。

（9）资源需求。这是指实施各行动步骤需要的人力、物力、财力、信息等资源需求。

第三节 战略转化模拟案例[①]

一、案例背景简介

【例 4-1】 真谛公司是一家高新技术企业,从事农药制剂产品的研发、生产和销售。公司以"致力农业科技,助力农民致富"为使命,"以客户为中心"是员工共同践行的核心价值观,"成为中国农药制剂领域综合实力最强的企业"是未来 20 年的公司愿景。2022 年真谛公司农药制剂产品的产能、产量和销量如表 4-9 所示。

表 4-9 真谛公司 2022 年产品产能、产量和销量

产品名称	计量单位	产能	产量	销量	备注
A 产品	吨/年	3 000	2 500	2 500	① 农药制剂的产能、产量、销量均为实物量
B 产品	吨/年	2 500	1 800	1 800	② A 产品、B 产品、C 产品为系列农药制剂,其中 C 产品 2022 年 12 月投产,当月没有完工产品
C 产品	吨/年	1 000	0	0	

公司 2022 年预计实现销售收入 7 亿元,净利润 2 亿元。公司拥有甲、乙两个生产车间,其中甲车间生产 A 产品,乙车间生产 B 产品和 C 产品;设有销售部、采购部、生产部、设备部、仓储部、研发部、技术部、质量管理部、财务部、人力资源部、行政管理部、战略管理部等 12 个职能部门。公司组织架构如图 4-10 所示。

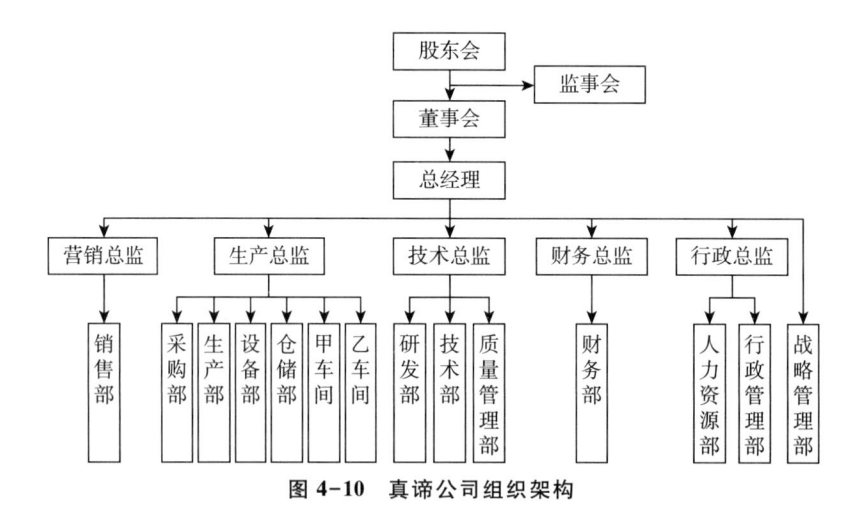

图 4-10 真谛公司组织架构

公司于 2022 年 10 月初召开战略研讨会,目的是通过战略研讨统一公司中高层干部的思想,在达成战略共识的基础上确定 2023 年度经营目标、关键绩效指标和重点工作,为制

[①] 本书模拟案例采取一个案例贯穿全面预算管理各章节的讲解方法。为了完整反映企业预算编制的思路、方法和全过程,保持案例之间的相关性、连贯性和勾稽关系,本书凡是冠以"真谛公司"的案例之间均相互衔接。如此方法尽管会增加创作难度,但会极大地方便读者的学习、理解和应用。需要说明的是,本书案例涉及四舍五入的数据众多,为了实现表格纵向合计与横向合计的一致性,有个别数据会有 0.001、0.01 或 0.1 的误差。

订经营计划和编制 2023 年度全面预算奠定基础。

在澄清企业使命、愿景、价值观,分析外部环境带来的机会和威胁,审视内部资源能力的优势和劣势的基础上,公司制定了"以打造产品、研发、营销和品牌四大实力为核心,以提升组织能力和加强企业管理为基础,以安全环保和优质产品为保障,实现三年三大步,迈入全国农药行业制剂销售前十强"的总体战略规划,然后分步骤完成了绘制战略地图,确定年度经营目标、关键绩效指标和重点工作,并着手制订了 2023 年行动计划。

二、绘制战略地图

公司应用平衡计分卡的四个层面划分并绘制战略地图,以图示方式展示企业 2023—2025 年三年战略目标以及实现战略目标的关键路径,如图 4-11 所示。

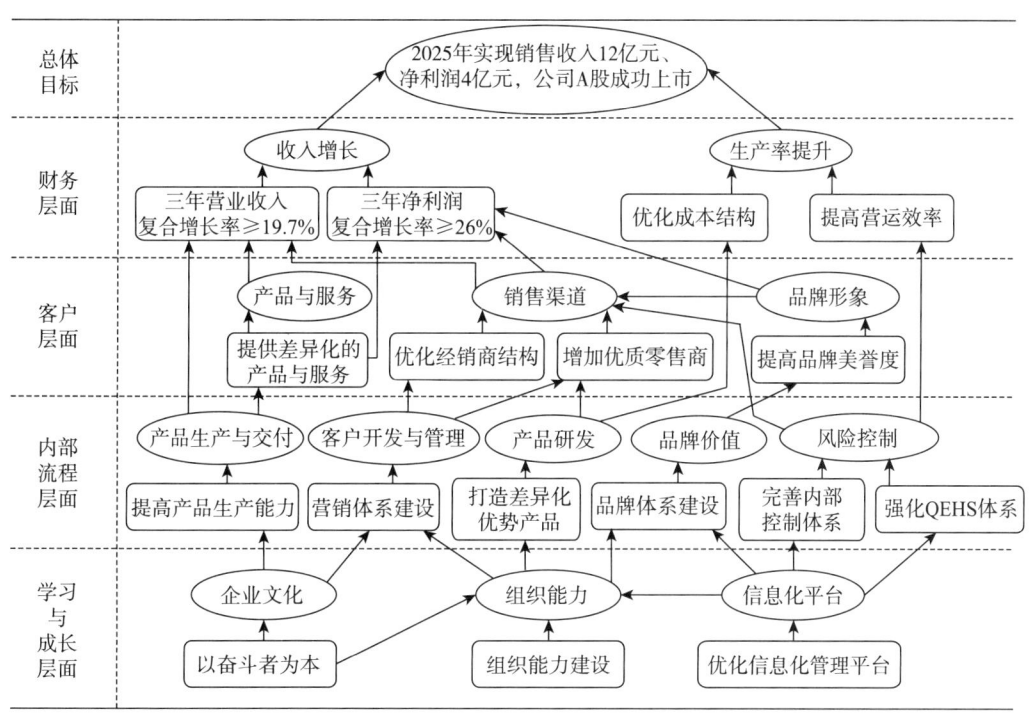

图 4-11 真谛公司 2023—2025 年战略地图

真谛公司 2023—2025 年战略地图解读如下:

(1)公司三年战略总体目标是"2025 年实现销售收入 12 亿元、净利润 4 亿元,公司 A 股成功上市"。2022 年与 2025 年相比,销售收入目标差距为 5 亿元,净利润目标差距为 2 亿元,三年复合增长率分别要达到 19.7% 和 26% 才能达成 2025 年的销售收入与净利润目标。

(2)在财务层面,实现总体战略目标的路径分别是收入增长和生产率提升。通过收入增长战略,从市场、产品和客户等途径增加销售收入、提升获利水平;通过生产率提升战略,保持成本优势、提高产品竞争力。

(3)在客户层面,公司围绕产品与服务、销售渠道、品牌形象三个战略主题,制定能够反映和满足客户价值主张的提供差异化的产品与服务、优化经销商结构、增加优质零售商、提高品牌美誉度四个战略目标。

（4）在内部流程层面，公司分析了影响战略目标能否达成的关键业务流程，确定了在三年内必须做好的六大战略重点：

一是提高产品生产能力。首先，充分发挥现有产品生产能力，保障销售收入持续增长的需要；其次，2023年将新开发的C产品推向市场；最后，投资6 000万元建设年产5 000吨水基化农药制剂项目，以支撑公司2025年销售收入12亿元的战略目标。

二是营销体系建设。构建以用户为中心、以零售店为重点、以经销商为战略合作伙伴的制造商、经销商、零售店、用户一体化农药制剂营销渠道，实现公司与经销商、零售商及最终用户的同生共赢；同时，加强农药技术服务队伍建设，在现有50个农药使用示范基地的基础上新增70个示范基地，着眼"专注、专业、专家"的技术服务理念，为用户提供农作物全程统防统治解决方案，构建以技术推广为先导、以服务用户为中心的产品技术推广和技术服务体系。

三是打造差异化优势产品。产品是公司的立身之本、生存之道，向客户提供差异化产品、高性价比产品，满足用户不同维度的需求是获得市场竞争优势的根本所在。为此，公司将加强与高等院校、科研院所、植物保护站的战略合作，建立以知名农药专家、植物保护专家为核心的专家顾问团队，壮大研发队伍，不断提高公司农药制剂的研发能力。要从产品性能、品质、技术推广、试验示范、售后服务、数字营销等方面增强用户体验，为用户提供增值服务，支持销售收入持续增长。

四是品牌体系建设。随着国内农村土地流转和土地规模化、集约化经营的提速，家庭农场、种植大户更加关注品牌化农药产品。为此，公司必须实施品牌战略，完善企业识别系统（CIS），搞好品牌定位、品牌规划、品牌形象和品牌扩张建设，以诚信为基础，以产品质量和产品特色为核心，培育客户对真谛品牌的认知度，在家庭农场、种植大户中打响公司的产品和服务品牌。

五是完善内部控制体系。启动内部控制体系建设项目，不仅是2025年登陆A股市场的需要，也是提升经营管理水平和风险防范能力、促进公司可持续发展的需要。

六是强化QEHS体系。"安全是天，环保是地，质量是生命，管理是根本"，这是企业刻骨铭心的体验。在供给侧结构性改革与环保新政大背景下，公司必须打造过硬的质量（Quality）、环境（Environment）、职业健康（Health）和安全（Safety）管理体系——QEHS体系。唯有如此，公司的生产经营活动才可能正常进行。

（5）在学习与成长层面，公司重点关注支持关键业务流程的企业文化、组织能力和信息化平台三个战略主题。

一是打造"以奋斗者为本"的企业文化。以奋斗者为本，就是通过机制创新，激发员工的奋斗欲望，使企业与员工结合成为既"力出一孔"又"利出一孔"的命运共同体。

二是加强组织能力建设。"三分战略，七分执行"，缺乏执行力，再周密的战略也只是纸上谈兵。执行力本质上是一种实施企业战略并达成战略目标的组织能力。因此，公司将加强组织能力建设，增加各类专业人员，进一步提升企业研发能力、营销能力、技术服务能力、生产能力、交付保障能力、管理能力、IT 支撑能力等,为关键业务流程的实施和战略目标的达成提供有力支撑。

三是优化信息化管理平台。现代企业的运营越来越依赖于信息系统,没有信息系统的支撑,战略实施与目标达成就会举步维艰。为此,公司将着力构建"技术推广、产品营销、售后服务、信息反馈"四位一体的信息化管理平台,支持公司战略规划的有效实施。

三、确定 2023 年度经营目标

根据战略规划,经过分析测算,公司确定 2023 年度经营目标如表 4-10 所示。

表 4-10　真谛公司 2023 年度经营目标

层面	三年战略目标	2023 年度经营目标
总体目标	2025 年实现销售收入 12 亿元、净利润 4 亿元,公司 A 股成功上市	实现销售收入 8.3 亿元、净利润 2.5 亿元,夯实三年战略规划基础,为公司 A 股上市做好准备
财务层面	三年销售收入复合增长率≥19.7%	实现销售收入 8.3 亿元
	三年净利润复合增长率≥26%	实现净利润 2.5 亿元
	优化成本结构	控制销售成本及期间费用
	提高运营效率	应收账款周转率和存货周转率明显加快
客户层面	提供差异化的产品与服务	C 产品上市
	优化经销商结构	核心经销商销售额占比≥80%
	增加优质零售商	增加优质零售商 100 家
	提高品牌美誉度	提高品牌知名度
内部流程层面	提高产品生产能力	产品优质、足量、及时交付
		建设 5 000 吨/年水基化农药制剂项目
	营销体系建设	新增 30 个农药使用示范基地
	打造差异化优势产品	壮大专家顾问团队与研发团队
	品牌体系建设	完善企业识别系统
	完善内部控制体系	构建以风险为导向、以流程为纽带、以控制为手段、以制度为保障的内部控制体系
	强化 QEHS 体系	构建 QEHS 整合管理体系
学习与成长层面	构建"以奋斗者为本"的企业文化	完善企业文化手册
	组织能力建设	大幅增加研发、销售、技术推广人员
	优化信息化管理平台	构建完备的数字化营销体系

四、确定 2023 年度关键绩效指标

根据 2023 年度经营目标,确定 2023 年度公司级关键绩效指标与目标值如表 4-11 所示。

表 4-11　真谛公司 2023 年度关键绩效指标与目标

层面	2023 年度经营目标	关键绩效指标	目标
财务层面	实现销售收入 8.3 亿元	销售收入	8.3 亿元
	实现净利润 2.5 亿元	净资产收益率	60%
		净利润	2.5 亿元
	控制销售成本及期间费用	销售成本率	≤47%
		期间费用率同比降低	1%
	应收账款周转率和存货周转率明显加快	应收账款周转天数	≤8 天
		存货周转天数	≤45 天
客户层面	C 产品上市	C 产品销售额	3 000 万元
	核心经销商销售额占比≥80%	核心经销商销售额占比	≥80%
	增加优质零售 100 家	优质零售商增加数量	100 家
	提高品牌知名度	品牌形象店建设	100 家
内部流程层面	产品优质、足量、及时交付	产品生产保障率	100%
		物资采购保障率	100%
	建设 5 000 吨/年水基化农药制剂项目	制剂项目建设进度	完成 50%投资
	新增 30 个农药使用示范基地	农药使用示范基地增加数量	30 个
	壮大专家顾问团队与研发团队	设立博士后科研工作站	报人社部批准
	完善企业识别系统	编制企业识别系统手册	10 月通过评审
	构建以风险为导向、以流程为纽带、以控制为手段、以制度为保障的内部控制体系	内部控制体系建设	12 月通过评审
	构建 QEHS 整合管理体系	QEHS 保障率	100%
学习与成长层面	完善企业文化手册	编制企业文化手册 3.0 版	11 月通过评审
	大幅增加研发、销售、技术推广人员	重点人才招聘计划与实施	100%
	构建完备的数字化营销体系	数字化营销体系建设	10 月通过评审

五、确定 2023 年度公司重点工作

经研究,公司确定水基化农药制剂项目建设、农药使用示范基地建设、内部控制体系建设和数字化营销体系建设为 2023 年度公司级重点工作。同时,公司任命了每一项公司级重点工作的主帅并组建了项目团队,对年度重点工作实行项目化管理。公司 2023 年度重点工作如表 4-12 所示。

表 4-12　真谛公司 2023 年度重点工作

序号	年度重点工作	目标及里程碑	完成时间	主帅	项目组成员
1	5 000 吨/年水基化农药制剂项目建设	完成 50%投资	2023 年 12 月	张桢嫡	王聪、张婷、黄巧莉
2	农药使用示范基地建设	新增 30 个示范基地	2023 年 12 月	吴双丽	彭雯、孙静、刘芯蕊

(续表)

序号	年度重点工作	目标及里程碑	完成时间	主帅	项目组成员
3	内部控制体系建设	通过评审	2023年12月	朱晓红	娄秀玲、刘波、金香
4	数字化营销体系建设	投入使用	2023年10月	王懿朋	张昕、葛蕾、刘志铭

六、指标分解

真谛公司2023年度战略目标及关键绩效指标的责任分担如表4-13所示。

表4-13 真谛公司2023年度战略目标及关键绩效指标责任分担

层面	公司经营目标及关键绩效指标		部门级目标及关键绩效指标		责任部门
	指标名称	目标值	指标名称	目标	
财务层面	销售收入	8.3亿元	销售收入	8.3亿元	销售部
			销售利润率	41%	
	净资产收益率	60%	净资产收益率	60%	财务部
	净利润	2.5亿元	净利润	2.5亿元	共担指标
			经营现金流净额与净利润比值	≥1	财务部
	可比产品成本降低率	5%	A产品成本降低率	6%	甲车间
			B产品成本降低率	3%	乙车间
	期间费用率	17.5%	销售费用率	11.5%	销售部
			管理费用率	2%	职能部门
			财务费用率	0.3%	财务部
	应收账款周转天数	≤8天	应收账款周转天数	≤8天	销售部
	存货周转天数	≤45天	存货周转天数	≤45天	采购部 仓储部
客户层面	C产品销售额	3 000万元	C系列制剂销售额	3 000万元	销售部 研发部 生产部
	核心经销商销售额占比	≥80%	核心经销商销售额占比	≥80%	销售部
	优质零售商增加数量	100家	优质零售商增加数量	100家	
	品牌形象店建设	100家	品牌形象店建设	100家	
内部流程层面	产品生产保障率	100%	产品生产保障率	100%	生产部 甲车间 乙车间
	物资采购保障率	100%	物资采购保障率	100%	采购部
	制剂项目建设进度	完成50%投资	制剂项目建设进度	完成50%投资	设备部

(续表)

层面	公司经营目标及关键绩效指标		部门级目标及关键绩效指标		责任部门
	指标名称	目标值	指标名称	目标	
内部流程层面	农药使用示范基地增加数量	30个	农药使用示范基地增加数量	30个	销售部
	设立博士后科研工作站	报人社部批准	设立博士后科研工作站	报人社部批准	研发部
	编制企业识别系统手册	10月通过评审	编制企业识别系统手册	10月通过评审	行政管理部
	内部控制体系建设	12月通过评审	内部控制体系建设	12月通过评审	财务部
	QEHS保障率	100%	产品合格率	100%	质量管理部 甲车间 乙车间
			环保保障率	100%	生产部 甲车间 乙车间
			职业健康保障率	100%	
			安全保障率	100%	
学习与成长层面	编制企业文化手册3.0版	11月通过评审	编制企业文化手册3.0版	11月通过评审	人力资源部
	重点人才招聘计划与实施	100%	重点人才招聘计划与实施	100%	
	数字化营销体系建设	10月通过评审	数字化营销体系建设	10月通过评审	销售部

七、部门重点工作

根据公司2023年度经营目标及关键绩效指标，结合各部门使命职责，经部门申报、公司批准，真谛公司2023年度部门重点工作如表4-14所示。

表4-14 真谛公司2023年度部门重点工作

序号	部门重点工作	目标及里程碑	完成时间	主帅	责任部门	协助部门
1	产品交付流程变革	通过验收，交付使用	2023年6月	童雪	销售部	生产部 仓储部
2	QEHS整合管理体系建设	通过评审	2023年12月	郝仁	生产部	质量管理部 行政管理部
3	编制企业识别系统手册	通过评审	2023年10月	彭雯	行政管理部	人力资源部 销售部
4	编制企业文化手册3.0版	通过评审	2023年11月	王聪	人力资源部	行政管理部

（续表）

序号	部门重点工作	目标及里程碑	完成时间	主帅	责任部门	协助部门
5	四位一体全面预算管理体系建设	通过评审	2023年9月	刘波	战略管理部	财务部 人力资源部
6	会计核算体系建设	会计核算与信息披露零事故	2023年12月	张昕	财务部	行政管理部
...	...	...	...	...	...	...

八、制订公司年度经营计划

真谛公司2023年度经营计划书

（一）经营方针

以客户需求为导向，以销定产，产销联动，增收降本，实现规模效益双增长；以优化机制为抓手，完善体系，控制风险，夯实基础，促进经营管理上台阶。

（二）经营目标

1. 总体目标

实现销售收入8.3亿元、净利润2.5亿元，夯实三年战略规划基础，为公司A股上市做好准备。

2. 具体目标

真谛公司2023年度经营目标（见表4-10）。

（三）主要经营指标计划

公司主要经营指标计划如表4-15—表4-18所示。

表4-15 真谛公司2023年主要财务指标计划

序号	指标	计量单位	2022年预计	2023年计划	计划增减率
1	销售收入	万元	70 000	83 000	18.6%
2	净利润	万元	20 000	25 000	25.0%
3	经营现金流量净额	万元	≥净利润	≥净利润	—
4	净资产收益率	%	≥100	≥65	
5	应收账款周转天数	天	8.9	≤8	
6	存货周转天数	天	50	≤45	
7	资产负债率	%	22	≤20	

表4-16 真谛公司2023年产品销售计划

序号	产品名称	计量单位	销量	单价（万元）	销售额（万元）
1	A产品	吨	3 000	20	60 000
2	B产品	吨	2 000	10	20 000

(续表)

序号	产品名称	计量单位	销量	单价(万元)	销售额(万元)
3	C产品	吨	100	30	3 000
4	合计	—	—	—	83 000

表4-17　真谛公司2023年产品产量与单位制造成本计划

序号	产品名称	计量单位	产品产量			单位制造成本(万元)		
			2022年预计	2023年计划	增减率	2022年预计	2023年计划	增减率
1	A产品	吨	2 500	3 000	20.0%	8.4	8.0	-4.8%
2	B产品	吨	1 800	2 020	12.2%	7.0	6.7	-4.3%
3	C产品	吨	—	110	—		10.0	—
4	合计	吨	4 300	5 130	19.3%			

表4-18　真谛公司2023年重点项目投资计划

序号	项目名称	项目概述	投资计划(万元)	
			总投资	本年投资
1	5 000吨/年水基化农药制剂项目建设	建设期2年,达产后每年实现销售产值10亿元,利润4亿元	6 000	3 000
2	农药使用示范基地建设	新增70个农药使用示范基地,其中,2023年增加30个	300	150
3	内部控制体系建设	聘请专业机构与公司合作,历时1年构建规范、有效的内部控制体系	200	200
4	数字化营销体系建设	聘请专业机构与公司合作,历时10个月建成数字化营销体系	100	100
5	合计	—	6 600	3 450

（四）完成年度目标的保障措施

第一,目标分解,责任到位。战略管理部牵头将年度目标及关键绩效指标分解、细化到公司高管和职能部门;人力资源部要与财务部、战略管理部协同配合,在做好2022年绩效合约考评的同时,制订好2023年公司高管和各职能部门的绩效合约方案。

第二,提升供应链的保障能力。近三年,受外部环境的影响,供应链的保障能力遇到很大挑战,威胁到公司的持续健康发展。因此,公司必须从战略高度提升供应链的保障能力,解决Y原料"卡脖子"问题,为产能的持续释放提供有力保障。

第三,加强组织体系建设。任正非说过,一个公司取得成功有两个关键,一是方向要大致正确,二是组织要充满活力。方向大致正确,公司很有底气;组织充满活力,公司还需要加倍努力。特别是组织绩效和干部管理是公司的短板,也是公司的痛点,人力资源部要下决心把组织绩效管理和干部管理,特别是干部梯队建设搞好。

第四,进一步加强营销团队的组织能力建设。近两年,制剂营销团队从数量到质量都有了明显提高。今年,制剂营销团队在人员数量上还会有增加。因此,加强团队建设、组织能力建设迫在眉睫。

第五,对标一流企业,提升管理能力。管理能力和科技进步是推动企业发展的"两个轮子",而管理能力和水平的提高将为企业带来更具持久性的竞争优势。一流的管理能力将极大增强企业的软实力,提升企业的市场地位,实现企业的高质量发展。因此,2023年公司要求各部门对标一流企业,进行管理升级。这项工作不可能一蹴而就,必须常抓不懈。

第六,确保如期完成公司重点工作。公司确定水基化农药制剂项目建设等四项工作为2023年公司级重点工作,并任命了每一项公司级重点工作的主帅,对其实行项目化管理。年度重点工作是否实施以及实施的成功与否,直接影响到公司战略及年度目标能否实现。因此,各重点工作的主帅必须以高度负责的态度,汇聚整个公司的力量,确保公司各项重点工作高效有序推进、如期完成。

(五)附件:2023年度重点工作行动方案(示例见表4-19)

表4-19　2023年度重点工作行动方案　　　　　　　　　　GZ-01

重点工作名称	内部控制体系建设												主帅	朱晓红
主要内容概述	聘请专业机构与公司合作建设要以源头治理和过程控制为核心,以防范风险和提高效率为重点,设计科学、规范适用、运行有效的内部控制体系,使公司所有经营管理环节都处于受控状态,有效防范各类经营风险和财务风险,促进企业可持续发展和战略目标的实现													
目标及里程碑	达到项目建设目标,通过项目验收评审											完成时间		2023年12月

分阶段行动步骤		目标及里程碑	责任人	行动起止时间(月份)											资源需求
				1	2	3	4	5	6	7	8	9	10	11	12	
1	制订内部控制体系建设工作方案	总经理批准	朱晓红	■												2人
2	聘请专业团队	签订合同	朱晓红		■											60万元
3	内部控制体系现状调研	关键业务流程图	娄秀玲			■	■									9人
4	内部控制风险评估	风险控制矩阵	刘波				■	■								9人
5	内部控制测试	内部控制测评报告	金香					■	■							40万元
6	内部控制缺陷整改	内部控制缺陷整改方案	各部门					■	■							各部门

（续表）

分阶段行动步骤	目标及里程碑	责任人	行动起止时间（月份）												资源需求
			1	2	3	4	5	6	7	8	9	10	11	12	
7	内部控制制度建设	内部控制制度汇编、内部控制手册、内部控制评价手册	朱晓红				■	■	■	■	■	■	■	■		9人
8	项目验收评审	验收报告	总经理												■	100万元
9	内部控制体系宣贯	培训PPT	朱晓红												■	各部门

其他重点工作行动方案（略）

真谛公司
2022年10月10日

九、制订部门业务工作计划

仅列举销售部和财务部的部门业务工作计划，其他部门年度计划不再赘述。

销售部 2023 年业务工作计划书

（一）销售策略与工作思路

以重点客户为中心，聚焦核心经销商与优质零售商，做专做精，深耕目标作物区域与核心终端农户，不断提高市场份额；以能力提升为重点，落实大区与省区经理团建责任，增员增效，帮助农户解决痛点与丰产增效瓶颈，有效提升客户价值。

（二）年度销售及工作目标

1. 总体目标

实现销售收入 8.3 亿元、销售利润率 50%、应收账款周转天数 30 天。

2. 具体目标

销售部 2023 年销售及工作目标如表 4-20 所示。

表 4-20 销售部 2023 年销售及工作目标

序号	年度目标	单位	目标值及里程碑	完成时间	责任人
1	销售收入（包括新产品）	万元	83 000	2023年12月	童雪
2	新产品销售收入	万元	3 000	2023年12月	彭雯
3	销售利润率	%	40	2023年12月	尹妍
4	销售费用率	%	12	2023年12月	周瑄
5	应收账款周转天数	天	8	2023年12月	葛蕾
6	核心经销商销售额占比	%	≥80	2023年6月	刘铭
7	优质零售商增加数量	家	100	2023年10月	连祥

(三）主要经营指标计划

销售部 2023 年主要经营指标计划如表 4-21、表 4-22 所示。

表 4-21　销售部 2023 年产品发货计划

序号	产品名称	计量单位	全年发货量	各季度发货量			
				1 季度	2 季度	3 季度	4 季度
1	A 产品	吨	3 000	700	900	800	600
2	B 产品	吨	2 000	500	600	600	300
3	C 产品	吨	100	20	20	30	30
4	合计	吨	5 100	1 220	1 520	1 430	930

表 4-22　销售部 2023 年产品销售计划

序号	产品名称	计量单位	销量	单价（万元）	销售额（万元）
1	A 产品	吨	3 000	20	60 000
2	B 产品	吨	2 000	10	20 000
3	C 产品	吨	100	30	3 000
4	合计	吨	5 100	—	83 000

（四）年度重点工作与关键举措

销售部 2023 年度重点工作与关键举措如表 4-23 所示。

表 4-23　销售部 2023 年度重点工作与关键举措

序号	重点工作	目标及里程碑	关键举措	完成时间	责任人
1	产品交付流程变革	通过验收评审	责任到人，与生产部密切配合	2023 年 6 月	童雪
2	优质零售商增加数量	100 家	指标到大区，严格筛选、审查	2023 年 7 月	大区经理
3	品牌形象店建设	100 家	指标到省区，严格筛选、审查	2023 年 8 月	省区经理
4	组织能力建设	活力指数提高 20%	增加业务骨干，搞好培训与绩效考核	2023 年 12 月	吴双丽

（五）附件

2023 年度部门重点工作行动方案（略）

销售部
2022 年 10 月 12 日

财务部 2023 年业务工作计划书

（一）工作思路与策略

一个聚焦：聚焦对战略目标及年度目标实现有关键影响和直接贡献的关键业务领域，

为关键业务领域2023年目标达成和计划落地提供有力的财务支撑与财务制衡。

两个重点：一是预算管理。必须以战略为导向，上承年度目标、经营计划，下接组织绩效考核，2023年预算管理要在系统性和深度上取得突破，实现与公司计划运营系统和绩效管理体系的无缝对接。二是财务分析。要按月深度分析销售、成本、采购业务预算目标完成情况，揭示影响预算目标达成的主要因素和影响程度，用数据说话、用结果证明；要针对销售、生产、采购、项目领域的重点问题、关键事项进行专项分析，为领导经营决策和完善管理提供有价值的资料和依据。

三项措施：一是加强财务体系建设。财务体系建设主要包括财务组织体系、财务控制体系、成本管理与核算体系、财务制衡体系、管理会计体系。二是加强团队建设。团队建设的核心是能力建设，既包括专业能力，也包括管理能力。要通过外聘内培完善财务人员结构，淘汰没有发展前景和培养前途的人员，着力打造财务团队的预算管理能力、财务分析能力、内部控制能力和成本管控能力。三是加强业财融合。业财融合是培养复合型人才的必由之路，也是财务部充分发挥职能作用的关键举措。财务BP岗位要在对业务部门搞好服务、支撑的同时，发挥好财务制衡作用，寓制衡于服务之中。

（二）年度工作目标

1. 总体目标

实现净资产收益率20%、经营现金流净额与净利润比值≥1，推进内部控制体系建设项目实施落地，为公司年度经营目标全面达成提供财务支撑。

2. 具体目标

财务部2023年度工作目标如表4-24所示。

表4-24　财务部2023年度工作目标

序号	年度目标	目标值及里程碑	完成时间	责任人
1	净资产收益率	≥65%	2023年	朱晓红
2	经营现金流量净额	≥净利润	2023年	娄秀玲
3	财务费用支出	≤200万元	2023年	黄巧莉
4	资产负债率	≤20%	2023年	徐小娣

（三）年度重点工作与关键举措

财务部2023年度重点工作与关键举措如表4-25所示。

表4-25　财务部2023年度重点工作与关键举措

序号	重点工作	目标及里程碑	关键举措	完成时间	责任人
1	会计核算体系建设	会计核算与信息披露零事故	① 加强会计核算基础工作； ② 编制会计核算手册并严格执行； ③ 编制会计稽核手册并严格执行； ④ 落实会计核算月度考核制度	2023年12月	娄秀玲

（续表）

序号	重点工作	目标及里程碑	关键举措	完成时间	责任人
2	业财融合平台建设	以省区为责任主体的管理会计体系有效运转	① 构建供产销财务一体化信息平台，准确、及时、全面地向业务部门提供决策信息，有效控制经营风险；② 实行以省区为主体的预算、核算、报告、分析体系	2023年6月	刘仲霖
3	成本管控能力建设	成本核算精准化，成本分析有效化	① 编制成本核算规程；② 推行公司/车间二级成本核算；③ 按月开展成本分析	2023年7月	金怡

（四）附件

2023年财务部重点工作行动方案如表4-26所示。

表4-26　2023年财务部重点工作行动方案

重点工作名称	会计核算体系建设												主帅	娄秀玲
主要内容概述	通过编制会计核算手册、会计稽核手册、完善会计核算制度、培养会计领军人才等措施，确保会计核算质量和效率，有效控制会计核算及信息披露风险													
目标及里程碑	会计核算与信息披露零事故												完成时间	2023年12月

	分阶段行动步骤	目标及里程碑	责任人	行动起止时间（月份）												资源需求
				1	2	3	4	5	6	7	8	9	10	11	12	
1	制订会计核算体系建设方案	财务总监批准	娄秀玲	■	■											2人参与
2	编制会计核算手册	通过评审	金香		■	■	■	■								主管参与
3	编制会计稽核手册	通过评审	吕群			■	■	■	■							主管参与
4	招聘总稽核	注册会计师资质	刘波				■	■	■							人力资源部
5	落实会计核算月度考核制度	零事故	金香						■	■	■	■	■	■		考核小组
6	会计核算体系建设效果评价	评价报告	各部门											■		中介机构

其他重点工作行动方案（略）。

财务部
2022年10月12日

第五章 预算编制准备

预算编制是全面预算管理流程中的关键环节,其基本任务是从时间和空间两个维度为企业战略规划、经营计划以及各部门的业务工作计划配置资源,编制具体的、可执行的全面预算。只有编好预算,才能化无形为有形、变抽象为具体,将企业战略、经营目标和年度计划转化为量化的、有资源保障的、可以落地执行的行动计划,从而承接战略,保障企业战略得到落地执行并最终达成战略目标。在正式编制预算之前,企业必须做好充分的准备工作,确保预算编制工作顺利进行。

第一节 预算编制准备事项

"工欲善其事,必先利其器",这句名言是比喻人们要做好一件事情,准备工作非常重要。全面预算编制是一项复杂的系统工程,只有将准备工作做好了,预算编制才能得心应手、事半功倍。一般而言,预算编制准备事项主要包括制定预算编制原则、完善预算定额和预算价格、设计预算表格、确定预算目标、编写并颁布预算编制大纲等。

一、制定预算编制原则,明确编制准绳

预算编制事关重大,必须制定预算编制原则作为预算编制部门和编制人员共同遵守的准则,规范和约束各部门的预算编制行为。预算编制原则主要有以下六项:

(一)目标性原则

预算编制要以完成经营目标为目标。企业预算期内的各项经营活动都要围绕经营目标进行,因此预算编制也必须围绕如何完成企业经营目标进行。要分析达成经营目标的有利因素和不利因素,综合考虑市场状况和内部条件,落实实现企业经营目标的策略和措施,使预算责任部门的各项预算目标总和大于等于企业预算总目标,而企业预算总目标就是企业预算期内经营目标的具体化。

(二)全面性原则

预算编制的全面性包括预算编制部门和预算编制内容两个方面的要求。从编制部门上看,企业各个部门都要编制预算,从而将企业各个部门的业务活动全部纳入预算管理的

范畴,并有明确的工作责任目标;从编制内容上看,所有与企业经营目标有关的经济业务和事项,均要通过编制预算加以反映和规范,从而使企业的各项经营活动、投资活动和财务活动都能按照预算以及围绕经营目标实施和进行。

(三) 真实性原则

真实性是预算编制的基本要求。预算内容虚假,不仅使预算本身失去价值,而且会导致整个预算管理活动的失败。预算编制真实与否有一个先决条件,就是作为预算编制依据的基础信息质量一定要高。高质量的基础信息体现在:信息必须是真实的、准确的、及时的、便于理解的。预算数据要做到真实可靠,就要求各项收入的来源数据要真实可靠,对没有把握的收入项目和数额,不能计入收入预算,做到既不夸大收入数额,也不隐瞒收入数额;同时,各项成本费用支出要有依据、有标准,对于关系到企业生产经营活动正常运转的必要支出,编制预算时必须足量安排,不能留有预算缺口。

(四) 可行性原则

编制预算不是目的,而是实现目的的手段,因此编制的预算必须具有可行性。体现在预算指标上,就是要做到积极可靠、留有余地。积极可靠是指要充分估计目标实现的可能性,不能把预算指标定得过低或过高;留有余地是指为了应对千变万化的客观情况,预算的制定要有一定的灵活性,以免在意外事件发生时措手不及而陷入被动,影响整体经营目标的实现。

(五) 谁执行谁编制原则

由预算执行者编制预算是预算编制的一项重要原则。预算编制不仅是技术问题,也是思想意识和责任问题。只有让预算执行者编制预算,才能强化各部门及全体员工的预算意识和责任担当,提高全员参与全面预算管理的积极性、主动性和创造性,为全面预算的有效执行打下坚实的基础,从而有效提高预算执行力,保障全面预算管理活动的顺利实施。

(六) 充分沟通原则

编制的预算能否成功实施,最终取决于企业的全体员工,因此预算编制必须以人为本,重视预算的人性化。要正确把握预算项目的恰当性和预算目标的合理性,编制的预算要稳妥可靠、量入为出;各部门承担的预算项目和预算指标要通过摆事实、讲道理、算细账的办法进行协调和落实,既要看到达成预算目标的有利因素,又要看到达成预算目标的不利因素,而绝不能采取单纯行政命令的办法硬性摊派;要通过充分的沟通协调达成共识,有效避免因领导与员工之间信息不对称而产生的负面影响,为预算的成功实施打下坚实基础。

二、完善基础工作,夯实编制依据

预算编制必须夯实的基础工作有两项:一是经过修订完善后的定额资料;二是经过修订完善后的预算价格。如果没有定额资料和预算价格资料,全面预算就无法编制;如果定额资料和预算价格资料不规范、不准确,全面预算质量就难以得到保证。因此,初次编制预算的企业首先要建立科学、合理的预算定额体系和预算价格体系；非初次编制预算的企业在编制下一年度全面预算之前，要对现行的所有预算定额和预算价格进行全面修订，从而为全面预算的编制提供科学、合理的编制依据。

（一）完善预算定额

定额的种类很多，涉及预算编制的主要有劳动定额、生产及设备定额、物资定额、资金定额和费用定额五大类。

（1）劳动定额。这是指有关人力资源消耗或占用方面的定额，如定员定额、劳动生产率定额、工时定额、工资定额、服务定额等。

（2）生产及设备定额。这是指有关生产能力及机器设备利用或占用方面的定额，如产量定额、设备利用率定额、生产能力利用定额、台时定额等。

（3）物资定额。这是指有关材料消耗或占用方面的定额，如材料消耗定额、工具领用定额、物资储备定额、产品库存定额等。

（4）资金定额。这是指有关流动资金占用方面的定额，如储备资金定额、生产资金定额、产成品资金定额、货币资金定额等。

（5）费用定额。这是指有关制造费用和期间费用耗费方面的定额，如制造费用定额、管理费用定额、研发费用定额、销售费用定额、财务费用定额等。

定额是在一定条件下生产技术和管理水平的客观反映，为了保持定额的科学性、先进性和合理性，必须随着生产发展、技术进步、管理水平的提高和劳动生产率的提高而及时修订定额，使之与现实情况相适应。通常情况下，企业每年可结合年度预算编制或清仓盘点等工作对各项定额全面审查、修改一次，对个别波动大的定额应不定期地及时修订，从而为全面预算的编制提供科学、合理的编制依据。

（二）完善预算价格

全面预算的编制、执行、控制、核算、分析和考核等环节都离不开预算价格，完善预算价格体系、编制预算价格手册是编制年度预算必不可少的基础性工作。

需要制定的预算价格分类如表5-1所示。

表5-1 预算价格分类

序号	预算价格类别	范围
1	材料价格	原材料、辅助材料、包装物、外购半成品等产品生产所消耗的材料
2	低值易耗品价格	工具、劳动保护用品、办公用品等劳动资料
3	备品备件价格	用于机器设备维修的各种标准件、电气配件、仪器仪表等物资
4	燃料及动力价格	生产及管理中使用的固体燃料、液体燃料、电力、水和热能等
5	劳务价格	研发、生产、销售、储运、维修、管理等经营活动产生的劳务
6	自制半成品价格	企业生产并检验合格，但未形成产成品的中间产品
7	产成品价格	已经完成全部生产过程并检验合格，已经办理入库手续的产品

为了便于预算编制和责任核算,在确保预算价格公平、准确、比价合理的前提下,应遵循以下两项制定规则:一是非零数字一般不超过两位数,第三位非零数字四舍五入;二是预算价格与实际价格的差异率不超过±5%。

预算价格数值规范举例如表 5-2 所示。

表 5-2 预算价格数值规范举例

物资名称	计量单位	实际价格	预算价格	差异率
A 材料	元/吨	68 527.00	69 000.00	0.69%
B 材料	元/吨	8 341.00	8 300.00	−0.49%
C 材料	元/吨	567.00	570.00	0.53%
D 材料	元/千克	72.30	72.00	−0.41%
E 材料	元/千克	6.32	6.30	−0.32%
F 材料	元/千克	1.23	1.20	−2.44%
G 材料	元/个	0.83	0.80	−3.61%
H 材料	元/支	0.58	0.60	3.45%

三、设计预算表格,明确勾稽关系

在编制预算之前,企业必须根据预算的种类、内容和管理要求设计科学、完整的全面预算表格体系,注明表与表之间以及项目之间的内在逻辑关系,明确表格之间及项目之间的平衡、对应、和差、积商、动静和补充等勾稽关系,以方便预算编制人员正确填制各种预算表格。

预算表格按功能作用可分为主表、分表、计算表和基础表四大类。主表是企业整体或各部门编制的最终预算报表,反映了一个企业或一个部门的预算项目和预算目标值。分表是对主表进行细化或补充说明的表格。当预算主表的项目、格式、栏次不能满足预算编制需要时,就需要编制分表予以对应、细化、补充和说明;企业所属分(子)公司、二级部门编制的预算报表相对于企业总部预算表而言也属于分表。计算表是反映预算指标计算过程的表格。计算表往往要作为附件放在主表、分表的后面,以方便有关部门、机构对预算编制过程的审查和核实。基础表是采集预算基本资料、数据和提供编制依据的表格。

主表、分表、计算表、基础表的概念是动态的、可变的,下级部门或下层的主表对于上级部门或上层而言,可能就是上级部门或上层编制主表的分表或基础表。

1. 主表的设计

主表的基本内容主要有预算项目、预算总额及细化指标三项。

(1)预算项目是指预算反映的对象,也就是预算科目。它可以是一项收入,也可以是一类收入,还可以是一项活动,如收入项目、支出项目、产品类别、产品名称、部门名称、业务项目、成本项目、费用项目、投资项目等都可以是预算反映的对象。

(2)预算总额是指预算期内预算项目的量化总额,也就是预算指标总额。不论预算项目的具体内容是什么,预算表中都要注明预算期内预算项目的量化总额是多少,如销售收入总额、利润总额、工资总额、成本总额等。

(3)细化指标是指按时间细化分解的预算指标。例如,年度预算要细分成4个季度或12个月;月度预算要细分成上、中、下旬或每周、每天。预算指标的细化分解程度主要取决于企业对预算执行的考核频率和对预算内容的实际需要。如果每半年考核一次预算指标的完成情况,则可以将预算时间细分成上半年、下半年;如果一个月考核一次,就必须按月细分。例如,为了搞好现金收支的日常管理与控制,企业的现金收支预算应当按旬、按周甚至按天细分。

为了将预算期指标与基期指标进行对比,预算表可以增加"基期预计"栏和"增减率"栏。企业预算编制的具体时间是在预算期到来之前,在编制下期预算时,当期的指标还没有确切的数额。因此,企业在设计预算表格时,往往需要在预算指标栏之前加上基期预计栏,作为编制预算指标的对比资料。

例如,维伊公司2023年管理费用预算主表的基本格式如表5-3所示。

表5-3 维伊公司2023年管理费用预算表

编制单位:预算管理部　　　　　编制时间:2022年11月21日　　　　　金额单位:万元

序号	项目	2022年预计	2023年预算	增减率	各季度预算指标			
					1季度	2季度	3季度	4季度
1	折旧	100	120	20.0%	25	30	30	35
2	薪酬	350	400	14.3%	110	95	95	100
3	办公费	50	60	20.0%	14	15	15	16
4	保险费	20	25	25.0%	5	6	7	7
5	差旅费	60	70	16.7%	16	18	18	18
6	培训费	80	100	25.0%	20	30	25	25
7	其他	30	28	-6.7%	7	7	7	7
8	合计	690	803	16.4%	197	201	197	208

2. 分表的设计

分表是主表的细化、明细或补充说明。因此,分表的格式与主表的格式要保持一致,基本内容也主要有预算项目、预算总额及细化指标三项。

(1)分表的预算项目与主表的预算项目相互对应,是具有相同或相似性质的一类事物或事件,一般表现为主表预算项目的子项目。例如,主表预算项目是产品类别,分表对应预算项目则是产品名称;主表预算项目是分公司、子公司,分表对应预算项目则是工厂、车间。当然,分表预算项目也可以和主表预算项目完全一致。

(2)分表的预算总额是指分表所反映预算对象的指标总额,其指标范围一般小于主表的指标范围;但是,也不排除分表指标范围与主表指标范围的分类完全一致的情况。例如,销售收入预算主表是按产品品种进行编制的,为了提供多维信息,分表可以按销售区域、结算方式、销售客户等不同形式进行编制。在这种情况下,分表与主表的预算总额是完全一致的,区别在于预算编制的角度不同。

(3)分表的细化指标与主表的细化指标相同,也是指按时间细化、分解的预算指标;但是,分表细化的是分表所反映的预算对象的预算指标。

例如,维伊公司2023年管理费用预算主表附属的分表格式如表5-4所示。

表5-4　维伊公司人力资源部2023年管理费用预算表

编制单位:人力资源部　　　　　编制时间:2022年11月21日　　　　　金额单位:万元

序号	项目	2022年预计	2023年预算	增减率	各季度预算指标			
					1季度	2季度	3季度	4季度
1	折旧	8	9	12.5%	2	2	2	3
2	薪酬	28	30	7.1%	7	7	8	8
3	办公费	5	5	0	1	1	1	2
4	保险费	3	4	33.3%	1	1	1	1
5	差旅费	5	6	20.0%	2	1	1	2
6	培训费	20	30	50.0%	7	7	8	8
7	其他	7	6	-14.3%	2	1	2	1
8	合计	76	90	18.4%	22	20	23	25

3. 计算表的设计

计算表涉及很多预算指标的计算过程,预算人员应根据预算指标的性质和计算公式进行设计,基本内容主要有预算项目、基础数据、计算关系、指标数据四项。

(1)预算项目是指需要进行计算的主表、分表预算项目。

(2)基础数据是指用于计算预算指标的各种基础性数据。

(3)计算关系是指在表中注明预算指标计算公式或各种数据之间勾稽关系的项目。

(4)指标数据是指反映预算指标计算结果的项目。

例如,维伊公司产品生产量预算所附的计算表格式如表5-5所示。

表5-5　维伊公司2023年产品生产量预算计算表

编制单位:生产部　　　　　编制时间:2022年11月21日

产品名称	计量单位	期初库存	本期销售	期末库存	本期生产
计算关系	—	①	②	③	④=②+③-①
A产品	吨	3	220	2	219
B产品	吨	1	180	3	182
C产品	吨	6	500	5	499

4. 基础表的设计

基础表是为主表、分表和计算表提供基础数据和编制依据的,这些基础数据和编制依据有的是数字形式,有的是文字形式。因此,预算人员应当根据数据资料的内容和表现形式灵活设计基础表的格式。

例如,维伊公司编制直接材料预算所需的材料消耗定额及预算价格基础表格式如表 5-6 所示。

表 5-6 维伊公司 2023 年直接材料预算基础资料表

编制单位:生产部　　　　　　编制时间:2022 年 10 月 20 日　　　　　　金额单位:元

序号	材料名称	计量单位	单位产品材料消耗定额			预算单价
			A 产品	B 产品	C 产品	
1	甲材料	吨	0.2	0.1	0.2	5 000
2	乙材料	吨	0.6	1.2	0.7	2 000
3	丙材料	千克	1.0	2.0	3.0	100
4	丁材料	千克	3.0	5.0	1.0	500

总之,预算表的设计应当综合考虑企业性质、组织架构、经营活动、预算类型、预算管理要求等因素,判断预算表格设计是否达标的标准只有"好用"两个字。

四、确定预算目标,搞好目标分解

预算目标是企业战略规划和经营目标在预算上的具体体现,是预算编制的基本依据。由于预算目标不仅关系到企业战略规划的实施、经营目标的实现,而且其数值的宽松度与经营管理层及全体员工的物质利益密切相关,因此任何预算目标的确定,都是以战略为导向,在市场分析和平衡企业内部各项资源的基础上,经过公司投资者、决策者、经营者以及内部各个预算执行部门反复协调、测算确定的,是不同利益集团相互协调和相互博弈的结果。总之,将企业战略目标、经营目标转化为预算目标,并将其细化分解到各个预算编制部门,是编制预算之前非常重要的准备工作。

确定预算目标要经过建立预算指标体系、测算并确定预算目标数值、对预算目标进行细化分解三个步骤。确定预算目标的基本原则有如下七项:

(一) 恰当性原则

预算目标应能反映企业及各个预算执行部门在预算期内可以达到的最佳水平,做到既先进又合理,应避免目标"定位太高"或"定位太低"两种倾向。定位太高,会导致预算目标难以实现,使预算丧失可行性,极易打击各预算执行部门的工作热情和积极性;定位太低,不利于挖掘企业潜力,也违背实施全面预算管理的初衷。因此,恰当的预算目标应该是在现有客观条件的基础上,经过预算执行部门主观努力能够完成的指标。

(二) 全面性原则

预算目标的全面性包括三个方面的要求。

一是在预算目标的属性上,既包括财务指标,又包括非财务指标;既有绝对数指标,又有相对数指标;既包括数量指标,又包括质量指标;既包括实物指标,又包括价值指标;既有定量指标,又有定性指标。

二是在预算目标的范围上,既包括供产销各个环节、人财物各个方面的指标,又包括企业各个部门、各个层级的指标。

三是在预算目标的导向上,既要兼顾国家、投资人、债权人、经营者和员工各方面的利益和要求,又要兼顾企业的长远发展规划与近期经营效益。

(三) 导向性原则

确定预算目标既要以企业战略规划和经营目标为导向,又要为各预算执行部门预算期内的生产经营活动指明重点和方向。因此,企业要根据内部各预算执行部门在企业生产经营活动中的职能和特点,有针对性地设计预算项目和确定预算目标,指明各预算执行部门的工作重点和努力方向。例如,为了引导生产部门重视安全生产,应将安全生产天数作为一项重要的预算指标;为了促使销售部门回收货款,应将销售货款回收率作为一项重要的预算指标;为了盘活资金、加速资金周转,应将资金利用效率作为一项预算指标;如此等等。这样可以有效引导各预算执行部门紧跟公司的战略意图,完成公司的整体预算目标。

(四) 可控性原则

企业向各预算执行部门分解落实预算目标时要遵循可控性原则,预算指标要与该责任部门的权责相匹配,凡是某预算执行部门不能控制的指标,一定要将其变为可控指标。例如,成本指标是由消耗因素和价格因素构成的,对于没有材料采购权的生产部门而言,材料价格就是生产部门的不可控指标。因此,在向生产部门下达成本预算指标时,材料价格就必须用计划价格,而不能用实际价格;否则,就会使预算管理变为一场赌博游戏。

(五) 科学性原则

企业各项预算目标要以历史资料为基础,根据市场调研和科学预测,通过分析、研究产品品种、结构、成本、产销数量和价格等变量之间的相互关系及影响,以可靠、翔实的数据为依据来确定,绝不能脱离实际、凭主观臆断确定预算目标。

(六) 客观性原则

确定预算目标的客观性原则有两层含义:一是预算目标的制定要符合市场的客观需求,以市场预测为基础,经得起市场的考验,与企业的外部环境相适应;二是预算目标的制定要符合企业内部生产经营活动的客观实际,与企业的资源状况、生产能力、技术水平和员工素质相适应。

(七) 系统性原则

预算目标之间具有深刻的内在联系和严密的逻辑关系。预算目标不仅要与企业的发展战略协调一致,各期还要前后衔接、相互协调,以确保企业战略规划能够按步骤、分阶段得到落实;同时,企业预算总目标与内部各层级的预算分目标之间、同层级预算目标之间要相互协调、相互配合、相互适应,共同构成囊括企业所有经济活动的预算指标体系。

五、编写预算编制大纲,规范预算编制

编写预算编制大纲是编制预算之前至关重要的准备工作,它对于全面预算编制工作的顺利进行具有决定性的作用。预算编制大纲既要明确预算编制目标和预算编制责任,又要规定预算编制方针、政策和要求,还要制定一系列预算方法体系,包括预算编制方法、

预算编制程序等,用以规范和约束各预算编制部门的预算编制工作。

预算编制大纲一般通过召开预算专题会议的方式进行系统讲解和宣贯,通过讲解预算编制大纲正式开启年度预算编制工作,并统一各级领导和预算编制人员的思想,使各预算编制部门和人员能够吃透政策、遵循原则、明确目标、掌握方法、保质保量、按时完成预算编制工作。

六、预算编制的期间与时间

(一) 预算编制期间

预算编制的期间主要根据预算的内容和实际需要而定,可以是一周、一月、一季、一年或若干年。通常将预算期在一年以内(含一年)的预算称为短期预算,将预算期在一年以上的预算称为长期预算。短期预算具有预算资料较为可靠的优点,但期间过短必然会加大预算工作量;而长期预算具有与企业战略规划接轨的优点,却有因预测结果不够可靠而使预算难以切合实际的不足。所以,在全面预算的编制过程中,应当基于各项预算的特点,将长期预算和短期预算结合使用。

一般情况下,编制全面预算多以一年为一个预算期,年内再按季度或月度细分,而且预算期间要与会计期间保持一致,只有特殊业务预算的期间才会视具体情况而有所不同。例如,跨年度建设的大型基本建设投资预算、工程建设单位编制的工程项目预算就应当以项目的建设期为预算期间,编制跨年度预算或涉及若干年的长期预算。

(二) 预算编制时间

预算编制的时间因企制宜,主要取决于以下五个因素:

(1) 企业规模大小、管理层级多少、产品结构的复杂程度。企业规模越大,管理层级越多,产品结构越复杂,开始编制预算的时间就应越提前。

(2) 企业对预算编制的熟练程度。企业对预算编制越生疏,开始编制预算的时间就越要提前。

(3) 企业编制预算的方法和工具。企业若采用复杂的编制方法和落后的编制工具,编制预算的时间就必然要提前;反之,若采用简便的编制方法或使用先进的计算机信息处理系统编制全面预算,则编制预算的时间可以稍晚。

(4) 企业预算管理开展的深度和广度。预算管理开展的范围越广,层次越多、越细,编制预算所花费的时间就会越长,开始编制预算的时间就应越早;反之,则可以稍晚。

(5) 预算审批程序的复杂度。预算审批程序环节多、要求细,所花费的时间就长,开始编制预算的时间就应尽早;反之,则可以稍晚。

总之,编制预算的时间太早、太晚都不行。太早,影响预算的准确性;太晚,影响预算的时效性。因此,不论哪个企业,确定编制预算的时间均应倒计时,即新的预算期开始时,本期预算已经编制完成并已履行审批程序,可以付诸实施。

一般而言,独立法人企业的年度预算应在每年的10月开始编制,集团化企业的年度预算应在每年的9月开始编制,月度预算应在每月的20—25日开始编制。

第二节 预算编制的流程和起点

一、预算编制流程

预算编制流程有自上而下、自下而上两种基本方式。

自上而下是指在编制预算时,先由上级向下级下达预算目标,再由下级对上级下达的预算目标进行细化、落实,编制预算草案反馈给上级,最后由上级组织评审下级编制的预算草案,经过综合平衡后确定全面预算的编制流程。

自下而上是指在编制预算时,先由下级向上级提报预算目标及预算草案,再由上级组织评审下级提报的预算目标及预算草案,经过综合平衡后最终确定全面预算的编制流程。

预算编制的期间不同,预算编制的流程也有所不同。一般而言,编制年度预算,采取自上而下的流程;编制季度、月度预算,采取自下而上的流程,分级编制、逐级汇总。

实行上述编制流程的原因是:年度预算是依据企业发展战略、经营目标和经营计划编制的,自上而下的编制流程有利于统一企业各层级的思想,避免部门预算偏离企业的经营目标。当年度预算确定后,具体的季度预算、月度预算就可以由各部门按照本部门的实际情况,采取自下而上的流程进行编制。

需要说明的是:不论是自上而下还是自下而上,全面预算的编制都要经过一个上下沟通、反复协调的过程,才能最终形成正式的预算草案,不可能一蹴而就。下面以编制年度预算为例,说明全面预算的具体编制流程。

(一)下达预算编制大纲

公司预算管理部门一般在每年的10月编写下一年度的预算编制大纲,经总经理审批后通过召开年度预算会议的形式,将预算编制大纲下达给各预算编制部门。

(二)编制预算草案上报

各预算编制部门按照公司预算编制大纲的要求,以公司年度经营目标和经营计划、本部门关键绩效指标和业务(工作)计划以及有关定额、标准、要求为基本依据,在研究、分析、沟通、预测的基础上编制本部门的预算草案,经部门分管领导审批后上报公司预算管理部门。

(三)审查反馈

公司预算管理部门会同有关职能部门对各预算编制部门上报的预算草案进行逐一审查。在审查平衡过程中,预算管理部门要与各预算编制部门进行充分的协调和沟通,对发现的问题和偏差提出预算调整意见,并反馈给有关预算编制部门。

(四)完善汇总

预算编制部门根据预算管理部门提出的预算调整意见,对本部门的预算草案进行修改、调整和完善,然后将完善后的预算草案再次上报预算管理部门(审查、反馈、修改、调整和完善过程一般要反复进行几次)。在审查无误的基础上,预算管理部门最终汇总形成公司的年度全面预算草案。

（五）审议批准

在预算管理部门对各部门上报的预算草案审查、平衡、完善的基础上，公司预算管理委员会召开预算审议（答辩）会议，对各部门的预算草案逐个进行面对面的审议，各预算编制部门按照审议结论对本部门的预算草案进行再次修改、调整和完善。在此基础上，预算管理委员会将公司年度全面预算草案提交至公司最高决策和权力机构——公司董事会、股东（大）会审议批准。

（六）下达执行

公司预算管理部门将审议批准的年度全面预算在次年1月之前下达至各预算部门执行。

在预算编制实务中，由于预算编制的导向不同，对全面预算的理解、依据、范围、标准和要求也不同，各企业在全面预算编制流程上还存在一定的差异。下面通过案例说明以战略为导向的全面预算编制流程。

真谛公司编制年度全面预算的流程如图5-1所示。

图 5-1 真谛公司全面预算编制流程

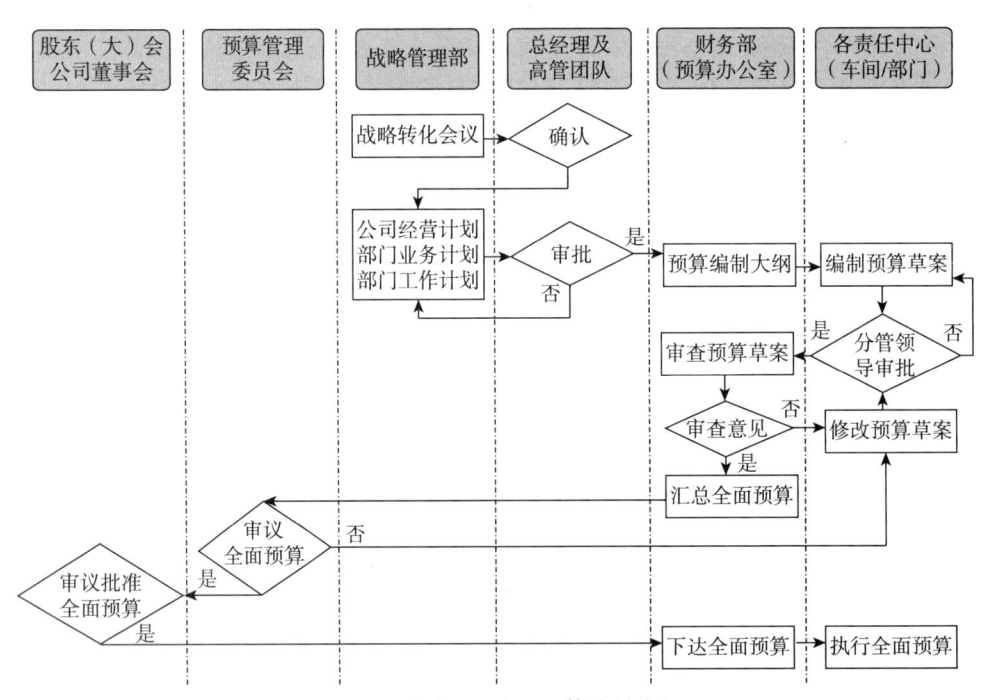

根据图5-1，真谛公司全面预算编制流程如下：

（1）每年10月，公司战略管理部牵头组织召开由公司高管团队、中层团队和外部顾问团队参加的公司战略转化会议。通过战略澄清、战略量化确定公司预算年度的经营目标、关键绩效指标和重点工作，并通过指标分解确定各责任中心（车间和职能部门）预算年度的经营（工作）目标、关键绩效指标和重点工作。

（2）总经理及高管团队召开专题会议，评审、完善并确认公司及各责任中心预算年度的经营目标、关键绩效指标和重点工作。

（3）战略管理部牵头组织编制预算年度公司经营计划和各责任中心业务（工作）计划。

（4）总经理及高管团队在11月初完成对预算年度公司经营计划和各责任中心业务（工作）计划的审批工作。

（5）公司财务部根据总经理审批的预算年度公司经营目标、关键绩效指标、重点工作、经营计划和各责任中心的职能分工，编制公司预算年度预算编制大纲，并报经财务总监、总经理审核批准。

（6）公司财务部在11月上旬主持召开年度预算会议，颁布、讲解预算编制大纲，将年度预算编制任务下达到公司各责任中心。

（7）各责任中心按照预算编制大纲的要求，围绕公司经营目标，以本部门预算年度的关键绩效指标、重点工作、业务（工作）计划以及预算价格、定额、标准为基本依据，编制本部门预算年度预算草案。预算草案经公司分管领导审查同意后，在11月中旬报送公司财务部。

（8）公司财务部会同有关部门审查各责任中心上报的预算草案，针对审查发现的问题和疑问与各责任中心进行协调、沟通、询问，在达成一致的基础上，向各责任中心下达预算草案调整意见书。

（9）各责任中心根据财务部提出的预算调整意见，对预算草案进行修改、调整、补充和完善，将完善后的预算草案再次上报公司财务部。

（10）公司财务部对各责任中心完善后的预算草案再次进行审查，并进一步提出调整、完善意见。经过反复审查、修改、完善后，公司财务部汇总、编制形成公司年度全面预算草案，这项工作要在12月初完成。

（11）公司预算管理委员会召集预算审议会议，对公司及各责任中心的年度预算草案进行面对面的答辩和审议，根据审议结果出具预算审议结论。

（12）各责任中心按照预算审议结论对本部门的年度预算草案进行修改和完善；公司财务部再次审核、汇总、编制公司年度全面预算草案；公司总经理签批修改完善后的公司年度全面预算草案。

（13）公司董事会于12月下旬召开专门会议审议批准公司年度全面预算。

（14）公司财务部将公司年度全面预算中的财务预算提交股东（大）会审议批准。

（15）公司财务部于下一年度1月上旬将批准后的年度全面预算以公司正式文件的形式下达至各责任中心执行。

需要特别说明一个问题，根据《中华人民共和国公司法》的规定，有限责任公司的股东会负责审议批准公司的年度财务预算方案，股份有限公司的股东大会负责审议批准公司的年度财务预算方案。而公众公司的股东大会往往要在下一年度的三四月才能召开，因为只有等到那个时候，企业上年度的决算方案才能确定下来（新年度的预算和上一年度的决算一般在同一个股东会议上审议批准）。显然，如果企业照搬《中华人民共和国公司法》的规定，预算的批准与执行在时间上是无法衔接的，实务中的实施办法是：由公司股东大会授权公司董事会行使预先审议批准公司年度预算方案的权利，待公司股东大会召开时再予以追加审议。若公司董事会预先审议批准的年度预算方案未被公司股东大会审议通过，则公司按股东大会最终审议批准的年度预算方案执行。

二、预算编制起点

任何企业在编制全面预算时都会遇到预算的编制起点问题,也就是企业应当首先编制哪一个预算。回答这个问题,需要分析一下全面预算的编制原理。

全面预算是由一系列预算按其经济内容及相互关系有序排列组成的有机体,各项预算之间前后衔接、相辅相成,存在严密的勾稽关系,形成一个完整的、科学的、牵一发而动全身的预算管理体系。从内容看,主要包括经营预算、投资预算(资本预算)、财务预算三大部分。

财务预算也称总预算,它是反映企业预算期内经营活动、投资活动、财务活动成果和财务状况的预算,是经营预算、投资预算、财务预算的共同结果和价值反映。财务预算主要由利润预算、现金预算和资产负债预算组成。其中,利润预算是经营预算中的销售预算、成本预算、费用预算项目之间加加减减的结果,经营预算中的各个具体预算都是利润预算项目的展开,为利润预算所涵盖;现金预算反映的是经营预算、投资预算的现金收支项目及其数额;资产负债预算是各项预算目标对企业财务状况共同作用的结果。很显然,没有经营预算就没有利润预算,按照先经营预算后利润预算的编制顺序处理财务预算与经营预算的关系是顺理成章的事情。因此,全面预算编制顺序实际上要处理的是财务预算与投资预算之间的关系问题。

投资预算属于不受会计期间约束的长期预算,在实务上它是可以与经营预算、财务预算分开编制的。投资预算的具体表现形式是企业专门编制的"项目预算",或作为"投资项目可行性研究报告"的组成部分。换句话说,投资预算具有不同于年度预算的特点,在编制年度预算时不一定编制投资预算。但这并不意味着编制年度预算时可以完全不考虑投资预算,因为投资预算中的当年投资支出(或收入)肯定是当年现金预算中支出(或收入)项目的一部分,同时投资预算的数额也会引起资产负债预算发生变动。显然,如果将投资预算和财务预算放在一起编制,那么投资预算在前、财务预算在后也是顺理成章的事情。

毫无疑问,作为全面预算的三个组成部分,企业应当按照先经营预算、投资预算,后财务预算的顺序编制全面预算。

经营预算是由销售、采购、生产、费用等具体预算构成的。企业在编制经营预算时,应从哪一个具体预算开始呢?预算实务中,受企业产品在市场上供求关系的影响,预算的编制起点主要有两种。

(一) 以生产为起点编制全面预算

在产品处于卖方市场的情况下,产品供不应求,企业生产多少就能销售多少,生产决定销售。在这种情况下,预算编制的起点必然是生产,只要生产"搞定了",其他就全部"搞定"。这种"皇帝的女儿不愁嫁"的情形,在计划经济时期比较普遍。在市场经济条件下,受市场规律的影响,"皇帝的女儿不愁嫁"的情形只出现在垄断行业或个别领域,以及个别产品的某个时期。例如,当电力供不应求时,各发电企业需要开足马力、满负荷生产,这时就会以发电量指标作为预算编制的起点,首先确定发电量,然后以产定销,确定销售预算、采购预算、人工预算、费用预算、成本预算、利润预算、财务状况预算等。以生产为起点编制全面预算的流程如图5-2所示。

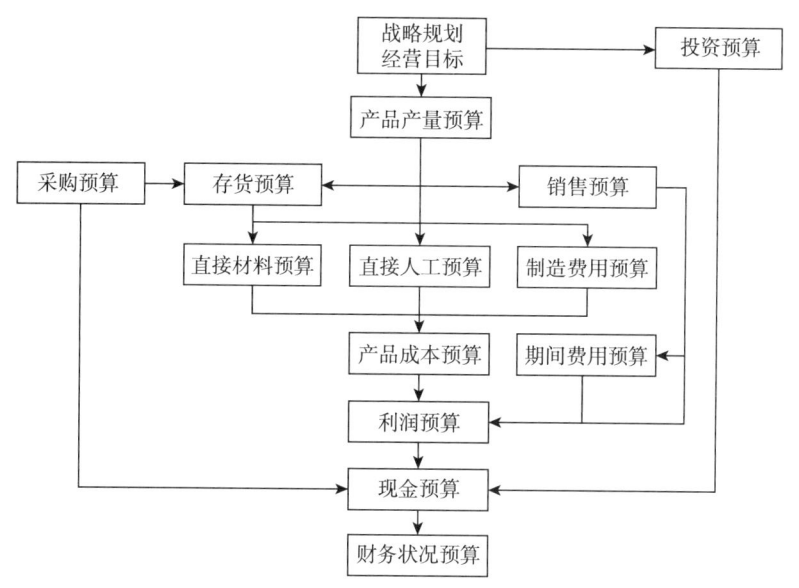

图 5-2　以生产为起点编制全面预算的流程

（二）以销售为起点编制全面预算

在产品处于买方市场的情况下，产品供过于求，销售决定生产。这时，企业的生产必须贴近市场、适应市场，这样就应当以销售预算作为预算编制的起点，先确定产品的销售数量，然后以销定产，确定企业的生产预算、采购预算、人工预算、费用预算、利润预算、财务状况预算等。以销售为起点编制全面预算的流程如图 5-3 所示。

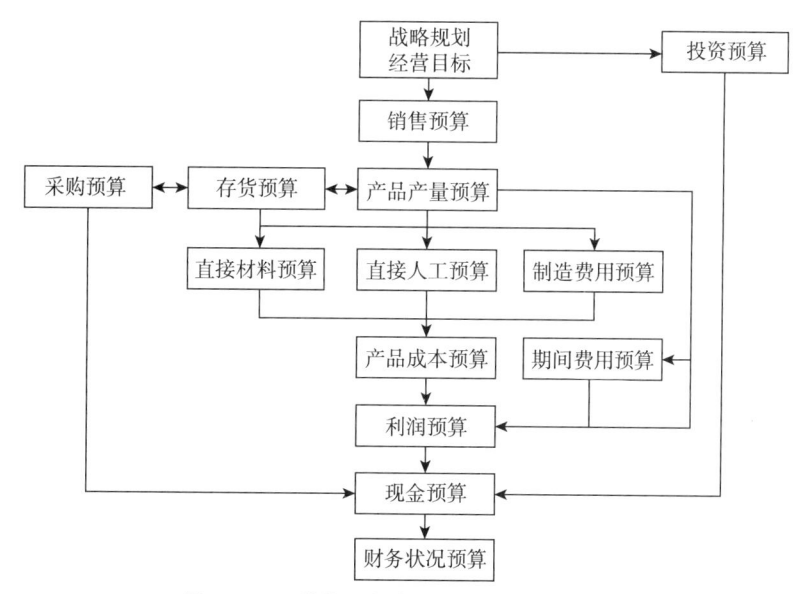

图 5-3　以销售为起点编制全面预算的流程

以生产为起点编制全面预算的流程与以销售为起点编制全面预算的流程，除在销售预算和生产预算编制的先后顺序上有明显差别外，还有一个容易被忽视的差别就是：以生产为起点编制全面预算时，由于产品属于供不应求的状况，因此编制产品产量预算时一般不需要考虑产品的库存情况;而以销售为起点编制全面预算时,由于产品属于供大于求的状况,因此编制产品产量预算时一般需要考虑产品的库存情况,如果产品库存量充足,可以适当减少当期的产品产量。

有的预算管理专著或研究预算管理的文章指出,全面预算的编制起点模式还有以目标利润为起点、以现金流量为起点、以成本为起点、以投资为起点等。笔者不赞同这些观点。

首先,目标利润不能作为预算编制的起点。利润是经营活动的结果,没有生产、没有销售,利润将会成为无源之水、无本之木,目标利润也就无从谈起,所以目标利润只能成为预算的目标,而不能成为预算编制的起点。也就是说,目标利润确定以后,不论是以生产还是以销售为起点编制预算,衡量的标准只有一个,就是收入减支出等于目标利润。

其次,现金流量不能作为预算编制的起点。因为,现金流量是企业经营活动、投资活动和财务活动的货币表现,是物流运动的价值形式和结果,没有具体的经营活动、投资活动和财务活动,也就没有现金的收付流动;甚至可以说,现金流量预算是经营预算、投资预算和财务预算的联(副)产品。当经营预算、投资预算和财务预算编制出来后,只要把涉及现金收付的项目汇总到现金流量预算表上就可以了。当然,现金收支的平衡与否将反过来影响经营预算、投资预算和财务预算的编制。但无论如何,现金流量只能是经营预算、投资预算和财务预算的因变量,而不是自变量。所以,将现金流量作为预算编制起点的观点也是不妥当的。

在企业预算实务中,有的企业会单独编制现金收支预算,据此安排、平衡企业的货币资金收入、支出和结存。由此,人们可能得出现金流量可以作为预算编制起点的结论。其实,这是一种错觉。因为,如果企业只编制现金预算而不编制其他预算,也就无所谓预算编制的起点与终点;如果企业要编制全面预算,那么只要将其他预算中涉及现金收支的项目汇总起来,现金流量预算的草案也就完成了(当然,企业还要根据现金流量的收支平衡情况修订其他预算)。另外,现金流量预算的内容无非是经营活动产生的现金流量、投资活动产生的现金流量和筹资活动产生的现金流量等一系列活动的现金收付事项。所以,如果没有销售预算、生产预算、成本预算等具体经营预算和其他预算作保障,现金流量预算的实现也就缺乏起码的基础。

再次,成本不能作为预算编制的起点。因为,成本是企业为达到特定目的(生产产品、提供劳务、投融资等)而已发生或应发生的资源消耗和支出,是企业一切经营活动投入货币的价值表现。成本的动因是企业设计、生产、销售、物流、管理、服务等一系列具体的生产经营活动。没有企业具体的经营活动投入,也就无所谓成本支出。也就是说,有了生产经营活动,才产生了成本支出,成本只能是具体生产经营活动的因变量,而绝对不是自变量。所以,以成本作为预算编制起点的观点也是站不住脚的。

最后,投资也不能作为预算编制的起点。投资预算属于长期预算,它完全可以与经营预算、财务预算分开编制,当然,编制现金预算时,必须将投资预算在本预算期的现金收支纳入其中。也就是说,投资预算与其他预算没有必然联系,如果企业在某个预算期内没有投资活动,那么它在这个预算期内就没有必要编制投资预算。因此,将投资作为预算编制起点的观点显然也是不妥当的。

实际上,预算编制多起点论是混淆了"预算起点""预算重点"与"预算目标"的概念。根据发展战略、发展阶段和经营目标,企业的预算管理可以以"现金流量""成本""投资"为重点,也可以以"目标利润""目标成本"为目标,但不可能以"目标利润""现金流""成本"及"投资"为预算编制的起点。

第三节　预算编制大纲

一、预算编制大纲概述

预算编制大纲是指导年度预算编制的纲领性文件。在正式启动预算编制之前,企业首先要通过战略转化(包括战略澄清、战略量化、指标分解和行动计划四个环节)统一思想、达成共识,明确企业及各部门的年度经营目标、关键绩效指标和重点工作;企业各层级、各部门要围绕如何完成年度经营目标、关键绩效指标和重点工作,将年度行动计划(经营计划、业务计划、工作计划)制订完毕。然后,财务部门(预算管理办公室)根据公司预算年度的经营目标、关键绩效指标、重点工作、投资计划、经营计划和各部门的职能分工,编写公司年度预算编制大纲,明确年度预算编制的指导思想、基本原则、编制依据、编制基础、编制要求、时间进度、主要经营目标以及预算指标草案、预算表填写说明和有关指标解释等事项。预算编制大纲经总会计师(财务总监)审核、总经理批准后,相关部门召开年度预算启动会议,将其下发至各预算编制单位,用以指导和规范各预算部门的预算编制工作。

二、预算编制大纲的编制目的和要求

1. 编制目的

(1)为公司及各部门编制预算提供纲领和指南,确保编制出既符合公司战略规划,不偏离年度经营目标,又切合公司及各部门实际情况的全面预算。

(2)阐述全面预算的编制方法与编制要求,确保全面预算编制工作的顺利进行。

2. 编制要求

(1)明确目标。预算编制大纲要体现企业的经营思想和战略目标,以企业的战略规划和年度经营目标为基本依据,充分考虑公司当前经营状况,以及预算期内宏观经济政策、公司内外部环境变化等影响企业生产经营活动的有利及不利因素,将公司预算总目标层层分解下去。

(2)设定前提。预算编制大纲要明确预算编制的相关政策、基本假设和重大前提。

(3)落实权责。预算编制大纲要明确分工、落实权责,确保各预算编制单位能够依据预算编制大纲按时、保质、保量地完成全面预算的编制工作。

(4)便于操作。预算编制大纲要做到语言通俗、简明扼要,内容完整、项目齐全,突出

重点、切实可行,各环节的预算指标要相互衔接,整个大纲要具有很强的指导性和可操作性。

（5）简繁适度。预算编制大纲的篇幅长短、项目简繁、内容粗细要因企而异,简繁适度。预算编制大纲精细度高,有利于各预算部门按照公司的意图编制预算草案,但会有不利于发挥各预算部门主观能动性的弊端;预算编制大纲精细度低,有利于发挥各预算部门的主观能动性,但会有加大各预算部门预算草案编制难度的缺点。

三、预算编制大纲的结构与内容

预算编制大纲一般由总纲、组织领导、预算指标与预算目标草案、预算编制方法与要求、预算的审批程序、预算编制的时间安排与要求、预算表的填写说明与要求、附件等部分组成。各部分的主要内容如下:

1. 总纲

总纲是对预算编制大纲基本原则的规定,是预算编制大纲的骨干和灵魂,起着统领全局的作用。总纲一般规定预算编制的目的、公司年度经营方针、总体经营目标,以及预算编制的指导思想、编制依据、编制政策、基本假设和基本原则等事项。

2. 组织领导

本部分主要阐明年度预算编制工作的组织领导机构、责任单位与责任人,目的是明确权责、落实责任、搞好分工,便于协调工作。

3. 预算指标与预算目标草案①

本部分应对公司当期(基期)的经营业绩进行简要回顾和预测,公布本预算年度公司及各预算部门的主要预算指标及预算目标草案。

4. 预算编制方法与要求

本部分主要对各预算部门编制预算所采用的技术方法提出要求,并简要说明有关预算编制方法的具体应用方式和要求。

5. 预算的审批程序

本部分主要对各预算部门编制预算的申报、审查及批准程序作出规定,明确有关部门的责任和权利。

6. 预算编制的时间安排与要求

本部分主要对各预算部门负责编制预算的完成时间及其他有关预算编制的事项作出要求,要明确设定各预算表的最终完成时间。对于有前后衔接关系的预算表格要安排好时间上的衔接和交叉,避免上游表格制约和耽误下游表格的填制。

7. 预算表的填写说明与要求

本部分主要对有关预算表的填写方法、填写要求作出规定和解释,列明有关计算公式,说明表与表之间的勾稽关系。这一部分可以作为附件。

---

① 预算指标是指预算项目,预算目标是基于预算项目制定的定量化或定性化结果。例如,2023年销售收入预算为100万元,其中"销售收入"是预算指标,"100万元"则是预算目标。

8. 附件

附件主要包括预算编制的定额资料、预算价格,以及需要编制的预算表格等。

四、预算编制大纲的宣贯与业务培训

预算编制大纲编制完成并经过公司预算管理委员会审查批准后,公司应召开专门的预算会议向公司各部门负责人布置下一年度预算编制任务,并下达预算编制大纲。

为了预算编制工作的顺利进行,财务部门应对各部门负责人和预算编制人员进行有关预算编制的业务培训,让各部门负责人和预算编制人员在接受业务培训和阅读、理解预算编制大纲的基础上,按照责任分工,根据预算编制大纲和具体预算项目的特点、要求编制各项预算,并及时将编制完成的预算草案上报财务部门。

五、预算编制大纲的模拟案例

【例5-1】 2022年10月,真谛公司通过一系列战略转化活动确定了公司2023年实现销售收入8.3亿元、净利润2.5亿元,夯实三年战略规划基础,为公司2025年A股上市做好准备的年度总体目标。

财务部根据公司战略转化活动输出的真谛公司2023年度经营目标(表4-10)、真谛公司2023年度关键绩效指标与目标(表4-11)和真谛公司2023年度经营计划书,编制了公司2023年主要预算指标及目标草案,如表5-7所示。

表5-7 真谛公司2023年主要预算指标及目标草案

序号	指标	计量单位	2022年预计	2023年预算	增减率(额)
1	销售收入	万元	70 000	83 000	18.6%
2	净利润	万元	20 000	25 000	25.0%
3	经营现金流量净额	万元	≥净利润	≥净利润	—
4	净资产收益率	%	≥100	≥65	-35个百分点
5	应收账款周转天数	天	8.9	≤8	≤-0.9
6	存货周转天数	天	50	≤45	≤-5
7	资产负债率	%	22	≤20	≤-2个百分点

主要预算指标草案经总经理同意后,由财务部执笔编写真谛公司2023年预算编制大纲。

真谛公司2023年预算编制大纲

一、总纲

根据全面预算管理制度和工作计划安排,公司定于2022年10月15日启动2023年全面预算编制工作。为确保预算编制工作的顺利进行,特编制2023年预算编制大纲。望各部门按照本大纲的要求,在规定的时间内保质保量地将本部门的预算草案上报到公司财务部。

(一) 2023年公司经营方针

以客户需求为导向,以销定产、产销联动,增收降本,实现规模效益双增长;以优化机制为抓手,完善体系、控制风险,夯实基础,促进经营管理上台阶。

(二) 2023年公司总体经营目标

实现销售收入8.3亿元、净利润2.5亿元,夯实三年战略规划基础,为公司2025年A股上市做好准备。

(三) 预算编制的指导思想

以公司战略规划为指导,聚焦市场营销、安全环保、研发、工程等重点工作,通过编制、实施全面预算,强化公司经营活动、投资活动、财务活动的管理,有效控制经营风险,增收节支、降本增效。预算编制要以定额标准为基础,按照实事求是、规范严谨的总体要求,凝心聚力,统筹规划,合理配置资源,不断提高预算管理水平,确保公司战略规划和年度经营目标的实现。具体指导思想如下:

(1) 拓展市场,规模效益大幅增长。2023年要继续保持公司经营规模和经济效益高速增长的势头,确保销售收入比2022年增长18.6%,净利润比2022年增长25%。为了实现上述目标,相关单位必须努力开发市场,大幅度提高市场占有率。为此,公司将在向市场推出新产品的同时,加大销售力度,增加技术推广和销售人员,适当增加广告宣传费的开支。

(2) 聚焦重点,确保实现年度目标。预算编制要紧盯年度经营目标,资源优先向最能有效驱动经营目标达成的领域和事项倾斜,向研发、销售、生产活动倾斜,向公司级重点工作倾斜。

(3) 控制成本,保持期间费用比率。2023年为了支持市场开拓,夯实人才和管理两大基础,公司在市场活动、销售活动、管理活动和研发活动上的投入都比较大,给利润目标的实现带来了一定挑战。为此,公司提出四点应对措施:一是物资采购价格总体上要比2022年降低3%以上;二是可比产品制造成本比2022年降低5%以上;三是各车间的变动性制造费用要严格按费用定额进行管理和控制;四是降低期间费用占销售收入的比重,其中对酌量性费用要采用零基预算法对各项业务活动进行逐项、逐笔测算,从严安排。

(4) 量入为出,实现资金收支平衡。2023年要严格根据预算资金收入安排各项资金支出,实现资金总量收支平衡;重大固定资产投资项目决策一定要严格按法定程序进行,在资金来源有保障的情况下安排投资;各预算项目之间要相互衔接,产销平衡,环环相扣。

(5) 实事求是,提高预算可执行性。编制预算的目的在于有效执行。因此,各部门编制预算要实事求是,科学确定各项预算指标,确保编制的预算能得到有效执行。

(四) 预算编制原则

(1) 目标性原则。各部门要以确保完成公司2023年总体经营目标为出发点,围绕本预算编制大纲下达给各部门的预算分目标,深入分析、测算完成预算目标的有利因素和不利因素,编制激励性的预算草案。

(2) 计划性原则。预算编制要以经营计划为基本依据,实现资源的优化配置。要遵循计划先行原则,树立没有计划就没有预算的理念,通过制订切实可行的经营计划夯实预算编制的基础。

(3) 全面性原则。一是公司各个部门都要编制预算,使公司各部门的业务活动全部纳入预算管理的范畴;二是所有与公司经营目标有关的经济业务和事项,均要通过编制预算予以反映和规范。

(4) 真实性原则。首先,各项收入的来源数据要真实、可靠,既不夸大,也不隐瞒;其次,各项成本费用支出要有依据、有标准,对于关系到公司生产经营活动正常运转的必要支出,编制预算时要足额安排,不留预算敞口。

(5) 可行性原则。在预算指标的确定上,做到积极可靠、留有余地。积极可靠是指要充分估计目标实现的可能性,不能把预算指标定得过低或过高;留有余地是指预算的编制要有一定的灵活性,以免在意外事件发生时措手不及、陷入被动,影响年度经营目标的实现。

(6) 参与性原则。预算编制要遵循"谁执行预算,谁就编制预算草案"规则,负责预算执行的部门和人员必须参与预算编制过程,强化全员预算意识,提高全员参与全面预算管理的积极性、主动性和创造性。同时,财务人员要积极参与业务预算、部门预算的编制,做到各项业务预算、各部门预算的编制都有相应的财务人员承接、协助。

(7) 及时性原则。预算编报牵一发而动全身,各预算责任部门应当同财务部进行充分沟通,并在规定的时间内编制好本部门的预算草案和编制说明,不得随意推迟进度。

(五) 预算编制的依据

(1) 国内外市场环境及农药行业发展趋势。
(2) 公司战略规划及 2023 年度经营方针和经营目标。
(3) 公司年度经营计划和各部门的业务工作计划。
(4) 客户订单、市场预测及公司生产能力。
(5) 公司财务制度、会计规则、工资政策以及预算编制的基本政策、基本假设。
(6) 公司相关定额标准、预算价格和其他基础资料。
(7) 上一年度预算执行情况和预算年度经营变化因素。
(8) 其他影响预算编制的因素。

(六) 2023 年工资政策

(1) 甲、乙两个生产车间的生产工人实行计件工资制,按产品产量和计件单价计算工资总额;车间技术及管理人员实行计时工资制,2023 年工资总额比 2022 年增长 10%。

(2) 销售部业务人员实行全额提成工资制,工资总额按 2023 年销售收入的 3% 提成;销售部管理人员实行计时工资制,2023 年工资总额比 2022 年增长 10%。

(3) 公司其他部门员工实行计时工资制,2023 年工资总额比 2022 年增长 10%。

(4) 五险一金和三项经费按有关规定计提。

二、组织领导

(1) 公司预算编制领导工作由公司总经理挂帅,财务总监具体组织领导,财务部负责预算编制的具体事宜。

（2）各项预算草案均以部门为单位进行编制和申报，各部门负责人为本部门预算编制的第一责任人，各专职、兼职预算员负责具体的预算编制及申报工作。

三、预算编制项目、部门与责任人

公司各部门均应根据本预算编制大纲的要求编制2023年度预算，并将各项预算指标细化到四个季度。预算编制项目与编制责任如表5-8所示。

表5-8 2023年度预算编制项目与编制责任

编码	编制项目	编制部门	责任人	编码	编制项目	编制部门	责任人
预01	经营预算			预01-27	固定资产折旧预算	财务部	部门经理
预01-1	销售发货预算	销售部	部门经理	预01-28	累计折旧变动预算	财务部	部门经理
预01-2	销售收入预算	销售部	部门经理	预01-29	无形资产变动预算	财务部	部门经理
预01-3	应收账款预算	销售部	部门经理	预01-30	无形资产摊销预算	财务部	部门经理
预01-4	销售成本预算	财务部	部门经理	预01-31	累计摊销变动预算	财务部	部门经理
预01-5	销售费用预算	销售部	部门经理	预01-32	应交税费预算	财务部	部门经理
预01-6	销售利润预算	财务部	部门经理	预02	投资预算		
预01-7	产品产量预算	生产部	部门经理	预02-1	项目投资预算	设备部	部门经理
预01-8	直接材料预算	各车间	车间主任	预02-2	项目筹资预算	财务部	部门经理
预01-9	间接材料预算	各车间	车间主任	预02-3	项目支付预算	设备部	部门经理
预01-10	人工薪酬预算	人力资源部	部门经理	预02-4	项目竣工预算	设备部	部门经理
预01-11	制造费用预算	各车间	车间主任	预02-5	在建工程变动预算	财务部	部门经理
预01-12	产品成本预算	各车间	车间主任	预02-6	固定资产购置预算	设备部	部门经理
预01-13	在产品预算	各车间	车间主任	预02-7	固定资产处置预算	设备部	部门经理
预01-14	产品存货预算	销售部	部门经理	预02-8	无形资产投资预算	研发部	部门经理
预01-15	材料存货预算	采购部	部门经理	预02-9	长期股权投资预算	财务部	部门经理
预01-16	物资采购预算	采购部	部门经理	预02-10	投资收益预算	财务部	部门经理
预01-17	应付账款预算	采购部	部门经理	预03	财务预算		
预01-18	应付职工薪酬预算	人力资源部	部门经理	预03-1	营业外收支预算	财务部	部门经理
预01-19	支付职工工资预算	人力资源部	部门经理	预03-2	利润表预算	财务部	部门经理
预01-20	五险一金经费预算	人力资源部	部门经理	预03-3	利润分配预算	财务部	部门经理
预01-21	职工薪酬余额预算	人力资源部	部门经理	预03-4	现金收支预算	财务部	部门经理
预01-22	管理费用预算	各职能部门	部门经理	预03-5	公司融资预算	财务部	部门经理
预01-23	研发费用预算	研发部	部门经理	预03-6	现金流量表预算	财务部	部门经理
预01-24	财务费用预算	财务部	部门经理	预03-7	所有者权益预算	财务部	部门经理
预01-25	税金及附加预算	财务部	部门经理	预03-8	资产负债表预算	财务部	部门经理
预01-26	固定资产变动预算	财务部	部门经理	预03-9	财务能力指标预算	财务部	部门经理

四、主要预算指标及目标草案

为确保各部门编制的预算与公司总体经营目标相互衔接,公司预算管理委员会在真谛公司2023年度经营计划预测2022年公司及各部门主要经营指标完成情况的基础上,充分考虑2023年的市场情况和生产经营潜力,拟定了2023年公司主要预算指标及目标草案,供各部门编制预算时参照。各预算部门要以公司拟定的预算目标为目标,以各部门的实际情况为依据,在科学测算、充分挖潜的基础上,编制本部门的2023年预算草案。希望各预算部门要树立全局观念,编制积极的、可靠的预算草案,确保公司2023年总体经营目标的实现。2023年真谛公司主要预算指标及目标草案如表5-9所示。

表5-9 2023年真谛公司主要预算指标及目标草案

序号	指标	计量单位	2022年预计	2023年预算	增减率(额)	责任部门
1	销售收入	万元	70 000	83 000	18.6%	销售部
2	净利润	万元	20 000	25 000	25%	各部门
3	应收账款周转天数	天	8.9	≤8	≤-0.9	销售部
4	存货周转天数	天	50	≤45	≤-5	采购部
5	物资供应保障率	%	100	100	—	采购部
6	A产品产量	吨/年	2 500	3 000	+500	甲车间
7	B产品产量	吨/年	1 800	2 020	+220	乙车间
8	C产品产量	吨/年	0	110	+110	乙车间
9	经营现金流量净额	万元	≥净利润	≥净利润	—	财务部
10	净资产收益率	%	≥100	≥65	-35个百分点	财务部

表5-9中的各项预算指标及目标是公司草拟的方案,供各预算部门参考。如果个别部门经过测算需要突破公司拟定的预算目标,应在预算编制说明中阐明理由,以便公司在平衡预算时予以考虑。

五、预算编制方法与要求

公司主要采用固定预算法、增量预算法和零基预算法编制预算。预算编制的具体方法和要求参见《企业全面预算编制实用手册》(北京大学出版社2021年10月出版)。

六、预算编制程序

预算编制以公司战略规划和经营目标为导向,以预算编制大纲为指南,以公司及本部门的业务工作计划为基础,按照公司有关定额、标准、预算价格,采取自上而下、自下而上、上下结合的程序编制预算。

(1)确定编制基础。财务部会同有关部门根据公司战略规划和经营目标,确定年度预算的编制原则、编制方法、重大前提条件、基本假设和编制依据。

(2)编制预算编制大纲。财务部编制预算编制大纲,并报公司审议批准。

(3)布置预算编制。公司召开预算会议,颁布预算编制大纲,布置预算编制工作。

(4)编制部门预算。各部门编制本部门负责编制的年度预算草案。

(5)审核平衡预算。财务部审核、平衡各部门编制的预算草案。

（6）编制全面预算。财务部汇总编制公司年度全面预算草案。

（7）审议全面预算。预算管理委员会审议、修改公司全面预算草案。

（8）通过全面预算。公司董事会讨论通过或者修改公司总预算草案。

（9）下达全面预算。批准后的全面预算由公司下达给各部门执行；各部门要将预算指标分解、落实到内部各层级、各岗位，做到预算指标层层分解、全面落实。

（10）签订绩效合约。董事长与总经理签订公司2023年度绩效合约；总经理与各部门负责人签订部门2023年度绩效合约。

七、基础资料提报计划

预算编制基础资料的提报、审核部门及时间安排如表5-10所示。

表5-10 基础资料提报、审核部门及时间安排

序号	资料名称	责任部门		完成时间	序号	资料名称	责任部门		完成时间
		提报	审核				提报	审核	
1	物资消耗定额	生产部	技术部	10.8	8	产品预算价格	销售部	财务部	10.8
2	劳动定额	人力资源部	生产部	10.8	9	材料预算价格	采购部	财务部	10.8
3	管理费用定额	行政管理部	财务部	10.8	10	劳务预算价格	人力资源部	财务部	10.8
4	产品储备定额	销售部	仓储部	10.8	11	销售政策	销售部	财务部	10.8
5	材料储备定额	采购部	仓储部	10.8	12	采购政策	采购部	财务部	10.8
6	生产资金定额	生产部	技术部	10.8	13	会计政策	财务部	战略管理部	10.8
7	结算资金定额	销售部	财务部	10.8	14	基期数据	相关部门	财务部	10.8

提报的基础资料经公司预算管理委员会审定后作为编制2023年预算的基本依据之一。

八、预算草案提报时间

各部门编制的预算草案具有项目上的衔接关系和时间上的先后次序，有关预算草案提报的时间节点要严格遵守，避免影响整体预算编制进度。预算草案提报时间安排如表5-11所示。

表5-11 预算草案提报时间安排

序号	预算名称	提报		备注
		部门	时间	
1	销售预算	销售部	10.15	①各预算板块中的具体预算完成时间，要根据具体预算之间的先后逻辑关系确定； ②各预算草案提报后，由财务部组织有关部门对预算草案进行审议平衡
2	生产预算	生产部	10.20	
3	供应预算	采购部	10.25	
4	职工薪酬预算	人力资源部	10.20	
5	期间费用预算	各管理部门	10.20	
6	其他经营预算	财务部等	10.20	
7	投资预算	设备部等	10.30	
8	财务预算	财务部	11.10	

九、预算编制要求与注意事项

（一）提高思想认识，切实加强领导。预算编制是搞好全面预算管理的重要环节，预算编制的成败，不仅关系到全面预算管理的成败，而且关系到公司战略规划和年度经营目标能否实现。各单位要统一思想、加强领导、精心组织、周密部署，积极为搞好2023年预算编制工作创造条件。各部门的主要领导要亲自抓预算编制工作，要以公司下发的预算编制大纲为指导，结合各单位实际，制订切实可行的预算编制方案，从组织上、制度上保障各单位预算编制工作的顺利进行。

（二）夯实基础工作，加强部门配合。预算编制政策性强、涉及面广，需要做大量的基础性工作，各单位要坚持从严从细的工作作风，在确保基础资料准确无误的基础上，如实编报预算项目及其数额。要加强部门间的密切配合，相互协作，提高工作效率，共同做好预算编制工作。财务部要深入调查研究，加强业务协调，做好业务指导和服务工作，制订切实可行的预算编制预案，修订各项定额标准，认真做好预算的审核和综合平衡工作，确保预算编制的科学性和准确性。

（三）统筹兼顾，总量平衡。预算管理部门要坚持总量平衡和合理控制的预算编制原则，确保年度预算的安排既有利于企业战略规划和年度经营目标的落实，实现日常管理的有序和协调，又有利于企业经营资本积累，有效控制各项成本费用支出规模。

（四）树立全局观念，抓住关键环节。销售预算编制是其他预算编制的龙头和基础，销售预算编制成功与否，直接关系到其他预算编制的成败。因此，销售部要从编制质量和编制时间两个方面确保高标准完成销售预算编制任务，对其他预算的成功编制起到表率作用。

（五）精打细算，从严从紧编制成本费用预算。各单位要根据预算编制大纲的要求，从严从紧编制成本费用预算，除特殊情况外，申报的成本及费用预算总额应控制在公司设定的预算指标范围以内。

（六）优化项目结构，提高资金使用效益。各单位要牢固树立科学理财理念，做到有所为、有所不为，优化资金投向，规范资金使用方式，提高资金使用效益。要认真遵循稳健性原则，加强对外投资及重大资本支出项目的可行性论证，严格控制股票、期货、外汇交易等风险业务预算的规模。设备部和技术部要按照本单位的工作职责，依据公司中长期发展规划，对涉及公司发展战略的重大项目进行早规划、早论证、早安排。对所有申报的项目都必须进行充分的论证，提出切实可行的实施方案，暂不具备实施条件的项目一律不得申报。

（七）围绕总体目标，层层落实预算。各单位的年度预算编制要在认真分析和总结上年预算执行情况的基础上，围绕公司战略规划和年度经营目标，按照2023年预算编制大纲的要求，结合本单位的实际情况，合理、全面、科学地编制年度预算草案。各公司、各部门和各生产车间要按照"上下结合、分级编制、逐级汇总"的预算编制程序，依据财务隶属关系，认真组织所属部门层层做好年度预算编制工作。

（八）科学严谨，规范预算编制。各单位要按照公司统一设定的预算报表格式，采用科学的编制方法，分别编制经营预算、投资预算和财务预算。要严格遵循预算编制的完整性原则,全面、完整地反映企业经营业务收入、成本费用、投(筹)资及资金需求状况;对企业财务状况和经营成果产生影响的各类财务会计事项,都要纳入年度预算的范围。在确保预算编制质量的基础上,在规定的时间内将本单位预算草案上报公司财务部。

(九)落实责任,奖惩挂钩。为充分调动各部门认真编制预算的积极性,有效提高预算编制水平,公司决定将2023年的预算编制完成情况与单位负责人及全体员工的奖惩挂钩,具体奖惩办法另行规定。各部门负责人一定要重视预算编制工作,确保2023年预算编制工作保质保量地如期完成。

提醒各预算编制部门注意的事项是:在编制各项专门预算时,要将在预算期内支付现金的费用项目和金额单列出来,以方便财务部汇总编制公司现金预算。

十、预算表格填制说明

(一)预算编制说明书

预算编制说明书是对预算编制工作有关情况的分析说明,由财务部负责编写。其基本内容包括:

(1)预算编制组织情况。

(2)预算编制基础、基本假设及编制政策。

(3)主要预算指标分析。

(4)说明重大不确定事项。

(5)其他需说明的情况。

(二)经营预算编制

1. 销售预算

1.1 销售预算说明书

销售预算说明书是对销售预算编制的书面说明和报告,由销售部负责编写,内容包括营销环境、行业政策、市场展望、竞争对手分析、本公司分析、新产品开发、新客户开发、广告及其他推销策略、定价政策、授信及货款回收政策、业务人员的增减变动、销售费用的控制、本年度销售方面的有利因素与不利因素及相应措施与对策等的说明。

1.2 预01-1表:销售发货预算

由销售部根据预算年度市场预测的产品发货数量分析编制,内容包括客户名称、产品名称、规格型号、发货数量和发货时间等。

1.3 预01-2表:销售收入预算

由销售部根据市场预测的销售量、公司产品生产能力及价格政策分析编制。其中,项目栏按产品类别、名称、规格型号排序;产品销售价格既要填列含税销售价格,又要填列不含税价格。

1.4 预01-3表:应收账款预算

由销售部根据销售政策、客户信用、产品供求关系、各客户预算编制时的实际账面余额等资料分析编制。其中,项目栏填列客户名称,对于年度销售额较小的客户,可以按销售地区汇总填列;期末应收账款余额原则上不大于期初应收账款余额。

1.5 预 01-4 表：销售成本预算

由财务部根据销售产品名称、期初产品库存数量和成本、预算期产品入库数量和成本等资料分析编制。其中，预算期内的产品销售成本采用加权平均法计算。

1.6 预 01-5 表：销售费用预算

由销售部根据公司费用控制政策分析编制。对于不可控费用的预算数额要采用零基预算法逐项分析编制；年度销售费用总额的增长率，原则上要低于产品销售收入总额的增长率。

1.7 预 01-6 表：销售利润预算

由财务部根据销售收入预算、销售成本预算、销售费用预算和税金及附加测算等资料，按照"销售利润=销售收入-税金及附加-销售成本-销售费用"的基本公式测算编制。

2. 生产预算

2.1 生产预算说明书

生产预算说明书是对生产预算编制的书面说明和报告，由生产部负责编写，内容包括产量及产能情况、质量控制、设备及工艺情况、安全环保、员工增减变动、成本控制、预算年度生产上的有利因素与不利因素及相应措施、对策等的说明。

2.2 预 01-7 表：产品产量预算

由生产部根据销售部编制的销售发货预算以及产品库存情况分析编制。其中，产品生产量的计算公式是：产品产量=销售发货量+期末产品库存量-期初产品库存量

2.3 预 01-8 表：直接材料预算

由各车间根据产品产量预算、材料消耗定额、材料预算价格分析编制。

2.4 预 01-9 表：间接材料预算

由各车间根据产品产量预算、机物料耗用计划、环保材料耗用计划、设备维修计划、劳保用品发放计划、物料预算价格、消耗定额等基础资料编制。

2.5 预 01-10 表：人工薪酬预算

由人力资源部根据工资政策、工资构成、计算方法和薪酬计划编制，生产部员工既包括直接从事产品生产的生产工人，也包括生产部的管理人员。

2.6 预 01-11 表：制造费用预算

由各车间根据公司费用控制政策分析编制。固定性制造费用的预算数额要采用零基预算法逐项分析编制，变动性制造费用要以产品产量预算和费用定额资料为基础编制；年度制造费用总额的增长率，原则上要低于产品制造总成本的增长率。

2.7 预 01-12 表：产品成本预算

由各车间根据产品产量、直接材料、间接材料、人工薪酬以及制造费用预算编制。

2.8 预 01-13 表：在产品预算

由各车间根据在产品定额，结合产品产量预算、产品成本预算和期初在产品情况编制。

3. 供应预算

3.1 供应预算说明书

供应预算说明书是对物资供应预算编制的书面说明和报告，由采购部主编，仓储部协

助编写，内容包括存货政策、采购政策、付款政策、采购价格预测等情况的说明。

3.2 预01-14表：产品存货预算

由销售部根据销售发货预算，结合企业核定的产品库存定额编制。

3.3 预01-15表：材料存货预算

由采购部根据直接材料预算和间接材料预算，结合企业核定的材料物资库存定额编制。

3.4 预01-16表：物资采购预算

由采购部根据材料存货预算，结合市场供求变化和主要材料价格变动趋势编制。其中，物料预算价格要与直接材料预算、间接材料预算的物料价格保持一致。

3.5 预01-17表：应付账款预算

由采购部根据物资采购预算、采购付款政策、预计应付账款期初余额等资料编制。其中，项目栏填列供应商名称，对于年度采购额较小的供应商，可以按物资类别汇总填列；期末应付账款总余额原则上要大于期初应付账款总余额。

4. 职工薪酬预算

4.1 职工薪酬预算说明书

职工薪酬预算说明书是对职工薪酬预算编制的书面说明和报告，由人力资源部主编，财务部协助编写，内容包括预算年度的薪酬制度、薪酬政策、定岗定编、工资与绩效挂钩办法、五险一金和三项经费计提标准、职工薪酬计提和支付等情况的说明。

4.2 预01-18表：应付职工薪酬预算

由人力资源部根据公司规定的工资政策、工资构成、计算方法和薪酬计划，以部门为预算对象进行编制。

4.3 预01-19表：支付职工工资预算

由人力资源部根据应付职工薪酬预算、个人所得税税率、社会保险与住房公积金个人缴纳标准等资料，以部门为对象编制。

4.4 预01-20表：五险一金经费预算

由人力资源部根据预算期社会保险与住房公积金缴纳标准，以及职工福利费、工会经费和职工教育费支出计划等资料编制。

4.5 预01-21表：职工薪酬余额预算

由人力资源部根据应付职工薪酬账户期初余额、预算期应付职工薪酬预算和职工工资支付预算编制。

5. 期间费用预算

5.1 期间费用预算说明书

期间费用预算说明书是对管理费用、研发费用、财务费用、税金及附加预算编制的书面说明和报告，由行政管理部、研发部、财务部等部门编写，内容包括费用控制政策、管理人员增减变化、重大管理措施、信贷政策、银行借款的增减变化、税收法规政策等情况的说明。

5.2 预01-22表：管理费用预算

由各职能部门根据本部门年度工作计划、费用定额和基期费用情况等资料编制。其中,对于不可控费用的预算数额要采用零基预算法逐项分析编制,管理费用预算总额应控制在预算编制大纲拟定的预算额度之内。

5.3 预 01-23 表:研发费用预算

由研发部根据研发活动计划、研发项目计划书、物料耗用计划、费用定额和预算价格等资料,通过编制研发支出预算确定预算期的研发费用支出。研发支出预算中的资本化部分转作无形资产,费用化部分为研发费用。

5.4 预 01-24 表:财务费用预算

由财务部根据银行借款计划、承兑汇票计划、资金理财计划、外汇管理计划、存借款利率等资料编制。其中,用于资本性支出的银行借款利息不得列入本预算。

5.5 预 01-25 表:税金及附加预算

由财务部根据销售预算、供应预算和税收法规等资料编制。

6. 其他经营预算

6.1 其他经营预算说明书

其他经营预算说明书是对未纳入销售、生产、供应、职工薪酬、期间费用等预算类别的固定资产增减变动、无形资产增减变动、固定资产折旧、无形资产摊销和应交税费等预算编制的书面说明和报告,由财务部主编,其他部门协助编写。

6.2 预 01-26 表:固定资产变动预算

由财务部根据固定资产购置计划、固定资产处置计划、固定资产明细清单和工程项目竣工预算等资料编制。

6.3 预 01-27 表:固定资产折旧预算

由财务部根据固定资产变动预算和固定资产折旧政策等资料编制。本预算在项目及预算指标上要与固定资产变动预算相互衔接。

6.4 预 01-28 表:累计折旧变动预算

由财务部根据固定资产折旧预算、固定资产变动预算等资料编制。

6.5 预 01-29 表:无形资产变动预算

由财务部根据无形资产增减计划、无形资产明细清单和研发支出预算等资料编制。

6.6 预 01-30 表:无形资产摊销预算

由财务部根据无形资产增减变动预算和无形资产摊销政策等资料编制。本预算在项目及预算指标上要与无形资产变动预算相互衔接。

6.7 预 01-31 表:累计摊销变动预算

由财务部根据无形资产摊销预算、无形资产变动预算等资料编制。

6.8 预 01-32 表:应交税费预算

由财务部根据销售预算、供应预算、投资预算、预算期利润目标和应交税费的种类、课税对象、计税依据、适用税率等税收政策编制。

(三)投资预算编制

1. 投资预算说明书

投资预算说明书是对投资预算编制的书面说明和报告,由设备部负责主编,研发部和财务部协助编写,内容包括固定资产投资预算、无形资产投资预算、长期股权投资预算和投资收益预算等。

2. 预02-1表:项目投资预算

由设备部根据工程项目概算、施工图预算、预算价格、工程项目合同、工程项目实施计划等资料编制。

3. 预02-2表:项目筹资预算

由财务部根据项目投资预算和筹资渠道调研、分析、沟通情况编制。

4. 预02-3表:项目支付预算

由设备部根据工程项目合同、工程项目进度计划和工程施工款支付计划等资料编制。

5. 预02-4表:项目竣工预算

由设备部根据项目投资预算、工程项目进度计划和工程项目竣工验收计划等资料编制。

6. 预02-5表:在建工程变动预算

由财务部根据项目投资预算、工程款支付预算、项目竣工预算和在建工程账户期初余额等资料编制。

7. 预02-6表:固定资产购置预算

由设备部根据固定资产购置计划、合格设备供应商目录清单、固定资产报价单等资料编制。

8. 预02-7表:固定资产处置预算

由设备部根据固定资产处置计划、处置固定资产价值清单等资料编制。

9. 预02-8表:无形资产投资预算

由研发部根据无形资产研发计划、投资计划、处置计划和研发支出预算编制。

10. 预02-9表:长期股权投资预算

由财务部根据公司长期股权投资计划和被投资方的有关信息资料编制。

11. 预02-10表:投资收益预算

由财务部根据公司长期股权投资预算和被投资方利润分配计划等信息资料编制。

(四) 财务预算编制

1. 财务预算说明书

财务预算说明书是对2023年财务预算编制的书面说明和报告,由财务部负责编写,内容包括利润、利润分配、现金收支、现金流量、资产负债、财务能力指标等情况的说明。

2. 预03-1表:营业外收支预算

由财务部根据营业外收支计划和基期营业外收支项目收支情况编制。

3. 预03-2表:利润表预算

由财务部按照利润表的格式,根据经营预算、投资预算和营业外收支预算等资料编制。本预算中的有关指标应与公司2023年的经营目标相吻合。

4. 预03-3表:利润分配预算

由财务部根据利润表预算、年初未分配利润和利润分配计划等资料编制。

5. 预03-4表:现金收支预算

由财务部根据预算期内各责任部门发生的现金收支项目和数额等资料编制。

6. 预03-5表:公司融资预算

由财务部根据预算期内各项经营活动、投资活动及财务活动的现金收支预算,以及公司现金最佳持有量、金融市场情况等资料编制。

7. 预03-6表:现金流量表预算

由财务部按照现金流量表的格式,根据预算期经营活动产生的现金流量、投资活动产生的现金流量和筹资活动产生的现金流量等资料编制。

8. 预03-7表:所有者权益预算

由财务部根据预计期初所有者权益余额和预算期利润表预算、利润分配预算等资料编制。

9. 预03-8表:资产负债表预算

由财务部按照资产负债表的格式,根据经营预算、投资预算和财务预算等资料编制。在编制本预算时,首先要对各项目的年初数值进行正确测算,然后通过加减预算年度各项经营预算、投资预算和财务预算的预算指标值得出各项目期末余额。

10. 预03-9表:财务能力指标预算

由财务部根据利润表预算、资产负债表预算以及财务能力的具体指标和计算公式编制。

十一、附件:2023年预算表格

参照《企业全面预算编制实用手册》(北京大学出版社2021年10月出版)。

十二、其他说明

1. 年度预算的编制流程、编制表格和编制方法详见《企业全面预算编制实用手册》。

2. 预算编制是一项系统工程,各预算表及项目之间有着密切的勾稽关系,各部门应当按照本预算大纲规定的要求和时间认真填报。各部门报送公司财务部的预算草案一律采用电子文档形式。

3. 本预算编制大纲由财务部编制,各部门在预算编制中遇到不明事宜,请与财务部联系。

联 系 人:张又弛
联系电话:2019209

真谛公司
2022年10月13日

Chapter 6 第六章

经营预算编制

　　企业是以营利为目的,从事生产经营活动,向社会提供商品或服务,实行自主经营、自负盈亏的经济组织。从事以营利为目的的生产经营活动是企业最本质的特征,因此以生产经营活动为编制对象的经营预算,毫无疑问是企业全面预算的核心内容。就预算的种类、数量和编制工作量而言,经营预算一般要占全部预算的80%左右,经营预算在全面预算中的重要性不言而喻。

第一节 经营预算概述

一、经营预算的含义

　　经营预算也称业务预算,是企业预算期内生产经营活动的预算,主要包括销售预算、生产预算、供应预算、职工薪酬预算、期间费用预算等生产经营活动预算。生产经营活动是指企业围绕产品研发、生产、销售的各种要素投入和经营成果产出,以及开展的供产销各环节、人财物各方面经济活动的总称。

　　企业生产经营活动以战略为引领、以市场为导向、以产品为对象,研发、销售、生产、供应各环节环环相扣、无缝对接。如果企业各项经营计划编制得非常规范、严谨和细致,经营预算编制的主要任务就是依据经营计划和有关定额标准、预算价格,按照预算表格的逻辑关系和会计规则计算企业预算期内生产经营活动的投入与产出,并进行资源的有效配置。在这种情况下,经营预算的编制会相对容易。然而,现实情况是:理想化的经营计划是不存在的。受多种因素的制约,大多数企业的经营计划还是粗线条的、纲领性的,甚至是文不对题的,特别是部门与部门、环节与环节的逻辑关系、投入产出关系没有做到无缝对接、前后呼应。因此,经营预算必须基于企业经营计划尚不完备的现实状况进行编制,这也正是本书讲解经营预算编制的思维逻辑。

二、经营预算编制的基本任务

　　企业的生产经营活动一般可分为供应、生产、销售三大环节,通过供应环节采购生产所需的材料物资,通过生产环节生产市场上需要的产品,通过销售环节将产品推向市场,在满足社会需要的同时以收抵支获得利润。因此,经营预算编制的基本任务如下:

1. 细化落实年度经营目标

通过编制经营预算,将企业年度经营目标的结构内容、投入产出、实现路径、进度节奏、责任主体一一细化和落实,为顺利实现年度经营目标奠定基础、铺平道路。

2. 周密安排年度经营活动

通过编制经营预算,将预算期内企业生产经营活动各个环节所需投入的人力、物力、财力,以及销售环节获得的营业收入,全部通过预算的方式进行统筹规划、周密安排,从而保证企业经营计划和各部门业务工作计划的落地执行。

3. 优化资源配置,提高经济效益

通过编制经营预算,将企业生产经营活动的业务流、资金流、实物流、信息流、人力流等进行科学梳理、连接与整合,将企业有限的资源协调分配到能够提高经营效率、经营效果的经营活动中,通过优化资源配置,提高经济效益,确保企业经营目标的实现。

三、经营预算编制的基本程序

经营预算是全面预算编制的起点。编制经营预算要根据公司年度预算编制大纲确定的预算目标、预算编制方针和编制原则,以企业制订的经营计划为基本依据,综合考虑基期的生产经营状况、预算期的外部环境变化和内部资源状况等因素,遵循科学合理、切实可行的原则,按照一定的编制程序进行。

1. 按照先销售预算、再生产预算、后供应预算的顺序编制经营预算

适应企业"以销定产"的需要,经营预算的编制一般以销售预算为起点,然后根据销售数量和库存产品的结存情况安排生产预算,最后编制保证生产活动顺利进行的各项资源供应和配置预算。但是,对于"以产定销"的企业来说,经营预算编制的起点一般是生产预算,然后"以产定销"安排供应预算和销售预算。

2. 按照上下结合、分级编制、逐级汇总的程序编制经营预算

经营预算的内容涉及企业生产经营活动的方方面面,是企业预算期内从事销售活动、生产活动、采购活动、财务活动等生产经营活动的依据和指南。要提高经营预算的执行力,提高经营预算的可行性是关键;而要提高经营预算的可行性,就必须让经营预算具有广泛的群众基础。因此,编制经营预算必须遵循从基层来、到基层去的方针,严格履行自上而下、自下而上、上下结合、分级编制、逐级汇总的基本程序。

3. 按照先归集、再计算、后编制的步骤编制经营预算

预算的种类很多,但编制的步骤基本相同,可分为以下三大步:

第一步,收集基础资料。预算编制是否顺利,关键要看基础资料的准备是否充分和翔实,要针对预算项目的构成要素、影响因素、编制依据、编制要求等事项,有的放矢地归集、整理有关信息数据等基础资料。

第二步,计算预算指标。指标量化是预算的基本特征之一,通过计算确定预算指标是

编制预算的基本环节。因此,要根据预算指标构成要素之间的逻辑关系,运用有关公式对收集到的基础资料进行加工、整理,反复测算、计算,核定出科学合理、切实可行的预算指标。

第三步,编制预算草案。在计算预算指标并确认结果无误的基础上,通过归纳、汇总,按照特定的格式要求编制各种预算草案。

4. 采用恰当的编制方法编制经营预算

预算编制方法有很多,每种方法都有其优缺点和适用范围。编制人员要本着遵循经济活动规律,充分考虑符合企业自身经济业务特点、基础数据管理水平、生产经营周期和管理需要的原则,针对不同的预算项目和预算内容,选择或综合运用固定预算、弹性预算、滚动预算、零基预算、概率预算等方法编制经营预算。

5. 按照企业内部组织架构落实预算编制责任

编制经营预算,落实编制责任是关键。按照"谁执行预算,谁就编制预算"的基本原则,采取与企业内部组织架构相一致的划分方法落实预算编制责任,各部门负责人是预算编制的第一责任人。这种安排不仅有利于预算编制的顺利进行,也有利于预算的执行、控制、核算、考核和责任落实。

6. 将预算项目划分为付现项目与非付现项目

付现项目也称现金支出项目,是指在预算期内需要支付现金的预算项目;非付现项目也称非现金支出项目,是指在预算期内不需要支付现金的预算项目。全面预算涉及的预算项目包罗万象,以是否在预算期内支付现金分类,可以将其划分为付现项目与非付现项目两大类。划分付现项目与非付现项目的目的是汇总编制预算期的现金收支预算。因此,在编制的各类预算中,凡是需要在预算期内支付现金的预算项目,都要将其汇总起来,单独设"付现项目"栏予以列明;凡是没有设"付现项目"栏的各类预算,一律被视为在预算期内不需要支付现金的预算项目。

第二节 销售预算编制

一、销售预算概述

销售预算是企业预算期内销售产品或提供劳务等销售活动的预算,主要依据年度经营目标、预测的市场销量或劳务需求、企业自身的产品生产能力与结构、预计市场价格等因素编制。在市场经济条件下,绝大多数企业的生产经营活动安排需要"以销定产",根据产品在市场上的销售量决定产品的生产量,再根据产品生产量确定材料、人工、资金的需用量和各种费用的支出额。也就是说,企业的生产预算、供应预算、职工薪酬预算、期间费用预算等经营预算都要受销售预算的制约。因此,销售预算是大多数企业编制经营预算的起点,也是编制其他预算的基础。

(一)销售预算的编制责任

销售部门是编制销售预算的责任主体。由于销售预算直接关系到企业生产、采购、资金、成本、费用的安排以及企业战略规划和经营目标的实现,因此与销售活动相关的部门都应参与销售预算的编制、审议与对接。其中,财务部门、生产部门、采购部门和仓储部门是销售预算编制、审议、对接的主要部门,涉及产品成本的销售预算还应以财务部门为主进行编制。

(二)销售预算的内容

销售预算主要包括销售发货预算、销售收入预算、应收账款预算、销售成本预算、销售费用预算和销售利润预算等销售活动预算。

1. 销售发货预算

销售发货预算是企业预算期内向客户交付产品品种、数量和时间的预算,主要内容包括客户名称、产品名称、规格型号、发货数量和发货时间。

2. 销售收入预算

销售收入预算是企业预算期内销售产品或提供劳务获得收入的预算,主要内容包括销售项目、销售数量、销售价格和销售额。

3. 应收账款预算

应收账款预算是企业预算期内应收账款发生额、货款回收额以及期初期末余额的预算,主要内容包括客户名称、业务内容、期初应收账款余额、本期应收账款、本期货款回收、期末应收账款余额和货款回收时间等。

4. 销售成本预算

销售成本预算是企业预算期内销售产品或提供劳务成本的预算,主要内容包括销售项目、销售数量、销售单位成本和销售总成本。

5. 销售费用预算

销售费用预算是企业预算期内销售产品或提供劳务过程中发生的各项费用的预算,主要内容包括费用项目、费用习性、费用期间、费用金额和责任部门等。

6. 销售利润预算

销售利润预算是企业预算期内销售环节实现利润的预算,主要内容包括产品名称、销售数量、预算价格、销售收入、税金及附加、销售成本、销售费用、销售利润和销售利润率。

(三)销售预算的编制程序

在市场经济条件下,企业的销售活动必须以市场为导向,编制的销售预算必须对外连接市场、对内连接企业自身情况。因此,销售部门编制销售预算的重要基础工作就是进行销售预测。在科学预测的基础上,以企业战略规划和经营目标为指导,编制企业预算期内的销售品种、发货数量、销售收入预算和应收账款预算,然后编制销售成本预算和销售费用预算,最后根据"销售利润=销售收入-税金及附加-销售成本-销售费用"的基本公式编制销售利润预算。销售活动所涉及预算的编制程序如图6-1所示。

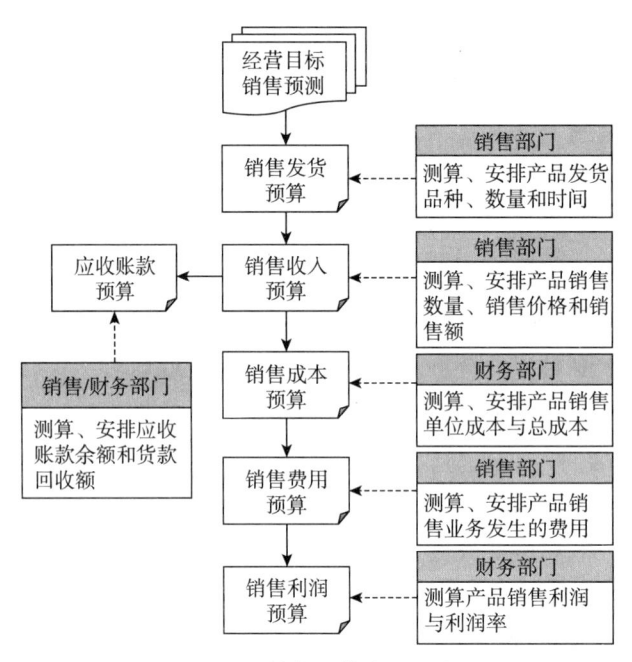

```
┌─────────────┐
│ 经营目标    │
│ 销售预测    │
└──────┬──────┘
       │           ┌─────────────────┐
       ▼           │ 销售部门        │
┌─────────────┐ ···│ 测算、安排产品发货│
│ 销售发货    │    │ 品种、数量和时间 │
│ 预算        │    └─────────────────┘
└──────┬──────┘
       │           ┌─────────────────┐
       ▼           │ 销售部门        │
┌──────────┐ ┌─────────────┐ ··· │ 测算、安排产品销售│
│应收账款  │◄│ 销售收入    │     │ 数量、销售价格和 │
│预算      │ │ 预算        │     │ 销售额          │
└──────────┘ └──────┬──────┘     └─────────────────┘
      ▲             │
      │             ▼           ┌─────────────────┐
┌──────────┐ ┌─────────────┐    │ 财务部门        │
│销售/财务 │ │ 销售成本    │ ···│ 测算、安排产品销售│
│部门      │ │ 预算        │    │ 单位成本与总成本 │
│测算、安排│ └──────┬──────┘    └─────────────────┘
│应收账款余│        │
│额和货款  │        ▼           ┌─────────────────┐
│回收额    │ ┌─────────────┐    │ 销售部门        │
└──────────┘ │ 销售费用    │ ···│ 测算、安排产品销│
             │ 预算        │    │ 售业务发生的费用 │
             └──────┬──────┘    └─────────────────┘
                    │
                    ▼           ┌─────────────────┐
             ┌─────────────┐    │ 财务部门        │
             │ 销售利润    │ ···│ 测算产品销售利润│
             │ 预算        │    │ 与利润率        │
             └─────────────┘    └─────────────────┘
```

图 6-1　销售预算编制程序

1. 编制销售发货预算

销售部门以经营目标、产品发货计划、企业产能计划等资料为依据,测算、安排企业预算期各种产品的主要客户、发货数量和发货时间。

2. 编制销售收入预算

销售部门以企业下达的销售收入目标为导向,根据销售预测以及与产品客户对接的结果,测算、安排企业预算期产品的销售数量、销售价格和销售额。

3. 编制应收账款预算

销售/财务部门以销售收入预算、货款回收政策、应收账款期初余额等资料为依据,测算企业预算期应收账款增减变动和货款回收情况。

4. 编制销售成本预算

财务部门以销售数量、产品制造成本和产品库存等预算为依据,测算、安排企业预算期销售产品或提供劳务的实际成本。

5. 编制销售费用预算

销售部门以业务活动计划、销售收入预算、职工薪酬预算、运输及装卸合同、办公用品耗用计划、费用定额与标准等资料为依据,测算、安排企业预算期内开展销售业务发生的各项费用。

6. 编制销售利润预算

财务部门以销售收入、销售成本和销售费用等预算为依据,测算企业预算期销售业务实现的销售利润和利润率。

二、编制销售发货预算

销售发货预算是企业预算期内产品发货的总体安排,由销售部门负责编制,生产部门予以协助。

(一)销售发货预算的重要性

销售发货预算对企业生产、采购、存货、资金等预算的编制有着决定性的影响,是编制其他预算的重要依据。

1. 发货数量决定着生产数量

满足产品的发货需要是生产部门的首要职责,因此产品发货数量的多少直接影响产品生产数量的多少。

2. 发货数量决定着采购数量

产品发货数量多,生产数量自然也多,采购生产所需的材料物资必然也多;反之亦反。

3. 发货数量决定着存货数量

为了满足产品发货和生产的双重需要,仓储部门应当根据发货数量的多少储备足量的材料存货和产品存货,生产部门也应当按照生产批量的多少安排在产品存货,从而保障产品的发货和生产需要。

4. 发货数量决定资金数量

产品发货数量、生产数量、采购数量与资金需求数量呈正比例关系,发货多、生产多、采购多,需要的资金必然多;反之亦反。

另外,产品发货数量还对人力资源、设备、技术、质量、安全、环保等方面有直接或间接影响,销售发货预算在预算编制中的龙头作用由此可见一斑。

(二)发货数量与销售数量的联系和区别

发货数量与销售数量是销售预算中的两个重要概念,二者都是反映企业销售情况的预算指标,都由销售部门负责安排,预算对象均为企业生产经营的各种产品。二者的区别主要体现在以下四个方面:

一是确认的依据不同。发货数量以预算期内产品从企业管辖的仓库发出为确认依据,而不论产品的所有权是否已经转移给客户;销售数量则以预算期内产品所有权已经转移给客户并可以开具销售发票为确认依据,而不论产品是否已经从企业管辖的仓库发出。

二是内涵不同。发货数量是指预算期内从企业仓库发给客户的产品数量;销售数量是指预算期内可以向客户开具销售发票的产品数量。在产品供过于求的情况下,企业产品发货出厂,只是意味着产品存放地点由企业的仓库转移到客户指定的仓库,并不意味着可以开具销售发票,只有等到客户确认后,企业才能确认销售数量并给客户开具销售发票。反之,在产品供不应求的情况下,企业开具销售发票后,销售数量才得以确认,但是产品发货数量不一定能够确认,甚至有可能产品还没有生产出来。

三是外延不同。预算期内的产品销售数量一般不等于产品发货数量,而是等于销售发票中列明的销售数量。只有在"票货同步"的情况下,产品销售数量才等于产品发货数量。决定销售数量是"等于""大于"还是"小于"发货数量的关键因素是产品的供求关系。

四是用途不同。发货数量是仓储部门编制产品存货预算和生产部门编制产品产量预算的主要依据;销售数量是销售部门编制销售收入预算、应收账款预算、销售费用预算的主要依据。

(三) 销售发货预算的编制方法

1. 收集预算基础资料

销售部门要深入开展市场调研与销售预测,确保销售发货预算的编制建立在翔实的基础资料之上,与市场需求相适应,与企业生产经营活动的实际相吻合。编制销售发货预算需要收集的基础资料如表 6-1 所示。

表 6-1 销售发货预算基础资料

序号	资料名称	资料说明	提供部门
1	预算编制大纲	指预算编制大纲对产品发货数量方面提出的目标与要求	财务部门
2	产品发货计划	指企业预算期内向客户交付产品品种、数量及时间的计划安排	销售部门
3	企业产能计划	指企业预算期内各种产品的生产能力计划	生产部门
4	合同及订单	指企业已与客户签订的、预算期内交付的销售合同或订单	销售部门

2. 编制产品发货明细表

在收集预算基础资料的基础上,要以客户为统计对象,逐一测算、编排客户在预算期内对企业产品的需求数量和需求时间。测算、编排往往要经过一个反复研究的过程,直至符合预算目标并编制产品发货明细表。

3. 编制销售发货预算

在反复统计、测算产品发货数量的基础上,编制销售发货预算。编制的基本要求有以下三个:

一是切实可行。发货数量既要符合市场、客户对本企业产品的实际需求,又要与本企业的产品生产能力相匹配,同时还要符合企业总体经营目标的要求。

二是确保目标。由于各种产品的销售价格及盈利水平存在差异,因此销售发货预算中的产品结构对于年度销售收入预算和利润预算的确定影响巨大,编制部门应综合考虑,不可偏颇。

三是尽量细化。为了便于生产部门安排产品生产,销售发货预算中要列明产品名称、规格型号、发货数量和发货时间。其中,年度预算应尽量细化到每月,月度预算则应细化到每周甚至每天。具体细化要求因企业、产品不同而有所不同。

(四) 销售发货预算编制案例

【例 6-1】 真谛公司在 2023 年预算编制大纲中拟定的 2023 年公司销售收入预算目标为 83 000 万元(见表 5-9)。根据预算编制顺序,销售部首先编制 2023 年销售发货预算,并将预算细化到每个季度。

预算编制过程和编制方法如下:

1. 收集预算基础资料

销售部经过市场调研、销售预测,与现有客户及拟开发的新客户进行了沟通、对接,大体掌握了市场客户及同行业发展的基本情况,对预算期内客户的产品需求量、需求时间以及产品订单数量有了总体把握;同时与生产部对接了预算期内本企业的资源状况、生产能力、技术水平等自身环境变化,掌握了编制销售发货预算的第一手资料。

2. 编制产品发货明细表

产品发货明细表是编制销售发货预算的基础表,按照一种产品填列一张表的原则编制。真谛公司2023年产品发货数量如表6-2所示。

表6-2 真谛公司2023年产品发货明细表

编制部门:销售部　　　　　　　编制时间:2022年10月13日

序号	客户名称	产品名称	计量单位	2023年发货数量	各季度发货数量			
					1季度	2季度	3季度	4季度
一		A产品	吨	3 000	700	900	800	600
1	红旗公司	A产品	吨	300	80	80	70	70
2	复兴公司	A产品	吨	200	70	50	30	50
…	…	A产品	吨	…	…	…	…	…
10	蓝天公司	A产品	吨	50	20	10	10	10
…	…	A产品	吨	…	…	…	…	…
50	远景公司	A产品	吨	6	2	1	2	1
二		B产品	吨	2 000	500	600	600	300
1	蓝天公司	B产品	吨	200	60	50	50	40
2	红旗公司	B产品	吨	160	40	40	30	50
…	…	B产品	吨	…	…	…	…	…
10	和谐公司	B产品	吨	20	5	6	4	5
…	…	B产品	吨	…	…	…	…	…
26	潇洒公司	B产品	吨	4	1	2	1	0
三		C产品	吨	100	20	20	30	30
1	红旗公司	C产品	吨	30	5	5	10	10
2	复兴公司	C产品	吨	20	5	5	5	5
…	…	C产品	吨	…	…	…	…	…
10	白云公司	C产品	吨	6	1	1	2	2
…	…	C产品	吨	…	…	…	…	…
20	黎明公司	C产品	吨	2	0	0	1	1
四	合计	—	吨	5 100	1 220	1 520	1 430	930

3. 编制销售发货预算

销售部根据产品发货明细表,编制销售发货预算如表6-3所示。

表6-3 真谛公司2023年销售发货预算

编制部门:销售部　　　　编制时间:2022年10月13日

产品名称	计量单位	发货数量				
		全年	1季度	2季度	3季度	4季度
A产品	吨	3 000	700	900	800	600
B产品	吨	2 000	500	600	600	300
C产品	吨	100	20	20	30	30
合计	吨	5 100	1 220	1 520	1 430	930

注:通常各种产品的实物量不需要计算合计数,因为不同性质产品的合计数量没有意义。但是,真谛公司的产品皆为农药制剂,为了统计产品生产总量合计了实物量。

三、编制销售收入预算

销售收入是企业通过产品销售或提供劳务所获得的营业收入。企业通过产品销售,不仅满足了客户需要、实现了产品价值,也补偿了生产耗费、保证了再生产活动的顺利进行;同时,销售收入是企业实现财务成果的源头和基础,是反映企业生产经营活动状况和战略目标实现程度的重要财务指标。因此,销售收入预算编制事关重大,企业必须认真对待,力求精准和有一定的挑战性。

销售收入预算由销售部门负责编制,财务部门予以协助。

(一)销售收入预算的编制方法

1. 收集预算基础资料

编制销售收入预算需要收集的基础资料如表6-4所示。

表6-4 销售收入预算基础资料

序号	资料名称	资料说明	提供部门
1	预算编制大纲	指预算编制大纲对年度销售收入预算编制提出的目标与要求	财务部门
2	销售收入计划	指经过公司审批的年度销售收入计划	销售部门
3	销售发货预算	指企业预算期内向客户交付产品品种和数量的预算	销售部门
4	上期发出商品	指上期不满足销售收入确认条件,但已在上期发出的商品清单	销售部门
5	本期发出商品	指不满足销售收入确认条件,但在预算期内已经发货的商品清单	销售部门
6	预算价格及税率	指企业制定的预算期内产品预算价格和产品销售执行的增值税税率	财务部门

2. 编排、测算销售收入额

在收集预算基础资料的基础上,以产品为预算对象,以客户为编排对象,逐一测算预算期内给客户的开票数量、结算价格、销售金额和具体时间,使之基本符合公司预定的销售收入目标。

3. 编制销售收入预算

在编排、测算销售收入额的基础上,销售部按照"销售收入 = $\sum$(产品销售数量×预算价格)"的基本公式编制销售收入预算。

为了满足管理销售业务、控制销售活动、分析产品市场和考核销售业绩等方面的需要,方便企业管理者从不同角度提炼出不同的信息,销售收入预算可以分别按产品品种、销售区域、结算方式、销售客户、责任部门等进行编制,从而形成多维数据模型。这些多维信息的提供,可以为企业评价产品市场、进行销售区域的合理布局、调整产品销售结构、对销售人员进行业绩考评等经营决策提供可靠的数据资料和客观依据。

(1)按产品品种编制销售收入预算的方法。为了反映产品销售结构和各种产品的销售情况,销售收入预算一般按产品品种进行编制,这是销售收入预算编制的基本形式。在企业产销多种产品的情况下,销售收入预算应分别反映各种产品的预算销售额和销售结构,以发挥销售收入预算管理、决策、控制、考核销售活动的作用。如果企业产品规格型号较多,也可以按产品类别编制销售收入预算。按照产品品种编制销售收入预算的格式如表6-5所示。

表6-5 翰林公司产品销售收入预算　　　　　　　　　　　　　金额单位:万元

产品名称	计量单位	销售单价	全年		1季度		2季度		3季度		4季度	
			数量	金额	数量	金额	数量	金额	数量	金额	数量	金额
甲产品	台	1	300	300	75	75	75	75	75	75	75	75
乙产品	台	2	160	320	40	80	40	80	40	80	40	80
丙产品	套	3	120	360	34	102	24	72	36	108	26	78
合计	—	—		980		257		227		263		233

(2)按销售区域编制销售收入预算的方法。为了反映产品在不同销售区域的销售数量、销售价格和市场份额,以便有针对性地将不同产品投放到最适销的市场,实现企业产品销售的最佳组合,企业可以按产品的销售区域编制销售收入预算。按照销售区域编制销售收入预算的格式如表6-6所示。

表6-6 翰林公司产品销售收入预算　　　　　　　　　　　　　金额单位:万元

销售区域	产品名称	计量单位	销售单价	全年		1季度		2季度		3季度		4季度	
				数量	金额	数量	金额	数量	金额	数量	金额	数量	金额
北京	甲产品	台	1	100	100	25	25	25	25	25	25	25	25
	乙产品	台	2	80	160	20	40	20	40	20	40	20	40
	丙产品	套	3	60	180	19	57	9	27	21	63	11	33
	小计	—	—	—	440	—	122	—	92	—	128	—	98

金额单位：万元（续表）

销售区域	产品名称	计量单位	销售单价	全年		1季度		2季度		3季度		4季度	
				数量	金额	数量	金额	数量	金额	数量	金额	数量	金额
山东	甲产品	台	1	100	100	25	25	25	25	25	25	25	25
	乙产品	台	2	40	80	10	20	10	20	10	20	10	20
	丙产品	套	3	40	120	10	30	10	30	10	30	10	30
	小计	—	—	—	300	—	75	—	75	—	75	—	75
重庆	甲产品	台	1	100	100	25	25	25	25	25	25	25	25
	乙产品	台	2	40	80	10	20	10	20	10	20	10	20
	丙产品	套	3	20	60	5	15	5	15	5	15	5	15
	小计	—	—	—	240	—	60	—	60	—	60	—	60
合计	甲产品	台	1	300	300	75	75	75	75	75	75	75	75
	乙产品	台	2	160	320	40	80	40	80	40	80	40	80
	丙产品	套	3	120	360	34	102	24	72	36	108	26	78
	合计	—	—	—	980	—	257	—	227	—	263	—	233

（3）按结算方式编制销售收入预算的方法。为了反映产品在不同结算方式下的销售数量、销售价格和市场份额，企业还可以按产品的结算方式编制销售收入预算。这种形式的预算一般以产品品种为单位编制，然后进行汇总。按照结算方式编制销售收入预算的格式如表6-7所示。

表6-7 翰林公司产品销售收入预算　　　　　　　　　　　　金额单位：万元

产品名称	结算方式	计量单位	销售单价	全年		1季度		2季度		3季度		4季度	
				数量	金额	数量	金额	数量	金额	数量	金额	数量	金额
甲产品	现销	台	0.9	170	153.0	45	40.5	45	40.5	40	36.0	40	36.0
	分期收款	台	1.1	90	99.0	15	16.5	15	16.5	30	33.0	30	33.0
	易货	台	1.2	40	48.0	15	18.0	15	18.0	5	6.0	5	6.0
	小计	台	1.0	300	300.0	75	75.0	75	75.0	75	75.0	75	75.0
乙产品	现销	台	1.9	120	228.0	28	53.2	28	53.2	32	60.8	32	60.8
	分期收款	台	2.2	30	66.0	11	24.2	11	24.2	4	8.8	4	8.8
	易货	台	2.6	10	26.0	1	2.6	1	2.6	4	10.4	4	10.4
	小计	台	2.0	160	320.0	40	80.0	40	80.0	40	80.0	40	80.0
丙产品	现销	套	2.9	95	275.5	27	78.3	19	55.1	29	84.1	20	58.0
	分期收款	套	3.3	15	49.5	4	13.2	3	9.9	3	9.9	5	16.5
	易货	套	3.5	10	35.0	3	10.5	2	7.0	4	14.0	1	3.5
	小计	套	3.0	120	360.0	34	102.0	24	72.0	36	108.0	26	78.0

金额单位:万元(续表)

产品名称	结算方式	计量单位	销售单价	全年		1季度		2季度		3季度		4季度	
				数量	金额	数量	金额	数量	金额	数量	金额	数量	金额
合计	现销	—	—	—	656.5	—	172.0	—	148.8	—	180.9	—	154.8
	分期收款	—	—	—	214.5	—	53.9	—	50.6	—	51.7	—	58.3
	易货	—	—	—	109.0	—	31.1	—	27.6	—	30.4	—	19.9
	合计	—	—	—	980.0	—	257.0	—	227.0	—	263.0	—	233.0

按照产品的销售客户、责任部门编制销售收入预算的方法与按照销售区域、结算方式编制销售收入预算的方法基本相同,兹不赘述。

销售收入预算编制形式的选择应根据企业产品销售的特点和预算管理的需要而定。同时,在编制销售收入预算时还要注意以下三点:

一是通过量本利分析,确定可使企业经济效益达到最佳状态的销售数量和销售单价,同时还应考虑企业现行的产品生产能力、存货水平和销售的季节性影响等情况。如果是多品种生产经营,还要考虑产品产销结构不同给企业销售收入及利润水平带来的影响。

二是在编制销售收入预算时,要充分考虑产品销售的收款方式和现金收款安排,同时还要考虑产品的出厂价、批发价和零售价。这样既有利于细化销售收入预算的编制,又能全面把握预计应收账款情况,为编制应收账款预算和现金预算提供必要的数据资料。

三是销售收入预算还应反映流转税的情况。流转税是以商品、劳务的营业收入作为计税依据缴纳的税金,主要包括增值税、消费税等税种。其中,增值税包含在应收账款之中。因此,编制销售收入预算既要反映不含税销售额,又要反映含税销售额。

(二)销售收入预算编制案例

【例 6-2】 真谛公司销售部按照公司 2023 年预算编制大纲的要求,结合销售预测情况,编制 2023 年销售收入预算。已知真谛公司产品销售的增值税税率为 10%。为了简化预算编制,假定真谛公司预算期内的产品发货数量与销售数量相同,即产品发货当期确认销售收入实现。

预算编制过程和编制方法如下:

1. 收集预算基础资料

首先,销售部与财务部合作核定了 2023 年各种产品的销售价格,收集了销售发货预算等基础资料如表 6-8 所示。

表 6-8 真谛公司 2023 年销售收入预算基础资料

编制部门:销售部　　　　编制时间:2022 年 10 月 13 日　　　　金额单位:万元

序号	产品名称	计量单位	发货数量	不含税销售单价	含税销售单价	增值税税率
1	A 产品	吨	3 000	20	22	10%
2	B 产品	吨	2 000	10	11	10%
3	C 产品	吨	100	30	33	10%

2. 编制销售收入测算

销售部在编制销售收入预算基础资料和销售发货预算(表6-3)的基础上,经过与客户衔接、沟通,对预算期内的产品品种、销售数量、销售价格、销售收入进行了全面测算。

如前所述,销售收入预算中的销售数量与销售发货预算中的发货数量不是一个概念。在预算实务中,销售收入预算中的销售数量是根据预算期内产品发货数量、销售合同、购销双方商定的货款结算政策等因素测算确定的,是销售方与购买方磋商、沟通的结果。为了简化计算,本案例假定真谛公司2023年的产品发货数量与销售数量完全相同。

销售部按客户测算的2023年销售收入如表6-9所示。

表6-9 真谛公司2023年销售收入测算

编制部门:销售部　　　　　　编制时间:2022年10月13日　　　　　　金额单位:万元

序号	客户名称	计量单位	2023年度			1季度		2季度		3季度		4季度	
			数量	单价	销售额	数量	销售额	数量	销售额	数量	销售额	数量	销售额
一	A产品	吨	3 000	20	60 000	700	14 000	900	18 000	800	16 000	600	12 000
1	红旗公司	吨	300	20	6 000	80	1 600	80	1 600	70	1 400	70	1 400
2	复兴公司	吨	200	20	4 000	70	1 400	50	1 000	30	600	50	1 000
…	…	…	…	…	…	…	…	…	…	…	…	…	…
10	蓝天公司	吨	50	20	1 000	20	400	10	200	10	200	10	200
…	…	…	…	…	…	…	…	…	…	…	…	…	…
50	远景公司	吨	6	20	120	2	40	1	20	2	40	1	20
二	B产品	吨	2 000	10	20 000	500	5 000	600	6 000	600	6 000	300	3 000
1	蓝天公司	吨	200	10	2 000	60	600	50	500	50	500	40	400
2	红旗公司	吨	160	10	1 600	40	400	40	400	30	300	50	500
…	…	…	…	…	…	…	…	…	…	…	…	…	…
10	和谐公司	吨	20	10	200	5	50	6	60	4	40	5	50
…	…	…	…	…	…	…	…	…	…	…	…	…	…
26	潇洒公司	吨	4	10	40	1	10	2	20	1	10	0	0
三	C产品	吨	100	30	3 000	20	600	20	600	30	900	30	900
1	红旗公司	吨	30	30	900	5	150	5	150	10	300	10	300
2	复兴公司	吨	20	30	600	5	150	5	150	5	150	5	150
…	…	…	…	…	…	…	…	…	…	…	…	…	…
10	白云公司	吨	6	30	180	1	30	1	30	2	60	2	60
…	…	…	…	…	…	…	…	…	…	…	…	…	…
20	黎明公司	吨	2	30	60	0	0	0	0	1	30	1	30
四	合计	—	—	—	83 000	—	19 600	—	24 600	—	22 900	—	15 900

3. 编制销售收入预算

销售部根据销售收入测算编制的 2023 年销售收入预算如表 6-10 所示。

表 6-10　真谛公司 2023 年销售收入预算

编制部门：销售部　　　　　　编制时间：2022 年 10 月 13 日　　　　　　金额单位：万元

产品名称	计量单位	2023 年预算			1 季度		2 季度		3 季度		4 季度	
		数量	单价	金额	数量	金额	数量	金额	数量	金额	数量	金额
A 产品	吨	3 000	20	60 000	700	14 000	900	18 000	800	16 000	600	12 000
B 产品	吨	2 000	10	20 000	500	5 000	600	6 000	600	6 000	300	3 000
C 产品	吨	100	30	3 000	20	600	20	600	30	900	30	900
合计	—	—	—	83 000	—	19 600	—	24 600	—	22 900	—	15 900

对于缴纳增值税的企业，其销售货款包括销售收入款和税款两部分。为了满足编制现金收入预算和应收账款预算的需要，缴纳增值税的企业应分别编制（不含税）销售收入预算和含税销售收入预算。同时约定：凡是包含税金的销售收入一律注明"含税"两个字；凡是没有注明"含税"两个字的，一律为不含税销售收入。含税销售收入的计算公式为：

含税销售收入 = 销售收入 × (1+增值税税率)

已知真谛公司产品销售增值税税率为 10%，销售部根据"含税销售收入 = 销售收入 × (1+增值税税率)"的公式，以表 6-10 中的各项销售收入、单价乘以 1.1 得出含税的销售收入和单价，并编制 2023 年含税销售收入预算如表 6-11 所示。

表 6-11　真谛公司 2023 年含税销售收入预算

编制部门：销售部　　　　　　编制时间：2022 年 10 月 13 日　　　　　　金额单位：万元

产品名称	计量单位	2023 年预算				1 季度		2 季度		3 季度		4 季度	
		数量	含税单价	含税金额	销项税	数量	含税金额	数量	含税金额	数量	含税金额	数量	含税金额
A 产品	吨	3 000	22	66 000	6 000	700	15 400	900	19 800	800	17 600	600	13 200
B 产品	吨	2 000	11	22 000	2 000	500	5 500	600	6 600	600	6 600	300	3 300
C 产品	吨	100	33	3 300	300	20	660	20	660	30	990	30	990
合计	—	—	—	91 300	8 300	—	21 560	—	27 060	—	25 190	—	17 490

四、编制应收账款预算

应收账款是指企业因销售产品或材料、提供劳务应向购货单位或接受劳务单位收取的款项，是企业因销售产品或提供劳务而形成的债权。在产品供大于求的市场经济条件下，企业为了扩大产品销售规模、提高市场占有率，一般会采用赊销的方式销售产品，当期的销售货款往往有一部分不能立即收回，从而形成一部分应收账款。也就是说，企业预算期内的销售收入额并不等于预算期内的销售现金收入。因此，为了管理、控制预算期内应收账款的发生、回收以及期初期末余额的变动情况，也为了安排预算期内的现金收入，为编制现金预算提供数据来源,企业在编制完销售收入预算后,需要编制应收账款预算。

应收账款预算由销售部门负责编制,财务部门予以协助。

(一)应收账款预算的编制方法

1. 收集预算基础资料

编制应收账款预算需要收集的基础资料如表6-12所示。

表6-12 应收账款预算基础资料

序号	资料名称	资料说明	提供部门
1	预算编制大纲	指预算编制大纲对应收账款预算编制提出的目标与要求	财务部门
2	货款回收计划	指销售部根据授信政策、货款回收率指标、应收账款周转天数指标、客户应收账款余额、付款能力、信用记录、产品供求关系等情况制订的预算期内货款回收计划	销售部门
3	授信政策	指企业制定的预算期内规范赊销业务、铺货业务及货款回收政策,管理和控制销售风险的方针、措施和程序的总称,授信政策通常一年一定,由销售部门和财务部门共同制定	销售部门 财务部门
4	销售收入测算表	指以客户和产品为对象填制的销售收入测算表	销售部门
5	销售收入预算	指企业预算期内销售产品或提供劳务获得收入的预算	销售部门
6	应收账款期初余额表	指根据编制预算时每个客户的应收账款实际余额,以及基期发生的应收账款增减额等情况编制的预算期初应收账款余额表	销售部门

2. 分析、测算应收账款指标

在收集预算基础资料的基础上,以客户为预算对象,以货款回收计划、授信政策、销售收入测算、应收账款期初余额为依据,逐一分析、测算每个客户在预算期内的应收账款增加、减少和期末余额。期末余额的计算公式为:

应收账款期末余额=应收账款期初余额+预算期应收账款增加额−预算期应收账款减少额

3. 编制应收账款预算

应收账款预算编制的重点是预算期内的货款回收额,也就是现金收款额。这是预算期内企业现金收入的主要来源,对于现金预算的收支平衡具有决定性的影响。因为企业的应收账款账户是按客户名称设置的,所以在编制应收账款预算时,应按客户名称进行编排,同时还要反映销售业务的内容,以便与销售收入预算衔接。

当企业的应收账款户数过多时,可采取重点管理法(ABC分析法)编制应收账款预算。具体做法是:首先,对所有客户按年销售额大小顺序进行排列;其次,计算累计销售额占企业销售总额的百分比;最后,根据客户排列顺序进行分类管理编制预算。其中,对于累计销售额占企业销售总额80%左右的客户群体实行重点管理,在应收账款预算中要精确到每一个客户;对于其他占企业销售总额20%左右的客户群体则实行一般性管理,在应收账款预算中可以按销售区域、销售部门或产品类别进行汇总示。

需要说明的是,为了全面反映预算期内应收账款数额,企业应将预算期的销售收入全部纳入应收账款预算，会计人员在做账时，也应将销售收入全部过渡到应收账款账户。

（二）应收账款预算编制案例

【例6-3】 真谛公司根据产品供求关系、企业资金状况和市场情况制定的2023年产品销售货款回收政策是：每季度含税销售收入的70%在本季度收回现金，剩余30%于下一季度收回。其中，12月31日的应收账款余额为4季度含税销售收入的10%。销售部据此编制应收账款预算。

预算编制过程和编制方法如下：

1. 收集预算基础资料

销售部归集、整理预算期销售发货预算、销售收入预算、已签订的销售合同、客户信用记录、授信政策等基础资料；与财务部沟通公司预算期内的总体现金收支安排；分析研究销售收款政策、产品供求关系、客户付款政策及付款能力、预计期初应收账款余额等信息资料。

2. 系统梳理销售收入

根据产品客户较多的情况，销售部对销售客户开展ABC分析，系统梳理预算期的销售收入。具体方法如下：

（1）根据销售收入测算（表6-9），分产品将所有客户按2023年预计销售额进行排列，并计算累计销售额占总销售额的比重，如表6-13所示。

表6-13 真谛公司2023年客户分产品含税销售额排序

编制部门：销售部　　　　　　编制时间：2022年10月13日　　　　　　金额单位：万元

序号	销售客户名称	销售额	累计销售额	累计销售额比重
一	A产品	66 000	—	
1	红旗公司	6 600	6 600	10%
2	复兴公司	4 400	11 000	16.7%
…	…	…	…	…
10	蓝天公司	1 100	52 140	79%
…	…	…	…	…
50	远景公司	132	66 000	100%
二	B产品	22 000	—	
1	蓝天公司	2 200	2 200	10%
2	红旗公司	1 760	3 960	18%
…	…	…	…	…
10	和谐公司	220	17 160	78%
…	…	…	…	…
26	潇洒公司	44	22 000	100%

金额单位:万元(续表)

序号	销售客户名称	销售额	累计销售额	累计销售额比重
三	C 产品	3 300	—	—
1	红旗公司	990	990	30%
2	复兴公司	660	1 650	50%
…	…	…	…	…
10	白云公司	198	2 640	80%
…	…	…	…	…
20	黎明公司	66	3 300	100%

（2）对每一客户各种产品的年度销售额进行汇总排序，计算累计销售额和累计销售额占总销售额的比重，如表 6-14 所示。

表 6-14 真谛公司 2023 年客户含税销售额汇总排序

编制部门:销售部　　　　　　编制时间:2022 年 10 月 13 日　　　　　　金额单位:万元

序号	销售客户名称	业务内容	销售额	累计销售额	累计销售额比重
1	红旗公司	A/B/C 产品	9 350	9 350	10.2%
2	复兴公司	A/C 产品	5 060	14 410	15.8%
3	蓝天公司	A/B 产品	3 300	17 710	19.4%
…	…	…	…	…	…
25	和谐公司	B 产品	220	73 040	80%
…	…	…	…	…	…
70	潇洒公司	B 产品	44	91 300	100%
	合计	—	91 300	—	—

（3）根据销售客户的汇总排列顺序，对排在累计销售额占企业销售收入总额 80% 左右的客户，在应收账款预算中按客户名称进行明细填列；对于其他小客户群体，在应收账款预算中按销售区域进行汇总填列。

3. 分析、测算应收账款指标

根据各产品客户应收账款预计期初余额、预算期新增应收账款以及货款回收政策等因素测算应收账款预算的有关指标。

（1）应收账款期初余额根据编制预算时应收账款账户的实际余额，综合考虑本年期末的新增应收账款及货款回收情况分析测算。

（2）预算期新增应收账款根据销售收入预算及细分到客户的销售计划分析测算。

（3）货款回收政策由购销双方在销售合同中约定。本案例按每季度含税销售收入的 70% 在当季度回收货款，剩余 30% 于下一季度回收。其中，12 月 31 日的应收账款余额按 4 季度含税销售收入的 10% 计算填列。

（4）预算期各季度回收现金根据以下公式计算填列：

预算期回收现金＝应收账款期初余额＋预算期新增应收账款×货款回收率

（5）预算期各季度期末应收账款余额根据以下公式计算填列：

应收账款期末余额＝应收账款期初余额＋预算期新增应收账款－预算期回收现金

4．编制应收账款预算

根据分析、测算得出的各产品客户预算期的应收账款指标，编制真谛公司2023年应收账款年度预算和季度预算如表6-15、表6-16所示。

表6-15 真谛公司2023年应收账款年度预算

编制部门：销售部　　　　　　　编制时间：2022年10月13日　　　　　　　　单位：万元

序号	客户名称及分类	业务内容	2023年预算			
			期初余额	本期应收	本期收现	期末余额
一	重点客户	—	1 360	73 100	73 061	1 399
1	红旗公司	A/B/C产品	300	9 185	9 243	242
2	复兴公司	A/C产品	200	4 895	4 968	127
3	蓝天公司	A/B产品	180	3 300	3 414	66
…	…	…	…	…	…	…
25	和谐公司	B产品	5	220	219	6
二	一般客户	—	340	18 200	18 190	350
1	华东10家	A/B/C产品	60	3 750	3 740	70
2	华西11家	A/B/C产品	70	4 550	4 530	90
3	华北12家	A/B/C产品	100	4 600	4 610	90
4	华南12家	A/B/C产品	110	5 300	5 310	100
三	合计	—	1 700	91 300	91 251	1 749

表6-16 真谛公司2023年应收账款季度预算

编制部门：销售部　　　　　　　编制时间：2022年10月13日　　　　　　　　单位：万元

序号	客户名称及分类	1季度				2季度			3季度			4季度		
		期初余额	本期应收	本期收现	期末余额	本期应收	本期收现	期末余额	本期应收	本期收现	期末余额	本期应收	本期收现	期末余额
一	重点客户	1 360	17 260	13 442	5 178	21 660	20 340	6 498	20 190	20 631	6 057	13 990	18 648	1 399
1	红旗公司	300	2 365	1 955	710	2 200	2 250	660	2 200	2 200	660	2 420	2 838	242
2	复兴公司	200	1 705	1 393	512	1 100	1 282	330	825	907	248	1 265	1 386	127
3	蓝天公司	180	1 100	950	330	770	869	231	770	770	231	660	825	66
…	…	…	…	…	…	…	…	…	…	…	…	…	…	…
25	和谐公司	5	55	43	17	66	63	20	44	51	13	55	62	6
二	一般客户	340	4 300	3 350	1 290	5 400	5 070	1 620	5 000	5 120	1 500	3 500	4 650	350
1	华东10家	60	950	725	285	1 100	1 055	330	1 000	1 030	300	700	930	70

单位:万元(续表)

序号	客户名称及分类	1季度				2季度			3季度			4季度		
		期初余额	本期应收	本期收现	期末余额	本期应收	本期收现	期末余额	本期应收	本期收现	期末余额	本期应收	本期收现	期末余额
2	华西11家	70	1 050	805	315	1 300	1 225	390	1 300	1 300	390	900	1 200	90
3	华北12家	100	1 100	870	330	1 400	1 310	420	1 200	1 260	360	900	1 170	90
4	华南12家	110	1 200	950	360	1 600	1 480	480	1 500	1 530	450	1 000	1 350	100
三	合计	1 700	21 560	16 792	6 468	27 060	25 410	8 118	25 190	25 751	7 557	17 490	23 298	1 749

五、编制销售成本预算

销售成本是指企业销售产成品或提供劳务按配比原则结转的实际成本,是计算销售利润、编制利润表的重要项目。销售成本预算由财务部门负责编制,销售部门和生产部门予以协助。

(一)销售成本预算的编制方法

1. 收集预算基础资料

编制销售成本预算需要收集的基础资料如表6-17所示。

表6-17 销售成本预算基础资料

序号	资料名称	资料说明	提供部门
1	期初库存产品结存	指预算期初预计的库存产品名称、结存数量和结存成本	仓储部门
2	产品成本预算	指企业预算期内产品单位成本和总成本的预算	财务部门
3	销售收入预算	指企业预算期内销售产品或提供劳务获得收入的预算	财务部门

2. 计算单位产品销售成本

产品销售成本的核算方法主要有加权平均法、先进先出法、后进先出法和个别计价法等。根据国家财税部门的有关规定,结转产品销售成本的方法前后各期应保持一致。采用计划成本结转产品销售成本时,应同时结转产品成本差异,将计划成本调整为实际成本。由于产品销售成本直接关系到企业产品销售利润及利润总额,因此企业应根据产品特点和管理要求选择恰当的成本结转方法。

为了实现收入与成本的合理匹配,企业一般采用加权平均法计算已售产品的单位成本。其计算公式为:

$$加权平均单位成本 = \frac{期初库存产品成本 + 预算期入库产品成本}{期初库存产品数量 + 预算期入库产品数量}$$

3. 编制销售成本预算

在计算单位产品销售成本的基础上,财务部门按照"产品销售成本=加权平均单位成本×产品销售数量"的基本公式,逐一计算出预算期各种产品的销售成本,并据以编制销售成本预算。

(二)销售成本预算编制案例

【例 6-4】 为了编制销售利润预算,财务部负责根据有关资料,采用加权平均法编制真谛公司 2023 年产品销售成本预算。

预算编制过程和编制方法如下:

1. 收集预算基础资料

收集的资料包括销售产品名称、期初产品库存数量和成本、预算期产品入库数量和成本、预算期产品销售数量等。其中,预算期销售产品名称、产品销售数量、产品入库数量和成本可以分别从销售收入预算(表 6-10)和产品成本预算(表 6-58)中取得;期初产品库存数量和库存成本数据从产品存货预算(表 6-68)中取得。

2. 编制销售成本预算计算表

根据收集整理的基础资料,按照计算产品销售成本的基本公式,采用加权平均法计算 2023 年产品销售的加权平均单位成本,如表 6-18 所示。

表 6-18 真谛公司 2023 年产品销售成本预算计算表

编制部门:财务部　　　　编制时间:2022 年 10 月 17 日

产品名称	计量单位	期初库存产品		预算期入库产品		产品销售单位成本(元)
		数量	总成本(万元)	数量	总成本(万元)	
A 产品	吨	170	1 450	3 000	23 994	80 265
B 产品	吨	120	850	2 020	13 396	66 570
C 产品	吨	0	0	110	1 093	99 364
合计	—	—	2 300	—	38 483	—

3. 编制销售成本预算

根据销售成本预算计算表(表 6-18)、销售收入预算(表 6-10),编制真谛公司 2023 年产品销售成本预算,如表 6-19 所示。

表 6-19 真谛公司 2023 年产品销售成本预算

编制部门:财务部　　　　编制时间:2022 年 10 月 17 日

产品名称	计量单位	2023 年			1 季度		2 季度		3 季度		4 季度	
		数量	单位成本(元)	总成本(万元)	数量	总成本(万元)	数量	总成本(万元)	数量	总成本(万元)	数量	总成本(万元)
A 产品	吨	3 000	80 265	24 079.5	700	5 618.6	900	7 223.8	800	6 421.2	600	4 815.9
B 产品	吨	2 000	66 570	13 314.0	500	3 328.5	600	3 994.2	600	3 994.2	300	1 997.1
C 产品	吨	100	99 364	993.6	20	198.7	20	198.7	30	298.1	30	298.1
合计	—	—	—	38 387.1	—	9 145.8	—	11 416.7	—	10 713.5	—	7 111.1

销售成本预算一般在销售收入预算、产品成本预算和产品存货预算编制完成后进行编制,因此编制销售成本预算所需的基础数据可以直接从上述预算中获取。

六、编制销售费用预算

销售费用是指企业在销售产品或提供劳务过程中发生的各项费用以及专设销售机构的各项经费,包括应由企业负担的运输费、装卸费、包装费、保险费、广告宣传费、销售佣金、租赁费和销售服务费,以及专设销售机构的职工薪酬、业务费、差旅费、办公费、折旧、低值易耗品摊销及其他费用。

销售费用是为了实现销售收入而支付的费用。销售收入作为收益性指标,当然是越高越好;而销售费用作为成本性指标,则是越低越好。一般情况下,销售收入与销售费用成正比,企业要想使销售收入有较大幅度的增长,就必须加大销售力度,增加销售费用的投入,盲目压缩销售费用会影响销售业务的开展。因此,企业在编制销售费用预算时,必须与销售数量及销售收入预算相互协调和配合。

销售费用预算由销售部门负责编制,财务部门予以协助。

(一)销售费用预算的编制方法

1. 收集预算基础资料

编制销售费用预算需要收集的基础资料如表6-20所示。

表6-20 销售费用预算基础资料

序号	资料名称	资料说明	提供部门
1	预算编制大纲	指预算编制大纲对销售费用预算编制提出的目标与要求	财务部门
2	业务活动计划	指销售部门为完成预算期经营目标而制订的业务活动计划	销售部门
3	销售收入预算	指企业预算期销售产品或提供劳务获得收入的预算	销售部门
4	应付职工薪酬预算	指企业预算期应付销售部门员工报酬或补偿的预算	人力资源部门
5	固定资产折旧预算	指企业预算期计提销售部门固定资产折旧额的预算	财务部门
6	无形资产摊销预算	指企业预算期内计提无形资产摊销额的预算	财务部门
7	运输及装卸合同	指企业预算期签订执行的商品运输与装卸合同或协议	采购部门
8	费用定额与标准	指企业预算期有关销售费用的定额与开支标准	财务部门
9	基期销售费用支出	指企业基期销售费用预计支出金额	财务部门

2. 测算销售费用数额

销售费用既有固定性费用,也有变动性费用,还有混合性费用,不同习性的销售费用项目与业务量之间有着不同的依存关系和内在联系,编制人员要分析销售收入、销售费用和销售利润三者的量本利关系,力求达到销售费用投入产出的最佳效果。销售费用的具体测算步骤和方法如下:

(1)划分费用类型。按成本习性将销售费用分为固定性销售费用、变动性销售费用和混合性销售费用三种类型。

（2）计算费用数额。针对不同习性的销售费用采用不同的方法分析、计算,确定预算期各项销售费用数额。其中,固定性销售费用总额与业务量无直接因果关系,既可以在基期费用项目及数额的基础上根据预算期的发展变化加以适当修正进行预计,也可以运用零基预算法逐项测算;变动性销售费用与业务量之间呈一次函数关系(线性关系),可根据"$Y=bX$"(Y 为变动性销售费用总额,b 为变动费用定额,X 为业务量)的公式计算;混合性销售费用总额随着业务量的变动按不同比例变动,可利用公式"$Y=a+bX$"进行测算(Y 为混合性销售费用总额,a 为混合性销售费用中的固定费用总额,b 为混合性销售费用中的单位变动费用定额,X 为业务量)。为简化计算,也可以将混合性费用分解为变动性费用和固定性费用两部分,分别列入销售费用预算的变动性费用和固定性费用。

另外,变动性和混合性销售费用也可以采用销售费用比率法进行测算,即以基期销售费用与基期销售收入比率为基准测算预算期的变动及混合性销售费用。其计算公式为:

$$预算期销售费用 = 预算期销售收入 \times \frac{基期销售费用}{基期销售收入} \times 100\%$$

（3）编制销售费用测算表。销售费用测算表要按销售费用明细科目设置,对预算期内发生的业务活动事项逐一测算。测算表格式如表 6-21 所示。

表 6-21 销售费用测算表

费用科目	业务事项	费用测算依据	费用金额				全年合计
			1 季度	2 季度	3 季度	4 季度	

3. 编制销售费用预算

在测算预算期销售费用数额的基础上编制销售费用预算,并根据预算项目的性质将销售费用划分为付现项目和非付现项目两大类,为编制现金预算提供资料依据。

（二）销售费用预算编制案例

【例 6-5】 真谛公司 2023 年预算编制大纲要求,年度销售费用总额的增长率原则上要低于产品销售收入总额的增长率。其中,销售部业务人员实行提成工资制,2023 年工资总额按销售收入的 3% 计提;销售部管理人员实行计时工资制,2023 年工资总额比 2022 年增长 10%;社会保险金、住房公积金、工会经费、职工福利费、职工教育经费(简称"社保及经费")按规定计提。销售部据此编制 2023 年销售费用预算,财务部予以协助。

预算编制过程和编制方法如下:

1. 收集预算基础资料

收集的资料包括 2023 年销售收入预算、应付职工薪酬预算、业务活动计划、运输及装卸合同、办公用品耗用计划、费用定额与标准、2022 年销售费用预计发生额等。将销售费用明细项目划分为固定性销售费用和变动性销售费用两种类型。

2. 测算变动性销售费用

根据收集的预算基础资料,按照"预算期销售费用=预算期销售收入×(基期销售费用÷基期销售收入)"的基本公式测算预算期变动性销售费用。其中,业务人员工资按销售收入的3%计提,社保及经费按规定计提,均见应付职工薪酬预算(表6-88)。

3. 测算固定性销售费用

根据前述政策,2023年销售管理人员工资比2022年增长10%,社保及经费按规定计提;固定资产折旧、无形资产摊销依据固定资产折旧预算和无形资产摊销预算中的数据,其他固定性销售费用采用零基预算法逐项测算。

4. 编制销售费用测算

根据2022年销售费用预计发生额以及对2023年变动性费用、固定性费用发生额的测算情况,编制销售费用测算如表6-22所示。

表6-22 真谛公司2023年销售费用测算

编制部门:销售部　　　编制时间:2022年10月17日　　　金额单位:万元

序号	费用项目	2022年预计 金额	2022年预计 费用率	2023年测算 金额	2023年测算 费用率	调整方案 增减额	调整方案 预算金额	调整方案 费用率
1	变动性费用	8 300	11.86%	9 841	11.86%	−726	9 115	10.98%
1.1	业务人员工资	2 100	3.00%	2 490	3.00%	0	2 490	3.00%
1.2	社保及经费	1 050	1.50%	1 245	1.50%	0	1 245	1.50%
1.3	运杂费	1 350	1.93%	1 600	1.93%	−100	1 500	1.81%
1.4	货物保险费	100	0.14%	119	0.14%	1	120	0.14%
1.5	技术推广费	1 500	2.14%	1 779	2.14%	−579	1 200	1.45%
1.6	广告宣传费	830	1.19%	984	1.19%	16	1 000	1.20%
1.7	差旅费	1 100	1.57%	1 304	1.57%	−4	1 300	1.57%
1.8	业务招待费	200	0.29%	237	0.29%	−37	200	0.24%
1.9	其他	70	0.10%	83	0.10%	−23	60	0.07%
2	固定性费用	350	0.50%	379	0.46%	0	379	0.46%
2.1	管理人员工资	60	0.09%	66	0.08%	0	66	0.08%
2.2	社保及经费	30	0.04%	33	0.04%	0	33	0.04%
2.3	固定资产折旧	168	0.24%	180	0.22%	0	180	0.22%
2.4	无形资产摊销	32	0.05%	32	0.04%	0	32	0.04%
2.5	其他	60	0.09%	68	0.08%	0	68	0.08%
3	合计	8 650	12.36%	10 220	12.31%	−726	9 494	11.44%
4	销售收入	70 000	—	83 000	—	—	83 000	—

注:费用率=费用金额÷销售收入;预算金额=测算金额±增减额。

销售费用测算完成后,要对不合理的部分进行酌情调整。调整的主要原则如下:

(1)对于绝对变动费用(费用与业务量呈一次函数关系)一般不予调整。

（2）对于混合性费用（费用与业务量按不同比例变动）一般予以调整。

（3）员工工资、社保及经费项目与应付职工薪酬预算保持一致。

（4）固定资产折旧、无形资产摊销项目与固定资产折旧预算、无形资产摊销预算项目保持一致。

（5）充分考虑预算期各项业务活动的供求关系变化和价格变动因素。

（6）充分考虑预算编制大纲中提出的预算期销售费用控制目标。

基于上述原则，销售部对销售费用测算数额进行分析研究，并按照公司预算编制大纲中提出的降低2023年期间费用与销售收入比率，采用零基预算法对各项业务活动的酌量性费用逐项、逐笔测算，对测算的销售费用严格把关，提出销售费用预算调整方案。

5. 编制销售费用预算

销售部在销售费用测算的基础上编制2023年销售费用预算。其中，各个季度人员工资、社保及经费的预算数额与应付职工薪酬预算（表6-88）保持一致；折旧、摊销的预算数额与固定资产折旧预算（表6-116）、无形资产摊销预算（表6-124）保持一致；变动性费用根据各季度的销售收入进行配比分配；固定性费用据实安排。

销售费用中的固定资产折旧和无形资产摊销属于已在过去支付现金的沉没成本，在销售费用预算中属于非付现项目；职工工资、社保及经费项目由人力资源部编制的薪酬预算统一安排现金支出，在此也作为非付现项目。因此，将固定资产折旧、无形资产摊销、职工工资、社保及经费项目剔除后，其他销售费用项目为付现项目。

编制的销售费用预算如表6-23所示。

表6-23 真谛公司2023年销售费用预算

编制部门：销售部　　　　编制时间：2022年10月25日　　　　　　　　　　单位：万元

序号	费用项目	2023年预算	分季度预算			
			1季度	2季度	3季度	4季度
1	变动性费用	9 115	2 152	2 702	2 515	1 746
1.1	业务人员工资	2 490	588	738	687	477
1.2	社保及经费	1 245	294	369	344	238
1.3	运杂费	1 500	354	445	414	287
1.4	货物保险费	120	28	36	33	23
1.5	技术推广费	1 200	283	356	331	230
1.6	广告宣传费	1 000	236	296	276	192
1.7	差旅费	1 300	307	385	359	249
1.8	业务招待费	200	47	59	55	39
1.9	其他	60	15	18	16	11
2	固定性费用	379	91	92	97	99
2.1	管理人员工资	66	16	17	16	17
2.2	社保及经费	33	8	8	8	9

单位:万元(续表)

序号	费用项目	2023年预算	分季度预算			
			1季度	2季度	3季度	4季度
2.3	固定资产折旧	180	42	42	48	48
2.4	无形资产摊销	32	8	8	8	8
2.5	其他	68	17	17	17	17
3	合计	9 494	2 243	2 794	2 612	1 845
	非付现项目	4 046	956	1 182	1 111	797
	付现项目	5 448	1 287	1 612	1 501	1 048
	销售收入	83 000	19 600	24 600	22 900	15 900

七、编制销售利润预算

销售利润是销售收入减去销售成本、销售费用和税金及附加后的余额。编制销售利润预算不仅有利于公司高层把握各种产品的盈利水平,而且能促使销售部门综合平衡量本利关系,提高经营绩效。销售利润预算由财务部门负责编制,销售部门予以协助。

(一)销售利润预算的编制方法

1. 收集预算基础资料

编制销售利润预算需要收集的基础资料如表6-24所示。

表6-24 销售利润预算基础资料

序号	资料名称	资料说明	提供部门
1	销售收入预算	指企业预算期销售产品或提供劳务获得收入的预算	销售部门
2	销售成本预算	指企业预算期销售产品或提供劳务付出成本的预算	财务部门
3	税金及附加	指企业在税金及附加科目中核算的预算期应交税金及附加费	财务部门
4	销售费用预算	指预算期销售产品或提供劳务所发生费用的预算	销售部门

2. 测算税金及附加

税金及附加是计算销售利润的减项,内容包括消费税、城市维护建设税、教育费附加、资源税、房产税、城镇土地使用税、车船税、印花税等相关税费。测算依据是企业预算期应交税费的种类、课税对象、计税依据和适用税率,主要根据企业预算期应交税费的种类、计税依据和适用税率测算应交税费数额,并与应交税费预算中的预算期应交税费有关数据保持一致。

3. 编制销售利润预算

按照"销售利润=销售收入-销售成本-销售费用-税金及附加"的计算公式,逐一测算预算期内各种产品的销售利润。其中,预算期的销售费用金额采用销售金额权重比例分配法在各种产品中分摊,其他减项数据依据有关预算或测算。

(二)销售利润预算编制案例

【例 6-6】 在销售收入、销售成本、销售费用预算编制完成后,真谛公司 2023 年销售利润预算由财务部负责编制,销售部予以配合。

预算编制过程和编制方法如下:

1. 测算税金及附加

财务部在收集销售收入预算、销售成本预算、销售费用预算等基础资料的基础上,对通过税金及附加科目核算的应交城市维护建设税、教育费附加、房产税、城镇土地使用税、车船税等税费进行测算,并编制 2023 年税金及附加测算,如表 6-25 所示。表 6-25 中的有关数据要与应交税费预算(表 6-131)中的数据保持一致。

表 6-25 真谛公司 2023 年税金及附加测算

编制部门:财务部　　　　编制时间:2022 年 10 月 25 日　　　　金额单位:万元

序号	税费名称	纳税对象	税(费)率	计税依据	应交税费
1	城市维护建设税	应交增值税	7%	5 087.3	356.1
2	教育费附加	应交增值税	3%	5 087.3	152.6
3	房产税	计税余值	1.2%	3 000.0	36.0
4	土地使用税	土地面积	5 元/m²	110 000 m²	55.0
5	车船税	应税车辆	每辆 500 元/年	20 辆	1.0
6	合计	—	—	—	600.7

2. 编制销售利润预算

根据销售收入预算、销售成本预算、销售费用预算和税金及附加测算中的产品名称、销售数量、销售单价、销售成本、销售费用和税金及附加等数据,按照销售利润的基本计算公式测算、编制真谛公司 2023 年销售利润预算,如表 6-26 所示。

表 6-26 真谛公司 2023 年销售利润预算

编制部门:财务部　　　　编制时间:2022 年 10 月 25 日　　　　金额单位:万元

产品名称	计量单位	销售数量	销售收入 单价	销售收入 金额	税金及附加 单位税费	税金及附加 金额	销售成本 单位成本(元)	销售成本 金额	销售费用 费用率	销售费用 单位费用	销售费用 金额	销售利润 利润率	销售利润 单位利润	销售利润 金额
A 产品	吨	3 000	20	60 000.0	0.14	434.2	80 265	24 079.5	—	2.29	6 863.0	47.7%	9.54	28 623.3
B 产品	吨	2 000	10	20 000.0	0.07	144.8	66 570	13 314.0	—	1.14	2 288.0	21.3%	2.13	4 253.2
C 产品	吨	100	30	3 000.0	0.22	21.7	99 364	993.6	—	3.43	343.0	54.7%	16.42	1 641.7
合计	—	—	—	83 000.0	—	600.7	—	38 387.1	11.44%	—	9 494.0	41.6%	—	34 518.2

表中各产品的税金及附加、销售费用的分配标准均为销售收入。

第三节 生产预算编制

一、生产预算概述

生产预算是企业预算期内产品生产活动或提供劳务活动的预算,主要依据销售部门确定的产品发货数量、产品期初期末库存量、销售结构以及企业的生产能力、材料及人工消耗定额、费用定额、预算价格等资料编制。对于产品供不应求的企业,其编制生产预算的主要依据是产品生产能力。

生产预算涉及企业生产经营过程中的各个方面,是企业组织产品生产、控制产品成本和生产资金占用、考核生产部门工作绩效的主要依据。按照以销定产原则,生产预算一般在销售发货预算完成后进行编制。

（一）生产预算的编制责任

生产部门是编制生产预算的责任主体。由于企业的生产活动与销售、供应、人力资源等活动有着密不可分的关系,是企业生产经营活动的中心环节,因此与生产活动相关的部门和人员都应参与生产预算的编制。其中,财务部门主导产品成本预算的编制,人力资源部门要主导职工薪酬预算的编制。

（二）生产预算的内容

生产预算主要包括产品产量预算、直接材料预算、间接材料预算、人工薪酬预算、制造费用预算、产品成本预算和在产品预算等。为保持预算编制与会计核算的一致性,生产预算的编制逻辑要与企业各种产品(含辅助生产)所采用的成本核算规程、方法保持一致。

1. 产品产量预算

产品产量预算是企业预算期内生产产品品种、数量和时间的预算,主要内容包括产品名称、规格型号、计量单位、生产数量和生产时间等。产品产量既包括基本生产部门生产的产品产量,也包括辅助生产部门向基本生产部门和行政管理部门提供的产品产量及劳务数量,如机修、供电、供水、供气、运输、环保等。[①]

2. 直接材料预算

直接材料是指企业生产产品和提供劳务过程中消耗的直接用于产品生产并构成产品实体的原料、主要材料、外购半成品,以及有助于产品形成的辅助材料、燃料、动力、包装物等材料。直接材料预算是企业预算期内产品生产所耗用的直接材料数量及成本的预算,主要内容包括产品名称、产品产量、物料名称、计量单位、预算价格、消耗定额、消耗总量和物料金额等。

---

① 基本生产部门是指直接进行产品生产的车间、分厂;辅助生产部门是指为基本生产部门、行政管理部门提供劳务(机修、运输)与三废处理,以及供应水、电、汽、暖、冷等公共产品的车间、分厂。

3. 间接材料预算

间接材料是指企业生产过程中消耗的间接用于产品生产的各种材料物资,如维修设备用备品备件、设备正常运行用润滑油等。间接材料预算是企业预算期内为保持生产活动正常进行所消耗的各种间接材料数量及成本的预算,主要内容包括材料名称、计量单位、计划价格、材料用途、消耗数量、材料金额等。

4. 人工薪酬预算

人工薪酬预算是企业预算期内应付给生产部门员工(包括直接生产工人和生产部门管理人员)的各种形式的报酬或补偿的预算,主要内容包括职工工资、奖金、津贴和补贴、五险一金、三项经费等。

5. 制造费用预算

制造费用预算是企业预算期内为生产产品或提供劳务而发生的各项间接成本的预算,主要内容包括费用项目、费用金额及费用分配等。制造费用预算既包括基本生产部门的制造费用预算,也包括辅助生产部门的制造费用预算。其中,辅助生产车间规模很小、制造费用很少的企业也可以不编制辅助生产部门的制造费用预算,而是直接编制辅助生产预算。

6. 产品成本预算

产品成本预算是企业预算期内产品成本构成、料工费耗用、产品单位成本和总成本的预算,主要内容包括产品名称、完工产品数量、成本项目、耗用量、产品单位成本和产品总成本等。

7. 在产品预算

在产品预算是企业预算期初、期末正在生产过程中加工的、没有完工入库的材料、半成品、产品数量及金额的预算,主要内容包括在产品名称、成本项目、计量单位、在产品数量和成本等。

(三) 生产预算的编制程序

一般情况下,企业的产品生产和产品销售是不可能做到时间上同步、空间上平行的。为了既能满足市场需求,又要避免产品积压,除了按订单生产的定制产品,企业应当为通用产品制定一个能够保证销售活动正常进行的合理库存数量,这个合理的库存数量被称为产品库存定额。毫无疑问,如果企业能够长期保持产品库存定额不变,并严格按定额储备产品,那么生产预算就完全可以按照销售发货预算进行编制,即销售发出多少产品就生产多少产品。然而,现实中企业的生产经营活动是非常复杂的,供需关系的变化、价格的调整、不测事件的发生等各种因素都有可能引起产品实际库存量的变动。因此,为了既能保证销售活动的正常进行,又能避免产品库存太多造成资金浪费和产品积压,企业需要编制产品存货预算,对预算期内各种产品不同时间段的期初、期末库存数量进行安排。基于这个逻辑,生产预算应该结合销售发货预算和产品存货预算进行编制和安排。只有这样,才能做到既能按时、足量地向客户供应产品,又能避免库存产品积压或库存产品不足影响销售活动的正常进行。生产活动所涉及预算的编制程序如图 6-2 所示。

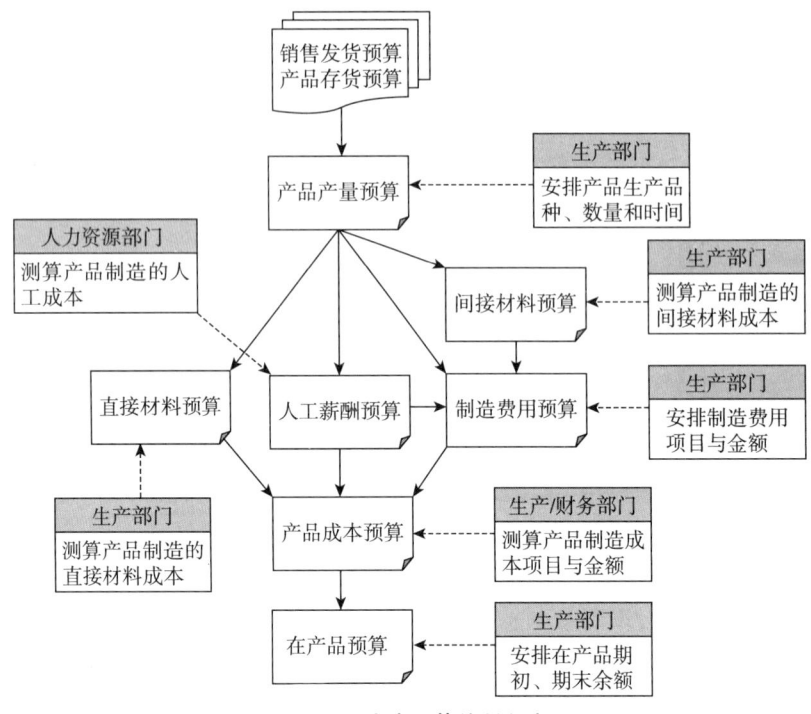

图 6-2　生产预算编制程序

1. 编制产品产量预算

生产部门根据销售发货预算和产品存货预算,结合生产部门的实际情况,安排预算期各种产品的生产品种、数量和时间。

2. 编制直接材料预算

生产部门根据产品产量预算安排的产品生产品种、数量和时间,以及企业核定的材料消耗定额和预算价格,安排预算期内产品生产所需的直接材料的品种、数量和金额。

3. 编制间接材料预算

生产部门根据产品产量预算和设备维修计划,以及企业核定的维修定额、机物料消耗定额、预算价格,结合机器设备的运行状况和运行需要,安排预算期内产品生产所需的间接材料的品种、数量和金额。

4. 编制人工薪酬预算

人力资源部门根据产品产量预算、工资标准、劳动定额和工资制度等资料,安排预算期内各种产品生产耗用的直接人工成本和其他人工成本。

5. 编制制造费用预算

生产部门根据产品产量预算、间接材料预算、人工薪酬预算、设备维修计划、机物料消耗计划和费用定额等资料,安排预算期内各车间制造费用列支项目与费用支出金额。

6. 编制产品成本预算

生产/财务部门根据产品产量、直接材料、人工薪酬和制造费用预算,汇总编制预算期内各种产品的制造总成本和单位成本。

7. 编制在产品预算

生产部门根据产品成本预算、在产品定额以及各种产品的成本核算规程、方法编制预算期内各种产品的在产品数量及资金占用。

二、编制产品产量预算

产品产量又称产品实物量,是企业在一定时期内生产的产品数量,它以验收合格入库的产品数量为计量标准,以实物单位为计量单位。所谓实物单位,是指符合产品自然属性和外部特征的计算单位,如机床按"台"、汽车按"辆"、煤炭按"吨"、棉布按"尺"或"米"等。

产品产量预算由生产部门负责编制,销售部门和仓储部门予以协助。

(一)产品产量预算的编制方法

1. 收集预算基础资料

编制产品产量预算需要收集的基础资料如表6-27所示。

表6-27 产品产量预算基础资料

序号	资料名称	资料说明	提供部门
1	销售发货预算	指企业预算期内向客户交付产品品种和数量的预算	销售部门
2	产品生产能力	指在正常生产条件下企业各种产品所能达到的最大年产量	生产部门
3	产品存货预算	指企业预算期内各种产品出入库,以及期初、期末库存的预算	仓储部门
4	产品库存定额	指企业核定的各种产品的最高和最低(安全库存)库存定额	仓储部门
5	企业生产计划	指企业预算期内产品生产活动的计划安排	生产部门

2. 测算产品产量

在企业产品生产能力、设备状况、人力资源、材料供应等因素都能满足产品生产的情况下,预算期的产品产量一般可以按照以下基本公式计算以编制产品产量计算表:

产品产量=销售发货量+期末产品库存量-期初产品库存量

公式中的销售发货量可以从销售发货预算中取得,期初、期末产品库存量可以从产品存货预算中取得。

另外,如果企业先行编制的产品存货预算已经列明预算期各种产品入库的数量,则可以直接根据产品存货预算中各种产品的入库数量,安排预算期内各种产品的生产数量和生产时间。

3. 编制产品产量预算

根据产品产量计算表编制产品产量预算草案。要逐一核实产品产量计算表中的产品名称、生产数量、生产时间等项目内容,并确保产品生产与产品销售、产品库存之间的相互衔接与平衡。

(二) 产品产量预算编制案例

【例 6-7】 销售发货预算和产品存货预算草案编制完成后,真谛公司生产部根据有关资料编制 2023 年产品产量预算。

预算编制过程和编制方法如下:

1. 收集预算基础资料

从 2023 年销售发货预算(表 6-3)和产品存货预算(表 6-68)中获取编制产品产量预算必需的预算期内安排生产的产品名称、规格型号、发货数量、期初期末库存量等基础数据。

2. 测算预算期产品产量

按照"产品产量＝销售发货量＋期末产品库存量－期初产品库存量"的基本公式,计算预算期各种产品产量。其中,期初、期末库存量相同的产品,计算出来的预算期产品产量和销售发货量相同。编制的产品产量计算表如表 6-28 所示。

表 6-28 真谛公司 2023 年产品产量计算表

编制部门:生产部　　　　　编制时间:2022 年 10 月 20 日　　　　　　　　　　　单位:吨

项目	2023 年预算				1 季度			2 季度			3 季度			4 季度		
	期初库存	本期生产	本期发货	期末库存	本期生产	本期发货	期末库存	本期生产	本期发货	期末库存	本期生产	本期发货	期末库存	本期生产	本期发货	期末库存
A 产品	170	3 000	3 000	170	710	700	180	890	900	170	790	800	160	610	600	170
B 产品	120	2 020	2 000	140	500	500	120	610	600	130	600	600	130	310	300	140
C 产品	0	110	100	10	30	20	10	20	20	10	30	30	10	30	30	10

3. 编制产品产量预算

根据产品产量计算表,编制 2023 年产品产量预算如表 6-29 所示。

表 6-29 真谛公司 2023 年产品产量预算

编制部门:生产部　　　　　编制时间:2022 年 10 月 20 日　　　　　　　　　　　单位:吨

项目	全年产量	1 季度	2 季度	3 季度	4 季度
A 产品	3 000	710	890	790	610
B 产品	2 020	500	610	600	310
C 产品	110	30	20	30	30

三、编制直接材料预算

直接材料的价值在产品生产过程中一次全部转移到产品制造成本中,是企业产品制造成本的主要组成部分。搞好直接材料预算的编制,不仅可以保障预算期产品生产的材料需要,通过严格的材料消耗定额控制,还能有效降低产品制造成本。

直接材料预算由生产部门负责编制,财务部门予以协助。

（一）直接材料预算的编制方法

1. 收集预算基础资料

编制直接材料预算需要收集的基础资料如表6-30所示。

表6-30 直接材料预算基础资料

序号	资料名称	资料说明	提供部门
1	产品产量预算	指企业预算期内生产产品品种和数量的预算	生产部门
2	物料清单	指生产单位产品或完成单位劳务所要消耗的材料物资明细表	生产部门
3	材料消耗定额	指制造单位产品或完成单位劳务合理消耗材料的数量标准	生产部门
4	物料预算价格	指用于编制预算、进行责任核算和绩效评价的内部价格	财务部门
5	产品库存定额	指企业核定的各种产品的最高和最低（安全库存）库存定额	仓储部门
6	企业生产计划	指企业预算期内产品生产活动的计划安排	生产部门

2. 编制每种产品直接材料预算

编制直接材料预算主要涉及产品产量、材料消耗定额、材料预算价格三类数据资料。每种产品直接材料预算的基本计算公式为：

产品耗用某材料数量＝产品产量×某材料消耗定额

产品耗用某材料金额＝产品耗用某材料数量×某材料预算价格

产品耗用材料总金额＝$\sum$产品耗用某材料金额

公式中的产品产量可以从产品产量预算中取得；材料消耗定额包括原材料、辅助材料、燃料与动力、包装物等材料消耗定额，由财务部门、生产部门和技术部门共同核定；材料预算价格是专门用于编制预算、进行责任核算和绩效评价的内部价格，由财务部门核定颁布。每种产品的直接材料预算编制格式如表6-31所示。

表6-31 某产品直接材料预算

产品名称： 规格型号： 计量单位： 产品产量： 金额单位：元

材料类别	材料名称	规格型号	计量单位	材料消耗		预算价格	耗用材料金额
				消耗定额	耗用总量		
原材料							
辅助材料							
包装材料							
合计		—	—	—	—	—	

直接材料预算中的耗用材料金额是由材料耗用总量乘以材料预算价格计算得来的。在产品产量一定的情况下，材料消耗定额和材料预算价格是影响直接材料预算与产品制造成本的重要因素。因此，只有准确、合理地制定出材料消耗定额和材料预算价格，才能如实反映产品生产的材料成本，避免材料成本出现偏高或偏低现象。

3. 汇总编制直接材料总预算

每种产品的直接材料预算编制完成后,生产部门即可汇总编制公司直接材料总预算,测算出预算年度各种直接材料的耗用量和金额。直接材料总预算的基本计算公式为:

$$某材料耗用量 = \sum（产品产量 \times 某材料消耗定额）$$

$$某材料耗用金额 = 某材料耗用量 \times 某材料预算价格$$

(二) 直接材料预算编制案例

【例 6-8】 真谛公司 2023 年每种产品的直接材料预算由各生产车间负责编制,财务部负责直接材料预算的审核与汇总。

预算编制过程和编制方法如下:

1. 收集预算基础资料

直接材料预算主要涉及产品产量、材料消耗定额、材料预算价格三类基础资料。其中,单位产品材料消耗定额及材料预算价格资料如表 6-32 所示。

表 6-32 真谛公司 2023 年直接材料预算基础资料

编制部门:甲/乙车间　　编制时间:2022 年 10 月 20 日　　金额单位:万元

序号	材料名称	计量单位	单位产品材料消耗定额			预算价格
			A 产品	B 产品	C 产品	
1	Z 材料	吨	0.4	0.1	0.3	10
2	Y 材料	吨	0.6	0.9	0.7	3
3	X 材料	千克	1.0	2.0	3.0	1

2. 编制各产品直接材料预算

根据 2023 年产品产量预算(表 6-29)和直接材料预算基础资料(表 6-32)的材料消耗定额、预算价格等资料,运用"材料耗用量 = $\sum$(产品产量×材料消耗定额)""材料耗用金额 = 材料耗用量×材料预算价格"的基本公式,分别编制 2023 年各产品年度及各季度直接材料预算,如表 6-33、表 6-34 所示。其中,各季度直接材料预算中的材料耗用量等于各季度产品产量(见表 6-29)乘以材料消耗定额。

表 6-33 真谛公司 2023 年直接材料预算

编制部门:甲/乙车间　　编制时间:2022 年 10 月 20 日　　金额单位:万元

材料名称	计量单位	预算价格	A 产品 产量:3 000 吨			B 产品 产量:2 020 吨			C 产品 产量:110 吨			合计	
			定额	耗用量	金额	定额	耗用量	金额	定额	耗用量	金额	耗用量	金额
Z 材料	吨	10	0.4	1 200	12 000	0.1	202	2 020	0.3	33	330	1 435	14 350
Y 材料	吨	3	0.6	1 800	5 400	0.9	1 818	5 454	0.7	77	231	3 695	11 085
X 材料	千克	1	1.0	3 000	3 000	2.0	4 040	4 040	3.0	330	330	7 370	7 370
合计	—	—			20 400			11 514			891	—	32 805

表 6-34 真谛公司 2023 年各季度直接材料预算

编制部门:甲/乙车间　　　　　　　编制时间:2022 年 10 月 20 日　　　　　　　金额单位:万元

季度	材料名称	计量单位	预算价格	A 产品			B 产品			C 产品			合计	
				定额	耗用量	金额	定额	耗用量	金额	定额	耗用量	金额	耗用量	金额
1季度	Z 材料	吨	10	0.4	284	2 840	0.1	50	500	0.3	9	90	343	3 430
	Y 材料	吨	3	0.6	426	1 278	0.9	450	1 350	0.7	21	63	897	2 691
	X 材料	千克	1	1.0	710	710	2.0	1 000	1 000	3.0	90	90	1 800	1 800
	合计	—	—	—	—	4 828	—	—	2 850	—	—	243	—	7 921
2季度	Z 材料	吨	10	0.4	356	3 560	0.1	61	610	0.3	6	60	423	4 230
	Y 材料	吨	3	0.6	534	1 602	0.9	549	1 647	0.7	14	42	1 097	3 291
	X 材料	千克	1	1.0	890	890	2.0	1 220	1 220	3.0	60	60	2 170	2 170
	合计	—	—	—	—	6 052	—	—	3 477	—	—	162	—	9 691
3季度	Z 材料	吨	10	0.4	316	3 160	0.1	60	600	0.3	9	90	385	3 850
	Y 材料	吨	3	0.6	474	1 422	0.9	540	1 620	0.7	21	63	1 035	3 105
	X 材料	千克	1	1.0	790	790	2.0	1 200	1 200	3.0	90	90	2 080	2 080
	合计	—	—	—	—	5 372	—	—	3 420	—	—	243	—	9 035
4季度	Z 材料	吨	10	0.4	244	2 440	0.1	31	310	0.3	9	90	284	2 840
	Y 材料	吨	3	0.6	366	1 098	0.9	279	837	0.7	21	63	666	1 998
	X 材料	千克	1	1.0	610	610	2.0	620	620	3.0	90	90	1 320	1 320
	合计	—	—	—	—	4 148	—	—	1 767	—	—	243	—	6 158

3. 汇总编制直接材料总预算

财务部根据 2023 年各季度直接材料预算(表 6-34),汇总编制真谛公司 2023 年直接材料总预算如表 6-35 所示。

表 6-35 真谛公司 2023 年直接材料预算汇总

编制部门:财务部　　　　　　　编制时间:2022 年 10 月 20 日　　　　　　　金额单位:万元

材料名称	计量单位	预算价格	1 季度		2 季度		3 季度		4 季度		合计	
			耗用量	金额	耗用量	金额	耗用量	金额	耗用量	金额	耗用量	金额
Z 材料	吨	10	343	3 430	423	4 230	385	3 850	284	2 840	1 435	14 350
Y 材料	吨	3	897	2 691	1 097	3 291	1 035	3 105	666	1 998	3 695	11 085
X 材料	千克	1	1 800	1 800	2 170	2 170	2 080	2 080	1 320	1 320	7 370	7 370
合计	—	—	—	7 921	—	9 691	—	9 035	—	6 158	—	32 805

四、编制间接材料预算

间接材料是企业生产过程中消耗的间接用于产品生产的各种材料物资。例如,维修设备用备品备件、设备正常运行用润滑油等材料物资;用于劳动保护、化验检测、安全环保等生产管理活动的材料物资。生产部门耗用的间接材料首先归集到制造费用账户,月末再按一定标准分配到各种产品制造成本中。编制间接材料预算,不仅是预算期内设备维修用料和保障生产活动正常进行的需要,也是生产部门向仓储部门、采购部门申报间接材料供应量、采购量的需要。

间接材料预算由生产部门负责编制,财务部门予以协助。

(一)间接材料预算的编制方法

1. 收集预算基础资料

编制间接材料预算需要收集的基础资料如表 6-36 所示。

表 6-36 间接材料预算基础资料

序号	资料名称	资料说明	提供部门
1	产品产量预算	指企业预算期内生产产品品种和数量的预算	生产部门
2	检修维修计划	指生产部门设备检修和维修计划	生产车间
3	机物料耗用计划	指生产部门维护机器设备正常运转的各种物料耗用计划	生产车间
4	低值易耗品耗用计划	指生产部门耗用管理用具、生产工具等低值易耗品计划	生产车间
5	环保材料耗用计划	指生产部门三废物质处理所耗用的材料计划	生产车间
6	劳保用品发放计划	指生产部门发放工作服、手套等各种防护用品计划	生产车间
7	化验用品耗用计划	指生产部门化验试验耗用物料计划	生产车间
8	安全器材耗用计划	指生产部门耗用消防安全器材计划	生产车间
9	物料预算价格	指用于编制预算和进行责任核算的内部计划价格	财务部门
10	物料消耗定额	指企业核定间接材料消耗定额	财务部门

2. 测算间接材料耗用量

间接材料耗用的驱动因素主要有四类:一是产品产量。例如,三废治理材料的耗用、机物料材料的耗用一般与产品产量成正比。二是员工数量。例如,劳动保护用品的耗用、办公用品的耗用一般与员工人数成正比。三是作业次数。例如,检验材料的耗用一般与化验检验次数成正比,备品备件的耗用一般与设备维修次数成正比。四是配置场所。例如,安全器材的耗用一般与需要配置安全器材的场所数成正比,办公设备的耗用一般与办公场所数成正比。因此,企业要根据间接材料耗用的驱动因素,采用不同的驱动因素测算间接材料耗用量。测算间接材料耗用量的基本计算公式为:

间接材料耗用量=驱动因素业务量×材料消耗定额

间接材料耗用量测算完成后编制间接材料耗用量表。

3. 编制间接材料预算

根据间接材料耗用量表,根据"间接材料预算=$\sum$(间接材料耗用量×材料预算价格)"的基本公式计算间接材料预算金额,并编制间接材料预算表。

(二)间接材料预算编制案例

【例 6-9】 为保障预算期生产管理活动和生产装置的正常运行,真谛公司各生产部门负责编制真谛公司 2023 年间接材料预算,财务部予以协助。

预算编制过程和编制方法如下:

1. 收集预算基础资料

根据 2023 年产品产量预算(表 6-29)、机物料耗用计划、环保材料耗用计划、设备检修维修计划、劳保用品发放计划、物料预算价格、物料消耗定额等基础资料,编制间接材料预算基础资料,如表 6-37 所示。

表 6-37 真谛公司 2023 年间接材料预算基础资料

类别	物料名称	计量单位	耗用定额		预算价格(元)	驱动因素	
			甲车间	乙车间		名称	业务量
机物料	E 材料	千克	3	2	700	产品产量	见产品产量预算(表 6-29)
环保材料	F 材料	千克	2	3	500	产品产量	见产品产量预算(表 6-29)
备品备件	G 材料	件	10	10	5 000	维修次数	各生产线 5 月/11 月各维修 1 次
劳保用品	H 材料	套	1	1	300	员工数量	甲车间 100 人、乙车间 60 人,6 月/11 月各发 1 次

2. 测算间接材料耗用量

根据间接材料预算基础资料,运用"间接材料耗用量=驱动因素业务量×材料消耗定额"的基本公式,计算编制甲、乙车间 2023 年间接材料耗用量测算,如表 6-38、表 6-39 所示。其中,乙车间的产品产量是 B 产品和 C 产品的合计产量。

表 6-38 甲车间 2023 年间接材料耗用量测算

编制部门:甲车间　　　　　编制时间:2022 年 10 月 20 日

类别	物料名称	计量单位	耗用定额	驱动因素	1 季度		2 季度		3 季度		4 季度		全年耗用量
					业务量	耗用量	业务量	耗用量	业务量	耗用量	业务量	耗用量	
机物料	E 材料	千克	3	产品产量	710 吨	2 130	890 吨	2 670	790 吨	2 370	610 吨	1 830	9 000
环保材料	F 材料	千克	2	产品产量	710 吨	1 420	890 吨	1 780	790 吨	1 580	610 吨	1 220	6 000
备品备件	G 材料	件	10	维修次数	0	0	1 次	10	0	0	1 次	10	20
劳保用品	H 材料	套	1	员工数量	0	0	100 人	100	0	0	100 人	100	200

表 6-39 乙车间 2023 年间接材料耗用量测算

编制部门:乙车间　　　　　编制时间:2022 年 10 月 20 日

类别	物料名称	计量单位	耗用定额	驱动因素	1 季度		2 季度		3 季度		4 季度		全年耗用量
					业务量	耗用量	业务量	耗用量	业务量	耗用量	业务量	耗用量	
机物料	E 材料	千克	2	产品产量	530 吨	1 060	630 吨	1 260	630 吨	1 260	340 吨	680	4 260
环保材料	F 材料	千克	3	产品产量	530 吨	1 590	630 吨	1 890	630 吨	1 890	340 吨	1 020	6 390
备品备件	G 材料	件	10	维修次数	0	0	1 次	10	0	0	1 次	10	20
劳保用品	H 材料	套	1	员工数量	0	0	60 人	60	0	0	60 人	60	120

3. 编制间接材料预算

根据间接材料耗用量测算和预算价格,运用"间接材料预算 = ∑(间接材料耗用量 × 材料预算价格)"的基本公式,编制 2023 年间接材料年度预算和季度预算,如表 6-40、表 6-41、表 6-42 所示。

表 6-40　甲车间 2023 年间接材料预算

编制部门:甲车间　　　　　　编制时间:2022 年 10 月 20 日　　　　　　金额单位:万元

类别	物料名称	计量单位	驱动因素	预算价格	1 季度 耗用量	1 季度 金额	2 季度 耗用量	2 季度 金额	3 季度 耗用量	3 季度 金额	4 季度 耗用量	4 季度 金额	全年 耗用量	全年 金额
机物料	E 材料	千克	产品产量	0.07	2 130	149.1	2 670	186.9	2 370	165.9	1 830	128.1	9 000	630.0
环保材料	F 材料	千克	产品产量	0.05	1 420	71.0	1 780	89.0	1 580	79.0	1 220	61.0	6 000	300.0
备品备件	G 材料	件	维修次数	0.50	0	0.0	10	5.0	0	0.0	10	5.0	20	10.0
劳保用品	H 材料	套	员工数量	0.03	0	0.0	100	3.0	0	0.0	100	3.0	200	6.0
合计	—	万元	—	—	—	220.1	—	283.9	—	244.9	—	197.1	—	946

表 6-41　乙车间 2023 年间接材料预算

编制部门:乙车间　　　　　　编制时间:2022 年 10 月 20 日　　　　　　金额单位:万元

类别	物料名称	计量单位	驱动因素	预算价格	1 季度 耗用量	1 季度 金额	2 季度 耗用量	2 季度 金额	3 季度 耗用量	3 季度 金额	4 季度 耗用量	4 季度 金额	全年 耗用量	全年 金额
机物料	E 材料	千克	产品产量	0.07	1 060	74.2	1 260	88.2	1 260	88.2	680	47.6	4 260	298.2
环保材料	F 材料	千克	产品产量	0.05	1 590	79.5	1 890	94.5	1 890	94.5	1 020	51.0	6 390	319.5
备品备件	G 材料	件	维修次数	0.50	0	0.00	10	5.0	0	0.0	10	5.0	20	10.0
劳保用品	H 材料	套	员工数量	0.03	0	0.00	60	1.8	0	0.0	60	1.8	120	3.6
合计	—	万元	—	—	—	153.7	—	189.5	—	182.7	—	105.4	—	631.3

表 6-42　真谛公司 2023 年间接材料预算汇总

编制部门:甲/乙车间　　　　　编制时间:2022 年 10 月 20 日　　　　　金额单位:万元

类别	物料名称	计量单位	驱动因素	预算价格	1 季度 耗用量	1 季度 金额	2 季度 耗用量	2 季度 金额	3 季度 耗用量	3 季度 金额	4 季度 耗用量	4 季度 金额	全年 耗用量	全年 金额
机物料	E 材料	千克	产品产量	0.07	3 190	223.3	3 930	275.1	3 630	254.1	2 510	175.7	13 260	928.2
环保材料	F 材料	千克	产品产量	0.05	3 010	150.5	3 670	183.5	3 470	173.5	2 240	112.0	12 390	619.5
备品备件	G 材料	件	维修次数	0.50	0	0.0	20	10.0	0	0.0	20	10.0	40	20.0
劳保用品	H 材料	套	员工数量	0.03	0	0.0	160	4.8	0	0.0	160	4.8	320	9.6
合计	—	万元	—	—	—	373.8	—	473.4	—	427.6	—	302.5	—	1 577.3

五、编制人工薪酬预算

人工薪酬是企业应付给生产部门员工的工资以及其他形式的报酬。生产部门员工既包括直接从事产品生产的生产工人,也包括生产部门的管理人员;人工薪酬的主要内容包括员工工资、奖金、津贴和补贴、五险一金、三项经费等。

人工薪酬预算由人力资源部门负责编制,生产部门及财务部门负责协助。人工薪酬预算编制方法见本章第五节职工薪酬预算编制,编制案例参考例6-17,真谛公司2023年人工薪酬预算如表6-43所示。

表6-43 真谛公司2023年人工薪酬预算

编制部门:人力资源部　　　　　　编制时间:2022年10月20日　　　　　　　　单位:万元

序号	列支渠道	工资总额	计提社保、公积金及三项经费					计提总额	薪酬总额
			30% 五险	5% 公积金	10% 福利费	2% 工会经费	3% 教育经费		
1	生产成本	1 692.0	507.6	84.6	169.2	33.8	50.8	846.0	2 538.0
1.1	甲车间	1 200.0	360.0	60.0	120.0	24.0	36.0	600.0	1 800.0
1.1.1	A产品	1 200.0	360.0	60.0	120.0	24.0	36.0	600.0	1 800.0
1.2	乙车间	492.0	147.6	24.6	49.2	9.8	14.8	246.0	738.0
1.2.1	B产品	404.0	121.2	20.2	40.4	8.1	12.1	202.0	606.0
1.2.2	C产品	88.0	26.4	4.4	8.8	1.8	2.6	44.0	132.0
2	制造费用	164.0	49.2	8.2	16.4	3.3	4.9	82.0	246.0
2.1	甲车间	88.0	26.4	4.4	8.8	1.8	2.6	44.0	132.0
2.2	乙车间	76.0	22.8	3.8	7.6	1.5	2.3	38.0	114.0
3	合计	1 856.0	556.8	92.8	185.6	37.1	55.7	928.0	2 784.0

注:表中预算数据均取自2023年应付职工薪酬预算(表6-88)。

六、编制制造费用预算

制造费用是企业生产部门为生产产品和提供劳务而发生的各项间接费用,包括企业各个生产部门为组织和管理生产活动所发生的固定资产折旧、维修费、保险费、机物料消耗、无形资产摊销、管理人员的职工薪酬、办公费、劳动保护费、环保费等。

在一个生产部门生产多种产品的情况下,制造费用发生时一般无法直接判定其归属的成本计算对象,需要先按生产部门对各项制造费用进行归集,月末再采用一定的方法分配计入各成本计算对象。在生产自动化程度越来越高的趋势下,企业对生产设备、环保设备的投资力度也日趋增大,固定资产折旧、保险费、维修费、环保费不断增加,制造费用在产品成本中所占的比重处于不断提高的状态,加强制造费用的控制和管理尤显重要。

制造费用预算由生产部门负责编制,财务部门予以协助。

(一)制造费用预算的编制方法

1. 收集预算基础资料

编制制造费用预算需要收集的基础资料如表6-44所示。

表 6-44 制造费用预算基础资料

序号	资料名称	资料说明	提供部门
1	车间生产计划	指生产部门预算期内生产活动计划	生产部门
2	检修维修计划	指生产部门预算期内设备大修、检修和维修计划	生产部门
3	产品产量预算	指企业预算期内生产产品品种和数量的预算	生产部门
4	应付职工薪酬预算	指企业预算期内应付给生产部门员工的各种形式报酬或补偿的预算	人力资源部门
5	固定资产折旧预算	指企业预算期内计提固定资产折旧额的预算	财务部门
6	间接材料预算	指企业预算期内各种间接材料数量及成本的预算	生产部门
7	费用定额与标准	指企业核定的制造费用定额及开支标准	财务部门

2. 测算制造费用数额

在制造费用的各个明细科目中,既有变动性费用,也有固定性费用,还有混合性费用。不同习性的制造费用与产品产量之间有着不同的依存关系。因此,测算制造费用预算数额的基本程序如下:

(1) 按费用习性将制造费用进行分类。既可以将制造费用分为变动性、固定性和混合性三类费用,也可以将混合性费用分解为变动性和固定性两部分,分别列入变动性费用和固定性费用。

(2) 编制制造费用明细科目测算表。要按照一个明细科目设置一张费用测算表的方法,对预算期内发生的归入各明细科目的业务活动事项进行逐一测算。测算表格式如表 6-45 所示。

表 6-45 制造费用明细科目测算表

明细科目：　　　　　费用习性：　　　　　　　　　　　　　　金额单位:元

序号	费用承担部门	业务事项	费用发生依据	费用金额				全年合计
				1季度	2季度	3季度	4季度	

针对不同习性的制造费用要采用不同的测算方法:固定性制造费用总额既可以在基期费用项目及金额的基础上根据预算期的发展变化加以适当修正进行预计,也可以运用零基预算法逐项测算;变动性制造费用可根据"$Y=bX$"(Y 为变动性制造费用总额,b 为变动费用定额,X 为业务量)的公式测算;混合性制造费用总额可根据"$Y=a+bX$"(Y 为混合性制造费用总额,a 为混合性制造费用中的固定费用总额,b 为混合性制造费用中的单位变动费用定额,X 为业务量)的公式测算。

机物料、修理费、劳动保护、环保材料费、消防安全费等涉及物料消耗的费用项目要与间接材料预算衔接;车间管理人员工资、社保及经费项目要与应付职工薪酬预算衔接;折旧费用要与固定资产折旧预算衔接。

3. 编制制造费用预算

生产部门汇总制造费用明细科目测算表,即可完成制造费用预算的编制。编制完成后,将预算项目划分为付现项目和非付现项目。制造费用的非付现项目要从狭义上理解,即不需要生产车间支付现金的费用项目。固定资产折旧属于沉没成本不需要支付现金,车间管理人员工资、社保及经费由职工薪酬预算安排现金支付,机物料、环保材料、备品备件、劳动保护用品、办公用品是从仓库中领用的物资,由物资采购预算安排现金支付,上述项目均为非付现项目。

(二) 制造费用预算编制案例

【例 6-10】 真谛公司 2023 年制造费用预算由生产部负责编制,财务部予以协助。编制方法要求:变动性制造费用按费用定额、间接材料预算编制;固定性制造费用按零基预算法编制。

预算编制过程和编制方法如下:

1. 收集预算基础资料

主要收集车间生产计划、产品产量预算(表 6-29)、间接材料预算(表 6-40、表 6-41)、应付职工薪酬预算(表 6-88)、固定资产折旧预算(表 6-116)、费用定额等基础资料。制造费用定额资料如表 6-46 所示。

表 6-46 真谛公司 2023 年制造费用定额资料

序号	项目	费用定额(万元/吨)		备注
		甲车间	乙车间	
1	机物料消耗	0.21	0.14	车间每吨产品的机物料消耗
2	环保材料费	0.10	0.15	车间每吨产品的环保材料费
3	搬运费	0.01	0.01	车间每吨产品的搬运费
4	水电费	0.03	0.03	车间公共设施按每吨产品计算耗用的水电费
5	化验检测费	0.02	0.02	车间每吨产品的化验检测费
6	其他	0.01	0.01	其他按每吨产品计算的零星变动性费用

2. 测算变动性制造费用

根据 2023 年产品产量预算(表 6-29)、间接材料预算(表 6-40、表 6-41)和制造费用定额资料,编制 2023 年甲、乙车间的变动性制造费用测算。其中,机物料消耗、环保材料费项目金额取自间接材料预算,搬运费、水电费、化验检测费和其他项目金额根据"变动性费用=$\sum$(费用定额×产品产量)"的基本公式计算。变动性制造费用测算如表 6-47、表 6-48 所示。

表 6-47　甲车间 2023 年变动性制造费用测算

编制部门：甲车间　　　　　　编制时间：2022 年 10 月 20 日　　　　　　金额单位：万元

序号	项目	定额（万元/吨）	全年	1 季度	2 季度	3 季度	4 季度
1	A 产品产量（吨）	—	3 000	710	890	790	610
2	变动性制造费用	—	1 140.0	269.8	338.2	300.2	231.8
2.1	机物料消耗	0.21	630.0	149.1	186.9	165.9	128.1
2.2	环保材料费	0.10	300.0	71.0	89.0	79.0	61.0
2.3	搬运费	0.01	30.0	7.1	8.9	7.9	6.1
2.4	水电费	0.03	90.0	21.3	26.7	23.7	18.3
2.5	化验检测费	0.02	60.0	14.2	17.8	15.8	12.2
2.6	其他	0.01	30.0	7.1	8.9	7.9	6.1

表 6-48　乙车间 2023 年变动性制造费用测算

编制部门：乙车间　　　　　　编制时间：2022 年 10 月 20 日　　　　　　金额单位：万元

序号	项目	定额（万元/吨）	全年	1 季度	2 季度	3 季度	4 季度
1	B/C 产品产量（吨）	—	2 130	530	630	630	340
2	变动性制造费用	—	766.8	190.8	226.8	226.8	122.4
2.1	机物料消耗	0.14	298.2	74.2	88.2	88.2	47.6
2.2	环保材料费	0.15	319.5	79.5	94.5	94.5	51.0
2.3	搬运费	0.01	21.3	5.3	6.3	6.3	3.4
2.4	水电费	0.03	63.9	15.9	18.9	18.9	10.2
2.5	化验检测费	0.02	42.6	10.6	12.6	12.6	6.8
2.6	其他	0.01	21.3	5.3	6.3	6.3	3.4

3. 测算固定性制造费用

固定性制造费用主要包括车间管理人员工资、社保及经费、固定资产折旧、修理费、劳保费、差旅费等与产品产量无直接依存关系的项目。其中,管理人员工资、社保及经费、折旧项目金额分别取自应付职工薪酬预算（表 6-88）和固定资产折旧预算（表 6-116）,修理费、劳保费项目金额取自间接材料预算,差旅费及其他项目金额采用零基预算法测算。甲、乙车间固定性制造费用测算如表 6-49、表 6-50 所示。

表 6-49　甲车间 2023 年固定性制造费用测算

编制部门：甲车间　　　　　　编制时间：2022 年 10 月 20 日　　　　　　单位：万元

序号	项目	全年	1 季度	2 季度	3 季度	4 季度
1	管理人员工资	88.0	22.0	22.0	22.0	22.0
2	社保及经费	44.0	11.0	11.0	11.0	11.0

单位:万元(续表)

序号	项目	全年	1季度	2季度	3季度	4季度
3	固定资产折旧	480.0	102.0	132.0	123.0	123.0
4	修理费	10.0	0	5.0	0	5.0
5	劳保费	6.0	0	3.0	0	3.0
6	差旅费	5.8	1.2	1.1	1.7	1.8
7	其他	20.2	5.0	5.7	4.1	5.4
8	合计	654.0	141.2	179.8	161.8	171.2

表6-50 乙车间2023年固定性制造费用测算

编制部门:乙车间　　　　编制时间:2022年10月20日　　　　单位:万元

序号	项目	全年	1季度	2季度	3季度	4季度
1	管理人员工资	76.0	19.0	19.0	19.0	19.0
2	社保及经费	38.0	9.5	9.5	9.5	9.5
3	固定资产折旧	440.0	108.0	110.0	111.0	111.0
4	修理费	10.0	0	5.0	0	5.0
5	劳保费	3.6	0	1.8	0	1.8
6	差旅费	6.2	1.5	1.7	1.3	1.7
7	其他	5.4	1.2	1.2	1.4	1.6
8	合计	579.2	139.2	148.2	142.2	149.6

4. 编制制造费用预算

将各生产车间变动性制造费用测算与固定性制造费用测算合并编制2023年各生产车间制造费用预算。其中,固定资产折旧属于沉没成本;管理人员工资、社保及经费由应付职工薪酬预算(表6-88)统一安排现金支出;机物料、环保材料、修理材料、劳动保护用品是从仓库中领用的物资,由采购部支付现金。因此,将上述项目列作非付现项目,其他项目为付现项目。编制的甲、乙车间制造费用预算如表6-51、表6-52所示。

表6-51 甲车间2023年制造费用预算

编制部门:甲车间　　　　编制时间:2022年10月20日　　　　单位:万元

序号	费用项目	2023年预算	分季度预算			
			1季度	2季度	3季度	4季度
1	变动性费用	1 140.0	269.8	338.2	300.2	231.8
1.1	机物料消耗	630.0	149.1	186.9	165.9	128.1
1.2	环保材料费	300.0	71.0	89.0	79.0	61.0
1.3	搬运费	30.0	7.1	8.9	7.9	6.1
1.4	水电费	90.0	21.3	26.7	23.7	18.3

单位：万元（续表）

序号	费用项目	2023年预算	分季度预算			
			1季度	2季度	3季度	4季度
1.5	化验检测费	60.0	14.2	17.8	15.8	12.2
1.6	其他	30.0	7.1	8.9	7.9	6.1
2	固定性费用	654.0	141.2	179.8	161.8	171.2
2.1	管理人员工资	88.0	22.0	22.0	22.0	22.0
2.2	社保及经费	44.0	11.0	11.0	11.0	11.0
2.3	固定资产折旧	480.0	102.0	132.0	123.0	123.0
2.4	修理费	10.0	0	5.0	0	5.0
2.5	劳保费	6.0	0	3.0	0	3.0
2.6	差旅费	5.8	1.2	1.1	1.7	1.8
2.7	其他	20.2	5.0	5.7	4.1	5.4
3	费用合计	1 794.0	411.0	518.0	462.0	403.0
3.1	非付现项目	1 558.0	355.0	449.0	401.0	353.0
3.2	付现项目	236.0	56.0	69.0	61.0	50.0

表6-52 乙车间2023年制造费用预算

编制部门：乙车间　　　编制时间：2022年10月20日　　　单位：万元

序号	费用项目	2023年预算	分季度预算			
			1季度	2季度	3季度	4季度
1	变动性费用	766.8	190.8	226.8	226.8	122.4
1.1	机物料消耗	298.2	74.2	88.2	88.2	47.6
1.2	环保材料费	319.5	79.5	94.5	94.5	51.0
1.3	搬运费	21.3	5.3	6.3	6.3	3.4
1.4	水电费	63.9	15.9	18.9	18.9	10.2
1.5	化验检测费	42.6	10.6	12.6	12.6	6.8
1.6	其他	21.3	5.3	6.3	6.3	3.4
2	固定性费用	579.2	139.2	148.2	142.2	149.6
2.1	管理人员薪酬	76.0	19.0	19.0	19.0	19.0
2.2	社保及经费	38.0	9.5	9.5	9.5	9.5
2.3	固定资产折旧	440.0	108.0	110.0	111.0	111.0
2.4	修理费	10.0	0	5.0	0	5.0
2.5	劳保费	3.6	0	1.8	0	1.8
2.6	差旅费	6.2	1.5	1.7	1.3	1.7
2.7	其他	5.4	1.2	1.2	1.4	1.6

单位:万元(续表)

序号	费用项目	2023年预算	分季度预算			
			1季度	2季度	3季度	4季度
3	费用合计	1 346.0	330.0	375.0	369.0	272.0
3.1	非付现项目	1 185.0	290.0	328.0	322.0	245.0
3.2	付现项目	161.0	40.0	47.0	47.0	27.0

七、编制产品成本预算

在制造成本法下,产品生产耗用的直接材料、生产工人薪酬和制造费用计入产品成本,销售费用、研发费用、管理费用和财务费用作为期间费用计入当期损益。因此,采用制造成本法核算出来的产品成本也称产品制造成本。

产品成本预算是企业预算期内各种产品制造成本项目、内容及耗费的总体安排,是对各生产部门的人力、物力、财力投入。所以,产品成本预算原则上由生产部门负责编制,财务部门负责协助并汇总编制整个企业的产品成本预算。

(一)产品成本预算的编制方法

1. 收集预算基础资料

编制产品成本预算需要收集的基础资料如表6-53所示。

表6-53 产品成本预算基础资料

序号	资料名称	资料说明	提供部门
1	产品产量预算	指企业预算期内产品生产品种、数量和时间安排的预算	生产部门
2	直接材料预算	指企业预算期内产品生产所耗用的直接材料数量及成本的预算	生产车间
3	人工薪酬预算	指企业预算期内应付给生产部门员工的各种形式的报酬或补偿的预算	人力资源部门
4	制造费用预算	指企业预算期内为生产产品或提供劳务而发生的各项间接费用的预算	生产车间
5	产品核算规程	指企业产品成本核算具体方法与规定	财务部门

2. 分配制造费用

制造费用通常是以生产车间为对象进行预算和核算的,但制造费用最终要分配到具体的产品成本之中。对于只生产一种产品的车间,制造费用可以直接计入该种产品成本,不需要分配制造费用;对于生产多种产品的生产车间,需要根据多品种生产的相关性选择不同的编制方法。

一是相关产品。这类产品的制造工艺、耗用材料基本相同,只是存在规格型号及具体品种的区别,可以先以生产车间为单位编制制造费用预算,然后选择合理的分配标准将制造费用分配到各产品成本中。相关的计算公式为:

制造费用分配系数＝制造费用预算总额÷分配标准总数

某产品应负担的制造费用＝该产品分配标准数×制造费用分配系数

二是不相关产品。这类产品的制造工艺、耗用材料有较大差别，只是在一个生产车间进行生产。在这种情况下，应先按产品编制制造费用预算，再汇总编制生产车间的制造费用预算。对于生产车间的综合性费用，如生产车间技术及管理人员薪酬、办公费、共用设施折旧等，应选择合理的分配标准分摊到各产品成本中。

制造费用的分配标准有很多，通常选用的分配标准有直接材料成本、产品产量、人工工时、定额工时、人工成本、机器工时和计划分配率等。企业应根据制造费用的性质和产品生产特点，合理选择制造费用分配标准，并保持分配方法的稳定性。

3. 编制产品成本预算

在产品产量预算、直接材料预算、人工薪酬预算、制造费用预算及费用分配标准的基础上，按照"产品成本＝直接材料成本＋直接人工薪酬＋制造费用"的基本公式汇总编制产品成本预算。

（二）产品成本预算编制案例

【例 6-11】 真谛公司的产品成本预算由生产车间负责编制，财务部予以协助。其中，乙车间生产 B、C 两种产品，需要以产品产量为分配标准对乙车间的制造费用预算进行分配。

预算编制过程和编制方法如下：

1. 收集预算基础资料

收集的资料包括产品产量预算、直接材料预算、人工薪酬预算和制造费用预算等。

2. 分配乙车间的制造费用

以乙车间的产品产量预算（表 6-29）和制造费用预算（表 6-52）为依据，分配乙车间制造费用。其中，分配率＝费用总额÷$\sum$产品产量；各产品费用金额＝产品产量×分配率。乙车间制造费用分配如表 6-54 所示。

表 6-54　乙车间 2023 年制造费用分配

编制部门：乙车间　　　　编制时间：2022 年 10 月 20 日　　　　金额单位：万元

产品名称	1 季度			2 季度			3 季度			4 季度			全年合计		
	产品产量	分配率	金额	产品产量	分配率	金额	产品产量	分配率	金额	产品产量	分配率	金额	产品产量	分配率	金额
B 产品	500	—	312	610	—	364	600	—	352	310	—	248	2 020	—	1 276
C 产品	30	—	18	20	—	11	30	—	17	30	—	24	110	—	70
合计	530	0.623	330	630	0.595	375	630	0.586	369	340	0.800	272	2 130	0.632	1 346

3. 编制各产品成本预算

根据产品产量预算、直接材料预算、人工薪酬预算、制造费用预算和制造费用分配，汇总编制各种产品成本预算，如表 6-55、表 6-56 和表 6-57 所示。

表 6-55 真谛公司 2023 年 A 产品成本预算

编制部门:甲车间　　　　　　　编制时间:2022 年 10 月 20 日

成本项目	计量单位	总成本			单位成本	
		耗用量	单价(万元)	金额(万元)	耗用量	金额(元)
A 产品产量	吨	3 000	—	—	—	—
1.直接材料	—	—	—	20 400	—	68 000
Z 材料	吨	1 200	10	12 000	0.4	40 000
Y 材料	吨	1 800	3	5 400	0.6	18 000
X 材料	千克	3 000	1	3 000	1.0	10 000
2.直接人工	—	—	—	1 800	—	6 000
3.制造费用	—	—	—	1 794	—	5 980
①变动性费用	—	—	—	1 140	—	3 800
②固定性费用	—	—	—	654	—	2 180
合计	—	—	—	23 994	—	79 980

表 6-56 真谛公司 2023 年 B 产品成本预算

编制部门:乙车间　　　　　　　编制时间:2022 年 10 月 20 日

成本项目	计量单位	总成本			单位成本	
		耗用量	单价(万元)	金额(万元)	耗用量	金额(元)
B 产品产量	吨	2 020	—	—	—	—
1.直接材料	—	—	—	11 514	—	57 000
Z 材料	吨	202	10	2 020	0.1	10 000
Y 材料	吨	1 818	3	5 454	0.9	27 000
X 材料	千克	4 040	1	4 040	2.0	20 000
2.直接人工	—	—	—	606	—	3 000
3.制造费用	—	—	—	1 276	—	6 317
①变动性费用	—	—	—	727	—	3 599
②固定性费用	—	—	—	549	—	2 718
合计	—	—	—	13 396	—	66 317

表 6-57 真谛公司 2023 年 C 产品成本预算

编制部门:乙车间　　　　　　　编制时间:2022 年 10 月 20 日

成本项目	计量单位	总成本			单位成本	
		耗用量	单价(万元)	金额(万元)	耗用量	金额(元)
C 产品产量	吨	110	—	—	—	—
1.直接材料	—	—	—	891.0	—	81 000

(续表)

成本项目	计量单位	总成本			单位成本	
		耗用量	单价(万元)	金额(万元)	耗用量	金额(元)
Z材料	吨	33	10	330.0	0.3	30 000
Y材料	吨	77	3	231.0	0.7	21 000
X材料	千克	330	1	330.0	3.0	30 000
2.直接人工	—	—	—	132.0	—	12 000
3.制造费用				70.0		6 364
①变动性费用	—	—	—	39.8		3 618
②固定性费用	—	—	—	30.2		2 746
合计	—	—	—	1 093.0		99 364

各季度的产品成本预算略。

4.编制产品成本总预算

财务部通过汇总各产品成本预算,编制完成真谛公司的产品成本预算汇总,如表6-58所示。

表6-58 真谛公司2023年产品成本预算汇总

编制部门:财务部　　　　　编制时间:2022年10月20日

产品名称	计量单位	产品产量	直接材料		直接人工		制造费用		产品成本	
			总成本(万元)	单位成本(元)	总成本(万元)	单位成本(元)	总成本(万元)	单位成本(元)	总成本(万元)	单位成本(元)
A产品	吨	3 000	20 400	68 000	1 800	6 000	1 794	5 980	23 994	79 980
B产品	吨	2 020	11 514	57 000	606	3 000	1 276	6 317	13 396	66 317
C产品	吨	110	891	81 000	132	12 000	70	6 364	1 093	99 364
合计	—	—	32 805	—	2 538	—	3 140	—	38 483	—

八、编制在产品预算

在产品也称在制品,是企业生产过程中正处于加工、等待加工的材料、半成品或未入库的产品。生产过程中的在产品包括工艺占用在产品、运输占用在产品、周转占用在产品和保险占用在产品。工艺占用在产品是指按照工艺流程在生产线上占用的在产品;运输占用在产品是指处于装卸、运输过程中的在产品;周转占用在产品是指用于平衡前后工序生产率差异的在产品;保险占用在产品是指为了保证生产活动正常进行而占用的在产品。

在产品预算是企业预算期内规划、控制生产过程中的在产品数量及价值的总体安排,由生产部门负责编制,财务部门、仓储部门予以协助。

（一）在产品预算的编制方法

1. 收集预算基础资料

编制在产品预算需要收集的基础资料如表 6-59 所示。

表 6-59 在产品预算基础资料

序号	资料名称	资料说明	提供部门
1	产品产量预算	指企业预算期内产品生产品种、数量和时间安排的预算	生产部门
2	产品成本预算	指企业预算期内产品成本构成、产品单位成本和总成本的预算	生产车间
3	在产品定额	指企业核定的预算期内各种在产品的期初、期末占用额	生产部门
4	期初在产品余额	指企业预算期初在产品的预计占用额	生产车间
5	产品核算规程	指企业产品成本核算具体方法与规定	财务部门

2. 核定在产品定额

在产品定额是指在一定技术组织条件下，各生产环节为了保证生产衔接所必需的、最低限度的在产品占用量。在产品定额应当按照各种产品分别核定，各种产品的在产品定额主要取决于预算期各产品的平均日产量、产品单位成本、生产周期和在产品成本系数四个因素。在产品定额的核定公式为：

$$在产品定额 = 平均日产量 \times 产品单位成本 \times 生产周期 \times 在产品成本系数$$

平均日产量是指预算期某种产品的每日平均产量，可以根据预算期产品产量除以全年计划生产天数求得。其计算公式为：

$$平均日产量 = 年产品产量 \div 年生产天数$$

生产周期是指从原材料投入生产开始，经过加工到产品完成、验收入库为止的全部时间，可以根据产品生产工艺分工序逐步求得。

在产品成本系数是指在产品平均成本占产品制造成本的比重。因为各种产品的生产费用都是在生产过程中逐渐发生的，随着生产的进行，各项生产费用不断增加，到生产最终结束时才得到产品的全部成本。因此，在产品成本系数不能按照产品完成后的全部成本计算，而是按在产品平均成本占产品制造成本的百分比计算。

在产品成本系数取决于生产过程中产品生产费用的递增情况。产品生产费用在生产开始阶段投入越多，在产品成本系数越大；反之，在产品成本系数越小。在产品成本系数可以根据以下计算公式求得：

$$在产品成本系数 = \frac{单位产品的材料成本 + 单位产品的其他成本 \div 2}{单位产品成本}$$

在企业实务中，若产品工艺属于单步骤生产工艺，则在产品定额的核定比较简单；若产品工艺属于多步骤生产工艺，则在产品定额的核定方法有两种。一种是先确定各个生产阶段的在产品定额，然后相加得出整个生产过程的在产品定额；另一种是先分别求出各生产阶段的在产品成本系数，然后求出综合的在产品成本系数，最后根据在产品定额计算公式求出在产品定额。

3. 编制在产品预算

正确核定各种产品的在产品定额是编制在产品预算的关键所在。当在产品定额核定完成之后,就可以根据在产品定额,结合预算期的产品产量预算、产品成本预算来编制在产品预算。如果预算期的产品产量、产品结构及成本比较稳定,在产品预算就可以直接按核定的在产品定额编制。

(二)在产品预算编制案例

【例6-12】 真谛公司在生产部完成产品产量预算、产品成本预算的基础上,着手编制各种产品生产的在产品预算。已知2023年全年产品生产天数为300天。

预算编制过程和编制方法如下:

1. 收集预算基础资料

根据产品产量预算(表6-29)、产品成本预算(表6-58)、产品成本核算规程等资料,收集在产品预算编制基础资料如表6-60所示。

表6-60 真谛公司2023年在产品定额基础资料

编制部门:甲/乙车间　　　　　编制时间:2022年10月20日

序号	产品名称	计量单位	期初在产品余额(万元)	产品产量(吨)		产品单位成本(元)			生产周期(天)	在产品成本系数
				年产量	平均日产量	产品成本	材料成本	其他成本		
1	A产品	吨	365	3 000	10.0	79 980	68 000	11 980	4	0.925
2	B产品	吨	250	2 020	6.7	66 317	57 000	9 317	5	0.930
3	C产品	吨	25	110	0.4	99 364	81 000	18 364	6	0.908

注:平均日产量=年产量÷300;在产品成本系数=(材料成本+其他成本/2)/产品成本;产品成本=材料成本+其他成本。

2. 编制在产品预算计算表

根据在产品定额基础资料(表6-60)和在产品资金定额计算公式"在产品资金定额=平均日产量×产品单位成本×生产周期×在产品成本系数",编制A、B、C三种产品的在产品资金定额计算表,如表6-61所示。

表6-61 真谛公司2023年在产品资金定额计算表

编制部门:甲/乙车间　　　　　编制时间:2022年10月20日

序号	产品名称	计量单位	平均日产量	产品单位成本(元)	生产周期(天)	在产品成本系数	在产品资金定额(万元)
1	A产品	吨	10.0	79 980	4	0.925	296
2	B产品	吨	6.7	66 317	5	0.930	207
3	C产品	吨	0.4	99 364	6	0.908	22

3. 编制在产品预算

生产部根据在产品资金定额计算表(表6-61)核定的在产品资金定额,结合2023年产品产量预算、产品成本预算和2023年期初在产品资金预计情况认为,预算期的产品产量、结构及成本比较稳定,预算期初、期末在产品金额可以直接使用核定的在产品定额,据此编制在产品预算如表6-62所示。

表6-62　真谛公司2023年在产品预算

编制部门:甲/乙车间　　　　　　编制时间:2022年10月20日　　　　　　　　单位:万元

序号	产品名称	期初金额	期末金额	备注
1	A产品	296	296	① 在均衡生产的情况下,在产品的期初、期末资金定额可以相等; ② 在产品产量变动较大的情况下,在产品的期初、期末资金定额一般不相等,为了简化,本案例将期初、期末金额设置为相等
2	B产品	207	207	
3	C产品	22	22	
4	合计	525	525	

第四节　供应预算编制

一、供应预算概述

供应预算是企业预算期内采购、储备、供给各类生产经营活动物资及产成品的预算。供应活动既是企业为生产活动采购物资、储备物资、供给物资的过程,也是为销售活动储备产品、供给产品的过程。在供应活动中,企业用货币资金购买各种物资,经过储存、备货、配送等一系列物流活动投入产品生产;各种物资经过生产活动而改变其原有形态,它们或构成产品实体的一部分,或被消耗而有助于生产活动的进行,最终生产出来的产品又回到仓库储存,以保证产品销售活动的进行。

供应预算对于组织供应活动,保证生产活动、销售活动的顺利进行具有十分重要的作用,是预算期内企业采购、储备、供给物资及产成品,考核供应活动工作绩效的重要依据。按照以销定产原则,供应预算编制一般在销售预算、生产预算编制完成后进行,个别供应预算编制可与销售预算、生产预算编制平行或交叉进行。

(一)供应预算的编制责任

供应预算的执行者是销售部门、采购部门、生产部门和仓储部门,因此销售部门、采购部门、生产部门和仓储部门都是供应预算编制的主体,财务部门予以协助。

(二)供应预算的内容

供应预算涉及材料物资采购、材料物资储备和产品储备三个方面,具体包括产品存货预算、材料存货预算、物资采购预算和应付账款预算等与供应活动有关的预算。

1. 产品存货预算

产品存货预算是企业预算期内各种库存产品增加、减少及期初、期末余额的预算,主要内容包括产品名称、期初库存、本期入库、本期出库、期末库存等。

2. 材料存货预算

材料存货预算是企业预算期内各种库存材料增加、减少及期初、期末余额的预算，主要内容包括材料名称、期初库存、本期入库、本期出库、期末库存等。

3. 物资采购预算

物资采购预算是企业预算期内采购生产经营活动所需材料、物资品种、数量和价值的预算，主要内容包括采购物资名称、计量单位、采购数量、采购价格、采购金额和采购时间等。

4. 应付账款预算

应付账款预算是企业预算期内应付账款发生额、付款额及期初、期末余额的预算，主要内容包括供应商名称、业务内容、本期增加、本期付款、期初和期末余额等。

（三）供应预算的编制程序

在以销定产的情况下，企业按照销售—生产—供应的顺序安排生产经营活动。受产品库存量、材料库存量增减变动的影响，销售预算、生产预算、供应预算的编制往往需要交叉进行。一般情况下，销、产、供预算的编制顺序是：首先，编制销售发货预算；其次，编制产品存货预算；再次，编制产品产量预算和材料耗用预算；最后，编制材料存货预算、物资采购预算和应付账款预算。同时，供应预算还要在资金占用和物资供给时间上与销售预算、生产预算、现金预算衔接起来，保障销售活动和生产活动的顺利进行。供应活动所涉及预算的编制程序如图6-3所示。

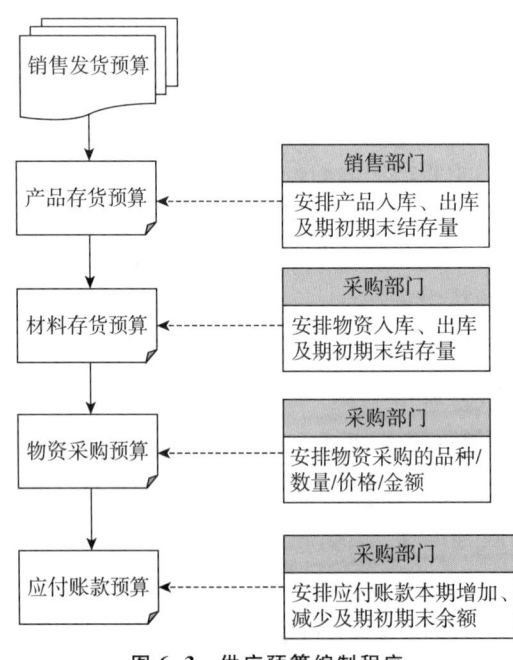

图6-3 供应预算编制程序

1. 编制产品存货预算

销售部门根据销售发货预算，结合企业核定的产品库存定额，安排预算期内产品库存的期初期末结存量、本期入库量及出库量。

2. 编制材料存货预算

采购部门根据直接材料预算和间接材料预算,结合企业核定的材料物资库存定额,安排预算期内各种材料物资库存的期初期末结存量、本期入库量及出库量。

3. 编制物资采购预算

采购部门根据材料存货预算安排的材料物资入库品种和数量,结合供应市场供需变化和主要材料价格变动趋势,安排企业预算期内各种材料物资的采购数量、采购成本和采购时间。

4. 编制应付账款预算

采购部门以物资采购预算、采购付款政策、预计应付账款期初余额等资料为依据,安排预算期内应付账款增加额、付款额以及期初期末余额。

二、编制产品存货预算

产品存货是企业为了销售活动顺利进行而储备的各种库存产品。编制产品存货预算是一个综合平衡的过程,不仅要考虑产品销售市场供需变化和产品价格变动趋势,还要结合企业核定的产品存货定额以及产品生产安排,既要确保满足销售活动的需要,又不能因产品存货过多而造成产品积压。

产品存货预算、销售发货预算、产品产量预算三者之间的项目和指标相互关联,企业在编制产品存货预算时,应当根据销售发货预算、产品产量预算的项目指标和产品存货定额来安排;在编制产品产量预算时,应当根据销售发货预算和产品存货预算的有关项目指标来确定产品生产数量;在编制销售发货预算时,也应当考虑产品生产和产品储备的实际情况。也就是说,产品存货预算、销售发货预算、产品产量预算的编制应当相互衔接、同步进行。毫无疑问,产品存货主要是为产品销售活动服务的,因此产品存货预算的编制主体是销售部门,生产、仓储、财务等部门予以协助。

(一)产品存货预算的编制方法

1. 收集预算基础资料

编制产品存货预算需要收集的基础资料如表 6-63 所示。

表 6-63 产品存货预算基础资料

序号	资料名称	资料说明	提供部门
1	销售发货预算	指企业预算期内向客户交付产品品种、数量和时间的预算	销售部门
2	产品产量预算	指企业预算期内生产产品品种、数量和时间的预算	生产部门
3	产品成本预算	指企业预算期内产品成本构成、料工费耗用、产品单位成本和总成本的预算	财务部门
4	产品库存定额	指企业核定的库存产品储备定额	仓储部门

2. 计算产品存货各项指标

编制产品存货预算的恒等式为：

期初产品库存量+预算期产品入库量=预算期产品出库量+期末产品库存量

期初产品库存量是指预算期初产品存货的库存量；预算期产品入库量是指预算期生产部门完工入库的产品；预算期产品出库量是指预算期各种产品的发货量；期末产品库存量是指预算期末产品存货的库存量。

公式中各项数据获取的先后顺序如下：首先，确定预算期产品出库量，可以从销售发货预算中取得；其次，确定期初产品库存量，应当根据各种产品的库存定额和编制预算时的产品库存实际情况合理测算；再次，确定期末产品库存量，应当根据各种产品的库存定额和预算期产品生产、销售及库存的预计情况合理测算；最后，确定预算期产品入库量，应当根据"预算期产品入库量=预算期产品出库量+期末产品库存量-期初产品库存量"的公式计算得出。因此，编制产品存货预算的关键是合理确定预算期初、期末各种产品的库存量，一般可以通过核定产品库存定额的方法来确定。

产品库存定额的确定取决于预算期产品平均日产量、预算期产品单位成本和产品库存定额天数三个因素。计算公式为：

产品库存数量定额=预算期产品平均日产量×产品库存定额天数

产品库存资金定额=产品库存数量定额×预算期产品单位成本

预算期产品平均日产量是指预算期内企业平均每天的产品产量，用预算期的产品产量除以有效生产天数即可得到。企业在编制产品存货预算时，若产品产量预算还没有编制出来，则可以根据企业产品的实际产能核定。

产品库存定额天数是指产品从入库到发出并收回货款为止占用的天数，包括产品储存天数、发运天数和结算天数。产品储存天数是产品在仓库储存的天数；发运天数是产品从离开仓库到取得客户收货凭单的天数；结算天数是从取得客户收货凭单开始，直到收到货款为止占用的天数。

预算期产品单位成本是指预算期库存产品的平均单位成本。它既是期末库存产品单位成本，也是预算期产品销售单位成本，一般可采用加权平均法计算。其计算公式为：

$$预算期产品单位成本=\frac{期初库存产品成本+预算期入库产品成本}{期初库存产品数量+预算期入库产品数量}$$

期初库存产品成本和产品数量可以根据编制预算时的库存产品账面结存成本和结存数量与基期剩余月份预计产品入库成本、出入库数量加权平均计算后得到；预算期入库产品成本和入库数量通过产品成本预算（表6-58）取得。

值得注意的是，预算期入库产品数量是按照"产品产量=销售发货量+期末产品库存量-期初产品库存量"的基本公式计算确定的。因此，生产预算与产品存货预算的编制是交叉进行的。当期初、期末库存产品数量确定后，其数据即刻被产品产量预算编制采用；而产品产量预算、产品成本预算编制完成后，其有关数据也即刻被产品存货预算编制采用。

企业也可以根据产品的生产周期、一次发货量、储存时间等因素合理估计期初、期末的库存产品数量，同时还要考虑季节性生产、集中供货、市场需求变化、价格波动等因素对产品库存量的影响。

3. 编制产品存货预算

产品存货预算编制的基本规则是：以产品为对象填列，一个产品编码填写一行，既要反映产品实物数量，又要体现产品价值量。当计算、确定产品存货预算的各项指标之后，就可以按产品类别、品种汇总编制产品存货预算，主要内容包括产品名称、期初期末库存产品结存、预算期各种产品的出入库情况。

（二）产品存货预算编制案例

【例 6-13】 真谛公司 2023 年产品存货预算由销售部负责编制，仓储部、生产部和财务部予以协助。

预算编制过程和编制方法如下：

1. 收集预算基础资料

销售部会同仓储部、生产部、财务部围绕产品存货预算的库存产品期初、期末结存，预算期入库、出库四项预算指标，核定产品期初结存、产品平均日产量、产品库存数量定额等基础资料。其中，产品库存数量定额按照"产品库存数量定额＝预算期产品平均日产量×产品库存定额天数"的基本公式计算取得。收集的产品存货预算基础资料如表 6-64 所示。

表 6-64　真谛公司 2023 年产品存货预算基础资料

编制部门：销售部　　　　　　　编制时间：2022 年 10 月 25 日　　　　　　　金额单位：万元

产品名称	计量单位	期初产品库存		产品平均日产量	产品库存定额天数				产品库存数量定额
		数量	总成本		储存天数	发运天数	结算天数	库存定额天数	
A 产品	吨	170	1 450	10.0	9.0	2.0	6.0	17.0	170
B 产品	吨	120	850	6.7	9.5	4.4	7.0	20.9	140
C 产品	吨	0	0	0.4	15.0	2.0	8.0	25.0	10

2. 计算产品存货各项指标

首先，测算产品库存数量。预算期各个时点（月、季、年）的产品库存数量，是以产品库存数量定额为依据，结合预算期各时点的产品销售和生产情况合理确定的。受产销波动的影响，各个时点的产品库存数量会有差异。一般情况下，年末的产品库存数量应与核定的产品库存数量定额保持一致。销售部编制的 2023 年产品库存数量测算表如表 6-65 所示。

表 6-65　真谛公司 2023 年产品库存数量测算表

编制部门：销售部　　　　　　　编制时间：2022 年 10 月 25 日

产品名称	计量单位	期初产品库存数量	产品库存数量			
			1 季度末	2 季度末	3 季度末	4 季度末
A 产品	吨	170	180	170	160	170
B 产品	吨	120	120	130	130	140
C 产品	吨	0	10	10	10	10

其次,计算产品库存资金定额。产品库存资金定额是按照"产品库存资金定额=产品库存数量定额×预算期产品单位成本"的基本公式计算的。因此,销售部会同仓储部、生产部和财务部,根据产品存货预算基础资料(表6-64)和产品成本预算(表6-58)中的有关资料,编制库存产品单位成本计算表,如表6-66所示。

表6-66 真谛公司2023年库存产品单位成本计算表

编制部门:销售部　　　　　　编制时间:2022年10月25日　　　　　　金额单位:万元

产品名称	计量单位	期初产品库存		预算期入库产品		库存产品单位成本(元)
		数量	总成本	数量	总成本	
A产品	吨	170	1 450	3 000	23 994	80 265
B产品	吨	120	850	2 020	13 396	66 570
C产品	吨	0	0	110	1 093	99 364
合计	—	—	2 300	—	38 483	—
备注	①本表编制是与产品库存数量预测、产品产量预算、产品成本预算编制交叉进行的。当产品库存数量测算(表6-65)完成后,其数据即为编制产品产量预算所用,产品产量预算的数据则为编制产品成本预算所用,产品成本预算的入库产品数量及成本数据则为计算库存产品单位成本所用。 ②由于库存产品单位成本既是库存产品的加权平均单位成本,也是预算期产品销售单位成本,因此本表与产品销售成本预算计算表(表6-18)完全一致					

最后,编制产品库存资金定额表。以库存产品单位成本计算表(表6-66)和产品库存数量测算表(表6-65)为基本依据,按照"产品库存资金定额=产品库存数量定额×预算期产品单位成本"的计算公式,计算编制产品库存资金定额表如表6-67所示。

表6-67 真谛公司2023年产品库存资金定额表

编制部门:销售部　　　　　　编制时间:2022年10月25日　　　　　　金额单位:万元

产品名称	计量单位	期初产品库存		库存产品单位成本(元)	1季度末库存		2季度末库存		3季度末库存		4季度末库存	
		数量	资金		数量定额	资金定额	数量定额	资金定额	数量定额	资金定额	数量定额	资金定额
A产品	吨	170	1 450	80 265	180	1 445	170	1 365	160	1 284	170	1 365
B产品	吨	120	850	66 570	120	799	130	865	130	865	140	932
C产品	吨	0	0	99 364	10	99	10	99	10	99	10	99
合计	—	—	2 300	—	—	2 343	—	2 329	—	2 248	—	2 396

3. 编制产品存货预算

产品存货预算既可以根据产品存货预算编制的恒等式"期初产品库存量+预算期产品入库量=预算期产品出库量+期末产品库存量"计算编制,也可以根据产品销售成本预算(表6-19)、产品成本预算(表6-58)和库存产品单位成本计算表(表6-66)中的有关资料汇总编制,如表6-68所示。

表 6-68　真谛公司 2023 年产品存货预算

编制部门:销售部　　　　　　　编制时间:2022 年 10 月 25 日

产品名称	计量单位	期初库存			2023 年入库			2023 年出库			期末库存		
		数量	单位成本（元）	总成本（万元）	数量	单位成本（元）	总成本（万元）	数量	单位成本（元）	总成本（万元）	数量	单位成本（元）	总成本（万元）
A 产品	吨	170	85 294	1 450.0	3 000	79 980	23 994.0	3 000	80 265	24 079.5	170	80 265	1 364.5
B 产品	吨	120	70 833	850.0	2 020	66 317	13 396.0	2 000	66 570	13 314.0	140	66 571	932.0
C 产品	吨	0	0	0	110	99 364	1 093.0	100	99 364	993.6	10	99 400	99.4
合计	—	—	—	2 300.0	—	—	38 483.0	—	—	38 387.1	—	—	2 395.9

三、编制材料存货预算

材料存货是企业为产品生产活动而储备的各种材料物资,包括原料及主要材料、燃料、辅助材料、包装物、低值易耗品、备品备件等。材料存货预算不仅是仓储部门管理预算期末库存材料物资结存量的依据,也是生产部门安排预算期内生产领料的依据,更是采购部门编制物资采购预算的基本依据。

材料存货预算由采购部门负责编制,仓储、财务、生产等部门予以协助。

（一）材料存货预算的编制方法

1. 收集预算基础资料

编制材料存货预算需要收集的基础资料如表 6-69 所示。

表 6-69　材料存货预算基础资料

序号	资料名称	资料说明	提供部门
1	材料期初结存	指预算期初各种材料的库存数量,应当合理预测	采购部门
2	直接材料预算	指预算期内产品生产所耗用的直接材料数量及成本的预算	生产车间
3	间接材料预算	指预算期内企业所耗用的各种间接材料数量及成本的预算	生产部门等
4	材料库存定额	指预算期内库存材料的最高储备定额和最低储备定额	采购部门
5	市场分析报告	指预算期内主要材料供求关系、价格走势的市场预测报告	采购部门

2. 计算材料存货各项预算指标

编制材料存货预算的恒等式为:

期初材料库存量＋预算期材料入库量＝预算期材料出库量＋期末材料库存量

期初材料库存量应当根据各种材料库存定额和编制预算时材料库存的实际情况合理测算;预算期材料入库量根据公式"预算期材料入库量＝预算期材料出库量＋期末材料库存量－期初材料库存量"计算;预算期材料出库量可以从直接材料预算和间接材料预算中取得;期末材料库存量应当根据各种材料的库存定额和采购市场预测情况合理测算。因此,编制材料存货预算的关键是合理确定预算期初、期末材料库存量,也就是核定各种材料库存定额。

材料库存定额的确定取决于预算期材料平均日耗用量、预算期材料单位价格和材料库存定额天数三个因素,计算公式为:

材料库存数量定额＝预算期材料平均日耗用量×材料库存定额天数

材料库存资金定额＝材料库存数量定额×预算期材料单位价格

预算期材料平均日耗用量可以根据预算年度材料耗用量除以预算年度产品生产天数计算得出。

预算期材料单位价格包括材料物资的买价、运输费、装卸费、保险费、运输途中的合理损耗、入库前的加工整理及挑选费用等,一般使用材料预算价格。

材料库存定额天数是指从企业用货币资金购买各种材料开始,直到将材料投入生产为止占用的天数,包括在途天数、验收天数、整理准备天数、保险天数和应计供应间隔天数,应当根据各类材料的具体情况测算确定。具体解释如下:

(1)在途天数是指企业采购材料时,由于支付货款在先、收到材料验收入库在后,从而形成的占用天数。若材料属于赊购材料,则在途天数为0。

(2)验收天数是指材料到达企业后进行计量、拆包开箱、检查化验直到入库为止这一过程所占用的天数。

(3)整理准备天数是指材料在投入生产以前进行技术处理和生产准备所占用的天数。

(4)保险天数是指为了防止特殊原因使材料不能正常供应而建立保险储备所占用的天数。

(5)应计供应间隔天数是指供应间隔天数与供应间隔系数的乘积。其中,供应间隔天数是指前后两次供应材料的间隔天数;供应间隔系数是每日平均库存周转储备额与最高库存周转储备额的比率。

材料库存定额的核定比较费时耗力,为了简化工作量,企业可以根据材料的性质区别对待:对于数量多、价格高的原料、主要材料及贵重材料,应按品名逐一详尽核定;对于数量少、品种多的其他材料,可按类别粗略核定。

3. 编制材料存货预算

当各项材料存货预算指标计算、确定之后,企业就可以按材料类别、名称汇总编制材料存货预算,主要内容包括材料名称、期初库存、本期入库、本期出库、期末库存等。预算指标既要反映实物数量,又要反映资金价值。

(二)材料存货预算编制案例

【例6-14】 真谛公司2023年的产品产量预算和材料耗用预算编制完成之后,材料存货预算由采购部负责编制,仓储部、财务部和生产部予以协助。已知2023年全年产品生产天数为300天,材料单价使用预算价格。

预算编制过程和编制方法如下:

1. 收集预算基础资料

采购部会同仓储部、财务部和生产部,根据产品产量预算(表6-29)、直接材料预算(表6-33)、间接材料预算(表6-42)、研发物料消耗预算(表6-102)等资料,核定了各种材料期初结存、材料平均日耗用量、材料库存数量定额等基础资料。其中,材料库存数量定额按照公式"材料库存数量定额=预算期材料平均日耗用量×材料库存定额天数"计算。收集的材料存货预算基础资料如表6-70所示。

表6-70 真谛公司2023年材料存货预算基础资料

编制部门:采购部　　　　　　编制时间:2022年10月25日　　　　　　金额单位:万元

序号	材料名称	计量单位	预算价格	期初材料库存数量	材料物资耗用量		材料库存定额天数	材料库存数量定额
					年耗用量	平均日耗用量		
1	直接材料	—	—	—	—	—	—	—
1.1	Z材料	吨	10.00	70	1 435	4.8	15	72
1.2	Y材料	吨	3.00	110	3 695	12.3	10	123
1.3	X材料	千克	1.00	460	7 370	24.6	20	492
2	间接材料	—	—	—	—	—	—	—
2.1	E材料	千克	0.07	2 000	54 260	181.0	15	2 715
2.2	F材料	千克	0.05	1 000	39 390	131.3	10	1 313
2.3	G材料	件	0.50	3	40	0.1	30	3
2.4	H材料	套	0.03	20	320	1.1	20	22

注:年耗用量=直接材料预算(表6-33)+间接材料预算(表6-42)+研发物料消耗预算(表6-102)。

2. 测算材料库存数量

预算期材料存货数量主要以材料库存数量定额为依据,结合预算期内的产品生产和材料耗用情况合理确定。受产品生产波动和材料采购市场变化等因素的影响,各个时点的材料库存数量一般会有差异。若企业预算年度的生产、采购活动比较稳定,则各个时点的材料库存数量应与核定的材料库存定额保持一致。真谛公司2023年材料库存数量测算情况如表6-71所示。

表6-71 真谛公司2023年材料库存数量测算

编制部门:采购部　　　　　　编制时间:2022年10月25日

序号	材料名称	计量单位	期初材料库存数量	材料库存数量			
				1季度末	2季度末	3季度末	4季度末
1	直接材料	—	—	—	—	—	—
1.1	Z材料	吨	70	72	72	72	72
1.2	Y材料	吨	110	123	123	123	123
1.3	X材料	千克	460	492	492	492	492
2	间接材料	—	—	—	—	—	—
2.1	E材料	千克	2 000	2 715	2 715	2 715	2 715
2.2	F材料	千克	1 000	1 313	1 313	1 313	1 313
2.3	G材料	件	3	3	3	3	3
2.4	H材料	套	20	22	22	22	22

3. 计算材料库存资金定额

材料库存资金定额根据"材料库存资金定额=材料库存数量定额×预算期材料单位价格"的公式测算。根据材料库存数量测算(表6-71)中的材料库存数量乘以材料预算价格,计算真谛公司2023年材料库存资金定额如表6-72所示。

表6-72 真谛公司2023年材料库存资金定额

编制部门:采购部　　　　　　　编制时间:2022年10月25日　　　　　　　金额单位:万元

序号	材料名称	计量单位	预算价格	期初库存 数量	期初库存 总成本	1季度末 数量	1季度末 总成本	2季度末 数量	2季度末 总成本	3季度末 数量	3季度末 总成本	4季度末 数量	4季度末 总成本
1	直接材料	—	—	—	1 490.0	—	1 581.0	—	1 581.0	—	1 581.0	—	1 581.0
1.1	Z材料	吨	10.00	70	700.0	72	720.0	72	720.0	72	720.0	72	720.0
1.2	Y材料	吨	3.00	110	330.0	123	369.0	123	369.0	123	369.0	123	369.0
1.3	X材料	千克	1.00	460	460.0	492	492.0	492	492.0	492	492.0	492	492.0
2	间接材料	—	—	—	192.1	—	257.9	—	257.9	—	257.9	—	257.9
2.1	E材料	千克	0.07	2 000	140.0	2 715	190.0	2 715	190.0	2 715	190.0	2 715	190.0
2.2	F材料	千克	0.05	1 000	50.0	1 313	65.7	1 313	65.7	1 313	65.7	1 313	65.7
2.3	G材料	件	0.50	3	1.5	3	1.5	3	1.5	3	1.5	3	1.5
2.4	H材料	套	0.03	20	0.6	22	0.7	22	0.7	22	0.7	22	0.7
3	合计	—	—	—	1 682.1	—	1 838.9	—	1 838.9	—	1 838.9	—	1 838.9

4. 编制材料存货预算

根据直接材料预算(表6-33)、间接材料预算(表6-42)、研发物料消耗预算(表6-102)和材料库存资金定额(表6-72)中的有关资料,按照材料存货预算编制的恒等式"期初材料库存量+预算期材料入库量=预算期材料出库量+期末材料库存量",计算编制材料存货预算如表6-73所示。

表6-73 真谛公司2023年材料存货预算

编制部门:采购部　　　　　　　编制时间:2022年10月25日　　　　　　　金额单位:万元

序号	材料名称	计量单位	预算价格	期初库存 数量	期初库存 总成本	2023年入库 数量	2023年入库 总成本	2023年出库 数量	2023年出库 总成本	期末库存 数量	期末库存 总成本
1	直接材料	—	—	—	1 490.0	—	32 896.0	—	32 805.0	—	1 581.0
1.1	Z材料	吨	10.00	70	700.0	1 437	14 370.0	1 435	14 350.0	72	720.0
1.2	Y材料	吨	3.00	110	330.0	3 708	11 124.0	3 695	11 085.0	123	369.0
1.3	X材料	千克	1.00	460	460.0	7 402	7 402.0	7 370	7 370.0	492	492.0
2	间接材料	—	—	—	192.1	—	5 863.1	—	5 797.3	—	257.9
2.1	E材料	千克	0.07	2 000	140.0	54 975	3 848.2	54 260	3 798.2	2 715	190.0
2.2	F材料	千克	0.05	1 000	50.0	39 703	1 985.2	39 390	1 969.5	1 313	65.7
2.3	G材料	件	0.50	3	1.5	40	20.0	40	20.0	3	1.5

金额单位:万元(续表)

序号	材料名称	计量单位	预算价格	期初库存		2023年入库		2023年出库		期末库存	
				数量	总成本	数量	总成本	数量	总成本	数量	总成本
2.4	H材料	套	0.03	20	0.6	322	9.7	320	9.6	22	0.7
3	合计	—	—	—	1 682.1	—	38 759.1	—	38 602.3	—	1 838.9

注:材料入库量=材料出库量+期末材料库存量-期初材料库存量。

根据直接材料预算(表6-33)、间接材料预算(表6-42)、研发物料消耗预算(表6-102)和材料库存数量测算(表6-71)中的有关资料,按照材料存货预算编制的恒等式"期初材料库存量+预算期材料入库量=预算期材料出库量+期末材料库存量",计算编制各季度材料存货数量预算如表6-74所示。

表6-74 真谛公司2023年各季度材料存货数量预算

编制部门:采购部　　　　　　　　编制时间:2022年10月25日

序号	材料名称	计量单位	1季度				2季度			3季度			4季度		
			期初库存	入库量	出库量	期末库存	入库量	出库量	期末库存	入库量	出库量	期末库存	入库量	出库量	期末库存
1	直接材料	—	—	—	—	—	—	—	—	—	—	—	—	—	—
1.1	Z材料	吨	70	345	343	72	423	423	72	385	385	72	284	284	72
1.2	Y材料	吨	110	910	897	123	1097	1 097	123	1 035	1 035	123	666	666	123
1.3	X材料	千克	460	1832	1 800	492	2170	2 170	492	2 080	2 080	492	1 320	1 320	492
2	间接材料	—	—	—	—	—	—	—	—	—	—	—	—	—	—
2.1	E材料	千克	2 000	13 905	13 190	2 715	13 930	13 930	2 715	12 630	12 630	2 715	14 510	14 510	2 715
2.2	F材料	千克	1 000	9 323	9 010	1 313	11 670	11 670	1 313	9 470	9 470	1 313	9 240	9 240	1 313
2.3	G材料	件	3	0	0	3	20	20	3	0	0	3	20	20	3
2.4	H材料	套	20	2	0	22	160	160	22	0	0	22	160	160	22

注:各季度材料入库量=各季度材料出库量+各季度期末材料库存量-各季度期初材料库存量。

四、编制物资采购预算

采购是企业在一定条件下从供应市场获取材料物资作为企业资源,以保证企业生产经营活动正常开展的一项经营活动。物资采购预算的编制范围既包括预算期内用于产品生产、构成产品实体或有助于产品形成的各类直接材料,也包括维持生产活动正常进行所耗用的间接材料,还包括用于其他经营管理活动的各种材料物资。

物资采购预算由采购部门负责编制,财务部门、仓储部门予以协助。

(一)物资采购预算的编制方法

1. 收集预算基础资料

编制物资采购预算需要收集的基础资料如表6-75所示。

表 6-75　物资采购预算基础资料

序号	资料名称	资料说明	提供部门
1	材料存货预算	指预算期内各种库存材料增加、减少及期初、期末余额的预算	采购部门
2	材料预算价格	指企业核定的预算期内各种材料物资的预算采购价格	财务部门
3	合格供应商清单	指按程序审查认定,纳入企业合格供应商目录的供应商名单	采购部门
4	采购市场报告	指预算期内材料市场供求关系、价格走势的市场预测及应对策略报告	采购部门
5	材料采购计划	指预算期内主要材料采购计划	采购部门

2. 编制物资采购预算

物资采购预算主要依据材料存货预算和采购物资预算价格编制,主要内容包括物资名称、计量单位、预算价格、增值税税率、采购数量、采购金额等。

(二)物资采购预算编制案例

【例 6-15】 在材料存货预算编制完成后,真谛公司 2023 年的物资采购预算由采购部负责编制,财务部和仓储部予以协助。

预算编制过程和编制方法如下:

1. 收集预算基础资料

编制物资采购预算主要涉及采购数量、预算价格、增值税税率、采购时间等信息。其中,材料名称、数量、时间从材料存货预算(表 6-73、表 6-74)中取得,预算编制的基础资料如表 6-76 所示。

表 6-76　真谛公司 2023 年物资采购预算基础资料　　　金额单位:万元

直接材料				间接材料			
材料名称	计量单位	预算价格	增值税税率	材料名称	计量单位	预算价格	增值税税率
Z 材料	吨	10.00	10%	E 材料	千克	0.07	5%
Y 材料	吨	3.00	10%	F 材料	千克	0.05	5%
X 材料	千克	1.00	5%	G 材料	件	0.50	5%
—	—	—	—	H 材料	套	0.03	5%

2. 编制物资采购预算

根据材料存货预算(表 6-73、表 6-74)和物资采购预算基础资料(表 6-76)编制物资采购预算如表 6-77、表 6-78 所示。

表 6-77　真谛公司 2023 年物资采购预算

编制部门:采购部　　　　　编制时间:2022 年 10 月 25 日　　　　　金额单位:万元

序号	材料名称	计量单位	全年采购量	预算价格	采购额	增值税税率	增值税额	含税采购额
1	直接材料	—	—	—	32 896.0		2 919.5	35 815.5
1.1	Z 材料	吨	1 437	10.00	14 370.0	10%	1 437.0	15 807.0

金额单位:万元(续表)

序号	材料名称	计量单位	全年采购量	预算价格	采购额	增值税税率	增值税额	含税采购额
1.2	Y材料	吨	3 708	3.00	11 124.0	10%	1 112.4	12 236.4
1.3	X材料	千克	7 402	1.00	7 402.0	5%	370.1	7 772.1
2	间接材料	—	—	—	5 863.1	—	293.2	6 156.3
2.1	E材料	千克	54 975	0.07	3 848.2	5%	192.4	4 040.6
2.2	F材料	千克	39 703	0.05	1 985.2	5%	99.3	2 084.5
2.3	G材料	件	40	0.50	20.0	5%	1.0	21.0
2.4	H材料	套	322	0.03	9.7	5%	0.5	10.2
3	合计	—	—	—	38 759.1	—	3 212.7	41 971.8

注:含税采购额=采购额+增值税额。

表 6-78　真谛公司 2023 年各季度物资采购预算

编制部门:采购部　　　　　　编制时间:2022 年 10 月 25 日　　　　　　金额单位:万元

序号	材料名称	计量单位	预算价格	增值税税率	1季度			2季度			3季度			4季度		
					数量	采购额	含税额	数量	采购额	含税额	数量	采购额	含税额	数量	采购额	含税额
1	直接材料	—	—	—	—	8 012.0	8 721.6	—	9 691.0	10 551.6	—	9 035.0	9 834.5	—	6 158.0	6 707.8
1.1	Z材料	吨	10.00	10%	345	3 450.0	3 795.0	423	4 230.0	4 653.0	385	3 850.0	4 235.0	284	2 840.0	3 124.0
1.2	Y材料	吨	3.00	10%	910	2 730.0	3 003.0	1 097	3 291.0	3 620.1	1 035	3 105.0	3 415.5	666	1 998.0	2 197.8
1.3	X材料	千克	1.00	5%	1 832	1 832.0	1 923.6	2 170	2 170.0	2 278.5	2 080	2 080.0	2 184.0	1 320	1 320.0	1 386.0
2	间接材料	—	—	—	—	1 439.6	1 511.6	—	1 573.4	1 652.1	—	1 357.6	1 425.5	—	1 492.5	1 567.1
2.1	E材料	千克	0.07	5%	13 905	973.3	1 022.0	13 930	975.1	1 023.8	12 630	884.1	928.3	14 510	1 015.7	1 066.5
2.2	F材料	千克	0.05	5%	9 323	466.2	489.5	11 670	583.5	612.7	9 470	473.5	497.2	9 240	462.0	485.1
2.3	G材料	件	0.50	5%	0	0	0	20	10.0	10.5	0	0	0	20	10.0	10.5
2.4	H材料	套	0.03	5%	2	0.1	0.1	160	4.8	5.1	0	0	0	160	4.8	5.0
3	合计	—	—	—	—	9 451.6	10 233.2	—	11 264.4	12 203.7	—	10 392.6	11 260.0	—	7 650.5	8 274.9

注:各季度含税采购额=各季度采购额×(1+增值税税率)。

五、编制应付账款预算

应付账款是指企业因购买材料物资或接受劳务等而应付给供应单位的款项,是企业因采购材料物资或接受劳务而形成的债务。在买方市场的情况下,为了减少资金支出,企业一般会通过赊购的方式购买所需的材料物资。企业采购材料物资,在当期并不需要支付全部货款,这样就产生了应付账款。也就是说,企业预算期内材料物资采购的总金额并不等于预算期内材料物资采购的现金支出额。为了管理和控制预算期内采购货款的应付及支付情况,同时也为了编制现金支出预算,企业在采购预算编制完成后,需要编制应付账款预算。

应付账款预算由采购部门负责编制,财务部门予以协助。

(一)应付账款预算的编制方法

1. 收集预算基础资料

编制应付账款预算需要收集的基础资料如表 6-79 所示。

表 6-79 应付账款预算基础资料

序号	资料名称	资料说明	提供部门
1	采购付款计划	指采购部门拟订的预算期内向供应商付款的计划安排	采购部门
2	采购付款政策	指企业制定的预算期内各类物资采购的付款原则与办法	财务部门
3	应付账款期初余额	指根据编制预算时应付账款实际余额,以及基期还将发生的应付账款增减额等情况编制的预算期初应付账款余额表	采购部门
4	物料采购预算	指企业预算期内采购各类材料物资数量和价值的预算	采购部门

2. 明确付款政策

采购付款政策对于应付账款预算编制具有决定性影响。因此,编制应付账款预算之前,首先要明确预算期的采购付款政策。付款政策对大多数企业而言是一个重点、难点问题。说是重点,在于付款政策直接关系到企业的现金流量和经济效益;说是难点,在于付款政策的制定非常复杂,它受众多因素的影响,而且不是企业自己可以确定的,还必须得到供应商的认同。物资采购影响因素与付款政策分析如表 6-80 所示。

表 6-80 物资采购影响因素与付款政策分析

序号	影响因素	状态	付款政策			
			预付货款	钱货两清	分期付款	延期付款
1	采购物资供求关系	供不应求	√	√		
		供求平衡		√	√	
		供过于求			√	√
2	物资采购量	大			√	√
		一般		√	√	
		小	√	√		
3	企业信用情况	好			√	√
		一般		√	√	
		不好	√	√		
4	企业实力与效益	好			√	√
		一般		√	√	
		不好	√	√		
5	采购价格与市场价格相比	低	√	√		
		相同		√	√	
		高			√	√

(续表)

序号	影响因素	状态	付款政策			
			预付货款	钱货两清	分期付款	延期付款
6	供应商收款政策	严格	√	√	√	
		一般		√	√	
		宽松			√	√
7	应付账款期初余额	大	√	√		
		适中		√	√	
		小			√	√
8	企业资金状况	宽裕	√	√		
		适中		√	√	
		短缺			√	√
9	采购物资质量	高	√	√		
		适中		√	√	
		低			√	√

基于付款政策对应付账款预算编制的影响，采购部门应当与财务部门通力合作，综合分析研究各种影响因素，制定科学、合理、符合实际的预算期付款政策。

3. 计算预算指标

在收集预算基础资料和明确付款政策的基础上，以供应商为预算对象，按照付款政策逐一计算各个供应商在预算期内的应付账款增加额、减少额和期末余额。应付账款预算各项指标的计算公式为：

应付账款期初余额+预算期应付账款增加额−预算期应付账款减少额=应付账款期末余额

应付账款期初余额是指预算期初企业应付给供应商的货款余额，一般可以根据编制预算时的应付账款实际余额，加上基期剩余时间预计采购金额，减去基期剩余时间预计支付金额得到。预算期应付账款增加额是指预算期采购货款总额，可以从采购预算中直接获得数据。预算期应付账款减少额是指预算期支付给供应商的货款总额，这项预算指标应当根据企业付款政策、采购物资供求关系等因素逐项物资、逐个供应商进行核定。应付账款期末余额是指预算期末企业应付给供应商的货款余额，既可以在其他三项指标的基础上测算，也可以按照有关付款政策测算。

4. 编制应付账款预算

应付账款是按供应商名称设置的账户，企业在编制应付账款预算时，应当按供应商名称进行排列，同时还要反映采购业务的内容，以便与物资采购预算相衔接。当企业应付账款户数过多时，可采取重点管理法（ABC 分析法）编制应付账款预算。具体做法与应收账款预算的编制方法相同。

需要说明的是：为了全面反映预算期内应付账款的数额，企业应将预算期的物资采购货款全部纳入应付账款预算，会计人员做账时也应将采购货款全部过到应付账款账户。

(二) 应付账款预算编制案例

【例 6-16】 采购预算编制完成之后,真谛公司 2023 年应付账款预算由采购部负责编制,财务部予以协助。

预算编制过程和编制方法如下:

1. 收集预算基础资料

采购部收集的预算基础资料主要包括物资采购预算(表 6-77、表 6-78)、应付账款期初余额和采购付款政策。

2. 明确付款政策

采购部会同财务部根据预算期各种物资的采购数量,分析研判采购市场供求变化趋势、供应商资金实力、供求双方的合作关系等因素,研究制定了预算期采购付款政策,如表 6-81 所示。

表 6-81　真谛公司 2023 年付款政策

序号	材料名称	付款政策	政策制定依据
1	Z 材料	当季度货款,当季度支付 50%,剩余 50% 下一季度支付	采购量大,公司信用好
2	Y 材料	当季度货款,当季度支付 40%,剩余 60% 下一季度支付	采购量大,供求平衡
3	X 材料	当季度货款,当季度支付 70%,剩余 30% 下一季度支付	采购量一般,供不应求
4	E 材料	钱货两清	执行供应商的销售政策
5	F 材料	当季度货款,当季度支付 30%,剩余 70% 下一季度支付	采购量一般,供过于求
6	G 材料	钱货两清	采购量少
7	H 材料	钱货两清	定制物资,采购量少

3. 计算并编制应付账款预算

在收集预算基础资料的基础上,以供应商和采购货款为预算对象,按照付款政策逐一计算、确定供应商在预算期内的应付账款增加额、减少额和期初、期末余额。最后编制真谛公司 2023 年应付账款预算如表 6-82 所示。

表 6-82　真谛公司 2023 年应付账款预算

编制部门:采购部　　　　　编制时间:2022 年 10 月 25 日　　　　　单位:万元

序号	供应商名称	业务内容	2023 年预算			
			期初余额	本期应付款	本期支付款	期末余额
1	日月公司	Z 材料	1 200.0	15 807.0	15 445.0	1 562.0
2	云海公司	Y 材料	1 100.0	12 236.4	12 017.7	1 318.7
3	无名公司	X 材料	300.0	7 772.1	7 656.3	415.8
4	天马公司	E 材料	0	4 040.6	4 040.6	0
5	海诺公司	F 材料	300.0	2 084.5	2 044.9	339.6

单位:万元(续表)

序号	供应商名称	业务内容	2023 年预算			
			期初余额	本期应付款	本期支付款	期末余额
6	得力公司	G 材料	0	21.0	21.0	0
7	兴隆公司	H 材料	0	10.2	10.2	0
8	合计	—	2 900.0	41 971.8	41 235.7	3 636.1

表 6-82 预算指标计算说明如下:

(1)应付账款期初余额根据 2022 年 9 月末账面实际数额,加基期 4 季度预计采购金额,减基期 4 季度预计支付金额测算核定。

(2)预算期应付款增加额取自 2023 年含税物资采购预算(表 6-77)。

(3)预算期支付款根据公式"预算期支付款=期初余额+本期应付款-期末余额"计算得出。

(4)应付账款期末余额根据预算期采购付款政策(表 6-81)和各季度含税采购预算(表 6-78)有关资料测算。

① Z 材料付款政策是 4 季度采购货款下期付 50%:3 124×50%=1 562(万元);

② Y 材料付款政策是 4 季度采购货款下期付 60%:2 197.8×60%=1 318.7(万元);

③ X 材料付款政策是 4 季度采购货款下期付 30%:1 386×30%=415.8(万元);

④ F 材料付款政策是 4 季度采购货款下期付 70%:485.1×70%=339.6(万元);

⑤ E 材料、G 材料、H 材料的付款政策是钱货两清,期末无余额。

第五节 职工薪酬预算编制

一、职工薪酬预算概述

职工薪酬预算是企业预算期内有关职工薪酬计提、支付和账户余额的预算,主要依据公司薪酬管理制度、薪酬绩效计划、定岗定编计划、五险一金和三项经费政策①、有关业务预算等资料编制。

21 世纪是知识经济时代,企业间的竞争是知识的竞争、人才的竞争。能不能招募到合适的、优秀的员工,并最大限度地把人力资源转化为生产资源,是关系到企业兴衰成败的关键因素。因此,随着人才竞争的日益加剧,企业的人力资源成本呈越来越高的趋势。编制职工薪酬预算,对于搞好人力资源规划、控制和管理人力资源成本都有非常重要的意义。

---

① "五险"是指五项社会保险费,即医疗保险费、养老保险费、失业保险费、工伤保险费和生育保险费;"一金"是指住房公积金;"三项经费"是指工会经费、职工教育经费和职工福利费。按照《国务院办公厅关于全面推进生育保险和职工基本医疗保险合并实施的意见》(国办发[2019]10 号)规定,2019 年年底前实现生育保险和职工基本医疗保险合并实施。因此,"五险一金"变成"四险一金"的说法是误解。生育保险没有取消,只是与医疗保险合并实施。

(一）职工薪酬预算的编制责任

人力资源部门是编制职工薪酬预算的责任主体。由于职工薪酬不仅是企业各项成本费用的重要组成部分，也是各部门、各环节预算编制的重要内容，因此企业各部门都应参与职工薪酬预算的编制。其中，生产、销售等薪酬与业务绩效直接挂钩的部门一般要负责本部门职工薪酬预算草案的编制，人力资源部门、财务部门负责指导、协助和审核。

(二）职工薪酬预算的内容

职工薪酬预算主要包括应付职工薪酬预算、职工工资支付预算、五险一金经费支出预算和职工薪酬余额预算。

1. 应付职工薪酬预算

应付职工薪酬预算也称计提职工薪酬预算，是企业预算期内应付给员工的各种形式报酬或补偿的预算，主要内容包括员工姓名、职工工资、奖金、津贴和补贴、五险一金、三项经费等。

2. 职工工资支付预算

职工工资支付预算是企业预算期内实际支付给职工劳动报酬的预算，主要内容包括部门名称、薪酬项目、应付工资、社保扣款、公积金扣款、代扣个税和实发工资等。因为企业的职工薪酬计提与发放时间不在同一月份，而且内容也有所不同，所以需要单独编制职工工资支付预算。

3. 五险一金经费支出预算

五险一金经费支出预算是企业预算期内缴纳五险一金以及职工福利费、工会经费和职工教育费支出的预算，主要内容包括支出项目、支出时间、支出金额等。

4. 职工薪酬余额预算

职工薪酬余额预算是企业预算期内应付职工薪酬账户增减变动的预算，主要内容包括项目名称、期初余额、本期增加额、本期减少额和期末余额等。

(三）职工薪酬预算的编制程序

职工薪酬预算主要依据预算年度的工资制度、薪酬计划、职工福利计划、教育培训计划、定岗定编计划、工资与绩效挂钩办法、五险一金和三项经费计提标准、员工基本工资、工资构成与计算方法编制，基本不受其他预算的制约，因此职工薪酬预算可以与其他预算同步或提前编制。从职工薪酬预算与其他预算的关系上看，应付职工薪酬预算的有关数据是销售费用、管理费用、研发费用、工程项目、制造费用、产品成本和劳务成本等成本费用预算的重要构成项目，因此应当在有关成本费用预算编制之前完成职工薪酬预算的编制。职工薪酬所涉及预算的编制程序如图6-4所示。

1. 编制应付职工薪酬预算

应付职工薪酬预算要根据公司规定的工资政策、工资构成、计算方法和薪酬计划，以部门为责任主体进行编制。人力资源部门要发挥职能作用，组织、指导各部门编制预算期应付给本部门员工的工资、奖金、津贴和补贴、五险一金及三项经费计提草案。在实行工

```
┌─────────────┐
│ 薪酬与绩效计划、│
│ 职工工资档案等 │
└──────┬──────┘
       ↓
┌─────────────┐     ┌──────────────┐
│  应付职工    │ ← ─ │  人力资源部门  │
│  薪酬预算    │     │ 测算预算期应付│
└──────┬──────┘     │各部门职工薪酬 │
       ↓            └──────────────┘
┌─────────────┐     ┌──────────────┐
│  职工工资    │ ← ─ │  人力资源部门  │
│  支付预算    │     │测算预算期支付│
└──────┬──────┘     │给职工的工资   │
       ↓            └──────────────┘
┌─────────────┐     ┌──────────────┐
│ 五险一金经费 │ ← ─ │  人力资源部门  │
│  支出预算    │     │测算预算期五险│
└──────┬──────┘     │一金及经费支出│
       ↓            └──────────────┘
┌─────────────┐     ┌──────────────┐
│  职工薪酬    │ ← ─ │   财务部门    │
│  余额预算    │     │测算预算期职工薪│
└─────────────┘     │酬账户余额变动 │
                    └──────────────┘
```

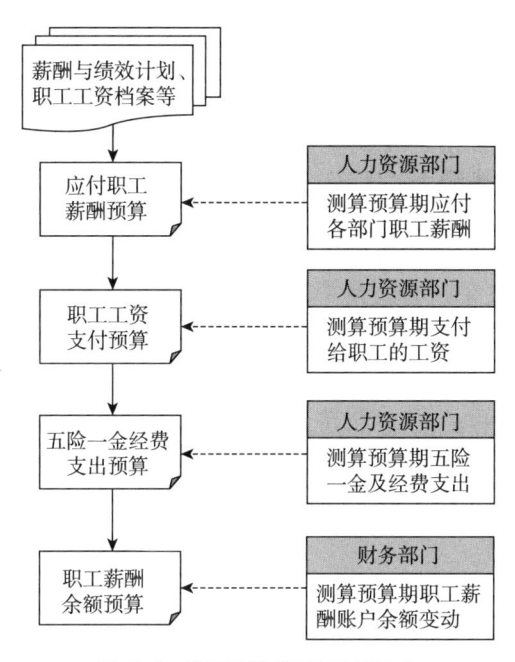

图6-4 职工薪酬预算编制程序

资保密制的企业，应付职工薪酬预算由人力资源部门编制。

2. 编制职工工资支付预算

人力资源部门根据应付职工薪酬预算、个人所得税税率、社会保险与住房公积金个人缴纳标准等资料，以部门为对象编制预算期发放给员工工资的预算。

3. 编制五险一金经费支出预算

人力资源部门根据企业预算期社会保险与住房公积金缴纳标准以及职工福利费、工会经费和职工教育费支出计划等资料，编制预算期五险一金及三项经费支出的预算。

4. 编制职工薪酬余额预算

财务部门根据应付职工薪酬账户期初余额、预算期应付职工薪酬预算和职工工资支付预算，编制应付职工薪酬期初、期末余额情况的预算。

二、编制应付职工薪酬预算

应付职工薪酬是企业应付给员工的各种形式的报酬或补偿，它不仅包括企业预算期应支付给员工的劳动报酬总额，也包括按照工资总额的一定比例计算并计入成本费用的其他相关支出。根据《企业会计准则第9号——职工薪酬》[①]的规定，职工薪酬包括如下内容：

（1）职工工资、奖金、津贴和补贴；
（2）职工福利费；

---

① 《国际会计准则》称企业员工为雇员，我国《企业会计准则》称企业员工为职工，将企业发放给职工的各种形式的劳动报酬以及其他相关支出统称为职工薪酬。

(3) 医疗保险费、养老保险费、失业保险费、工伤保险费和生育保险费等社会保险费;

(4) 住房公积金;

(5) 工会经费和职工教育经费;

(6) 非货币性福利;

(7) 因解除与职工的劳动关系而给予的补偿;

(8) 其他与获得职工提供的服务相关的支出。

职工薪酬的内容涵盖了企业人力资源成本的全部构成,即人力资源的获得成本、开发成本、使用成本和离职成本。

应付职工薪酬预算的编制部门因企而异。通常做法是:生产部门、销售部门等职工薪酬与业务绩效密切挂钩的部门由员工所在部门编制预算草案,人力资源部门和财务部门负责审核;实行计时工资制的部门由人力资源部门编制预算草案,财务部门负责审核。

(一) 应付职工薪酬预算的编制方法

1. 收集预算基础资料

编制应付职工薪酬预算需要收集的基础资料如表6-83所示。

表6-83 应付职工薪酬预算基础资料

序号	资料名称	资料说明	提供部门
1	薪酬管理制度	指企业有关薪酬的管理制度,包括工资制度、福利制度、绩效管理制度等	人力资源部门
2	职工工资档案	指职工岗位职级和基本工资等档案	人力资源部门
3	薪酬计划	指企业预算期内职工薪酬水平、薪酬构成、计算依据等薪酬政策的计划安排	人力资源部门
4	绩效合约	指企业与部门或员工订立的关于绩效目标、衡量标准和奖惩方案的书面协议	人力资源部门
5	定岗定编计划	指企业各部门预算期内的岗位设置及各岗位人员编制计划	人力资源部门
6	五险一金缴纳标准	指企业预算期内以工资总额为基数计算五险一金的比率	人力资源部门
7	三项经费计提标准	指企业预算期内工会经费、职工教育经费和职工福利费的计提标准	人力资源部门
8	其他薪酬计划	指企业预算期内解除劳动关系补偿及其他薪酬支出计划	人力资源部门
9	销售收入预算	指企业预算期内销售产品或提供劳务获得收入的预算	销售部门
10	产品产量预算	指企业预算期内基本生产和辅助生产的产品及劳务数量预算	生产部门

2. 测算工资总额

工资总额是企业直接支付给员工的劳动报酬总额,包括计时工资、计件工资、奖金、津贴和补贴、加班工资和其他工资等六部分。

(1) 计时工资是按计时工资标准(包括地区生活费补贴)和工作时间支付给个人的劳动报酬。计时工资的计算公式为:

$$计时工资 = 工资标准 \times 实际工作时间$$

（2）计件工资是按照员工生产的合格产品的数量（或作业量）和预先规定的计件工资标准计算支付劳动报酬的工资。计件工资可分个人计件工资和集体计件工资。个人计件工资适用于个人能单独操作且能够制定个人劳动定额的工种；集体计件工资适用于工艺过程要求集体完成，不能直接计算个人完成合格产品数量的工种。计件工资的表现形式包括超额累进计件、直接无限计件、限额计件、超定额计件，以及按营业额或利润额提成支付的工资。计件工资的计算公式为：

$$计件工资=产品产量×计件单价$$

公式中的计件单价是按工资标准和劳动定额计算出来的，具体有两种计算方法：一是按产量定额计算；二是按工时定额计算。其计算公式分别为：

$$计件单价=日工资标准÷日产量定额$$
$$计件单价=每小时的工资标准×单位产品的工时定额$$

按营业额或利润额提成的工资的计算公式为：

$$提成工资=提成业务额×提成比例$$

一般而言，企业的销售人员多按销售额或销售利润计算提成工资；生产工人多按产品产量或作业量计算计件工资；其他人员则实行计时工资制。由于销售人员、生产工人和其他人员执行的工资制度不同，其工资总额测算的内容、方法也不尽相同。

人力资源部门在充分收集预算基础资料的基础上，首先要以部门为对象预测基期工资总额，然后根据不同部门、不同人员和不同的工资制度，分别测算预算期的职工工资总额。

3. 测算五险一金及三项经费

工资总额测算完成后，企业应当根据有关计提政策标准测算计提预算期的五险一金及三项经费。凡是国家明确规定计提比例的项目，应按照规定标准计提；凡是国家没有规定计提比例的项目，企业首先应当编制有关项目在预算期的使用计划，然后根据使用计划合理确定计提比例。

（1）测算五项社保。五项社保为养老险、医疗险、失业险、工伤险和生育险，其中生育险与医疗险合并计提。"五险"是国家保障员工的一种法定制度，缴纳比例全国各地不尽相同，企业按所在地劳动保障部门规定的缴纳比例进行计提。

（2）测算住房公积金。国务院《住房公积金管理条例》第十八条规定，"职工和单位住房公积金的缴存比例均不得低于职工上一年度月平均工资的5%；有条件的城市，可以适当提高缴存比例。具体缴存比例由住房公积金管理委员会拟订，经本级人民政府审核后，报省、自治区、直辖市人民政府批准。"住房公积金计提金额的计算公式为"住房公积金计提金额=上年度工资总额×计提比例"，编制预算可以按预算年度的工资总额计算。

（3）测算工会经费。我国现行法规规定，工会经费按工资总额的2%计提。

（4）测算教育经费。根据财政部、税务总局《关于企业职工教育经费税前扣除政策的通知》（财税〔2018〕51号），自2018年1月1日起，企业发生的职工教育经费支出，不超过工资薪金总额8%的部分，准予在计算企业所得税应纳税所得额时扣除；超过部分，准予在以后纳税年度结转扣除。因此，企业可以根据实际需要合理确定计提比例，也可以根据企业编制的教育经费使用计划填列。

(5)测算职工福利费。《中华人民共和国企业所得税法实施条例》规定,职工福利费不超过工资薪金总额14%的部分,准予在计算应纳税所得额时扣除。职工福利费的计提比例国家没有规定,是先提后用还是实报实销,有关法规也没有统一规定,编制预算既可以按照不超过工资薪金总额14%的比例计提,也可以根据企业编制的职工福利使用计划填列。

4. 编制应付职工薪酬预算

在测算各部门预算期职工工资总额、五险一金及三项经费的基础上,汇总编制应付职工薪酬预算。我国会计准则规定,工资总额、五险一金及三项经费根据职工提供服务的受益对象进行分配,分别计入生产成本、制造费用、销售费用、管理费用和在建工程等科目。因此,企业在编制应付职工薪酬预算时应列明员工提供服务的受益对象。

(二)应付职工薪酬预算编制案例

【例6-17】 真谛公司2023年应付职工薪酬预算由人力资源部负责编制,财务部和有关部门予以协助。2023年有关工资政策如下:

第一,甲、乙两个生产车间的生产工人实行计件工资制,按产品产量和计件单价计算工资总额;车间技术及管理人员实行计时工资制,2023年工资总额比2022年增长10%。

第二,销售部业务人员实行全额提成工资制,工资总额按2023年销售收入的3%提成;销售部管理人员实行计时工资制,2023年工资总额比2022年增长10%。

第三,公司其他部门员工实行计时工资制,2023年工资总额比2022年增长10%。

第四,五险一金及三项经费按有关规定计提。

预算编制过程和编制方法如下:

1. 收集预算基础资料

人力资源部根据2023年工资政策、绩效考核方案、销售收入预算(表6-10)、产品产量预算(表6-29),以及五险一金及三项经费的计提比例等资料,编制职工薪酬预算基础资料如表6-84所示。

表6-84 真谛公司2023年应付职工薪酬预算基础资料

Panel A:工资政策	
部门或项目	内容
销售部	(1)业务人员实行提成工资制,工资总额按销售收入的3%计提
	(2)管理人员实行计时工资制,工资总额比2022年增长10%
生产车间	(1)一线生产工人实行计件工资制
	A产品每吨工资4 000元
	B产品每吨工资2 000元
	C产品每吨工资8 000元
	(2)管理人员实行计时工资制,工资总额比2022年增长10%
职能部门	(1)除销售、车间外的其他职能部门员工实行计时工资制
	(2)预算年度工资总额比2022年增长10%

(续表)

Panel A：工资政策

部门或项目	内容
社保及经费计提	（1）"五险"计提比例为工资总额的30% （2）住房公积金计提比例为工资总额的5% （3）职工福利费计提比例为工资总额的10% （4）工会经费计提比例为工资总额的2% （5）职工教育经费计提比例为工资总额的3%
考核奖金	实行计时工资制的员工全年奖金为工资总额的10%
2023年相关预算	（1）销售收入预算83 000万元 （2）A产品产量预算3 000吨，B产品产量预算2 020吨，C产品产量预算110吨

Panel B：2022年预计工资总额

部门	金额（万元）
销售部	2 160
甲车间	1 080
乙车间	430
采购部	90
生产部	100
设备部	60
仓储部	50
研发部	120
技术部	69
质量管理部	40
财务部	100
人力资源部	90
行政管理部	60
战略管理部	50
合计	4 499

2. 测算工资总额

根据职工薪酬预算基础资料，按照工资总额各项目之间的逻辑关系、不同工资制度和计算公式，测算各部门2023年工资总额，如表6-85、表6-86和表6-87所示。

表6-85 真谛公司2023年销售部提成工资制工资总额测算

编制部门：人力资源部　　　编制时间：2022年10月13日　　　金额单位：万元

部门	提成工资				其他工资		工资总额
	挂钩指标	预算目标	提成比例	提成工资	津贴补贴	加班工资	
销售部业务人员	销售收入	83 000	3%	2 490	0	0	2 490

表 6-86　真谛公司 2023 年生产车间计件工资制工资总额测算

编制部门：人力资源部　　　　　编制时间：2022 年 10 月 13 日　　　　　　　　金额单位：万元

部门	计件对象		计件工资			其他工资		工资总额
	产品名称	计量单位	产品产量	计件单价	计件工资	津贴补贴	加班工资	
甲车间	A 产品	吨	3 000	0.4	1 200	0	0	1 200
乙车间	B 产品	吨	2 020	0.2	404	0	0	404
	C 产品	吨	110	0.8	88	0	0	88
合计	—	—	—	—	1 692	0	0	1 692

表 6-87　真谛公司 2023 年计时工资制工资总额测算

编制部门：人力资源部　　　　　编制时间：2022 年 10 月 13 日　　　　　　　　单位：万元

部门	员工姓名	计时工资	其他工资	工资总额	部门	员工姓名	计时工资	其他工资	工资总额
甲车间	关永贵	16	0	16	研发部	武法军	26	0	26
	…	…	…	…		…	…	…	…
	小计	88	0	88		小计	132	0	132
乙车间	黄鹏飞	14	0	14	技术部	刘世芳	20	0	20
	…	…	…	…		…	…	…	…
	小计	76	0	76		小计	76	0	76
销售部	吴少芝	18	0	18	质量管理部	项笑	16	0	16
	…	…	…	…		…	…	…	…
	小计	66	0	66		小计	44	0	44
采购部	李传新	20	0	20	财务部	袁佳薇	20	0	20
	…	…	…	…		…	…	…	…
	小计	99	0	99		小计	110	0	110
生产部	魏建华	22	0	22	人力资源部	吴双丽	18	0	18
	…	…	…	…		…	…	…	…
	小计	110	0	110		小计	99	0	99
设备部	王建芳	18	0	18	行政管理部	杜娟	12	0	12
	…	…	…	…		…	…	…	…
	小计	66	0	66		小计	66	0	66
仓储部	彭雯	12	0	12	战略管理部	张婷	20	0	20
	…	…	…	…		…	…	…	…
	小计	55	0	55		小计	55	0	55
—	—	—	—	—	合计	—	1 142	0	1 142

3. 计提社保及经费，编制应付职工薪酬预算

根据工资总额测算表中的工资总额和五险一金、三项经费的计提比例，计提社会保险费、住房公积金、工会经费、职工福利费和职工教育经费,并编制应付职工薪酬预算如表 6-88 所示。

表 6-88 真谛公司 2023 年应付职工薪酬预算

编制部门:人力资源部　　　　　编制时间:2022 年 10 月 13 日　　　　　单位:万元

序号	列支渠道	工资总额	计提社保、公积金及三项经费						薪酬总额
			30%五险	5%公积金	10%福利费	2%工会经费	3%教育经费	计提总额	
1	生产成本	1 692.0	507.6	84.6	169.2	33.8	50.8	846.0	2 538.0
1.1	甲车间	1 200.0	360.0	60.0	120.0	24.0	36.0	600.0	1 800.0
1.1.1	A 产品	1 200.0	360.0	60.0	120.0	24.0	36.0	600.0	1 800.0
1.2	乙车间	492.0	147.6	24.6	49.2	9.8	14.8	246.0	738.0
1.2.1	B 产品	404.0	121.2	20.2	40.4	8.1	12.1	202.0	606.0
1.2.2	C 产品	88.0	26.4	4.4	8.8	1.8	2.6	44.0	132.0
2	制造费用	164.0	49.2	8.2	16.4	3.3	4.9	82.0	246.0
2.1	甲车间	88.0	26.4	4.4	8.8	1.8	2.6	44.0	132.0
2.2	乙车间	76.0	22.8	3.8	7.6	1.5	2.3	38.0	114.0
3	销售费用	2 556.0	766.8	127.8	255.6	51.1	76.7	1 278.0	3 834.0
3.1	业务人员	2 490.0	747.0	124.5	249.0	49.8	74.7	1 245.0	3 735.0
3.2	管理人员	66.0	19.8	3.3	6.6	1.3	2.0	33.0	99.0
4	管理费用	780.0	234.0	39.0	78.0	15.6	23.4	390.0	1 170.0
4.1	采购部	99.0	29.7	5.0	9.9	2.0	3.0	49.5	148.5
4.2	生产部	110.0	33.0	5.5	11.0	2.2	3.3	55.0	165.0
4.3	设备部	66.0	19.8	3.3	6.6	1.3	2.0	33.0	99.0
4.4	仓储部	55.0	16.5	2.8	5.5	1.1	1.7	27.5	82.5
4.5	技术部	76.0	22.8	3.8	7.6	1.5	2.3	38.0	114.0
4.6	质量管理部	44.0	13.2	2.2	4.4	0.9	1.3	22.0	66.0
4.7	财务部	110.0	33.0	5.5	11.0	2.2	3.3	55.0	165.0
4.8	人力资源部	99.0	29.7	5.0	9.9	2.0	3.0	49.5	148.5
4.9	行政管理部	66.0	19.8	3.3	6.6	1.3	2.0	33.0	99.0
4.10	战略管理部	55.0	16.5	2.8	5.5	1.1	1.7	27.5	82.5
5	研发费用	132.0	39.6	6.6	13.2	2.6	4.0	66.0	198.0
5.1	研发部	132.0	39.6	6.6	13.2	2.6	4.0	66.0	198.0
6	合计	5 324.0	1 597.2	266.2	532.4	106.5	159.7	2 662.0	7 986.0

需要说明的是:应付职工薪酬预算中的各项预算数额都会出现在销售费用预算、管理费用预算、研发支出预算、制造费用预算、产品成本预算中。应付职工薪酬预算的一个重

要作用就是控制企业的职工薪酬总额,并对各项费用预算的职工薪酬支出项目起到统驭和核对作用。另外,为防止重复计算,职工薪酬的付现项目一律体现在应付职工薪酬预算中,其他预算则将职工薪酬项目作为非付现项目。

三、编制职工工资支付预算

支付职工工资是企业预算期实际支付给职工的劳动报酬,它不仅包括预算期支付给职工的工资总额,也包括按月扣减的应由职工个人缴纳的社会保险费、公积金、所得税等。

职工工资支付预算由人力资源部门负责编制,财务部门予以协助。

(一)职工工资支付预算的编制方法

1. 收集预算基础资料

编制职工工资支付预算需要收集的基础资料如表6-89所示。

表6-89 职工工资支付预算基础资料

序号	资料名称	资料说明	提供部门
1	应付职工薪酬预算	指企业预算期内应付给员工各种形式的报酬或补偿的预算	人力资源部门
2	基期12月薪酬预算	指企业上年度12月应付职工薪酬预算	人力资源部门
3	个人所得税税率	指个人所得税法规定的个人所得税应纳税额与应纳税所得额的比率	人力资源部门
4	五险一金个人缴纳标准	指按照国家规定员工个人应缴纳的社会保险费与住房公积金标准	人力资源部门
5	预算期12月薪酬预算	指企业预算年度12月应付职工薪酬预算	人力资源部门

2. 测算并编制职工工资支付预算

由于大部分企业按照"先干活,后付费"的逻辑核算职工工资,因此预算期支付职工工资根据公式"预算期支付职工工资=基期12月计提工资+预算期1月至11月计提工资"计算填列。如果各月份计提工资数额变化不大,也可以按预算期计提工资测算。

(二)职工工资支付预算编制案例

【例6-18】 真谛公司2023年职工工资支付预算由人力资源部负责编制,财务部予以协助。

预算编制过程和编制方法如下:

1. 收集预算基础资料

收集的基础资料包括2023年应付职工薪酬预算(表6-88)、2022年12月应付职工薪酬预算、2023年12月应付职工薪酬预算、个人所得税税率表、五险一金个人缴纳标准等,有关资料如表6-90所示。

表 6-90　真谛公司 2023 年职工工资支付预算基础资料　　　　金额单位:万元

Panel A：职工工资支付预算（万元）

部门名称	2022 年 12 月	2023 年 12 月
销售部	200	220
甲车间	90	110
乙车间	40	50
研发部	10	15
其他部门	60	70
合计	400	465

Panel B：职工个人缴费占工资总额比例

项目	比例
养老保险个人缴纳比例	8.0%
医疗保险个人缴纳比例	2.0%
失业保险个人缴纳比例	0.5%
住房公积金个人缴纳比例	5.0%
个人所得税平均税率(假定)	10.0%

注:因为支付职工工资预算是根据公式"预算期支付职工工资＝基期 12 月计提工资＋预算期 1 月至 11 月计提工资"计算的,所以编制职工工资支付预算要获得 2022 年 12 月应付职工薪酬预算和 2023 年 12 月应付职工薪酬预算。

2．测算编制职工工资支付预算

首先,根据公式"2023 年支付职工工资总额＝2022 年 12 月应付职工薪酬预算＋2023 年应付职工薪酬预算－2023 年 12 月应付职工薪酬预算",计算 2023 年支付职工工资总额;其次,根据 2023 年个人所得税税率表、五险一金个人缴纳标准等资料,计算工资扣款项目金额并计算 2023 年实发工资;最后,测算编制职工工资支付预算,如表 6-91 所示。

表 6-91　真谛公司 2023 年职工工资支付预算

编制部门:人力资源部　　　　编制时间:2022 年 10 月 13 日　　　　　　　　单位:万元

序号	部门名称	支付职工工资总额	扣款项目				实发工资
			10.5%社保	5%公积金	10%个税	扣款合计	
1	销售部	2 536.0	266.3	126.8	253.6	646.7	1 889.3
2	甲车间	1 268.0	133.1	63.4	126.8	323.3	944.7
3	乙车间	558.0	58.6	27.9	55.8	142.3	415.7
4	研发部	127.0	13.3	6.4	12.7	32.4	94.6
5	其他部门	770.0	80.8	38.5	77	196.3	573.7
6	合计	5 259.0	552.1	263.0	525.9	1 341.0	3 918.0

注:销售部预算数据包括业务人员和管理人员数据,车间预算数据包括生产工人和管理人员数据。

四、编制五险一金经费支出预算

五险一金经费支出包括企业向当地人力资源和社会保障局缴纳的社会保险费、向住房公积金管理中心缴纳的住房公积金,以及企业职工福利费、工会经费和职工教育费支出。

五险一金经费支出预算由人力资源部门负责编制,财务部门予以协助。

(一) 五险一金经费支出预算的编制方法

1. 收集预算基础资料

编制五险一金经费支出预算需要收集的基础资料如表6-92所示。

表6-92 五险一金经费支出预算基础资料

序号	资料名称	资料说明	提供部门
1	应付职工薪酬预算	指企业预算期内应付给职工各种形式的报酬或补偿的预算	人力资源部门
2	职工工资支付预算	指企业预算期内支付职工工资及有关社保、个税扣款的预算	人力资源部门
3	五险一金缴纳标准	指按照当地政府规定应缴纳社会保险与住房公积金的标准	人力资源部门
4	拨交工会经费计划	指企业预算期内按规定向工会拨交的工会经费计划	人力资源部门
5	职工福利计划	指企业预算期内有关职工福利支出的计划	人力资源部门
6	教育培训计划	指企业预算期内有关职工岗位培训及后续教育的计划	人力资源部门

2. 测算并编制五险一金经费支出预算

人力资源部门应当根据应付职工薪酬预算、职工工资支付预算、五险一金缴纳标准、工会经费拨交规定、职工福利支出计划、职工教育培训计划等资料,逐项、逐笔测算五险一金及三项经费的支出金额和支付时间,然后汇总编制预算。

(二) 五险一金经费支出预算编制案例

【例6-19】 真谛公司2023年五险一金经费支出预算由人力资源部负责编制,财务部予以协助。其中,企业计提工会经费的40%上交所在地总工会,60%拨交本企业工会使用。

预算编制过程和编制方法如下:

1. 收集预算基础资料

收集的基础资料包括2023年应付职工薪酬预算(表6-88)、职工工资支付预算(表6-91)、五险一金缴纳标准、三项经费支出计划等。

2. 测算编制五险一金经费支出预算

企业在收集预算基础资料的基础上,根据社会保险企业缴纳数额、职工个人缴纳数额、工会经费拨交规定,以及职工福利费、职工教育经费支出计划编制五险一金经费支出预算。其中,五项社会保险、住房公积金、拨交工会经费的企业支付数额取自应付职工薪酬预算(表6-88),职工福利费、职工教育经费的支付数额取自企业编制的职工福利费计划(500万元)、职工教育经费支出计划(140万元),个人支付数额取自职工工资支付预算(表6-91)。五险一金经费支出预算如表6-93所示。

表 6-93 真谛公司 2023 年五险一金经费支出预算

编制部门:人力资源部　　　　编制时间:2022 年 10 月 13 日　　　　单位:万元

序号	项目	年度预算	其中	
			企业支付	个人支付
1	五项社会保险	2 149.3	1 597.2	552.1
2	住房公积金	529.2	266.2	263.0
3	拨交工会经费	106.5	106.5	—
4	职工福利费	500.0	500.0	—
5	职工教育经费	140.0	140.0	—
6	合计	3 425.0	2 609.9	815.1

五、编制职工薪酬余额预算

职工薪酬余额是指应付职工薪酬科目在预算期初、期末的余额。预算期内,应付职工薪酬账户的借方发生额、贷方发生额都会发生增减变动,必然引起账户余额变化。为了编制资产负债表预算,企业应当编制职工薪酬余额预算,反映应付职工薪酬账户期初、期末余额的变动情况。

职工薪酬余额预算由财务部门负责编制,人力资源部门予以协助。

(一)职工薪酬余额预算的编制方法

1. 收集预算基础资料

编制职工薪酬余额预算需要收集的基础资料如表 6-94 所示。

表 6-94 职工薪酬余额预算基础资料

序号	资料名称	资料说明	提供部门
1	应付职工薪酬期初余额	指企业预算期初应付职工薪酬明细账户的期初余额	财务部门
2	应付职工薪酬预算	指企业预算期内应付给员工各种形式的报酬或补偿的预算	人力资源部门
3	职工工资支付预算	指企业预算期内支付员工工资及有关社保、个税扣款的预算	人力资源部门
4	五险一金及经费支出预算	指企业预算期内缴纳五险一金及三项经费支出的预算	人力资源部门

2. 测算并编制职工薪酬余额预算

在收集预算基础资料的基础上编制 2023 年职工薪酬余额预算。

(二)职工薪酬余额预算编制案例

【例 6-20】 真谛公司 2023 年职工薪酬余额预算由财务部负责编制,人力资源部予以协助。

预算编制过程和编制方法如下:

1. 收集预算基础资料

收集的基础资料包括 2023 年应付职工薪酬预计期初余额、2023 年应付职工薪酬预算（表 6-88）、职工工资支付预算（表 6-91）和五险一金经费支出预算（表 6-93）等资料。其中，2023 年应付职工薪酬预计期初余额如表 6-95 所示。

表 6-95　真谛公司 2023 年应付职工薪酬预计期初余额　　　　　　　　　单位：万元

序号	明细科目	预计期初余额	序号	明细科目	预计期初余额
1	职工工资	400	4	工会经费	0
2	五项社会保险	0	5	职工福利费	50
3	住房公积金	0	6	职工教育经费	20

注：表中职工工资期初余额要与表 6-90 中 2022 年 12 月工资总额保持一致。

2. 测算编制职工薪酬余额预算

根据收集的预算基础资料编制 2023 年职工薪酬余额预算。其中，2023 年增加额取自应付职工薪酬预算（表 6-88）中的各项应付职工薪酬，2023 年减少额取自职工工资支付预算（表 6-91）中的"支付职工工资总额"和五险一金经费支出预算（表 6-93）中的"企业支付"。2023 年职工薪酬余额预算如表 6-96 所示。

表 6-96　真谛公司 2023 年职工薪酬余额预算

编制部门：财务部　　　　　　编制时间：2022 年 10 月 13 日　　　　　　　　　单位：万元

序号	明细科目	期初余额	2023 年增加额	2023 年减少额	期末余额
1	工资总额	400.0	5 324.0	5 259.0	465.0
2	五项社会保险	0	1 597.2	1 597.2	0
3	住房公积金	0	266.2	266.2	0
4	工会经费	0	106.5	106.5	0
5	职工福利费	50.0	532.4	500.0	82.4
6	职工教育经费	20.0	159.7	140.0	39.7
7	合计	470.0	7 986.0	7 868.9	587.1

第六节　期间费用预算编制

一、期间费用预算概述

期间费用是企业日常经营活动中发生的经济利益流出，包括销售产品、提供劳务活动而发生的销售费用，组织和管理生产经营活动而发生的管理费用，开展新技术、新产品、新工艺研究与开发而发生的费用化研发支出，筹集生产经营活动所需资金而发生的财务费用,以及企业预算期内经营活动应负担的消费税、城市维护建设税、教育费附加、资源税、房产税等税费。期间费用的发生与企业当期经营活动管理和产品销售直接相关,而与产品的制造过程无直接关系,即期间费用容易确定发生期间,而难以判别应归属的产品。因此,期间费用不能列入产品制造成本,而应在发生当期从损益中直接扣除。

期间费用预算是企业预算期内为组织和管理生产经营活动、开展研发活动、筹集生产经营所需资金以及销售产品而发生的销售费用、管理费用、研发支出、财务费用和税金及附加的预算。

在市场竞争愈演愈烈,销售成本、管理成本、研发成本不断提高的市场经济条件下,企业的期间费用绝对额在不断攀升,其占销售收入的比重也在不断提高。因此,搞好期间费用预算,对于有效控制期间费用支出、提高经济效益具有非常重要的作用。

(一)期间费用预算的编制责任

期间费用预算的执行者包括企业行政管理部门、营销部门、研发部门和财务部门,所以企业各职能部门是编制期间费用预算的主体。其中,销售部门负责编制销售费用预算,研发部门负责编制研发支出预算,财务部门负责编制财务费用预算和税金及附加预算,其他管理部门负责编制本部门的管理费用预算。

(二)期间费用预算的内容

期间费用预算涉及企业销售活动、管理活动、研发活动和财务活动发生的有关费用支出,具体包括销售费用预算、管理费用预算、研发支出预算、财务费用预算和税金及附加预算。

1. 销售费用预算

销售费用预算是企业预算期内销售产品或提供劳务过程中发生的各项费用的预算,主要内容包括费用项目、费用习性、费用期间、费用金额和责任部门等。

2. 管理费用预算

管理费用预算是企业预算期内为组织和管理生产经营活动所发生的各项费用的预算,主要内容包括费用项目、费用习性、费用期间、费用金额和责任部门等。

3. 研发支出预算

研发支出预算是企业预算期内为开发新技术、新产品、新工艺所发生的研究开发费用的预算,主要内容包括研发物料消耗预算、研发项目成本预算、研发费用化支出预算、资本化支出预算等。

研发活动从广义上讲是一种投资行为,但它与一般投资活动相比具有更大的收益不确定性和风险性,因而将研发支出预算归类到期间费用预算。

研发支出的账务处理分三种:①满足资本化条件并已达到预定用途形成无形资产的研发支出结转无形资产;②不满足资本化条件的研发支出列作费用化支出,即研发费用;③正在研发的满足资本化条件的研发支出留在"研发支出"账户。

4. 财务费用预算

财务费用预算是企业预算期内为筹集生产经营所需资金等而发生的各项费用的预

算,主要内容包括利息支出、利息收入、汇兑损益、金融机构手续费、发生的现金折扣或收到的现金折扣等。

5. 税金及附加预算

税金及附加预算是企业预算期内开展经营活动应负担的相关税费的预算,主要内容包括消费税、城市维护建设税、教育费附加、资源税、房产税、城镇土地使用税、车船税、印花税等税费发生金额。

(三) 期间费用预算的编制程序

期间费用的发生和归集都非常明确,各期间费用之间没有项目上的关联性、金额上的衔接性和时间上的承继关系。因此,期间费用预算自成体系,分别从属、服务于不同领域的经济活动,有着不同的编制依据,分别由不同的职能部门负责编制。一般情况下,销售费用预算在销售收入预算、固定资产折旧和无形资产摊销预算编制完成后进行编制;管理费用预算、研发支出预算在固定资产折旧和无形资产摊销预算编制完成后即可编制;财务费用预算可与财务预算同步编制;税金及附加预算在销售预算、供应预算等编制完成后编制。期间费用所涉及预算的编制程序如图 6-5 所示。

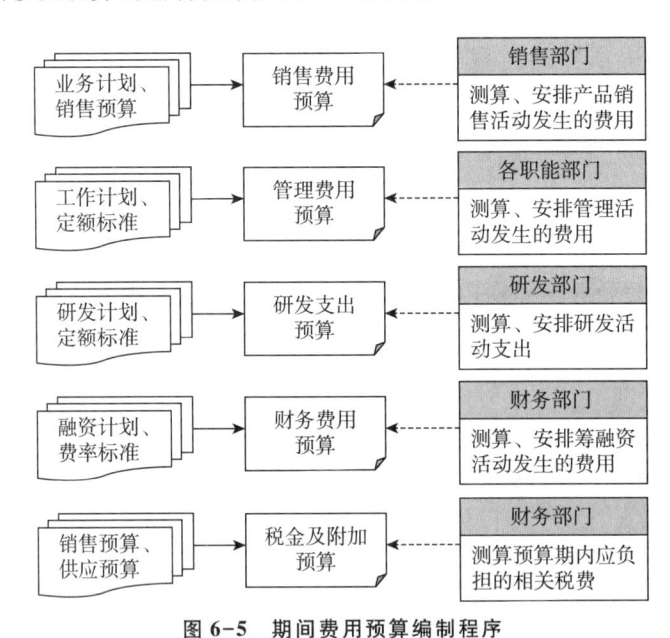

图 6-5 期间费用预算编制程序

1. 编制销售费用预算

销售部门以预算编制大纲、业务活动计划、销售收入预算、销售政策、运输及装卸合同、费用定额和基期费用情况等资料为依据,测算、安排预算期内开展销售业务发生的各项费用。

销售费用预算已归类到销售预算编制(本章第二节),本节不再赘述。

2. 编制管理费用预算

各职能部门以预算编制大纲、本部门年度工作计划、费用定额和基期费用情况等资料为依据,测算、安排预算期内本职能部门发生的或按职责归口发生的各项费用。各职能部门编制完成后,由财务部门或行政管理部门汇总编制整个企业的管理费用预算。

3. 编制研发支出预算

研发部门以预算编制大纲、研发活动计划、研发项目计划书、物料耗用计划、费用定额和预算价格等资料为依据,测算、安排预算期内开展研发活动发生的各项支出。

4. 编制财务费用预算

财务部门以预算编制大纲、银行借款计划、承兑汇票计划、资金理财计划、外汇管理计划、存借款利率等资料为依据,测算、安排预算期内筹融资活动发生的各项费用。

5. 编制税金及附加预算

财务部门以销售预算、供应预算和税收法规等资料为依据,测算、安排预算期内开展经营活动应负担的相关税费。

二、编制管理费用预算

管理费用是企业行政管理部门为组织和管理生产经营活动而发生的各种费用。管理费用项目繁多、内容复杂、涉及面广,具体包括以下六个方面的费用:

(1)管理人员报酬及相关费用,主要包括管理人员工资、奖金、津贴、补贴、五险一金、职工福利费、工会经费、职工教育经费、非货币性福利、因解除与职工的劳动关系而给予的补偿以及其他相关支出。

(2)日常行政管理方面的费用,主要包括企业经营管理中发生的办公费、水电费、邮电费、差旅费、物料消耗、低值易耗品摊销、业务招待费等费用支出。

(3)用于企业间接管理的费用,主要包括董事会费、咨询费、中介机构费、诉讼费等费用支出。

(4)环境治理、安全保护方面的费用,主要包括排污费、绿化费、消防安全费等费用支出。

(5)固定资产运行及无形资产摊销的费用,主要包括固定资产折旧费、固定资产修理费、财产保险费、无形资产摊销等费用支出。

(6)其他费用,主要包括企业在筹建期间发生的开办费等不包括在以上各项之内,又应列入管理费用的费用。

管理费用支出主要与企业的规模和组织结构相关,而且大部分管理费用属于固定性费用或半固定性费用。因此,企业应当根据管理费用的特点及核算要求,分析管理费用项目构成,有针对性地采取预算控制措施。管控重点要放在固定资产修理费、物料消耗、办公费、差旅费、业务招待费等可控性费用上。

管理费用预算由各职能部门负责编制,财务部门或综合管理部门负责审核,并汇总编制企业管理费用总预算。

(一)管理费用预算的编制方法

1. 收集预算基础资料

编制管理费用预算需要收集的基础资料如表6-97所示。

表 6-97 管理费用预算基础资料

序号	资料名称	资料说明	提供部门
1	管理工作计划	指各职能管理部门编制的预算期内管理活动计划	职能部门
2	低值易耗品计划	指各职能部门预算期内耗用管理及办公器具等低值易耗品的计划	职能部门
3	办公用品计划	指各职能部门预算期内耗用办公用品的计划	职能部门
4	固定资产折旧预算	指企业预算期内计提固定资产折旧额的预算	财务部门
6	无形资产摊销预算	指企业预算期内计提无形资产摊销的预算	财务部门
7	应付职工薪酬预算	指企业预算期内计提应付职工薪酬的预算	人力资源部门
8	费用定额与标准	指企业预算期内核定的管理费用定额及开支标准	财务部门

2. 测算各项费用指标

首先,按照不同标准对管理费用明细项目进行科学分类。

（1）按可调性分类,可将管理费用分为约束性费用和酌量性费用。约束性费用是指费用是否发生、发生多少不受管理人员决策控制的费用项目;酌量性费用是指费用是否发生、发生多少可以由管理人员决策决定的费用项目。

（2）按管理归属分类,可将管理费用分为归口管理费用和自行管理费用。归口管理费用是指按职能管理要求归口有关职能部门管理的费用;自行管理费用是指由费用发生部门自行管理的费用。

（3）按发生归属分类,可将管理费用分为公共费用和部门费用。公共费用是指为整个企业经营活动发生的费用;部门费用是指为本部门经营管理活动发生的费用。

当然,上述分类会因企业具体情况的不同而不同,也会因具体费用发生原因的不同而不同,更会因企业管理的具体方法和具体要求的不同而不同,但分类的基本原理是一样的。管理费用明细项目分类标准如表 6-98 所示。

表 6-98 管理费用明细项目分类标准

序号	管理费用明细项目	按可调性分类		按管理归属分类		按发生归属分类	
		约束性	酌量性	归口管理	自行管理	公共费用	部门费用
1	管理人员工资	√		√			√
2	社保及经费	√		√			√
3	公司经费		√		√	√	
4	业务招待费		√		√	√	
5	董事会费		√		√	√	
6	咨询费		√		√	√	
7	中介机构费		√		√	√	

(续表)

序号	管理费用明细项目	按可调性分类		按管理归属分类		按发生归属分类	
		约束性	酌量性	归口管理	自行管理	公共费用	部门费用
8	诉讼费		√	√			√
9	排污费		√	√		√	
10	绿化费		√		√		√
11	无形资产摊销	√		√		√	
12	固定资产折旧	√		√		√	
13	财产保险费	√		√		√	
14	固定资产修理费		√				√
15	开办费		√	√		√	

其次,将不同类型的管理费用预算落实于不同的编制部门。

(1)约束性费用预算一般由归口管理部门负责编制。例如,管理人员工资、社保及经费预算由人力资源部门负责编制;无形资产摊销、固定资产折旧、财产保险费由财务部门负责编制等。

(2)酌量性费用预算一般由各职能部门负责编制。例如,公司经费、固定资产修理费、业务招待费、董事会费、咨询费、中介机构费、诉讼费等均由各职能部门负责编制。

再次,针对不同类型的管理费用采用不同的预算编制方法。

(1)约束性费用的客观影响因素较多,受有关基数、政策和标准的制约,基本没有弹性,一般可采用固定预算法编制预算。

(2)酌量性费用的主观影响因素较多,应重点控制,一般可根据基期管理费用预计水平和预算期内的变化因素,结合费用开支标准和企业降费的要求,采用零基预算法或增量预算法编制预算。

最后,按费用发生归属的不同,实行统分结合的管理方式。

(1)公共费用一般实行统一管理方式,由归口管理部门负责核定费用额度但不予分解,而是将总额留在归口管理部门或设置一个综合户专门填列此类费用。例如,排污费、无形资产摊销、固定资产折旧、财产保险费等与各个职能部门不直接相关的费用。

(2)部门费用一般实行分部门管理方式,将其分解到各个职能部门控制管理。例如,公司经费、业务招待费、董事会费、咨询费等与各个职能部门直接相关的费用。

3. 编制管理费用预算

在各个部门编制预算的基础上,由财务部门或行政管理部门汇总编制整个企业的管理费用预算。为了将管理费用各个项目落实到位,有效运用预算手段控制管理费用支出,企业应将管理费用预算表设计成分部门、分项目列示的棋盘式表格。

(二)管理费用预算编制案例

【例6-21】 真谛公司2023年预算编制大纲要求,降低期间费用占销售收入的比重,管理人员工资总额比2022年增长10%,社保及经费按规定计提,其他管理费用预算据实从严控制。按照责任分工,管理费用预算编制由行政管理部牵头负责,其他部门予以配合。

预算编制过程和编制方法如下:

1. 收集预算基础资料

根据预算编制需要,各职能部门预计了 2022 年管理费用发生额,归集了预算年度工作计划、办公用品计划、固定资产折旧预算、应付职工薪酬预算、费用定额与标准等基础资料。

2. 测算费用指标

行政管理部根据管理费用明细项目的具体情况,分别采取下列方法进行费用指标的测算。

(1) 酌量性费用指标分解到各个职能部门。各职能部门根据预算编制大纲"酌量性费用要采用零基预算法对各项业务活动进行逐项、逐笔测算,从严安排"的要求,测算各项酌量性费用支出。

(2) 约束性费用划归到归口管理部门测算。管理人员工资、社保及经费由人力资源部负责测算,与应付职工薪酬预算(表 6-88)中的相关指标保持一致;财产保险费、固定资产折旧由财务部负责测算,其中折旧要与固定资产折旧预算(表 6-116)中的相关指标保持一致。

3. 编制管理费用预算

行政管理部将各部门测算编制的预算草案进行审核、修订后,基本达到预算编制大纲的要求,然后汇总编制公司 2023 年管理费用预算如表 6-99 所示。

表 6-99 真谛公司 2023 年管理费用预算

编制部门:行政管理部　　　　　编制时间:2022 年 10 月 26 日　　　　　单位:万元

性质	项目	2022 年预计	2023 年预算	2023 年各部门管理费用预算									
				采购部	生产部	设备部	仓储部	技术部	质量管理部	财务部	人力资源部	行政管理部	战略管理部	公共户
约束性费用	管理人员工资	710.0	780.0	99.0	110.0	66.0	55.0	76.0	44.0	110.0	99.0	66.0	55.0	0
	社保及经费	352.0	390.0	49.5	55.0	33.0	27.5	38.0	22.0	55.0	49.5	33.0	27.5	0
	资产折旧	190.0	200.0	0	0	0	0	0	0	0	0	0	0	200.0
	财产保险费	58.0	60.0	0	0	0	0	0	0	0	0	0	0	60.0
	小计	1 310.0	1 430.0	148.5	165.0	99.0	82.5	114.0	66.0	165.0	148.5	99.0	82.5	260.0
酌量性费用	修理费	50.0	60.0	3.0	6.0	3.0	15.0	9.0	6.0	0	0	18.0	0	0
	办公费	25.0	30.0	4.0	2.0	1.0	1.0	2.0	2.0	5.0	3.0	8.0	2.0	0
	差旅费	80.0	90.0	18.0	9.0	6.0	3.0	9.0	6.0	15.0	9.0	6.0	9.0	0
	业务招待费	65.0	70.0	14.0	4.0	6.0	2.0	4.0	4.0	8.0	4.0	20.0	4.0	0
	其他	20.0	20.0	2.0	2.0	2.0	2.0	2.0	2.0	2.0	2.0	2.0	2.0	0
	小计	240.0	270.0	41.0	23.0	18.0	23.0	26.0	20.0	30.0	18.0	54.0	17.0	0
费用合计		1 550.0	1 700.0	189.5	188.0	117.0	105.5	140.0	86.0	195.0	166.5	153.0	99.5	260.0
非付现项目		1 252.0	1 370.0	148.5	165.0	99.0	82.5	114.0	66.0	165.0	148.5	99.0	82.5	200.0
付现项目		298.0	330.0	41.0	23.0	18.0	23.0	26.0	20.0	30.0	18.0	54.0	17.0	60.0

表 6-99 中，凡是与各部门直接相关的费用，如管理人员工资、社保及经费、修理费、办公费、业务招待费等费用被分解落实到各个部门；凡是与各个部门不直接相关的费用，如固定资产折旧、财产保险费等费用则汇总于公共户中集中反映。

本案例中的固定资产折旧属沉没成本，管理人员工资、社保及经费在应付职工薪酬预算（表 6-88）中安排现金支出，因此这三项费用属于非付现项目，其他项目为付现项目。

三、编制研发支出预算

研发支出是企业为开发新技术、新产品、新工艺所发生的研究开发支出，包括研发物料消耗、研发成本支出、研发费用化支出、研发资本化支出等内容。

随着现代科学技术和知识经济的发展，科技越来越成为企业参与市场竞争的核心因素。企业要在市场竞争中取得优势，就必须借助强大的竞争优势。而市场竞争优势的形成又越来越依赖于企业的技术优势，技术创新则是实现这种技术优势的重要途径，没有研发就没有技术创新。为了激励企业开展研发活动，国务院不断推出支持企业创新的优惠政策，激励企业增加研发投入、提升创新能力。因此，企业必须重视研发活动的开展，特别是高新技术企业，要严格遵守科技人员占职工总数比例不得低于10%、研发费用支出数额符合占销售收入一定比例的规定。

研发支出预算由研发部门负责编制，财务部门予以协助。

（一）研发支出预算的编制方法

1. 收集预算基础资料

编制研发支出预算需要收集的基础资料如表 6-100 所示。

表 6-100 研发支出预算基础资料

序号	资料名称	资料说明	提供部门
1	研究项目计划书	指企业预算期内已批准或拟批准研究项目计划书	研发部门
2	开发项目计划书	指企业预算期内已批准或拟批准开发项目计划书	研发部门
3	研发项目支出计划	指研发部门预算期内研发项目材料、人工和费用支出计划	研发部门
4	部门业务工作计划	指研发部门预算期内的业务工作计划	研发部门
5	委托（合作）研发合同	指企业预算期内已签署的委托或合作研发项目合同	研发部门
6	研发物料耗用计划	指研发部门预算期内开展研发项目所需的各种物料耗用计划	研发部门
7	费用定额与标准	指企业预算期内核定的费用定额及开支标准	财务部门
8	固定资产折旧预算	指企业预算期内计提固定资产折旧额的预算	财务部门
9	无形资产摊销预算	指企业预算期内计提无形资产摊销的预算	财务部门
10	应付职工薪酬预算	指企业预算期内应付给员工各种形式的报酬或补偿的预算	人力资源部门

2. 编制研发物料消耗预算

研发部门以研发项目支出计划、物料耗用计划和预算价格等资料为依据，编制研发物料消耗预算草案。研发物料消耗预算要按照一个研发项目填制一张表的原则计算填列，预算表的格式同直接材料预算(表6-33)。

3. 编制研发项目成本预算

研发部门根据研发项目支出计划、研发项目成本计划、物料耗用计划、固定资产折旧预算、无形资产摊销预算、应付职工薪酬预算等资料，编制预算期有关研发项目试验、试生产的成本预算。研发项目成本预算表按照一个研发项目填制一行的原则填列，格式如表6-101所示。

表6-101 研发项目成本预算表

项目编码	项目名称	直接材料	直接人工	固定资产折旧	无形资产摊销	工装模具	其他	总成本

4. 编制研发支出预算

研发支出预算在研发项目成本预算、研发部门业务工作计划、委托(合作)研发合同和费用定额与标准等资料的基础上编制，要分别列明预算期内费用化、资本化和结转无形资产的研发支出金额。

(二)研发支出预算编制案例

【例6-22】 真谛公司2023年安排的研发项目有AB纳米农药制剂项目和其他农药制剂完善、改进项目。其中，AB纳米农药制剂项目是2022年延续的项目，计划2023年年末进行成果鉴定、验收；环保高效制剂项目是2023年立项的研发项目，尚处于研发前期。研发支出预算由研发部负责编制，财务部予以协助。

预算编制过程和编制方法如下：

1. 收集预算基础资料

研发部门收集了研发项目支出计划、部门研发活动计划、物料耗用计划等基础资料。

2. 编制研发物料消耗预算

研发部门以研发项目支出计划、物料耗用计划和预算价格等资料为依据，运用"材料预算=$\sum$(材料耗用量×材料预算价格)"的基本公式，编制2023年研发物料消耗预算，如表6-102所示。

表6-102 真谛公司2023年研发物料消耗预算

编制部门：研发部　　　　编制时间：2022年10月15日　　　　金额单位：万元

项目名称	物料名称	计量单位	预算价格	1季度		2季度		3季度		4季度		全年	
				耗用量	金额	耗用量	金额	耗用量	金额	耗用量	金额	耗用量	金额
AB纳米农药制剂项目	E材料	千克	0.07	3 000	210	4 000	280	4 000	280	5 000	350	16 000	1 120
	F材料	千克	0.05	2 000	100	3 000	150	3 000	150	4 000	200	12 000	600
	小计	—	—		310		430		430		550		1 720

金额单位:万元(续表)

项目名称	物料名称	计量单位	预算价格	1季度 耗用量	1季度 金额	2季度 耗用量	2季度 金额	3季度 耗用量	3季度 金额	4季度 耗用量	4季度 金额	全年 耗用量	全年 金额
环保高效制剂项目	E材料	千克	0.07	7 000	490	6 000	420	5 000	350	7 000	490	25 000	1 750
	F材料	千克	0.05	4 000	200	5 000	250	3 000	150	3 000	150	15 000	750
	小计	—	—	—	690	—	670	—	500	—	640	—	2 500
合计	E材料	千克	0.07	10 000	700	10 000	700	9 000	630	12 000	840	41 000	2 870
	F材料	千克	0.05	6 000	300	8 000	400	6 000	300	7 000	350	27 000	1 350
	合计	—	—	—	1 000	—	1 100	—	930	—	1 190	—	4 220

3. 编制研发项目成本预算

研发部根据研发项目支出计划、研发项目成本计划、研发物料消耗预算(表6-102)、固定资产折旧预算(表6-116)、无形资产摊销预算(表6-124)、应付职工薪酬预算(表6-88)等资料,编制2023年研发项目成本预算如表6-103所示。

表6-103 真谛公司2023年研发项目成本预算

编制部门:研发部　　　　　编制时间:2022年10月15日　　　　　单位:万元

项目名称	直接材料	人员工资	社保及经费	固定资产折旧	无形资产摊销	鉴定评审费	其他	总成本
AB纳米农药制剂项目	1 720	60	30	30	102	200	8	2 150
环保高效制剂项目	2 500	72	36	30	50	100	212	3 000
合计	4 220	132	66	60	152	300	220	5 150

4. 编制研发支出预算

企业在研发项目成本预算、部门业务工作计划、委托(合作)研发合同和费用定额与标准等资料的基础上编制2023年研发支出预算。研发支出中的材料费用在物资采购预算中安排资金支付,研发人员工资、社保及经费在应付职工薪酬预算中安排资金支出,固定资产折旧和无形资产摊销属于沉没成本,因此上述费用在研发支出预算中属于非付现项目,其他支出项目为付现项目。编制的研发支出预算如表6-104所示。

表6-104 真谛公司2023年研发支出预算

编制部门:研发部　　　　　编制时间:2022年10月15日　　　　　单位:万元

序号	费用项目	期初余额	2023年预算 费用化支出	2023年预算 资本化支出	2023年预算 合计	2023年结转 无形资产	2023年结转 研发费用	期末余额
1	直接材料	1 000	2 500	1 720	4 220	2 720	2 500	0
2	研发人员工资	50	72	60	132	110	72	0
3	社保及经费	25	36	30	66	55	36	0
4	固定资产折旧	20	30	30	60	50	30	0
5	无形资产摊销	72	50	102	152	174	50	0

单位:万元(续表)

序号	费用项目	期初余额	2023 年预算			2023 年结转		期末余额
			费用化支出	资本化支出	合计	无形资产	研发费用	
5.1	特许权	0	0	80	80	80	0	0
5.2	非专利技术	72	50	22	72	94	50	0
6	研发成果鉴定/评审等费用	0	100	200	300	200	100	0
7	其他直接费用	8	212	8	220	16	212	0
7.1	研发设计费	0	20	0	20	0	20	0
7.2	委托外部研究开发费	0	50	0	50	0	50	0
7.3	外部专家咨询费	0	100	0	100	0	100	0
7.4	技术图书资料费	0	20	0	20	0	20	0
7.5	办公费	0	3	0	3	0	3	0
7.6	差旅费	0	4	0	4	0	4	0
7.7	会议费	0	2	0	2	0	2	0
7.8	其他费用	8	13	8	21	16	13	0
8	合计	1 175	3 000	2 150	5 150	3 325	3 000	0
8.1	非付现项目	—	2 688	1 942	4 630	—	—	—
8.2	付现项目	—	312	208	520	—	—	—

表 6-104 有关项目释义及填写方法如下:

(1) 2023 年研发支出预算总额与研发项目成本预算(表 6-103)的总成本 5 150 万元相同。

(2) 期初余额填写开发支出科目的预计期初余额。由于研发活动发生的不满足资本化条件的支出已作费用化处理,开发支出科目的期初余额均为资本化支出。

(3) 费用化支出填写预算期内研发活动发生的不满足资本化条件的支出金额。其中,研究阶段的支出全部费用化处理;开发阶段的支出满足资本化条件的确认为无形资产,不满足资本化条件的费用化处理。

(4) 资本化支出填写预算期内满足资本化条件的开发活动支出。

(5) 结转无形资产填写预算期内达到预定用途、形成无形资产的资本化支出金额(包括预算期初余额);结转研发费用填写研发支出预算的费用化支出金额。

(6) 期末余额反映正在进行研发的满足资本化条件的支出,按照公式"期末余额=期初余额+预算期资本化支出-结转无形资产"计算填列。

四、编制财务费用预算

财务费用是企业筹集、使用、管理生产经营所需资金等而发生的各项费用,包括利息支出、利息收入、汇兑损益、金融机构手续费、发生的现金折扣等。

财务费用预算由财务部门负责编制,销售部门和采购部门予以协助。

（一）财务费用预算的编制方法

1. 收集预算基础资料

编制财务费用预算需要收集的基础资料如表 6-105 所示。

表 6-105 财务费用预算基础资料

序号	资料名称	资料说明	提供部门
1	银行借款计划	指企业预算期内各项生产经营资金借款、还款的计划	财务部门
2	企业债券计划	指企业预算期内生产经营发行债券及增减变动的计划	财务部门
3	承兑汇票贴现计划	指企业预算期内在银行办理承兑汇票贴现时间与金额的计划	财务部门
4	承兑汇票开具计划	指企业预算期内从银行开具承兑汇票时间与金额的计划	财务部门
5	银行存款计划	指企业预算期内在银行日常存款的计划	财务部门
6	外币银行存款计划	指预算期内外币银行存款期初余额及增减变动计划	财务部门
7	外币应收账款计划	指预算期内外币应收账款期初余额及增减变动计划	财务部门
8	资金筹措预算	指企业预算期内通过金融机构、资本市场筹集经营资金的预算	财务部门
9	汇率预测报告	指通过外汇市场分析作出的预算期内汇率预判报告	财务部门
10	现金折扣政策	指企业制定的现金折扣政策和供应商制定的现金折扣政策	财务部门
11	付出现金折扣计划	指预算期内销售客户享受本企业现金折扣的计划	销售部门
12	收到现金折扣计划	指企业预算期内享受供应商现金折扣的计划	采购部门

2. 测算财务费用指标

企业将财务预算编制的基础资料收集齐全后，按照各费用项目的计算公式，通过编制财务费用测算表的方式测算各项财务费用，包括利息收入测算表、利息支出测算表、筹资手续费测算表、汇兑损益测算表、现金折扣测算表等。

财务费用的测算要严格按财务制度的规定，切实分清列支渠道，既不能将应在损益中列支的财务费用计入固定资产成本或挂账不列，又不能将应资本化的借款利息、融资费用等列入财务费用。

3. 编制财务费用预算

根据各项财务费用测算表，按照费用项目、费用金额、发生时间汇总编制财务费用预算。

（二）财务费用预算编制案例

【例 6-23】 真谛公司 2023 年财务费用预算由财务部负责编制，销售部和采购部予以协助。已知，预算期公司短期银行借款期初余额为 1 000 万元，4 月 1 日新增 1 000 万元，10 月 1 日归还 500 万元，全年新增短期银行借款 500 万元。

预算编制过程和编制方法如下：

1. 收集预算基础资料

财务部根据预算编制需要收集了银行借款计划、承兑汇票贴现计划、承兑汇票开具计划、银行存款计划、2023年公司融资预算(表8-12)等基础资料,并编制预算基础资料如表6-106所示。

表6-106 真谛公司2023年财务费用预算基础资料

序号	项目	计量单位	1季度	2季度	3季度	4季度
1	银行借款平均余额	万元	1 000	2 000	2 000	1 500
2	银行借款月利率	‰	5	5	5	5
3	银行存款平均余额	万元	500	400	600	500
4	银行存款月利率	‰	0.5	0.5	0.5	0.5
5	承兑汇票贴现额	万元	2 500	2 500	2 500	2 500
6	承兑汇票贴现平均天数	天	60	60	60	60
7	承兑汇票月贴现率	‰	5	5	5	5
8	开具承兑汇票数额	万元	500	600	700	800
9	承兑汇票手续费率	‰	0.5	0.5	0.5	0.5

2. 计算各项财务费用

根据2023年财务费用预算基础资料,计算2023年各项财务费用预算金额。有关计算公式为:

每季度借款利息支出=借款金额×月利率×3

银行存款季度利息收入=银行存款平均存款额×月利率×3

承兑汇票贴现利息=票面金额×贴现天数×月贴现率÷30

承兑汇票开具手续费=票面金额×手续费率

3. 编制财务费用预算

根据各项财务费用计算结果,汇总编制2023年财务费用预算如表6-107所示。因为财务费用全部要在当期支付现金,所以财务费用预算为全额付现项目。

表6-107 真谛公司2023年财务费用预算

编制部门:财务部　　　　　　　　编制时间:2022年10月26日　　　　　　　　单位:万元

序号	项目	2023年预算	1季度	2季度	3季度	4季度
1	借款利息支出	97.50	15.00	30.00	30.00	22.50
2	减:利息收入	3.00	0.75	0.60	0.90	0.75
3	汇票贴现利息支出	100.00	25.00	25.00	25.00	25.00
4	承兑汇票手续费	1.30	0.25	0.30	0.35	0.40
5	其他费用	3.20	0.50	1.30	1.05	0.35
6	合计	199.00	40.00	56.00	55.50	47.50

五、编制税金及附加预算

税金及附加是企业预算期内开展经营活动应负担的相关税费,包括消费税、城市维护建设税、教育费附加、资源税、房产税、城镇土地使用税、车船税、印花税等。

税金及附加预算由财务部门负责编制,销售、采购等部门予以协助。

(一) 税金及附加预算的编制方法

1. 收集预算基础资料

编制税金及附加预算需要收集的基础资料如表6-108所示。

表6-108 税金及附加预算基础资料

序号	资料名称	资料说明	提供部门
1	应税资产清单	指企业应计征税费的资产、项目清单,如车辆、土地、房产等	财务部门
2	销售预算	指企业预算期内销售产品或提供劳务等销售活动的预算	财务部门
3	供应预算	指企业预算期内采购、储备、供给生产经营活动物资及产成品的预算	财务部门
4	投资预算	指企业预算期内有关资本性投资活动的预算	财务部门
5	纳税政策	指根据税收法规梳理的企业纳税对象、计税依据、税率等政策清单	财务部门

2. 测算各项税费发生额

企业根据预算期内应交税费的种类、计税依据和适用税率测算应负担的税费数额:

(1) 消费税计税方法有从价定率、从量定额,或者从价定率和从量定额复合计税。从价定率是根据商品销售价格和规定的税率计算应交消费税;从量定额是根据商品销售数量和规定的单位税额计算应交消费税;复合计税是两者的结合。测算消费税的资料来源主要是销售预算和《中华人民共和国消费税暂行条例》。

(2) 城市维护建设税和教育费附加是以企业应交增值税和消费税之和为计税依据,按规定税费率计算缴纳的税费。测算城市维护建设税和教育费附加预算的资料来源是企业预算期内应交的增值税税额、消费税税额和适用税率。

(3) 房产税、车船使用税、土地使用税是以企业所有或支配的财产为计税依据,按规定税率计算缴纳的税金。测算房产税、车船使用税、土地使用税预算的资料来源主要是企业财务账目中有关房产、车船和土地的资料、数据及适用税率(额)。

(4) 资源税是以企业开发利用的特定自然资源为计税依据,按规定税率计算缴纳的税金。测算资源税预算的资料来源主要是销售预算中有关特定自然资源的销售数量和适用税率(额)。

(5) 印花税是以企业经济活动中书立、领受的应税经济凭证为计税依据,按规定税率计算缴纳的税金。测算印花税预算的资料来源主要是企业预算期内书立的具有合同性质的凭证、产权转移书据、营业账簿及适用税率(额)。

3. 编制税金及附加预算

根据测算的各项税费发生额,按照税费项目、税费金额、发生时间汇总编制税金及附加预算。

(二) 税金及附加预算编制案例

【例 6-24】 真谛公司 2023 年税金及附加预算由财务部负责编制,销售部和采购部予以协助。已知:投资预算中的增值税进项税额不予抵扣;印花税忽略不计。

预算编制过程和编制方法如下:

1. 收集预算基础资料

预算基础资料包括销售收入预算(表 6-11)、物资采购预算(表 6-77),以及企业应负担的税金及附加的种类、适用税率、课税对象和计税依据。收集的预算基础资料如表 6-109 所示。

表 6-109 真谛公司 2023 年税金及附加预算基础资料

序号	项目	计量单位	金额	资料来源	税金及附加政策 税费名称	税费率(额)
1	增值税销项税额	万元	8 300	销售收入预算(表 6-11)	城建税	7%
2	增值税进项税额	万元	3 212.7	物资采购预算(表 6-77)	教育费附加	3%
3	房产原值	万元	4 000	假设	房产税	扣减比例为 25%,税率为 1.2%
4	土地面积	m²	110 000	假设	土地使用税	5 元/m²
5	小型客车	辆	20	假设	车船使用税	500 元/辆

2. 测算并编制税金及附加预算

根据税金及附加预算基础资料(表 6-109)等有关资料中的课税对象、计税依据和适用税率,分析计算预算期内企业应负担的税费数额,并编制税金及附加预算如表 6-110 所示。

表 6-110 真谛公司 2023 年税金及附加预算

编制部门:财务部　　　　　编制时间:2022 年 10 月 28 日　　　　　金额单位:万元

序号	税费项目	课税对象	计量单位	计算公式	计税依据	税费率(额)	税费金额
1	城建税	应交增值税	万元	实际缴纳增值税×适用税率	5 087.3	7%	356.1
2	教育费附加	应交增值税	万元	实际缴纳增值税×适用税率	5 087.3	3%	152.6
3	房产税	房产余值	万元	房产原值×(1-扣减比例)×适用税率	3 000	1.2%	36.0
4	土地使用税	土地面积	m²	土地面积×使用税率	110 000	5 元/m²	55.0
5	车船使用税	小型客车	辆	车辆数×年基准税	20	500 元/辆	1.0
6	合计	—				—	600.7

注:实际缴纳增值税=增值税销项税额-增值税进项税额。

第七节 其他经营预算编制

一、其他经营预算概述

其他经营预算是指未纳入销售、生产、供应、费用等预算类别的经营预算,主要包括固定资产变动、无形资产变动、固定资产折旧、无形资产摊销和应交税费等预算。没将这些预算纳入销售、生产、供应、职工薪酬和期间费用等预算的原因主要有三个:

一是这些预算具有综合性的特点,其内容涵盖生产经营各个环节。例如,固定资产折旧预算、无形资产摊销预算的内容涉及销售、生产、期间费用等预算,很难将其纳入个性特征较强的销售、生产、供应、薪酬及期间费用等预算。

二是这些预算具有边缘性的特点,其属性横跨经营预算、投资预算和财务预算。例如,固定资产变动预算、无形资产变动预算从属性上看属于投资预算,但其折旧预算、摊销预算又属于经营预算,是成本预算、费用预算的重要构成项目;应交税费预算涉及经营预算、投资预算和财务预算的应税项目。

三是销售、生产、供应、薪酬、期间费用等预算的范围和内容主要根据生产经营活动特点和管理需要划分,企业生产经营活动的复杂性决定了不论何种预算划分标准都难以做到面面俱到、涓滴不遗。

因此,将处于综合性、边缘性的业务事项纳入其他经营预算类别是合理的。

(一)其他经营预算的编制责任

大部分其他经营预算与财务部门的会计核算强相关,因此除无形资产变动预算由研发部门编制外,其他经营预算由财务部门负责编制,固定资产、无形资产的管理和使用部门予以协助。

(二)其他经营预算的内容

其他经营预算主要包括固定资产变动预算、固定资产折旧预算、累计折旧变动预算、无形资产变动预算、无形资产摊销预算、累计摊销变动预算和应交税费预算。

1. 固定资产变动预算

固定资产变动预算是企业预算期内固定资产增减变动及期初、期末余额的预算,主要内容包括固定资产使用部门、固定资产名称、期初余额、本期增加额、本期减少额和期末余额等。

2. 固定资产折旧预算

固定资产折旧预算是企业预算期内计提固定资产折旧额的预算,主要内容包括固定资产名称、固定资产原值、折旧率、折旧额等。

3. 累计折旧变动预算

累计折旧变动预算是企业预算期内累计折旧增减变动及期初、期末余额的预算,主要内容包括累计折旧期初余额、本期增加额、本期减少额和期末余额等。

4. 无形资产变动预算

无形资产变动预算是企业预算期内无形资产增减变动及期初、期末余额的预算，主要内容包括无形资产使用部门、无形资产名称、期初余额、本期增加额、本期减少额和期末余额等。

5. 无形资产摊销预算

无形资产摊销预算是企业预算期内计提无形资产摊销额的预算，主要内容包括无形资产名称、无形资产原值、摊销率、摊销额等。

6. 累计摊销变动预算

累计摊销变动预算是企业预算期内累计摊销增减变动及期初、期末余额的预算，主要内容包括累计摊销期初余额、本期增加额、本期减少额和期末余额等。

7. 应交税费预算

应交税费预算是企业预算期内各种税费计提、缴纳及余额的预算，主要内容包括应交税费的种类、纳税对象、适用税率、计税依据、应交税费、期初期末余额等。

(三) 其他经营预算的编制程序

固定资产折旧预算和无形资产摊销预算是编制产品成本预算、期间费用预算和研发支出预算的重要依据，需要在成本预算、费用预算之前完成编制；而固定资产折旧预算和无形资产摊销预算的编制又需要固定资产变动预算和无形资产变动预算提供编制基础。因此，其他经营预算的编制程序是：固定资产变动预算和无形资产变动预算在公司预算编制大纲颁布后即可编制；固定资产折旧预算和无形资产摊销预算则在固定资产变动预算和无形资产变动预算编制完成之后、成本预算和费用预算编制完成之前编制；固定资产折旧预算和无形资产摊销预算编制完成后，即可编制累计折旧变动预算和累计摊销变动预算；应交税费预算在销售预算、供应预算、投资预算完成后编制。其他经营业务所涉及预算的编制程序如图 6-6 所示。

1. 编制固定资产变动预算

财务部门以固定资产购置计划、固定资产处置计划、固定资产明细清单和工程项目竣工预算等资料为依据，测算、安排预算期内固定资产增减变动情况。

2. 编制固定资产折旧预算

财务部门以固定资产变动预算和固定资产折旧政策等资料为依据，测算、安排预算期内需要计提的固定资产折旧费用。

3. 编制累计折旧变动预算

财务部门以固定资产折旧预算、固定资产变动预算等资料为依据，测算、安排预算期内累计折旧增减变动情况。

4. 编制无形资产变动预算

研发部门以无形资产增减计划、无形资产明细清单和研发支出预算等资料为依据，测算、安排预算期内无形资产增减变动情况。

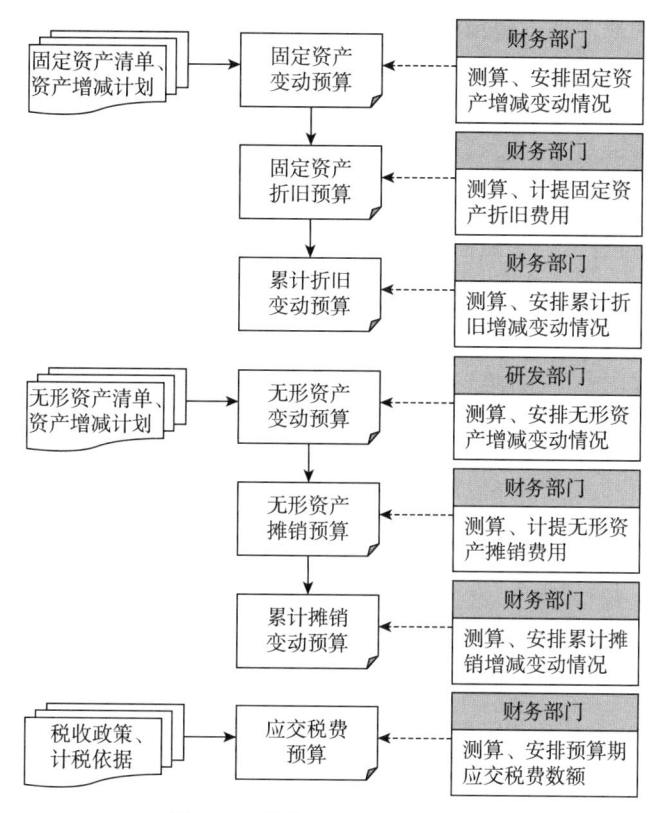

```
固定资产清单、        固定资产            财务部门
资产增减计划    →    变动预算    ←    测算、安排固定资
                                        产增减变动情况

                     固定资产            财务部门
                     折旧预算    ←    测算、计提固定资
                                        产折旧费用

                     累计折旧            财务部门
                     变动预算    ←    测算、安排累计折
                                        旧增减变动情况

无形资产清单、        无形资产            研发部门
资产增减计            变动预算    ←    测算、安排无形资
划                                       产增减变动情况

                     无形资产            财务部门
                     摊销预算    ←    测算、计提无形资
                                        产摊销费用

                     累计摊销            财务部门
                     变动预算    ←    测算、安排累计摊
                                        销增减变动情况

税收政策、           应交税费            财务部门
计税依据       →    预算        ←    测算、安排预算期
                                        应交税费数额
```

图 6-6　其他经营预算编制程序

5. 编制无形资产摊销预算

财务部门以无形资产增减变动预算和无形资产摊销政策等资料为依据,测算、安排预算期内需要计提的无形资产摊销费用。

6. 编制累计摊销变动预算

财务部门以无形资产摊销预算、无形资产变动预算等资料为依据,测算、安排预算期内累计摊销增减变动情况。

7. 编制应交税费预算

财务部门以销售预算、供应预算、投资预算、预算期利润目标以及应交税费的种类、课税对象、计税依据、适用税率等税收政策为依据,测算、安排预算期内各种应交税费的发生额、缴纳额及期初期末余额。

二、编制固定资产变动预算

固定资产是指企业为生产产品、提供劳务、出租或经营管理而持有的,使用寿命超过一个会计年度的,价值达到一定标准的非货币性资产,包括房屋、建筑物、机器、机械、运输工具及其他设备、器具、工具等。

固定资产是企业的劳动资料,是劳动者用来改变或影响劳动对象的物质资料或物质条件,可以长期保持原有的实物形态,但其价值会随着生产经营活动逐渐转移到产品成本或期间费用中,并构成产品价值或有关费用的组成部分。随着企业机械化、自动化、智能化生产水平的不断提高,企业劳动资料的更新换代速度越来越快,固定资产价值呈现越来越高的趋势,转移到产品成本或期间费用中的那部分价值也越来越多。因此,编制固定资产变动预算,对于提高企业固定资产管理水平、准确计提折旧、加强成本控制和管理都具有十分重要的意义。

固定资产变动预算由财务部门负责编制,固定资产管理及使用部门予以协助。

(一) 固定资产变动预算的编制方法

1. 收集预算基础资料

编制固定资产变动预算需要收集的基础资料如表6-111所示。

表6-111 固定资产变动预算基础资料

序号	资料名称	资料说明	提供部门
1	固定资产购置计划	指企业预算期内固定资产购置计划	设备部门
2	固定资产处置计划	指企业预算期内固定资产处置计划	设备部门
3	固定资产明细清单	指企业预算期初的固定资产原值、累计折旧和减值准备明细表	财务部门
4	工程项目竣工计划	指企业预算期内在建工程竣工计划	工程部门

2. 测算固定资产变动指标

编制固定资产变动预算的基本等式为:

固定资产期初余额+预算期固定资产增加额=预算期固定资产减少额+固定资产期末余额

固定资产期初余额根据编制预算时的固定资产实际状况,加减基期剩余时间固定资产预计变动情况测算;预算期固定资产增加额根据预算期固定资产投资计划、在建工程竣工计划等信息资料合理测算;预算期固定资产减少额根据预算期固定资产出售、转让、报废计划等信息资料合理测算;固定资产期末余额可以通过其他三项指标计算得出。

3. 编制固定资产变动预算

根据预算期各项固定资产增减变动指标的测算结果,汇总编制固定资产变动预算。

(二) 固定资产变动预算编制案例

【例6-25】 真谛公司2023年固定资产变动预算由财务部负责编制,设备部、生产部等予以协助。其中,新购置固定资产不考虑进项税额。

预算编制过程和编制方法如下:

1. 收集预算基础资料

为了取得编制固定资产变动预算的基础资料,财务部与工程、设备、生产等有在建工程施工、固定资产管理及使用的部门分析研究,取得有关预算期固定资产增减变动情况的数据资料,如表6-112所示。

表 6-112 真谛公司 2023 年固定资产变动预算基础资料

编制部门：财务部　　　　　　编制时间：2022 年 10 月 10 日　　　　　　　　　　单位：万元

使用部门	固定资产	2023 年固定资产增加额			2023 年固定资产减少额			
		原因	时间	金额	原因	时间	金额	已提折旧
甲车间	厂房	竣工	2023 年 3 月	500	—	—	—	—
	制剂生产线	购置	2023 年 3 月	800	报废	2023 年 6 月	300	288
乙车间	生产设备	购置	2023 年 4 月	100				
销售部	市场推广设备	购置	2023 年 6 月	200				
管理部门	行政办公楼	购置	2023 年 3 月	500				
	办公设备	购置	2023 年 6 月	500	报废	2023 年 8 月	400	384
研发部	研发设备	购置	2023 年 6 月	200				
合计	—	—	2023 年	2 800	—	2023 年	700	672

2. 测算固定资产变动指标

编制固定资产变动预算主要涉及固定资产期初余额、预算期增加额、预算期减少额和期末余额四项指标。因此，财务部首先根据 2022 年 9 月固定资产账面余额，考虑 2022 年 4 季度固定资产增减变动情况，测算了固定资产期初余额；其次根据固定资产变动预算基础资料（表 6-112），测算了固定资产预算期增减额；最后根据公式"期末余额 = 期初余额 + 预算期增加额 - 预算期减少额"计算得出固定资产期末余额。

3. 编制固定资产变动预算

根据测算的各项固定资产变动指标编制 2023 年固定资产变动预算如表 6-113 所示。

表 6-113 真谛公司 2023 年固定资产变动预算

编制部门：财务部　　　　　　编制时间：2022 年 10 月 10 日　　　　　　　　　　单位：万元

序号	项目	2023 年固定资产原值			
		期初余额	本期增加额	本期减少额	期末余额
1	生产用固定资产	8 200	1 400	300	9 300
1.1	甲车间	4 000	1 300	300	5 000
1.1.1	房屋/建筑物	1 000	500	0	1 500
1.1.2	机器设备	3 000	800	300	3 500
1.2	乙车间	4 200	100	0	4 300
1.2.1	房屋/建筑物	1 000	0	0	1 000
1.2.2	机器设备	3 200	100	0	3 300
2	非生产用固定资产	4 400	1 400	400	5 400
2.1	销售部	1 700	200	0	1 900
2.1.1	房屋/建筑物	500	0	0	500

单位:万元(续表)

序号	项目	2023年固定资产原值			
		期初余额	本期增加额	本期减少额	期末余额
2.1.2	办公设备	1 200	200	0	1 400
2.2	管理部门	2 000	1 000	400	2 600
2.2.1	房屋/建筑物	1 000	500	0	1 500
2.2.2	办公设备	1 000	500	400	1 100
2.3	研发部	700	200	0	900
2.3.1	房屋/建筑物	500	0	0	500
2.3.2	研发设备	200	200	0	400
3	合计	12 600	2 800	700	14 700

三、编制固定资产折旧预算

固定资产折旧是指固定资产在使用过程中逐渐损耗而转移到产品成本或费用中的那部分价值。在固定资产使用期限内,财务部门应当按照确定的折旧方法对固定资产应计折旧额进行计提并分摊。其中,应计折旧额是指应当计提折旧的固定资产原值扣除其预计净残值后的金额。编制固定资产折旧预算不仅是加强固定资产管理的需要,也是编制各项费用预算及产品成本预算的需要。

固定资产折旧预算由财务部门负责编制,固定资产管理及使用部门予以协助。

(一)固定资产折旧预算的编制方法

1. 收集预算基础资料

编制固定资产折旧预算需要收集的基础资料如表6-114所示。

表6-114 固定资产折旧预算基础资料

序号	资料名称	资料说明	提供部门
1	固定资产明细清单	指企业预算期初的固定资产原值、累计折旧和减值准备明细表	财务部门
2	固定资产变动预算	指企业预算期内固定资产增减变动情况的预算	财务部门
3	固定资产折旧政策	指企业固定资产的折旧方法、折旧年限、估计残值率和折旧率等	财务部门

2. 确认各项折旧要素

编制固定资产折旧预算是为了正确测算企业各环节、各产品应承担的固定资产折旧额,以便正确核算产品成本、费用和利润。因此,编制固定资产折旧预算需要确认以下三项要素:

(1)确定计提折旧的固定资产范围。企业应当对所有的固定资产计提折旧。但是,已提足折旧仍继续使用的固定资产和按规定单独计价作为固定资产入账的土地不计提折旧;已达到预定可使用状态的固定资产,若尚未办理竣工决算,则应当按照估计价值暂估入账并计提折旧。确定计提折旧的固定资产范围,不仅要确认其原值,还要分清其类别、用途和使用部门。

(2)确定计提折旧的固定资产原值。企业应按月计提折旧,当月增加的固定资产,当月不提折旧,从下月起计提折旧;当月减少的固定资产,当月照提折旧,从下月起不提折旧。固定资产提足折旧后,均不再提折旧;提前报废的固定资产,不再补提折旧。因此,企业在编制预算时,应按月测算计提折旧的固定资产原值。

(3)确定计提折旧的方法。计提固定资产折旧的方法主要有平均年限法(直线法)、工作量法、双倍余额递减法和年数总和法,企业一般采用平均年限法计提折旧。企业在编制固定资产折旧预算时,应当对固定资产的使用寿命、预计净残值和折旧方法进行复核:使用寿命预计数与原先估计数有差异的,应当调整固定资产使用寿命;净残值预计数与原先估计数有差异的,应当调整预计净残值;与固定资产有关的经济利益预期实现方式有重大改变的,应当改变固定资产折旧计提方法。

3. 编制固定资产折旧预算

根据固定资产变动预算和确定的折旧方法,测算计提折旧的固定资产原值和折旧额,据以编制固定资产折旧预算。其中,采用平均年限法计提折旧的公式为:

年折旧额=固定资产原值×年折旧率

年折旧率=(1-预计净残值率)÷折旧年限×100%

月折旧额=固定资产原值×月折旧率

月折旧率=年折旧率÷12

(二)固定资产折旧预算编制案例

【例6-26】 固定资产变动预算编制完成后,财务部负责编制真谛公司2023年固定资产折旧预算。其中,计提固定资产折旧的方法为平均年限法。

预算编制过程和编制方法如下:

1. 收集预算基础资料

编制固定资产折旧预算需要两方面的基础资料:一是确定计提折旧的固定资产清单,以及固定资产期初余额和预算期内固定资产增减变动情况,固定资产变动预算基础资料(表6-112)和固定资产变动预算(表6-113)已将上述资料全部列明;二是确定计提折旧的方法、折旧年限及预计净残值率。为此,财务部收集预算基础资料如表6-115所示。

表6-115 真谛公司2023年固定资产折旧预算基础资料

固定资产类别	折旧方法	折旧年限	预计净残值率	年折旧率	月折旧率
房屋/建筑物	平均年限法	20年	4.0%	4.8%	0.4%
机器/办公设备	平均年限法	8年	4.0%	12.0%	1.0%

2. 编制固定资产折旧预算

因为固定资产折旧是按月计提的,所以企业应当按月测算计提折旧额。首先,根据预算期固定资产变动预算基础资料(表6-112),按照"当月增加的固定资产,当月不提折旧,从下月起计提折旧;当月减少的固定资产,当月照提折旧,从下月起不提折旧"的规定,逐月测算计提折旧的固定资产原值;其次,根据公式"月折旧额=固定资产原值×月折旧率",逐月计算固定资产折旧额;最后,编制固定资产折旧预算,如表6-116所示。

表6-116 真谛公司2023年固定资产折旧预算

编制部门:财务部　　　　　编制时间:2022年10月10日　　　　　金额单位:万元

使用部门	固定资产	月折旧率	1月 原值	1月 折旧	2月 原值	2月 折旧	3月 原值	3月 折旧	4月 原值	4月 折旧	5月 原值	5月 折旧	6月 原值	6月 折旧
甲车间	房屋/建筑物	0.4%	1 000	4	1 000	4	1 000	4	1 500	6	1 500	6	1 500	6
甲车间	机器设备	1.0%	3 000	30	3 000	30	3 000	30	3 800	38	3 800	38	3 800	38
甲车间	小计	—	4 000	34	4 000	34	4 000	34	5 300	44	5 300	44	5 300	44
乙车间	房屋/建筑物	0.4%	1 000	4	1 000	4	1 000	4	1 000	4	1 000	4	1 000	4
乙车间	机器设备	1.0%	3 200	32	3 200	32	3 200	32	3 200	32	3 300	33	3 300	33
乙车间	小计	—	4 200	36	4 200	36	4 200	36	4 200	36	4 300	37	4 300	37
销售部	房屋/建筑物	0.4%	500	2	500	2	500	2	500	2	500	2	500	2
销售部	办公设备	1.0%	1 200	12	1 200	12	1 200	12	1 200	12	1 200	12	1 200	12
销售部	小计	—	1 700	14	1 700	14	1 700	14	1 700	14	1 700	14	1 700	14
管理部门	房屋/建筑物	0.4%	1 000	4	1 000	4	1 000	4	1 500	6	1 500	6	1 500	6
管理部门	办公设备	1.0%	1 000	10	1 000	10	1 000	10	1 000	10	1 000	10	1 000	10
管理部门	小计	—	2 000	14	2 000	14	2 000	14	2 500	16	2 500	16	2 500	16
研发部	房屋/建筑物	0.4%	500	2	500	2	500	2	500	2	500	2	500	2
研发部	研发设备	1.0%	200	2	200	2	200	2	200	2	200	2	200	2
研发部	小计	—	700	4	700	4	700	4	700	4	700	4	700	4
合计		—	12 600	102	12 600	102	12 600	102	14 400	114	14 500	115	14 500	115

使用部门	固定资产	7月 原值	7月 折旧	8月 原值	8月 折旧	9月 原值	9月 折旧	10月 原值	10月 折旧	11月 原值	11月 折旧	12月 原值	12月 折旧	全年折旧
甲车间	房屋/建筑物	1 500	6	1 500	6	1 500	6	1 500	6	1 500	6	1 500	6	66
甲车间	机器设备	3 500	35	3 500	35	3 500	35	3 500	35	3 500	35	3 500	35	414
甲车间	小计	5 000	41	5 000	41	5 000	41	5 000	41	5 000	41	5 000	41	480
乙车间	房屋/建筑物	1 000	4	1 000	4	1 000	4	1 000	4	1 000	4	1 000	4	48
乙车间	机器设备	3 300	33	3 300	33	3 300	33	3 300	33	3 300	33	3 300	33	392
乙车间	小计	4 300	37	4 300	37	4 300	37	4 300	37	4 300	37	4 300	37	440
销售部	房屋/建筑物	500	2	500	2	500	2	500	2	500	2	500	2	24
销售部	办公设备	1 400	14	1 400	14	1 400	14	1 400	14	1 400	14	1 400	14	156
销售部	小计	1 900	16	1 900	16	1 900	16	1 900	16	1 900	16	1 900	16	180

金额单位:万元(续表)

使用部门	固定资产	7月		8月		9月		10月		11月		12月		全年折旧
		原值	折旧	原值	折旧	原值	折旧	原值	折旧	原值	折旧	原值	折旧	
管理部门	房屋/建筑物	1 500	6	1 500	6	1 500	6	1 500	6	1 500	6	1 500	6	66
	办公设备	1 500	15	1 500	15	1 100	11	1 100	11	1 100	11	1 100	11	134
	小计	3 000	21	3 000	21	2 600	17	2 600	17	2 600	17	2 600	17	200
研发部	房屋/建筑物	500	2	500	2	500	2	500	2	500	2	500	2	24
	研发设备	400	4	400	4	400	4	400	4	400	4	400	4	36
	小计	900	6	900	6	900	6	900	6	900	6	900	6	60
合计		15 100	121	15 100	121	14 700	117	14 700	117	14 700	117	14 700	117	1 360

注:销售费用、管理费用、研发支出、制造费用预算的折旧项目数额要与本表的有关数据保持一致。

四、编制累计折旧变动预算

累计折旧是企业各年计提固定资产折旧的累计数。固定资产折旧预算编制完成后,基于编制资产负债表预算的需要,企业应当编制累计折旧变动预算。

累计折旧变动预算由财务部门负责编制。

(一)累计折旧变动预算的编制方法

1. 收集预算基础资料

编制累计折旧变动预算需要收集的基础资料如表6-117所示。

表6-117 累计折旧变动预算基础资料

序号	资料名称	资料说明	提供部门
1	固定资产折旧预算	指企业预算期内计提固定资产折旧额的预算	财务部门
2	累计折旧明细表	指企业预算期初的固定资产累计折旧明细表	财务部门

2. 测算各项累计折旧指标

根据累计折旧变动预算基础资料和计算公式测算各项累计折旧指标数额。编制累计折旧变动预算的基本等式为:

累计折旧期初余额+本期折旧增加额=本期折旧减少额+累计折旧期末余额

累计折旧期初余额是预算期初的累计折旧预计余额;本期折旧增加额是预算期计提的固定资产折旧额;本期折旧减少额是预算期固定资产报废而减少的已提折旧额;累计折旧期末余额是预算期末的累计折旧账面余额,可以根据其他三项指标计算得出。

3. 编制累计折旧变动预算

根据测算的各项累计折旧指标汇总编制累计折旧变动预算。

(二)累计折旧变动预算编制案例

【例6-27】 固定资产折旧预算编制完成后,财务部负责编制真谛公司2023年累计折旧变动预算。

预算编制过程和编制方法如下：

1. 收集预算基础资料

主要收集固定资产折旧预算和 2022 年 9 月累计折旧明细表。

2. 测算各项累计折旧指标

根据累计折旧变动预算基础资料和计算公式测算各项累计折旧指标数额。

3. 编制累计折旧变动预算

累计折旧变动预算涉及的四个指标分别按如下方法取得：期初余额根据 2022 年 9 月累计折旧账面余额，加减 4 季度累计折旧预计变动额测算；本期增加额根据固定资产折旧预算（表 6-116）填列；本期减少额根据固定资产变动预算基础资料（表 6-112）中的报废固定资产已提折旧额测算；期末余额根据公式"期末余额=期初余额+本期增加额－本期减少额"计算。真谛公司 2023 年累计折旧变动预算如表 6-118 所示。

表 6-118 真谛公司 2023 年累计折旧变动预算

编制部门：财务部　　　　编制时间：2022 年 10 月 10 日　　　　单位：万元

序号	项目	累计折旧			
		期初余额	本期增加额	本期减少额	期末余额
1	生产用固定资产	3 140	920	288	3 772
1.1	甲车间	1 760	480	288	1 952
1.1.1	房屋/建筑物	260	66	0	326
1.1.2	机器设备	1 500	414	288	1 626
1.2	乙车间	1 380	440	0	1 820
1.2.1	房屋/建筑物	180	48	0	228
1.2.2	机器设备	1 200	392	0	1 592
2	非生产用固定资产	1 510	440	384	1 566
2.1	销售部	600	180	0	780
2.1.1	房屋/建筑物	100	24	0	124
2.1.2	办公设备	500	156	0	656
2.2	管理部门	720	200	384	536
2.2.1	房屋/建筑物	220	66	0	286
2.2.2	办公设备	500	134	384	250
2.3	研发部	190	60	0	250
2.3.1	房屋/建筑物	100	24	0	124
2.3.2	研发设备	90	36	0	126
3	合计	4 650	1 360	672	5 338

五、编制无形资产变动预算

无形资产是指企业拥有或者控制的没有实物形态的可辨认非货币性资产,主要包括专利权、非专利技术、商标权、著作权、特许权、土地使用权等。

无形资产变动预算由研发部门负责编制,财务部门予以协助。

(一) 无形资产变动预算的编制方法

1. 收集预算基础资料

编制无形资产变动预算需要收集的基础资料如表 6-119 所示。

表 6-119 无形资产变动预算基础资料

序号	资料名称	资料说明	提供部门
1	无形资产研发计划	指企业预算期内无形资产研发活动计划	研发部门
2	无形资产购置计划	指企业预算期内外购无形资产计划	研发部门
3	无形资产处置计划	指企业预算期内无形资产处置计划	研发部门
4	无形资产明细清单	指企业现有无形资产明细表	财务部门
5	研发支出预算	指企业预算期内研发支出及结转无形资产的预算	研发部门

2. 测算无形资产变动指标

编制无形资产变动预算的基本等式为:

无形资产期初余额+预算期无形资产增加额=预算期无形资产减少额+无形资产期末余额

无形资产期初余额根据编制预算时的无形资产实际状况,加减基期剩余时间无形资产预计变动情况测算;预算期无形资产增加额根据预算期无形资产购置计划、研发支出预算结转无形资产等资料合理测算;预算期无形资产减少额根据预算期无形资产出售、转让、报废计划等资料合理测算;无形资产期末余额可以通过其他三项指标计算得出。

3. 编制无形资产变动预算

根据预算期各项无形资产增减变动指标的测算结果,汇总编制无形资产变动预算。

(二) 无形资产变动预算编制案例

【例 6-28】 真谛公司 2023 年无形资产变动预算由研发部负责编制,财务部予以协助。其中,新购置无形资产不考虑进项税额。

预算编制过程和编制方法如下:

1. 收集预算基础资料

研发部收集有关预算期内无形资产增减变动情况的数据资料如表 6-120 所示。

表 6-120 真谛公司 2023 年无形资产变动预算基础资料　　　　单位:万元

使用部门	无形资产	2023 年无形资产增加额			2023 年无形资产减少额			
		原因	时间	金额	原因	时间	金额	已提摊销
研发部	特许权	购入	2023 年 3 月	960	—		—	
研发部	非专利技术	研发	2023 年 12 月	3 325	—		—	

2. 测算无形资产变动指标

编制无形资产变动预算主要涉及无形资产的期初余额、预算期增加额、预算期减少额和期末余额四项指标。因此,研发部首先根据2022年9月无形资产账面余额,考虑4季度无形资产增减变动情况,测算了无形资产期初余额;其次根据无形资产变动预算基础资料(表6-120),测算了无形资产预算期增减额;最后根据公式"期末余额=期初余额+预算期增加额-预算期减少额"计算得出无形资产期末余额。

3. 编制无形资产变动预算

根据测算的各项无形资产变动指标编制2023年无形资产变动预算如表6-121所示。

表6-121 真谛公司2023年无形资产变动预算

编制部门:研发部　　　　　　编制时间:2022年10月10日　　　　　　单位:万元

序号	项目	2023年无形资产原值			
		期初余额	本期增加额	本期减少额	期末余额
1	销售部	320	0	0	320
1.1	商标权	320	0	0	320
2	研发部	720	4 285	0	5 005
2.1	特许权	0	960	0	960
2.2	非专利技术	720	3 325	0	4 045
3	合计	1 040	4 285	0	5 325

六、编制无形资产摊销预算

无形资产摊销是将无形资产的应摊销额在其使用期间进行计提与分配。无形资产摊销预算由财务部门负责编制,无形资产管理及使用部门予以协助。

(一)无形资产摊销预算的编制方法

1. 收集预算基础资料

编制无形资产摊销预算需要收集的基础资料如表6-122所示。

表6-122 无形资产摊销预算基础资料

序号	资料名称	资料说明	提供部门
1	无形资产清单	指会计信息系统中的无形资产明细表	财务部门
2	无形资产变动预算	指企业预算期内无形资产增减变动及期初、期末余额的预算	研发部门
3	无形资产摊销政策	指企业无形资产的摊销方法、摊销年限和摊销率等政策	财务部门

2. 确认各项摊销要素

编制无形资产摊销预算需要确认以下三项要素:

(1)确定无形资产摊销范围。根据会计准则规定:使用寿命有限的无形资产,其应摊销额应当在使用寿命内系统合理摊销;使用寿命不确定的无形资产不应摊销。企业应当在每个预算年度对使用寿命不确定的无形资产的使用寿命进行复核。如果有证据表明无形资产的使用寿命是有限的,则应当估计其使用寿命。同时,企业还应当每年对使用寿命有限的无形资产的使用寿命及摊销方法进行复核。无形资产的使用寿命及摊销方法与以前估计不同的,应当改变摊销期限和摊销方法。

(2)确定无形资产原值。根据规定,当月增加的无形资产,当月计提摊销;当月减少的无形资产,当月不提摊销。企业在编制预算时,应逐月测算进行摊销的无形资产原值。

(3)确定摊销方法。无形资产摊销方法包括平均年限法(直线法)、生产总量法,企业一般采用平均年限法。

3.编制无形资产摊销预算

根据无形资产变动预算、无形资产摊销政策等资料编制无形资产摊销预算。因为无形资产摊销按月计提,所以无形资产摊销预算应细化到月度。

根据无形资产变动预算和确定的摊销方法测算无形资产原值和摊销额,据以编制无形资产摊销预算。其中,采用平均年限法计提摊销的公式为:

年摊销额 = 无形资产原值 × 年摊销率

年摊销率 = (1 - 预计净残值率) ÷ 摊销年限 × 100%

月摊销额 = 无形资产原值 × 月摊销率

月摊销率 = 年摊销率 ÷ 12

一般而言,无形资产的预计残值率为0。

(二)无形资产摊销预算编制案例

【例6-29】 无形资产变动预算编制完成后,财务部负责编制真谛公司2023年无形资产摊销预算。其中,无形资产摊销的方法为平均年限法;研发部2023年12月转作无形资产的非专利技术(AB纳米制剂)3 325万元,因未投入使用,暂不计提无形资产摊销。

预算编制过程和编制方法如下:

1.收集预算基础资料

编制无形资产摊销预算需要两方面的基础资料:一是确定计提摊销的无形资产清单、无形资产期初余额和预算期增减变动情况、无形资产变动预算基础资料(表6-120)和无形资产变动预算(表6-121);二是确定计提摊销的方法、摊销年限及预计净残值率。为此,财务部收集无形资产摊销预算基础资料如表6-123所示。

表6-123 真谛公司2023年无形资产摊销预算基础资料

无形资产类别	摊销方法	摊销年限	预计净残值率	年摊销率	月摊销率
商标权	平均年限法	10年	0	10%	0.833%
非专利技术	平均年限法	10年	0	10%	0.833%
特许权	平均年限法	10年	0	10%	0.833%

2. 编制无形资产摊销预算

无形资产摊销按月计提,企业应当按月测算计提摊销额。首先,根据预算期无形资产变动预算基础资料(表6-120),按照"当月增加的无形资产,当月计提摊销;当月减少的无形资产,当月不提摊销"的规定,逐月测算计提摊销的无形资产原值;其次,根据公式"月摊销额=无形资产原值×月摊销率",逐月计算无形资产摊销数额;最后,编制无形资产摊销预算如表6-124所示。

表6-124 真谛公司2023年无形资产摊销预算

编制部门:财务部　　　　　　　编制时间:2022年10月10日　　　　　　　金额单位:万元

使用部门	无形资产	月摊销率	1月		2月		3月		4月		5月		6月	
			原值	摊销	原值	摊销	原值	摊销	原值	摊销	原值	摊销	原值	摊销
销售部	商标权	0.833%	320	2.67	320	2.67	320	2.67	320	2.67	320	2.67	320	2.67
研发部	特许权	0.833%	0	0	0	0	960	8.00	960	8.00	960	8.00	960	8.00
	非专利技术	0.833%	720	6.00	720	6.00	720	6.00	720	6.00	720	6.00	720	6.00
合计		—	1 040	8.67	1 040	8.67	2 000	16.67	2 000	16.67	2 000	16.67	2 000	16.67

使用部门	无形资产	7月		8月		9月		10月		11月		12月		全年摊销
		原值	摊销	原值	摊销	原值	摊销	原值	摊销	原值	摊销	原值	摊销	
销售部	商标权	320	2.67	320	2.67	320	2.67	320	2.67	320	2.67	320	2.67	32.00
研发部	特许权	960	8.00	960	8.00	960	8.00	960	8.00	960	8.00	960	8.00	80.00
	非专利技术	720	6.00	720	6.00	720	6.00	720	6.00	720	6.00	720	6.00	72.00
合计		2 000	16.67	2 000	16.67	2 000	16.67	2 000	16.67	2 000	16.67	2 000	16.67	184.00

注:销售费用、管理费用、研发支出、制造费用预算的摊销项目数额要与本表的有关数据保持一致。

七、编制累计摊销变动预算

累计摊销是企业各年计提无形资产摊销的累计数。无形资产摊销预算编制完成后,基于编制资产负债表预算的需要,企业应当编制累计摊销变动预算。

累计摊销变动预算由财务部门负责编制。

(一)累计摊销变动预算的编制方法

1. 收集预算基础资料

编制累计摊销变动预算需要收集的基础资料如表6-125所示。

表6-125 累计摊销变动预算基础资料

序号	资料名称	资料说明	提供部门
1	无形资产摊销预算	指企业预算期内计提无形资产摊销额的预算	财务部门
2	累计摊销明细表	指企业预算期初的无形资产累计摊销明细表	财务部门

2. 测算各项累计摊销指标

根据累计摊销变动预算基础资料和计算公式,测算各项累计摊销指标数额。编制累计摊销变动预算的基本等式为:

累计摊销期初余额+本期摊销增加额=本期摊销减少额+累计摊销期末余额

累计摊销期初余额是预算期初的累计摊销预计余额;本期摊销增加额是预算期计提的无形资产摊销额;本期摊销减少额是预算期无形资产退出而减少的已提摊销额;累计摊销期末余额是预算期末的累计摊销账面余额,可以根据其他三项指标计算得出。

3. 编制累计摊销变动预算

根据测算的各项累计摊销指标,汇总编制累计摊销变动预算。

(二) 累计摊销变动预算编制案例

【例6-30】 无形资产摊销预算编制完成后,财务部负责编制真谛公司2023年累计摊销变动预算。

预算编制过程和编制方法如下:

1. 收集预算基础资料

主要收集无形资产摊销预算和2022年9月累计摊销明细表。

2. 测算各项累计摊销指标

根据累计摊销变动预算基础资料和计算公式,测算各项累计摊销指标数额。

3. 编制累计摊销变动预算

累计摊销变动预算涉及的四个指标分别按如下方法取得:期初余额根据2022年9月累计摊销账面余额,加减4季度累计摊销预计变动额测算;本期增加额根据无形资产摊销预算(表6-124)填列;本期减少额根据无形资产变动预算基础资料(表6-120)中的退出无形资产已提摊销额测算;期末余额根据公式"期末余额=期初余额+本期增加额-本期减少额"计算。真谛公司2023年累计摊销变动预算如表6-126所示。

表6-126 真谛公司2023年累计摊销变动预算

编制部门:财务部　　　　编制时间:2022年10月10日　　　　单位:万元

使用部门	无形资产名称	累计摊销			
		期初余额	本期增加额	本期减少额	期末余额
销售部	商标权	100	32	0	132
研发部	特许权	0	80	0	80
	非专利技术	200	72	0	272
合计		300	184	0	484

八、编制应交税费预算

应交税费是指企业按照税法等规定计算应缴纳的各种税费,包括增值税、消费税、所得税、资源税、城市维护建设税、房产税、土地使用税、车船税、教育费附加等。

税收是国家实现职能的物质基础,依法纳税是企业对国家、社会应尽的义务。同时,缴纳税费也会给企业带来资金及利益的流出,对企业的生产经营活动产生一定影响。因此,为了全面规划、管理预算期内企业各种税费的产生、缴纳及应交情况,为编制现金预算提供数据来源,企业应编制应交税费预算。

应交税费预算由财务部门负责编制,销售、采购等部门予以协助。

(一) 应交税费预算的编制方法

1. 收集预算基础资料

编制应交税费预算需要收集的基础资料如表 6-127 所示。

表 6-127 应交税费预算基础资料

序号	资料名称	资料说明	提供部门
1	应税资产清单	指企业应计征税费的资产、项目清单,如车辆、土地、房产等	财务部门
2	销售预算	指企业预算期内销售产品或提供劳务等销售活动的预算	财务部门
3	供应预算	指企业预算期内采购、储备、供给生产经营活动物资及产成品的预算	财务部门
4	投资预算	指企业预算期内有关资本性投资活动的预算	财务部门
5	利润预算	指企业预算期内经营成果及利润分配的预算	财务部门
6	纳税政策	指根据税收法规梳理的企业纳税对象、计税依据、税率等政策清单	财务部门

2. 测算应交税费数额

根据预算期内应交税费的种类、计税依据和适用税率测算应交税费数额,并测算应交税费期初、期末余额和缴纳税费额。各项应交税费的计算公式如表 6-128 所示。

表 6-128 应交税费计算公式

序号	税费名称	计算公式
1	增值税	应纳税额 = 当期销售额×增值税税率 − 当期进项税额
2	消费税	从价定率办法:应纳税额 = 销售额×适用税率 从量定额办法:应纳税额 = 销售数量×单位税额
3	城市维护建设税	应纳税额 = (应纳增值税+消费税)×适用税率
4	教育费附加	应纳税额 = (应纳增值税+消费税)×3%
5	资源税	从价计征:应纳税额 = 应税销售额×比例税率 从量计征:应纳税额 = 应税销售数量×定额税率
6	企业所得税	应纳税额 = 应纳税所得额×适用税率
7	个人所得税	应纳税额 = 应纳税所得额×适用税率 − 速算扣除数
8	土地使用税	应纳税额 = 应税土地的实际占用面积×适用单位税额

(续表)

序号	税费名称	计算公式
9	车船税	载货汽车年应纳税额=载货汽车净吨位×适用的年税额 其他机动车和非机动车的年应纳税额=车辆数×适用的年税额
10	房产税	应纳税额=应税房产原值×(1-扣除比例)×1.2% 扣除比例幅度为10%—30%,具体减除幅度由省(自治区、直辖市)人民政府规定

3.编制应交税费预算

根据各种应交税费的测算结果,汇总编制应交税费预算。其中,应交税费的企业所得税在"所得税费用"科目核算,代扣代缴个人所得税在"应付职工薪酬"科目核算,其他应交税费在"税金及附加"科目核算。

(二)应交税费预算编制案例

【例6-31】 真谛公司2023年应交税费预算由财务部负责编制。其中,各应交税费的期末余额按预算年度应交税费额的5%计算。已知:投资预算中的增值税进项税额不予抵扣;印花税忽略不计。

预算编制过程和编制方法如下:

1.收集预算基础资料

预算基础资料包括销售收入预算(表6-10)、物资采购预算(表6-77)、利润表预算(表8-5),以及企业应交税费的种类、适用税率、课税对象和计税依据。收集的应交税费预算基础资料如表6-129所示。

表6-129 真谛公司2023年应交税费预算基础资料

序号	项目	计量单位	数额	资料来源	税金及附加政策	
					税费名称	税费率(额)
1	增值税销项税额	万元	8 300.0	销售收入预算(表6-11)	城市维护建设税	7%
2	增值税进项税额	万元	3 212.7	物资采购预算(表6-77)	教育费附加	3%
3	房产原值	万元	4 000.0	假设	房产税	扣除比例为25%,税率为1.2%
4	土地面积	m²	110 000	假设	土地使用税	5元/m²
5	小型客车	辆	20	假设	车船使用税	500元/辆
6	应计税利润总额	万元	29 479.2	利润预算(表8-5)	企业所得税	15%
7	员工应计税工资	万元	5 259.0	工资支付预算(表6-91)	个人所得税	10%

注:应计税利润总额=利润总额-投资收益。

2.测算应交税费预算指标

根据应交税费预算基础资料(表6-129)等有关资料中的课税对象、计税依据和适用税率,分析计算企业预算期应交税费数额,并编制应交税费测算,如表6-130所示。

表 6-130　真谛公司 2023 年应交税费测算

编制部门:财务部　　　　　编制时间:2022 年 10 月 22 日　　　　　金额单位:万元

序号	税费项目	课税对象	计税依据 应计税额	计税依据 依据来源	税费率（额）	应交税费
1	增值税	购销业务	销项税额-进项税额	—	—	5 087.3
1.1	销项税额	销售额	83 000.0	表 6-10	10%	8 300.0
1.2	进项税额	采购额	38 759.1	表 6-77	—	-3 212.7
2	城市维护建设税	应纳增值税	5 087.3	表 6-129	7%	356.1
3	教育费附加	应纳增值税	5 087.3	表 6-129	3%	152.6
4	房产税	房产余值	4 000×(1-25%)	假设	1.2%	36.0
5	土地使用税	土地面积	110km²	假设	5 元/m²	55.0
6	车船税	小型客车	20 辆	假设	500 元/辆	1.0
7	企业所得税	应税利润	29 479.2	表 8-5	15%	4 421.9
8	个人所得税	应税工资	5 259.0	表 6-91	10%	525.9
9	合计	—	—	—	—	10 635.8

表 6-130 编制说明:

(1) 城市维护建设税是以纳税人实际缴纳的流转税额为计税依据征收的税种,纳税环节确定在纳税人缴纳增值税、消费税的环节上。税率按纳税人所在地规定分别为市区 7%、县城和镇 5%、乡村 1%;大中型工矿企业所在地不在城市市区、县城、建制镇的,税率为 5%。

(2) 教育费附加的计税依据与城市维护建设税相同,征收率为 3%。

(3) 企业所得税应税利润 29 479.2 万元(29 509.2-30)为利润表预算(表 8-5)中的利润总额减去投资收益。

3. 编制应交税费预算

首先,测算应交税费的期初余额。企业对于应纳的大部分税种是根据已经发生的计税依据缴纳税额,因此在预算期初都会有应交税费余额。本案例期初余额为假定。

其次,根据案例给定的条件,按预算年度应交税费额的 5% 计算应交税费的期末余额。

再次,根据公式"缴纳税费额 = ∑(期初应交税费余额 + 本期应交税费额 - 期末应交税费余额)"计算预算期内缴纳税费额。

最后,汇总编制应交税费预算如表 6-131 所示。

表 6-131　真谛公司 2023 年应交税费预算

编制部门:财务部　　　　　编制时间:2022 年 10 月 22 日　　　　　单位:万元

序号	项目	期初余额	本期应纳	本期缴纳	期末余额
1	增值税	200.0	5 087.3	5 032.9	254.4
2	城市维护建设税	15.0	356.1	353.3	17.8
3	教育费附加	6.0	152.6	151.0	7.6

单位:万元(续表)

序号	项目	期初余额	本期应纳	本期缴纳	期末余额
4	房产税	1.0	36.0	35.2	1.8
5	土地使用税	2.0	55.0	54.2	2.8
6	车船税	0	1.0	1.0	0
7	企业所得税	180.0	4 421.9	4 380.8	221.1
8	个人所得税	20.0	525.9	519.6	26.3
9	合计	424.0	10 635.8	10 528.0	531.8

Chapter 7 第七章

投资预算编制

投资预算是企业全面预算体系的重要组成部分。因为投资预算规划安排的是企业资本性投资活动,投资目的主要是满足企业长远发展需要,投资支出主要依靠以后预算期的经营收入来补偿,所以投资预算也称资本预算;又因为投资预算不涉及企业的日常生产经营活动,是企业不经常发生的一次性资本性投资业务,是在投资项目可行性研究基础上编制的预算,往往需要进行专门决策,所以投资预算又称专门决策预算;还因为投资预算一般承接的是企业战略规划和投资计划,所以投资预算也称战略预算。

第一节 投资预算概述

一、投资预算的含义

投资预算是企业预算期内有关资本性投资活动的预算,主要包括固定资产投资预算、无形资产投资预算、长期股权投资预算和投资收益预算。

资本性投资活动是为了获得或增加以后各期收益而进行的投资活动。企业的资本性投资活动可分为内部投资和外部投资。内部投资是指企业用于固定资产的购置、新建、扩建、改建、更新改造工程等方面的投资和无形资产方面的投资;外部投资是指企业用于股权、收购、兼并、联营投资及债券等方面的投资。

投资预算是为资本性投资活动服务的,它具体反映企业向什么标的投资、何时投资、投多少资、资金从何处来、用什么方式取得、何时可获得收益、每年的现金净流量有多少、需要多长时间收回投资等。

企业要生存,发展是硬道理。企业要发展,就要在搞好日常生产经营活动的同时,不断寻求新的投资机会,搞好多元化经营和扩大再生产,使企业的经营活动充满后劲和活力。中华人民共和国成立初期,企业的投资主体只有国家一个,长期投资活动所需资金全靠国家拨款,之后又实行"拨改贷"。然而,由于企业产权不清、权责不明,利润全要上缴,投资全要伸手,拨款也好,贷款也罢,企业只要能拿到钱就可以上投资项目,项目成功了,企业就会在规模、效益上更上一层楼,项目失败了,损失全部由国家担着,因此当时的企业并不重视长期投资管理。随着社会主义市场经济体制的确立和现代企业制度的建立，中国企业已经走上了自主经营、自我发展的道路，形成了多元化的投资主体。在国家法律、法规和政策允许的范围内，企业投多少钱、怎样进行融资、把资金投向哪里、上什么项目、生产经营什么产品、怎样进行生产经营，完全是企业自己的事情，投资者要对自己的投资行为和由此产生的后果承担全部责任。因此，行使生产经营和投资决策上的自主权，正确选择企业的发展方向，并运用投资预算降低投资风险，搞好长期投资决策，不断提高企业的经济实力和经济效益，是每一个企业都要面对的重要任务。

二、投资预算的特点

投资预算的特点源自投资活动与日常生产经营活动的不同特性。与经营预算相比，投资预算具有以下明显特点：

1. 投资预算编制对象具有针对性

投资预算的编制对象是企业某项或某几项的一次性资本性投资活动，随着某项或某几项投资活动的完成，针对某项或某几项的投资预算也随之结束。投资预算编制对象的一次性特征表明，投资预算的编制具有很强的针对性，要求投资预算编制者具备创新意识，要针对不同投资项目的具体情况和特点，编制出有针对性的投资预算。

2. 投资预算编制方法具有多样性

投资预算编制对象涉及面广、综合性强，不仅涉及基本建设、更新改造等技术性很强的业务活动，而且涉及收购、兼并、股票购买、债券购买等专业性突出的资本运作。投资活动突出的技术性和专业性特征，决定了投资预算编制方法的多样性。这一特点要求投资预算编制者要学习、掌握各种投资活动的基本规律和内容，把握每项投资活动的要点，采取多种预算编制方法，编制出切合各个投资项目具体情况的投资预算。

3. 投资预算编制期间具有长期性

一项投资活动从调研、决策到实施、完结，短则数月，长则数年，与企业的日常生产经营活动相比具有周期长的特征。因此，投资预算编制期间与投资活动周期保持一致，具有长期性，而且不受会计期间的制约和影响。编制期间是否具有长期性是投资预算与经营预算的本质区别，这源于二者编制对象的特性。经营预算编制对象是企业的日常经营活动，是以年度、季度、月度为期间进行规划安排的；投资预算编制对象是企业的投资活动，是以项目周期进行规划安排的。

4. 投资预算编制时间具有灵活性

由于企业的资本性投资活动具有周期性和长期性的特征，因此投资预算必须适应资本性投资活动的需要，在编制时间上配合投资项目的进度和节奏。也就是说，投资预算在编制时间上可以不受企业全面预算规定时间的约束，而是根据投资活动的实际需要随时编制。

在预算实务中，投资预算的编制形式有两种：一种是与投资项目在经济内容上相同、在实施期间上一致、在编制时间上同步的投资预算，主要用于投资项目的规划、评估、论证、评审、决策和实施;另一种是与经营预算在编制时间上同步、在预算期间上一致的投资预算,主要用于预算期内企业资本性投资活动具体安排和企业实施全面预算管理的需要。

5. 投资预算编制内容具有风险性

不论是对内的固定资产投资,还是对外的联营投资、股权投资,不仅需要投入大量资金,而且投资项目完成后会形成大量的沉没成本和长期资产。市场、技术、价格、成本等客观经济环境因素发生变化,都会给企业的投资活动带来巨大的风险。投资活动的风险性特征要求投资预算的编制必须建立在投资项目可行性研究的基础之上,要符合成本效益原则和风险控制要求,严格控制投资风险。没进行可行性研究、没通过可行性研究评审的投资项目,一律不予编制投资预算。

6. 投资预算资金投放具有连续性

投资活动是一个不间断的实施过程。一个投资项目一旦开始建设,就必须不断投入资金和其他资源,以满足连续施工和均衡施工的需要;否则,不仅不能按预期形成新增固定资产,而且会造成已投入资金的占用呆滞,从而增加投资成本,甚至造成整个投资项目的失败。因此,企业在编制投资预算时,必须规划好资金的投放规模和时间进度,确保投资活动的连续性和不间断性。

7. 投资预算实施结果具有不可逆性

投资预算一旦实施,其执行结果往往需要很长时间才能显现出来,具有很强的不可逆性。一旦投资失误,就会给企业造成较大损失。因此,编制投资预算事关重大,企业必须重视预算编制前的可行性研究,采用规范与科学的方法,使企业的投资决策成为集思广益的、有科学依据的、有制度保障的过程,从而提高投资预算编制的有效性,确保企业投资活动的顺利进行。

三、投资预算管理的基本程序

投资预算管理与投资预算是两个不同的概念。投资预算是对资本性投资活动的总体安排,属于计划的范畴。投资预算管理是指企业为了实现发展战略和战略规划,采用预算方法对资本性投资活动进行科学规划、测算、评价、论证、决策和描述,并以预算为标准,对投资项目的执行过程与结果进行计划、控制、核算、分析、报告、审计和考评等一系列管理活动的总称。为了把握投资预算管理的内涵,应当从以下两个方面进行理解:

第一,投资预算管理的实施目的是实现企业发展目标和战略规划,确保资本性投资活动的有效运行和规范运作。

第二,投资预算管理是以预算为标准,对企业资本性投资活动进行事前、事中和事后的全过程管理与控制的内部管理控制系统。

由于资本性投资活动具有投资多、周期长、风险大的特点,一旦决策失误就会严重影响企业的财务状况和现金流量,给企业带来较大甚至巨大损失,因此企业必须在对投资项目进行充分调研、论证的基础上,遵循科学的原则和程序,采用科学的方法和技术,对投资项目实施全面预算管理。投资预算管理的基本程序如下:

（一）根据投资战略，确定投资项目

要确定投资项目，首先要提出投资项目。企业的各层级、各部门都可以提出投资项目。一般而言，企业高层领导提出的投资项目多数是战略性投资项目，如开拓新的经营领域、投资建设大型基建工程、收购其他企业等，主要依据企业发展战略和投资战略提出；中层和低层人员提出的投资项目主要是战术性投资项目，如技术改造、设备更新等，主要依据企业生产经营活动的现实需要提出。投资战略是根据企业总体经营战略要求，为维持和扩大生产经营规模，对有关投资活动所进行的全局性谋划。因此，选择投资项目必须服从企业的投资战略。

有关部门或人员提出的投资项目建议，经企业相关职能部门决策同意后，形成书面的投资项目建议书，经公司经理层及战略发展与投资委员会审议批准后将投资项目确定下来。

（二）进行项目测算，实施项目论证

对于已经审议立项的投资项目，企业还要做大量的调查研究和测算、分析、论证工作。测算、论证的范围包括社会、市场、技术、生产、财务、人员各个方面。就投资预算管理而言，测算、论证的主要内容如下：

1. 测算投资项目的现金流量

投资项目的现金流量是指由该投资项目引起的在一定期间内发生的现金流出量、现金流入量和现金净流量。一个投资项目往往有多个投资方案，企业应按照同一方法对各个投资方案进行测算。

2. 估计预期现金流量的风险

投资项目不仅周期长，而且涉及企业生产经营、市场环境的各个方面，因此面临许多不确定性因素。企业在估计预期现金流量时，必须充分考虑现金流量的不确定性，并作出合理的估计。

3. 确定投资项目成本

投资项目成本是计算货币时间价值和投资风险价值的依据，也是确定投资方案取舍的主要标准。因此，企业要根据银行借款利率、债券利率、股东权益获利水平以及投资项目风险程度等因素进行周密考虑，确定投资项目成本的一般水平。

4. 确定投资项目方案的现金流量现值

根据以上各步骤所估计的预期现金流量和所确定的投资项目成本计算各投资项目方案的现金流入量现值、现金流出量现值，并计算出现金净流量现值。

5. 对投资项目进行评估、论证，撰写可行性研究报告

投资活动的风险性决定了企业必须做好投资决策前的论证工作，包括对投资项目的各个方案进行比较与评估。要对实施投资项目的必要性、可行性、有效性和合理性进行全面、系统的论证和可行性研究，对于通过论证的投资项目要安排专业人员撰写投资项目可行性研究报告、编制投资预算书。

(三)按照法定程序,进行项目决策

在对投资项目各个备选方案进行充分分析、论证的基础上,企业要按照规定的权限和程序,运用专门的方法和标准对投资项目方案进行决策审批。企业要重点审查投资方案是否可行、投资项目是否符合投资战略目标和规划、企业是否具有相应的资金能力、投入资金能否按时收回、预计收益能否实现,以及投资和并购风险是否可控等。

从预算层面上讲,项目决策的基本方法是对投资项目各个方案的现金流入量现值和现金流出量现值进行比较。若现金流入量现值大于现金流出量现值,则可以接受该方案;若现金流入量现值小于现金流出量现值,则拒绝该方案。

从现代企业法人治理结构上讲,投资项目及投资预算的审批权限如下:

(1)股东(大)会拥有长期投资及投资预算的最终决策权。
(2)董事会拥有长期投资及投资预算的审议决策权。
(3)监事会拥有对投资决策过程和投资预算实施过程的监督权。
(4)总经理拥有长期投资决策及投资预算的执行权。

上市公司均设有隶属于董事会的战略发展与投资委员会,专司企业长期发展战略、重大投资决策和拟投资项目的研究、评议和审查之职。同时,企业还要制定专门的投资决策管理制度,对投资项目的范围、事项、决策权限、决策程序、决策执行进行规范和明确。就大部分企业而言,一般性投资项目应该经过公司董事会的审议批准;重大投资项目必须经过公司股东(大)会的审议批准。投资方案需要经过有关管理部门审批的,相关人员应当履行相应的报批程序。

经过审议批准的固定资产投资项目进入设计阶段,包括初步设计、技术设计和施工图设计。对于重大、复杂的技术问题,要通过科学实验、专题研究落实技术方案和确定工程数量,并给出文字说明和适合施工需要的图表资料。

(四)实施投资项目,执行投资预算

经过公司董事会、股东(大)会审议批准的投资项目要按照计划的时间、进度组织实施,具体内容包括决定项目实施方式和建设单位,筹集项目资金,按照投资预算对投资项目进行投资、控制、管理等。就投资预算管理而言,主要包括以下三项内容:

1. 实施筹资预算,落实项目资金

俗话说"巧妇难为无米之炊",资本性投资活动需要大量的资金投入,企业在编制投资项目预算的同时,必须编制项目筹资预算,落实好资金来源,搞好项目的资金安排,确保满足投资项目的资金需要。

2. 组织项目实施,执行投资预算

投资预算的执行过程也是投资项目的具体实施过程。对于固定资产投资项目而言,一般可按项目实施形式的不同分为自营项目、出包项目、自营与出包相结合项目三种情况。不管采用何种项目实施形式,企业都要严格执行投资预算,确保项目建设的进度和质量。

3. 实施过程控制,进行合理调整

在投资项目实施过程中,施工部门必须以预算为依据进行施工,管理部门也必须以预算为标准实施过程控制。由于投资项目实施周期一般比较长,在市场环境变幻莫测的情

况下,不确定性因素很多,很多施工设备、物资的采购价格也会发生变化。因此,当外部环境发生变化导致原有投资预算无法执行时,企业就必须对某些投资预算项目进行合理的调整,包括项目内调整和对整个资本支出预算指标的增加或减少。当然,投资预算的调整也必须按照法定的审批程序进行,绝不能随意调整。

(五)设立责任中心,实施责任核算

为了落实预算责任,企业应以投资项目为对象设立资本支出中心,规范投资项目责任核算的方法、内容与程序,并按照一个项目一个账户的原则进行明细核算。企业财务部门要按照投资预算的范围、项目、指标、额度安排资金支出,不在预算项目及指标范围内或没有办理预算审批手续的各类支出,财务部门一律不办理付款,从而将投资项目的各项支出控制在预算范围之内,最终保证投资项目的实际支出总额不超过投资预算额度。

(六)建立反馈制度,搞好责任分析

为保证企业管理决策层对投资预算的执行过程和执行结果的有效监控,企业应建立投资预算执行的反馈制度,采取反馈例会、反馈报表、反馈报告等多种形式,将投资预算的执行进度和执行结果准确、及时地反馈、报告给有关职能部门和总经理。对于预算执行中的问题,要对照预算标准确认差异,查明原因,落实责任,纠正偏差。

(七)进行项目审计,实施全方位监督

投资项目审计是国家审计机关或内部审计部门依据国家法律、法规和政策规定,对投资项目财务收支的真实性、合法性和效益性进行监督的行为。由于投资项目一般具有建设周期长、耗费大、参建单位多等特点,且其投入产出是分阶段一次性完成的,因此对投资项目的审计要根据项目建设的具体情况,分别实施开工前审计、投资预算执行情况审计和竣工决算审计,确保投资项目的合规、合法、合理。审计机关和内部审计部门在审计投资项目完成后,要依法出具审计意见书,作出审计决定,并出具审计建议书。

(八)编制项目决算,搞好竣工验收

有预算,就有决算。当投资预算执行完毕后,项目实施单位要编制涵盖投资项目全部实际支出的决算报告。对于固定资产投资项目,要组织专门的竣工验收,全面考核和检查投资项目是否符合设计要求、工程质量要求和预算标准。投资项目的竣工验收要遵循合法、公正、真实、科学的原则,按照国家规定的验收程序进行。对于竣工验收合格的项目,由竣工验收部门签发项目竣工验收证书。

以上管理程序与内容主要针对固定资产投资项目,非固定资产投资项目的管理程序与内容可适当简化。

第二节 投资项目的财务评价

对投资项目进行财务评价既是投资项目可行性研究的重要内容,也是对投资项目进行评估决策的重要环节。财务评价的主要内容是测算投资项目的资金投入、未来现金流

量和投资报酬;财务评价的主要目的是通过比较投资项目的资金投入和资金收回,评估投资项目的生存能力和盈利能力,并据以判断投资项目是否值得投资。

一、投资项目的财务评价方法

1. 财务评价指标

财务评价指标是评价投资项目是否可行和优劣的标准。投资项目的财务评价不以会计利润作为评价投资项目经济效益高低的基础,而是以现金流量作为评价项目经济效益的核心指标。它以现金流入量作为投资项目的收入,以现金流出量作为投资项目的支出,以净现金流量作为投资项目的净收益,据此评价投资项目的经济效益。

会计利润与现金流量的明显区别在于:会计利润是按照权责发生制原则确认的,并作为评价公司经济效益的基础;现金流量是按照收付实现制原则确认的,并作为评价投资项目经济效益的基础。

在投资预算中使用现金流量作为评价投资项目依据的根本原因在于:现金流量不受会计政策(存货计价、费用摊配和折旧计提等方面的不同方法)的影响,能够科学地反映资金的时间价值。因此,在评价各种投资方案时,不仅要考虑投资成本和投资报酬的数额,更要考虑预期收入与支出的发生时间,只有这样才能作出正确的投资决策。

2. 财务评价方法

投资项目的财务评价方法按是否考虑货币时间价值,可以分为非折现评价法和折现评价法。

非折现评价法即非折现现金流量法,也称静态评价法,是指在进行投资项目评估时,不考虑货币时间价值因素,直接按各项目现金流量进行评价、选择的方法,主要包括投资回收期法和平均报酬率法。

折现评价法即折现现金流量法,也称动态评价法,是指在进行投资项目评估时,考虑货币时间价值因素,先将投资项目各年的现金流量按一定折现率折现,再进行评价、选择的方法,主要包括净现值法、内含报酬率法和现值指数法。

二、投资项目的现金流量

投资项目现金流量是指一个投资项目引起企业现金流出和现金流入的数量。这里的现金是广义的现金,不仅包括各种货币资金,还包括投资项目需要投入的企业拥有的非货币资源的变现价值。例如,一个投资项目可能需要使用原有的厂房、设备和材料等。

净现金流量(NCF)就是现金流入量与现金流出量的差额:

$$净现金流量 = 现金流入量 - 现金流出量$$

净现金流量是评价投资项目是否可行时必须事先计算的一个基础性指标。

(一)现金流量的构成

投资项目的现金流量一般由以下三个部分构成:

1. 初始现金流量

初始现金流量是指开始投资时发生的现金流量,一般是现金流出量。例如,企业购置一条生产线包括以下四个部分的投入:① 固定资产投资,包括固定资产的购建成本、运输成本和安装成本等;② 流动资产投资,包括对材料、在产品、产成品和现金等流动资产的投资;③ 其他费用投资,包括与项目有关的职工培训费、技术转让费等;④ 固定资产变价收入,主要指固定资产更新时原有资产的变卖收入等。

2. 营业现金流量

营业现金流量是指投资项目投入使用后,在其使用寿命期内由生产经营带来的现金流入量与现金流出量。营业现金流量一般按年度计算。其中,现金流入量指项目投产后每年的营业现金收入;现金流出量指与项目有关的现金支出和缴纳的税金。如果一个投资项目投产后每年的营业收入等于营业现金收入,付现成本等于营业现金支出,每年营业净现金流量就可用下列公式计算:

$$净现金流量=营业现金收入-付现成本-所得税$$

付现成本等于营业成本减折旧,净现金流量还可用下列公式计算:

$$净现金流量=营业现金收入-(营业成本-折旧)-所得税$$
$$=税后利润+折旧$$

3. 终结现金流量

终结现金流量是指投资项目终结时发生的现金流量。主要包括:① 固定资产的残值收入或变价收入;② 原来垫支在各项流动资产上的资金收回;③ 停止使用土地的变价收入等。

(二) 现金流量的计算

现金流量是综合性很强的指标,可以据以评价各投资方案的综合效益。因此,企业在编制投资预算时,测算现金流量是一个很重要的环节。下面举例说明现金流量的计算方法。

【例7-1】 新月公司属国家重点扶持的高新技术企业,计划购买一台设备扩大其W产品的生产能力。现有甲、乙两个方案可供选择,资料如表7-1所示。其中,甲、乙两个方案均采用直线法计提折旧,所得税税率均为15%,据以计算两个方案的净现金流量。

表7-1 新月公司甲、乙投资方案资料

项目	计量单位	初始投资	投产前垫付营运资金	每年销售收入	第1年付现成本	付现成本每年递增	设备残值	设备使用寿命
甲方案	万元	30	0	22	9	0	0	5年
乙方案	万元	37	5	26	10	1	2	5年

第一步,计算两个方案的年折旧额。

$$甲方案年折旧额=30÷5=6(万元)$$
$$乙方案年折旧额=(37-2)÷5=7(万元)$$

第二步,计算两个方案的营业现金流量。例题中,用来购买设备的初始投资相当于项目的初始现金流量,设备残值相当于项目的终结现金流量,为了计算甲、乙方案的全部现金流量,应先计算出两个方案的营业现金流量,如表 7-2 所示。

表 7-2　新月公司甲、乙投资方案的营业现金流量

方案	项目	计量单位	第 1 年	第 2 年	第 3 年	第 4 年	第 5 年
甲方案	销售收入	万元	22.00	22.00	22.00	22.00	22.00
	付现成本	万元	9.00	9.00	9.00	9.00	9.00
	折旧	万元	6.00	6.00	6.00	6.00	6.00
	税前利润	万元	7.00	7.00	7.00	7.00	7.00
	所得税	万元	1.05	1.05	1.05	1.05	1.05
	税后净利润	万元	5.95	5.95	5.95	5.95	5.95
	净现金流量	万元	**11.95**	**11.95**	**11.95**	**11.95**	**11.95**
乙方案	销售收入	万元	26.00	26.00	26.00	26.00	26.00
	付现成本	万元	10.00	11.00	12.00	13.00	14.00
	折旧	万元	7.00	7.00	7.00	7.00	7.00
	税前利润	万元	9.00	8.00	7.00	6.00	5.00
	所得税	万元	1.35	1.20	1.05	0.90	0.75
	税后净利润	万元	7.65	6.80	5.95	5.10	4.25
	净现金流量	万元	**14.65**	**13.80**	**12.95**	**12.10**	**11.25**

第三步,结合初始现金流量和终结现金流量计算两个方案的全部现金流量,如表 7-3 所示。

表 7-3　新月公司甲、乙投资方案的全部现金流量

方案	项目	计量单位	第 0 年	第 1 年	第 2 年	第 3 年	第 4 年	第 5 年
甲方案	固定资产投资	万元	-30.00					
	营业净现金流量	万元		11.95	11.95	11.95	11.95	11.95
	净现金流量合计	万元	**-30.00**	**11.95**	**11.95**	**11.95**	**11.95**	**11.95**
乙方案	固定资产投资	万元	-37.00					
	营运资金垫支	万元	-5.00					
	营业净现金流量	万元		14.65	13.80	12.95	12.10	11.25
	固定资产残值	万元						2.00
	营运资金收回	万元						5.00
	净现金流量合计	万元	**-42.00**	**14.65**	**13.80**	**12.95**	**12.10**	**18.25**

现金流量计算说明:

(1) 为了简化计算,假设各年投资在年初一次进行,各年营业现金流量在各年年末一次发生,终结现金流量在最后一年年末发生。

(2) 假设案例中的销售收入全部为现金收入。

三、非折现现金流量法

投资预算中常用的非折现现金流量法主要包括投资回收期法和平均报酬率法。

(一) 投资回收期法

投资回收期(PP)是指收回投资项目的初始投资所需要的时间。投资回收期法是根据投资回收期的长短来确定投资项目优劣的方法。投资回收期一般以年为单位,回收期越短,说明资金收回速度越快,在未来期间承担的风险越小,投资效益越好。投资回收期的具体计算方法根据每年营业净现金流量是否相等而有所不同。

(1) 当每年营业净现金流量相等时,投资回收期的计算公式为:

$$投资回收期 = \frac{初始投资额}{每年营业净现金流量}$$

(2) 当每年营业净现金流量不相等时,投资回收期的计算公式为:

$$投资回收期 = 累计净现金流量末次出现负值的年数 + \frac{累计净现金流量末次负值的绝对值}{下一年营业净现金流量}$$

【例7-2】 经过计算,例7-1中甲方案的每年营业净现金流量相等,乙方案的每年营业净现金流量不相等,企业应分别利用上述两个计算公式计算投资回收期。

(1) 计算甲方案的投资回收期如下:

$$甲方案投资回收期 = \frac{30}{11.95} = 2.51(年)$$

(2) 计算乙方案的投资回收期。乙方案每年营业净现金流量不相等,应先计算各年尚未回收的投资额即累计净现金流量,计算结果如表7-4所示。

表7-4 新月公司乙投资方案各年尚未回收的投资额

年度	计量单位	每年净现金流量	累计净现金流量
第0年	万元	-42.00	-42.00
第1年	万元	14.65	-27.35
第2年	万元	13.80	-13.55
第3年	万元	12.95	-0.60
第4年	万元	12.10	11.50
第5年	万元	18.25	29.75

$$乙方案投资回收期 = 3 + \frac{0.6}{12.1} = 3.05(年)$$

从计算结果可以看出,甲方案的投资回收期短于乙方案,不考虑其他因素,企业应选择甲方案作为购买设备的投资方案。

投资回收期法是最早用于评估投资预算项目的方法。优点是概念容易理解,计算也比较简便,有利于规避风险、提高资金使用效率;缺点是未考虑货币的时间价值,也未考虑项目有效期的全部现金流量,只计算到收回初始投资的时点为止,忽略了可能存在的后期现金净流量较大的方案,因而不能充分说明问题。

例如,A、B两个方案的预期营业净现金流量详见表7-5,试计算投资回收期以比较方案的优劣。

表7-5 A、B投资方案的营业净现金流量

项目	计量单位	第0年	第1年	第2年	第3年	第4年	第5年
A方案净现金流量	万元	-20	8	12	10	10	10
B方案净现金流量	万元	-20	8	12	12	12	12

显然,A、B两个方案的投资回收期相同,都是2年。如果用投资回收期法进行评价,那么两个方案的结论是一样的;但实际上在收回初始投资以后,B方案每年的营业净现金流量明显高于A方案。

(二) 平均报酬率法

平均报酬率(ARR)也称平均投资报酬率,是投资项目寿命周期内的年平均投资报酬率,即年平均净现金流量与初始投资额的比值:

$$平均报酬率 = \frac{年平均净现金流量}{初始投资额} \times 100\%$$

平均报酬率法是根据平均报酬率的大小来评价投资项目优劣的方法。企业在运用平均报酬率法时,应事先确定企业要求达到的平均报酬率,也称期望报酬率,只有平均报酬率不低于期望报酬率的方案才可以考虑。在互斥的投资方案中,选择平均报酬率最高的方案。

【例7-3】 根据例7-1中的数据,计算甲、乙两个方案的平均报酬率,并比较两个方案的优劣。

(1) 计算甲方案的平均报酬率为:

$$甲方案的平均报酬率 = \frac{11.95}{30} \times 100\% = 39.83\%$$

(2) 计算乙方案的平均报酬率为:

$$乙方案的平均报酬率 = \frac{(14.65+13.8+12.95+12.1+18.25) \div 5}{42} \times 100\% = 34.17\%$$

从计算结果可知,甲方案的平均报酬率高于乙方案,即甲方案优于乙方案。

平均报酬率法的优点是计算比较简单,也容易理解;缺点与投资回收期法相同,没有考虑货币时间价值的影响,忽略风险因素,将不同时点的现金视作拥有同等价值,可能会导致错误决策。

四、折现现金流量法

投资预算中常用的折现现金流量法主要包括净现值法、内含报酬率法和现值指数法。

（一）净现值法

净现值(NPV)是指投资项目投入使用后的净现金流量按一定折现率折算为现值,减去投资额现值后的差额。净现值法就是通过观察和比较不同方案的净现值大小进行选择的方法。净现值为正数,说明投资报酬率大于预设折现率,投资方案可行;净现值为零,说明投资报酬率等于预设折现率,投资方案既无盈利也无亏损;净现值为负数,说明投资报酬率低于预设折现率,投资方案不可取。在资本投资额相同的方案中,净现值越大,投资经济效益越高,方案越优。

1. 净现值的计算公式

$$NPV = \left[\frac{NCF_1}{(1+k)^1} + \frac{NCF_2}{(1+k)^2} + \cdots + \frac{NCF_n}{(1+k)^n}\right] - C$$

式中,NPV 表示净现值,NCF_t 表示投资项目在第 t 年年末的净现金流量,k 表示折现率(资金成本或企业要求的报酬率),n 表示项目预计使用年限,C 表示项目初始投资额。

2. 折现率的确定

折现率是指将今后收到或支付的款项折算为现值的利率,它反映了投资者对资金时间价值的估计参数,其大小应取决于银行贷款利率的高低、投资项目性质、经营风险、经营目标和期望报酬率。实践中常用的折现率一般有三种:一是采用银行贷款平均利率为折现率,这是投资项目获利水平的下限标准;二是以行业平均利润率为折现率,体现了本行业投资利润率的标准,低于这一标准,即使投资项目不亏本,也会使行业平均利润水平下降;三是以企业的平均资金成本为折现率,说明项目的资金利润率若不能高于企业的资金成本,实际上是无利可图的。

折现率在项目评估中起着关键性作用,不同的折现率会带来不同的净现值,而不同的净现值又将影响投资方案选择结果。因此,评估者在运用净现值法时,首先要合理确定折现率,一般投资项目趋于选取略高于银行同期贷款利率的值作为折现率。

3. 净现值的计算过程

第一步,计算每年的营业净现金流量。

第二步,计算未来收益总现值。这一步又可分成三步:

(1) 将每年的营业净现金流量折算成现值。若每年的营业净现金流量相等,则按年金法折成现值;若每年的营业净现金流量不相等,则先对每年的营业净现金流量进行折现,然后合计加总。

(2) 将终结现金流量折算成现值。

(3) 计算未来收益的总现值。

第三步,计算净现值。

净现值=未来收益的总现值-项目初始投资

4. 净现值法的决策规则

在只有一个备选方案的决策中,净现值为正则采纳,净现值为负则不采纳;在有多个备选方案的互斥选择决策中,应选择净现值为正数中的最大者。

【例 7-4】 根据例 7-1 中的数据,假设新月公司的资金成本为 10%,计算甲、乙两个方案的净现值,比较两个方案的优劣。

(1) 甲方案的净现值。甲方案每年的营业净现金流量相等,按照年金法折现计算:

$$NPV = \sum_{t=1}^{5} \frac{11.95}{(1+10\%)^t} - 30$$
$$= 11.95 \times 3.791 - 30$$
$$= 15.3(万元)$$

(2) 乙方案的净现值。乙方案每年的营业净现金流量不相等,各年现金流量应分别折现计算,如表 7-6 所示。

表 7-6 新月公司乙投资方案净现值计算

年度(t)	计量单位	每年的营业净现金流量	现值系数	现值
计算关系	—	①	②	③=①×②
第 1 年	万元	14.65	0.9091	13.32
第 2 年	万元	13.80	0.8264	11.40
第 3 年	万元	12.95	0.7513	9.73
第 4 年	万元	12.10	0.6830	8.26
第 5 年	万元	18.25	0.6209	11.33
未来报酬的总现值				54.04
减:项目初始投资				42.00
净现值(NPV)				12.04

(3) 比较两个方案。从上面的计算中我们可以看出,甲、乙两个方案的净现值均大于零,都是可取的。但甲方案的净现值大于乙方案,故新月公司应选用甲方案。

净现值法的优点:有效克服了非折现现金流量法的缺陷,既充分考虑了货币的时间价值,又考虑了项目有效期内的全部现金流量,方案取舍标准也最大限度地体现了财务管理目标。

净现值法的缺点:在使用时要事先确定一个折现率,确定过程中不可避免地有人为因素的影响,在一定程度上不能客观得出未来报酬的总现值,而且无法提示各方案本身可能达到的实际报酬率是多少。另外,净现值法是比较两个或多个方案的净现值的绝对值,没有考虑项目初始投资大小、回收期长短等因素,不能真实反映方案的获利能力。

(二)内含报酬率法

内含报酬率(IRR)也称内部收益率,是使投资项目净现金流量总现值与原始投资额总现值相等的折现率,即投资项目净现值等于零的折现率,反映了投资项目本身可达到的报酬水平。内含报酬率法是通过观察和比较不同方案内含报酬率的高低进行方案选择的方法。

1. 内含报酬率的方程式

$$\frac{NCF_1}{(1+r)^1} + \frac{NCF_2}{(1+r)^2} + \cdots + \frac{NCF_n}{(1+r)^n} - C = 0$$

即

$$\sum_{t=1}^{n} \frac{NCF_t}{(1+r)^t} - C = 0$$

式中，NCF_t 表示投资项目在第 t 年年末的净现金流量，r 表示内含报酬率，n 表示项目预计使用年限，C 表示项目初始投资额。

2. 内含报酬率的计算过程

（1）每年的营业净现金流量相等，按下列步骤计算：

第一步，计算项目年金现值系数。

$$年金现值系数 = \frac{初始投资额}{每年营业净现金流量}$$

第二步，查年金现值系数表，在相同的期数内，找出与项目年金现值系数相邻近的较大和较小的两个折现率。

第三步，根据上述两个邻近的折现率和项目年金现值系数，采用插值法计算出投资方案的内含报酬率。

（2）每年的营业净现金流量不相等，采用逐步测试法，即通过多次测试，找出使项目净现值正负相邻的两个折现率，然后运用插值法确定内含报酬率的精确值。具体按下列步骤计算：

第一步，先预估一个折现率，并按此折现率计算净现值。若计算出的净现值为正数，则表明预估的折现率小于方案的实际内含报酬率，应提高折现率后再进行测算；若计算出的净现值为负数，则表明预估的折现率大于方案的实际内含报酬率，应降低折现率后再进行测算。经过如此反复测算，找到净现值由正到负比较接近于零的两个折现率。

第二步，根据上述两个邻近的折现率，再运用插值法计算出方案的实际内含报酬率。

3. 内含报酬率法的决策规则

在只有一个备选方案的决策中，若计算出的内含报酬率大于或等于企业的资金成本或必要报酬率，则采纳该方案；反之，则拒绝该方案。在有多个备选方案的互斥选择决策中，应选用内含报酬率超过资金成本或必要报酬率最多的投资方案。

【例 7-5】 根据例 7-1 中的数据，计算甲、乙两个方案的内含报酬率，并比较两个方案的优劣。

（1）甲方案的内含报酬率。甲方案每年的营业净现金流量相等，采用插值法计算内含报酬率。

首先，计算甲方案的年金现值系数：

$$年金现值系数 = \frac{30}{11.95} = 2.510$$

然后，查年金现值系数表，第 5 年与 2.510 相近的年金现值系数为 2.689 和 2.435，各自

对应的折现率为25%和30%,所以甲方案的内含报酬率介于25%和30%之间。用插值法计算甲方案的内含报酬率如下:

$$
\begin{array}{c}
\text{折现率} \\
\left.\begin{array}{l} 25\% \\ ?\% \\ 30\% \end{array}\right\} x\% \Big\} 5\%
\end{array}
\qquad
\begin{array}{c}
\text{年金现值系数} \\
\left.\begin{array}{l} 2.689 \\ 2.510 \\ 2.435 \end{array}\right\} 0.179 \Big\} 0.254
\end{array}
$$

$$\frac{x}{5} = \frac{0.179}{0.254}$$

$$x = 0.179 \times 5 \div 0.254 = 3.52$$

甲方案的内含报酬率 = 25% + 3.52% = 28.52%

(2)乙方案的内含报酬率。乙方案每年的营业净现金流量不相等,应先采用逐步测试法找出相邻的两个折现率,再用插值法计算内含报酬率。乙方案内含报酬率的测试过程如表7-7所示。在表7-7中,先按20%的折现率进行测算,净现值为正数,再把折现率调高到21%,进行第二次测算,净现值为负数,说明乙方案的内含报酬率介于20%和21%之间。

表7-7 新月公司乙投资方案净现值计算

年度 (t)	计量单位	每年的营业净现金流量	测试:γ=20%		测试:γ=21%	
			复利现值系数	现值	复利现值系数	现值
第0年	万元	-42.00	1.0000	-42.00	1.0000	-42.00
第1年	万元	14.65	0.8333	12.21	0.8264	12.11
第2年	万元	13.80	0.6944	9.58	0.6830	9.43
第3年	万元	12.95	0.5787	7.49	0.5645	7.31
第4年	万元	12.10	0.4823	5.84	0.4665	5.64
第5年	万元	18.25	0.4019	7.33	0.3855	7.04
净现值	万元	—	—	0.45	—	-0.47

用插值法计算乙方案的实际内含报酬率如下:

$$
\begin{array}{c}
\text{折现率} \\
\left.\begin{array}{l} 20\% \\ ?\% \\ 21\% \end{array}\right\} x\% \Big\} 1\%
\end{array}
\qquad
\begin{array}{c}
\text{净现值} \\
\left.\begin{array}{l} 0.45 \\ 0 \\ -0.47 \end{array}\right\} 0.45 \Big\} 0.92
\end{array}
$$

$$\frac{x}{1} = \frac{0.45}{0.92}$$

$$x = 0.45 \times 1 \div 0.92 = 0.49$$

乙方案的内含报酬率 = 20% + 0.49% = 20.49%

(3)比较两个方案。从以上甲、乙两个方案的内含报酬率的计算过程可以看出,甲方案的内含报酬率高于乙方案的内含报酬率,甲方案比乙方案更优。

内含报酬率法的优点是考虑了资金的时间价值,而且可以指出各方案自身的投资报酬率究竟是多少,概念也易于理解;内含报酬率法的缺点是计算过程比较复杂,尤其是对于每年营业现金净流量不相等的投资项目,一般需要经过多次测算才能求得。

(三) 现值指数法

现值指数(PI)也称获利指数、净现值率,是投资项目未来报酬的总现值与初始投资额的现值之比。现值指数法是通过观察和比较不同方案现值指数的大小进行方案选择的方法。

1. 现值指数的计算公式

$$现值指数 = \frac{未来报酬的总现值}{初始投资额}$$

即

$$PI = \left[\frac{NCF_1}{(1+r)^1} + \frac{NCF_2}{(1+r)^2} + \cdots + \frac{NCF_n}{(1+r)^n} \right] \div C = \left[\sum_{t=1}^{n} \frac{NCF_t}{(1+r)^t} \right] \div C$$

式中,PI 表示现值指数,NCF_t 表示投资项目在第 t 年年末的净现金流量,r 表示内含报酬率,n 表示项目预计使用年限,C 表示项目初始投资额。

2. 现值指数的计算过程

第一步,计算未来报酬的总现值,这与计算净现值所采用的方法相同。

第二步,计算现值指数,即计算未来报酬的总现值和初始投资额之比。

3. 现值指数法的决策规则

在只有一个备选方案的决策中,现值指数大于或等于1,方案可行;反之,方案不可行。在有多个备选方案的互斥选择决策中,应选择现值指数超过1最多的投资方案。

【例 7-6】 根据例 7-1 中的数据,计算甲、乙两个方案的现值指数,并比较两个方案的优劣。

(1) 甲方案的现值指数为:

$$现值指数 = \frac{未来报酬的总现值}{初始投资额} = \frac{11.95 \times 3.791}{30} = 1.51$$

(2) 乙方案的现值指数为:

$$现值指数 = \frac{未来报酬的总现值}{初始投资额} = \frac{54.04}{42} = 1.29$$

甲、乙两个方案的现值指数都大于1,表明两个投资方案都是可行的,但甲方案的现值指数超过1更多,因此应选甲方案。

现值指数法的优点是考虑了资金的时间价值,能够真实地反映投资项目的盈亏程度,而且由于现值指数是用相对数表示的,消除了不同投资方案因初始投资额不同而存在的不可比性,有利于在不同投资方案之间进行对比。

现值指数法的缺点与净现值法有相同之处,不可避免地受人为因素的影响,而且无法指出各方案自身的投资报酬率究竟是多少。另外,现值指数的经济含义也不易理解。

以上所述投资项目的财务评价方法,不论是折现分析法,还是非折现分析法,都有一个基本假设,那就是计算评价指标所用的各项信息数据都是确定的。然而,事实上人们在计算投资项目评价指标时所使用的信息数据绝大多数来自预测和估算,存在相当程度的不确定性。

第三节 固定资产投资预算编制

一、固定资产投资预算概述

固定资产投资预算是企业预算期内固定资产投资活动的预算。固定资产投资也称工程项目投资(通常将需要依法立项的固定资产建造、施工、安装投资活动称作工程项目,将不需要施工而直接使用的固定资产的投资活动称作固定资产购置),是指企业建造和购置固定资产的资本性投资活动。根据固定资产投资目的可分为基本建设和技术改造两大类。

基本建设是企业以扩大生产能力为主要目的的新建、扩建、改建和迁建项目投资活动。新建项目是从无到有、平地起家的建设项目;扩建和改建项目是在企业原有设施的基础上,扩大产品生产能力或提高新产品生产能力,以及对原有设备和工程进行全面技术改造的项目;迁建项目是企业出于各种原因将原有项目搬迁到另地建设的项目。

技术改造是企业以提高产品质量、提高生产效率、产品更新换代、节能降耗为主要目的,对现有生产装置的工艺、设备以及现有供热、供气、供排水和道路等辅助设施进行的更新改造投资活动。

基本建设与技术改造都属于固定资产投资活动,都是为了壮大企业实力,提高经济效益,实现可持续发展。二者的主要区别有三个:①基本建设属于外延扩大再生产,而技术改造属于内涵扩大再生产;②基本建设一般建设周期长、投资规模大,而技术改造一般建设周期短、投资规模小;③基本建设的决策依据主要是企业的战略目标和战略规划,而技术改造的决策依据主要是企业的经营目标和经营计划。

固定资产投资往往体现着企业的发展战略和中长期发展规划,对于提高企业生产能力、促进产业升级和技术进步、促进企业可持续发展具有关键作用。国有及国有控股大型企业的重大工程项目,在调整经济结构、转变经济发展方式、促进产业升级和技术进步中更具有举足轻重的作用。同时,固定资产投资具有投入资源多、占用资金量大、建设周期长、涉及环节多、多种利益关系错综复杂和建成后一般无法改变的特点,决定了其具有较大的风险性,也是滋生经济犯罪和腐败问题的"高危区"。因此,加强固定资产投资预算管理,对于提高工程质量、保证工程进度、控制工程成本、防范商业贿赂等违法乱纪和舞弊行为、促进企业实现发展战略具有十分重要的意义。

(一)固定资产投资预算的编制责任

固定资产投资预算的执行者是企业工程管理及实施部门,因此工程设备部门是固定资产投资预算编制的主体,财务、采购等部门予以协助。

（二）固定资产投资预算的内容

固定资产投资预算主要包括项目投资预算、项目筹资预算、工程款支付预算、项目竣工预算、在建工程变动预算、固定资产购置预算、固定资产处置预算等与固定资产投资活动有关的预算。

1. 项目投资预算

项目投资预算是企业预算期内工程项目投资总额的预算，主要内容包括项目名称、项目内容、投资金额和投资时间等。

2. 项目筹资预算

项目筹资预算是企业预算期内工程项目投资活动所需资金筹措的预算，主要内容包括项目名称、筹资渠道、筹资金额、筹资时间、筹资条件等。

3. 工程款支付预算

工程款支付预算是企业预算期内向供应商或施工单位支付工程项目款的预算，主要内容包括供应商（施工单位）名称、项目名称、付款内容、付款金额、付款时间等。

4. 项目竣工预算

项目竣工预算是企业预算期内工程项目计划竣工的预算，主要内容包括项目名称、竣工时间、预算金额、预算构成等。

5. 在建工程变动预算

在建工程变动预算是企业预算期内在建工程项目增减发生额及期初、期末余额的预算，主要内容包括项目名称、期初余额、本期增加额、本期减少额、期末余额等。

6. 固定资产购置预算

固定资产购置预算是企业预算期内直接购置固定资产活动的预算，主要内容包括使用部门、资产名称、购置数量、购置金额、购置时间、购置原因等。

7. 固定资产处置预算

固定资产处置预算是企业预算期内固定资产退出生产经营活动的预算，主要内容包括使用部门、资产名称、处置数量、资产原值、累计折旧、处置时间、处置原因等。

（三）固定资产投资预算的编制程序

固定资产投资预算不涉及企业的日常生产经营活动，预算内容与企业当期的收入、成本、利润没有直接关联，因此固定资产投资预算在编制顺序上与经营预算没有先后关系。固定资产投资活动所涉及预算的编制程序如图7-1所示。

1. 编制项目投资预算

工程部门根据工程项目概算、施工图预算、预算价格、工程项目合同、工程项目实施计划等资料，安排工程项目的结构、内容、投资总额和投资时间等。

2. 编制项目筹资预算

财务部门根据项目投资预算和筹资渠道调研、分析、沟通情况，安排工程项目所需资金的筹资渠道、筹资金额、筹资时间、筹资条件等。

```
工程项目概算、
施工图预算
    ↓
项目投资预算 ←---- [工程部门] 测算、计划工程项目投资总额
    ↓
项目筹资预算 ←---- [财务部门] 安排、计划投资项目所需资金的筹措
    ↓
工程款支付预算 ←---- [工程部门] 测算、安排工程项目应支付的工程款
    ↓
项目竣工预算 ←---- [工程部门] 安排预算期内计划竣工的工程项目
    ↓
在建工程变动预算 ←---- [财务部门] 测算预算期内在建工程账户的增减变动
    ↓
固定资产购置预算 ←---- [设备部门] 测算、安排预算期内固定资产购置计划
    ↓
固定资产处置预算 ←---- [设备部门] 测算、安排预算期内固定资产退出计划

资产购置计划、资产处置计划 → 固定资产购置预算/固定资产处置预算
```

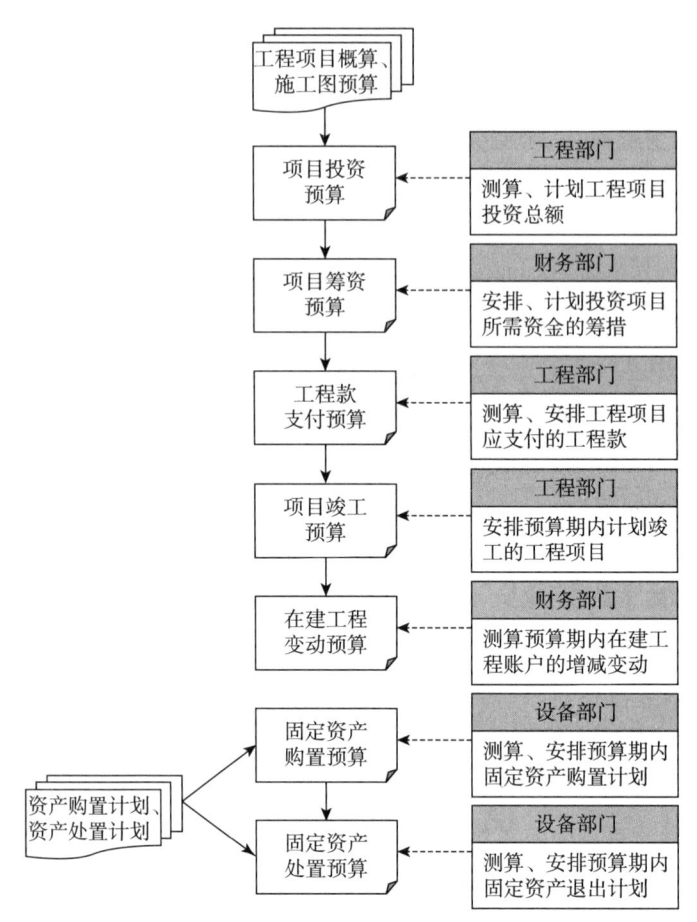

图 7-1 固定资产投资预算编制程序

3. 编制工程款支付预算

工程部门以工程项目合同、工程项目进度计划和工程施工款支付计划等资料为依据，安排预算期内应向工程项目供应商或施工单位支付的工程款的内容、付款金额、付款时间等。

4. 编制项目竣工预算

工程部门以项目投资预算、工程项目进度计划和工程项目竣工验收计划等资料为依据，安排预算期内计划竣工的工程项目的名称、竣工时间、预算金额、预算构成等。

5. 编制在建工程变动预算

财务部门以项目投资预算、工程款支付预算和项目竣工预算等资料为依据，测算在建工程账户在预算期内的项目名称、增减发生额及期初期末余额。

6. 编制固定资产购置预算

设备部门以固定资产购置计划、合格设备供应商目录、固定资产报价单等资料为依据，安排企业预算期内购置固定资产的名称、数量、金额、时间等。

7. 编制固定资产处置预算

设备部门以固定资产处置计划、待处置固定资产价值清单等资料为依据，安排企业预算期内处置固定资产的名称、数量、原值、累计折旧、处置方式、处置时间等。

二、编制项目投资预算

项目投资预算是工程项目在建设期所有费用支出的总体安排，是确定整个工程投资项目从筹建开始到竣工验收、交付使用所需的全部费用支出的预算文件，包括工程项目的工程费用、其他费用、预备费用和建设期的借款利息。

项目投资预算由工程部门负责编制，设备、采购、财务等部门予以协助。

（一）项目投资预算的编制方法

1. 收集预算基础资料

编制项目投资预算需要收集的基础资料如表7-8所示。

表7-8 项目投资预算基础资料

序号	资料名称	资料说明	提供部门
1	工程项目文件	指工程项目实施的审批文件，含项目建议书、可行性研究报告等	工程部门
2	工程项目概算	指根据工程项目不同设计阶段的具体内容和有关定额、指标及取费标准，计算和确定的工程项目全部投资的技术经济文件	工程部门
3	施工图预算	指根据已审定的施工图纸，按照国家颁发的现行预算定额、费用标准、预算价格等有关规定，确定单位工程造价的技术经济文件	工程部门
4	工程项目合同	指建设单位和施工单位为完成工程项目明确权利、义务的协议	工程部门
5	工程物资采购合同	指采购部门与供应商签订的工程物资采购合同	采购部门
6	工程项目进度计划	指按时间节点规划的工程项目建设和进度计划	工程部门
7	工程项目费用计划	指工程项目管理费、征地费、可行性研究费、临时设施费、公证费、监理费等待摊费用支出计划	工程部门
8	工程物资预算价格	指企业核准的预算期内各种工程物资的计划价格	财务部门

2. 测算工程项目各项费用支出

工程项目各项费用的具体内容和测算方法如下：

（1）工程费用。工程费用是指直接形成固定资产的工程项目费用，包括建筑工程费、设备购置费和安装工程费。

① 建筑工程费。建筑工程费由直接费、间接费、计划利润和税金及附加组成。

直接费包括人工费、材料费、施工单位机械使用费和其他直接费、现场经费等，可按建筑工程量和当地建筑工程概算综合指标计算，房屋建筑按每平方米造价估算。

间接费包括施工管理费和其他间接费,一般以直接费为基础,按照施工现场所在地区规定的间接费率执行。

计划利润以直接费和间接费之和为基数,按一定的利润率计取。

② 设备购置费。设备购置费包括需要安装和不需要安装的全部设备、工装器具及生产用家具购置费等。其中,自制设备根据设备用料、用工和消耗定额、费用定额及计划价格等资料计算;外购设备按招标价格和采购价格逐项计算。

③ 安装工程费。安装工程费包括设备安装费及室内外管道(线)安装费,由直接费、间接费、计划利润和税金组成。其中,直接费按每台设备或每台设备占全部设备价格的百分比计取;间接费以直接费为基础,按间接费率计取;计划利润以安装工程直接费和间接费之和为基数,按一定的利润率计取;税金包括城市维护建设税和教育费附加等,根据有关的税率、费率和纳税项目数额计算。

(2) 其他费用。其他费用是指根据有关规定应列入基本建设投资的建设费用,包括土地费、拆迁费、勘察设计费、建设单位管理费、生产筹备费等。其他费用主要按照基本建设投资项目的具体情况、政府部门的有关收费规定和建设区域的收费标准等资料计取。

(3) 预备费用。预备费用也称不可预见费,包括基本预备费和涨价预备费两部分。

① 基本预备费。基本预备费又称工程建设不可预见费,是指在可行性研究和评估时难以预料的费用,基本预备费以工程费用和工程建设其他费用之和为基数,按照规定的基本预备费率计取。其计算公式为:

$$基本预备费 = (工程费用 + 工程建设其他费用) \times 基本预备费率$$

② 涨价预备费。涨价预备费又称价格变动不可预见费,是为建设工期较长的项目,在建设期内因价格上涨可能造成投资增加而预留的费用。涨价预备费一般以工程费用为基数,按下列公式计算:

$$P_f = \sum_{i=1}^{m} K_t \left[(1+F)^t - 1 \right]$$

式中,P_f 表示项目建设期价格变动造成的投资增加额,K_t 表示项目建设期内各年按投资预算分配的工程费用投资额,F 表示投资价格指数,m 表示项目建设期的年数。

(4) 建设期的借款利息。建设期的借款利息是指按规定计入基本建设投资价值的借款及债券利息,按项目建设资金筹措方案确定的借款和发行债券的种类、额度、时间、利率、偿还方式和偿还期限计取。

国外借款利息的计取还应包括国外贷款银行根据贷款协议向借款方以年利率的形式收取的手续费、管理费、承诺费,以及国内代理机构以年利率的形式向借款单位收取的转贷费、担保费、管理费等资金成本费用。

3. 编制项目投资预算

根据工程项目各项费用支出的测算数据,汇总编制项目投资预算。

(二) 项目投资预算编制案例

【例 7-7】 根据投资项目可行性研究报告及董事会决议,真谛公司决定 2023 年投资

6 000万元建设5 000吨/年水基化农药制剂项目,建设期两年,其中2023年完成投资50%以上,剩余投资于2024年完成,所需资金按各年投资额一次付清。项目投资预算由设备部负责编制,财务部予以配合。有关项目资料如下:

(1) 工程新征土地20亩,每亩10万元;

(2) 建筑面积5 000平方米,每平方米造价(不含土地费用)0.2万元;

(3) 购进产品生产线4条,每条生产线价格900万元;

(4) 供水、供电设备60万元,水电设施建筑费20万元;

(5) 购置厂内运输设备10万元;

(6) 安装工程费按设备价值的10%计取;

(7) 勘察设计费20万元;

(8) 生产筹备费10万元;

(9) 基本预备费率按6%计提,年均价格上涨3%;

(10) 银行借款2 000万元,其中2023年1月1日到位1 000万元,2024年1月1日到位1 000万元。月利率4‰,每月末付息一次。

预算编制过程和编制方法如下:

1. 收集预算基础资料

设备部收集了5 000吨/年水基化农药制剂项目施工图预算、工程项目合同、工程物资采购合同、工程项目进度计划、工程项目费用计划等预算编制基础资料。

2. 测算工程项目各项费用支出

根据收集的预算基础资料,测算工程项目有关预算指标如下:

建筑工程费 = 5 000×0.2+20 = 1 020(万元)

设备购置费 = 4×900+60+10 = 3 670(万元)

安装工程费 = 4×900×10%+60×10% = 360+6 = 366(万元)

工程费用 = 1 020+3 670+366 = 5 056(万元)

其他费用 = 20×10+20+10 = 230(万元)

基本预备费 = (5 056+230)×6% = 317(万元)

工程费用第一年投入2 830万元,第二年投入2 226万元。

涨价预备费 = 2 830×[(1+3%)−1]+2 226×[(1+3%)×(1+3%)−1]
    = 85+136 = 221(万元)

建设期借款利息 = 1 000×4‰×24+1 000×4‰×12
    = 96+48 = 144(万元)

项目建设投资 = 5 056+230+317+221 = 5 824(万元)

工程项目总预算 = 5 824+144 = 5 968(万元)

3. 编制项目投资预算

根据测算的工程项目有关预算指标,汇总编制项目投资预算如表7-9所示。

表 7-9 5 000 吨/年水基化农药制剂项目投资预算

编制部门:设备部　　　　　编制时间:2022 年 11 月 5 日　　　　　金额单位:万元

序号	项目或费用名称	估算价值					占总投资比重	各年度投资额	
		建筑工程	设备购置	安装工程	其他	合计		2023 年	2024 年
一、	项目建设投资	1 020	3 670	366	768	5 824	97.6%	3 233	2 591
1	工程费用	1 020	3 670	366	0	5 056	84.7%	2 830	2 226
1.1	主要生产项目	1 000	3 600	360	0	4 960	83.1%	2 800	2 160
1.1.1	制剂生产线	0	3 600	360	0	3 960	66.4%	1 800	2 160
1.1.2	厂房 5 000m²	1 000	0	0	0	1 000	16.7%	1 000	0
1.2	辅助生产项目	20	70	6	0	96	1.6%	30	66
1.2.1	水/电设施	20	60	6	0	86	1.4%	30	56
1.2.2	厂内运输设备	0	10	0	0	10	0.2%	0	10
2	其他费用	0	0	0	230	230	3.9%	210	20
2.1	土地费	0	0	0	200	200	3.4%	200	0
2.2	勘察设计费	0	0	0	10	10	0.2%	10	0
2.3	生产筹备费	0	0	0	20	20	0.3%	0	20
3	预备费用	0	0	0	538	538	9.0%	193	345
3.1	基本预备费	0	0	0	317	317	5.3%	117	200
3.2	涨价预备费	0	0	0	221	221	3.7%	76	145
二、	建设期借款利息	0	0	0	144	144	2.4%	48	96
三、	工程项目总投资	1 020	3 670	366	912	5 968	100.0%	3 281	2 687

三、编制项目筹资预算

项目筹资预算是企业工程项目投资活动所需资金筹措的预算。与经营活动的筹资预算相比,项目筹资预算在编制目的、编制要求、编制依据、编制内容和编制方法等方面都有许多不同之处。

项目筹资预算由财务部门负责编制,有关投资部门予以配合。

(一) 编制项目筹资预算的目的与要求

项目筹资预算是项目可行性研究报告的有机组成部分,通常以"项目资金来源和筹资方案"的形式出现。因此,企业编制项目筹资预算的目的与要求主要有以下四项:

1. 论证投资项目在资金上的可行性

进行资本性投资活动需要大额资金投入,分析、论证项目资金是否有可靠的资金来源、筹资方案是否可行是编制项目筹资预算的首要目的。

2. 实现项目资金的供求平衡

项目可行性研究报告提出了工程项目的投资总额,项目筹资预算就要针对项目的投资总额提出资金供给方案,在数量和时间两个方面实现项目资金的供求平衡。

3. 满足项目可行性研究报告使用者的决策需要

项目可行性研究报告使用者主要包括项目经营者、出资人、债权人以及项目的其他潜在参与者。项目筹资预算必须能够满足他们了解项目的融资结构、融资成本、融资风险和融资计划的需要,以便他们据此进行项目投资决策。

4. 符合有关评审部门对投资项目的评审要求

企业进行投资项目建设,必须经过专门评估机构的评审和政府职能部门的审批。因此,编制项目筹资预算要符合上述单位的评审要求,使其能够判断项目融资的可靠性、可行性与合理性。

(二) 项目筹资预算的特点

项目筹资预算作为项目可行性研究报告的一个章节,与经营筹资预算相比具有以下四个特点:

1. 融资用途具有特定性

项目筹资预算是为具体的投资项目服务的,所筹集的资金具有特定的用途,要求专款专用。

2. 预算编制时间具有不确定性

项目筹资预算的编制时间根据投资项目的需要而定,不受企业统一预算编制时间的限制。

3. 预算作用期间具有长期性

投资项目的实施时间有多长,为该项目编制的筹资预算的作用期间就有多长,它不受会计期间的约束和限制。

4. 预算内容具有依附性

项目筹资预算对象都是特定的,依附于特定的工程项目。筹资方案也是工程项目可行性研究报告的有机组成部分,没有特定的工程项目,也就没有具体的项目筹资预算。

(三) 项目筹资预算的编制依据

项目筹资预算的编制依据主要包括以下七个方面的资料:

1. 企业有关工程项目资金筹措的决策资料

工程项目资金筹措的决策资料主要包括公司制定的投资战略、融资战略,项目可行性研究资料和公司决策层对工程项目筹资方案的审批意见。

2. 发行股票的有关审批文件

企业经批准发行股票或配股、增发股票的,应当根据股票发行计划、配股计划和增发股票计划等资料编制筹资预算。

3. 发行债券的有关审批文件

企业经批准发行债券的,应当根据债券发行计划等资料编制筹资预算。

4.项目投资预算

项目投资预算对项目资金的用途、使用时间、使用金额等事项都作出详细规划,是决定项目融资时间与融资金额的主要依据。

5.企业自有资金状况

企业自有资金状况不仅关系到企业能拿出多少自有资金进行工程项目投资,而且直接关系到企业筹集外部债务资金的成败。

6.工程项目资金的融资渠道与融资方式

目前,可以为工程项目进行融资的渠道与方式有很多,企业应根据工程项目的具体情况、企业实力和债权人的贷款条件等多种因素决定具体工程项目的融资渠道与融资方式。

7.金融市场

金融市场的贷款政策、贷款利率、证券价格、汇率走势、融资成本等因素,都会对企业的工程项目融资产生较大影响。

(四)项目筹资预算的编制方法与编制内容

如前所述,项目筹资预算依附于特定的工程项目,具有很强的目的性。因此,项目筹资预算的编制方法和内容应符合项目可行性研究报告的要求。具体编制方法与编制内容如下:

1.明确工程项目的融资方式

目前,国际上通行的工程项目融资方式有两类,即公司融资和项目融资。这两类融资方式所形成的项目,在投资者与项目的关系、投资决策与信贷决策的关系、风险约束机制、各种财务比率约束等方面都有显著区别。在项目可行性研究报告中,企业应明确工程项目是采取公司融资方式还是项目融资方式,并按拟定的投融资方式对"资金来源与筹资方案"进行阐述。

下面简要介绍公司融资和项目融资的概念及其在融资方面的异同。

(1)公司融资的概念。公司融资又称企业融资,是指由现有企业筹集资金并完成项目的投资建设,无论项目建成之前还是之后,都不出现新的独立法人。公司融资的基本特点是:①公司作为投资者,作出投资决策,承担投资风险,也承担决策责任;②虽然借款和其他债务资金是用于项目投资的,但是债务方是公司而不是项目,整个公司的现金流量和资产都可用于偿还债务、提供担保。

(2)项目融资的概念。项目融资是指项目发起人为筹资和经营项目而专门成立一家独立法人(即项目公司),然后由项目公司承担项目借款,完成项目的投资建设和承担偿还借款的责任。项目融资的基本特点是:①投资决策由项目发起人作出,项目发起人与项目法人并非一体;②项目公司承担投资风险,但因决策在先、法人在后,故无法承担决策责任,只能承担建设责任;③项目法人不负责筹资,而是按投资者拟订的筹资方案去具体实施;④一般情况下,债权人对项目发起人没有追索权或有有限追索权,项目只能以自身的盈利偿还债务,并以自身的资产作担保,能否还贷取决于项目是否有财务效益。

(3)公司融资与项目融资在资金筹措上的异同。在公司融资情形下,项目的总投资可分为两个部分:第一部分,是公司原有的非现金资产直接用于新建项目;第二部分,是新建项目需要公司用现金支付的投资。公司融资下投资与融资的对应关系如图7-2所示。

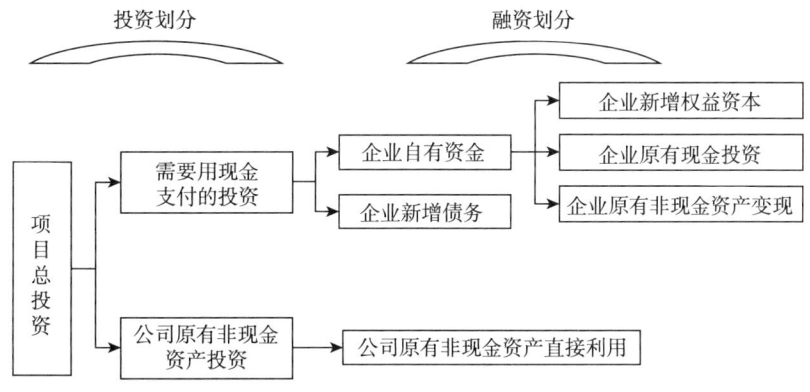

图7-2 公司融资下投资与筹资的对应关系

在公司融资情形下,企业能够投入新建项目的现金来源有四个:一是企业新增的、可用于投资的权益资本;二是企业原有的、可用于投资的现金;三是企业原有的非现金资产通过出售变为现金资产;四是企业新增的债务资金。前三部分资金合称自有资金。

在项目融资情形下,项目不涉及企业任何原有的资产或负债,项目总投资的资金仅由新增权益资本和新增债务资金两部分构成。项目融资下投资与融资的对应关系如图7-3所示。

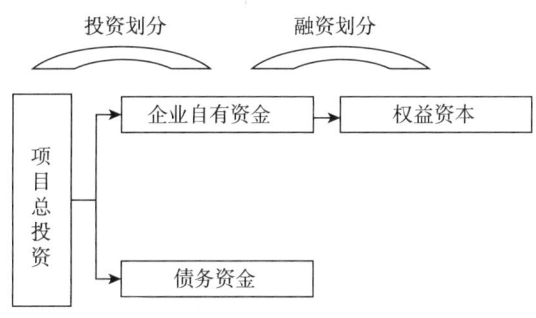

图7-3 项目融资下投资与筹资的对应关系

(4)融资方式的选择。项目融资主要用于需要巨额资金、投资风险大而传统融资方式又难以满足融资需求,但现金流量稳定的工程项目,如天然气、煤炭、石油等自然资源的开发,以及运输、电力、农林、电子、公用事业等大型工程建设项目。一般性投资项目通常采取公司融资方式。

2. 自有资金和权益资本筹措

(1)公司融资方式的权益资本筹措。投资项目以公司融资方式进行时,项目筹资预算要通过分析企业的财务报表,说明企业能否拿出以及能够拿出多少自有资金进行投资。企业自有资金来源分为扩充、提现和变现三部分。扩充权益资本的方法主要有转增企业留存收益、原股东追加资本、扩股和配股融资、私募四种方法,企业可以根据具体情况和需要进行选择。提现是指企业为了获得债权人的支持而对投资项目进行的现金投入。企业应从资产结构、损益、现金流量等方面分析企业提现的可能性,并对项目建设期内可用于投资的现金进行定量预测。变现是指企业在扩充权益资本和完成提现分析后,如果项目建设的现金仍然不足,在筹资方案中就要进行变现分析。企业非现金资产变为现金的主要途径有流动资产变现、对外长期投资变现、固定资产变现、资产组合变现、现金流量变现等。

（2）项目融资方式的权益资本筹措。投资项目以项目融资方式进行时,项目筹资预算要就权益资本筹措情况作出详细说明,包括出资方、出资方式、股本资金来源及数额、股本资金认缴进度等有关内容。

在项目融资中,权益资本主要有三个来源：一是投资者为设立项目公司而缴付的出资额,即股本资金；二是准股本资金；三是直接安排项目公司上市。此外,还包括接受的捐赠。其中,准股本资金是指项目投资者或者与项目利益有关的第三方提供的一种从属性债务,常见的有无担保贷款、可转换债券、零息债券三种形式。

3. 债务资金筹措

（1）债务资金来源。债务资金按使用期限可分为短期（1年以内）、中期（1—5年）和长期（5年以上）债务。项目投资中所要筹集的是中长期债务资金,通过在国内外的资本市场上进行各类负债融资来筹集。

债务资金的境内来源主要有银行贷款、债券融资、信托投资公司贷款、租赁融资等渠道。债务资金的境外来源主要有国际贸易中长期出口信贷、国际银团贷款、国际债券融资、国际租赁融资、政府贷款、世界银行集团贷款、亚洲开发银行贷款、国际项目融资等渠道。

（2）债务资金分析。在项目筹资预算中,除了列出债务资金的来源,还要描述债务资金的基本要素以及债务人的债权保证。

① 债务资金的基本要素。对于每一项负债,必须阐明以下基本要素：一是时间和数量,要指出每项债务资金可能提供的数量及初期支付时间、贷款期和宽限期、分期还款的类型。二是融资成本,要说明贷款利息、租赁租金、债券利息是固定的还是浮动的,何时调整及如何调整,每年计息几次,年利率是多少。除与债务总额成正比关系的资金费用外,每项债务资金还有一些其他费用,如承诺费、手续费、管理费、代理费、担保费、保险费及其他杂费。对于这些伴随债务资金而发生的资金筹集费,应说明其计算办法及数额。三是建设期利息的支付,不同的资金债务会有不同的付息条件和支付办法,需要予以说明。四是附加条件,对于债务资金有附加条件的应予说明。例如,购买货物的限制；借外债时,对所借币种及所还币种的限制等。五是利用外债的责任。凡中国境内机关、团体、企事业单位、金融机构或其他机构对中国境外国际金融机构、外国政府、企业以及境内外金融机构用外币承担的有契约性偿还义务的全部外债,均要进行登记并接受国家外汇管理部门的监测。在筹资方案分析中要明确外债是否属国家债务,以及属于哪一类型的债务。

② 债权保证。债权保证是债务人和涉及的第三方对债权人提供的履行债务的特殊保证。在分析债务资金时,应根据可行性研究阶段所能达到的深度,对债务人和有关第三方

提出的债权保证加以说明。债权保证的形式主要有借款人保证、抵押、质押、担保等。

4. 编制筹资方案

在提出权益资本筹措方式和债务资金筹措方式之后综合编制筹资方案。筹资方案主要由项目资金筹措来源表和项目投资及筹资预算表两部分组成。

（1）项目资金筹措来源表的编制与文字说明。项目资金筹措来源表的编制方法就是将所选择的自有资金或权益资本的筹措方式与债务资金的筹措方式汇集在一起，其文字说明要抓住要点，尽可能详尽描述每一项资金来源。

【例7-8】 真谛公司计划2023年投资建设5 000吨/年水基化农药制剂项目，项目建设投资6 000万元，其中企业投入自有资金4 000万元，筹集债务资金2 000万元。

公司财务部根据有关资料编制项目资金筹措来源表，如表7-10所示。

表7-10 5 000吨/年水基化农药制剂项目资金筹措来源表

编制部门：财务部　　　　　　编制时间：2022年11月5日　　　　　　金额单位：万元

序号	渠道	金额	融资条件	融资可信程度
1	自有资金	4 000		
1.1	公司现金提取	4 000		公司书面承诺
1.2	其他	0		
2	债务资金	2 000		
2.1	工商银行长期贷款	1 000	2023年1月一次到位，贷款期5年，月利率4‰，每月末付息一次；2027年12月一次还款；由大海公司担保，免收担保费	工商银行书面贷款承诺；大海公司书面担保承诺函
2.2	农业银行长期贷款	1 000	2024年1月一次到位，贷款期5年，月利率4‰，每月末付息一次；2028年12月一次还款；由大海公司担保，免收担保费	农业银行书面贷款承诺；大海公司书面担保承诺函
3	资金筹措合计	6 000		

（2）项目投资及筹资预算表的编制与文字说明。项目投资及筹资预算表与可行性研究中的投资预算和筹资方案相衔接，编制时应注意以下四个问题：

一是项目的资金需求与资金筹措要在时间和数量两方面实现供需平衡。

二是各年的资金筹措不仅要满足当年的投资需求，还要满足因资金筹措和占用而产生的当年负债利息等财务费用的支付需求，从而形成以下平衡关系：

$$\sum_{t=1}^{n} 年资金筹措额 = \sum_{t=1}^{n} (项目投资额 + 财务费用)$$

由这一平衡关系确立的资金数额应反馈到投资预算中，使之与融资额保持一致。

三是项目建设期内的财务费用可全部计入固定资产投资。

四是因为建设期内要支付利息，企业应相应扩大借款，用于项目投资和利息支付。扩大借款的计算公式为：

$$X = \frac{A + Bi}{1 - i \div 2}$$

式中,X 表示当年实际借款额,A 表示当年投资所需借款额(不含财务费用),B 表示年初累计借款额,i 表示借款年利率。

在融资条件许可的情况下,各渠道资金的时序安排原则为:先权益资本后债务资金,先低成本债务后高成本债务,以减小债务风险;先境内后境外,以减小国家主权信用风险。

项目投资及筹资预算表的文字说明部分主要是对项目的投资总额及分项构成作出简要说明,对项目的资金筹措则应作出比较详尽的说明。

【例 7-9】 真谛公司财务部根据 5 000 吨/年水基化农药制剂项目可行性研究中的项目投资预算(表 7-9)和项目资金筹措来源表(表 7-10),编制项目投资及筹资预算如表 7-11 所示。

表 7-11 5 000 吨/年水基化农药制剂项目投资及筹资预算

编制部门:财务部　　　　　编制时间:2022 年 11 月 5 日　　　　　单位:万元

序号	项目	预算总额	分年度预算	
			2023 年	2024 年
1	项目总投资	5 968	3 281	2 687
1.1	项目建设投资	5 824	3 233	2 591
1.1.1	工程费用	5 056	2 830	2 226
1.1.2	其他费用	230	210	20
1.1.3	预备费用	538	193	345
1.2	建设期财务费用	144	48	96
1.2.1	工商银行贷款利息	96	48	48
1.2.2	农业银行贷款利息	48	0	48
2	资金筹措	6 000	3 000	3 000
2.1	自有资金	4 000	2 000	2 000
2.1.1	公司现金提取	4 000	2 000	2 000
2.1.2	其他	0	0	0
2.2	债务资金	2 000	1 000	1 000
2.2.1	工商银行长期贷款	1 000	1 000	0
2.2.2	农业银行长期贷款	1 000	0	1 000
3	资金筹措与投资差额	32	-281	313

在编制完筹资预算后,公司还要对方案进行分析、比较、权衡和推荐,并对择定筹资方案进行融资风险分析。

四、编制工程款支付预算

工程款支付预算是企业预算期内安排工程项目资金支出的主要依据,由工程部门负责编制,财务部门予以协助。

第七章　投资预算编制

（一）工程款支付预算的编制方法

1. 收集预算基础资料

编制工程款支付预算需要收集的基础资料如表 7-12 所示。

表 7-12　工程款支付预算基础资料

序号	资料名称	资料说明	提供部门
1	工程项目施工合同	指企业与施工单位签订的工程项目建设合同	工程部门
2	安装工程承包合同	指企业与施工单位签订的建筑安装工程承包合同	工程部门
3	工程物资采购合同	指企业与供应商签订的工程物资采购合同	采购部门
4	工程款支付计划	指根据工程进度和施工合同规定支付进度款的计划	工程部门
5	工程项目进度计划	指工程项目设计、施工的各项作业在时间和逻辑上的总体安排	工程部门
6	项目投资预算	指工程项目投资总额的预算	工程部门

2. 测算需要支付的工程款

根据预算基础资料，按工程项目、以施工单位和供应商为对象测算预算期内需要支付的工程款项。

3. 编制工程款支付预算

汇总预算期内需要向各施工单位和供应商支付的工程款项，编制工程款支付预算。

（二）工程款支付预算编制案例

【例 7-10】　根据预算编制要求，真谛公司设备部负责编制 2023 年 5 000 吨/年水基化农药制剂项目工程款支付预算。

预算编制过程和编制方法如下：

1. 收集预算基础资料

收集工程项目施工合同、安装工程承包合同、工程物资采购合同、项目投资预算等资料。

2. 编制工程款支付预算

根据有关资料编制工程款支付预算如表 7-13 所示。

表 7-13　2023 年 5 000 吨/年水基化农药制剂项目工程款支付预算

编制部门：设备部　　　　　　编制时间：2022 年 11 月 11 日　　　　　　　　单位：万元

序号	施工或供货单位	付款内容	2023 年预算	各季度支付预算			
				1 季度	2 季度	3 季度	4 季度
1	富强公司	生产装置	1 800	500	600	500	200
2	文明公司	厂房建设	1 000	200	300	300	200
3	和谐公司	水/电设备	30	10	0	10	10
4	国土资源局	土地费	200	100	0	100	0

单位:万元(续表)

序号	施工或供货单位	付款内容	2023年预算	各季度支付预算			
				1季度	2季度	3季度	4季度
5	公正公司	勘察设计费	10	10	0	0	0
6	工商银行	借款利息	48	12	12	12	12
7	有关单位	预备费用	193	52	57	58	26
8	合计	—	3 281	884	969	980	448

五、编制项目竣工预算

项目竣工预算是预算期内计划竣工的工程项目的预算,由工程部门负责编制,财务部门予以协助。

(一)项目竣工预算的编制方法

1. 收集预算基础资料

编制项目竣工预算需要收集的基础资料如表7-14所示。

表7-14 项目竣工预算基础资料

序号	资料名称	资料说明	提供部门
1	工程项目合同	指建设单位和施工单位为完成工程项目,明确权利、义务的协议	工程部门
2	工程项目竣工计划	指工程项目竣工验收的计划安排	工程部门
3	工程项目进度计划	指工程项目设计、施工的各项作业在时间和逻辑上的总体安排	工程部门
4	项目投资预算	指工程项目投资总额的预算	工程部门

2. 编制项目竣工预算

根据预算基础资料编制项目竣工预算。

(二)项目竣工预算编制案例

【例7-11】 真谛公司的项目竣工预算由设备部负责编制,财务部予以协助。

预算编制过程和编制方法如下:

1. 收集预算基础资料

根据工程项目竣工计划、工程项目进度计划等资料,真谛公司2023年项目竣工预算的基础资料如表7-15所示。

表7-15 真谛公司2023年项目竣工预算基础资料

序号	项目名称	项目内容	项目投资预算	项目构成	计划竣工时间	项目使用部门
1	新建厂房	5 000m² 厂房	500万元	略	2023年3月	甲车间

2. 编制项目竣工预算

根据预算基础资料编制2023年项目竣工预算如表7-16所示。

表 7-16 真谛公司 2023 年项目竣工预算

编制部门:设备部　　　　　　编制时间:2022 年 11 月 11 日　　　　　　　　　单位:万元

项目名称	竣工时间	项目投资预算	竣工预算	竣工预算构成		
				建筑工程	装修工程	其他费用
新建厂房	2023 年 3 月	500	500	380	100	20

六、编制在建工程变动预算

在建工程是核算企业工程项目费用支出、项目竣工结转固定资产以及期初、期末余额的账户。项目投资预算、工程款支付预算和项目竣工预算编制完成后,企业应编制在建工程变动预算。

在建工程变动预算由财务部门负责编制,工程部门予以协助。

(一)在建工程变动预算的编制方法

1. 收集预算基础资料

编制在建工程变动预算需要收集的基础资料如表 7-17 所示。

表 7-17 在建工程变动预算基础资料

序号	资料名称	资料说明	提供部门
1	在建工程期初余额	指在建工程账户预计期初余额	财务部门
2	项目投资预算	指工程项目投资总额的预算	工程部门
3	工程款支付预算	指企业向供应商或施工单位支付工程项目款项的预算	工程部门
4	项目竣工预算	指企业预算期内工程项目计划竣工的预算	工程部门

2. 测算各项在建工程变动指标

根据预算基础资料和计算公式,测算在建工程各项指标数额。编制在建工程变动预算的基本等式为:

在建工程期初余额 + 本期在建工程增加额 = 本期在建工程减少额 + 在建工程期末余额

式中,在建工程期初余额是预算期初的在建工程预计余额;本期在建工程增加额是预算期内新发生的在建工程支付额;本期在建工程减少额是预算期内结转固定资产的数额;在建工程期末余额是预算期末的在建工程账面余额,可以根据其他三项指标计算得出。

3. 编制在建工程变动预算

根据测算的各项在建工程指标汇总编制在建工程变动预算。

(二)在建工程变动预算编制案例

【例 7-12】　真谛公司 2023 年在建工程变动预算由财务部负责编制,工程部予以协助。已知在建工程 2023 年期初余额预计为 3 500 万元,其中新建甲车间厂房 500 万元,其他工程项目 3 000 万元。

预算编制过程和编制方法如下:

1. 收集预算基础资料

收集有关预算期在建工程增减变动情况的数据资料如表 7-18 所示。

表 7-18 真谛公司 2023 年在建工程变动预算基础资料

在建工程增加额				在建工程减少额			
项目名称	事项	时间	金额(万元)	项目名称	事项	时间	金额(万元)
5 000 吨/年水基化农药制剂项目	项目建设	2023 年	3 281	新建甲车间厂房	竣工转固	2023 年 3 月	500

2. 测算在建工程变动指标

编制在建工程变动预算主要涉及在建工程的期初余额、本期增加额、本期减少额和期末余额四项指标。首先,财务部根据 2022 年 9 月在建工程账面余额,考虑 2022 年 4 季度在建工程增减变动情况,测算了在建工程期初余额;其次,根据在建工程变动预算基础资料(表 7-18),测算了在建工程预算期增减额;最后,根据公式"期末余额=期初余额+本期增加额-本期减少额"计算得出在建工程期末余额。

3. 编制在建工程变动预算

根据测算的各项在建工程变动指标编制 2023 年在建工程变动预算如表 7-19 所示。

表 7-19 真谛公司 2023 年在建工程变动预算

编制部门:财务部　　　　　　　编制时间:2022 年 11 月 11 日　　　　　　　单位:万元

序号	项目	2023 年在建工程			
		期初余额	本期增加额	本期减少额	期末余额
1	5 000 吨/年水基化农药制剂项目	0	3 281	0	3 281
2	新建甲车间厂房	500	0	500	0
3	其他工程项目	3 000	0	0	3 000
4	合计	3 500	3 281	500	6 281

七、编制固定资产购置预算

固定资产购置是指企业购买不需要施工、安装的固定资产的投资活动,如购买运输车辆、办公设备、检测设备、生产设备等投资活动。固定资产购置预算由设备部门负责编制,财务、采购等部门予以协助。

(一)固定资产购置预算的编制方法

1. 收集预算基础资料

编制固定资产购置预算需要收集的基础资料如表 7-20 所示。

表 7-20 固定资产购置预算基础资料

序号	资料名称	资料说明	提供部门
1	固定资产购置计划	指经企业批准的预算期内不需要安装的固定资产购置计划	设备部门
2	合格设备供应商目录	指经企业核准的设备供应商清单	采购部门
3	固定资产报价单	指设备供应商提报的固定资产销售报价单	采购部门

2. 编制固定资产购置预算

根据收集的预算基础资料编制固定资产购置预算。

（二）固定资产购置预算编制案例

【例 7-13】 真谛公司 2023 年固定资产购置预算由设备部负责编制，财务部、采购部予以协助。

预算编制过程和编制方法如下：

1. 收集预算基础资料

设备部收集有关预算期购置固定资产的数据资料如表 7-21 所示。

表 7-21 真谛公司 2023 年固定资产购置预算基础资料

使用部门	固定资产名称	购置数量	购置原因	购置时间	供应商报价（万元）		是否列入年度计划
					单价	总价	
甲车间	制剂生产线	1 套	更新设备	2023 年 3 月	800	800	是
乙车间	生产设备	1 台	提高产量	2023 年 4 月	100	100	是
销售部	市场推广设备	20 台	市场开拓	2023 年 6 月	10	200	是
管理部门	行政办公楼	500 m²	改善办公环境	2023 年 3 月	1	500	是
管理部门	办公设备	5 套	更新设备	2023 年 6 月	100	500	是
研发部	研发设备	10 台	研发需要	2023 年 6 月	20	200	是

2. 编制固定资产购置预算

根据收集的预算基础资料编制 2023 年固定资产购置预算如表 7-22 所示。

表 7-22 真谛公司 2023 年固定资产购置预算

编制部门：设备部　　　　　　编制时间：2022 年 11 月 11 日　　　　　　金额单位：万元

序号	使用部门	购置时间	资产名称	计量单位	购置数量	预算价格	购置金额
1	甲车间	2023 年 3 月	制剂生产线	套	1	800	800
2	乙车间	2023 年 4 月	生产设备	台	1	100	100
3	销售部	2023 年 6 月	市场推广设备	台	20	10	200
4	管理部门	2023 年 3 月	行政办公楼	m²	500	1	500

金额单位:万元(续表)

序号	使用部门	购置时间	资产名称	计量单位	购置数量	预算价格	购置金额
5	管理部门	2023年6月	办公设备	套	5	100	500
6	研发部	2023年6月	研发设备	套	10	20	200
7	合计	—	—	—	—	—	2 300

八、编制固定资产处置预算

在生产经营中,固定资产会因报废、转让等而脱离企业的生产经营过程,对于固定资产的退出,企业通过编制固定资产处置预算进行管理与控制。固定资产处置预算由设备部门负责编制,财务部门予以协助。

(一)固定资产处置预算的编制方法

1. 收集预算基础资料

编制固定资产处置预算需要收集的基础资料如表 7-23 所示。

表 7-23　固定资产处置预算基础资料

序号	资料名称	资料说明	提供部门
1	固定资产处置计划	指经企业批准的预算期内固定资产处置计划	设备部门
2	处置固定资产价值清单	指计划处置固定资产的账面价值及折旧情况	财务部门

2. 编制固定资产处置预算

根据收集的预算基础资料编制固定资产处置预算。

(二)固定资产处置预算编制案例

【例 7-14】　真谛公司 2023 年固定资产处置预算由设备部负责编制,财务部予以协助。

预算编制过程和编制方法如下:

1. 收集预算基础资料

设备部收集有关预算期处置固定资产的数据资料如表 7-24 所示。

表 7-24　真谛公司 2023 年固定资产处置预算基础资料

使用部门	固定资产名称	处置数量	处置原因	处置时间	账面原值（万元）	累计折旧（万元）
甲车间	制剂生产线	1套	报废	2023年6月	300	288
管理部门	办公设备	5套	报废	2023年8月	400	384

2. 编制固定资产处置预算

根据收集的预算基础资料,编制 2023 年固定资产处置预算如表 7-25 所示。

表 7-25　真谛公司 2023 年固定资产处置预算

编制部门:设备部　　　　　　　编制时间:2022 年 11 月 11 日　　　　　　　金额单位:万元

使用部门	资产名称	处置数量	资产原值	累计折旧	账面净值	处置时间	处置方式			
							出售	报废	捐赠	其他
甲车间	制剂生产线	1 套	300	288	12	2023 年 6 月		√		
管理部门	办公设备	5 套	400	384	16	2023 年 8 月		√		
合计	—	—	700	672	28	—				

注:报废后的固定资产账面净值 28 万元结转"固定资产清理"科目。

第四节　其他投资预算编制

一、其他投资预算概述

企业的资本性投资活动除固定资产投资外,还有无形资产投资、长期股权投资等资本性投资活动,这部分资本性投资活动同样需要企业通过编制预算进行管理与控制。其他投资预算编制的主要内容如下:

1. 无形资产投资预算

无形资产投资预算是企业预算期内无形资产投资、结转、处置活动的预算,主要内容包括无形资产名称、投资或处置方式、预算金额等。

2. 长期股权投资预算

长期股权投资预算是企业预算期内进行长期股权投资活动的预算,主要内容包括被投资单位、投资类型、投资股份、投资额和持股比例等。

3. 投资收益预算

投资收益预算是企业预算期内对外投资所得收入或发生损失的预算,主要内容包括企业对外投资取得股利收入和金融资产投资收益等。

二、编制无形资产投资预算

无形资产是指企业拥有或者控制的、没有实物形态的可辨认非货币性资产,主要包括专利权、非专利技术、商标权、著作权、特许权、土地使用权等。其中,专利权是指专利发明人经过专利申请获得批准,从而得到法律保护的对某一产品的设计、造型、配方、结构、制造工艺或程序等拥有的专门权利;非专利技术是指专利权未经申请、没有公开的专门技术、工艺规程、经验和产品设计等;特许权是指企业在某一地区经营或销售某种特定商品的权利,或者一家企业接受另一家企业使用其商标、商号、秘密技术等的权利;土地使用权是指企业按照法律规定所取得的在一定时期内对国有土地进行开发、利用和经营的权利。

无形资产投资预算由研发部门负责编制,财务部门予以协助。

（一）无形资产投资预算的编制方法

1. 收集预算基础资料

编制无形资产投资预算需要收集的基础资料如表7-26所示。

表7-26 无形资产投资预算基础资料

序号	资料名称	资料说明	提供部门
1	无形资产研发计划	指企业预算期内无形资产研发活动计划	研发部门
2	无形资产投资计划	指企业预算期内外购或研发结转无形资产计划	研发部门
3	无形资产处置计划	指企业预算期内无形资产处置计划	研发部门
4	研发支出预算	指企业预算期内研发支出及结转无形资产的预算	研发部门

2. 编制无形资产投资预算

根据无形资产研发计划、无形资产投资计划、无形资产处置计划和研发支出预算编制无形资产投资预算。该预算的对象不仅包括外购的无形资产，也包括企业自行研发的无形资产。

（二）无形资产投资预算编制案例

【例7-15】 真谛公司2023年无形资产投资预算由研发部负责编制，财务部予以协助。预算编制过程和编制方法如下：

1. 收集预算基础资料

研发部收集有关预算期内无形资产购置、研发与处置情况的数据资料，如表7-27所示。

表7-27 真谛公司2023年无形资产投资预算基础资料

使用部门	无形资产	2023年购置无形资产			2023年处置无形资产			
		原因	时间	金额（万元）	原因	时间	金额（万元）	已提摊销（万元）
研发部	特许权	购入	2023年3月	960	—	—	—	—
研发部	非专利技术	研发	2023年12月	3 325	—	—	—	—

2. 编制无形资产投资预算

研发部根据收集的无形资产投资预算基础资料，编制无形资产投资预算如表7-28所示。

表7-28 真谛公司2023年无形资产投资预算

编制部门：研发部　　　　编制时间：2022年11月11日

序号	使用部门	购置或转入时间	资产类别	资产名称	方式	金额（万元）
1	研发部	2023年3月	特许权	K技术使用权	购入	960
2	研发部	2023年12月	非专利技术	AB纳米制剂	转入	3 325
3	合计	—	—	—	—	4 285

三、编制长期股权投资预算

长期股权投资是指通过投资取得被投资单位股份的活动。企业通常会长期持有对其他单位的股权投资,以期通过股权投资控制被投资单位,或对被投资单位施加重大影响,或与被投资单位建立密切关系以分散经营风险。股权投资通常具有投资额大、投资期限长、风险高以及能为企业带来较多的利益等特点。

长期股权投资预算由财务部门负责编制,投资部门予以协助。

(一) 长期股权投资预算的编制方法

1. 收集预算基础资料

编制长期股权投资预算需要收集的基础资料如表7-29所示。

表7-29 长期股权投资预算基础资料

序号	资料名称	资料说明	提供部门
1	长期股权投资计划	指企业预算期内长期股权投资的计划安排	投资部门
2	可行性研究报告	指企业预算期内长期股权投资的可行性研究报告	投资部门
3	股权投资协议	指企业与被投资单位签署的投资协议	投资部门
4	长期股权投资清单	指企业预算期初的长期股权投资明细表	财务部门

2. 编制长期股权投资预算

财务部门根据收集的预算基础资料编制长期股权投资预算。

(二) 长期股权投资预算编制案例

【例7-16】 根据公司战略规划,真谛公司制订了2023年长期股权投资计划如下:

(1) 2023年1月,以现金500万元投资黄海公司,每股5元。投资后,真谛公司持有黄海公司5%的股权,对黄海公司的生产经营活动无重大影响。

(2) 2023年2月,购买上市公司"大地股份"普通股200万股,预计投资2 000万元,长期持有。

财务部据以编制公司2023年长期股权投资预算。

预算编制过程和编制方法如下:

1. 收集预算基础资料

财务部根据公司2023年长期股权投资计划和被投资方的有关信息资料,收集长期股权投资预算基础资料如表7-30所示。

表7-30 真谛公司2023年长期股权投资预算基础资料

序号	被投资单位	投资性质	投资时间	投资额(万元)	股权结构	
					持有股数	股权比例
1	黄海公司	参股	2023年1月	500	100万股	5%
2	大地股份	参股	2023年2月	2 000	200万股	略

2. 编制长期股权投资预算

根据长期股权投资预算基础资料,编制 2023 年长期股权投资预算如表 7-31 所示。

表 7-31 真谛公司 2023 年长期股权投资预算

编制部门:财务部　　　　　编制时间:2022 年 11 月 11 日　　　　　金额单位:万元

被投资单位	期初余额			本期增加额		本期减少额		期末余额		
	股份	投资额	股权比例	股份	投资额	股份	投资额	股份	投资额	股权比例
黄海公司	0	0	0	100 万股	500	0	0	100 万股	500	5%
大地股份	0	0	0	200 万股	2 000	0	0	200 万股	2 000	略
合计	—	0	—		2 500		0		2 500	

四、编制投资收益预算

投资收益是指企业对外投资所得的收入,包括股利收入、债券利息收入以及与其他单位联营所分得的利润等。

投资收益预算由投资部门负责编制,财务部门予以协助。

(一) 投资收益预算的编制方法

1. 收集预算基础资料

编制投资收益预算需要收集的基础资料如表 7-32 所示。

表 7-32 投资收益预算基础资料

序号	资料名称	资料说明	提供部门
1	长期股权投资预算	指企业预算期内进行长期股权投资活动的预算	投资部门
2	被投资方利润分配计划	指预算期内被投资单位的分红决议、业绩预告或利润分配计划	投资部门
3	股权投资转让计划	指企业预算期内长期股权投资的出售、转让计划	投资部门
4	合营/联营企业利润预测	指企业的合营或联营企业在预算年度预计实现的净利润	投资部门

2. 编制投资收益预算

根据收集的预算基础资料编制投资收益预算。

(二) 投资收益预算编制案例

【例 7-17】 真谛公司财务部负责编制投资收益预算,并获得如下信息:黄海公司宣布 2023 年 5 月向股东发放现金股利 200 万元;大地股份宣布 2023 年 4 月每股发放现金股利 0.1 元。财务部据以编制公司 2023 年投资收益预算。

预算编制过程和编制方法如下:

1. 收集预算基础资料

财务部根据公司 2023 年长期股权投资预算和被投资方利润分配计划等信息资料,编制投资收益预算基础资料如表 7-33 所示。

表 7-33　真谛公司 2023 年投资收益预算基础资料

序号	被投资单位	投资性质	投资时间	投资金额（万元）	股权结构		2023年发放股利方案
					持有股数	股权比例	
1	黄海公司	参股	2023年1月	500	100万股	5%	总股利200万元
2	大地股份	参股	2023年2月	2 000	200万股	略	每股股利0.1元

2. 编制投资收益预算

根据投资收益预算基础资料，编制 2023 年投资收益预算如表 7-34 所示。

表 7-34　真谛公司 2023 年投资收益预算

编制部门：财务部　　　　　编制时间：2022 年 11 月 11 日　　　　　金额单位：万元

被投资单位	投资时间	投资金额	股权结构		现金股利政策		投资收益
			持有股数	股权比例	总股利	每股股利	
黄海公司	2023年1月	500	100万股	5%	200	0.1元	10
大地股份	2023年2月	2 000	200万股	略	—	0.1元	20
合计	—	2 500	—	—	—	—	30

Chapter 8 第八章

财务预算编制

财务预算作为全面预算编制体系中的最后环节,主要从利润、现金流量、财务状况三个方面反映企业在预算期的总体目标以及经营预算和投资预算共同作用的结果,在全面预算管理体系中具有十分重要的地位。

第一节 财务预算概述

一、财务预算的含义

财务预算是企业预算期内经营成果、现金流量和财务状况等财务活动的预算,主要包括利润预算、现金预算和财务状况预算。

经营成果是企业一定时期内从事生产经营活动所取得的最终成果;现金流量是企业一定时期内经营活动、投资活动和筹资活动所产生的现金流入和现金流出情况;财务状况是指企业一定日期的资产、负债及权益情况,是企业一定时期财务活动结果的综合反映。

财务活动是企业生产经营过程中发生的涉及资金运动的经济活动,包括筹资、投资、运营和利润分配等一系列经济活动。财务活动是企业生产经营活动中至关重要的活动。没有财务活动,企业的研发活动、销售活动、生产活动、供应活动以及其他各项经营活动就没法运行;财务活动开展得不好,也将严重影响企业各项生产经营活动的正常开展,企业的经营效率和经营成果将会大打折扣。

财务预算从价值方面总体反映了预算期内经营预算和投资预算的执行结果,不仅信息资料主要来自经营预算和投资预算,而且大部分财务预算指标也是经营预算指标、投资预算指标汇总或加减计算的结果,故财务预算也被称作总预算(Master Budget)。

二、财务预算与其他预算的关系

财务预算是全面预算编制体系中的最后环节,虽然其编制顺序在经营预算和投资预算之后,却起着统驭全面预算体系全局的作用,是全面预算体系的核心。因此,财务预算属于企业的总预算,其他预算则属于分预算或辅助预算。

1. 财务预算连接战略规划与经营目标

财务预算从经营成果、现金流量和财务状况三个方面反映了企业在预算期的总体目标,在全面预算管理体系中占据十分重要的地位。其中,利润预算反映企业的经营成果;现金预算反映企业的财务活动;财务状况预算反映企业的财务状况。

2. 财务预算涵盖经营预算、投资预算的全部内容

经营预算是利润预算的展开和细化,它的所有内容都为利润预算所涵盖。尽管从表面上看,利润预算是对经营预算的汇总,但这种汇总绝不是简单的数值累加,而是按照企业的经营目标对经营预算进行的审核、分析、修订和综合平衡。经营预算、投资预算所产生的资金运动都反映在现金预算上,都会引起财务状况预算的变动。将经营预算、投资预算汇总为财务预算的过程也是对经营预算、投资预算进行审核、修订和完善的过程,财务预算与经营预算、投资预算是统驭与被统驭的关系。

3. 财务预算与其他预算是目标与业务活动的关系

财务预算反映了企业预算期的财务目标,经营预算、投资预算则反映了为实现企业预算期的财务目标而开展的生产经营活动和投资活动。企业实行全面预算管理的重要目的之一就是促进财务目标的实现。财务预算中的"营业收入""净利润""净资产收益率""资产负债率""资金周转率"等指标是财务目标的具体体现。假设仅仅编制财务预算就能达成财务目标,企业就没有必要编制经营预算了(当然这种假设是不存在的)。因此,在全面预算体系中,财务预算起着导向和目标作用,经营预算、投资预算则是为实现财务预算而采取的具体方法、措施和途径。

4. 投资预算从属于财务预算,并受财务预算的制约

投资预算是规划企业资本性投资活动的预算,而企业进行资本性投资活动也正是为了实现企业中长期财务目标。同时,投资预算还要受财务状况预算及现金预算的制约,如果财务状况预算和现金预算反映出企业财务状况不佳,如资产负债率过高、现金流入量短缺,那么企业是没有能力进行资本性投资活动的。因此,投资预算也必须服从和从属于财务预算。

总之,财务预算在全面预算体系中处于核心地位,对经营预算、投资预算起着统驭作用,经营预算、投资预算的编制及执行结果都应符合财务预算的要求。

三、财务预算在全面预算体系中的作用

财务预算作为全面预算体系的总预算,在全面预算体系中发挥着以下四个方面的重要作用:

1. 目标与导向作用

财务预算是全面预算体系的核心和灵魂,对全面预算的编制起着明确目标和指引方向的作用。在编制预算时,为了防止各个分项预算的编制偏离企业的战略规划和经营目标,企业一般应采取"先入为主"的方法,通过制定预算编制大纲确立预算编制总目标,作

为各个部门编制分项预算的指南。预算编制总目标的主要内容就是财务预算中的有关预算指标,如销售收入、销售成本、期间费用、利润总额、销售利润率、资产负债率等。确立预算编制总目标,不仅对全面预算的编制起到目标与导向作用,而且也成为审核、分析、修订、平衡全面预算的依据。

2. 控制与约束作用

在全面预算体系中,财务预算占据统领全局的地位,其他预算则居于局部位置。在编制预算过程中,通过财务预算的系统规划、全面协调与综合平衡,可以将全面预算的各个部分串连到一起,使全面预算的各个组成部分统一服从于企业预算期的经营总目标。当经营预算和投资预算与财务预算发生冲突时,毫无疑问,其他预算要服从于财务预算。因此,财务预算对其他预算具有很强的控制与约束作用。

3. 合理配置财务资源作用

财务预算总揽企业全局,可以综合平衡企业财务收支和各项财务资源的合理配置。当财务资源出现供需矛盾时,人们可以通过编制财务预算优化投资结构、控制低效率开支,将财务资源分配到企业效率最高的生产经营活动中,从而确保公司财务资源的合理配置和有效利用,提高财务资源的投入产出比,保持企业资产结构与资本结构、资产盈利性与流动性的有机协调。

4. 制定绩效评价标准作用

财务预算中的预算指标综合了企业各个部门的绩效评价指标,不仅使企业预算期内的经营活动、投资活动、财务活动实现了目标化、具体化和系统化,而且为企业考核和评价各部门、各层次的工作绩效提供了具体的标准和依据。

第二节　利润预算编制

一、利润预算概述

利润预算是企业预算期内经营成果及利润分配的预算,主要依据年度经营目标、预算编制大纲、经营预算和投资预算编制。利润预算一方面要对经营预算中有关收入、成本、费用指标进行汇总;另一方面要审查、核实经营预算中的有关预算指标是否符合年度经营目标和预算编制大纲的要求,实现各项预算指标与企业战略规划、经营目标的相互衔接。

利润预算是全面预算体系的核心,它的重要性来自利润的重要性和利润预算本身的功能作用。

(1) 追求利润是企业经营的基本动机。利润是个差额概念,是收入与成本费用相抵后的余额,反映了企业一定时期内的经营成果。利润对于国家、投资者、企业、债权人、经营者及企业员工的重要性是不言而喻的:利润是企业计算向国家缴纳所得税的基本依据,企业实现的利润越多,向国家缴纳的所得税就越多;利润是企业发展的经济源泉,企业实现的利润越多,企业发展的自有资金就越充足;利润是分配股利的基本依据,企业的税后利润越多,投资者从企业分到的股利就越多;利润反映企业的获利能力,企业实现的利润越多,获利能力越强,投资者对企业就越满意,债权人对企业就越放心,经营者就越开心,企业员工就可以得到更多的薪酬。由此可见,追求利润是企业经营的基本动机。利润预算作为反映企业预算期内实现利润成果的预算,其重要性可见一斑。

(2)编制利润预算有利于提高企业经济效益。利润预算的功能和作用主要有三个:一是通过编制利润预算,可以从总体上掌控企业在预算期内的收入、成本、费用和利润的实现及构成情况,可以据此分析影响利润形成和变动的重要因素,分析、评价企业的盈利状况和经营成果,促使企业不断改进经营管理,不断提高经济效益;二是利润预算作为综合反映企业经营活动及其成果的预算,可以展示企业的获利能力和发展趋势,为投资者、债权人、经营者进行投资决策、经营决策提供资料依据;三是通过编制利润预算,企业不仅可以实现预算期内经营活动、投资活动、财务活动与企业战略规划及经营目标的协调统一,而且可以通过编制分部门的利润预算,落实各部门的利润责任,实现以利润为目标的综合管理。

(一)利润预算的编制责任

利润预算涉及的营业外收支预算、利润表预算和利润分配预算均覆盖全局性的财务活动范畴,由财务部门负责编制,各职能部门予以配合。

(二)利润预算的内容

利润预算主要包括营业外收支预算、利润表预算和利润分配预算。

1. 营业外收支预算

营业外收支预算是企业预算期内发生的与生产经营无直接关系的各项收入和各项支出的预算,主要内容包括收入项目、收入金额、支出项目、支出金额等。

2. 利润表预算

利润表预算是企业预算期内经营活动成果的预算,主要内容包括利润表的各个单列项目及预算金额等。

3. 利润分配预算

利润分配预算是企业预算期内对净利润及以前年度未分配利润进行分配的预算,主要内容包括预算期净利润、年初未分配利润、可供分配的利润、可供股东分配的利润、年末未分配利润等。

(三)利润预算的编制程序

营业外收支是企业预算期内经营成果之外的收益与支出;利润表是反映企业在一定会计期间的经营成果的财务报表;利润分配是企业对预算期内实现的净利润及以前年度

未分配利润在各个方面进行的分配。因此,利润预算所属各项预算的编制有着严格的先后顺序:首先,编制营业外收支预算;其次,编制利润表预算;最后,编制利润分配预算。利润预算所属各项预算的编制程序如图8-1所示。

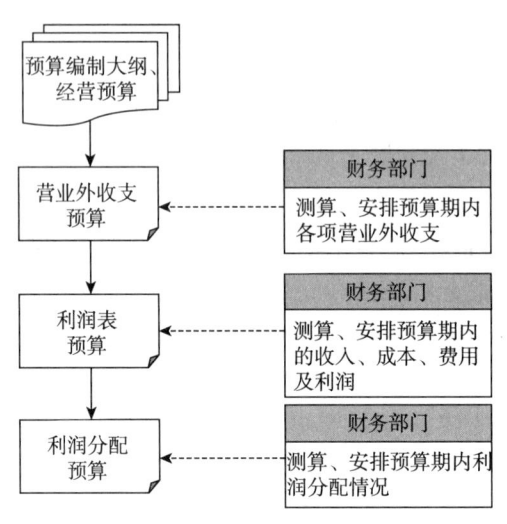

图 8-1　利润预算编制程序

1. 编制营业外收支预算

财务部门根据营业外收支计划和基期营业外收支项目收支情况,测算、安排预算期内营业外收支项目及金额。

2. 编制利润表预算

财务部门根据经营预算、投资预算和营业外收支预算等资料,测算、安排预算期内的收入、成本、费用和利润。

3. 编制利润分配预算

财务部门根据利润表预算、年初未分配利润和利润分配计划等资料,测算、安排预算期内利润分配情况。

二、编制营业外收支预算

营业外收入是指企业发生的与日常生产经营活动无直接关系的各项收入,主要包括非流动资产处置利得、非货币性资产交换利得、债务重组利得、政府补助、盘盈利得、捐赠利得等。营业外支出是指企业发生的与日常生产经营活动无直接关系的各项支出,主要包括非货币性资产交换损失、债务重组损失、公益性捐赠支出、非常损失、盘亏损失等。

营业外收支预算由财务部门负责编制,行政管理等有关部门予以协助。

(一)营业外收支预算的编制方法

1. 收集预算基础资料

编制营业外收支预算需要收集的基础资料如表8-1所示。

表 8-1 营业外收支预算基础资料

序号	资料名称	资料说明	提供部门
1	营业外收入计划	指企业制订的预算期内营业外收入计划	财务部门
2	营业外支出计划	指企业制订的预算期内营业外支出计划	财务部门
3	政府补助政策	指企业预算期内可以享受或争取到的政府补助政策清单	有关部门

2. 编制营业外收支预算

根据收集的预算编制基础资料测算并编制营业外收支预算。营业外收入和营业外支出之间相互独立,不具有因果关系和配比关系。因此,营业外收支预算的编制一般采用收付实现制原则,以款项的实际收付为标准确认营业外收支事项的发生。

(二)营业外收支预算编制案例

【例 8-1】 真谛公司 2023 年营业外收支预算由财务部负责编制,行政管理部、研发部等部门予以协助。

预算编制过程和编制方法如下:

1. 收集预算基础资料

财务部根据 2023 年营业外收支计划和政府补助政策,收集预算编制基础资料如表 8-2 所示。

表 8-2 真谛公司 2023 年营业外收支预算基础资料

收入		支出	
序号	事项	序号	事项
1	收入与公司经营活动无关的政府补助 30 万元	1	自然灾害等非正常原因造成的损失 200 万元
2	境外 K 华侨向公司捐款 60 万元	2	公司向希望工程捐款 20 万元
3	—	3	盘亏、毁损资产发生的净损失 10 万元

2. 编制营业外收支预算

根据营业外收支预算基础资料(表 8-2),测算并编制真谛公司 2023 年营业外收支预算如表 8-3 所示。

表 8-3 真谛公司 2023 年营业外收支预算

编制部门:财务部　　　　编制时间:2022 年 11 月 11 日　　　　　　　　　　单位:万元

营业外收入			营业外支出		
序号	项目	全年预算	序号	项目	全年预算
1	政府补助	30	1	公益性捐赠支出	20
2	捐赠利得	60	2	非常损失	200
3	盘盈利得	0	3	盘亏损失	10
4	合计	90	4	合计	230

三、编制利润表预算

利润表是反映企业在一定会计期间经营成果的财务报表,它将一定会计期间的各项收入、费用以及构成利润的各个项目根据"收入-费用=利润"的基本等式,依照一定的分类标准和顺序排列。其中,收入项目主要包括营业收入、其他收益、投资收益、净敞口套期收益、公允价值变动收益、资产处置收益和营业外收入;费用项目主要包括营业成本、税金及附加、销售费用、管理费用、研发费用、财务费用、信用减值损失、资产减值损失、营业外支出和所得税费用等;利润项目主要包括营业利润、利润总额和净利润。

利润表预算由财务部门负责编制,销售、生产、采购等部门予以协助。

(一)利润表预算的编制方法

1. 收集预算基础资料

编制利润表预算需要收集的基础资料如表8-4所示。

表8-4 利润表预算基础资料

序号	资料名称	资料说明	提供部门
1	经营预算	指销售预算、成本预算、费用预算等与利润表有关的经营预算	有关部门
2	投资收益预算	指企业预算期内对外投资所取得收入或发生损失的预算	投资部门
3	营业外收支计划	指企业制订的预算期内营业外收支计划	财务部门
4	所得税税率	指企业执行的所得税税率	财务部门
5	利润分配计划	指企业预算年度的利润分配计划	财务部门

2. 编制利润表预算

在对预算基础资料审核无误的前提下,编制利润表预算。如果涉及集团公司、母子公司,总部就需要汇总编制利润表预算。

(二)利润表预算编制案例

【例8-2】 经营预算、投资预算编制完成后,真谛公司2023年利润表预算由财务部负责编制,编制表格参照现行利润表的格式和内容。

预算编制过程和编制方法如下:

1. 收集预算基础资料

利润表预算编制的主要依据是经营预算和投资预算中有关收入、成本、费用和收益的预算指标,因此编制利润表预算必须先将上述基础资料归集、整理到位。

2. 计算并编制利润表预算

利润表预算中的大部分指标来自对经营预算、投资预算中有关指标进行汇总和加减计算的结果。汇总和加减计算的结果得出后,要与公司经营目标及预算编制大纲中确定的有关预算目标对接。如果利润表预算的初步编制结果与公司经营目标及预算目标差异过大,就要分析造成差异的原因。最终的处理结果无非两种:一是若编制的经营预算和投资预算尚有修改空间,则要对经营预算和投资预算进行完善、修订,直至其符合经营目标及预算目标的要求;二是若编制的经营预算和投资预算没有修改空间,则只能修改公司的经营目标及预算目标。财务部编制的真谛公司2023年利润表预算如表8-5所示。

表8-5 真谛公司2023年利润表预算

编制部门:财务部　　　　　　编制时间:2022年11月11日　　　　　　　　单位:万元

序号	项目	全年预算	数据来源	计算关系
1	营业收入	83 000.0	表6-10	表中销售收入
2	减:营业成本	38 387.1	表6-19	表中产品销售成本
3	税金及附加	600.7	表6-110	表中税金及附加
4	销售费用	9 494.0	表6-23	表中销售费用
5	管理费用	1 700.0	表6-99	表中管理费用
6	研发费用	3 000.0	表6-104	表中研发费用
7	财务费用	199.0	表6-107	表中财务费用
8	加:投资收益	30.0	表7-34	表中投资损益
9	营业利润	29 649.2	—	营业利润=营业收入−营业成本−税金及附加−期间费用+投资收益
10	加:营业外收入	90.0	表8-3	表中营业外收入
11	减:营业外支出	230.0	表8-3	表中营业外支出
12	利润总额	29 509.2	—	利润总额=营业利润+营业外收入−营业外支出
13	减:所得税费用	4 421.9	—	所得税费用=(利润总额−投资收益)×15%
14	净利润	25 087.3	—	净利润=利润总额−所得税费用

表8-5的编制说明如下:

(1)表中的收入、成本、费用、投资收益等项目数值分别来自第六章至第八章中关于真谛公司的预算编制案例。

(2)企业股权性投资取得的投资收益是从被投资企业的税后利润中分配所得,已缴纳企业所得税,原则上不再缴纳企业所得税。按照现行有关规定,对于被投资企业适用的所得税税率低于投资方企业适用的所得税税率的,应补征税率差额部分的税款。

四、编制利润分配预算

利润分配预算是在利润表预算编制完成后,按照利润分配表的内容和格式编制的、反映企业预算期实现净利润的分配或亏损弥补以及年末未分配利润情况的预算。利润分配预算编制的政策性很强,财务部门应按照国家有关规定和企业董事会及股东(大)会的决议进行编制。

(一)利润分配原则

企业编制利润分配预算应遵循以下三项原则:

1. 依法分配原则

利润分配必须依法进行,这是正确处理各方面利益关系的关键。国家为了规范企业的利润分配行为,制定和颁布了许多法规。这些法规规定了企业利润分配的基本要求、一般程序和重大比例等,企业都必须严格遵守。

2. 分配与积累并重原则

企业进行利润分配,应正确处理长远利益和近期利益的辩证关系,将二者有机结合起来,坚持分配与积累并重。企业可向所有者分配的利润是否全部分配,要视企业的具体情况而定。一般而言,在可供分配的利润中,企业除按规定提取法定盈余公积金外,可适当留存一部分利润作为积累。这部分积累不仅为企业扩大再生产提供了资金,同时也增强了企业抵御风险的能力,提高了企业经营的安全系数和稳定性,也有利于增加所有者的长期报酬。通过正确处理利润分配和积累的关系,留存一部分利润以供未来分配之需,还可以达到以丰补歉、平抑利润分配数额波动幅度、稳定投资报酬率的效果。

3. 投资与收益对等原则

投资者作为资本投入者和企业所有者,依法享有利润分配权。企业净利润归投资者所有,是企业的基本制度,也是企业所有者投资企业的根本动力所在。企业分配利润应当体现投资与收益对等的原则,要做到谁投资谁受益、受益大小与股权比例相适应,这是正确处理投资者利益关系的关键。投资者因其投资行为而享有收益分配权,并与其股权比例相适应。这就要求企业在向投资者分配利润时,应遵循公开、公平、公正的原则,按照各方投入资本的多少进行分配,不搞幕后交易,不得凭借自身在企业中的其他特殊地位谋取私利。这样,才能从根本上保护投资者的利益,鼓励投资者投资。

(二) 利润分配顺序

根据《中华人民共和国公司法》和《企业财务通则》的规定,公司税后利润分配的顺序如下:

1. 弥补以前年度亏损

公司的法定公积金不足以弥补以前年度亏损的,在提取法定公积金之前,应当先用当年利润弥补亏损。

2. 提取法定公积金

法定公积金的提取比例为当年税后利润(弥补亏损后)的10%。当法定公积金达到注册资本的50%时可不再提取。法定公积金可用于弥补亏损、扩大公司生产经营或转增资本,但公司用法定公积金转增资本后,法定公积金的余额不得低于转增前公司注册资本的25%。

3. 提取任意盈余公积金

公司从税后利润中提取法定公积金后,经股东会或股东大会决议,可以从税后利润中提取任意盈余公积金。任意盈余公积金的提取比例由股东会或股东大会决议。

4. 向投资者分配利润

公司弥补亏损和提取公积金后所余税后利润,经股东会或股东大会决议,可以向投资者分配股利。其中,有限责任公司股东按照实缴的出资比例分取红利,全体股东约定不按照出资比例分取红利的除外;股份有限公司按照股东持有的股份比例分配,但股份有限公司章程规定不按持股比例分配的除外。

公司弥补以前年度亏损和提取盈余公积金后,当年没有可供分配利润的,不得向投资者分配利润,但法律、行政法规另有规定的除外。

5. 未分配利润

未分配利润是个时点数,是指截至预算年度12月31日企业还剩下多少税后利润可以进行分配。这个未分配利润是预算年度的年末未分配利润,它将构成下一个预算年度的年初未分配利润。未分配利润的计算公式为:

$$未分配利润 = 可供分配的利润 - 已分配的利润$$

值得注意的是,编制利润分配预算时的未分配利润指标应与财务状况预算中的未分配利润指标完全一致。

(三)利润分配预算的编制方法

企业的利润分配预算应根据公司股东(大)会审议的利润分配方案进行编制。但是,企业在编制利润分配预算时,审批利润分配方案的公司股东(大)会往往还没有召开,因此,一般按下列方法编制利润分配预算:

首先,由财务部门提出一个预算年度的利润分配预案,经公司经理班子同意后报公司董事会审议批准。

其次,财务部门根据公司董事会审议批准的利润分配预案和预算年度利润预算中的税后利润数额编制利润分配预算。

最后,在召开公司股东(大)会时,如果公司董事会批准的利润分配预案和股东(大)会最终的表决结果一致,就不用修改利润分配预算;如果股东(大)会批准的利润分配方案与董事会提交的原利润分配预算有差别,财务部门就要按照股东(大)会审议结果,修订或者重新编制利润分配预算。

(四)利润分配预算编制案例

【例8-3】 真谛公司要求财务部提出2023年公司利润分配预案,报经公司总经理和董事会批准后编制利润分配预算。

预算编制过程和编制方法如下:

1. 提出利润分配预案

财务部经过研究,向公司总经理提出2023年利润分配预案如下:①按照当年税后利润10%的比例提取法定盈余公积金;②按照当年税后利润5%的比例提取任意盈余公积金;③按照当年税后利润30%的比例分配给投资者;④剩余的当年税后利润留作公司的未分配利润。

公司总经理和董事会审议批准了财务部提交的2023年利润分配预案。

2. 编制利润分配预算

财务部以利润预算中的净利润数额和年初未分配利润为对象,根据利润分配预案编制2023年利润分配预算如表8-6所示。

表8-6 真谛公司2023年利润分配预算

编制部门:财务部　　　　　　编制时间:2022年11月11日　　　　　　单位:万元

项目	行次	2023年预算	数据来源及计算关系
一、净利润	1	25 087.3	表8-5
加:年初未分配利润	2	1 000.0	2022年年末利润分配账户余额
二、可供分配的利润	3	26 087.3	第3行=第1行+第2行
减:提取法定盈余公积金	4	2 608.7	第4行=第3行×10%
提取任意盈余公积金	5	1 304.4	第5行=第3行×5%
三、可供股东分配的利润	6	22 174.2	第6行=第3行-第4行-第5行
减:应付投资者利润	7	6 652.3	第7行=第6行×30%
四、未分配利润	8	15 521.9	第8行=第6行-第7行

第三节　现金预算编制

一、现金预算概述

现金预算是企业预算期内现金收支、现金流量及资金筹措活动的预算,是对预算期内企业现金收入、现金支出及现金余缺筹措等现金收付活动的具体安排。这里所说的"现金"是广义的现金,指可以立即投入流通,用于购买商品或劳务,或用于偿还债务的交换媒介,包括现金、银行存款、银行承兑汇票和其他货币资金。

现金预算是按收付实现制原则编制的,它综合反映了企业在预算期内的现金流转情况及其结果。现金预算的内容不仅反映了企业在预算期内的现金流入流出量,也计划了企业预算期内所需现金的筹措总额和筹措时间。因此,现金预算是全面预算体系的重要部分,是经营预算、投资预算及利润预算顺利实施的保障。

(一)编制现金预算的重要性

编制现金预算有利于企业现金的合理流动,对于加强现金流管理、调剂现金余缺、确保现金收支平衡、规避财务风险具有十分重要的作用。

1. 编制现金预算是加强现金流管理的重要措施

现金流以收付实现制为基础反映一定期间内企业的现金流入量和现金流出量。如果把企业比喻为人的躯体,那么现金流就是企业的血液。人的生存离不开血液,企业的生存离不开现金流。企业资产规模再大、账面利润再多,一旦现金流中断,就会引发财务危机,严重的还会导致企业破产。因此,无论对于企业的经营者、投资者,还是债权人,现金流都是十分重要的。企业管理以财务管理为中心,财务管理则应以现金流管理为重点。编制现金预算正是企业加强现金流管理的重要措施。

2. 编制现金预算有利于现金收支活动的计划安排

透过现金预算,人们可以清楚地看到企业的现金何时来、从何而来、又何时用于何方,从而通过对现金收支及持有量的合理安排,确保企业各项生产经营活动的顺利进行。没有现金预算,企业将无法对现金收支活动进行合理的计划、平衡和调度,就有可能使企业陷入财务危机的困境。

3. 编制现金预算有利于调剂现金余缺

现金预算结构是按下列公式设计的:

期初现金余额+预算期现金收入−预算期现金支出−期末现金余额=现金余缺

上述公式表明,期初现金余额加上预算期现金收入,再减去预算期现金支出和期末现金余额,就是预算期应融资的数额。若现金余缺为正数,则安排投资;若现金余缺为负数,则必须筹措资金。因此,现金预算可以清楚地表明企业预算期内的现金剩余或不足状况,从而有利于企业制订预案,既避免现金多余而造成资金浪费,又避免现金不足而影响企业经营活动、投资活动和财务活动的顺利进行。

4. 编制现金预算能有效规避财务风险

能否偿还到期债务,是衡量企业偿债能力强弱的重要标志,也是衡量企业是否存在财务风险的重要内容。企业一旦缺乏偿债能力,不仅无法获得后续债务资金,还会因无力支付到期债务而被迫出售资本性投资项目或拍卖固定资产,甚至会面临破产。因此,企业通过编制现金预算,可以提高对到期债务偿付能力的预见性,有利于提前采取措施合理调配资金,确保到期债务的按时偿付,从而有效规避财务风险。

(二)现金预算与其他预算的关系

现金预算是对其他预算中有关现金收支部分的汇总以及对现金收支差额所采取的融资平衡措施,它的编制在很大程度上取决于企业对经营预算、投资预算和利润预算中的现金收支安排。因此,企业在编制经营预算、投资预算和利润预算时,必须为编制现金预算做好数据准备。也就是说,在编制各项预算时,凡是涉及现金收付的项目都必须单独列示。

显然,现金预算的编制要以其他各项预算为基础,以其他预算提供的现金流量为数值依据。然而,现金预算绝不是对其他预算现金收支活动的简单汇总,其他预算应当根据现金预算的总体安排和企业的融资能力合理调配各自的现金收支项目、时间和数额,特别是公司融资预算应当根据现金预算的资金余缺情况安排资金筹措方案。

现金预算与其他预算的关系如图8-2所示。

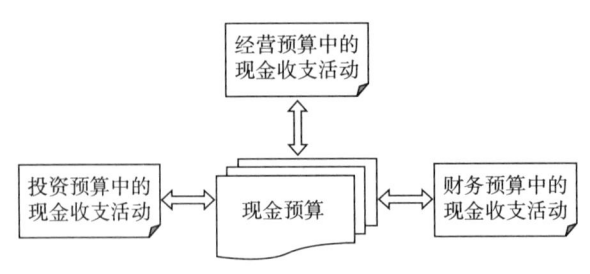

图 8-2　现金预算与其他预算的关系

（三）现金预算的编制责任

现金预算涉及的内容几乎与企业的所有部门都有关系，特别是负责现金收入的销售部门和主要花钱的采购部门。因此，销售部门和采购部门肯定是现金预算编制的主力军，其他涉及现金收入和现金支出的部门也要参与现金预算的编制。财务部门负责现金预算编制的组织、协调、汇总、修订和平衡工作，企业各部门予以配合。

（四）现金预算的内容

现金预算主要包括现金收支预算、公司融资预算和现金流量表预算。

1. 现金收支预算

现金收支预算是企业预算期内现金收支及期初期末余额的预算，主要内容包括现金收支项目、收支金额和期初期末现金余额。

2. 公司融资预算

公司融资预算是企业预算期内针对现金盈余或短缺情况进行资金筹措、融通的预算，主要内容包括预算期资金余缺金额、资金融通项目、融通金额等。

3. 现金流量表预算

现金流量表预算是企业预算期内经营活动、投资活动和筹资活动的现金流入与现金流出情况及其结果的预算，主要内容包括预算期经营活动产生的现金流量、投资活动产生的现金流量和筹资活动产生的现金流量等。

（五）现金收支预算和现金流量表预算的联系与区别

现金收支预算和现金流量表预算同属于现金预算，二者的编制依据和最终的现金收支数额完全相同，其区别主要有以下四点：

1. 编制项目不同

现金收支预算是按照预算部门和业务内容编制的，编制项目是各个责任部门；现金流量表预算是按照现金流量表的项目和格式编制的，编制项目是各类业务活动。

2. 编制方法不同

现金收支预算是按各预算部门分类，对经营预算、投资预算、利润预算中的现金收支项目和金额进行归类汇总；现金流量表预算是按照经营活动、投资活动、筹资活动分类，对经营预算、投资预算、利润预算中的现金收支项目和金额进行归类汇总。

3. 反映内涵不同

现金收支预算反映了预算期内企业各预算部门从事各项业务活动的现金收入、现金支出及现金余缺情况；现金流量表预算反映了预算期内企业经营活动、投资活动、筹资活动所发生的现金流入、现金流出情况及其现金流量结果。

4. 预算作用不同

现金收支预算是以预算期内各预算部门所发生的现金收支项目和数额为对象编制的，可以清楚地展示预算期的现金收入由哪些部门负责实现，现金支出由哪些部门负责落实。因此，通过现金收支预算可以从总体上把握企业预算期内的现金支付能力，有利于明确有关职能部门的现金收付责任，搞好现金收支的归口管理，也有利于对企业各部门的现金收支活动进行监控和责任考核。

现金流量表预算展示的是企业预算期内现金收支的渠道和结构。通过现金流量表预算，可以分析企业的现金收入主要来自哪些领域的业务活动，现金支出主要流向哪些领域，从而有利于分析企业现金收支结构的合理性，有利于分析企业现金流出、现金流入的原因，有利于分析、评价企业经济活动的有效性，也有利于分析企业的偿债能力、预测企业未来产生现金流量的能力。

（六）现金预算的编制程序

现金预算的编制结果与现金收入部门和现金支出部门的业务活动能否顺利进行息息相关，是大家非常关注的预算。因此，现金预算的编制必须采用公开透明的办法，让所有涉及现金收支活动的部门都参与现金预算的编制过程。

现金预算所属各项预算的编制程序如图 8-3 所示。

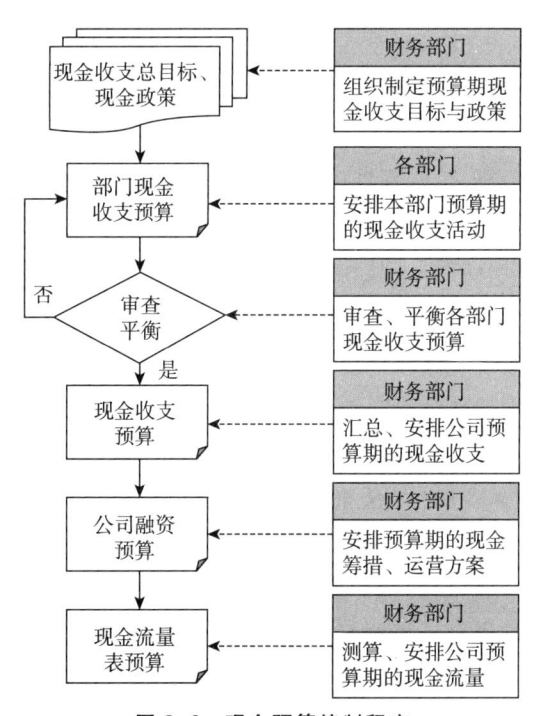

图 8-3 现金预算编制程序

1. 制定预算期现金收支总目标和现金政策

在预算编制大纲中,财务部门要组织确定公司预算期的现金收支总目标和现金政策,以方便各部门按照现金收支总目标和现金政策编制各类预算的现金收付项目。

例如,真谛公司 2023 年现金收支总目标和现金政策如表 8-7 所示。

表 8-7 真谛公司 2023 年现金收支总目标和现金政策

序号	项目	目标与政策
1	现金收支总目标	经营活动及财务活动的现金收支总量平衡,投资活动的现金投入按需安排
2	现金收款政策	每季度含税销售收入的 70% 在本季度收回现金,剩余 30% 于下一季度收回。其中,12 月 31 日的应收账款余额为 4 季度含税销售收入的 10%
3	现金付款政策	
3.1	Z 材料	当季度货款当季度支付 50%,剩余 50% 下一季度支付
3.2	Y 材料	当季度货款当季度支付 40%,剩余 60% 下一季度支付
3.3	X 材料	当季度货款当季度支付 70%,剩余 30% 下一季度支付
3.4	E 材料	钱货两清
3.5	F 材料	当季度货款当季度支付 30%,剩余 70% 下一季度支付
3.6	G 材料	钱货两清
3.7	H 材料	钱货两清
3.8	应交税费	预算期全年应交税费 5% 在下一年度缴纳
3.9	员工工资	按时支付
3.10	其他支出	按规定支付

2. 编制部门现金收支预算

各部门在编制经营预算、投资预算和财务预算时,必须将涉及现金收支的项目单独列示,形成各部门的现金收支预算。销售、采购等主要收付款部门要单独编制部门预算期内的现金收付预算,反映本部门预算期内发生的现金收入、现金支出情况。

3. 审查部门现金收支预算

财务部门在编制公司现金预算之前,要对各部门编制的现金收支预算进行审查,确保各部门在各个预算中安排的现金收支项目及其数额都符合公司预算期的现金收支总目标和现金政策,对于不符合要求的预算草案要将其退回到草案编制部门进行修订。

4. 编制现金收支预算,确定现金余缺

财务部门审核部门现金收支预算无误后编制公司现金收支预算,对预算期的现金收入、现金支出、期初现金余额、期末现金余额和现金余缺五个项目进行综合平衡。

(1) 期初现金余额是指预算期初的现金结存额。编制现金预算时,期初现金余额还不知道,企业应结合核定的现金最佳持有量和现金收支的具体情况进行预计。

(2) 预算期现金收入是指预算期内经营活动、投资活动、财务活动的所有现金收入,其数据分别来自经营预算、投资预算和财务预算中的现金收入项目。

（3）预算期现金支出是指预算期内经营活动、投资活动、财务活动的所有现金支出，其数据分别来自经营预算、投资预算和财务预算中的现金支出项目。

（4）期末现金余额是指预算期末的现金结存额，根据"期末现金余额＝期初现金余额＋预算期现金收入－预算期现金支出"的公式计算。

（5）现金余缺是指企业现金最佳持有量与期末现金余额的差额。差额为正数，表明企业预算期的现金有剩余；差额为负数，表明企业预算期的现金出现短缺。不管现金是剩余还是短缺，财务部门都要有针对性地采取资金融通措施，以保证资金收支平衡和资金效率、效益的最大化。

最佳现金持有量又称最佳现金余额，是指既能满足生产经营的需要，又能使现金使用效率和效益最佳的现金最低持有量。为了保证生产经营活动的正常运行，企业必须持有一定额度的现金。但是，现金属于一种非营利性资产，持有过多会造成企业盈利水平下降，持有太少又可能出现因现金短缺而影响正常生产经营活动的现象。因此，企业编制现金预算应事先确定现金最佳持有量，以便据此确定企业预算期末的现金余额。需要指出的是，最佳现金持有量不仅仅是预算期末的现金余额，也是每天的现金结存量，所以可以称其为"每天的现金余额"。

确定最佳现金持有量实质上是要求企业在现金不足和现金过量的两难之中作出正确的选择，找到两者的最佳结合点。常用的确定方法主要有成本分析模式、现金周转模式、因素分析模式和随机模式等。正确核定企业的最佳现金持有量，对于编制现金预算、加强企业的现金流管理具有十分重要的意义。

5. 编制公司融资预算

财务部门根据预算期现金余缺情况编制现金融通方案，总体反映预算期内企业经营活动、投资活动、财务活动各项资金的借入、偿还及结存情况。如果预算期的现金余缺为现金剩余，则需要编制将剩余现金用于归还借款、短期投资、现金理财等措施的公司融通预算；如果现金余缺为现金短缺，则需要编制增加银行借款、收回短期投资、出售不需要资产等措施的公司融通预算。

6. 编制现金流量表预算

在实现预算期现金收支综合平衡的基础上，财务部门编制现金流量表预算，全面反映企业预算期内经营活动、投资活动和筹资活动对现金流的影响，以及现金流入和现金流出情况。

二、编制现金收支预算

现金收支预算是以预算期内不同责任部门发生的现金收支项目和数额为对象编制的预算。它可以清楚地展示预算期的现金收入由哪些部门负责实现，现金支出由哪些部门负责落实。同时，通过编制现金收支预算可以搞好现金收支的归口管理，有利于明确有关职能部门的现金收付责任，便于对现金收支完成情况进行责任考核。经营预算、投资预算是编制现金收支预算的基本依据，现金收支预算中的现金收入和现金支出都要以经营预算和投资预算中的现金收支安排为基础。或者说,现金收支预算中的现金收支安排都必须满足和符合经营预算、投资预算的现金收支需要。显然,如果没有经营预算和投资预算中的现金收支项目及数据作支撑,编制的现金收支预算就会成为无源之水、无本之木。

(一)现金收支预算的编制方法

1. 收集预算基础资料

编制现金收支预算需要收集的基础资料如表 8-8 所示。

表 8-8 现金收支预算基础资料

序号	资料名称	资料说明	提供部门
1	经营预算	指经营预算中涉及资金收支的项目与金额	有关部门
2	投资预算	指投资预算中涉及资金收支的项目与金额	有关部门
3	财务预算	指财务预算中涉及现金收支的项目与金额	财务部门
4	部门现金收支预算	指各部门编制的预算期内现金收支项目与金额	有关部门
5	最佳现金持有量	指财务部门测算的预算期最佳现金持有量	财务部门
6	现金收支目标与政策	指公司预算年度的现金收支总目标和现金政策	财务部门

2. 测算各项预算指标

需要测算的预算指标包括预算期初期末现金余额、预算期现金收支项目与收支金额。其中,期初现金余额根据编制预算时的现金存量,预测基年剩余月份的现金收支情况;预算期现金收支项目与收支金额根据各部门现金收支预算,以及经营预算、投资预算、财务预算中的现金收支项目及金额测算;期末现金余额按照"期末现金余额=期初现金余额+预算期现金收入-预算期现金支出"的公式计算得出。

3. 编制现金收支预算

在测算各项预算指标的基础上,汇总各项预算的现金收支项目及金额,编制公司现金收支预算。

(二)现金收支预算编制案例

【例 8-4】 经营预算、投资预算、营业外收支预算和利润分配预算等涉及现金收支的预算全部编制完成后,财务部负责编制真谛公司 2023 年现金收支预算。

预算编制过程和编制方法如下:

1. 收集预算基础资料

主要收集与预算期内现金收支活动有关的经营预算、投资预算和财务预算,明确公司预算期的财务收支总目标和现金政策。

2. 测算并汇总编制现金收支预算

财务部在测算现金收支预算各项指标的基础上,编制现金收支预算如表 8-9 所示。

表 8-9 真谛公司 2023 年现金收支预算

编制部门:财务部　　　　　　编制时间:2022 年 11 月 11 日　　　　　　单位:万元

序号	项目	责任部门	收支金额	行次	数据来源
1	期初现金余额		2 000.0	1	预估
2	预算期现金收入		93 371.0	2	第2行=第3行+第4行+第5行+第6行+第7行
2.1	销售收入	销售部	91 251.0	3	表 6-15
2.2	投资收益	财务部	30.0	4	表 7-34
2.3	长期借款	财务部	1 000.0	5	表 7-11
2.4	短期借款	财务部	1 000.0	6	表 6-106
2.5	营业外收入	行政管理部	90.0	7	表 8-3
3	预算期现金支出		82 424.0	8	第8行=第9行+…+第12行+第15行+…+第26行
3.1	物资采购	采购部	41 235.7	9	表 6-82
3.2	职工薪酬	人力资源部	3 918.0	10	表 6-91
3.3	五险一金及经费	人力资源部	3 425.0	11	表 6-93
3.4	制造费用	甲/乙车间	397.0	12	第12行=第13行+第14行
3.4.1	甲车间	甲车间	236.0	13	表 6-51
3.4.2	乙车间	乙车间	161.0	14	表 6-52
3.5	销售费用	销售部	5 448.0	15	表 6-23
3.6	管理费用	各部门	330.0	16	表 6-99
3.7	研发支出	研发部	520.0	17	表 6-104
3.8	财务费用	财务部	199.0	18	表 6-107
3.9	缴纳税费	财务部	10 528.0	19	表 6-131
3.10	归还借款	财务部	500.0	20	表 6-106
3.11	营业外支出	行政管理部	230.0	21	表 8-3
3.12	工程项目支出	设备部	3 281.0	22	表 7-13
3.13	固定资产购置	设备部	2 300.0	23	表 7-22
3.14	无形资产购置	研发部	960.0	24	表 7-28
3.15	长期股权投资	财务部	2 500.0	25	表 7-31
3.16	应付投资者利润	财务部	6 652.3	26	表 8-6
4	期末现金余额		12 947.0	27	第27行=第1行+第2行-第8行
5	最佳现金持有量		3 000.0	28	测算确定
6	现金余缺数量		9 947.0	29	第29行=第27行-第28行

三、编制公司融资预算

当现金收支预算编制完成后,财务部门根据期末现金余额和公司最佳现金持有量就可以测算出预算期的现金余缺数量。为了保证满足企业经营活动的现金需要,也为了实现资金使用效率和效益的最大化,财务部门应针对现金余缺数量提出融通方案,并编制公司融资预算。

融资的概念有广义和狭义之分。广义的融资是指资金在供给者与需求者之间的流动,这种资金流动是双向互动的过程,既包括资金的融入,也包括资金的融出。狭义的融资是指企业从自身生产经营现状及资金运用情况出发,根据企业未来经营策略与发展需要,经过科学的预测和决策,通过一定的渠道,采取一定的方式,利用内部积累或向企业的投资者及债权人筹集资金,组织资金的供应,满足经营活动、投资活动和财务活动资金需要的理财活动。

全面预算管理定义的融资概念是指广义的融资。因此,公司融资预算既包括资金的借入、筹集安排,也包括资金的偿还、融通安排。

(一) 公司融资渠道与方式

确定融资渠道和选择融资方式是企业融资中的两个重要问题。明确融资渠道是解决资金从哪里来的问题,明确融资方式是解决如何取得资金的问题。

1. 融资渠道

企业融资渠道可分为内源融资和外源融资两大类。内源融资是企业依靠内部积累进行的融资,是企业将自有资金转化为新增投资的活动。外源融资是企业通过一定方式在企业外部进行的融资,是企业吸收其他经济实体的资金,使之转化为企业新增投资的活动。外源融资包括国家财政资金、银行信贷资金、非银行金融机构资金、其他企业资金、民间资金、境外资金等渠道。

2. 融资方式

企业融资方式可分为股权融资和债务融资两大类。股权融资是企业向股东筹措资金的一种方式。股权融资获取的资金形成公司的股本,股本代表着对企业的所有权,因而股权融资也称所有权融资,其具体方式包括吸收直接投资、发行股票、内部积累等。债务融资是企业向债权人筹措资金的一种方式。债务融资获取的资金形成企业的债务,其具体方式包括发行债券、银行借款、商业信用、融资租赁、出口信贷、国际债券、政府贷款等。

企业的融资渠道与融资方式有着密切的关系,同一渠道的资金可以采取不同的融资方式筹集,而同一融资方式又可以适用于多种融资渠道。所以,企业融资时必须审时度势、缜密决策,实现两者的合理配合。融资渠道与融资方式的配合如表8-10所示。

表 8-10 融资渠道与融资方式的配合

融资方式		融资渠道						
		内源融资	外源融资					
分类	具体方式	企业自有资金	国家财政资金	银行信贷资金	非银行金融机构资金	其他企业资金	民间资金	境外资金
股权融资	吸收直接投资	√	√		√	√	√	√
	发行股票	√	√		√	√	√	√
	内部积累	√						
债务融资	发行债券				√	√	√	√
	银行借款		√	√				√
	商业信用				√	√		√
	融资租赁				√	√		
	出口信贷							√
	国际债券							√
	政府贷款							√

(二) 公司融资结构的抉择

尽管企业进行融资的渠道和方式很多,但从资金来源结构上分析,无非有两种类型:一类是企业的自有资金,这类资金的特点是企业可以长期使用,不必归还;另一类是债务资金,这类资金的特点是企业使用有时限,到期必须连本带息偿还。

企业通过融入债务资金,可以缓解自有资金不足的矛盾,提高权益资本的收益水平。但是企业如果负债过多,就会导致财务风险过大,偿债能力过低,甚至会因丧失偿债能力而面临破产。企业进行投资建设融资时,首先要落实企业能够拿出多少自有资金进行投资,然后才能考虑借入多少债务资金。因为债务资金与自有资金的关系不仅是互补的,更是互动的:自有资金越充足,越容易争取到债务资金;反之,自有资金匮乏,债务资金就不会跟进。这就是人们常说的金融机构"嫌贫爱富综合征"。因此,合理安排自有资金与债务资金的比例关系,是融资预算管理的核心问题。

(三) 公司融资预算的编制依据

1. 公司融资决策资料

公司融资决策资料主要包括企业制定的财务战略、筹资计划、资金需求决策以及企业决策层对财务部门融资方案的审批意见。

2. 预算期的资金需求及现金余缺

经营预算、投资预算、利润预算的现金流入、流出净额以及现金收支余缺对公司融资预算的编制具有重大影响,是决定企业融资时间与融资金额的主要依据。

3. 公司现有负债在预算期内的偿还时间与金额

公司现有负债在预算期内的偿还时间与金额对融资预算的编制同样具有重大影响,

也是决定企业融资时间与融资金额的主要依据。

4. 公司自有资金状况与内部资金挖潜措施

公司自有资金包括实收资本、资本公积、未分配利润等股东权益和企业通过计提折旧而形成的资金来源。内部资金挖潜措施既包括清仓利库、清收欠款、处理积压物资、压缩资金占用等传统方法，也包括盘活存量资产、调整产品结构、开发闲置资源、提高资金使用效率等现代资金运营管理措施。企业股东权益与资产比率的高低、计提折旧的多少以及内部资金挖潜措施是否得力，都会对融资预算的编制造成重大影响。

5. 公司融资渠道与融资方式

企业可以融资的渠道与方式有很多，但这些渠道和方式并不一定适合每一个具体的企业。企业应根据自身的具体情况以及银行、非银行金融机构的贷款条件等多种因素，决定本企业的融资渠道与融资方式。

6. 预算期金融市场情况

金融市场是指实现货币资金借贷、办理各种票据和有价证券买卖的领域，如存款、贷款、信托、保险、租赁、票据贴现、黄金与外汇市场等。国内外金融市场的贷款政策、贷款利率、证券价格、汇率走势、融资成本等因素，都会对公司融资预算产生一定影响。

（四）公司融资预算编制的程序与方法

1. 收集预算基础资料

编制公司融资预算需要收集的基础资料如表8-11所示。

表8-11 公司融资预算基础资料

序号	资料名称	资料说明	提供部门
1	现金收支预算	指企业预算期内现金收支及期初、期末余额的预算	财务部门
2	金融市场预测报告	指对预算期金融市场、资本市场的资金借贷、资金融通、金融资产价格、市场利率走势等资金融通环境的预测报告	投资部门
3	银行借款还款计划	指企业预算期内归还银行借款的计划	财务部门
4	最佳现金持有量	指财务部门测算的预算期最佳现金持有量	财务部门

2. 确定现金余缺数量

在产品盈利和产品、物资供求关系平稳的情况下，企业经营活动中的资金流量应当是流入大于流出的，富余资金的数量也往往与企业的盈利能力成正比。然而，受企业投资活动的需要、偿还原有借款的需要以及产品销售与物资采购的供求关系不平衡等因素的影响，企业在预算期内出现现金短缺也是非常普遍的。因此，编制融资预算首先要确定预算期内的现金余缺情况。

3. 确定预算期需偿还债务

企业日常生产经营活动所需的资金有很大一部分是通过短期举债筹措的，对这部分短期负债除要定期支付利息外,还要按照双方约定的时间偿还本金。显然,借新债还旧债也就成为企业日常融资的一项重要内容,这也是企业每个预算期都要大量筹集资金的重要原因。同时,企业前期资本性投资项目筹集的长期借款到期后也要安排偿还。因此,要对预算期内各项债务的种类、偿还时间和偿还金额逐一排列,确认预算期内需要偿还债务的种类、时间与金额。

4. 制订融资方案

当预算期现金的富余总量或缺口总量确定以后,企业就要制订调剂现金余缺的融资方案。如果出现现金富余,就应当根据现金富余的数额、时间分别制订提前偿还借款或将富余资金投向短期资本市场等融资方案;如果出现现金短缺,则应当先制定从企业内部挖掘自有资金潜力的措施,如清理应收账款、处理积压物资、压缩库存、盘活存量资产等,再根据预算期资金市场情况和资金成本高低制订向银行及非银行金融机构举债的融资方案。对于计划从外部筹集的资金,应在融资预算中逐项列明债权单位、借债种类、借债方式、借债成本、借债时间、借债期间和借债金额等事项。

5. 评审融资方案

融资方案的评审需要严格的审批程序和决策权限。一般而言,企业通过发行新股、债券以及其他股权性凭证融资的,经董事会审议通过后,应提请股东(大)会审议批准;企业向金融机构借款融资,单项借款金额或一年内累计借款金额达到企业总资产的50%以上的,应提请股东(大)会审议批准,未达到50%的,由董事会审议批准;日常借新债还旧债的融资业务,由总经理办公会或董事长审查批准。

6. 编制公司融资预算

由财务部门根据通过评审的融资方案编制公司融资预算。公司融资预算编制程序如图8-4所示。

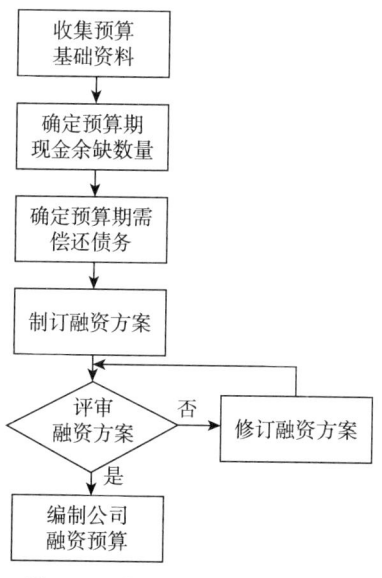

图 8-4 公司融资预算编制程序

(五) 公司融资预算编制案例

【例 8-5】 现金收支预算编制完成和预算期现金余缺数量确定后,财务部负责制订公司融资方案,报经董事长批准后编制真谛公司 2023 年公司融资预算。

预算编制过程和编制方法如下:

1. 收集预算基础资料

财务部收集的预算编制基础资料为:预算期现金剩余数量为 9 947 万元(见表 8-9 现金余缺数量),预算期短期借款的借入和归还都已安排,没有需要偿还的其他债务。

2. 编制公司融资预算

根据预算期公司现金结余情况,财务部制订了理财方案,经董事长批准后编制公司融资预算如表 8-12 所示。

表 8-12　真谛公司 2023 年公司融资预算

编制部门:财务部　　　编制时间:2022 年 11 月 11 日　　　金额单位:万元

序号	融资项目	金额	月利率(‰)	年收益	会计处理
1	从二级市场购入企业债券	6 000	3	216	交易性金融资产
2	购买银行保本类理财产品	3 000	2	72	其他货币资金
3	合计	9 000	—	288	—

真谛公司的融资预算具有不确定性且属于增加收益的融资预算,本着谨慎性原则,设定该预算只影响资金变动,不影响投资收益及利润变动。

四、编制现金流量表预算

现金流量表预算是以不同业务活动所产生的现金流量为对象编制的现金预算,它不仅可以系统展示企业预算期来自经营活动、投资活动和筹资活动的现金收入、现金支出分别是多少,而且可以表明各业务活动的现金收支平衡情况。财务部门在现金收支预算、公司融资预算编制完成后即可编制现金流量表预算。

(一) 现金流量表预算的编制方法

现金流量表预算和现金收支预算没有本质的区别,二者在编制依据和编制金额上完全相同,因此二者在编制方法上也没有本质区别。编制现金流量表预算要按照经营活动产生的现金流量、投资活动产生的现金流量和筹资活动产生的现金流量分别列示。其主要项目和内容如下:

1. 期初现金及现金等价物余额

期初现金及现金等价物余额是指预算期初可以随时用于支付的现金以及可以快速变现的金融产品。

2. 经营活动产生的现金流量

经营活动产生的现金流量是指企业投资活动和筹资活动以外的所有交易和事项所

产生的现金流入量和现金流出量,主要包括:①销售活动收到的现金;②收到的税费返还;③其他与经营活动有关的现金收入;④采购活动支付的现金;⑤职工薪酬支付的现金;⑥支付的各项税费;⑦其他与经营活动有关的现金支出。

3. 投资活动产生的现金流量

投资活动产生的现金流量是指企业长期资产的购建和不包括在现金等价物范围内的投资及其处置活动所产生的现金流入量和现金流出量,主要包括:①收回投资收到的现金;②取得投资收益收到的现金;③处置固定资产、无形资产和其他长期资产收回的现金净额;④处置子公司及其他营业单位收到的现金净额;⑤收到其他与投资活动有关的现金;⑥购建固定资产、无形资产和其他长期资产支付的现金;⑦投资支付的现金;⑧取得子公司及其他营业单位支付的现金净额;⑨支付其他与投资活动有关的现金。

4. 筹资活动产生的现金流量

筹资活动产生的现金流量是指导致企业资本及债务规模和构成发生变化的活动所产生的现金流入量和现金流出量,主要包括:①吸收投资收到的现金;②取得借款收到的现金;③收到其他与筹资活动有关的现金;④偿还债务支付的现金;⑤分配股利、利润或偿付利息支付的现金;⑥支付其他与筹资活动有关的现金。

5. 期末现金及现金等价物余额

期末现金及现金等价物余额是指预算期末可以随时用于支付的现金以及可以快速变现的金融产品。

(二)现金流量表预算编制案例

【例 8-6】 为了反映预算期内经营活动、投资活动和筹资活动对现金流入流出的影响,从现金角度对企业偿债能力和支付能力作出可靠、稳健的评价,真谛公司决定由财务部负责编制 2023 年现金流量表预算。

预算编制过程和编制方法如下:

财务部参照现金流量表的格式和内容,根据经营预算、投资预算和财务预算中的现金收支情况,编制真谛公司 2023 年现金流量表预算如表 8-13 所示。

表 8-13 真谛公司 2023 年现金流量表预算

编制部门:财务部　　　　编制时间:2022 年 11 月 11 日　　　　　　　　单位:万元

项目	2023 年预算	行次	数据来源
一、经营活动产生的现金流量		1	
销售活动收到的现金	91 251.0	2	表 6-15
其他与经营活动有关的现金收入	90.0	3	表 8-3
经营活动现金流入小计	91 341.0	4	第 4 行 = 第 2 行 + 第 3 行
采购活动支付的现金	41 235.7	5	表 6-82
职工薪酬支付的现金	7 343.0	6	表 6-91、表 6-93
支付的各项税费	10 528.0	7	表 6-131

单位:万元(续表)

项目	2023年预算	行次	数据来源
销售费用、管理费用支付的现金	5 778.0	8	表6-23、表6-99
研发费用支付的现金	312.0	9	表6-104
其他与经营活动有关的现金支出	627.0	10	表6-51、表6-52、表8-3
经营活动现金流出小计	65 823.7	11	第11行=第5行+第6行+第7行+第8行+第9行+第10行
经营活动产生的现金流量净额	25 517.3	12	第12行=第4行-第11行
二、投资活动产生的现金流量		13	
取得投资收益收到的现金	30.0	14	表7-34
收到其他与投资活动有关的现金	0	15	
投资活动现金流入小计	30.0	16	第16行=第14行+第15行
工程项目支付的现金	3 281.0	17	表7-13
购建固定资产/无形资产支付的现金	3 260.0	18	表7-22、表7-28
投资支付的现金	8 500.0	19	表7-31、表8-12
支付其他与投资活动有关的现金	208.0	20	表6-104
投资活动现金流出小计	15 249.0	21	第21行=第17行+第18行+第19行+第20行
投资活动产生的现金流量净额	-15 219.0	22	第22行=第16行-第21行
三、筹资活动产生的现金流量		23	
取得借款收到的现金	2 000.0	24	表6-106、表7-11
收到其他与筹资活动有关的现金	0	25	
筹资活动现金流入小计	2 000.0	26	第26行=第24行+第25行
偿还债务支付的现金	500.0	27	表6-106
分配股利、利润或偿付利息支付的现金	6 652.3	28	表8-6
支付其他与筹资活动有关的现金	199.0	29	表6-107
筹资活动现金流出小计	7 351.3	30	第30行=第27行+第28行+第29行
筹资活动产生的现金流量净额	-5 351.3	31	第31行=第26行-第30行
四、现金及现金等价物净增加额	4 947.0	32	第32行=第12行+第22行+第31行
加:期初现金及现金等价物余额	2 000.0	33	
五、期末现金及现金等价物余额	6 947.0	34	第34行=第32行+第33行

表8-13编制说明:

(1)职工薪酬支付的现金是表6-91和表6-93实发工资与社保及经费支出的合计。

（2）研发费用支付的现金只填列表6-104中的费用化支出312万元。

（3）投资支付的现金8 500万元是表7-31长期股权投资2 500万元与表8-12交易性金融资产6 000万元的合计。

（4）支付其他与投资活动有关的现金是表6-104中的资本化支出208万元。

（5）表8-12中的购买银行保本类理财产品3 000万元属于其他货币资金，不属于投资行为资金，所以仍为现金及现金等价物。

（6）期末现金及现金等价物余额等于资产负债表的货币资金期末余额；现金及现金等价物净增加额=资产负债表的货币资金期末余额-资产负债表的货币资金期初余额；资产负债表中"货币资金"项目的期末余额根据"现金""银行存款"和"其他货币资金"三个账户的期末账面余额之和填列。

第四节 财务状况预算编制

一、财务状况预算概述

财务状况预算是企业预算期初、期末财务状况变动情况的预算，主要依据企业编制的经营预算、投资预算、财务预算等资料测算分析编制。所谓财务状况，是指企业一定日期的资产、负债、所有者权益状况及其相互关系，是企业一定期间内经营活动、投资活动、财务活动过程及结果在财务方面的综合反映。

毫无疑问，企业预算期末的财务状况与预算期初相比发生了变化，是企业预算期内从事经营活动、投资活动和财务活动的结果，也就是执行了经营预算、投资预算、利润预算和现金预算的结果。因此，经营预算、投资预算、利润预算和现金预算是编制财务状况预算的基本依据。财务状况预算的期末数据是在期初数据的基础上，通过加减经营预算、投资预算、利润预算和现金预算中的有关项目数据得出，如果没有上述预算的基本数据，编制财务状况预算就是一句空话或者是杜撰。

（一）财务状况预算的编制责任

财务状况预算所涉及的所有者权益预算、资产负债表预算和财务能力指标预算均属于全局性的财务活动范畴，由财务部门负责编制。

（二）财务状况预算的内容

财务状况预算主要包括所有者权益预算、资产负债表预算和财务能力指标预算。

1. 所有者权益预算

所有者权益预算是企业预算期初、期末所有者权益变动情况的预算，主要内容包括实收资本、资本公积、盈余公积、未分配利润等所有者权益的期初、期末余额，以及预算期的增减变动情况。

2. 资产负债表预算

资产负债表预算是企业预算期初、期末的资产、负债及所有者权益变动情况的预算,主要内容包括各项资产项目、期初期末金额,以及各项负债及所有者权益项目、期初期末金额。

3. 财务能力指标预算

财务能力指标预算是关于预算年度偿债能力指标、营运能力指标、盈利能力指标的预算,主要内容包括财务能力指标名称、基期指标预计和预算期指标预算。

(三) 财务状况预算的编制程序

所有者权益预算反映了企业预算期所有者权益的变动情况,是编制资产负债表预算的依据之一;资产负债表预算以静态指标形式反映了预算期内企业执行经营预算、投资预算和财务预算前后的财务状况变化情况,是计算财务能力指标、编制财务能力指标预算的主要依据。因此,财务状况预算的编制顺序是:首先,编制所有者权益预算;其次,编制资产负债表预算;最后,编制财务能力指标预算。财务状况预算所属各项预算的编制程序如图 8-5 所示。

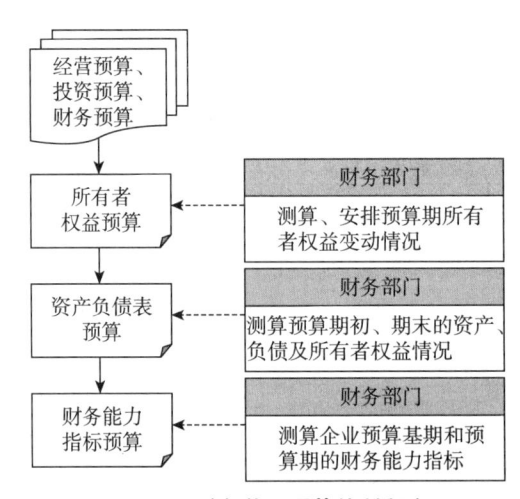

图 8-5 财务状况预算编制程序

1. 编制所有者权益预算

财务部门以预计预算期初所有者权益余额和预算期利润表预算、利润分配预算等资料为依据编制所有者权益预算。

2. 编制资产负债表预算

财务部门根据"资产=负债+所有者权益"的会计恒等式,以经营预算、投资预算和财务预算等资料为依据编制资产负债表预算。

3. 编制财务能力指标预算

财务部门以利润表预算、资产负债表预算等资料为依据,按照财务能力的具体指标及其计算公式编制财务能力指标预算。

二、编制所有者权益预算

所有者权益预算是按照所有者权益变动表的内容和格式编制的,它全面反映了所有者权益各组成部分在预算期的增减变动情况以及预算期初、期末的所有者权益情况。

财务部门编制所有者权益预算,既可以反映预算期所有者权益总量增减变动情况,又能反映所有者权益增减变动的结构性信息,特别是能够让公司决策者、管理者理解所有者权益增减变动的根源。

(一)所有者权益预算的编制方法

所有者权益预算是在企业预算期初所有者权益结构、余额的基础上,依据企业编制的利润表预算、利润分配预算等资料计算、分析、编制的。因为在企业编制年度预算时,预算期初的所有者权益状况还没有最终确定,所以编制所有者权益预算应按下列步骤进行:

第一步,预计预算期初数据。

(1)前期期末余额,反映企业上年资产负债表中实收资本、资本公积、盈余公积、未分配利润的年末余额,是根据编制预算时企业所有者权益的实际期末数,加上到年末可能导致企业所有者权益增加的因素,减去到年末可能导致所有者权益减少的因素,经过分析计算后得出的。

(2)会计政策变更和前期差错更正,分别反映采用追溯调整法处理的会计政策变更的累积影响金额和采用追溯重述法处理的会计差错更正的累积影响金额。① 编制预算时尚不清楚"会计政策变更"和"前期差错更正"的情况,可不予填列。

第二步,分析、计算预算期内所有者权益的增减变动额。

(1)净利润,反映企业预算期实现的净利润金额,可以从利润预算中获取。

(2)直接计入所有者权益的利得和损失,反映企业预算期直接计入所有者权益的利得和损失金额。其中,"利得"是指由企业非日常活动形成的、会导致所有者权益增加的、与所有者投入资本无关的经济利益的流入;"损失"是指由企业非日常活动形成的、会导致所有者权益减少的、与向所有者分配利润无关的经济利益的流出。主要包括以下三项:

① 可供出售金融资产公允价值变动净额,反映企业持有的可供出售金融资产②在预算期的公允价值变动金额,应根据预算期企业持有的可供出售金融资产的预计变动金额测算。

② 权益法下被投资单位其他所有者权益变动的影响,反映企业对按照权益法核算的长期股权投资,在被投资单位除预算期实现的净损益外,其他所有者权益在预算期变动中应享有的份额,应根据企业在被投资单位的持股比例以及被投资单位在预算期的所有者

---

① 追溯调整法是指对某项交易或事项变更会计政策,视同该项交易或事项初次发生时即采用变更后的会计政策,并据此对财务报表相关项目进行调整的方法;追溯重述法是指在发现前期差错时,视同该项前期差错从未发生过,从而对财务报表相关项目进行更正的方法。

② 金融资产是一切可以在有组织的金融市场上进行交易、有现实价格和未来估价的金融工具的总称。金融资产的最大特征是能够在市场交易中为其所有者提供即期或远期的货币收入流量。

权益变动情况测算。

③ 与计入所有者权益项目相关的所得税影响,反映根据《企业会计准则第 18 号——所得税》规定,企业预算期应计入所有者权益项目的所得税影响金额,应根据预算期资产负债表日直接计入所有者权益项目相关的递延所得税资产或递延所得税负债测算。

(3) 所有者投入和减少资本,反映企业预算期所有者投入的资本和减少的资本,应根据企业预算期的资本变动计划测算。

(4) 利润分配,反映企业预算期的利润分配金额,可以从利润分配预算中获取。

(5) 所有者权益内部结转,反映企业所有者权益的组成部分之间的增减变动情况。其中,资本公积转增资本,反映企业以资本公积转增资本的金额;盈余公积转增资本,反映企业以盈余公积转增资本的金额;盈余公积弥补亏损,反映企业以盈余公积弥补亏损的金额。所有者权益内部结转的具体情况可以从利润分配预算中获取。

第三步,分析、计算预算期末数据。

所有者权益预算中的期末数据是以预算期初数据为基础,加减预算期内所有者权益的增减变动额得出的。其基本计算公式为:

预算期末余额 = 预算期初余额 + 预算期增减变动金额

预算期增减变动金额 = 净利润 + 直接计入所有者权益的利得和损失 +

所有者投入和减少资本 + 利润分配 + 所有者权益内部结转

(二) 所有者权益预算编制案例

【例 8-7】 为了全面反映 2023 年所有者权益变动情况,真谛公司财务部在利润分配预算完成后,着手编制 2023 年所有者权益预算。其中,预算期直接计入所有者权益的利得和损失项目数值为 0,所有者投入和减少资本项目数值为 0,所有者权益内部结转项目数值为 0。

预算编制过程和编制方法如下:

首先,测算前期期末余额和预算期初余额。测算方法是以编制预算时已确认的最近一期资产负债表中的所有者权益构成及数值为基础,加减未来所有者权益变动因素以及会计政策变更、前期差错更正等因素造成的变动额。

其次,测算预算期内所有者权益的增减变动额。其中,净利润项目数据从利润表预算(表 8-5)中获取,利润分配项目数据从 2023 年利润分配预算(表 8-6)中获取。已知直接计入所有者权益的利得和损失项目数值为 0,所有者投入和减少资本项目数值为 0,所有者权益内部结转项目数值为 0。

最后,编制 2023 年所有者权益预算如表 8-14 所示。

表 8-14 真谛公司 2023 年所有者权益预算

编制部门:财务部　　　　　编制时间:2022 年 11 月 11 日　　　　　单位:万元

项目	预算期金额				
	实收资本	资本公积	盈余公积	未分配利润	权益合计
一、前期期末余额	12 000.0	2 000.0	3 000.0	1 000.0	18 000.0
加:会计政策变更	0	0	0	0	0

单位:万元(续表)

项目	预算期金额				
	实收资本	资本公积	盈余公积	未分配利润	权益合计
前期差错更正	0	0	0	0	0
二、预算期初余额	12 000.0	2 000.0	3 000.0	1 000.0	18 000.0
三、预算期增减变动额	0	2 608.7	1 304.4	14 521.9	18 435.0
（一）净利润	0	0	0	25 087.3	25 087.3
（二）直接计入所有者权益的利得和损失	0	0	0	0	0
1. 可供出售金融资产公允价值变动净额	0	0	0	0	0
2. 权益法下被投资单位其他所有者权益变动的影响	0	0	0	0	0
3. 与计入所有者权益项目相关的所得税影响	0	0	0	0	0
（三）所有者投入和减少资本	0	0	0	0	0
1. 所有者投入资本	0	0	0	0	0
2. 股份支付计入所有者权益的金额	0	0	0	0	0
（四）利润分配	0	2 608.7	1 304.4	-10 565.4	-6 652.3
1. 提取盈余公积	0	2 608.7	1 304.4	-3 913.1	0
2. 对所有者(或股东)的分配	0	0	0	-6 652.3	-6 652.3
（五）所有者权益内部结转	0	0	0	0	0
1. 资本公积转增资本	0	0	0	0	0
2. 盈余公积转增资本	0	0	0	0	0
3. 盈余公积弥补亏损	0	0	0	0	0
四、预算期末余额	12 000.0	4 608.7	4 304.4	15 521.9	36 435.0

三、编制资产负债表预算

资产负债表预算是企业预算期初、期末的资产、负债及所有者权益变动情况的预算，它以静态指标形式总体反映了预算期内企业执行经营预算、投资预算和财务预算前后的财务状况变化情况。通过编制资产负债表预算，可以了解企业拥有或控制的经济资源和承担的责任、义务，了解企业资产、负债、所有者权益各项目的构成比例是否合理，财务状况是否稳定，并据此分析企业的偿债能力、营运能力和盈利能力。因此，编制资产负债表预算具有控制和驾驭企业各项预算的重要作用。

（一）资产负债表预算的编制方法

资产负债表预算是在预算期初资产负债表的基础上，根据"资产＝负债＋所有者权益"这一会计恒等式所反映的三个会计要素之间的相互关系，依据企业编制的经营预算、投资预算、利润预算、现金预算和所有者权益预算等资料分析编制的。因为编制年度预算时，

预算期初的资产负债状况还不知道,所以编制资产负债表预算应按下列步骤进行:

1. 预计预算期初数据

资产负债表预算中的期初数据是根据编制预算时企业资产负债表的实际期末数,加上到年末企业资产、负债及所有者权益的可能增加数,减去到年末企业资产、负债及所有者权益的可能减少数,经过分析、计算后得出的。如果企业编制的有关预算中已有期初预算数据,也可以直接从有关预算中提取,但计算原则必须一致。

2. 分析、计算预算期末数据

资产负债表预算中的期末数据是以预算期初数据为基础,加上经营预算、投资预算、利润预算、现金预算和所有者权益预算导致企业资产、负债及所有者权益的可能增加数,减去经营预算、投资预算、利润预算、现金预算和所有者权益预算导致企业资产、负债及所有者权益的可能减少数,经过分析和平衡计算后得出的。基本计算公式为:

资产负债表预算期末数 = 预算期初数 + 预算期增加数 − 预算期减少数

计算中要特别注意剔除在不同预算中的同一项目和数值,避免重复统计和计算。

3. 拟定资产负债表预算草案

填列资产负债表预算的期末数据后,应计算、分析资产负债表预算中的有关财务比率,观察、论证企业预算期的资产、负债、所有者权益各项目的构成比例是否合理,资产负债率、流动比率、股东权益比等财务比率是否处于正常状态。若确认财务状况良好,则就此结束资产负债表预算的编制;若认为财务状况不理想,则应通过修订经营预算及其他预算的办法,使企业的财务状况尽量达到理想状态。

(二)资产负债表预算编制案例

【例8-8】 真谛公司2023年经营预算及其他预算已经全部编制完毕,财务部负责编制公司2023年资产负债表预算。

预算编制过程和编制方法如下:

首先,财务部审核了经营预算、投资预算、现金预算及利润预算,确认上述预算中均填有预算期初、期末数据,勾稽关系没有错误。

其次,按照资产负债表预算中各项资产和负债的流动性顺序排列,根据经营预算及其他预算资料,逐个分析测算资产、负债、所有者权益项目的期初、期末数据。

对于没有编制专门预算,但在资产负债表预算中需要单独填列的项目,要根据有关预算资料测算其期初、期末余额,如表8-15所示。

表8-15 未单独编制预算项目的期初、期末余额

序号	项目	金额单位	期初余额	期末余额	测算依据
1	固定资产清理	万元	0	28.0	表7-25 报废固定资产残余价值结转
2	短期借款	万元	1 000.0	1 500.0	表6-106 已知短期借款期初、期末余额
3	长期借款	万元	0	1 000.0	表7-11 工程项目2023年外部筹资额

(续表)

序号	项目	金额单位	期初余额	期末余额	测算依据
4	其他应收款	万元	1 421.9	1 422.2	按报表平衡原理推算,实务中要根据账户测算
5	其他应付款	万元	200.0	200.0	按报表平衡原理推算,实务中要根据账户测算

最后,将分析计算得到的预算期初、期末数据填入资产负债表,按照"资产=负债+所有者权益"的会计恒等式试算平衡。编制的资产负债表预算如表8-16所示。

表8-16 真谛公司2023年资产负债表预算

编制部门:财务部　　　　　　编制时间:2022年11月16日　　　　　　单位:万元

项目	行次	期初余额	期末余额	数据来源
一、流动资产	1			
货币资金	2	2 000.0	6 947.0	表8-13 现金流量表预算
交易性金融资产	3	0.0	6 000.0	表8-12 公司融资预算
应收账款	4	1 700.0	1 749.0	表6-15 应收账款预算
其他应收款	5	1 421.9	1 422.2	案例已知数据
存货	6	4 507.1	4 759.8	第6行=第7行+第8行+第9行
材料存货	7	1 682.1	1 838.9	表6-73 材料存货预算
在产品存货	8	525.0	525.0	表6-62 在产品预算
产成品存货	9	2 300.0	2 395.9	表6-68 产品存货预算
流动资产合计	10	9 629.0	20 878.0	第10行=第2行+第3行+第4行+第5行+第6行
二、非流动资产	11			
长期股权投资	12	0.0	2 500.0	表7-31 长期股权投资预算
固定资产原值	13	12 600.0	14 700.0	表6-113 固定资产变动预算
减:累计折旧	14	4 650.0	5 338.0	表6-118 累计折旧变动预算
固定资产净值	15	7 950.0	9 362.0	第15行=第13行-第14行
在建工程	16	3 500.0	6 281.0	表7-19 在建工程变动预算
固定资产清理	17	0.0	28.0	表7-25 固定资产处置预算
无形资产	18	1 040.0	5 325.0	表6-121 无形资产变动预算
累计摊销	19	300.0	484.0	表6-126 累计摊销变动预算
开发支出	20	1 175.0	0.0	表6-104 研发支出预算
非流动资产合计	21	13 365.0	23 012.0	第21行=第12行+第15行+第16行+第17行+第18行-第19行+第20行
三、资产总计	22	22 994.0	43 890.0	第22行=第10行+第21行

单位:万元(续表)

项目	行次	期初余额	期末余额	数据来源
四、流动负债	23			
短期借款	24	1 000.0	1 500.0	表6-106 财务费用预算基础资料
应付账款	25	2 900.0	3 636.1	表6-82 应付账款预算
应付职工薪酬	26	470.0	587.1	表6-96 职工薪酬余额预算
应交税费	27	424.0	531.8	表6-131 应交税费预算
其他应付款	28	200.0	200.0	案例已知数据
流动负债合计	29	4 994.0	6 455.0	第29行=第24行+第25行+第26行+第27行+第28行
五、非流动负债	30			
长期借款	31	0.0	1 000.0	表7-11 项目投资及筹资预算
应付债券	32	0.0	0.0	
非流动负债合计	33	0.0	1 000.0	第33行=第31行+第32行
负债合计	34	4 994.0	7 455.0	第34行=第29行+第33行
六、所有者权益	35			
实收资本	36	12 000.0	12 000.0	表8-14 所有者权益预算
资本公积	37	2 000.0	4 608.7	表8-14 所有者权益预算
盈余公积	38	3 000.0	4 304.4	表8-14 所有者权益预算
未分配利润	39	1 000.0	15 521.9	表8-14 所有者权益预算
所有者权益合计	40	18 000.0	36 435.0	第40行=第36行+第37行+第38行+第39行
七、负债和所有者权益总计	41	22 994.0	43 890.0	第41行=第34行+第40行

四、编制财务能力指标预算

财务能力指标主要包括偿债能力指标、营运能力指标和盈利能力指标,这些指标基本上是企业预算期的经营指标、预算指标或KPI指标。通过计算财务能力指标,可以说明利润表预算与资产负债表预算所列项目之间的关系,揭示预算期经营预算、投资预算和财务预算编制后的财务状况变化。

编制财务能力指标预算对于分析企业财务状况,验证经营预算、投资预算和财务预算的编制结果是否达成企业预算期的经营目标、预算目标和KPI目标,及时发现并改进预算期经营活动、投资活动和财务活动存在的问题与不足,都具有十分重要的作用。

(一)财务能力指标预算的编制方法

偿债能力、营运能力和盈利能力三大类财务能力指标是通过对利润表预算、资产负债表预算中的相关项目数据进行对比计算出来的一系列财务比率,因此通过计算财务比率指标的方式即可编制财务能力指标预算。

（二）财务能力指标预算编制案例

【例 8-9】 所有预算编制完成后,财务部计算了偿债能力、营运能力和盈利能力三大类财务能力指标,并编制真谛公司 2023 年财务能力指标预算如表 8-17 所示。

表 8-17　真谛公司 2023 年财务能力指标预算

编制部门：财务部　　　　　　编制时间：2022 年 11 月 16 日

类别	名称	计算公式	计量单位	2022 年预计	2023 年预算
偿债能力	流动比率	流动资产/流动负债	—	1.9	3.2
	速动比率	(流动资产-存货)/流动负债	—	1.0	2.5
	现金比率	(现金+有价证券)/流动负债	—	0.4	1.1
	产权比率	负债总额/所有者权益	%	27.7	20.5
	资产负债率	负债总额/资产总额	%	21.7	17.0
营运能力	应收账款周转天数	360×应收账款平均余额/(营业收入-现销收入)	天	8.9	7.5
	存货周转天数	360×存货平均余额/营业成本	天	50.0	43.5
	流动资产周转天数	360×流动资产平均占用额/营业收入	天	78.0	66.2
	固定资产周转天数	360×平均固定资产净值/营业收入	天	45.0	37.5
	总资产周转天数	360×平均资产总额/营业收入	天	120.0	145.0
	经营现金净流量	经营活动现金流入-经营活动现金流出	亿元	≥2	≥2.5
盈利能力	销售毛利率	(营业收入-营业成本-税金及附加)/营业收入	%	51.7	53.0
	销售成本率	营业成本/营业收入	%	47.6	46.2
	期间费用率	期间费用/营业收入	%	18.1	17.3
	营业利润率	营业利润/营业收入	%	33.6	35.7
	总资产收益率	净利润/平均总资产	%	90.0	75.0
	净资产收益率	净利润/所有者权益	%	111.0	68.9
	资本保值增值率	期末所有者权益/期初所有者权益	%	160.0	202.4

全部预算草案编制完成后,应先报请公司预算管理委员会及总经理办公会议审核、研究,然后提交公司董事会审议。

预算从编制到审批下来,一般需要经过自上而下和自下而上的多次反复。预算反复编制、审核、调整的过程,也是各级预算组织之间相互交流和沟通的过程。只有经过上下反复的过程,才能有效避免决策人员主观臆断造成的预算脱离实际的现象,切实提高预算编制的科学性、合理性和可行性,才能使最终付诸实施的预算既符合企业的全局利益,又切合企业各部门、各环节的具体情况,从而提高预算的执行效率。

Chapter 9 第九章

预算执行与控制

全面预算编制完成并批准下达,就意味着企业年度内各项经营活动有了明确目标和行动计划。但预算毕竟是纸面上的东西,是一个标准、一种规矩。孟子有句名言,"不以规矩,不能成方圆"。全面预算为企业的经营活动、投资活动、财务活动制定了规矩、确定了标准、明了方向和目标,能不能达成预期效果,关键还在于企业能否搞好预算的执行与控制。

第一节　预算执行与控制概述

一、预算执行与控制的含义

预算执行是指企业以预算为标准,组织实施经营活动、投资活动、财务活动的行为与过程,是把预算由计划变为现实的具体方法和步骤,是全面预算管理的核心环节。

预算控制是指企业以预算为标准,通过业务审批、过程监督、信息反馈、预算调整等方法,使预算执行不偏离预算标准的行为与过程。

预算从编制到审批下来,一般要经过自下而上和自上而下的多次反复。预算编制与审批的过程,也是企业各层级之间信息沟通与交流博弈的过程。只有经过这样上下反复的过程,才能提高预算的合理性和准确性,才能使最终付诸实施的预算既符合企业的全局利益,又切合企业各层级、各部门、各环节的具体情况。可见,预算编制与审批这种"费时又费事"的过程是完全必要的。但是,完成预算编制与审批只是全面预算管理的第一步。如果将预算束之高阁不去执行,那么再好的预算也无异于纸上谈兵;如果对执行过程缺乏必要的控制,那么预算执行的过程和结果就会偏离预算的方向和目标。

毫无疑问,预算执行与预算控制是相辅相成的关系。有执行、没控制,执行将处于不确定状态;有控制、没执行,控制将会无的放矢、不着边际。因此,预算执行过程也就是企业以预算为标准控制各项经营活动、投资活动、财务活动的过程。企业通过预算编制为预算期的各项经济活动制定了目标和依据,通过预算执行将编制的预算付诸实施,通过预算控制确保预算执行不偏离预算的方向和目标。可见,预算执行与控制是全面预算管理体系的核心环节,是企业能否实现预算目标的关键。

二、预算执行与控制的程序和内容

预算执行的目的是全面实现各项预算目标。为此,企业各部门必须严格以预算为标准组织实施各项经济活动。与此同时,为了保证各部门在预算执行过程中不偏离预算目标,企业应针对预算执行的各个阶段采取一系列的控制方法和措施。

预算执行分为执行前、执行中和执行后三个阶段,预算执行与控制的程序也以预算执行的三个阶段为主线。

(一)预算执行前阶段

预算执行前阶段是指企业各部门安排各项业务活动的过程。在这个阶段,预算执行部门需要安排一件件具体的业务活动,预算管理部门则需要对这些具体的业务活动实施事前控制,以确保各预算执行部门从事的各项业务活动都在预算范围之内。

预算执行前控制包括定性控制和定量控制两个方面:所谓定性控制,就是保证实施的业务活动在预算规定的项目之内;所谓定量控制,就是保证实施的业务活动不要超出预算规定的标准。如果准备实施的某项业务活动不在预算范围之内或超出预算规定的标准,就要针对不同情况进行不同处理。如果确属必须实施的业务活动事项,就应追加预算项目或调整预算或动用预算外指标,同时还要对造成业务活动事项与预算项目及指标之间差异的原因进行分析,以便改进、完善今后的预算编制工作;如果此项业务活动可以不实施或可以延后实施,就应毫无异议地终止此项业务活动的执行。

(二)预算执行中阶段

预算执行中阶段是指企业各部门具体实施各项业务活动的过程。在预算执行过程中,预算管理部门应对预算执行实施事中控制,以确保各预算执行的结果能够实现预算的目标。预算执行部门应严格按照预算从事各项业务活动,并及时向预算管理部门反馈预算执行情况;预算管理部门则通过审批、核算、分析、反馈、调整、审计等方法,实现对预算执行过程的有效控制。如果预算执行过程出现偏离预算标准的情况,企业就要分析原因,采取措施纠正偏差,以保证预算目标的实现。

(三)预算执行后阶段

预算执行后阶段是指企业各部门实施的业务活动已经结束,预算执行结果已经出现的过程。在这个阶段,预算执行部门应对预算执行结果进行报告、反馈;预算管理部门则应对预算执行实施事后控制,包括对预算执行结果进行审计、分析、考核等控制活动,以确认预算执行结果是否实现预算目标,同时还要根据预算考评结果和预算责任书的规定对各个预算责任部门进行奖惩兑现。预算执行是一个周而复始的过程,本次预算执行结果将为下次预算执行提供参考和借鉴。

预算执行与控制的基本程序如图9-1所示。

预算执行与控制程序的主要内容如下:

(1)将经公司董事会批准的全面预算下达给预算执行部门和预算管理部门。

(2)各预算执行部门以预算为标准,组织、实施各自的业务活动。

(3)各预算管理部门根据各自的职责,行使预算监控职能。

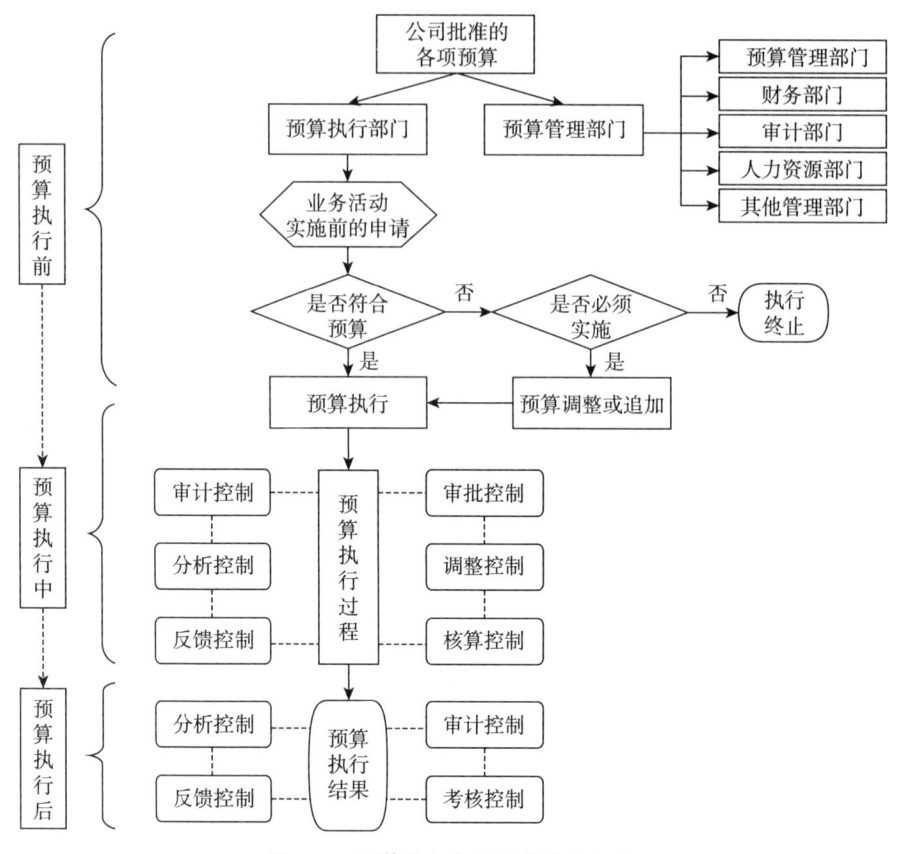

图 9-1 预算执行与控制的基本程序

① 财务部门通过实施责任核算,反映预算执行过程及执行结果,并将核算信息及时反馈给下列机构和人员:反馈给各预算执行部门,以作为校正偏差的依据和确保信息的准确无误;反馈给预算管理部门,作为预算控制、考核和调整的依据;反馈给审计部门,作为审计监督的依据;反馈给人力资源部门,作为业绩评价和实施预算奖惩的依据;反馈给公司总经理,作为控制整个企业生产经营活动的依据。

② 各预算管理部门通过实施过程控制、调整控制、分析控制和考核控制,确保全面预算管理活动的顺利进行。

③ 审计部门通过实施审计监督,确保预算执行过程及结果的真实性和有效性。

④ 人力资源部门通过实施业绩评价,确保预算执行结果与奖惩密切挂钩。

第二节　预算执行

一、预算执行的前提条件

预算执行是企业各预算单位具体实施全面预算的过程,要使预算得到顺利实施,还需

要营造一个有利于预算执行的良好环境。这个良好环境就是预算执行的前提条件,主要包括以下三个方面的内容:

(一)提高预算准确性,是预算执行的基础

预算编制与预算执行互为条件、相辅相成。预算编制是预算执行的基础,预算执行以完备和严谨的预算为前提。如果编制的预算与实际情况相差甚远,那么这样的预算没法执行,也没有必要执行。因此,企业在编制预算时必须强调预算的准确性,要让预算编制者明白编制预算是为了执行预算,没法执行的预算无异于一张废纸。提高预算准确性包括两方面的要求:一是预算的内容要准确,不能办、没法办的事情不能成为预算的内容;二是预算的指标要准确。指标定得过高,主观上再努力也不可能完成,会使大家丧失完成预算的信心;指标定得过低,主观上不用努力就可以轻松实现,这样的预算起不到挖掘内部潜力、规范生产经营活动、提高经济效益的作用。因此,为了使预算能够得到顺利执行并发挥应有的效能,必须端正预算编制态度,规范预算编制规程,切实提高预算编制的准确性。

(二)树立预算权威性,是预算执行的保障

预算编制得再好,得不到认真执行也是枉然。要想预算得到认真执行,树立预算的权威性是关键。推行全面预算管理是企业管理思想的一次革命。在实施全面预算管理之前,企业习惯了比较粗放的管理模式,特别是企业高层管理人员比较喜欢那种"说了算,定了办"的感觉,一般员工也习惯了"只干不看"的工作模式。而推行全面预算管理实际上是在企业内构建了一种新的运营模式,这种运营模式的本质是:以预算为标准,控制企业的经营活动,其表现形式就是"一切看预算"。领导审批生产经营活动要看是否有预算;员工从事生产经营活动要看是否符合预算;财务部门报销费用要看是否超出预算……也就是说,预算一旦审批下来,在企业内部就有了"法律效力",上至董事长,下至每一名员工,都要严格执行。树立预算的权威性,领导仍然"说了算,定了办",但必须在预算的范围内;一般员工也仍然要干,但不能违背预算。只有这样,预算的执行才能拥有切实的保障。

(三)建立健全预算执行机制,是预算执行的关键

建立健全预算执行机制,是预算执行的必要条件,它包括组织机制、编制机制、核算机制、监控机制和考核奖惩机制五个方面。

1. 组织机制

预算执行需要相应的组织机构来承担,需要特定岗位的人员去执行。由于各项预算是按照企业各部门的职责范围编制的,是责任预算,因此企业必须按照组织结构合理划分责任中心对预算执行承担直接责任,这是搞好预算执行的组织机制。

2. 编制机制

董事会批准的年度预算是通过一个一个月度来执行落地的。为了保证预算的可执行性,企业应当建立月度预算管理制度,通过编制月度预算的办法确保预算的执行落地。对于经营周期短于一个月的企业,应编制旬预算或周预算;对于现金收支这种执行频率高的

预算,应因企制宜地实行月预算、周计划、日安排。总之,企业必须克服怕麻烦的思想,建立年度预算管目标、月度预算管执行的预算编制机制,确保预算执行过程顺利推进。

3. 核算机制

对企业各责任中心的预算执行过程和结果应及时、准确地予以揭示和反映。传统财务会计遵循会计准则,以整个企业和产品为核算对象,不能满足企业对预算责任进行核算的需要;而现代管理会计服务于企业管理的需要,它的核算对象多元化,可以是整个企业,也可以是企业内部的责任部门或某个岗位。管理会计对各个责任中心进行责任核算,不仅可以准确掌握各责任中心的预算执行情况和执行结果,而且有利于企业及时发现、分析和纠正预算执行中的偏差,确保预算目标的实现。因此,实施全面预算管理,就必须建立健全管理会计核算机制,按预算责任部门开展管理会计核算,以满足正确核算各部门预算执行结果的需要。

4. 监控机制

预算执行是一个动态过程,不确定性因素很多。为了确保预算的有效执行,必须对各责任中心预算的执行情况进行有效监控,及时调整预算执行中的偏差。因此,企业只有建立健全预算执行的监控机制,包括预算信息监控、预算调整监控、预算审计监控等内容,才能确保预算的顺利执行。

5. 考核奖惩机制

如果不对预算执行的过程和结果进行考核与奖惩兑现,预算执行就会流于形式,因此建立健全严格的考核奖惩机制是预算执行的关键因素。预算的考核奖惩关系到每名员工的切身利益,在实施过程中必须以预算指标为标准,把握好考核评价的科学性以及奖励惩罚的公正性。

二、预算执行前的准备工作

为了确保预算得到有效执行,企业可以通过签订预算目标责任书或年度绩效合约的方式将预算指标层层分解、细化,从横向和纵向两个维度将预算指标落实到企业内部各预算执行部门,形成全方位的预算执行责任体系,确保各项预算指标得到有效落地和执行。

(一) 预算指标分解

预算指标分解是对预算指标进行细化和落实的过程,目的是保证全面预算目标的实现。企业要根据内部的组织构架、生产经营特点、管理基础和人员状况,从横向、纵向和时间三个方面尽可能地细化各项预算指标。

所谓横向细化,是指将预算按部门分解,各部门的预算指标总和要大于等于企业的总预算指标;所谓纵向细化,是指各项预算指标要层层分解落实到每个车间、工段、岗位和个人;所谓时间细化,是指预算的各项指标要分解落实到每个季度、月度,甚至旬、周、日。

1. 预算指标分解的步骤

(1) 预算管理部门要将全面预算切块分解为部门责任预算,明确各预算执行部门的预算责任目标;同时,将年度预算细分为季度预算和月度预算,以便预算分期执行和控制。

(2)预算分块落实后,各级预算执行部门要对本部门负责的预算指标进行层层分解,形成全方位的预算执行责任体系,保证全面预算目标的实现。

2.预算指标分解的原则

为保证预算分解的科学性,各项预算指标的分解应遵循以下四项原则:

一是定量化原则。预算指标的分解要明确、具体,便于执行和考核。

二是全局性原则。预算指标的分解要有利于公司经营总目标的实现。

三是可控性原则。赋予责任部门的预算指标应当是通过该责任部门的努力可以达成的。责任部门以自身的责权范围为限,对预算指标负责。

四是公平责任原则。将预算指标分给某个责任部门,不仅落实了预算责任,也在很大程度上决定了责任部门的奖惩水平。因此,预算分解必须做到公平合理、有理有据。

预算指标分解要尽量详细、具体,使所有预算指标都落实到具备控制手段的责任人。

(二)签订预算目标责任书

签订预算目标责任书是规范预算行为的重要措施,也是建立全面预算管理激励与约束机制的重要内容。通过签订预算目标责任书,企业以契约的形式将整体预算目标具体落实为各级预算执行部门的预算责任目标,明确企业决策管理层与预算执行层之间的相互关系以及各自的责任、权利和义务。同时,签订预算目标责任书还可以使签订双方都清楚,完成预算责任目标将得到哪些奖励,完不成预算责任目标将会受到什么样的惩罚,从而调动各预算执行部门严格按预算标准实施生产经营活动的自觉性。另外,预算目标责任书还是考核、评价各预算执行部门经营业绩的重要依据。因此,签订预算目标责任书是实施全面预算管理必不可少的内容。

预算目标责任书的签订时间一般是在公司董事会批准预算草案以后、预算期到来之前。签订预算目标责任书的层次和方式应根据企业的经营规模和组织结构等情况决定。集团化企业一般要签订多层次的预算目标责任书,包括董事长与总经理签订、总经理与分(子)公司签订、分(子)公司与内部部门签订等。一般企业至少要签订以下两个层次的预算目标责任书:

一是董事长与总经理签订的预算目标责任书。按照现代企业法人治理结构的内容和全面预算管理的内在要求,董事会是企业的决策机构,总经理是企业的经营管理者。董事会作出的决策要通过总经理去贯彻、实施。因此,通过董事长与总经理签订预算目标责任书的形式,可以明确董事会与总经理在全面预算管理中的责任和权利,使总经理在规定的权利范围内行使生产经营的指挥权,并承担相应的预算责任。

二是总经理与各部门负责人签订的预算目标责任书。企业各部门是预算的执行者,全面预算规划的各项预算目标只有通过各部门的实施才能变为现实。因此,总经理与各部门负责人签订的预算目标责任书是落实预算责任的核心。各部门负责人与总经理签订预算目标责任书以后,要通过指标分解的办法将预算责任落实到内部各个层级和岗位,构建"千斤重担众人挑,人人肩上有指标"的预算执行责任体系。

下面通过案例说明预算目标责任书的结构和内容。

【例 9-1】 为了确保真谛公司 2023 年销售预算的完成,总经理与销售部经理签订了预算目标责任书。

真谛公司 2023 年销售预算目标责任书

甲方:真谛公司(简称甲方)

乙方:销售部(简称乙方)

为确保公司 2023 年销售预算目标的完成,甲、乙双方就销售预算有关事宜达成共识并签订本预算目标责任书。

1. 乙方的预算责任期限

2023 年 1 月 1 日至 2023 年 12 月 31 日。

2. 乙方的预算责任目标

(1) 全年实现销售收入 8.3 亿元(以财务部编制的利润表为准)。其中,1 季度 19 600 万元,2 季度 24 600 万元,3 季度 22 900 万元,4 季度 15 900 万元。[①]

(2) 全年完成货款回收 91 251 万元。其中,1 季度 16 792 万元,2 季度 25 410 万元,3 季度 25 751 万元,4 季度 23 298 万元。[②]

(3) 全年销售费用与销售收入的比率不超过 12%。

(4) 全年应收账款周转天数≤8 天。

3. 预算奖惩方案

(1) 乙方业务人员 2023 年不含奖惩的工资总额按销售收入的 3‰计提,乙方管理人员不含奖惩的 2023 年工资总额比 2022 年增长 10%,奖惩方案执行岗位员工绩效目标协议。

(2) 甲方根据乙方销售收入、货款回收两项指标实际完成情况,兑现乙方的全年奖惩。计算公式如下(计算结果若为正值,则为奖励额;负值,则为罚款额):

$$奖惩额=(实际销售收入-83\,000\,万元+实际货款回收-91\,251\,万元)\div 2\times 3‰$$

(3) 全年销售费用与销售收入的比率按其费用升降额的 20%兑现奖惩。计算公式如下(计算结果若为正值,则为奖励额;负值,则为罚款额):

$$奖惩额=(12\%-销售费用实际比率)\times 实际销售费用\times 20\%$$

(4) 全年应收账款周转天数以 8 天为基准,每减少 1 天奖励乙方 1 万元,每增加 1 天对乙方罚款 1 万元。

4. 预算责任的考核部门及考核方式

(1) 各项预算责任指标按季度进行考核,每季度兑现奖惩 80%,年终统算兑现。

(2) 各项预算责任指标的完成情况由财务部负责核算提供,人力资源部负责审查、计算并提出奖惩兑现方案,奖惩兑现方案经财务部审核、乙方认可、总经理批准后执行。

(3) 乙方负责提出内部员工的具体奖惩方案,报甲方审批后兑现。

---

① 见第六章表 6-10 真谛公司 2023 年销售收入预算。
② 见第六章表 6-15 真谛公司 2023 年应收账款预算和表 6-16 真谛公司 2023 年应收账款季度预算。

5. 甲方的权利和义务

（1）协助乙方完成2023年度责任目标，并保证本预算目标责任书中奖惩方案的兑现。

（2）从时间、品种、质量、数量四个方面保证乙方的产品销售活动。

（3）若甲方失职造成乙方未完成预算责任目标，则由甲方承担乙方的经济损失。

（4）出于乙方自身原因完不成本预算目标责任书的有关条款，甲方有权随时对乙方的人事及工作进行干预、调整和重组。

（5）甲方有关职能部门在全力支持乙方完成预算责任目标的同时，有权对乙方的各项工作进行监督、检查。

6. 乙方的权利和义务

（1）采取有效措施，确保2023年责任目标的完成。

（2）保证乙方所有的经营活动在国家法律法规及厂规厂纪的范围内开展。

（3）服从甲方领导，积极配合甲方有关职能部门的指导、监督和检查。

（4）乙方失职而给甲方造成的经济损失，由乙方承担赔偿责任。

7. 其他

（1）若重大市场变化或其他不可抗力导致本预算目标责任书的有关条款不能执行，甲、乙双方应及时协商调整有关条款。

（2）本责任书未尽事宜，由甲、乙双方协商补充、解决。

（3）本责任书正本一式两份，甲、乙双方各执一份，双方盖章及负责人签字后生效。

甲　方：真谛公司　　　　　　　　　　　　乙方：销售部

总经理：张桢　　　　　　　　　　　　　　经理：方新

2022年12月26日

预算目标责任书的签订应通过召开专门会议、举行签字仪式的方式进行，并尽量扩大宣传，营造有利于全面预算执行的环境氛围。

（三）签订绩效合约

绩效合约也称绩效目标责任书，是企业领导者与部门或个人就一定时期内部门或个人的工作结果、绩效衡量标准以及绩效工资计算办法达成一致意见的书面协议。绩效合约主要包括考核维度、考核项目、考核指标，以及每个考核项目及指标的权重、目标值、数据来源、计算方法、考评周期等内容。绩效合约一般从高层开始，层层分解到责任部门或具体岗位。

绩效合约与预算目标责任书的区别是：绩效合约的内容不仅包括责任部门承担的预算目标，还包括其承担的未纳入预算的业务及工作目标，同时还包括需要企业所有部门共同承担的"共担目标"，如"安全""收入""利润"等涉及全局的经营目标。预算目标责任书的内容则聚焦于责任部门承担的预算目标。例如，未来科技公司总经理与车间主任签订的2023年绩效合约如表9-1所示。

表 9-1　未来科技公司 2023 年干部绩效合约

发约人	王东	岗位	总经理	受约人	李西	岗位	车间主任	考核期间	2023年1月1日至2023年12月31日		
类别	考核指标	权重	指标定义或主要内容		考核指标的计算公式或衡量标准			目标值	完成值	数据来源	考核得分
KPI指标（50%）	产品产量	20%	指主要产品产量		（∑产量完成值/∑产量目标值）×20%			见产量预算		财务部	
	产品消耗	10%	指主要产品的物耗和能耗		（∑消耗目标值×实际产量）/（∑消耗完成值×实际产量）×10%			见消耗预算		财务部	
	产品成本	10%	指主要产品的制造成本		（∑单位成本目标值×实际产量）/（∑单位成本完成值×实际产量）×10%			见成本预算		财务部	
	交货及时率	10%	指产品交货及时率		[（交货次数−延误次数）/交货次数]×10%			零延误		销售部	
重点工作（20%）	重点工作完成率	20%	指公司批准的车间重点工作计划		（考核得分/100）×20%			见重点工作计划		人力资源部	
扣减项目	安全/环保/质量	—	指发生一般及以上安全、环保、质量事故		根据公司处理决定			零事故		公司办	
	工作失误损失	—	指因工作失误给公司带来经济损失的事件		根据公司处理决定			零失误		公司办	
	公司处罚决定	—	指公司决定进行处罚的其他事项		根据公司处理决定			无		公司办	
共担指标（30%）	销售收入	15%	指产品销售收入（剔除非经营性影响因素）		（完成值/目标值）×15%			见利润表预算		财务部	
	净利润	15%	指利润总额减去所得税后的余额（剔除非经营性影响因素）		（完成值/目标值）×15%			见利润表预算		财务部	
	安全	—	指给公司带来严重后果的安全事故		发生重大安全事故，所有共担指标考核成绩为0			零事故		安全部	
其他约定	(1) 薪资总额与绩效考核结果挂钩，浮动比率为30%； (2) 受约人薪资总额与绩效考核挂钩浮动的计算公式为：浮动薪酬＝薪酬总额×30%×考核得分合计； (3) 因不可抗力需要对条款进行调整的，由董事长决定； (4) 其他未尽事宜执行公司干部绩效考核办法							考核得分合计			
发约人签字：王东			签约时间：2023年1月6日			受约人签字：李西			签约时间：2023年1月6日		

三、预算执行的方法

预算经过层层分解落实,成为各部门、各岗位的责任目标,但这并不意味着企业的生产经营活动就可以高枕无忧了。因为预算规定的只是一个目标和标准,不可能规定具体的业务活动事项和业务活动过程,而企业的生产经营活动是一个连续不断的过程,所以预算执行也是一个周而复始、连续不断的过程。在预算执行中,预算执行部门应将企业的生产经营活动细分为一件件具体的业务活动事项,如采购一批材料、生产某种产品、购买某种设备、支付一笔款项等。企业一件件具体的业务活动事项就是预算执行的对象。各预算执行部门要将预算变为现实,就要针对各自负责的业务特点、业务内容和预算指标,设计、制订具体的业务活动方案,把预算执行工作落到实处。

同时,为了确保预算在受控的范围内执行,各种预算的执行还必须履行申请、批准、执行、反馈、核算、考核等管理程序。而企业预算管理部门正是通过参与预算执行的各个环节,实现对预算执行的全过程管理。下面列举几种主要预算的执行方法:

(一) 销售预算的执行

销售预算是预算编制的起点,更是预算执行的重点。在产品供过于求的条件下,销售工作的重要性不言而喻,它是企业收入的来源、生产的依据。可以说,销售预算执行结果的好坏,直接关系到整个全面预算管理运行的成败。如果销售预算落空,直接后果就是其他预算没法执行。从这个意义上讲,执行好销售预算是全面预算管理的第一要务。销售预算执行的关键是抓住销售活动的计划、控制、反馈、考核四个环节,确保销售活动的有序进行。

1. 计划

销售工作的基本法则是制订销售计划和按销售计划销售。企业推行全面预算管理,要求销售部门必须按月制订销售计划,这个月度销售计划就是销售预算执行的具体行动方案。它的具体内容是:在分析市场形势和企业现状的基础上,围绕如何完成销售预算确定明确的销售目标、回款目标以及其他定性、定量目标,并落实具体的执行人员、执行职责和执行时间。销售部门制订的销售计划必须报经公司分管领导批准,并报送财务部门及预算管理部门备案。

2. 控制

企业高层领导必须有效控制销售活动,销售部门领导必须有效控制每名销售人员的业务活动。实现两个有效控制的核心是围绕销售预算的执行,落实每名销售人员的责任,要通过制订月度行动计划和周行动计划、撰写每日销售报告和月度工作总结、考核等方式,提高销售活动过程的透明度,提高销售工作的效率,实现预算执行过程的有效控制。

3. 反馈

信息是决策的命脉,也是全面预算管理的重要内容。销售活动反馈的信息包括三个方面的内容:一是销售预算的执行情况;二是销售市场的动向、消费者的需求、竞争对手的变化、经销商的要求以及质量、价格、品种、市场趋势等市场信息;三是销售活动中存在的问题。这些信息的及时、准确反馈,有利于企业及时作出正确的经营决策,确保销售预算的圆满完成。

4. 考核

企业要定期对销售部门完成销售预算的情况进行考核;销售部门也要对每一名销售人员的销售业绩进行定期考核。对销售人员的考核包括定量和定性两个方面:定量考核主要是考核销售预算的完成情况,如销售额、回款额、费用额等指标;定性考核内容主要包括销售人员的合作精神、工作热情、对企业的忠诚度、责任感等。考核结果是企业对销售部门、销售部门对每名销售人员进行奖惩的依据,只有将考核结果与奖惩挂钩,才能充分调动销售部门及销售人员的工作积极性,有利于销售预算的圆满完成。

（二）产品成本预算的执行

产品成本预算的执行情况对企业预算期的经济效益具有重大影响。日本企业界有句名言叫"利在于本",意思是说,企业要想获得利润,关键是要控制好成本。成本决定利润,降本方能增效。在收入一定的情况下,成本是决定企业经济效益高低的关键因素。在产品质量相同或相近的条件下,产品价格是决定企业市场竞争力强弱的主要因素,而决定产品价格的主要因素是产品成本。从这个意义上讲,产品成本预算执行情况的好坏,又直接反作用于销售预算的执行。同时,降低产品成本不仅能够提高企业的市场竞争能力、生存能力和获利能力,更重要的意义还在于能够节约社会资源,利用有限的资源生产出更多的产品,从而提高社会效益。因此,加强成本管理是企业永恒的主题,也是企业预算管理的重点。产品成本预算执行的关键在于把握各项生产活动的"指令、实施、控制、核算、考核"五个环节,严格按预算支出标准实施各项产品生产活动。

1. 指令

指令是指产品生产指令,生产部门必须按企业生产指挥中心下达的生产指令从事产品生产活动。产品生产指令根据销售部门拿到的客户产品订单及产品成本预算确定,其内容既包括产品生产的品种、规格、数量、质量、时间要求,也包括产品生产的材料消耗定额、费用定额等成本控制指标。

2. 实施

生产部门必须按照产品生产指令的要求,组织产品生产和控制产品制造成本,杜绝自行安排产品生产活动的行为发生。

3. 控制

产品生产指令既是生产部门控制产品生产消耗的依据,也是物资管理部门控制生产部门领料的依据,还是财务部门控制成本费用支出的依据。

4. 核算

财务部门要按照成本预算的口径对产品生产成本进行责任核算,反馈产品成本预算的执行结果。

5. 考核

预算管理部门要对产品成本预算的执行结果进行定期考核,并根据考核结果兑现奖惩。

(三) 费用预算的执行

费用预算包括销售费用、制造费用、研发费用、管理费用和财务费用预算。这五部分费用一般占企业全部经营成本的30%以上,而且随着科学技术的日益发展,各项费用在全部经营成本中所占的比重呈现逐年提高的趋势。因此,根据预算标准控制各项费用支出是费用预算执行的重要内容。费用预算执行的关键是各项费用支出必须按照"申批、执行、核算、考核"的程序进行。

1. 申批

申批包括申请和批准两个环节。各预算执行部门在各项经济活动及费用发生之前,首先要填写经济活动及费用支出申请单,经过预算管理部门审核后,报有关领导审批。通过申批程序,可以将一切不正确、不合理、不合法、不符合预算的经济活动及费用支出制止在发生之前。

2. 执行

各预算执行部门要按照授权从事经济活动,财务部门也要按授权报销各种费用。

3. 核算

财务部门要按预算执行部门归集各项费用支出,正确核算各责任部门的费用预算完成情况。

4. 考核

每月结束后,预算管理部门要根据费用预算执行情况进行考核,并根据考核结果兑现奖惩。

(四) 材料采购预算的执行

材料成本占产品制造成本的比重一般在70%以上。产品制造成本中的材料成本是由材料消耗数量和材料价格决定的,其中材料价格是一个弹性非常大的因素。而产品制造成本中的材料价格是由材料采购价格决定的,因此严格控制材料采购价格是材料采购预算执行的重要内容,也是企业降低产品制造成本的重要途径。材料采购预算的执行一般要按照"立项、实施、支付、核算、考核"的程序进行。

1. 立项

立项是指材料采购业务在具体实施之前需要办理的申请和审批事项,包括材料采购计划和材料采购价格审批两项内容。具体执行程序如下:

(1) 材料采购计划的立项程序:①生产部门根据产品生产指令中下达的生产任务和材料消耗定额编制材料耗用计划;②物资管理部门根据材料耗用计划和材料库存情况编制材料补库计划;③采购部门根据材料补库计划编制材料采购计划;④预算管理部门审核、平衡上述各项计划,确保各项计划与公司各项预算相吻合;⑤公司总经理审查并批准材料采购计划。

(2) 材料采购价格审批的立项程序:①询价。采购部门按照公司批准下达的材料采购计划,根据采购项目的时间要求,在了解市场行情、参考过去采购记录和预算价格的基础上,向有关供应商咨询价格。询价过程和供应商的报价要如实登记备案。②核价。价格管理部门根据采购部门的询价情况,通过电话、计算机网络等渠道查询、核实采购部门的询价结果,将核价情况记录备案,并据以核定材料的最高采购限价。③审批。价格管理部门核定的最高采购限价经预算管理部门填写审核意见后,按照审批权限报有关领导审批。④谈判。采购部门根据领导审批的最高采购限价与供应商进行价格谈判,力争以较低的价格签订采购合同;对于公司常年使用的大宗材料的采购业务,由公司总经理率领采购谈判小组与生产厂商直接谈判、签订采购合同。⑤备案。采购部门与供应商最终确定采购价格后,填写材料采购价格反馈表报价格管理部门备案。

2. 实施

实施是指采购部门按照批准的材料采购计划和采购价格实施材料采购活动的过程。采购部门应将采购业务落实到具体的采购人员,并严格按采购合同实施采购业务。

3. 支付

材料采购的货款支付一般由财务部门负责,付款的依据要同时满足以下条件:①符合采购合同规定的付款时间、方式和金额;②在公司现金预算范围内;③采购发票、验收证明等相关凭证真实、完整、合法、合规、无误。

办理采购付款时,由采购部门填写材料采购付款单,财务负责人按预算审批付款;超出预算的付款,必须由采购部门申明理由,经公司总经理批准后,从预算外资金列支或调整现金预算。

4. 核算

材料采购的核算通过材料采购账户进行,可以准确反映材料预算的执行过程和结果。

5. 考核

月末,预算管理部门对采购预算的执行结果进行考核,并进行奖惩兑现。

(五) 现金预算的执行

资金是企业的血液,是企业赖以生存的源泉,资金枯竭的极端后果是整个预算成为"无米之炊",甚至企业倒闭。因此,现金预算的执行是企业预算期内生产经营活动顺利运行的保证。人们常说"企业管理要以财务管理为中心,财务管理要以资金管理为重点",就是这个道理。要加强资金管理,就必须强化财务部门的资金管理职能,加大盘活资金的力度,减少资金的流转环节,避免资金沉淀和浪费。在全面预算管理中,特别是对资本性支出项目,要认真贯彻"量入为出、量力而行"的原则。这里的"入",既要从过去自有资金的狭义范围拓宽到举债经营范围,又要考虑企业的偿债能力,杜绝出现没有资金来源或负债风险过大的长期投资项目预算。现金预算的执行包括现金收入预算执行和现金支出预算执行两部分。

1. 现金收入预算执行

企业日常的现金收入来源主要是销售货款和银行借贷资金,其中销售货款是现金收入的主要来源。现金收入预算一般按如下程序执行:

(1) 计划。销售部门要根据公司下达的销售预算和现金预算,编制具体的现金收款计划,报经预算管理部门和有关领导审批。

(2)收款。销售部门要按照现金收款计划落实现金收款任务。现金收款的时间一般分预收货款、收款发货和清收应收货款三种情况,这主要取决于产品的供求状况。收到的各类现金凭证要及时送交财务部门入账。

(3)核算。财务部门要按照现金收入的来源进行明细核算,并按日编制现金收入日报表,以便及时掌握现金收入预算的完成情况。

(4)考核。预算管理部门每月对现金收入预算完成情况考核一次,并进行奖惩兑现。

2.现金支出预算执行

现金支出预算一般按如下程序执行:

(1)申批。各个用款部门付款前必须填写现金付款申请单,预算管理部门按照现金预算签署审批意见,然后报经财务负责人审查批准。

(2)付款。财务部门根据领导签批的现金付款申请单与现金结存情况具体安排付款时间和付款金额。

(3)核算。财务部门要按部门核算现金支出预算的执行情况,并按日编制现金支出日报表,以便及时掌握现金支出预算的完成情况。

(4)考核。预算管理部门每月对现金支出预算完成情况考核一次。由于现金支出的权限不在各个预算执行部门,而且现金支出预算的完成情况在很大程度上取决于现金收入预算的完成情况,因此现金支出预算的执行结果一般不作为奖惩依据。

(六)预算执行方法案例

预算执行是一项非常务实和复杂的经济活动,各种预算执行不仅相互关联、相互影响,而且往往与预算控制、预算考核、预算奖惩交织在一起。下面通过一个案例说明预算执行的一种具体方法。

【例9-2】 新月公司是一家纺织印染企业,按客户订单组织产品生产,为了确保2023年全面预算目标的实现,公司建立了"以销售收入为起点,以目标利润为核心,通过倒逼成本的方式,将成本、费用及价格指标分解落实到有关生产厂和职能部门"为主要内容的预算执行控制体系。

新月公司为了确保2023年预算目标的全面完成,制定预算执行控制体系流程如图9-2所示。

(1)销售部根据客户要求申请生产的每一批产品,必须将销售价格控制在公司销售预算制定的预算价格之上,对于新产品订单或大额订单,可以由公司价格管理部门另行核定预算价格。

(2)在安排产品生产之前,销售部先填写产品销售收入及成本、利润预算表,表中要列明产品名称、数量、售价、销售客户等内容,然后将填好的表格报财务部。

(3)财务部对销售部报来的产品销售收入及成本、利润预算表进行分析计算,按照如下步骤分解成本、费用及材料采购预算价格指标:

① 计算期间费用和销售利润。按照公司的既定销售政策(对不同性质的产品,公司要

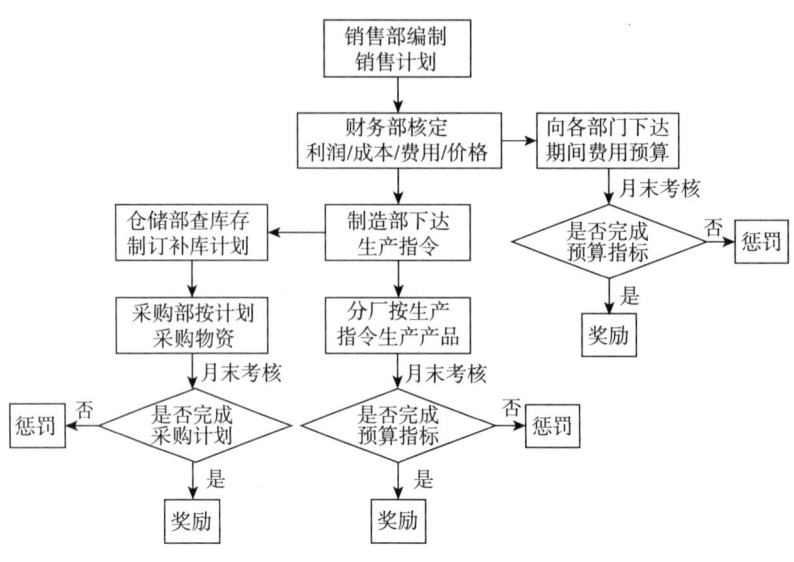

```
           ┌─────────────┐
           │ 销售部编制   │
           │ 销售计划     │
           └──────┬──────┘
                  ↓
    ┌─────────────┐      ┌──────────────┐
    │ 财务部核定   │─────→│ 向各部门下达  │
    │ 利润/成本/   │      │ 期间费用预算  │
    │ 费用/价格    │      └──────┬───────┘
    └──────┬──────┘             ↓月末考核
           ↓               ┌─────────┐    否   ┌────┐
┌─────────┐  ┌──────────┐  │是否完成 │───────→│惩罚│
│仓储部查库存│←─│制造部下达│  │预算指标 │        └────┘
│制订补库计划│  │生产指令  │  └────┬────┘
└─────┬────┘  └─────┬────┘       ↓是
      ↓             ↓          ┌────┐
┌──────────┐  ┌──────────┐     │奖励│
│采购部按计划│  │分厂按生产│     └────┘
│采购物资   │  │指令生产产品│
└─────┬────┘  └─────┬────┘
      ↓月末考核      ↓月末考核
┌─────┐否┌──────┐  ┌──────┐否┌─────┐
│惩罚│←─│是否完成│  │是否完成│─→│惩罚│
└────┘  │采购计划│  │预算指标│  └────┘
        └───┬────┘  └───┬────┘
            ↓是         ↓是
          ┌────┐      ┌────┐
          │奖励│      │奖励│
          └────┘      └────┘
```

图 9-2　新月公司预算执行控制体系流程

制定不同的价格水平、费用率及毛利率政策,如老产品的毛利率为 20%,新产品的毛利率为 25% 等),计算目标产品应分担的期间费用(指销售、管理、研发和财务等费用)和税金及附加,并计算目标产品的销售利润。计算公式为:

$$期间费用 = 销售额 \times 期间费用率$$

$$税金及附加 = 销售额 \times 税费率$$

$$销售毛利 = 销售额 \times 毛利率$$

$$目标利润 = 销售毛利 - 期间费用 - 税金及附加$$

② 倒逼成本费用及材料采购价格。首先,依据以下公式计算出产品订单的目标成本:

$$目标成本 = 销售收入 - 税金及附加 - 期间费用 - 目标利润$$

其次,根据产品成本构成,将目标成本分解为直接人工成本、制造费用和直接材料成本。计算公式为:

$$直接人工成本 = 产品产量 \times 单位工时定额 \times 小时工资率$$

$$制造费用 = 产品产量 \times 单位产品制造费用预算定额$$

$$直接材料成本 = 目标成本 - 直接人工成本 - 制造费用$$

最后,将直接材料成本分解为直接材料消耗量和采购价格。计算公式为:

$$直接材料消耗量 = 产品产量 \times 单位产品材料消耗定额$$

$$采购价格 = 直接材料成本 \div 直接材料消耗量$$

(4) 财务部测算的成本费用及材料采购价格经生产厂、采购部确认后,由公司制造部下达产品生产指令。

① 公司核定的材料采购价格是考核采购部工作业绩的依据。采购部实际采购材料的结算价格低于核定的材料采购价格的,公司按材料采购价格节约总额的 10% 奖励采购部;实际采购价格高于核定的材料采购价格的,采购部在材料采购之前必须申明理由,经公司总经理批准执行;月末考核时,若出现属于采购部的责任造成材料采购价格超过预算的情

况,则公司按材料采购价格超支总额的10%扣罚采购部的基本工资总额。

② 公司核定的"目标成本"是考核生产厂工作业绩的依据,同时生产厂应将公司核定的产品制造成本逐项分解到各个生产工序。生产厂的实际产品制造成本低于公司核定的目标成本的,公司按制造成本降低总额的10%奖励生产厂;实际产品制造成本高于公司核定的目标成本的,公司按制造成本提高总额的10%扣罚生产厂的基本工资总额。

(5) 财务部每月将销售费用、管理费用、研发费用、财务费用等指标分解落实到有关职能部门。上述费用的支出严格按预算执行,月末考核,按节约额或超支额的10%进行节奖超罚。

新月公司建立预算执行控制体系实现了生产部的制造成本与奖惩挂钩,采购部的采购价格与奖惩挂钩,销售部的销售费用与奖惩挂钩,各管理部门的管理费用与奖惩挂钩。实行上述预算执行控制体系应具备以下前提条件:

一是预算管理部或财务部要设置专门负责测算产品目标成本、期间费用和材料采购价格的人员,负责公司的成本管理、价格管理和预算执行控制体系的成本费用测算与考核工作。

二是建立健全公司的定额管理、价格管理和原始记录管理。

三是制定有关产品、材料的价格政策和各种费用率、利润率水平,对有关部门和人员实行授权管理。

四是财务部的成本核算办法要适应预算执行控制体系的要求,按产品生产指令核算成本。同时,每道产品生产指令都要有一个唯一的编号,与该产品生产指令相关的材料领料单、人工工时记录单、费用支出单等都要注明该产品生产指令编号,这样财务部就可以很方便地归集和核算每道产品生产指令的成本费用。

第三节 预算控制

一、预算控制概述

预算控制是按照一定的程序和方法,确保企业及各预算执行部门全面落实和实现全面预算的过程。如前所述,预算控制与预算执行密不可分,预算执行的过程也就是企业以预算为标准控制生产经营活动的过程。

预算控制有三个基本条件:一是要有明确的控制标准或控制目标,没有控制标准或控制目标也就无所谓预算控制;二是预算被控客体必须有多种发展可能性,如果被控客体的发展方向和结果是唯一的、确定的,也就谈不上预算控制;三是预算控制主体可以在被控客体的多种发展可能中通过一定的控制方法进行选择,如果这种选择不成立,预算控制的目标也就无法实现。在这里,预算被控客体是指各个预算执行部门和各项经济活动,预算控制主体是指公司股东(大)会、董事会和各级经营管理层,预算控制标准或控制目标是指经公司决策机构批准实施的各项预算,控制方法是指为确保预算执行而使用的各项控制工具和手段。

被人们誉为"管理过程之父"的法国著名管理学家亨利·法约尔(Henri Fayol)指出,在一个企业,控制就是核实所发生的每一件事是否符合所规定的计划、所发布的指示以及所确定的原则。其目的就是要指出计划实施过程中的缺点和错误,以便加以纠正和防止重犯。控制在每件事、每个人、每个行动上都起作用。企业通过预算编制为预算期的生产经营活动制定目标和依据,通过预算执行将编制的预算付诸实施,通过预算控制确保预算执行不偏离预算的方向和目标。因此,预算控制是全面预算管理体系中的关键环节之一,是全面预算目标得以顺利实现的保障。

(一)预算控制的特征

1. 预算控制是一种目标控制

预算控制具有很强的目的性,预算控制所采取的一切手段和方法都是为了一个目的,即实现预算目标。在预算执行前期,采取事前审批的控制手段,可以制止不符合预算目标的经济活动运行;在预算执行中期,采取实时监控、预算调整等控制手段,可以纠正偏离预算目标的经济活动;在预算执行后期,采取信息反馈、预算考评等控制手段,可以发现预算执行结果与预算目标的差异,为下一周期的预算执行指明方向和目标。

2. 预算控制是一种价值控制

企业实施全面预算管理的根本目的是实现企业价值的最大化,企业生产经营的各个环节,从材料采购、产品制造到产品销售,都是一个不断增加企业价值的过程。预算控制是以价值管理为手段,采取程序控制、授权控制、实时监控、反馈控制等方式,确保企业生产经营活动的各个环节都能实现最合理的增值,从而实现企业价值最大化的目标。

3. 预算控制是一种制度控制

预算一经确定,在企业内部已具有"法律效力"。预算控制所采取的程序、方法都以预算为目标,以严格、规范的预算管理制度为依据,从而提高了预算控制的权威性,保证了预算控制的有效性。

(二)预算控制的原则

1. 全面性原则

预算控制是一项全方位、全过程的控制活动,作用于全面预算管理的全过程。

2. 及时性原则

预算控制通过对各项生产经营活动的实时监控,可以及时发现预算执行中的偏差,并及时采取措施加以纠正。

3. 经济性原则

预算控制所采取的一切程序和方法都必须是合理的、必要的,是能够通过控制活动实现投入产出最大化的增值活动。

4. 客观性原则

预算控制以预算目标为依据,对各项经济活动进行实事求是的控制和管理。

5. 适应性原则

预算控制离不开企业外部市场环境和企业内部特定环境的影响,而这些环境因素往往是发展变化的,因此预算控制必须适应内外部环境的变化,适应企业的具体情况。

6. 权威性原则

预算控制是一种约束行为,没有权威的约束行为起不到任何控制作用,因此预算控制必须具备权威性。

(三) 预算控制的种类

预算控制可以按控制方法、控制功能、控制时序、控制对象等标准分为不同种类。

1. 按控制方法分类

按控制方法可以将预算控制分为授权控制、反馈控制、调整控制和制度控制等。

(1) 授权控制是指企业通过建立授权批准制度,确保一切生产经营活动都在授权的范围内运行。

(2) 反馈控制是指通过采取实时汇报、定期报告、会议调度等信息传递手段,实现对生产经营活动的有效控制。

(3) 调整控制是指采用调整预算项目或预算标准的方法,确保预算的顺利执行。

(4) 制度控制是指通过制定预算管理制度,实现对生产经营活动的制度化管理。

2. 按控制功能分类

按控制功能可以将预算控制分为预防性控制、导向性控制、纠正性控制和补偿性控制等。

(1) 预防性控制是指为防范风险、舞弊、错误和非法行为发生而采取的控制措施。

(2) 导向性控制是指为保证各项生产经营活动达到预期目标而采取的控制措施。

(3) 纠正性控制是指针对生产经营活动中出现的偏离预算的行为所采取的控制措施。

(4) 补偿性控制是指针对生产经营环节中出现的某些不足或缺陷而采取的控制措施。

3. 按控制时序分类

按控制时序可以将预算控制分为事前控制、事中控制和事后控制。

(1) 事前控制也称原因控制,是指在经济活动行为发生之前进行的控制。

(2) 事中控制也称过程控制,是指在经济活动行为发生过程中进行的控制。

(3) 事后控制也称结果控制,是指在经济活动行为发生之后进行的控制。

4. 按控制对象分类

按控制对象可以将预算控制分为资金控制、销售控制、生产控制、采购控制和投资控制等。

(1) 资金控制是指对企业资金收支进行的控制。

(2) 销售控制是指对企业销售活动进行的控制。

(3) 生产控制是指对企业生产活动进行的控制。

（4）采购控制是指对企业采购活动进行的控制。

（5）投资控制是指对企业投资活动进行的控制。

（四）预算控制的基础

预算控制的基础是进行预算控制必须具备的基本条件，主要包括以下五个方面：

1. 组织保证

预算控制必然涉及控制主体和被控制对象。就控制主体而言，应当围绕预算控制建立有效的组织保证。例如，为了制定预算，就要建立相应的预算编制机构和预算决策机构；为了准确反映预算执行过程和执行结果，就要建立责任会计核算机构；为了组织、实施预算控制，就要建立相应的预算监督和协调机构；为了对预算执行结果进行考核、评价，就要建立相应的预算考评机构等。就被控制对象而言，应本着有利于将全面预算分解落实到企业内部各部门、各层次和各岗位的原则，设立预算执行的责任中心，并落实各责任中心的责、权、利，使各责任中心对其承担的预算指标既能有效控制，又能有效完成。

2. 制度保证

预算控制制度是企业进行有效控制的法规保障，制定预算控制制度既有利于约束预算执行部门从事各种生产经营活动的行为，又有利于规范预算控制部门和人员的控制行为，提高预算控制的权威性。预算控制制度主要包括预算编制控制制度、预算执行控制制度、预算调整控制制度、预算分析控制制度、预算考评控制制度等。

3. 控制目标

预算控制的总目标就是公司最高决策机构批准下达的全面预算。全面预算的各项目标既是预算部门从事生产经营活动的依据，也是预算控制的依据。企业要通过预算目标的层层分解，将预算目标细分为各责任中心的具体工作目标，从而实现预算控制目标的明晰化和具体化。

4. 会计核算

预算控制离不开会计核算，会计核算可以及时、准确地反映预算的执行进度和执行结果，为预算控制提供翔实的控制依据。透过会计核算资料，可以了解、分析各项预算的执行情况、存在的差异及成因，并提出相应的纠正措施。

5. 信息反馈

预算控制是一个动态的控制过程，要确保各项预算的贯彻执行，就必须对各预算执行部门的预算执行情况进行跟踪监控，不断调整执行偏差。这就需要建立一个以会议、报表、报告为主要形式，以计算机为主要传递手段的信息反馈系统。

（五）预算控制的主体

现代企业产权关系的主要特征是所有权和经营权分离，经营者代替出资者控制企业的经营管理权。委托代理理论认为，出资者将其拥有的资产根据预先达成的条件委托给经营者经营，所有权仍归出资者所有，出资者按出资额享有剩余索取权和剩余控制权。经营者在委托人授权范围内，按企业法人制度的规则对企业财产等行使占有、支配和处置的

权力。因此,预算控制的主体主要有两个:一个是出资者,另一个是经营者。二者进行预算控制的方法和内容如下:

1. 出资者预算控制

出资者预算控制是出资者为了实现资本保全和资本增值、提高资本收益水平而进行的预算控制。其控制方式主要有以下五种:

一是通过股东(大)会审议财务预算的方式,实现对企业经营活动的事前控制;

二是通过以股东为主体组成的公司董事会,对企业经营活动实行决策控制;

三是通过在企业实行监控型财务总监制,实现对企业经营活动的预算控制;

四是通过出资者代表组成的监事会,实现对企业经营活动的日常监控;

五是通过审议经营者年终决算报告的形式,实现对企业经营活动的事后控制。

2. 经营者预算控制

经营者预算控制是经营管理者为了实现全面预算目标而对企业各项经营活动和财务收支进行的预算控制。其控制方式主要有以下六种:

一是通过分解预算目标,将全面预算责任转化为部门预算责任;

二是通过授权制度,确保各项经营活动的有效进行;

三是通过财务控制,确保各项财务收支活动的合理、合法;

四是通过调整控制,确保预算的可执行性;

五是通过考评控制,激励和约束各预算执行部门的行为;

六是通过审计控制,增强预算控制的权威性和严肃性。

二、预算的授权控制

(一)授权控制的含义

授权是指授予某个部门或某个人对于某类业务或某项具体业务作出决策的权力;授权控制也称授权书控制,是指在办理各项经济业务时,必须经过规定程序的授权批准。授权控制是一种事前控制,一般通过授权文件的形式来规定,授权文件除授权人持有外,还要下达到公司各预算执行部门。授权控制的原则是对在授权范围内的行为给予充分信任,但对授权范围之外的行为不予认可。

(二)授权控制的形式

授权控制的形式可分为一般授权和特别授权。

(1)一般授权是指对办理常规性经济业务的权力、范围、条件和有关责任作出的规定,通常以文件的形式规定一般性交易办理的条件、范围和对该项交易的责任关系。例如,企业对各职能管理部门按照职责范围作出的权限划分就属于一般授权;企业的各级领导通过文件形式规定的权限范围也属于一般授权。一般授权适用于重复性的日常生产经营活动,其时效一般较长。

(2)特别授权是指对办理例外的、非常规性交易事项的权力、条件和责任作出的规定。例如,非经常性的、重大的筹资行为、投资行为、资产重组、收购兼并、担保抵押、关联交易等。对于超过一般授权限制的常规性交易也需要特别授权。特别授权一般只涉及对特定经济业务进行处理的相关人员,其权力一般集中在高层管理者手中。

(三) 授权控制的内容

一个完善的授权控制体系应该包括以下四个方面的内容:

一是授权批准的范围,企业的各项生产经营活动都应纳入;

二是授权批准的层次,应根据经营活动的重要性和金额大小划分权限,以保证企业的不同层级都能有责、有权且权责对等;

三是授权批准的程序,应具体规定每类经济业务的审批程序,避免越权审批、违规审批、重复审批现象发生;

四是授权批准的责任,要明确授权批准人所承担的经济责任,做到有多大权力就要承担多大责任。

(四) 授权控制的基本要求

授权控制有以下基本要求:

(1) 企业所有人员未经合法授权,不能行使权力;

(2) 企业的所有业务未经授权,不能执行;

(3) 企业的所有业务一经授权,必须予以执行。

(五) 授权控制案例

【例 9-3】 真谛公司为了确保对预算执行过程的有效控制,制定了预算授权控制制度。公司的具体审批程序及授权控制文件如下:

真谛公司预算审批程序及授权规定

为规范预算审批程序,明确业务经办人、部门负责人及审批人的权限与责任,确保公司各项经济业务活动在预算的框架内"合理、合法、合规"地进行,有效避免财务风险,特制定本规定。

1. 预算支出的分类

公司的预算支出按性质划分为七大类:

(1) 日常物资采购支出指公司发生的与生产经营活动有关的各项物资采购支出,如采购生产用材料、外协件、包装物、维修用备品备件等物资的支出。

(2) 日常成本费用支出指公司发生的与生产经营活动有关的各项成本费用支出,如差旅费、运费、保险费、办公费、财务费用等支出。

(3) 低值易耗品采购支出指公司发生的不纳入固定资产管理的劳动资料采购支出,如工装器具、办公家具、劳动保护用品等。

(4) 设备采购支出指公司发生的各类设备采购支出。

(5) 基建技改支出指公司发生的基本建设项目支出与技术改造项目支出。

(6) 对外投资支出指公司发生的股权投资和债权投资支出。例如,将现金或其他资产投入被投资企业,在证券市场上购买其他企业的股票,认购国库券、各种公债、企业债券等。

（7）其他业务支出指公司发生的其他业务支出，如对外赞助、扶贫等公益性支出和其他营业外支出。

2. 预算支出的立项

（1）公司年度内的各项支出必须纳入年度预算，并分解细化为月度预算。

（2）各项资金支出业务发生前，由业务实施部门在预算范围内填写预算支出立项表，经有关领导批准后实施。

（3）公司的物资采购、固定资产购置、基建技改、对外投资等重大业务办理必须与对方单位签订经济合同或协议，并到财务部办理备案。

（4）未办理预算支出立项手续及应签订而未签订合同、协议的经济业务支出，一律不得安排资金支出。

3. 预算支出的审批程序与权限

公司各项预算支出审批分为业务立项审批和资金支付审批两大类。其中，业务立项审批是指公司是否允许经济业务发生及办理的审批；资金支付审批是指公司是否安排货币资金支付的审批。

（1）业务立项审批。业务立项根据业务内容及限额分别由部门经理、分管副总经理、总经理及董事长审批。其中，常规业务审批规定如表9-2所示，非常规业务审批规定如表9-3所示。

（2）资金支付审批。货币资金的对外支付由公司财务总监审批。审批的主要依据有六项：①公司下达的现金预算；②经济业务办理审批手续是否齐全（是否立项，业务经办人、审批人是否在各类付款凭单上签字）；③经济业务是否合理、合法、合规；④是否签署有关付款合同、协议；⑤公司货币资金结存状况和总体安排；⑥其他需综合考虑的情况。

（3）财务总监对违反财经法规、政策和公司有关规章的资金支出，以及有可能在经济上给公司造成损失、浪费的资金支出，有权予以制止或纠正，制止或纠正无效时，提交公司总经理处理。

（4）财务部协助财务总监搞好资金支出的审查工作，对于各种不合理、不合法、不真实、不完备的资金支出，有权不予受理。

4. 资金支出及报销程序

资金支出及报销程序包括预算、立项、审核、批准和付款五项手续。

（1）预算指将公司的货币资金支出全部纳入预算管理，没有预算的资金支出财务部一律不办理付款。

（2）立项指各项业务实施前，由业务经办人办理业务立项审批手续。

（3）审核指财务部稽核人员对各类付款业务进行会计审核。

（4）批准指公司财务总监对各类付款业务进行签批。

（5）付款指财务部出纳员办理付款业务。

5. 预算支出经办人与审批人的责任

（1）业务经办人对经济业务的真实性、合法性负责。

(2) 部门负责人对经济业务的真实性、合法性、合规性负责。

(3) 审核人对经济业务的合法性、合规性、合理性负责。

(4) 批准人对经济业务的有效性、合法性负责。

6. 其他

(1) 本规定经公司总经理办公会研究并报董事会批准。

(2) 本规定自 2022 年 12 月 1 日起施行。

附：常规业务审批权限表（表 9-2）和非常规业务审批权限表（表 9-3）。

2022 年 11 月 21 日

表 9-2　常规业务审批权限表

业务类别	支出项目	金额	第1审批人	第2审批人	第3审批人	第4审批人
日常物资采购	材料、包装物	≤1 万元	部门经理			
		>1 万元	部门经理	分管副总经理		
	外协件、备件	≤1 万元	部门经理	分管副总经理		
		>1 万元	部门经理	分管副总经理	总经理	
日常成本费用	一般员工出差	无限额	部门经理			
	部门经理出差	无限额		分管副总经理		
	副总经理出差	无限额			总经理	
	总经理出差	无限额				董事长
	招待费	≤500 元	部门经理	分管副总经理		
		>500 元	部门经理	分管副总经理	总经理	
	运费	无限额	部门经理	分管副总经理		
	外协加工	≤5 万元	部门经理	分管副总经理		
		>5 万元	部门经理	分管副总经理	总经理	
	广告费	无限额	部门经理	分管副总经理	总经理	
	培训费	无限额	部门经理	分管副总经理	总经理	
	咨询费	无限额	部门经理	分管副总经理	总经理	
	保险费	无限额	部门经理	分管副总经理	总经理	
	办公费	≤500 元	部门经理			
		>500 元	部门经理	分管副总经理		
	技术开发	无限额	部门经理	分管副总经理	总经理	
	工资福利	无限额	部门经理	分管副总经理	总经理	
	财务费用	无限额	部门经理	分管副总经理		
	其他	无限额	部门经理	分管副总经理	总经理	
低值易耗品采购	生产用	无限额	部门经理	分管副总经理		
	非生产用	无限额	部门经理	分管副总经理	总经理	

（续表）

业务类别	支出项目	金额	第1审批人	第2审批人	第3审批人	第4审批人
设备采购	通用设备	≤2万元	部门经理	分管副总经理		
		>2万元	部门经理	分管副总经理	总经理	
	专用设备	≤1万元	部门经理	分管副总经理		
		>1万元	部门经理	分管副总经理	总经理	

表 9-3 非常规业务审批权限表

业务类别	支出项目	金额	第1审批人	第2审批人	第3审批人	第4审批人
基建技改项目	技术改造	≤50万元	部门经理	分管副总经理	总经理	
		>50万元	部门经理	分管副总经理	总经理	董事长
	基本建设	≤100万元	部门经理	分管副总经理	总经理	
		>100万元	部门经理	分管副总经理	总经理	董事长
对外投资	股权投资	无限额	部门经理	分管副总经理	总经理	董事长
	债权投资	无限额	部门经理	分管副总经理	总经理	
其他业务	对外赞助	无限额	部门经理	分管副总经理	总经理	董事长
	其他	无限额	部门经理	分管副总经理	总经理	

三、预算的调整控制

预算调整是指在预算正式批准下达以后，出于特定原因，按照规定的程序对预算进行修改、完善的过程。

（一）预算调整的必要性

在预算执行过程中，随着主客观条件的发展变化，或者出于错综复杂的原因，有时会出现预算脱离实际的情况。为了保证预算的科学性、严肃性与可操作性，企业有必要对编制的预算进行适当调整，这种调整实际上是对预算的一种完善、提升和控制。预算调整的必要性主要由以下四项因素决定：

1. 预算管理的适应性特征

全面预算管理是市场经济的产物，其实施过程必须适应市场环境变化的需要；全面预算管理是为企业生产经营活动服务的，预算的运行必须符合企业管理的内在要求。因此，当市场环境和企业内部条件发生较大变化时，为了增强预算的适应性，应当对预算进行适时调整。

2. 预算的直接用途

当编制的预算出于种种原因无法执行或者执行现行预算会使企业遭受经济损失时，就应毫不犹豫地对预算进行调整。因为编制预算是为了执行预算，是为了更好地从事各项经济活动，如果起反向作用，那么显然不符合预算作为管理控制系统的初衷，所以预算调整合理且必要。

3. 预算编制的基础

编制预算是为了把握未来、规划未来,从而安排预算期内的经济活动。然而,预算的编制往往需要很多假设条件,如销售价格、采购价格、市场供求关系等,如果预算期内的实际情况与预算编制的假设条件有重大差异,就会导致无法执行现行预算的情况。因此,当预算编制基础发生重大变化时,就必须对预算进行调整。

4. 预算管理的复杂性

预算编制是一项集技术性、复杂性、综合性于一体的系统工程,尤其是在刚刚推行全面预算管理的企业,由于初次接触预算,大家经验不足、预测能力差,对预算进行定期调整是很自然的事情。如果片面强调预算的刚性特征而不对预算进行适时调整,无异于自己和自己过不去,也无异于将全面预算管理引向绝路。

总之,预算的可调性是全面预算管理的一大特色,这种预算调整活动既是预算控制的重要手段,又是确保预算顺利执行的必要措施。

(二) 预算调整的特殊性

预算正式批准下达以后,一般不予调整。如果预算调整过于频繁,就会对预算及全面预算管理制度的权威性构成很大的威胁,预算也就不能成为企业生产经营活动的"硬约束",而且会给员工一种"计划不如变化快"的感觉。这样,编制预算就失去了意义,人们也就不会以严肃认真的态度去对待预算编制工作了。因此,预算调整必须谨慎,要明确预算调整在预算执行中的特殊性,正确处理预算调整必要性和特殊性的辩证关系,严格遵循预算调整的程序和原则,从而逐步实现培养预算意识、端正预算编制态度、提高预算能力、增强预算准确性的目标。

(三) 预算调整的原则

企业在进行预算调整时,应当遵循以下五项原则:

1. 符合性原则

预算调整应当符合企业发展战略、年度经营目标和现实状况,调整的结果不能偏离企业发展战略和年度经营目标。

2. 最优化原则

预算调整方案应当客观、合理、可行,在经济上能够实现最优化。预算应该是越调越好,而不是走向反面。

3. 谨慎性原则

预算调整绝不应该成为预算执行过程中的普遍现象,必须谨慎从事,严格控制调整频率和调整幅度,应尽量减少预算年度的调整次数。

4. 例外原则

预算调整重点应当放在预算执行中出现的重要的、非正常的、不符合常规的关键性差异。

5. 双向原则

预算调整不仅包括将预算指标调低,还包括将预算指标调高。将预算调整得科学、合理、符合实际情况,是预算调整的方向和目标。

对于不符合上述原则的预算调整报告,预算决策机构应当予以否决。

(四) 预算调整的条件

为了保证预算的科学性、严肃性、可操作性和可控性,在预算执行过程中,当发生下列情况而致使预算的编制基础不成立,或者预算执行结果产生重大偏差时,就应对已制定的预算项目或预算指标进行调整:

(1) 国家相关政策发生重大变化,导致无法执行现行预算。国家产业、价格、税收、产品进出口等相关政策的调整,都会对某些行业、企业的生产经营产生重大影响,对预算进行调整也就是很自然的事情。

(2) 企业决策层对生产经营作出重大调整,致使现行预算与实际相差甚远。为了更好地利用企业的各项资源,实现价值最大化目标,企业有时会根据内部资源条件的变化而主动调整生产经营结构,这时调整预算也就成为必然。

(3) 国内外市场环境发生重大变化,企业必须调整营销策略和产品结构。全面预算的编制起点是销售预算,销售预算编制的重要依据是市场需求,当国内外市场需求发生重大变化时,企业为了适应市场变化,必须调整营销策略和产品结构。在这种情况下,预算跟着市场进行调整也是必需的。

(4) 突发事件及其他不可抗事件导致原预算不能执行。如果发生诸如战争、瘟疫、地震、水灾、火灾等重大自然灾害和非企业所能控制的重大事件,导致企业无法正常生产或无法执行现行预算,就必须调整预算。

(5) 企业刚刚开始推行全面预算管理,大家对预算编制还不够熟悉,导致预算与实际差距太大而无法执行。

(6) 公司预算管理委员会认为应该调整的其他事项。

(五) 预算调整的程序

预算调整同预算编制一样,是全面预算管理的一个既重要又严肃的环节,必须建立严格、规范的调整审批制度和审批程序。一般而言,预算调整应经过以下程序:

1. 申请

预算调整申请由预算执行部门或预算编制部门向预算管理办公室提出,申请报告主要包括以下六项内容:①现行预算执行情况和执行进度;②预算调整的原因和理由;③预算调整方案建议;④预算调整前后的指标对比;⑤预算调整对企业预算总目标的影响;⑥预算调整后的措施等。

2. 审议

预算管理办公室应当对各预算执行部门提交的预算调整申请进行审核分析,集中编制企业预算调整方案,提交公司预算管理委员会审议。

3. 批准

经审议后的预算调整申请,应根据预算调整事项性质或预算调整金额的不同,按照授权进行审批,或提交原预算审批机构审议批准,然后下达执行。按照《中华人民共和国公司法》关于公司股东(大)会"审议批准公司的年度财务预算方案、决算方案"的规定和现代企业制度的要求,企业预算调整的批准权限应进行如下划分:

(1) 不涉及销售收入、利润等预算总指标,只是调整产品结构、收入结构、成本结构、费用结构、筹资结构的经营预算调整事项,由总经理办公会议批准。

(2) 涉及销售收入、利润等预算总指标的经营预算调整事项,以及涉及资本性投资、企业兼并、合资、股权结构变更、资本收益率变化等的重大预算调整事项,一般由公司董事会审批,或报请股东(大)会审议批准。

大型企业应当建立弹性预算机制,对于不影响预算总目标的结构性调整,可以按照授权批准制度进行调整。

公司预算管理委员会或董事会在审批预算调整方案时,应当依据预算调整条件,并考虑预算调整原则严格把关:对于不符合预算调整条件的,予以否决;对于预算调整方案欠妥的,应当协调有关部门研究改进方案,并责成预算管理办公室修改后再执行审批程序。

(六) 预算调整的频率和时间

预算调整的频率一般为一年2—3次,调整的时间一般在每年的4月初、7月初或10月初,选择这些时间的主要原因是便于总结、分析过去一个季度、半年及三个季度的预算执行情况。

在预算实务中,企业可以采取分大项预先设置预算调整额度的办法,解决某些预算项目因基础资料掌握不全或预算项目本身很复杂而面临的预算编制不准确的问题。通过设置预算调整额度,日常预算的微调就可以由预算管理办公室或预算执行部门自行调节处理了。这样既可以使预算保持一定的灵活性,又不失对预算的控制,有利于预算的顺利执行。

四、预算的反馈控制

预算反馈控制是指通过会议、报告、调度、分析等多种形式,及时掌握预算执行情况的预算控制活动。建立健全预算信息反馈系统是确保全面预算管理系统高效、协调运行的基础与保障,也是实施预算控制的重要工具。为保证预算目标的顺利实现,在预算执行过程中,各级预算执行部门要定期对照预算指标及时总结预算执行情况,对发生的新情况、新问题及出现较大偏差的重大项目,应当及时查明原因,计算差异,提出改进措施和建议;财务部门应当利用各责任中心的会计核算资料和财务报表监控预算的执行情况,及时提供预算的执行进度、执行差异及其对企业预算目标的影响等财务信息,促使企业各预算执行部门完成预算目标;公司预算管理部门要及时向公司预算管理委员会报告预算的执行情况,以便公司决策管理层能够及时、全面地了解情况,进行协调、监督和指导;公司预算管理委员会也要定期召开预算执行分析会议,全面、系统地分析预算管理部门提交的预算执行报告,对存在的问题及出现较大偏差的重大项目,责成有关预算责任部门查找原因,提出改进经营管理的措施和建议。

预算反馈控制主要包括预算反馈例会和预算反馈报告两种形式。

(一) 预算反馈例会

预算反馈例会是指为了保证预算目标的顺利实现,在预算执行过程中,预算管理部门和预算执行部门定期召开的各种预算例行会议。通过召开各种例会,可以对照预算指标及时掌握预算执行情况,掌握差异,分析原因,提出改进措施。例如,企业定期召开的资金周调度会、财务月度分析会、经营活动季度总结会等,都是预算反馈例会的有效形式。

(二) 预算反馈报告

预算反馈报告是指采用报表、报告、通报等书面或电子文档形式进行预算信息反馈的预算控制方式。预算反馈报告是预算反馈控制的重要内容,预算反馈报告反馈的各种信息是各级领导和预算管理部门实施预算控制的重要依据。

1. 预算反馈报告的基本要求

(1) 真实性。预算反馈报告是企业各个环节预算执行过程和执行结果的总结,是企业各级领导进行决策管理的重要依据,必须做到真实、准确;否则,预算反馈报告就失去其最基本、最重要的作用,就会给企业带来一系列的决策和控制失误。

(2) 及时性。预算反馈报告是实施预算控制和经营决策的重要依据,为了有助于决策,必须在决策前得到相关报告;为了有助于控制,必须在采取控制行动之前得到相关报告。由于预算控制的对象是企业的日常生产经营活动,是预算执行的过程,迟到的反馈信息只会带来决策的滞后和控制的无效,所以预算反馈报告的及时性是预算调控职能实现的关键。预算反馈报告的及时性包括对报告期间和报告日期两方面的要求。

传统的财务报告是按月进行编报的,这显然不能满足预算控制的要求。为了适应预算管理的需要,预算反馈报告的期间应该尽可能地缩短,比如有关现金流量的反馈报告应该按日编报,有关产品产量及产品销量的报告应该按周编报等。预算反馈报告的编报日期应尽可能提前,要尽量减少中间的传递环节和时间延误。另外,预算反馈报告期间应视情况而定,当发生非常事件时,报告日期不应受期间和时间规定的限制,必须随时报告。

(3) 系统性。全面预算管理将企业所有经济活动都纳入预算管理的范围,预算反馈报告要以预算为依据,在对预算执行情况进行系统记录、计量和分析的基础上形成预算反馈报告。在各个预算执行部门中,不同层次的责任中心有不同的责任预算目标,因而需要编制不同的反馈报告,反馈报告的详尽程度应根据不同的管理需要而定,但系统性和完整性的要求是一致的,即反馈报告应该覆盖整个责任中心,并突出其责任预算目标的执行情况。一般而言,系统、完整的预算反馈报告系统应是预算编制下达的逆运行系统。因此,预算反馈报告应以最基层为起点,逐级汇总上报,直至企业最高决策层,以形成完整的全面预算反馈报告系统。

(4) 有用性。如实反映是会计核算的基本职能,而向决策者提供有用的信息则是对反映的基本要求。有用的信息首先必须具有相关性,与决策无关、对控制无用的信息再准确、再及时也只是浪费报告编制者和使用者的时间。为了使预算反馈报告的信息与公司决策及控制需要相关,预算反馈报告既要反映各责任中心所能控制的内容,又要反映各级领导及管理层进行决策和控制所需的数据资料。另外,预算反馈报告的重点除揭示预算执行的差异外,更重要的是分析和揭示预算差异的产生原因,并提出改进的意见和建议。

（5）多样性。定期编制的预算反馈报告可以采用报表、数据分析、文字说明等多种形式,也可以采取当面汇报、电话汇报、短信汇报等更具灵活性的方式。为了满足报告及时性的要求,还可以将碰头会纳入定期反馈报告制度。比如有的企业在编制预算时,通过每日早晚开碰头会的方式,很好地健全和完善了预算反馈报告制度,优化了预算信息的反馈职能。另外,预算反馈报告的多样性还包括要根据报告使用者的不同层次和要求,提供不同形式的反馈报告。例如,给公司总经理提供的反馈报告就要把简洁明了放在第一位,因为公司总经理的工作非常繁忙,不能让数字将其淹没。

2. 预算反馈报告的种类

根据使用对象的不同,可以将预算反馈报告设计成标准预算反馈报告、简式预算反馈报告和专题预算反馈报告三种类型。其中,标准预算反馈报告是基础,简式预算反馈报告是核心,专题预算反馈报告是补充。

（1）标准预算反馈报告。标准预算反馈报告主要反映预算项目、预算指标、预算执行情况、预算执行差异和预算执行说明五个方面的情况。其基本格式如表9-4所示。

表9-4　预算反馈报告（标准）

编报单位：　　　　　预算期间：　　　年　月　日至　月　日　　　　　　　单位:万元

序号	项目	预算	实际	差异	说明

标准预算反馈报告中的"项目"栏反映反馈报告的事项,主要填写产品名称、部门名称或具体预算项目；"预算"栏反映预算指标；"实际"栏反映预算执行结果；"差异"栏填写"预算"栏与"实际"栏的数据差额；"说明"栏对需要注明的事情加以解释和说明。

预算控制的一个重要特点是差异控制。因此,有一张预算表就要有一张相应的标准预算反馈报告。显然,企业需要编报数量可观的标准预算反馈报告。标准预算反馈报告一般由财务人员按照不同的预算执行部门和经营环节进行分门别类的编制,因为企业普遍使用了计算机信息处理系统,所以预算反馈报告的编制还是非常快捷的。预算反馈报告的传递途径主要是计算机系统,没有特殊需要,可以不打印。标准预算反馈报告是简式预算反馈报告的编制基础和依据。

（2）简式预算反馈报告。简式预算反馈报告是以标准预算反馈报告为基础,根据领导决策和控制需要而编制的简洁明了的反馈报表。例如,向公司总经理报送的简式预算反馈报告格式如表9-5所示。

表 9-5　预算反馈报告(简式)

编报单位：　　　　　预算期间：　　年　月　日至　月　日　　　　　　报送：总经理

序号	项目	预算	实际	差异	说明
1	销售收入				
2	利润				
3	现金收入				
4	现金支出				
5	现金余额				
6	产品产量				
7	产品销量				
8	产品单位成本				
9	产品合格率				
10	银行借款余额				

标准预算反馈报告编制完成后，从中提炼一个简式预算反馈报告是非常容易的事情。简式预算反馈报告的填报内容要结合企业的具体情况和报告使用者的需要而定。具体填报哪些内容，应征求三个方面的意见：一是报表使用者的意见，询问其需要及时掌握哪些信息；二是报告主体的意见，也就是各预算执行部门最希望报告给使用者哪些信息；三是财务人员的意见，财务人员从专业角度考虑报表使用者应掌握哪些信息。

(3) 专题预算反馈报告。专题预算反馈报告是指非定期的、针对预算执行中出现的重大事件或非常规事件编报的反馈报表。需要编制专题预算反馈报告的一般情况如下：一是对重大事件进行的专题调研、分析报告；二是标准预算反馈报告、简式预算反馈报告不能涵盖的报告事项；三是其他需要报送预算反馈报告的情况。

五、全面预算控制案例

下面简要介绍笔者在亚星集团担任副总经理兼总会计师期间对整个集团公司实施预算控制的方法。

亚星集团是1994年由数个独立企业组建的集团公司，拥有数个控股子公司、全资子公司和分支机构。集团公司组建初期，内部分散化严重，凝聚力不强，公司通过大刀阔斧的财务体制改革和推行全面预算管理，很快扭转了被动局面，取得了很好的管理业绩。

(一) 组织保障

1994年，集团公司首先实行"三统一分"[①]的财务管理体制，基本内容如下：

(1) 机构统一。集团公司下属核心企业、子公司和分公司的财会机构统属集团公司财务部的直属部门或派出机构。

---

① "三统一分"财务管理模式在20世纪90年代曾风靡我国，荣获全国企业管理优秀奖、社会科学成果三等奖等称号。尽管年代久远，但这个方法历久弥新，对于企业搞好财务管理和全面预算管理有着重要的指导意义。

（2）人员统一。集团公司所属核心企业、子公司和分公司的财会人员统归集团公司财务部领导；委派到各公司工作的财会人员实行岗位轮换制，一般2—3年轮换一次。

（3）资金统一。成立与集团公司财务部合署办公的内部银行，由财务部统一对整个集团公司的生产经营、基建技改资金进行筹措、运营和监控，实行统存、统贷；集团公司下属核心企业、子公司和分公司的货币资金收支一律采用内部资金支票方式，通过内部银行办理存款或付款业务。

（4）核算分离。集团公司下属核心企业、子公司和分公司的会计核算一律由集团公司财务部负责，各公司单独设置会计账簿，分别核算成本、计算盈亏。

"三统一分"财务管理体制的成功实施，为全面预算管理的顺利推行提供了组织保障、打下了坚实基础。

（二）方法保障

为了彻底解决财务管理活动与生产经营活动相互脱节的问题，集团公司实施了以推行全面预算管理为核心内容的"三个重点转移"，实现了对生产经营活动的事前、事中、事后全过程控制、监督和管理。

1. 推行全面预算管理制度，实现财务控制的重点向全面预算转移

集团公司财务部下设预算管理处，专司预算管理之职。财务部通过全面预算的编制、执行、考核三个环节，实现对企业一切生产经营活动全过程的控制和管理。

（1）在预算编制环节，财务部依据"统筹兼顾、先急后缓、量入为出"和"自上而下、自下而上、上下结合、全面平衡"的原则，将企业的一切生产经营活动全部纳入年度预算和月度预算，经总经理办公会审议批准后下达执行。

（2）在预算执行环节，公司所有职能部门都必须严格执行预算计划，未列入年度及月度预算的各项经济事项一律不得付诸实施，财务部也一律不安排预算外资金支出。若遇到特殊意外情况必须预算外开支时，则由总会计师"一支笔"审批预算外资金支出事项。

（3）在预算考核环节，财务部按月考核各职能部门预算执行情况，编写预算执行分析报告。对没有完成收入预算的情况或超额的支出预算项目要查明原因、落实责任，并通过经济责任制兑现奖惩。

全面预算管理制度的实施使集团公司建立起了以全面预算为轴心的生产经营活动新秩序，真正实现了企业管理以财务管理为中心的战略转变。

2. 推行会计派驻员制度，实现资金管理的重点向资金运动的两头转移

为了根除财务部的资金管理活动与业务主办部门的经营活动严重脱节的问题，加强企业供应、生产、销售、基建全过程的资金管理和经济核算，做到哪个部门发生资金收支和成本、费用耗费，哪个部门就一定有财务部执行的严格的资金管理和经济核算，集团公司实行了会计派驻员制度，将一部分达到主管会计水平和具备独立工作能力的会计人员聘任为会计派驻员，委派到供应、销售、仓储、设备、维修、基建等业务主管部门和花钱、用钱部门，负责被派驻部门的资金管理和经济核算，并协助被派驻部门编制和执行部门预算，管理业务往来结算卡，签发内部资金支票等，对各部门的各项经济活动实施会计监督。被派驻部门的一切经济业务只有经会计派驻员审核盖章后，才能到财务部办理其他手续。

会计派驻员制度的实施,使经济业务在资金收付行为发生之前就进入了资金管理程序,有效避免和杜绝了生产经营活动中的种种不规范行为的发生,从经济活动的源头加强了资金管理。

3. 推行责任会计制度,实现会计核算的重点向责任核算转移

为落实集团公司二级单位的预算责任,集团公司通过实行责任会计制度,细分了内部核算单位,形成了横到边、竖到底的责任会计核算网络。每年的12月,集团公司总经理都要与各责任中心负责人签订预算目标责任书,将完成年度预算目标的责任落实到每个责任中心头上,并按月考核、兑现奖惩,从而使每个责任部门都能紧紧围绕预算目标各负其责、各司其职。

(三) 严格执行,有效控制

全面预算方案下达后,作为集团公司组织实施生产经营活动的行动指南,各责任部门必须严格执行。对于预算执行中出现的偏差和需要进行预算调整的事项,由预算执行部门提出书面申请,按照规定程序逐级申报并经原批准机构审议通过后实施。

(1) 在销售环节,财务部通过计算机统一开票的方式实施销售监控,并为每一个客户建立应收账款业务结算卡,应收账款超过一定限额,则停止开票,这有效避免了呆账、坏账的发生。同时,财务部依据每天的销售和回款情况,编制销售日报和现金收入日报,及时向有关部门和领导反馈收入预算的执行情况,确保销售预算目标的实现。

(2) 在采购环节,财务部严格审核每笔采购业务有无计划部门签发的采购计划通知单、审计部签发的价格审核通知单和预算管理部门签发的预算内支出审批单。同时,为每个供应商建立应付账款业务结算卡,根据欠款数额及供应商的信誉等情况调节付款数额。财务部还根据每天现金支出和现金结余情况编制现金支出日报,及时向有关部门和领导反馈支出预算的执行情况,严格控制资金支出。

(3) 在成本控制环节,各部门从仓库领料和到财务部报销费用时,必须附有财务部的会计派驻员、成本核算员及预算管理部门的签章,从而有效控制了成本及相关费用的开支。

(4) 在现金收支环节,总会计师严格按现金收支预算签批开支款项,确保了整个集团公司的资金收支平衡。

有力的组织、科学的方法、严格的执行和有效的控制,是亚星集团成功实施全面预算管理的重要秘诀。

Chapter 10 第十章
预算的责任核算、分析与考评

为了保证预算目标的实现,企业通过指标分解、权责落实等方法将预算转化为企业内部各责任中心的责任预算,然后通过对各责任预算的执行、控制和结果考评,最终实现各项预算目标。在这个过程中,企业既要对各责任中心的预算执行过程和结果进行责任核算,又要对预算执行情况进行分析和考评。通过责任核算,可以反映监督各责任中心预算执行的过程和结果,为预算分析、考评提供数据依据,有助于落实责任和纠正偏差;通过预算分析,可以发现预算执行中存在的问题和产生问题的原因,也有助于落实责任和纠正偏差;通过预算考评,可以增强全面预算管理的严肃性和激励约束作用,不仅为预算的全面执行注入活力和动力,也为下一周期的全面预算管理奠定基础。

第一节 责任核算

一、责任核算概述

责任核算也称责任会计,属于管理会计的范畴,是以责任中心为会计对象,对责任中心进行控制、核算、分析和考评的一种会计制度。

责任核算的核算对象不是产品而是责任中心,它强调对责任中心进行事前、事中和事后的全过程管理,它所要反映和评价的是每一个责任中心的工作业绩。

责任核算是社会化大生产与企业实行分权管理的产物。伴随着社会的发展,现代企业规模越来越大,管理层次越来越多,组织机构日趋复杂,分支机构分布越来越广。为了有效管理、监控庞大的经济组织,实施分权管理就十分有必要。所谓分权管理,就是将日常经营管理决策权在不同层次的管理人员之间进行适当划分,并通过相应授权,使不同层次的管理人员能对各权责范围内的经营管理活动作出及时、有效的决策,从而最大限度地激发基层管理人员的积极性和创造性,减轻高层管理人员的工作压力与决策负荷,使其将工作重点放在企业长远战略规划上。分权管理的结果是:一方面,分权单位之间具有一定的相互依赖性,主要表现为它们相互之间提供产品或劳务;另一方面,各分权单位具有相对的独立性,有时可能发生为了自身利益而损害其他分权单位或者整体利益的行为。因此，必须大力协调各分权单位之间的关系，防止出现各部门片面追求局部利益而使企业整体利益受损的情况。这就需要对各分权单位进行过程控制和业绩计量、评价与考核，以达到内部控制的目的。责任核算正是适应分权管理的要求，在企业内部建立若干不同形式的责任中心，并以各责任中心为主体，以责、权、利相统一的机制为基础，通过信息收集、加工和反馈而形成企业内部严密的会计控制制度。分权管理与责任核算是相辅相成的关系：实施分权管理是建立责任核算制度的前提条件，建立责任核算制度是实施分权管理的保证。

我国的责任核算制度起源于20世纪50年代的厂内经济核算。70年代末至80年代初，随着企业内部经济责任制的普遍推行，责任核算制度在我国企业得到广泛推广和应用。结合西方管理会计理论，并与企业内部经济责任制相配套，许多企业实行集控制、核算、结算、信贷功能于一体的厂内银行制度，这成为我国企业内部实施责任核算制度的基本形式，并逐步形成以企业经济责任制为基础的有中国特色的管理会计体系。

20世纪90年代，责任核算制度在我国的应用有了重大突破。邯郸钢铁总厂采用模拟的办法，把市场机制引入企业内部管理，在保持现代企业专业化、协作化和管理高度集中统一的前提下，在企业内部建立"模拟市场核算，实行成本否决"的经营机制，取得降本增效的显著成果。1996年1月，国务院以国发〔1996〕3号文件发出通知，要求在全国推广邯钢经验，从而把中国的责任核算制度推向新的高度。

2014年10月，财政部以财会〔2014〕27号文件作出关于全面推进管理会计体系建设的指导意见。"十三五"时期，我国以管理会计基本指引为统领、以管理会计应用指引为具体指导、以管理会计案例示范为补充的管理会计指引体系基本建成。随着全面预算管理的推广和应用，包括责任核算在内的管理会计体系作为全面预算管理的有机组成部分，得到进一步的应用与发展。

二、责任核算的基本内容

责任核算是为企业内部经营管理服务的，责任中心是企业内具有个性的经济组织。各个企业实行责任核算的具体形式有所不同，但基本内容均包括以下六项：

（一）建立责任中心

实行责任核算，首先要按照分工明确、权责分明、业绩易辨的原则，在企业内部建立若干个不同层次、不同职责的责任中心，并向各责任中心委之以责、授之以权、予之以利，使各责任中心在授权范围之内，独立自主地履行职责。同时，企业将责任中心作为责任核算的核算对象。

（二）建立内部结算制度

为了分清各责任中心的经济责任，公平、合理地开展各责任中心之间的"商品交换"，准确核算各责任中心的收入、支出和利润，企业必须制定合理的内部转移价格，建立完善的内部结算制度，为对各责任中心开展责任会计核算提供客观依据。企业建立内部结算制度的具体形式灵活多样，可以采取内部银行方式，也可以采取结算中心方式。

(三) 编制责任预算

责任预算是以责任中心为主体,以其可控的成本、收入、利润和投资等为对象编制的预算。责任预算的编制过程就是对全面预算分解落实的过程,通过编制责任预算可以明确各责任中心的责、权、利,并通过责任预算与全面预算的协调一致,确保全面预算的层层分解和落实。

(四) 实施责任控制

为了确保责任预算的完成,必须对各责任中心执行责任预算的过程进行有效控制。这种控制既包括上层责任中心对下层责任中心的控制,也包括各责任中心的自我控制。实施责任控制是促使各责任中心完成责任预算目标的重要保障。

(五) 开展责任核算

为了准确掌握各责任中心的预算执行过程和预算执行业绩,实现对责任中心的有效控制,必须建立一套完整的日常记录、核算和考核有关责任预算执行情况的责任核算制度,包括原始凭证的填制、账簿的记录、费用的归集和分配、内部产品及劳务的转移结算、收入的确认,以及最终经营业绩的确定和决算报表编制等。由于各责任中心的责任范围不同,企业应针对不同的责任中心实施不同的责任核算方法。

(六) 进行责任考核

根据责任核算反映的预算执行结果,对照各责任中心的责任预算标准,对各责任中心进行责任考核,并根据考核结果分析原因、判明责任、兑现奖惩是责任会计制度的重要环节,也是全面预算管理的重要内容。为此,企业必须制定一套科学、合理和有效的责任预算奖惩制度,以实现各责任中心的责、权、利协调统一。

以上六项内容构成了完整的责任核算制度体系。它们之间保持着密切的关系:建立责任中心和建立内部结算制度是实施责任核算制度的前提,编制责任预算、实施责任控制、开展责任核算和进行责任考核是实施责任核算制度的基本环节。"预算—控制—核算—考核"构成了责任核算制度实施的基本程序,它的突出特点是全方位核算、全员核算和全过程核算。

1. 全方位核算

整个企业从总部到分厂、车间、工段,从生产经营、技术管理到后勤服务各个领域,都要实行责任核算。

2. 全员核算

从公司领导、管理干部、技术人员到生产工人、辅助人员,都要参与责任核算。

3. 全过程核算

从产品的研究设计、技术开发、基建技改、供应、生产、销售直至产品售后服务的整个过程,都要进行责任核算。

三、责任核算的作用

责任核算以其独特的控制方法和程序,在全面预算管理体系中发挥着不可替代的作用。

（一）为企业实行全面预算管理创造了条件

全面预算是以责任中心为主体编制、执行的,而责任核算正是以责任中心为核算对象的会计制度。因此,责任核算制度为企业实行全面预算管理创造了条件。

（二）为反映预算执行情况提供了方法和工具

全面预算管理是以预算为标准的管理控制系统,要确保预算执行的正确性,就必须对预算执行过程进行反映和计量。而责任核算制度正是对责任中心预算执行情况进行反映、计量的方法和工具。

（三）为预算控制提供了有效手段

责任核算本身就是一种控制手段,它既能通过签批预算收支凭证等方式实施对预算执行的事前控制,也能通过对预算执行过程的核算实施事中控制,还能通过对预算执行结果的考核、分析实施事后控制。

（四）为预算控制提供了信息资料

预算控制是一个利用信息资料进行决策的过程,没有及时、准确的信息反馈,预算控制就会陷入困境。而责任核算系统正是服务于预算控制的信息反馈系统,全面预算管理中的大量信息资料都是责任核算系统提供的。

（五）为评价和考核预算执行结果提供了可靠依据

通过责任核算将各责任中心的预算执行结果整合形成预算执行报告,企业可以凭此考核、评价各责任中心的责任预算完成情况,准确评价各责任中心的工作业绩,并据以进行奖惩兑现。

责任核算制度与全面预算管理就像一对孪生姊妹,推行全面预算管理,必须实行责任核算制度,不然全面预算的责任将无法落实。建立完善的责任核算制度,既可保证全面预算的分解落实,又能明确各责任中心的经济责任,及时、准确地了解全面预算的执行过程和结果,从而为实现企业全面预算总目标打下坚实的基础。

四、责任核算模式

责任核算有"单轨制"和"双轨制"两种基本核算模式,企业还可以采用"兼容制"[①]核算模式。

（一）单轨制核算模式

所谓单轨制,是指将责任核算制度纳入财务会计的核算体系,使责任核算与财务会计核算合二为一,通过设置一套账簿同时进行责任核算与财务会计核算。例如,成本中心既要核算为内部控制和责任考核服务的部门责任成本,又要核算为计算盈亏和编制财务报表服务的产品成本。

在单轨制核算模式下,企业必须根据对各责任中心进行核算和考核的需要,增设内部核算账户,或者在正常的财务会计账户下,按对各责任中心的考核内容增设二级或三级明

[①] 兼容制核算模式是笔者为浙江某上市公司设计的新型责任会计核算模式。

细分类账户。具体操作方法主要有两种：

一种是以传统的产品成本及费用核算体系为基础设置账簿，计算产品制造成本和期间费用，然后将各责任中心当期所发生的不可控费用剔除，计算责任成本。在这种方法下，一般采取编制成本项目调整表的方式将产品制造成本转变为责任成本。

另一种是在各责任中心的生产费用类账户下分设"可控费用"和"不可控费用"明细账，将发生的可控费用和不可控费用分别归类登记，并分别将其在各种产品成本及期间费用之间进行分配。各责任中心发生的当期可控费用之和即为责任成本；各产品及期间费用项目当期发生的可控费用与不可控费用之和即为产品制造成本或期间费用。

单轨制核算模式具有简化核算工作、减少重复劳动的优点，但它的技术含量较高，对会计人员的业务素质和企业管理水平均有较高要求。

（二）双轨制核算模式

所谓双轨制，是指在不影响和改变企业原有财务会计核算体系的前提下，根据企业预算管理和内部控制的需要，在财务会计核算体系之外另起炉灶，构建一套独立的责任核算体系，对各责任中心的收入、成本、费用、利润、投资等方面进行责任核算。在双轨制核算模式下，财务会计核算与责任核算自成体系，在核算形式和核算内容上均无直接联系。在责任核算上，可以完全按照预算管理和内部控制的要求，为各责任中心设置独立的账户，独立编制凭证，独立登记账簿，从而专门提供各责任中心的预算执行情况和执行结果等核算资料。

双轨制核算模式的优点是便于理解和操作，且灵活性高、反馈信息及时。它的缺点主要有两个：一是由于设置双重核算体系，增加了日常账务处理的工作量，导致大量重复性劳动；二是由于二者的核算内容相互脱节，财务会计和责任会计所提供的信息之间缺少直接联系，加大了信息理解的难度。

（三）兼容制核算模式

兼容制核算模式是以财务会计核算体系为基础，按照责任核算的特点和要求，对财务会计的核算内容进行全面细化和整合，以满足财务会计核算和企业内部责任核算双重需要的会计核算模式。它是借鉴我国多年来的责任核算实践，汲取"单轨制""双轨制"的优点，摒弃其不足，结合企业会计核算实践而独创的一种崭新的会计核算模式。

兼容制核算模式的显著特色是企业会计核算的一个"兼容"、两个"顺序"和三个"转变"。

1. 一个兼容

兼容制核算模式在核算内容和方法上使财务会计与责任会计"有统有分、统分结合"，不仅克服了单轨制核算模式缺乏灵活性和适用性的弱点，而且有效规避了双轨制核算模式重复劳动的弊端。

2. 两个顺序

一是在经济业务发生顺序上，先根据预算审批，后办理经济业务；二是在会计核算顺序上，先进行责任核算，后进行财务会计核算。

3. 三个转变

一是会计人员由"记账、报账"型向"核算、管理"型转变。财务部门的所有财会人员既要做好财务会计,又要做好责任会计。在业务上,财务部门的会计人员既要精通财务会计,又要精通内部管理。

二是会计核算由事后算账型向"事前、事中、事后"全过程管控型转变。兼容制核算模式按照财务会计和责任核算的双重要求,将财务部门的所有会计核算岗位重新定位,会计人员由被动算账变为以部门责任预算为目标,对各责任部门进行"事前、事中、事后"的全过程管控。

三是会计核算资料由只能满足对外报账需要,转变为同时满足对外报账和企业内部管理的双重需要。例如,期间费用类科目既分明细项目核算,又分责任部门核算,还要区分可控费用和不可控费用;各利润中心的责任会计核算一方面要模拟独立企业运行,另一方面在成本、费用的归集口径上既要满足责任会计核算可控费用的需要,又要满足财务会计核算产品制造成本的需要。

兼容制核算模式在核算内容和方法上使财务会计与责任会计"有统有分、统分结合",解决了长久以来人们对"单轨制"和"双轨制"的两难选择,是一种值得推广的新型会计核算模式。

五、兼容制核算模式的实施方法

(一)整合传统财务会计岗位

传统财务会计岗位是将整个企业的供、产、销经营活动作为核算对象,依据"制作凭证—登记账簿—编制报表"的会计流程设置会计岗位、组织会计核算的,它满足了为政府部门、投资者、债权人及其他利益相关者提供财务会计信息的需要,但不能满足责任会计核算以责任中心为对象进行责任核算的要求,无法提供企业进行内部控制所需的会计信息。因此,企业应以财务部门现有财务会计岗位为基础,按照责任会计核算的特点和要求,对会计岗位进行重新整合和定位。整合后的会计岗位要求会计人员同时承担财务会计与责任会计两项职责,每一名会计人员都要发挥对公司及各责任中心的经营活动进行监督、控制、核算、分析、报告、考核的职能。

(二)改革传统财务会计核算流程

传统财务会计核算流程具有"事后算账"特征,会计人员整日忙于对已经发生的经济业务进行归类、登记、计算、编制报表,根本无法对公司及各部门的经营活动进行有效监督和控制,不能满足责任会计核算对公司及各责任中心的经营活动进行事前、事中、事后全过程监督和控制的要求。因此,企业应对传统财务会计核算流程进行如下改革:

(1)公司各责任中心发生经济业务时,首先对口到各责任会计岗位审批,各责任会计对各责任中心申请办理的经济业务进行认真审核,严格按资金及成本费用预算控制各责任中心的成本费用发生和资金支出。审核无误并在预算指标范围内的费用支出,由责任会计开具内部银行支票,作为各责任中心办理经济业务和财务部门支付资金的依据。

(2) 公司各责任中心发生的经济业务一律由各责任会计制作记账凭证,并输入会计信息处理系统。

(3) 管理费用、研发费用、销售费用、制造费用等费用账簿既要按照财务会计的核算要求,根据业务内容进行明细核算,又要按照责任会计的核算要求,根据责任中心和费用的性质(是否可控)进行分类核算。

(4) 分厂(成本中心)的会计人员将成本费用类账户分设为"可控费用"和"不可控费用"明细账,将发生的费用分别归类登记,既要按照可控性原则核算各分厂的责任成本,又要将可控费用和不可控费用合并计算产品制造成本。月末,财务部门将分厂的产品成本计算单中的价格差异调整后,核算出公司产品的实际成本(根据可控性原则,价格高低对生产部门而言是不可控因素,因此成本中心应采用内部计划价格核算)。

(5) 月末,财务部门除按国家财政部门的规定编制资产负债表、利润表、现金流量表等报表外,还要由各责任会计根据全面预算管理和考核各部门工作业绩的需要编制各责任中心的责任会计报表。

兼容制核算模式流程如图10-1所示。

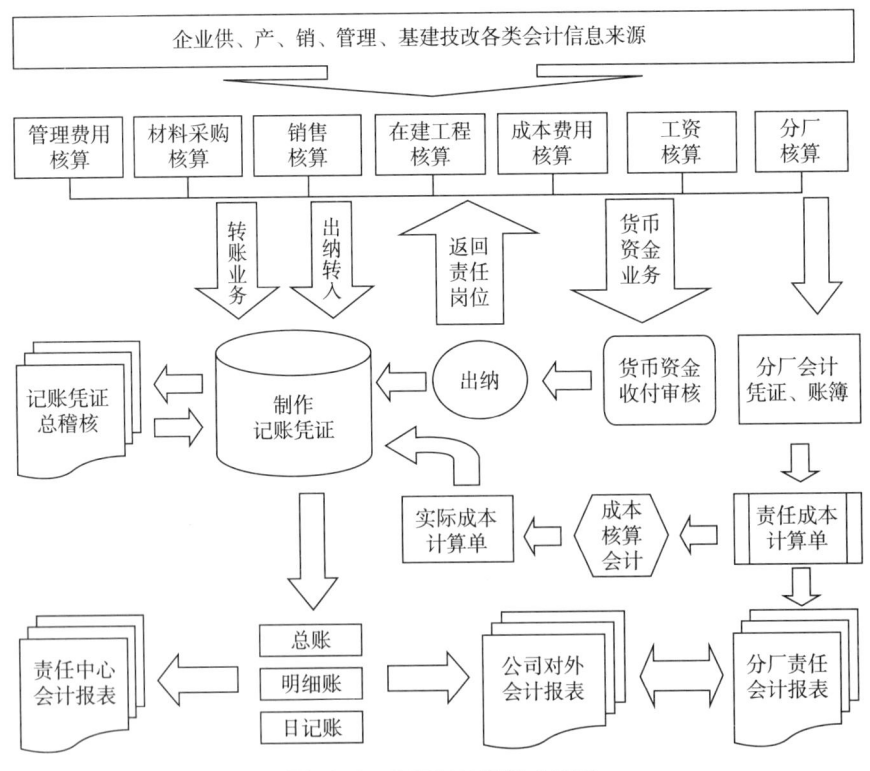

图 10-1 兼容制核算模式流程

(三) 充实传统财务会计核算内容

传统财务会计是以整个企业为核算主体,强调准确反映企业生产经营过程中人、财、物要素在供、产、销各个环节上的分布及使用、消耗情况,并定期编制有关财务报表,向企业外界具有经济利害关系的团体、个人报告企业的财务状况与经营成果。因此,传统财务会计核算内容具有模式化的特征,侧重于对过去已经发生的经济业务进行事后反映。它不能满足责任会计既反映过去,又预测未来,同时还控制现在,从而横跨过去、现在、未来三个时态的要求。为此,企业应在传统财务会计核算内容的基础上,充实预算编制、过程控制、责任核算、责任分析和责任考核等项内容,使兼容制核算模式的核算内容不仅涵盖公司财务会计核算的各要素,而且涵盖公司及各责任中心实施全面预算管理的全过程和经济业务发生的全过程。

(四)建立兼容制核算体系

兼容制核算遵循"统一领导、分级归口管理"和"财务会计核算与责任会计核算相结合"的原则,实行公司、分厂、车间三级责任核算,对企业的采购、生产、销售、基建技改等各类经营活动实行归口责任核算,从而在公司内形成一个垂直领导、分级管理、上下成线、左右成网的责任会计核算体系。

1. 统一领导

公司总部作为代表整个企业的法人实体,统一对国家、社会承担经济、法律责任。公司总部是财务会计核算和责任核算的中心,必须保证统一经营管理的权限,如统一制定核算及管理制度、统一制定各项标准和定额、统一资金管理、统一对外办理各项业务、统一制定分配制度等。

2. 分级归口管理

公司领导下,各责任中心实行责任分工和分权。分级管理是纵向的责任分工和分权;归口管理是横向的责任分工和分权。各责任中心不仅要把本责任中心作为责任核算单位,搞好自身的责任核算,而且要发挥归口管理的作用,组织好各专业的责任核算。

3. 兼容核算

财务部门负责搞好整个公司的兼容制会计核算;分厂作为相对独立的内部核算单位,由财务部门派出的会计人员负责搞好兼容制会计核算;车间设立兼(专)职核算员,对车间所承担的各项经济技术指标进行责任核算;供应、销售、基建技改及各职能管理部门(费用中心)的责任核算由财务部门设立责任会计岗位进行归口核算。

六、责任核算制度案例

下面列举笔者为某公司设计的责任核算制度案例。

××公司责任核算制度

第一章 总 则

第一条 为了搞好全面预算管理,落实预算责任,推动企业可持续发展与战略目标的实现,公司决定实施责任核算制度。

第二条 责任核算是以企业内部的车间、部门为核算对象,以向车间、部门落实权责为起点,以利润为中心,以成本为主线,以核算为工具,以考核为手段,对各车间、各部门进行成本核算、费用核算、收支核算、盈亏核算、资金核算、预算指标核算的一种管理会计制度。

第三条 实施责任核算的工作目标是:通过建立内部核算制度,实施指标层层分解、责任层层落实、绩效层层考核,形成"每个部门负责人都是责任主体,每项业务活动都要计算投入产出,每个部门都要按月核算经营成果,每个责任主体都要为本部门经营成果负责"的运营管控机制,实现企业经营机制科学高效、发展活力明显增强、经营绩效明显提升、发展战略确保达成之目标。

第四条 责任核算包括全方位核算、全员核算和全过程核算三方面的要求。

(一)全方位核算。从公司到部门、车间,各个领域都要实行责任核算。

(二)全员核算。从公司领导到全体员工,都要参与责任核算。

(三)全过程核算。对研发、项目、采购、生产、销售、管理的全过程都要进行责任核算。

第五条 本制度适用于公司各车间和各职能部门。

第二章 责任核算的主要内容与方法

第六条 责任核算的主要内容如下:

(一)划小核算单位,对每个核算单位进行责任核算。将现行的以公司为一个核算单位的方式,改为以车间、部门为一个核算单位。财务部每月核算各个核算单位的投入产出,编制每个核算单位的责任核算报表。

(二)针对不同核算主体和核算内容,采用预算价格和实际价格两种计价方式。公司每年以市场价格和实际成本为基础,建立各种产品、材料、动力、"三废"等物资与劳务的预算价格体系,并保持预算价格一年不变。

各车间的责任核算一般采取预算价格进行计价;销售部、研发部、工程项目和职能部门的责任核算一般采取实际价格进行计价;采购部的责任核算一般采取实际价格与预算价格相结合的方法进行计价,其中采购成本(指外购)按实际价格,采购收入(指入库)按预算价格。

第七条 根据各部门的类型和承担的责任,责任核算方法分"利润中心核算""费用中心核算"和"专项支出核算"三种类型。

(一)利润中心核算。对车间、销售部和采购部实行以收抵支的利润中心核算模式。

(二)费用中心核算。对职能部门实行以费用预算控制费用项目支出的费用中心核算模式。

(三)专项支出核算。对工程项目及其他投资项目实行以项目预算为内容的专项支出核算模式。

第八条 生产车间的核算内容与方法

(一)各车间采用利润中心核算模式。车间设置核算员工作岗位,财务部根据各车间使用和占用的各类资产,为其建立完整的资产类核算账簿,形成公司与车间、车间与资产的一一对应关系。

（二）车间核算员按照责任核算的要求，在财务部的指导下准确设置和运用会计科目，计算本车间的收入、成本和费用，核算盈亏和编制责任核算报表，搞好本车间的责任核算。

（三）根据车间耗用的物资种类不同，分别采用两种价格进行计价：

（1）耗用的原材料、包装物按公司核定的年度预算价格进行计价；

（2）耗用的备品备件、低值易耗品等物料一律用实际价格进行计价。

（四）车间发生的所有材料、人工和费用支出，一律由车间核算员向公司财务部、仓库等相关部门开具内部经营资金结算凭单进行结算。

（五）车间每月生产的合格产品验收入库后，由财务部派驻仓储部门的存货会计向车间开具内部经营资金结算凭单进行结算。

（六）车间每月实现的内部利润按如下公式计算：

$$内部生产利润 = \sum(产品入库量 \times 内部销售价格) - \sum 内部产品成本$$

（七）车间入库产品的内部销售价格按照公司每年核定的预算成本乘以1.1的系数计算。

（八）核算员按月编制车间责任核算报表，进行利润分析和成本费用分析。

第九条 销售部的核算内容与方法

（一）销售部采用利润中心核算模式，财务部销售主管会计负责销售部的责任核算。

（二）销售部销售产品收入、费用按实际价格计算，销售成本按车间预算成本计算。

（三）销售部发生的销售成本、销售费用和税金及附加均由销售主管会计向财务部开具内部经营资金结算凭单结算。其中，销售成本相当于向车间采购产品的支出，将结算凭单开具给有关车间。

（四）销售部每月实现的内部销售利润按如下公式计算：

$$内部销售利润 = 销售收入 - 税金及附加 - 销售成本 - 销售费用$$

（五）销售主管会计按照责任核算的要求，设置和运用会计科目，准确计算销售部的收入、成本，核算盈亏和编制责任核算报表，进行销售分析、利润分析和费用分析。

第十条 采购部的核算内容与方法

（一）采购部采用利润中心核算模式，财务部采购主管会计负责采购部的责任核算。

（二）采购部的采购业务按照物资种类不同，分别采用两种价格进行计价。

（1）原材料、包装物的采购收入按公司核定的年度预算价格计算，采购成本按实际采购价格计价。

（2）备品备件、低值易耗品、消耗性材料、外购产品及工程物资的采购收入和采购成本均按实际价格计价。

（三）采购部发生的采购成本、采购费用由采购主管会计向财务部开具内部经营资金结算凭单结算；发生的采购收入由相关车间核算员向公司财务部开具内部经营资金结算凭单结算。

（四）采购部每月实现的内部利润按如下公式计算：

内部采购利润＝内部采购收入－实际采购成本－采购费用

（五）财务部采购主管会计按照内部核算的要求，准确设置和运用会计科目，计算采购收入、成本和费用，核算采购盈亏和编制采购部的责任核算报表，进行采购分析和采购成本分析。

第十一条 费用中心的核算内容与方法

（一）公司职能部门实行以费用预算控制费用项目支出的费用中心核算模式。由于各职能部门的内部核算内容与财务部会计核算的管理费用等账簿的核算内容完全一致，因此财务部只需按照内部核算的要求，将管理费用核算细化到各责任部门即可。

（二）各职能部门的预算项目要遵循可控性原则，划分为可控费用和不可控费用两种类型。不可控费用，如折旧、工资，采取按职能归口管理的办法。其中，折旧由财务部负责编制预算，在公共账户中核算，职工薪酬项目由人力资源部编制预算，在各职能部门的账户中核算。可控费用，如办公费、邮电费、会议费、差旅费等，按部门编制预算并进行责任考核。

（三）各职能部门发生支出时，一律由各部门开具内部经营资金结算凭单，在预算指标范围内到财务部办理付款业务。

（四）财务部费用会计按照内部核算的要求，准确设置和运用会计科目，核算各职能部门的费用支出，编制各职能部门的责任核算报表，按月进行费用分析。

第十二条 专项支出的核算内容与方法

（一）公司工程项目及其他投资项目实行以项目预算为内容的专项支出核算模式，其核算内容与财务部的在建工程核算、研发支出核算等账簿的核算内容完全一致。财务部工程项目会计和费用会计分别负责工程项目核算和研发项目核算。

（二）财务部根据总经理签署的工程项目及研发项目预算，为各个项目设置核算账户，并按照一个项目一个账户的原则进行单项核算。

（三）工程项目及研发项目的一切支出，均由项目承担部门开具内部项目资金结算凭单，在预算指标范围内办理付款业务。

（四）专项资金的支出要严格按预算执行，未经总经理批准，一律不得超预算开支。

（五）财务部工程项目会计和费用会计每月编制各项目的责任核算报表，按月进行工程项目和研发项目财务分析。

第十三条 职工薪酬实际支出的核算

人力资源部每月编制明细到各核算单位的职工薪酬预计发放明细表，经财务部审核无误后，通知各核算单位开具内部经营资金结算凭单结算。

第三章 结算工具与核算流程

第十四条 实行责任核算的重要内容是要分清各责任部门应承担的经济责任和应获取的经济利益，使责任部门发生的每一项成本、费用都要支付资金，创造的每一项劳动成果都要获得收入。为此，财务部行使内部结算中心的职能，设计两种资金结算凭单进行内部结算。

第十五条 公司内部资金结算凭单分别是内部经营资金结算凭单和内部项目资金结算凭单(凭单样式见附件)。两种凭单的使用方法如下:

(1) 内部经营资金结算凭单用于各核算部门实际发生的经营活动支付,包括需要到财务部办理现款支付和不需要到财务部办理现款支付的转账类业务,一律使用此凭单。

(2) 内部项目资金结算凭单用于各核算部门实际发生的工程项目和研发项目现款支付,包括需要到财务部办理现款支付和不需要到财务部办理现款支付的转账类业务,一律使用此凭单。

第十六条 责任核算流程遵循如下顺序和原则:

(一) 先责任核算,后财务会计核算。会计核算的各种原始凭证、成本费用归集,要经过各责任部门的确认后,才能传递到财务部进行会计核算。

(二) 各责任部门的成本费用支出,一律开具内部资金结算凭单作为本责任部门成本费用的列支依据,没有附上资金结算凭单的业务,财务部一律不予受理。

(三) 凡是由财务部分配或划转到责任部门的费用,如折旧、保险费等,由财务部附上资金结算凭单,并经责任部门审核无误后,才能进行账务处理。

(四) 财务部会计核算与各责任部门责任核算之间的关系,是总括核算与明细核算、会计核算与责任核算的关系,二者之间要按月核对账目,分析差异的合理性。

第四章 绩效考核机制

第十七条 公司通过实施责任核算制度构建起以车间、部门为核算主体,以车间、部门责任人为责任主体的经济责任体系,同时建立对车间、销售部和采购部的内部利润考核管控机制,以及对各职能部门的费用考核管控机制。

第十八条 各车间、部门利润指标、费用指标的制定由公司财务部根据年度预算和本核算制度提出初步方案,经公司绩效考核委员会审议、总经理批准后纳入各车间、部门的年度绩效考核 KPI 指标体系。

第五章 组织领导与职责

第十九条 公司成立责任核算领导小组,总经理任组长,财务总监任副组长,高管团队为成员,组织领导公司的责任核算工作。

第二十条 公司和各车间、部门的责任核算具体事务由财务部负责,各公司领导和责任部门负责人要全力支持和配合。

第六章 附 则

第二十一条 本制度由公司财务部制定和解释,未尽事宜另行规定。

第二十二条 本制度的修订、完善由公司财务部提出,报总经理批准。

第二十三条 本制度经总经理审议批准后,自 2023 年 1 月 1 日起施行。

2022 年 12 月 8 日

附件:内部经营资金结算凭单和内部项目资金结算凭单

内部经营资金结算凭单

年　　月　　日　　　　　　　　　　　　　　　　　　　　编号:00001

收款单位		付款单位		结算方式	付款□　　转账□
结算事项					
人民币金额(大写)				百 十 万 千 百 十 元 角 分	
付款单位签字:		会计签字:		出纳员签字:	

注:本凭单由申请付款部门一式三联填制,收款部门、付款部门、财务部各一联。

内部项目资金结算凭单

年　　月　　日　　　　　　　　　　　　　　　　　　　　编号:00002

收款单位		付款单位		结算方式	付款□　　转账□
项目名称		结算事项			
人民币金额(大写)				百 十 万 千 百 十 元 角 分	
付款单位签字:		会计签字:		出纳员签字:	

注:本凭单由申请付款部门一式三联填制,收款部门、付款部门、财务部各一联。

第二节　预算分析

一、预算分析概述

预算分析是以预算指标、预算报告、预算执行情况以及其他相关资料为依据,采用一系列专门的分析技术和方法,对全面预算管理过程和结果进行分析、确认的综合管理活动。

预算分析有广义和狭义之分,广义的预算分析是指对预算管理全过程的分析,包括预算的事前、事中和事后分析。

事前分析是一种预测性分析,是指在实施预算活动之前进行的研究其可行性的分析。在制定预算目标、编制预算之前进行的分析就属于此类,如筹资方案分析、投资风险分析、经营预测分析等。事前分析是进行各种预算决策的基础。事实上，任何决策在拍板之前都要经过事前分析。例如，从北京到上海出差，是乘飞机，还是坐火车，或是坐汽车，在作出决定之前就需要进行事前分析，不是随心所欲的。

事中分析是一种控制分析，是指在预算执行过程中，对预算执行情况及其控制成效进行的日常性分析，如各种预算执行情况的预测分析、存货控制分析、费用支出过程的控制分析等。事中分析是进行预算执行调控的前提。人们对生产经营活动的任何调控行为在实施之前都应经过事先分析，从某种意义上说，事中分析寓于预算执行的整个过程。

事后分析是一种总结性分析，是指对一定期间内预算执行结果的分析，如预算执行的销售收入分析、成本分析、费用分析、利润分析、资金分析、财务状况分析等。事后分析是对各预算执行部门进行考核、评价和奖惩兑现的依据。

狭义的预算分析只包括事后分析，是指对预算执行结果的分析，其目的是确定预算执行结果与预算标准之间的差异，找出产生差异的原因，并确定责任归属。因此，狭义的预算分析也称预算差异分析。

一个预算周期结束后，为了分析预算执行结果与预算标准之间的差异，揭示预算执行中存在的问题，企业应对本预算周期的预算执行结果进行差异分析。

二、预算分析的作用

预算分析是全面预算管理的组成部分，也是保证全面预算顺利实施的重要手段，它在全面预算管理中的重要作用表现在以下五个方面：

1. 预防作用

通过对预算的事前分析，可以为预算决策提供依据，提高预算决策的准确性，有效防范决策失误的发生。

2. 控制作用

通过对预算的事中分析，可以及时发现和纠正预算执行中的偏差及存在的问题，为预算控制提供资料和依据，从而实现对预算执行全过程的控制。

3. 评价作用

通过对预算的事后分析，可以总结预算执行的情况和结果，评价企业及各预算执行部门的工作业绩，揭示企业生产经营活动中存在的问题，总结预算管理工作的经验教训。

4. 辨析作用

通过预算分析，可以分清造成预算执行结果与预算标准间差异的原因，落实预算差异责任，为预算考评与奖惩兑现提供可靠资料。

5. 促进作用

通过开展预算分析，可以促进各预算执行部门加强预算管理，严格执行预算，挖掘内部潜力，不断完善和提高经营管理水平。

三、预算差异种类

预算差异是指预算执行结果与预算标准之间的差额。预算执行产生的差异有很多种，根据不同的标准可以将预算差异分为不同的种类。

（一）按差异产生的原因分类

按照差异产生的原因，可以将预算差异分为价格差异、数量差异和结构差异。

1. 价格差异

价格差异指由于价格变动而产生的预算执行结果与预算标准之间的差额，如材料采购价格提高导致的采购成本上升、产品销售价格降低导致的销售额降低等。

2. 数量差异

数量差异指由于数量变动而产生的预算执行结果与预算标准之间的差额，如材料消耗降低导致的产品制造成本降低、销售数量增加导致的销售额提高等。

3. 结构差异

结构差异指由于组成结构变动而产生的预算执行结果与预算标准之间的差额，如高销售利润率产品占销售总额比重的提高导致的销售利润提高等。

（二）按差异对预算执行及结果的影响分类

按照差异对预算执行及结果的影响，可以将预算差异分为有利差异和不利差异。

1. 有利差异

有利差异指预算执行结果与预算标准之间的差额有利于预算的执行及结果。例如，由于实际现金收入超过预算现金收入而产生的现金差额对整个预算执行及结果是有利的。

2. 不利差异

不利差异指预算执行结果与预算标准之间的差额不利于预算的执行及结果。例如，由于实际现金收入低于预算现金收入而产生的现金差额对整个预算执行及结果是不利的。

（三）按差异产生的性质分类

按照差异产生的性质，可以将预算差异分为主观差异和客观差异。

1. 主观差异

主观差异指由预算执行部门内在因素造成的预算执行结果与预算标准之间的差额。例如，操作工人效率不高、工作不负责任而导致的产品质量降低、消耗增加、成本提高等就属于主观差异。

2. 客观差异

客观差异指由外部因素或预算执行部门不可控因素造成的预算执行结果与预算标准之间的差额。例如，国家提高汽油价格而导致炼油厂利润高于预算标准的差额就是客观差异。

主观差异和客观差异是相对的、可以转化的。例如，采购价格变化造成的成本差异，对车间而言是客观差异，对采购部门而言则是主观差异；如果企业授予车间物资采购权，那么采购价格变化造成的成本差异,对车间而言就转换成主观差异。

分清预算差异种类,对于分析差异产生原因、落实差异责任具有非常重要的意义。

四、预算分析方法

预算分析方法由定量分析方法和定性分析方法两大类组成。定量分析方法是最基本的分析方法,定性分析方法是辅助分析方法。没有定量分析,就不能获得科学的分析数据;只有通过定量分析,才能计算出各项预算指标的变动多少和变动幅度,才能据以分清责任,抓住主要矛盾,解决关键问题。但是,单纯的定量分析有时也难以准确反映预算执行的实际情况。只有把定量分析方法和定性分析方法有机地结合起来并加以综合运用,才能构成完整的预算管理分析体系,才能充分发挥预算分析的作用。因此,定量分析方法和定性分析方法的有机结合,构成了完整、系统、科学的预算分析方法体系。

在预算分析实务中,企业应根据具体分析对象和分析要求,选择有关定量分析方法和定性分析方法,实现二者的有机结合、灵活运用。

(一) 定量分析方法

定量分析方法是借助于数学模型,从数量上测算、比较和确定各项预算指标变动的数额,以及分析影响预算指标变动的原因和影响数额大小的一种方法。常用的定量分析方法主要有比较分析法、比率分析法、因素分析法、因果分析法、价值分析法、趋势分析法、量本利分析法、敏感性分析法等。下面介绍几种预算分析中常用的定量分析方法。

1. 比较分析法

比较分析法是通过某项经济指标与性质相同的指标评价标准进行对比,揭示企业经济状况和经营成果的一种分析方法。在运用比较分析法时,要注意各项指标的可比性,相互比较的经济指标必须是相同性质或类别的指标。一般而言,应做到指标的计算口径、计价基础和时间单位都保持一致,以保证比较结果的正确性。常用的指标评价标准包括:

(1) 公认标准,是对各类企业不同时期都普遍适用的指标评价标准;

(2) 行业标准,是反映某行业水平的指标评价标准;

(3) 目标标准,是反映本企业目标水平的指标评价标准;

(4) 历史标准,是反映本企业历史水平的指标评价标准。

在预算差异分析中,一般通过预算执行结果与预算标准之间的比较来揭示结果与标准之间的数量关系和差异,为进行预算的深度分析指明方向。

2. 比率分析法

比率分析法是通过计算和对比各种比率指标来确定经济活动变动程度的分析方法。采用比率分析法首先要将对比的指标数值变成相对数,然后再进行对比分析。常用的比率指标有构成比率、效率比率和相关比率三类。

(1) 构成比率又称结构比率,它是某项经济指标的各组成部分数值占总体数值的百分比,可以揭示部分与整体的关系。其计算公式为:

$$构成比率 = 某组成部分数值 \div 总体数值 \times 100\%$$

利用构成比率,可以考察总体中某个部分的形成和安排是否合理,通过不同时期构成比率的比较还可以揭示其变化趋势。

(2)效率比率是某经济活动中所消耗与所获得的比率,反映投入与产出的关系。利用效率比率指标可以进行得失比较,考察经营成果,评价经济效益。

(3)相关比率是以某个项目和与其相关但又不同的项目加以对比所得出的比率,反映有关经济活动的相互关系。利用相关比率指标,可以考察企业有关联的项目指标数值之间的合理性,反映企业某方面的能力水平。

比率分析法具有计算方法简便、计算结果容易判断、适应范围较广的优点。但企业在采用比率分析法时,应当注意对比项目的相关性、对比口径的一致性和衡量标准的科学性。

3. 因素分析法

因素分析法是依据分析指标及其影响因素的关系,从数量上确定各因素对分析指标影响方向和影响程度的一种定量分析方法。因素分析法适用于多种因素构成的综合性预算指标分析,如成本、利润、资金周转等方面。因素分析法是在比较分析法的基础上加以应用的,是比较分析法的发展和补充。

运用因素分析法的一般程序是:首先,确定需要分析的预算指标;其次,确定影响该预算指标的各因素;再次,确定各因素之间的关系,如加减关系、乘除关系、乘方关系、函数关系等;最后,计算确定各因素影响预算指标的程度及数额。

因素分析法包括连环替代法和差额分析法两种具体方法。

(1)连环替代法。连环替代法将分析指标分解为各个可以计量的因素,并根据各因素之间的依存关系,顺次用各因素的比较值(即实际值)替代基准值(即标准值),据以测定各因素对分析指标的影响。

【例10-1】 真谛公司2023年1月A产品耗用Z材料的实际成本、预算成本及相关资料如表10-1所示。

表10-1 真谛公司2023年1月A产品耗用Z材料成本及相关资料

计算关系	项目	计量单位	实际完成	预算指标	比较 (实际-预算)
①	A产品产量	吨	220.00	210.00	+10.00
②	每吨A产品的Z材料耗用量	吨	0.38	0.40	-0.02
③	Z材料每吨单价	万元	10.50	10.00	0.50
④ =①×②×③	耗用Z材料的总成本	万元	877.80	840.00	37.80

表10-1中资料显示,A产品耗用Z材料的实际总成本比预算总成本增加37.8万元。运用连环替代法测定各因素对总差异(37.8万元)的影响程度。

预算指标:210×0.4×10=840(万元)   ①

第一次替代:220×0.4×10=880(万元)   ②

A 产品产量变化对耗用 Z 材料成本的影响：

$$②-①:880-840=40(万元)$$

第二次替代：$220×0.38×10=836(万元)$ ③

每吨 A 产品耗用 Z 材料数量变化对材料成本的影响：

$$③-②:836-880=-44(万元)$$

第三次替代：$220×0.38×10.5=877.8(万元)$ ④

Z 材料单价变化对材料成本的影响：

$$④-③:877.8-836=41.8(万元)$$

三项因素变动对耗用 Z 材料成本的综合影响：

$$40-44+41.8=37.8(万元)$$

（2）差额分析法。差额分析法是连环替代法的一种简化形式，它是利用各因素的比较值与基准值之间的差额，计算各因素对分析指标的影响。

仍以表 10-1 所列资料为例，采用差额分析法测定各因素对总差异（37.8 万元）的影响程度如下：

第一，A 产品产量增加对耗用 Z 材料成本的影响：

$$(220-210)×0.4×10=40(万元)$$

第二，单耗降低对耗用 Z 材料成本的影响：

$$(0.38-0.4)×220×10=-44(万元)$$

第三，材料单价提高对耗用 Z 材料成本的影响：

$$(10.5-10)×220×0.38=41.8(万元)$$

因素分析法既可以全面分析若干因素对某一经济指标的共同影响，又可以单独分析其中某个因素对某一经济指标的影响，在预算分析中的应用十分广泛。

（二）定性分析方法

定性分析方法是指运用归纳与演绎、分析与综合以及抽象与概括等方法，对企业各项经济指标变动的合法性、合理性、可行性、有效性进行思维加工、去粗取精、去伪存真、由此及彼、由表及里的科学论证和说明。它是根据国家有关法规、政策和企业的客观实际，对定量分析结果进行相互联系的研究，考虑各种不可计量因素并加以综合论证，对定量分析结果进行切合实际的修正并作出"质"的判断的分析方法。

定性分析方法具体包括实地观察法、经验判断法、会议分析法、类比分析法等。

五、预算完成情况的综合分析

为了从宏观上掌握经营预算和利润预算的完成情况，分析销售、成本、费用等各项因素变化对利润指标的影响，首先要从综合性预算指标入手，对企业预算期的经营预算执行结果进行总括分析。由于企业各种具体预算都是围绕利润预算展开的，预算期内企业执行经营预算、投资预算及财务预算后的结果和效益情况都会直接或间接地体现在利润表预算的完成情况中，因此，预算完成情况的综合分析可以以利润表预算为基础，采用比较分析法,编制反映预算期收入、成本、费用及利润预算完成情况的综合分析表。

【例 10-2】 2024 年 1 月,真谛公司以利润表预算为基础,采用比较分析法对 2023 年的预算执行结果与预算标准进行了综合分析。分析结果如表 10-2 所示。

表 10-2 真谛公司 2023 年利润表预算差异分析

序号	项目	金额单位	2023 年预算	2023 年实际	实际与预算比较	
					增减额	增减率
1	营业收入	万元	83 000.0	84 060.0	1 060.0	1.3%
2	减:营业成本	万元	38 387.0	38 500.0	113.0	0.3%
3	税金及附加	万元	600.7	610.0	9.3	1.5%
4	销售费用	万元	9 494.0	9 600.0	106.0	1.1%
5	管理费用	万元	1 700.0	1 680.0	−20.0	−1.2%
6	研发费用	万元	3 000.0	3 100.0	100.0	3.3%
7	财务费用	万元	199.0	170.0	−29.0	−14.6%
8	加:投资收益	万元	30.0	30.0	0	0.0%
9	营业利润	万元	29 649.3	30 430.0	780.7	2.6%
10	加:营业外收入	万元	90.0	100.0	10.0	11.1%
11	减:营业外支出	万元	230.0	240.0	10.0	4.3%
12	利润总额	万元	29 509.3	30 290.0	780.7	2.6%
13	减:所得税费用	万元	4 421.9	4 543.5	121.6	2.7%
14	净利润	万元	25 087.4	25 746.5	659.1	2.6%

通过对利润表预算完成情况的差异分析,可以从总体上把握企业预算期的主要预算指标完成情况,确定预算执行结果与预算标准之间的差异额和差异率。从表 10-2 所展示的信息可以看到,真谛公司 2023 年的收入、利润等主要预算指标都已完成。其中,利润总额增长 2.6%,高于营业收入 1.3%的增长幅度,说明企业收入、效益的增长幅度总体上高于成本及费用的增长幅度。

但是,要详细了解、掌握各项预算指标的完成情况以及造成预算执行结果与预算标准之间差异的具体原因,还要逐一展开分析各项预算指标。

六、销售收入预算差异分析

销售收入的预算执行结果会多于或少于销售收入预算数额,一般是由销售数量和销售价格两方面因素变动所致,即销售收入实际数与预算数的差异是由销售数量差异和销售价格差异构成的。因此,进行销售收入预算差异分析,首先要确定销售数量差异和销售价格差异。

因为产品销售收入的计算公式为:

第十章 预算的责任核算、分析与考评

$$产品销售收入 = 销售数量 \times 销售价格$$

所以销售量差、价差及总差异的计算公式如下：

$$销售数量差异 = (实际数量 - 预算数量) \times 预算价格$$

$$销售价格差异 = (实际价格 - 预算价格) \times 实际数量$$

$$销售总额差异 = 销售数量差异 + 销售价格差异$$

$$= 实际销售收入 - 预算销售收入$$

销售数量差异是指由于实际销售数量高于或低于预算销售数量而形成的销售收入差异；销售价格差异是指由于实际销售价格高于或低于预算销售价格而形成的销售收入差异。

在产销多种产品的情况下，销售收入预算差异应按每一种产品进行分析，然后加以综合。各种产品的预算销售价格和预算销售数量可以直接从销售预算中取得。产品在预算期内的实际价格可能会有多次升降变化，在分析销售收入预算差异时，应采取加权平均单价。下面举例说明销售收入预算差异的分析方法。

【例 10-3】 2024 年 1 月，真谛公司采用因素分析法将 2023 年的销售收入预算执行结果与预算标准进行比较分析。分析结果如表 10-3 所示。

表 10-3 真谛公司 2023 年销售收入预算差异分析

编制部门：财务部　　　　编制时间：2024 年 1 月 10 日　　　　金额单位：万元

产品名称	计量单位	预算销售额			实际销售额			差异分析		
		数量	单价	金额	数量	单价	金额	数量变动	价格变动	合计
计算关系	—	①	②	③=②×①	④	⑤	⑥=⑤×④	⑦=(④-①)×②	⑧=(⑤-②)×④	⑨=⑦+⑧
A 产品	吨	3 000	20.0	60 000	3 160	19.5	61 620	3 200	-1 580	1 620
B 产品	吨	2 000	10.0	20 000	1 900	9.9	18 810	-1 000	-190	-1 190
C 产品	吨	100	30.0	3 000	110	33.0	3 630	300	330	630
合计	—	—	—	83 000	—	—	84 060	2 500	-1 440	1 060

从表 10-3 分析可以发现，真谛公司 2023 年销售收入预算差异有如下特点：

（1）销售收入实际总额比预算多完成 1 060 万元是由于销售数量变动增加销售收入 2 500 万元和销售价格变动减少销售收入 1 440 万元。

（2）A 产品的销售数量增加、销售价格下降，说明公司通过降低销售价格促进了销售量的增长。

（3）B 产品的销售数量和销售价格都下降，应引起注意。

（4）C 产品的销售数量和销售价格都提高，说明 C 产品具有市场潜力。

影响产品销售数量和销售价格变动的具体原因很多，当销售量差和价差确定下来之后，就要具体分析影响产品销售数量和销售价格变动的主客观因素。另外，对影响销售数量和销售价格变动的因素分析还应结合销售费用的支出情况进行综合考察。

七、销售利润预算差异分析

销售利润是企业利润总额的主体,其预算指标完成情况受数量、价格、成本、税金等多种因素的影响。分析销售利润预算差异的方法主要有品种分析法和综合分析法两种,这是因素分析法在进行产品销售利润分析时的具体形式,下面分别予以介绍。

(一) 品种分析法

品种分析法是对每一种产品的销售数量、单价、成本、税金等项目进行分析,然后加以汇总的销售利润分析方法。因为品种分析法的结果是按每一种产品分析结果逐一汇总得出的,所以品种分析法无法分析销售品种结构变动对利润的影响。它比较适用于产销单一产品,或者产品品种不太多的企业。下面举例说明分析销售利润预算差异的品种分析法。

【例 10-4】 真谛公司 2023 年销售利润预算及完成情况如表 10-4 和表 10-5 所示。

表 10-4 真谛公司 2023 年销售利润预算

编制部门:财务部　　　　　编制时间:2022 年 10 月 25 日　　　　　金额单位:万元

产品名称	计量单位	销售收入			税金及附加		销售成本		销售费用		销售利润	
		销售数量	销售单价	金额	单位税费	金额	单位成本	金额	单位费用	金额	单位利润	金额
计算关系	—	①	②	③=①×②	④=⑤÷①	⑤	⑥=⑦÷①	⑦	⑧=⑨÷①	⑨	⑩=⑪÷①	⑪
A 产品	吨	3 000	20	60 000.0	0.1447	434.2	8.0265	24 079.5	2.2877	6 863.0	9.5411	28 623.3
B 产品	吨	2 000	10	20 000.0	0.0724	144.8	6.6570	13 314.0	1.1440	2 288.0	2.1266	4 253.2
C 产品	吨	100	30	3 000.0	0.2170	21.7	9.9364	993.6	3.4300	343.0	16.4170	1 641.7
合计	—	—	—	83 000.0	—	600.7	—	38 387.1	—	9 494.0	—	34 518.2

注:数据来源于表 6-26 真谛公司 2023 年销售利润预算。

表 10-5 真谛公司 2023 年销售利润完成情况

编制部门:财务部　　　　　编制时间:2024 年 1 月 10 日　　　　　金额单位:万元

产品名称	计量单位	销售收入			税金及附加		销售成本		销售费用		销售利润	
		销售数量	销售单价	金额	单位税费	金额	单位成本	金额	单位费用	金额	单位利润	金额
计算关系	—	⑫	⑬	⑭=⑫×⑬	⑮=⑯÷⑫	⑯	⑰=⑱÷⑫	⑱	⑲=⑳÷⑫	⑳	㉑=㉒÷⑫	㉒
A 产品	吨	3 160	19.5	61 620.0	0.1415	447.0	7.8797	24 900.0	2.2269	7 037.0	9.2519	29 236.0
B 产品	吨	1 900	9.9	18 810.0	0.0721	137.0	6.5789	12 500.0	1.1305	2 148.0	2.1184	4 025.0
C 产品	吨	110	33.0	3 630.0	0.2364	26.0	10.0000	1 100.0	3.7727	415.0	18.9909	2 089.0
合计	—	—	—	84 060.0	—	610.0	—	38 500.0	—	9 600.0	—	35 350.0

根据上述资料,采用品种分析法逐一分析产品销售利润预算差异情况。分析结果如表 10-6 所示。

表 10-6　真谛公司 2023 年销售利润预算差异分析

编制部门:财务部　　　　　　　编制时间:2024 年 1 月 10 日　　　　　　　金额单位:万元

产品名称	计量单位	销售数量		销售价格		税金及附加		销售成本		销售费用		销售利润	
		增长量	增加利润	单位增加	增加利润	单位减少	增加利润	单位减少	增加利润	单位减少	增加利润	单位增加	增加总额
计算关系	—	㉓=⑫-①	㉔=㉓×⑩	㉕=⑬-②	㉖=㉕×⑫	㉗=④-⑮	㉘=㉗×⑫	㉙=⑥-⑰	㉚=㉙×⑫	㉛=⑧-⑲	㉜=㉛×⑫	㉝=㉑-⑩	㉞=㉒-⑪
A 产品	吨	160	1 526.6	-0.5	-1 580.0	0.0032	10.2	0.1468	463.8	0.0608	192.1	-0.2892	612.7
B 产品	吨	-100	-212.7	-0.1	-190.0	0.0003	0.5	0.0781	148.4	0.0135	25.6	-0.0082	-228.2
C 产品	吨	10	164.2	3.0	330.0	-0.0194	-2.2	-0.0636	-7.0	-0.3427	-37.7	2.5739	447.3
合计	—	—	1 478.1	—	-1 440.0	—	8.5	—	605.2	—	180.0	—	831.8

注:有进位误差。

从表 10-6 展示的数据中可以很清晰地看到:2023 年实际产品销售利润比预算指标增加 831.8 万元。其中,由于产品销售数量变动,利润增加 1 478.1 万元;由于产品销售价格变动,利润减少 1 440 万元;由于税金及附加变动,利润增加 8.5 万元;由于产品销售成本变动,利润增加 605.2 万元;由于产品销售费用变动,利润增加 180 万元。五种因素合计影响利润使其增加 831.8 万元。另外,每种产品的因素变动影响数额也可以从表中很清楚地看出。

利用品种分析法分析产品销售利润预算完成情况具有结构简单、内容直观、计算迅速、适用广泛等特点。它不仅能总体反映企业产品销售利润的完成情况和各因素影响的数额,还能一目了然地反映每种产品销售利润的完成情况和各因素的影响数额,是一种有着较高应用价值的产品销售利润分析法。但是,品种分析法有一个缺点,就是分析不出产品销售结构变动对销售利润的影响,而综合分析法可以解决这个问题。

（二）综合分析法

综合分析法是对整个公司的产品销售利润总额和产品销售总额进行分析,计算销售数量、单价、成本、税金等项目变动对利润影响结果的销售利润分析方法。因为它的分析结果是按照产品销售总额进行分析得出的,同时各种产品的利润水平不同,所以每种产品占销售总额比重的变动都会影响利润总额的高低。综合分析法可以反映出销售品种结构变动对利润的影响,它比较适用于产销多品种产品的企业。下面举例说明分析销售利润预算差异的综合分析法。

【例 10-5】　根据真谛公司 2023 年销售利润预算及完成情况（表 10-4 和表 10-5）,计算销售结构比率如表 10-7 所示。

表 10-7　真谛公司 2023 年销售利润及销售结构

编制部门：财务部　　　　编制时间：2024 年 1 月 10 日　　　　金额单位：万元

产品名称	计量单位	预算			实际		
		销售收入	销售利润	销售结构比率	销售收入	销售利润	销售结构比率
A 产品	吨	60 000	28 623.3	72.29%	61 620	29 236	73.30%
B 产品	吨	20 000	4 253.2	24.10%	18 810	4 025	22.38%
C 产品	吨	3 000	1 641.7	3.61%	3 630	2 089	4.32%
合计	—	83 000	34 518.2	100.00%	84 060	35 350	100.00%

根据表 10-4、表 10-5 和表 10-7 所示的资料，采用综合分析法分析产品销售利润预算差异情况。

(1) 销售数量变动对销售利润的影响，按下列公式计算：

$$销售数量变动对销售利润的影响 = \sum 预算销售利润 \times 销售增长率$$

$$销售增长率 = 销售数量完成率 - 1$$

$$销售数量完成率 = \frac{\sum (实际销售数量 \times 预算销售单价)}{\sum 预算销售收入}$$

因此，销售数量变动对销售利润的影响计算如下：

① 销售数量完成率 $= \dfrac{3\ 160 \times 20 + 1\ 900 \times 10 + 110 \times 30}{83\ 000} \times 100\%$

　　　　　　　　$= 85\ 500 \div 83\ 000 \times 100\%$

　　　　　　　　$= 103.012\%$

② 销售数量变动对销售利润的影响 $= 34\ 518.2 \times (103.012\% - 1) = 1\ 039.7$（万元）

(2) 销售品种结构变动对销售利润的影响，按下列公式计算：

销售品种结构变动对销售利润的影响 $= \sum$（预算单位销售利润 × 实际销售数量）$-$

$$\sum 预算销售利润 \times 销售数量完成率$$

销售品种结构变动对销售利润的影响 $= (9.5411 \times 3\ 160 + 2.1266 \times 1\ 900 + 16.4170 \times 110) - 34\ 518.2 \times 103.012\% = 35\ 996.3 - 35\ 557.9 = 438.4$（万元）

(3) 销售价格变动对销售利润的影响，按下列公式计算：

销售价格变动对销售利润的影响 $= \sum [$（实际销售单价 - 预算销售单价）$\times$ 实际销售数量$]$

销售价格变动对销售利润的影响 $= (19.5 - 20) \times 3\ 160 + (9.9 - 10) \times 1\ 900 + (33 - 30) \times 110 = (-1\ 580) + (-190) + 330 = -1\ 440$（万元）

(4) 税金及附加变动对销售利润的影响，按下列公式计算：

税金及附加变动对销售利润的影响 $= \sum [$（预算单位税费 - 实际单位税费）$\times$ 实际销售数量$]$

税金及附加变动对销售利润的影响 $= (0.1447 - 0.1415) \times 3\ 160 + (0.0724 - 0.0721) \times$

1 900+(0.2170−0.2364)×110＝10.2+0.5+(−2.2)＝8.5(万元)

(5)销售成本变动对销售利润的影响,按下列公式计算:

销售成本变动对销售利润的影响＝∑[(预算单位销售成本−实际单位销售成本)×
实际销售数量]

销售成本变动对销售利润的影响＝(8.0265−7.8797)×3 160+(6.6570−6.5789)×1 900+
(9.9364−10)×110＝463.8+148.4+(−7.0)＝605.2(万元)

(6)销售费用变动对销售利润的影响,按下列公式计算:

销售费用变动对销售利润的影响＝∑[(预算单位销售费用−实际单位销售费用)×
实际销售数量]

销售费用变动对销售利润的影响＝(2.2877−2.2269)×3 160+(1.1440−1.1305)×1 900+
(3.4300−3.7727)×110＝192.1+25.6+(−37.7)＝180.0(万元)

(7)以上六项因素变动对销售利润的总影响为:

① 销售数量变动对销售利润的影响	1 039.7(万元)
② 销售品种结构变动对销售利润的影响	438.4(万元)
③ 销售价格变动对销售利润的影响	−1 440.0(万元)
④ 税金及附加变动对销售利润的影响	8.5(万元)
⑤ 销售成本变动对销售利润的影响	605.2(万元)
⑥ 销售费用变动对销售利润的影响	180.0(万元)
各因素变动对销售利润的影响合计	831.8(万元)

需要说明的是:销售利润的各种分析方法都有一定的假定性,特别是在运用因素分析法进行分析计算时,虽然各因素影响数额的总和与所分析指标总差异是相等的,但由于各因素替代计算的顺序不同、某种假定的前提条件不同,各因素影响的数额存在一定的差异性。这就要求我们根据因素之间的逻辑关系和公认的原则,确定合理的因素替代顺序和假定条件并保持一贯性,以保证分析结果的准确性和可比性。

八、销售费用预算差异分析

销售费用的发生与销售收入密切相关,仅以销售费用数额是否超过预算指标是无法判断销售部门工作绩效和费用控制情况的。因此,销售费用预算差异分析应结合销售收入预算完成情况综合进行。一般可以通过考察销售费用率的变化情况,衡量销售费用预算的执行结果。所谓销售费用率,是指销售费用与销售收入的比率。

根据销售费用与销售额的关系特点,我们可以将销售费用分为变动性销售费用和固定性销售费用。变动性销售费用与销售额的变动呈正比例关系,可运用差额分析法直接分析销售额及其他因素变动对变动性销售费用的影响结果。按费用差异产生原因的不同,变动性销售费用差异可分为开支差异和销售量(额)差异两部分:开支差异是指预算开支标准即销售费用率变化所引起的差异;销售量(额)差异是指销售量(额)变化所引起的差异。相关计算公式如下:

变动性销售费用差异=开支差异+销售量(额)差异

开支差异=(实际销售费用率−预算销售费用率)×实际销售量(额)

销售量(额)差异=[实际销售量(额)−预计销售量(额)]×预算销售费用率

实际(预算)销售费用率=实际(预算)销售费用÷实际(预算)销售收入总额

在销售多品种产品的情况下,变动性销售费用预算的开支标准若是以销售量为基础确定的,则其预算差异应按每种产品进行分析,然后加以综合;若是以销售额为基础确定的,则不需要按产品品种进行分析。

固定性销售费用的发生与销售额的变动没有直接比例关系,可运用比较分析法直接得到预算执行结果与预算标准之间的差异额,然后分析该差异产生的原因。

下面举例说明销售费用预算差异的分析方法。

【例10-6】 真谛公司2023年销售费用预算为9 494万元,其中变动性销售费用9 115万元,固定性销售费用379万元;预算执行结果是销售费用总支出9 600万元,其中变动性销售费用9 223万元,固定性销售费用377万元。

1. 变动性销售费用分析

根据变动性销售费用预算和执行情况进行差异分析如表10-8所示。

表10-8 真谛公司2023年变动性销售费用预算差异分析

序号	项目	金额单位	销售费用		销售费用率		销售费用差异		
			预算	实际	预算	实际	开支差异	销售额差异	合计
1	业务人员工资	万元	2 490	2 522	3.0%	3.0%	0.2	31.8	32
2	社保及经费	万元	1 245	1 261	1.5%	1.5%	0.1	15.9	16
3	运杂费	万元	1 500	1 600	1.8%	1.9%	80.8	19.2	100
4	货物保险费	万元	120	100	0.1%	0.1%	−21.5	1.5	−20
5	技术推广费	万元	1 200	1 260	1.4%	1.5%	44.7	15.3	60
6	广告宣传费	万元	1 000	900	1.2%	1.1%	−112.8	12.8	−100
7	差旅费	万元	1 300	1 350	1.6%	1.6%	33.4	16.6	50
8	业务招待费	万元	200	180	0.2%	0.2%	−22.6	2.6	−20
9	其他	万元	60	50	0.1%	0.1%	−10.2	0.8	−10
10	合计	万元	9 115	9 223	10.98%	10.97%	−8.4	116.4	108

注:预算数据来源于表6-23真谛公司2023年销售费用预算。

表10-8各指标关系说明:

(1)2023年预算销售收入为83 000万元,实际销售收入为84 060万元;

(2)预算销售费用率=各项预算销售费用÷预算销售收入

(3)实际销售费用率=各项实际销售费用÷实际销售收入

(4)开支差异=(实际销售费用率−预算销售费用率)×实际销售收入

(5) 销售额差异 =（实际销售收入-预算销售收入）×预算销售费用率

(6) 销售费用差异合计 = 开支差异 + 销售额差异

通过分析可以得出，变动性销售费用实际比预算多支出 108 万元。其中，由于销售费用率由 10.98% 降为 10.97%，减少费用支出 8.4 万元；由于销售收入由 83 000 万元提高到 84 060 万元，增加费用支出 116.4 万元。各项变动性销售费用具体增减数额在表 10-8 中都已列出，对于造成费用率降低的原因，还需要做进一步的深层次剖析。

2. 固定性销售费用分析

首先，通过表格形式逐项分析各项固定性销售费用实际数与预算数的差异及差异率，如表 10-9 所示。

表 10-9　真谛公司 2023 年固定性销售费用预算差异分析

序号	项目	金额单位	预算数	实际数	实际与预算对比	
					增减额	增减率
一	计算关系	—	①	②	③=②-①	④=③÷①
1	管理人员工资	万元	66	60	-6	-9.1%
2	社保及经费	万元	33	30	-3	-9.1%
3	固定资产折旧	万元	180	186	6	3.3%
4	无形资产摊销	万元	32	32	0	0
5	其他	万元	68	69	1	1.5%
6	合计	万元	379	377	-2	-0.5%

注：预算数据来源于表 6-23 真谛公司 2023 年销售费用预算。

然后，对出现差异的费用项目进行定性分析，确认造成差异的具体原因。例如，经过分析后确认：销售部管理人员工资实际数比预算数减少 6 万元的原因是某员工 6 月份辞职；折旧实际数比预算数增加 6 万元的原因是销售部新增固定资产。

值得注意的是：根据以上销售费用预算分析结果，我们还不能简单地判断销售部的费用控制得好还是不好，还要将销售费用与销售收入以及利润情况结合起来进行分析。如果销售费用的提高带来了销售收入和利润的提高，那么销售费用的提高就是有必要的。下面，我们采用费用贡献分析法简要分析真谛公司销售费用预算超支是否合理。

真谛公司 2023 年销售费用贡献分析如表 10-10 所示。

表 10-10　真谛公司 2023 年销售费用贡献分析

序号	项目	金额单位	预算		实际		实际比预算增减	
			金额	结构	金额	结构	金额	比率
一	计算关系	—	①	②	③	④	⑤=③-①	⑥=⑤÷①
1	销售收入	万元	83 000	100%	84 060	100%	1 060	1.3%
2	销售成本	万元	38 387	46.2%	38 500	45.8%	113	0.3%

(续表)

序号	项目	金额单位	预算 金额	预算 结构	实际 金额	实际 结构	实际比预算增减 金额	实际比预算增减 比率
3	税金及附加	万元	601	0.7%	610	0.7%	9	1.5%
4	销售毛利	万元	44 012	53.0%	44 950	53.5%	938	2.1%
5	销售费用	万元	9 494	11.4%	9 600	11.4%	106	1.1%
6	利益贡献	万元	34 518	41.6%	35 350	42.1%	832	2.4%

表 10-10 中项目关系说明：

结构 = 各项目预算（实际）金额÷预算（实际）销售收入

销售毛利 = 销售收入 -（销售成本 + 税金及附加）

利益贡献 = 销售毛利 - 销售费用

表 10-10 中的数据可以说明以下两个问题：

一是实际销售收入比预算增加 1 060 万元，增长幅度为 1.3%；实际销售费用支出比预算增加 106 万元，增长幅度为 1.1%；销售费用的增长幅度低于销售收入的增长幅度。

二是由于销售成本的增长率为 0.3%，低于销售收入 1.3% 的增长幅度，因此利益贡献的增长率为 2.4%，高于销售收入的增长幅度。

结合费用贡献分析法对销售费用预算完成情况进行综合分析评价：企业为了增加销售收入，采取了提高销售费用的措施。销售成本和销售费用的增长幅度均低于销售收入的增长幅度，从而导致公司总体经济效益增长了 2.4%，高于销售收入 1.3% 的增长幅度。分析结果表明销售费用实际支出的提高带来了销售收入和利润的提高，因此真谛公司 2023 年销售费用的适当超支是合理的。

九、成本预算差异分析

成本预算差异分析是对预算期内实际产品制造成本与预算产品制造成本之间差异的分析。一般要分两步进行：第一步，分析各种产品实际总成本与预算总成本的差异，确定各种产品成本影响总成本的情况；第二步，具体分析各种产品制造成本的构成。

（一）总成本预算差异分析

造成总成本预算差异的原因主要有两个：一是产品产量变动，二是产品单位成本变动。所以，产品总成本预算差异可分为产量差异和成本差异两部分。计算公式如下：

产量差异 =（实际产量 - 预算产量）× 预算单位成本

成本差异 =（实际单位成本 - 预算单位成本）× 实际产量

总成本预算差异 = 产量差异 + 成本差异

= 实际单位成本 × 实际产量 - 预算单位成本 × 预算产量

下面举例说明总成本预算差异的分析方法。

第十章 预算的责任核算、分析与考评

【例10-7】 2024年1月,真谛公司采用因素分析法将2023年的总成本预算执行结果与预算标准进行了差异分析,计算结果如表10-11所示。

表10-11 真谛公司2023年总成本预算分析　　　　　　　　　　金额单位:万元

产品名称	计量单位	预算			实际			差异分析		
		产量	单位成本	总成本	产量	单位成本	总成本	产量差异	成本差异	合计
计算关系	—	①	②=③÷①	③	④	⑤=⑥÷④	⑥	⑦=(④-①)×②	⑧=(⑤-②)×④	⑨=⑦+⑧
A产品	吨	3 000	7.998	23 994	3 200	7.880	25 216	1 599.6	-377.6	1 222
B产品	吨	2 020	6.632	13 396	1 950	6.560	12 792	-464.2	-139.8	-604
C产品	吨	110	9.936	1 093	110	10.000	1 100	0	7	7
合计	—	—	—	38 483	—	—	39 108	1 135.4	-510.4	625

注:预算数据来源于表6-58真谛公司2023年产品成本预算汇总。

通过表10-11可以得出:

产量差异 = $\sum$ [(实际产量-预算产量)×预算单位成本]

= (3 200-3 000)×7.998+(1 950-2 020)×6.632+(110-110)×9.936

= 1 599.6+(-464.2)+0

= 1 135.4(万元)

成本差异 = $\sum$ [(实际单位成本-预算单位成本)×实际产量]

= (7.88-7.998)×3 200+(6.56-6.632)×1 950+(10-9.936)×110

= (-377.6)+(-139.8)+7

= -510.4(万元)

总成本预算差异 = 产量差异+成本差异 = 1 135.4+(-510.4) = 625(万元)

通过表10-11可以得出各种产品成本由于产品产量变动而产生的预算差异和由于产品单位成本变动而产生的预算差异。至于各种产品成本降低或提高的具体原因,则有赖于对各种产品制造成本的构成项目进行深入分析。

(二)产品制造成本构成项目的预算差异分析

产品制造成本是由直接材料成本、直接人工成本和制造费用构成的。因此,对产品制造成本构成项目的预算差异分析就是分别分析上述三项成本费用预算的执行差异,并对造成预算差异的原因进行剖析。

下面通过案例说明直接材料成本、直接人工成本和制造费用的预算差异分析方法。

【例10-8】 真谛公司2023年A产品的预算产量为3 000吨,实际产量为3 200吨,A产品制造成本预算及执行结果如表10-12所示。

表 10-12　真谛公司 2023 年 A 产品制造成本预算及执行情况　　金额单位：万元

项目	计量单位	预算			实际			差异	
		产量	单位成本	总成本	产量	单位成本	总成本	单位成本	总成本
计算关系	—	①	②=③÷①	③	④	⑤=⑥÷④	⑥	⑦=⑤-②	⑧=⑥-③
直接材料	吨	3 000	6.800	20 400	3 200	6.719	21 500	-0.081	1 100
直接人工	吨	3 000	0.600	1 800	3 200	0.603	1 930	0.003	130
制造费用	吨	3 000	0.598	1 794	3 200	0.558	1 786	-0.040	-8
其中：变动费用	吨	3 000	0.380	1 140	3 200	0.352	1 126	-0.028	-14
固定费用	吨	3 000	0.218	654	3 200	0.206	660	-0.012	6
产品制造成本	吨	3 000	7.998	23 994	3 200	7.880	25 216	-0.118	1 222

注：预算数据来源于表 6-55 真谛公司 2023 年 A 产品成本预算。

从表 10-12 中可以总体得出 A 产品的单位成本项目预算差异和总成本项目预算差异，对具体成本项目预算差异的分析需要分别进行。

1. 直接材料成本差异分析

直接材料实际成本与预算成本之间的差异主要由三个因素造成：一是材料实际价格偏离预算价格而形成的材料价格差异；二是材料实际耗用量偏离预算耗用量而形成的材料数量差异；三是产品实际产量偏离预算产量而形成的材料产量差异。相关计算公式如下：

$$材料价格差异 = (实际价格 - 预算价格) \times 实际单位耗用量 \times 实际产量$$

$$材料数量差异 = (实际单位耗用量 - 预算单位耗用量) \times 预算价格 \times 实际产量$$

$$材料产量差异 = (实际产量 - 预算产量) \times 预算价格 \times 预算单位耗用量$$

$$材料成本差异 = 材料价格差异 + 材料数量差异 + 材料产量差异$$

$$= 材料实际成本 - 材料预算成本$$

下面以例 10-8 的数据说明直接材料成本预算差异的分析方法。已知真谛公司 2023 年 A 产品直接材料成本预算及执行结果如表 10-13 所示。

表 10-13　真谛公司 2023 年 A 产品直接材料成本预算及执行情况　　金额单位：万元

材料名称	计量单位	预算（产量：3 000 吨）				实际（产量：3 200 吨）			
		单耗	单价	单位成本	总成本	单耗	单价	单位成本	总成本
计算关系	—	①	②	③=①×②	④=③×预算产量	⑤	⑥	⑦=⑤×⑥	⑧=⑦×实际产量
Z 材料	吨	0.400	10.0	4.000	12 000	0.430	10.0	4.300	13 760
Y 材料	吨	0.600	3.0	1.800	5 400	0.471	2.8	1.319	4 220
X 材料	千克	1.000	1.0	1.000	3 000	1.000	1.1	1.100	3 520
合计	—	—	—	6.800	20 400	—	—	6.719	21 500

注：预算数据来源于表 6-55 真谛公司 2023 年 A 产品成本预算。

根据表 10-13 的资料,采用因素分析法分析直接材料成本预算完成情况,分析结果如表 10-14 所示。

表 10-14　真谛公司 2023 年 A 产品直接材料成本预算执行分析　　金额单位:万元

材料名称	计量单位	数量分析		价格分析		产量分析		材料总差异
		单耗差	成本差异	单价差	成本差异	产量差(吨)	成本差异	
计算关系	—	⑨=⑤-①	⑩=⑨×②×实际产量	⑪=⑥-②	⑫=⑪×⑤×实际产量	⑬=实际产量-预算产量	⑭=⑬×③	⑮=⑩+⑫+⑭
Z 材料	吨	0.030	960.0	0	0	200	800.0	1 760.0
Y 材料	吨	-0.129	-1 238.4	-0.2	-301.4	200	360.0	-1 179.8
X 材料	千克	0	0	0.1	320.0	200	200.0	520.0
合计	—	—	-278.4	—	18.6	—	1 360.0	1 100.2

注:本表计算关系连接表 10-13。

通过表 10-14 可以得出:

材料数量差异 = $\sum$(单耗差×预算价格×实际产量)

　　　　　　= 0.03×10×3 200+(-0.129×3×3 200)+0×1×3 200

　　　　　　= -278.4(万元)

材料价格差异 = $\sum$(单价差×实际单位耗用量×实际产量)

　　　　　　= 0×0.43×3 200+(-0.2×0.471×3 200)+0.1×1×3 200

　　　　　　= 18.6(万元)

材料产量差异 = $\sum$(产量差×预算单位材料成本)

　　　　　　= 200×4+200×1.8+200×1

　　　　　　= 1 360(万元)

材料成本差异 = -278.4+18.6+1 360 = 1 100.2(万元)

分析结果表明 A 产品直接材料预算总成本为 20 400 万元,实际总成本为 21 500 万元,实际材料成本比预算材料成本多 1 100.2 万元。实际材料成本比预算材料成本多 1 100.2 万元的原因是:

(1) A 产品的材料单耗变化(其中,Z 材料单耗提高,Y 材料单耗降低)减少材料成本 278.4 万元;

(2) A 产品耗用材料单价变化(其中,Y 材料单价降低,X 材料单价提高)增加材料成本 18.6 万元;

(3) A 产品产量实际比预算增加 200 吨(3 200-3 000),增加材料成本 1 360 万元。

通过以上材料成本分析,将导致直接材料实际成本与预算成本之间差异的数量、价格、产量三个因素搞清楚后,还要分别分析材料耗用量变化、材料价格变化及产品产量变化的原因。

材料耗用量变化的原因主要涉及工人操作、机器设备、技术工艺、产品质量、材料质量、生产数量等因素变动。

材料价格变化的原因主要涉及市场价格、采购数量、运费和损耗、材料质量等因素变动。

产品产量变化的原因主要涉及产品供求、机器设备、环保安全、材料供应、生产效率、产品质量、资金等因素变动。

总之,导致材料成本升降的因素非常多,既有主观因素,也有客观因素;既有企业内部因素,也有企业外部因素;既有技术因素,也有管理因素;等等。因此,企业只有进行具体的调查研究后才能明确责任归属。

2. 直接人工成本差异分析

直接人工实际成本与预算成本之间的差异主要由两个原因造成:一是实际工资率偏离预算工资率而形成的工资率差异;二是产品实际产量偏离预算产量而形成的人工产量差异。相关计算公式如下:

$$人工工资率差异 = (实际工资率 - 预算工资率) \times 实际产量$$

$$人工产量差异 = (实际产量 - 预算产量) \times 预算工资率$$

$$人工成本差异 = 人工工资率差异 + 人工产量差异$$

$$= 人工实际成本 - 人工预算成本$$

下面以例 10-8 的数据说明直接人工成本预算差异的分析方法。已知真谛公司 2023 年 A 产品的直接人工预算成本为 0.6 万元/吨,实际成本为 0.603 万元/吨;A 产品的预算产量为 3 000 吨,实际产量为 3 200 吨。A 产品直接人工成本预算及执行结果如表 10-15 所示。

表 10-15 真谛公司 2023 年 A 产品直接人工成本预算及执行情况 金额单位:万元

项目	预算			实际		
	产量(吨)	工资率	人工成本	产量(吨)	工资率	人工成本
计算关系	①	②	③=①×②	④	⑤	⑥=④×⑤
工资总额	3 000	0.400	1 200.0	3 200	0.402	1 286.4
社保及经费	3 000	0.200	600.0	3 200	0.201	643.2
人工成本	3 000	0.600	1 800.0	3 200	0.603	1 929.6

注:①本表的预算数据来源于表 6-43 真谛公司 2023 年人工薪酬预算;②社保及经费是指按工资总额 50% 计提的"五险一金"和"三项经费";③工资率是指生产每吨产品要承担的人工费用。

根据表 10-15 的资料,采用因素分析法分析直接人工成本预算完成情况,分析结果如表 10-16 所示。

表 10-16　真谛公司 2023 年 A 产品直接人工成本预算执行分析　　　金额单位:万元

项目	工资率分析		产量分析		人工成本总差异
	工资率差	成本差异	产量差	成本差异	
计算关系	⑦=⑤-②	⑧=⑦×④	⑨=④-①	⑩=⑨×②	⑪=⑧+⑩
工资总额	0.002	6.4	200	80.0	86.4
社保及经费	0.001	3.2	200	40.0	43.2
人工成本	0.003	9.6	200	120.0	129.6

注:本表计算关系连接表 10-15。

通过表 10-16 可以得出:

人工工资率差异 = $\sum$ 单位工资率差×实际产量
= 0.003×3 200 = 9.6(万元)

人工产量差异 = $\sum$ 预算工资率×产量差
= 0.6×200 = 120(万元)

人工成本差异 = 9.6+120 = 129.6(万元)

分析结果表明 A 产品直接人工预算成本为 1 800 万元,实际成本为 1 929.6 万元,实际人工成本比预算人工成本多 129.6 万元。实际人工成本比预算人工成本多 129.6 万元的原因是:

(1) 单位工资率提高,导致直接人工成本增加 9.6 万元;

(2) A 产品实际产量比预算产量增加 200 吨,导致直接人工成本增加 120 万元。

通过以上分析将导致直接人工实际成本与预算成本之间差异的工资率、产量两个因素搞清楚后,还要分析工资率变化的原因。

工资率变化的原因主要有工资调整、奖罚变动、工资等级变更、工人结构变化、工人使用及安排和调度等。

3. 制造费用差异分析

制造费用由变动费用和固定费用组成,两种费用对业务量的依存关系不同,应采用不同的方法分别进行分析。

(1) 变动性制造费用差异分析。变动费用一般与产品产量成正比,因此对于变动费用一般可采用因素分析法。造成实际变动费用与预算标准之间差异的主要原因涉及费用分配率和产品产量两个方面,从而有以下两种变动费用差异:

一是变动费用分配率差异,是指由于变动费用的实际费用分配率偏离预算标准而形成的差异,反映的是变动费用耗费水平的高低,所以也称耗费差异。

二是变动费用产量差异,是指由于产品实际产量偏离预算产量而形成的差异。

变动费用差异的计算公式为:

变动费用分配率差异 = (实际变动费用分配率-预算变动费用分配率)×实际产量

变动费用产量差异 = (实际产量-预算产量)×预算变动费用分配率

变动性制造费用差异 = 变动费用分配率差异+变动费用产量差异
= 实际变动费用-预算变动费用

下面以例 10-8 的数据说明变动性制造费用预算差异的分析方法。已知真谛公司 2023 年 A 产品单位产品变动性制造费用预算为 0.38 万元/吨,实际为 0.3519 万元/吨;A 产品预算产量为 3 000 吨,实际产量为 3 200 吨。A 产品变动性制造费用预算及执行结果如表 10-17 所示。

表 10-17　真谛公司 2023 年 A 产品变动性制造费用预算及执行情况　　金额单位:万元

序号	项目	预算			实际		
		产量(吨)	分配率	总变动费用	产量(吨)	分配率	总变动费用
—	计算关系	①	②	③=①×②	④	⑤	⑥=④×⑤
1	机物料消耗	3 000	0.2100	630	3 200	0.2031	650
2	环保材料费	3 000	0.1000	300	3 200	0.0813	260
3	搬运费	3 000	0.0100	30	3 200	0.0081	26
4	水电费	3 000	0.0300	90	3 200	0.0250	80
6	化验检测费	3 000	0.0200	60	3 200	0.0219	70
7	其他	3 000	0.0100	30	3 200	0.0125	40
8	合计	3 000	0.3800	1 140	3 200	0.3519	1 126

注:预算数据来源于表 6-51 甲车间 2023 年制造费用预算。

根据表 10-17 的资料,采用因素分析法分析变动性制造费用预算完成情况,分析结果如表 10-18 所示。

表 10-18　真谛公司 2023 年 A 产品变动性制造费用预算执行分析　　金额单位:万元

序号	项目	费用分配率分析		产量分析		变动性费用总差异
		分配率差	费用差异	产量差	费用差异	
—	计算关系	⑦=⑤-②	⑧=⑦×④	⑨=④-①	⑩=⑨×②	⑪=⑧+⑩
1	机物料消耗	-0.0069	-22	200	42	20
2	环保材料费	-0.0187	-60	200	20	-40
3	搬运费	-0.0019	-6	200	2	-4
4	水电费	-0.0050	-16	200	6	-10
6	化验检测费	0.0019	6	200	4	10
7	其他	0.0025	8	200	2	10
8	合计	-0.0281	-90	200	76	-14

注:本表计算关系连接表 10-17。

通过表 10-18 可以得出:

变动费用分配率差异 = $\sum$ 变动费用分配率差×实际产量
$$= -0.0281 \times 3\ 200 = -90(万元)$$

变动费用产量差异 = $\sum$ 预算变动费用分配率×产量差
$$= 0.38 \times 200 = 76(万元)$$

变动性制造费用差异=变动费用分配率差异+变动费用产量差异
$$=(-90)+76=-14(万元)$$

分析结果表明 A 产品变动性制造费用预算数为 1 140 万元,实际数为 1 126 万元,实际数比预算数少 14 万元,其原因是:① 变动性制造费用分配率降低,导致变动性制造费用减少 90 万元;② A 产品实际产量比预算产量多,导致变动性制造费用增加 76 万元。

影响变动性制造费用成本差异的因素包含在各变动性制造费用明细项目之中。在实际工作中,企业应按各费用明细项目进行逐项分析。

需要说明的是,在实际工作中,制造费用分配计入产品制造成本的方法有多种,如生产工人工时比例分配法、生产工人工资比例分配法、机器工时比例分配法、预算分配率分配法、直接成本比例分配法等,企业具体采用哪种分配方法进行制造费用分配,应根据产品的生产特点合理选择。因此,在进行变动性制造费用分析时,企业应结合具体的制造费用分配方法进行。

(2) 固定性制造费用差异分析。固定性制造费用总额在一定业务量范围内不受产品产量变动的影响,但其分摊到单位产品成本中的数额一般与产品产量成反比。产量增加,单位产品成本的固定性制造费用相应减少;反之,则相应增加。因此,固定性制造费用差异分析应以固定性制造费用预算为标准,将实际发生的各项固定性制造费用数额与预算数额逐项比较分析,从中找出差异,并分析产生差异的原因。固定性制造费用差异的计算公式为:

固定性制造费用差异=∑(固定性制造费用实际数额-固定性制造费用预算数额)

还可以通过以下公式,分析产品产量变动对单位产品成本所含固定性制造费用的影响:

$$单位产品固定性制造费用增减额=\frac{(实际产量-预算产量)\times 单位产品固定性制造费用}{实际产量}$$

单位产品固定性制造费用=固定性制造费用实际总额÷实际产量

固定性制造费用相对增减额=单位产品固定性制造费用增减额×实际产量

计算结果若为正值,则为相对增加额;为负值,则为相对减少额。

下面以例 10-8 的数据说明固定性制造费用预算差异的分析方法。已知真谛公司 2023 年 A 产品固定性制造费用预算总额为 654 万元,实际为 660 万元;A 产品预算产量为 3 000 吨,实际产量为 3 200 吨。A 产品固定性制造费用预算差异分析如表 10-19 所示。

表 10-19 真谛公司 2023 年 A 产品固定性制造费用预算差异分析　　　　金额单位:万元

序号	费用项目	预算			实际			差异	
		产量	单位产品费用	费用总额	产量	单位产品费用	费用总额	单位差额	总差异
—	计算关系	①	②=③÷①	③	④	⑤=⑥÷④	⑥	⑦=⑤-②	⑧=⑥-③
1	管理人员工资	3 000	0.0293	88.0	3 200	0.0250	80.0	-0.0043	-8.0
2	社保及经费	3 000	0.0147	44.0	3 200	0.0125	40.0	-0.0022	-4.0
3	固定资产折旧	3 000	0.1600	480.0	3 200	0.1531	490.0	-0.0069	10.0
4	修理费	3 000	0.0033	10.0	3 200	0.0047	15.0	0.0014	5.0

金额单位:万元(续表)

序号	费用项目	预算			实际			差异	
		产量	单位产品费用	费用总额	产量	单位产品费用	费用总额	单位差额	总差异
5	劳保费	3 000	0.0020	6.0	3 200	0.0025	8.0	0.0005	2.0
6	差旅费	3 000	0.0019	5.8	3 200	0.0028	9.0	0.0009	3.2
7	其他	3 000	0.0067	20.2	3 200	0.0056	18.0	-0.0011	-2.2
8	合计	3 000	0.2180	654.0	3 200	0.2063	660.0	-0.0118	6.0

注:预算数据来源于表 6-51 甲车间 2023 年制造费用预算。

表 10-19 数据表明,A 产品固定性制造费用预算数为 654 万元,实际数为 660 万元,实际数比预算数多出 6 万元。逐项分析查明预算超支 6 万元的原因如下:① 预算期甲车间管理人员变动减少薪酬及社保支出 12 万元;② 2 月,甲车间新购固定资产 100 万元,增加折旧 10 万元;③ 5 月,设备保养预算外支出修理费 5 万元、劳保费 2 万元;④ 10 月,公司组织车间领导外出参观学习预算外支出差旅费 3.2 万元;⑤ 其他固定性制造费用比预算数额减支 2.2 万元。

十、管理费用预算差异分析

管理费用预算差异是指管理费用实际支出与管理费用预算标准之间的差额。管理费用是企业为了组织和管理生产经营活动而发生的各项费用,它与产品制造成本的最大不同在于,产品制造成本的发生与产品产量密切相关,而管理费用的发生与产品产量无直接关系。因此,管理费用预算差异分析不能像直接材料预算差异分析、直接人工预算差异分析和变动性制造费用预算差异分析那样,通过因素分析法或差额分析法确定数量、价格、成本、产量等因素对预算执行结果的影响。

在实务中,管理费用与企业的规模、性质、所在行业特点、管理风格、效益密切相关。一般而言,管理费用与企业规模和经济效益呈正比例关系;垄断性行业、高利润行业管理费用水平较高,生产制造行业、低利润行业管理费用水平较低;上市公司、跨国公司、集团公司、股份制公司管理费用水平较高,其他性质企业管理费用水平较低;管理控制严格、规范的公司管理费用水平较低,管理控制宽松、随意的公司管理费用水平较高。

管理费用的具体项目可根据能否人为控制而细分为酌量性管理费用和约束性管理费用两部分,同时,企业的管理费用预算一般采取按明细项目逐一分解落实到各个职能管理部门的控制方法。企业应从以下两个方面进行管理费用预算差异分析:

一是按管理费用项目的不同习性进行差异分析。对酌量性管理费用差异,要重点分析其支出的必要性;对约束性管理费用差异,要重点分析其发生依据的合理性。

二是按职能部门进行差异分析。要在各个职能部门管理费用差异分析的基础上,逐项分析管理费用项目差异产生的原因。

下面举例说明管理费用预算差异的分析方法。

【例 10-9】 真谛公司 2023 年管理费用预算为 1 700 万元,实际支出为 1 680 万元,实际比预算减少20万元。财务部采用比较分析法对管理费用执行结果与预算标准之间的差异进行比较分析,分析结果如表10-20所示。

表10-20 真谛公司2023年管理费用预算执行分析　　　　　金额单位:万元

性质	项目	2023年预算	2023年实际	差异分析	
				差异额	差异率
一	计算关系	①	②	③=②-①	④=③÷①
约束性费用	管理人员工资	780	800	20	2.6%
	社保及经费	390	400	10	2.6%
	资产折旧	200	190	-10	-5.0%
	财产保险费	60	30	-30	-50.0%
	小计	1 430	1 420	-10	-0.7%
酌量性费用	修理费	60	50	-10	-16.7%
	办公费	30	25	-5	-16.7%
	差旅费	90	100	10	11.1%
	业务招待费	70	65	-5	-7.1%
	其他	20	20	0	0
	小计	270	260	-10	-3.7%
	合计	1 700	1 680	-20	-1.2%

注:预算数据来源于表6-99真谛公司2023年管理费用预算。

经过分析确认,真谛公司2023年管理费用实际数额比预算数额减少20万元的主要原因如下:

(1) 新增一名中层干部,增加管理人员工资、社保及经费支出共30万元;
(2) 公司处置高档轿车,减少固定资产折旧10万元;
(3) 更换保险公司,节省财产保险费支出30万元;
(3) 预算中安排的高档轿车大修没有实施,减少修理费支出10万元;
(4) 开展增收节支活动,减少办公费支出5万元;
(5) 地方政府组织企业到外地参观考察,增加差旅费支出10万元;
(6) 严格控制内部聚餐、接待活动,减少业务招待费支出5万元。

十一、财务费用预算差异分析

财务费用预算差异是指财务费用实际支出与预算标准之间的差额。财务费用是企业为了维持正常生产经营活动筹集资金而发生的费用,其发生数额一般受以下六个因素的影响:

(1) 对外筹集资金的数额和种类,如银行借款、信托借款、企业债券等;
(2) 对外筹集资金的成本,如借款利率、手续费等;
(3) 承兑汇票的贴现额及贴现率;
(4) 调汇额及汇兑成本;

（5）企业日常银行存款额；

（6）银行业务手续费等。

因此，对财务费用预算的差异分析应按照以上六个因素进行逐项分析，并将差异分解为数量差异和利率差异两部分，重点搞清楚财务费用发生差异的具体原因及其合理性。下面举例说明财务费用预算差异的分析方法。

【例10-10】 真谛公司2023年财务费用预算为199万元，实际支出170万元，实际比预算减少29万元。财务部采用因素分析法对财务费用执行结果与预算标准之间的差异进行了分析。财务费用预算及执行结果如表10-21所示。

表10-21 真谛公司2023年财务费用预算及执行情况 金额单位：万元

序号	项目	2023年预算	2023年实际	差异
—	计算关系	①	②	③=②-①
1	借款利息支出	97.5	99.0	1.5
2	减：利息收入	3.0	6.0	3.0
3	汇票贴现利息支出	100.0	72.0	-28.0
4	承兑汇票手续费	1.3	1.5	0.2
5	其他费用	3.2	3.5	0.3
6	合计	199.0	170.0	-29.0

注：预算数据来源于表6-107真谛公司2023年财务费用预算。

2023年预算指标计算如下：[①]

银行借款月平均余额 = $\sum$ 各季度银行借款余额÷4

$= (1\,000+2\,000+2\,000+1\,500)÷4 = 1\,625$（万元）

预算借款利息支出 = 银行借款月平均余额×月利率×12

$= 1\,625×5‰×12 = 97.5$（万元）

银行存款月平均余额 = $\sum$ 各季度银行存款余额÷4

$= (500+400+600+500)÷4 = 500$（万元）

预算利息收入 = 银行存款月平均余额×月利率×12

$= 500×0.5‰×12 = 3$（万元）

预算汇票贴现利息支出 = $\sum$（各季度汇票贴现额×贴现天数×月贴现率÷30）

$= (2\,500×60×5‰÷30)×4 = 100$（万元）

预算承兑汇票手续费 = $\sum$ 各季度开具承兑汇票金额×手续费率

$= (500+600+700+800)×0.5‰ = 1.3$（万元）

预算其他费用 = 3.2（万元）

2023年财务费用实际发生额计算如下：

[①] 财务费用预算有关数据来源于第六章表6-106和表6-107。

实际借款利息支出 = 1 500×5.5‰×12 = 99(万元)
实际利息收入 = 1 000×0.5‰×12 = 6(万元)
实际汇票贴现利息支出 = (1 800×60×5‰÷30)×4 = 72(万元)
实际承兑汇票手续费 = (600+700+800+900)×0.5‰ = 1.5(万元)
实际其他费用 = 3.5(万元)

根据上述资料,采用因素分析法对财务费用预算差异进行分析。

(1)银行借款利息实际支出比预算增加1.5万元的影响因素如下:

借款数量差异 = (实际银行借款月平均余额-预算银行借款月平均余额)×预算月利率×12
　　　　　　 = (1 500-1 625)×5‰×12 = -7.5(万元)

借款利率差异 = (实际月利率-预算月利率)×实际银行借款月平均余额×12
　　　　　　 = (5.5‰-5‰)×1500×12 = 9(万元)

银行借款利息差异 = 借款数量差异+借款利率差异
　　　　　　　　 = -7.5+9 = 1.5(万元)

分析结果表明,银行借款平均余额减少,导致财务费用实际比预算节省7.5万元;银行借款利率提高,导致财务费用实际比预算多支出9万元,二者合计增加支出1.5万元。

(2)银行存款利息实际收入比预算增加3万元的影响因素如下:

存款数量差异 = (实际银行存款月平均余额-预算银行存款月平均余额)×预算月利率×12
　　　　　　 = (1 000-500)×0.5‰×12 = 3(万元)

存款利率差异 = (实际月利率-预算月利率)×实际银行存款月平均余额×12
　　　　　　 = (0.5‰-0.5‰)×1 000×12 = 0

银行存款利息差异 = 存款数量差异+存款利率差异
　　　　　　　　 = 3+0 = 3(万元)

分析结果表明,银行存款平均余额增加,导致利息实际收入比预算收入增加3万元,相应节省财务费用支出3万元。

(3)汇票贴现利息实际支出比预算减少28万元的影响因素如下:

贴现数量差异 = ∑[(实际各季度贴现额-预算各季度贴现额)×
　　　　　　　 预算贴现天数×预算月贴现率÷30]
　　　　　　 = (1 800-2 500)×60×5‰÷30×4 = -28(万元)

贴现利率差异 = ∑[(实际贴现利率-预算贴现利率)×实际各季度贴现额×
　　　　　　　 预算贴现天数÷30]
　　　　　　 = (5‰-5‰)×1 800×60÷30×4 = 0

贴现天数差异 = ∑[(实际贴现天数-预算贴现天数)×实际各季度贴现额×
　　　　　　　 实际贴现利率÷30]
　　　　　　 = (60-60)×1 800×5‰÷30×4 = 0

贴现利息差异 = 贴现数量差异+贴现利率差异+贴现天数差异
　　　　　　 = -28+0+0 = -28(万元)

分析结果表明,由于汇票贴现实际额由预算安排的2 500万元减为1 800万元,减少财务费用支出 28 万元。

（4）承兑汇票手续费实际支出比预算增加 0.2 万元的影响因素如下：

实际承兑汇票手续费 $=\sum$（实际开具承兑汇票金额 - 预算开具承兑汇票金额）× 手续费率
$= [(600+700+800+900)-(500+600+700+800)] \times 0.5‰ = 0.2$（万元）

分析结果表明，由于实际开具承兑汇票金额比预算金额增加 400 万元，增加财务费用支出 0.2 万元。

（5）其他费用实际支出比预算增加 0.3 万元的原因是：向银行支付的电话银行服务费增加。

十二、预算差异分析汇总

完成各项预算差异分析后，企业应将所有预算差异汇总起来，以便确认预算总差异。因为各项经营预算都是围绕利润预算展开的，所以汇总各项经营预算差异可以得到利润预算总差异，从而全面、系统地反映企业预算期生产经营活动的全貌以及利润总额高于或低于预算目标的具体原因。对于利润预算而言，凡是直接使利润增加的各项预算差异，都被称为有利差异；反之，则被称为不利差异。各项预算差异之间的关系如图 10-2 所示。

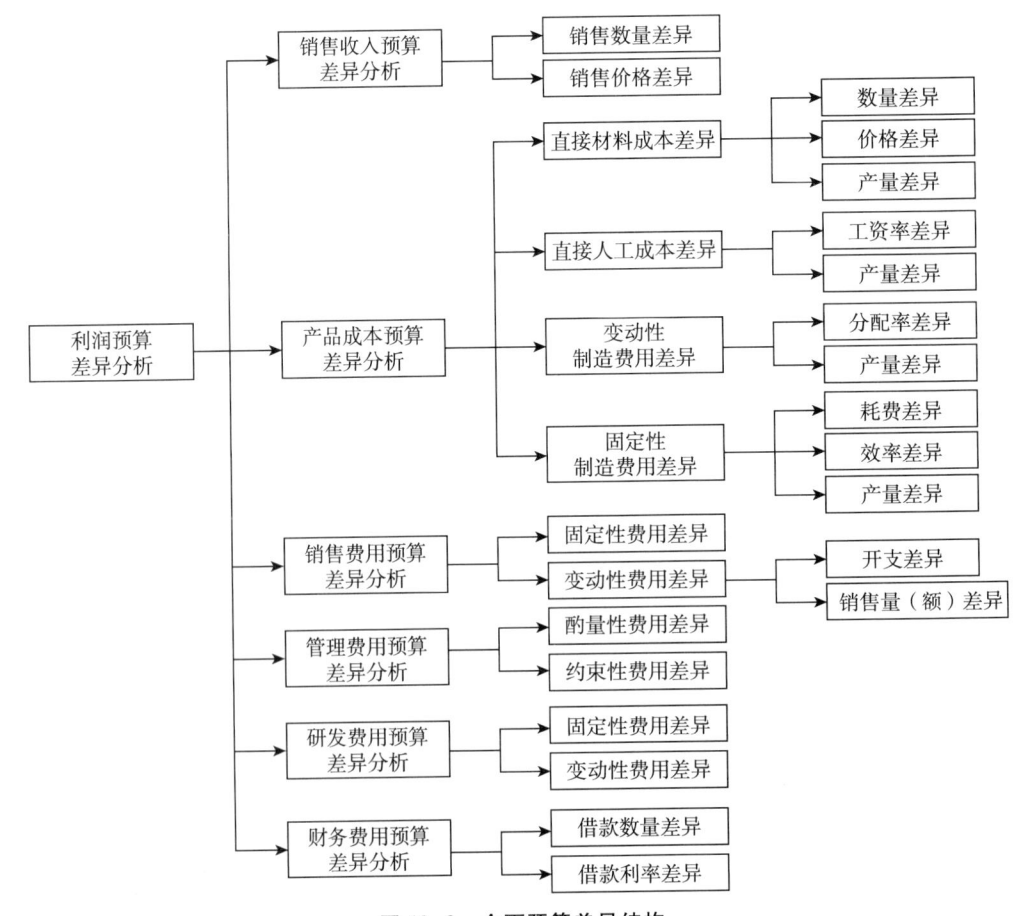

图 10-2 全面预算差异结构

除前面所述围绕利润预算展开的各项预算差异分析外,企业还要对其他预算差异进行分析。也就是说,企业要对所有预算的执行情况进行差异分析,以确定各项预算的差异数额和预算差异产生的原因。

企业在对所有预算差异进行分析之后,应形成预算分析报告。预算分析报告是对企业全面预算管理实施情况及预算执行情况的总结,要从定量与定性两个层面全面反映预算执行的现状、发展趋势和存在的问题,说明预算执行结果与预算标准之间的差异及其形成的原因。企业预算管理部门及各预算执行部门应当充分、客观地分析预算差异产生的原因,落实责任,提出相应的解决措施或整改建议,为预算的考核、评价提供翔实的资料依据。

第三节 预算考评

一、预算考评概述

预算考评是以预算指标、预算执行结果以及预算分析等相关资料为依据,运用一定的考核方法和评价标准,对企业各部门、各环节的全面预算管理实施过程和实施效果进行考核、评价的综合管理活动。预算考评包括两层含义:

第一,预算考评是对全面预算管理活动的考核与评价。预算编制、预算执行和预算考评作为全面预算管理的三个基本环节,相互作用,周而复始地循环,实现对企业经营活动的全面控制。其中,预算考评既是本期全面预算管理循环的终结,又是下期全面预算管理循环的开始。

第二,预算考评是对各部门预算执行过程和预算执行结果的考核与评价。一方面,在预算执行过程中,通过预算考评可以及时发现和纠正预算执行与预算标准的偏差,实现预算的过程控制;另一方面,通过对预算执行结果的考核与评价,可以实现各部门预算责、权、利的有效结合,将预算奖惩落到实处,发挥全面预算管理的约束与激励功能。

二、预算考评的重要意义

预算考评在全面预算管理体系中处于承上启下的关键环节,是全面预算管理的一项重要职能。如果预算管理缺少考评环节,预算执行者就缺乏预算执行的积极性和主动性,预算就会流于形式,全面预算管理的功能作用就有可能完全消失。通过预算考评,既可以确保全面预算管理的各项工作落到实处,又可以及时发现预算执行过程及执行结果与预算标准的偏差,确保企业战略规划的落实和经营目标的实现。因此,预算考评是企业全面预算管理的生命线。

(一) 预算考评是全面预算管理顺利实施的保障

全面预算管理包括预算的编制、执行、控制、调整、核算、报告、分析、考评等一系列环节,各个环节相互关联、密不可分,任何一个环节出现问题都会影响到其他环节的实施。只有对各个环节实施有效的考核与评价,才能严格抓好全面预算管理各个环节的工作,才能把预算的编制、执行、核算、报告等各项工作落到实处,从而确保全面预算管理所有环节的顺利实施。

(二) 预算考评是增强预算刚性的有效措施

一方面,预算必须是刚性的,预算一经确立,必须严格执行,这是实现预算目标的保证;另一方面,预算也是柔性的,当客观环境发生变化时,企业必须"以动制动"地适时调整预算,这是预算得以顺利实施的保证。然而,在预算管理实施过程中,预算的柔性往往会挤兑预算的刚性,使预算变为一种软约束。因此,实施预算考评可以严控预算的执行,增强预算管理的刚性,使全面预算管理真正成为一项"以刚为主,刚柔并济"的有效管理制度。

(三) 预算考评是确保预算目标实现的保障

预算目标从确定到变为现实需要一个漫长的执行、控制过程。在这个过程中,通过对各责任中心预算执行的考核和评价,分析预算执行与预算标准之间的差异,明确发生差异的原因和责任,适时提出纠正预算偏差的对策,能有效增强预算管理的执行力和约束力,促使各执行部门及时发现并迅速纠正预算执行中的偏差,为预算目标的顺利实现提供可靠的保障。

(四) 预算考评是建立预算激励与约束机制的重要内容

在全面预算管理实施过程中,一方面,通过严格的预算考评制度,可以强化预算执行力度,督促各责任中心努力完成预算指标;另一方面,通过对各责任中心的预算考评,可以科学评价各部门及员工的工作业绩,将预算执行情况与各责任中心及员工的经济利益密切挂钩,奖惩分明,从而使企业所有者、经营者和员工形成责、权、利相统一的责任共同体,最大限度地调动企业上下各个层级的工作积极性和创造性。

三、预算考评的原则

预算考评的基本目标是实现预算的激励与约束机制作用,确保全面预算管理的顺利实施和预算目标的圆满完成。为此,预算考评应遵循以下基本原则:

(一) 目标性原则

预算考评的目的是确保企业各项预算目标的实现。因此,预算考评的目标性原则包括两方面的内容:

一是在预算考评指标的设计中,必须遵循目标性原则,以引导各预算执行部门的行为,避免各部门只顾局部利益、不顾全局利益,甚至为了局部利益而损害全局利益行为的发生。例如,在生产部门的考评指标中,应将销售指标和利润指标包含在内,以引导生产部门关心企业产品的销售和利润;在销售部门的考评指标中,应将产销率、产成品资金占用指标包含在内,以引导销售部门努力降低产成品的资金占用。

二是预算考评必须以预算目标为基准,按预算完成情况评价预算执行部门的经营绩效;如无特殊原因,未能实现预算目标就说明预算执行者未能有效地执行预算,这是实施预算考评的首要原则,也是提高预算权威性的有效保证。

(二) 可控性原则

预算考评既是预算执行结果的责任归属过程,又是企业内部各预算执行部门间利益分配的过程,因此客观、公正、合理是预算考评环节的基本要求。这一基本要求的集中体现是:各责任主体以责权范围为限,仅对其可以控制的预算结果和差异负责。因此,在预算考评指标的设计中,必须遵循可控性原则,凡是该责任中心无法控制的项目指标就应坚决予以排除。例如,生产车间没有材料采购权,从而由材料采购价格升降引起的产品制造成本升高或降低与生产车间无关,对车间产品制造成本的考核应该按材料的预算价格,而绝不能用实际价格。在对各责任中心的预算考评中,如果是不可控因素导致预算执行结果与预算标准之间产生差异,就应剔除该差异。例如,汽油价格对生产企业和消费企业而言都是不可控因素,如果国家提高汽油销售价格,炼油厂在考评销售收入和利润指标时,就应剔除销售价格提高带来的预算外收入和利润;消费汽油的企业在考评采购部门的汽油采购成本时,就应剔除汽油价格提高引起的预算外支出。

但是,也要注意避免强调预算的可控性而导致的预算责任的相互推诿。所谓可控应该是相对的,而不是绝对的。只要某责任主体对某项因素具有重大的影响力和作用力,或者说没有比其更具控制力的责任主体,该项因素就应是该责任主体的可控因素。例如,产品销售价格的高低往往受市场、质量、品牌等多种因素的影响,企业的销售部门并不能完全控制,但是相对于其他部门而言,销售部门对产品销售价格最具控制力,因此企业应该将产品销售价格纳入销售部门的预算考核范围。

(三) 分级考评原则

预算目标是分级落实的,预算控制也是分级实施的,因此预算考评也必须分级进行。这是预算考评的重要原则,是实行分权管理和实现各部门和各层级责、权、利有机统一的基本要求,也是预算管理激励与约束机制作用得以发挥的重要保证。分级考评原则包含三个方面的内容:

一是上级考评下级原则,即预算考评是上级预算部门对下级预算部门实施的考评,而不是下级预算部门对上级预算部门实施的民主评议。上级预算部门是预算考评的实施主体,预算执行部门是预算考评的对象主体。

二是逐级考评原则,即预算考评要根据企业预算管理的组织结构层次或预算目标的分解次序进行,预算考评只能是直接上级考评直接下级,而不能是间接上级隔级考评间接下级。

三是执行与考评分离原则,即本级预算责任主体的预算考评应由其直接上级部门进行,而绝对不能自己考评自己。

(四) 客观公正原则

预算考评应以预算目标、预算执行结果、预算分析结论、预算考评制度和预算奖惩方案为基本依据,按照客观公正的原则进行。预算评价本身是主观的行为,但主观的行为必须以客观的事实为依据,只有这样才能做到公正与公平。为了保证预算考评的客观公正性,企业进行预算考评时应注意以下四点:

一是预算考评的程序、标准、结果要公开。企业应当将预算考评程序、考评方法、考评标准、奖惩方案及考评结果及时公开,以最大限度地减少预算考评者和被考评者双方对预算考评工作的不透明感,对存有异议的考评标准和考评结果要通过分析、研究、协商、复议等方法予以解决。

二是预算评价指标要以定量考评指标为主。预算考评结果要用数字说话,以减少主观成分和人为因素对预算考评结果的干扰。

三是预算考评应当以客观事实为依据。预算考评要用事实说话,切忌主观武断,缺乏事实依据的,宁可不做评论,或注上"无据可查""待深入调查"等意见。

四是预算考评人员要实行轮换制。负责预算考评的人员应具备客观公正的优良品质并实行轮流考评制度,年终预算考评应聘请公司独立董事或社会中介机构的人士参与,以增强预算考评的客观公正性。

(五) 时效性原则

预算考评应及时进行,并依据奖惩方案及时兑现,只有这样,才能使预算管理起到激励和约束作用,才能有助于各项预算目标的完成。如果本期预算的执行结果被拿到下期或者拖延更长的时间去考评,就会丧失预算考评的功效。因此,时效性原则要求企业预算考评周期应与预算管理周期保持一致。因为企业的年度预算目标一般细分为月度预算目标,所以预算考评应按月进行。一般做法是:实施每月预算考评、全年预算总考评;月度奖惩只兑现奖惩方案的80%左右,以丰补歉,年终统算。

(六) 利益挂钩原则

利益挂钩原则包含三层含义:

一是预算考评结果应当与预算执行部门以及员工的物质利益兑现挂钩,不论是薪酬奖惩还是职位升降;否则,预算考评将难以起到激励作用。

二是预算考评方式要与员工的薪酬分配形式紧密结合起来,如果预算考评针对的是整个预算执行部门,而员工薪酬却采取个人职能化的薪酬方式,就会导致员工薪酬模式与预算考评模式缺乏一致性和匹配性,无法实现预算考评的激励效果。

三是预算的奖惩方案必须如期兑现,只有这样才能维护预算考评的严肃性和权威性,才能使预算考评真正达到奖勤罚懒、激励预算执行者完成预算目标的目的。

(七) 制度化原则

预算考评的制度化原则有两层含义:一是企业要建立健全预算考评制度,使预算考评的原则、方法、内容、程序、奖惩等规则条款化、明晰化、规范化;二是预算考评要按预算考评制度组织实施,实施预算考评的部门和人员要按预算考评制度行使职权,预算考评的方法、原则、内容、步骤、奖惩兑现也必须以预算考评制度为准。

在预算执行前,企业应采用签订预算目标责任书的方式,明确预算执行的条件、指标、权力和责任、奖惩办法等内容,以此作为实施预算考评的基本依据。

四、预算考评体系内容

为了规范预算考评工作的进行,发挥预算的激励和约束作用,企业应当建立健全预算考评体系。预算考评体系主要包括以下五个方面的内容:

（一）建立预算考评机构

预算考评机构由企业预算管理委员会直接领导，组成人员应以预算管理部门和人力资源部门的职能人员为主，抽调财务、审计、技术、质量管理等职能部门的专业人员参与。同时，要针对不同层次的责任中心，建立相应层次的预算考评机构。

（二）制定预算考评制度

预算考评制度包括预算编制考评制度、预算执行考评制度、预算控制考评制度、预算核算考评制度、预算分析考评制度和预算报告考评制度等。企业应建立健全预算考评制度，将全面预算管理的各个环节全部纳入预算考评与奖惩的范围，真正实现预算考评的制度化、规范化和全面化管理。

（三）确定预算考评指标

只有建立科学、合理的预算考评指标，并据以进行预算评价和奖惩兑现，才能促使各责任中心积极纠正预算偏差，努力完成预算指标，确保企业总体预算目标的实现。同时，各责任中心都是企业的有机组成部分，相互之间密切联系、休戚与共。预算考评应当引导各责任中心既要努力完成自身承担的预算目标，又要为其他责任中心完成预算目标创造条件。因此，企业在确定预算考评指标时，应实现以下四个有机结合：

1. 局部指标与整体指标有机结合

预算考评指标要以各责任中心承担的预算指标为主，同时本着相关性原则，增加一些全局性的预算指标和与其关系密切的相关责任中心的预算目标。

2. 定量指标与定性指标有机结合

预算考评要以定量指标为主，同时辅以定性指标。

3. 绝对指标与相对指标有机结合

绝对指标与相对指标要根据具体收入或成本项目的习性确定，预算考评通常要以绝对指标为主，以相对指标为辅。

4. 长期指标与短期指标有机结合

预算指标要以预算期的短期指标为主，同时辅以关系到企业战略利益的长期指标。

（四）制订预算奖惩方案

预算奖惩方案应在预算执行前确定下来，并作为预算目标责任书的附件或内容之一。设计预算奖惩方案时不仅要考虑预算执行结果与预算标准之间的差异和方向，还要将预算目标直接作为奖惩方案的考评基数，以激励各责任中心尽最大努力提高预算的准确性。同时，预算奖惩除和本责任中心的预算目标挂钩外，还应与公司整体效益目标挂钩，以确保公司预算总目标的实现。

（五）预算考评的组织实施

预算考评作为全面预算管理的一项职能，在预算管理的整个过程中都发挥着重要作用，是从预算编制、预算执行到预算结果的全过程考评。

1. 预算编制考评

预算编制是全面预算管理的首要环节,预算编制是否准确、及时,对于预算能否顺利执行至关重要。因此,这一阶段预算考评的主要内容是建立预算编制考评制度,对各预算编制部门编制预算的准确性和及时性进行考核、评价,促使各部门保质、保量、按时完成预算编制工作。

2. 预算执行考评

预算执行考评是一种动态考评,是对预算执行和预算标准之间的差异所做的即时确认、即时处理。对预算偏差确认和处理得越及时,对预算执行的调控就越有利,也就越有利于预算目标的实现。因此,这一阶段预算考评的主要内容是建立预算执行考评制度,对各部门预算执行过程进行考核和评价,及时发现预算执行中存在的预算偏差和问题,为预算管理部门及预算执行部门实施预算控制、纠正预算偏差或调整预算提供依据。

3. 预算结果考评

预算结果考评属于综合考评,是以预算目标为依据,以各预算执行部门为对象,以预算结果为核心,对各预算执行部门的预算完成情况进行的综合考核与评价。这一阶段预算考评的主要内容包括建立预算综合考评制度、实施预算综合考评、确定预算差异、分析差异原因、落实差异责任、考核预算结果、评价各责任中心的工作绩效、兑现奖惩等。

预算结果考评作为本期预算的终点和下期预算的起点,不仅涉及对企业内部各部门的绩效评价和利益分配,而且关系到企业整体经营绩效评价以及对企业全面预算管理实施效果的评价,是预算考评的重点内容。

对于充分发挥预算考评机制的作用而言,动态考评与综合考评是相辅相成、缺一不可的。动态考评作为过程控制的重要手段,与期末的综合考评相得益彰,使得过程控制与结果控制并重,从而有效发挥全面预算管理系统对企业各项经营活动的控制作用。

五、预算奖惩方案的制订

预算奖惩方案是预算奖励方案和预算惩罚方案的统称,它是全面预算管理激励机制与约束机制的具体体现,是预算考评系统的有机组成部分。通过制订科学的预算奖惩方案,一方面能使预算考评落到实处,真正实现权、责、利的结合,另一方面能够有效引导各责任中心的预算行为,实现局部目标与企业整体目标的一致性。

(一)制订预算奖惩方案的原则

1. 目标性原则

企业实施预算奖惩的目的除激励约束、奖勤罚懒外,更重要的目的是实现预算目标。这里所说的实现预算目标的数额与预算目标的数额相比,应当没有差异或差异很小,而且不论这个差异对企业是有利的还是无利的。道理很简单:如果我们侧重于鼓励各责任中心超额完成预算指标,那么各责任中心在编报预算指标时,就会将预算指标压得很低,以便获得超额奖励。这样的结果在一定程度上挖掘了各责任中心的内部潜力,但也助长了各部门不实事求是地编报预算的风气,打乱了企业整体预算目标,违背了全面预算管理

"以预算为标准,控制生产经营活动"的基本原理,使全面预算管理流于形式。因此,企业制订的预算奖惩方案必须有利于引导各责任中心实事求是地编报预算指标,并努力实现预算目标。

2. 客观公正原则

预算奖惩方案与每名员工的个人利益密切相关,必须经得起时间和实践的检验。奖惩方案要注意各部门利益分配的合理性,要根据各部门承担工作的难易程度和技术含量合理确定奖励差距,各部门既不能搞平均分配,也不能悬殊太大。奖惩方案设计完成后,要经过模拟试验,避免出现失控现象。

3. 全面性原则

预算奖惩方案的全面性原则包含两个方面:一是预算奖惩方案的内容必须涵盖预算管理的全部过程,绝不能使奖惩成为单纯的结果论者。事实上,只要控制好了过程,结果自然会好。因此,预算奖惩方案不仅要对预算执行结果进行奖惩,还要对预算编制、预算核算、预算分析、预算控制、预算反馈等环节进行奖惩。二是预算奖惩方案的范围必须涵盖企业的供、产、销各个环节,人、财、物各个方面,将销售部门、生产部门、技术部门、管理部门、后勤服务部门都纳入预算奖惩的范围。

4. 奖罚并存原则

奖励是对预算管理及预算执行结果在肯定基础上的激励和倡导,处罚是对预算管理及预算执行结果在否定基础上的警诫和纠正,二者相辅相成、相得益彰,在预算奖惩方案中具有同等重要的地位。因此,企业在设计预算奖惩方案时,应当奖罚并举,有奖有罚,不能畸轻畸重。

(二)预算奖惩方案的设计

为达到引导各责任中心实事求是地编报预算目标的目的,企业在设计预算奖惩方案时应重点把握以下两点:

1. 以预算目标为奖励基数

企业在设计预算考评方案时,为了将预算目标与奖惩挂钩,可以将预算目标作为奖惩方案的一个基数。例如,在制订销售部门的奖惩方案时,可以将预算奖惩方案设计成如下模式:

当 $X_2 \geqslant X_1$ 时,$Y = A + BX_1 + C_1(X_2 - X_1)$

当 $X_2 < X_1$ 时,$Y = A + BX_1 - C_2(X_1 - X_2)$

其中,$A>0, C_2>B>C_1>0$

式中,Y 表示销售部门的薪酬总额,A 表示不与奖惩挂钩的固定薪酬部分,B 表示与预算目标挂钩的系数,C_1 表示预算指标超额完成的差异奖励系数,C_2 表示预算指标没完成的差异惩罚系数,X_1 表示销售收入预算目标,X_2 表示实际完成销售收入。

上述公式的最大特点是将预算目标(X_1)作为计算薪酬总额的一个项目,同时,由于完不成预算指标的惩罚系数(C_2)大于预算目标系数(B),该奖惩模式既能促使责任中心如实编报预算目标,又能防止虚报预算目标。

2. 要涵盖全局目标和密切相关目标

在企业中,任何一个责任中心都不可能离开企业整体或其他责任中心而独立运行。因此,预算奖惩方案除和本责任中心的预算目标直接挂钩外,还必须与公司整体效益目标以及密切相关的其他责任中心的预算目标挂钩。这样可以有效防止个别责任中心只顾局部利益,不考虑全局利益的狭隘行为发生。例如,在制订销售部门的奖惩方案时,可以将前面设计的预算奖惩方案改成如下模式:

当 $X_2 \geqslant X_1$ 时,$Y = A + 0.7 \times [BX_1 + C_1(X_2 - X_1)] + 0.3 \times R \times E$

当 $X_2 < X_1$ 时,$Y = A + 0.7 \times [BX_1 - C_2(X_1 - X_2)] + 0.3 \times R \times E$

其中,$A > 0, C_2 > B > C_1 > 0$

式中,R 表示销售部门的员工人数,E 表示整个公司人均预算考评奖惩金额。

通过模式修正,将销售部门预算考评奖惩的70%与本部门预算目标挂钩,将其余30%与整个企业的预算考评挂钩。

(三) 预算奖惩方案设计案例

××公司 2023 年预算奖惩方案

为确保2023年公司经营目标的实现,完善公司的预算考评体系,将员工的薪金收入与个人的工作业绩、所在部门的工作绩效以及整个公司的经济效益挂钩,充分发挥各部门及全体员工的积极性和创造性,挖掘企业增收节支的巨大潜力,特制订本预算奖惩方案。

(一) 各部门预算奖惩方案

1. 生产部门预算奖惩办法

各生产车间的员工收入以计件工资为主,与产品成本完成情况以及公司利润总额挂钩浮动。员工每月的预算奖惩办法如下:

(1) 以当月验收入库的产品产量和产量工资率为依据计算车间的计件工资。计算公式如下:

$$\text{计件工资总额} = \sum (\text{验收入库的产品产量} \times \text{产量工资率})$$

(2) 以当月验收入库的产品实际成本与预算成本的差额和奖惩系数计算车间每月的成本奖惩工资。计算公式如下(计算结果为正数,系奖励工资;为负数,系扣罚工资):

$$\text{成本奖惩工资总额} = \sum (\text{产品预算成本} - \text{产品实际成本}) \times \text{成本奖惩系数}$$

(3) 以公司当月利润完成额与预算目标的差额乘以奖惩系数计算公司效益奖惩工资。计算公式如下(计算结果为正数,系奖励工资;为负数,系扣罚工资):

$$\text{效益奖惩工资总额} = (\text{利润完成额} - \text{利润预算额}) \times \text{效益奖惩系数}$$

(4) 车间管理人员、技术人员、后勤服务人员执行计时工资制,但收入与生产工人一样,与产品成本的完成情况以及公司利润完成情况挂钩浮动。

(5) 车间每月的工资总额及每名员工工资的计算公式如下:

车间工资总额 = 计件工资总额 + 计时工资总额 + 成本奖惩工资总额 + 效益奖惩工资总额

$$\text{奖惩工资分配率} = \frac{\text{成本奖惩工资总额} + \text{效益奖惩工资总额}}{\text{计件工资总额} + \text{计时工资总额}}$$

个人奖惩工资=个人计件(计时)工资×奖惩工资分配率
某生产工人工资=本人计件工资+个人奖惩工资
某管理技术人员工资=本人计时工资+个人奖惩工资

2. 管理部门预算奖惩办法

管理部门的员工收入以计时工资为主,与管理费用发生额和公司利润总额挂钩浮动。员工每月的预算奖惩办法如下:

(1) 以当月出勤情况和工资标准为依据计算管理部门员工的计时工资。

(2) 以当月本部门管理费用实际发生额与预算定额的差额乘以奖惩系数计算管理部门每月的费用奖惩工资。计算公式如下(计算结果为正数,系奖励工资;为负数,系扣罚工资):

费用奖惩工资=(管理费用预算额−管理费用实际发生额)×费用奖惩系数

(3) 以公司当月利润完成额与预算目标的差额乘以奖惩系数计算公司效益奖惩工资。计算公式如下(计算结果为正数,系奖励工资;为负数,系扣罚工资):

效益奖惩工资=(利润完成额−利润预算额)×效益奖惩系数

(4) 管理部门每月的工资总额及每名管理人员工资的计算公式如下:

某管理部门工资总额=计时工资总额+费用奖惩工资+效益奖惩工资

$$奖惩工资分配率=\frac{费用奖惩工资+效益奖惩工资}{计时工资总额}$$

个人奖惩工资=个人计时工资×奖惩工资分配率
某管理人员工资=本人计时工资+个人奖惩工资

3. 采购部门预算奖惩办法

采购部门的员工收入除与管理费用、公司利润总额挂钩浮动外,还要与物资采购价格挂钩浮动。

(1) 工资与采购价格挂钩浮动的计算公式如下(计算结果为正数,系奖励工资;为负数,系扣罚工资):

价格奖惩工资=∑[(核定采购价格−实际采购价格)×采购量]×价格奖惩系数

(2) 采购部门每月的工资总额及每名采购人员工资的计算公式如下:

采购部门工资总额=计时工资总额+费用奖惩工资+价格奖惩工资+效益奖惩工资

$$奖惩工资分配率=\frac{费用奖惩工资+价格奖惩工资+效益奖惩工资}{计时工资总额}$$

个人奖惩工资=个人计时工资×奖惩工资分配率
某采购人员工资=本人计时工资+个人奖惩工资

4. 销售部门预算奖惩办法

销售部门的员工收入与销售收入、回收货款、销售费用以及公司利润总额挂钩浮动。

(1) 工资与销售收入挂钩浮动的计算公式如下(计算结果为正数,系奖励工资;为负数,系扣罚工资):

销售奖惩工资=(实际销售额−预算销售额)×销售奖惩系数

(2) 工资与回收货款挂钩浮动的计算公式如下(计算结果为正数,系奖励工资;为负

数,系扣罚工资):

$$回收货款奖惩工资=(实际回收货款-预算回收货款)×回收货款奖惩系数$$

(3) 工资与销售费用挂钩浮动的计算公式如下(计算结果为正数,系奖励工资;为负数,系扣罚工资):

$$费用奖惩工资=(销售费用预算额-销售费用实际发生额)×费用奖惩系数$$

(4) 销售部门每月的工资总额计算公式如下:

$$销售部门工资总额=计时工资总额+回收货款奖惩工资+$$
$$销售奖惩工资+费用奖惩工资+效益奖惩工资$$

(5) 销售人员每月的工资应由销售部门按内部责任制办法兑现奖惩。

(二) 预算奖惩方案的实施步骤

(1) 公司每月将产品成本指标、回收货款指标、物资采购价格、销售费用、管理费用等预算指标分解落实到各个部门。

(2) 每月结束后,财务部门负责对各部门的预算指标完成情况进行考核,计算出奖惩工资总额,人力资源部门负责对考核结果和奖惩工资进行审核。

该预算奖惩方案实现了车间的产品制造成本与奖惩挂钩,采购部门的采购价格与奖惩挂钩,销售部门的销售收入、回收货款、销售费用与奖惩挂钩,各管理部室的管理费用与奖惩挂钩,所有员工的收入与公司利润总额挂钩,有效调动了全体员工降低成本费用、提高经济效益的主观能动性。

在具体实施本预算奖惩方案时,应注意以下几点:

(1) 奖惩工资的比例不宜太高,特别是在挂钩基数不准确和缺乏经验的情况下,以免造成工资失控。第一年实行奖惩挂钩时,奖惩工资的各类系数一般应控制在5%以下,经过反复测算后将奖惩比例确定下来。

(2) 管理费用、销售费用的奖惩一般只与可控费用挂钩,固定费用因部门无法控制,一般不与考核挂钩。

(3) 各部门的奖惩工资应由各部门分解落实到每名员工。

(4) 实行预算奖惩后,要特别注意各项预算指标的科学性、准确性、合理性和均衡性,避免部门之间苦乐不均。

(5) 财务部门要确保各项预算考核指标的准确性。

(6) 各部门预算奖惩方案的实施一般采用公司总经理与各部门负责人签署预算目标责任书的办法,以提高其严肃性。

总之,推行全面预算管理是一项规模浩大的系统工程,从实施到完善需要一个循序渐进的过程,不可能一蹴而就、一步到位。只要我们勇于探索、善于创新、因企制宜、与时俱进,全面预算管理这朵绚丽之花必将历久弥新,结出丰硕的企业绩效之果。

主要参考文献

[1] 北京商学院会计系.企业预算管理的构造与运行[M].北京:中国人民公安大学出版社,1999.

[2] 财政部企业司.企业全面预算管理的理论与案例[M].北京:经济科学出版社,2004.

[3] 卡普兰,诺顿.战略地图:化无形资产为有形成果[M].刘俊勇,孙薇,译.广州:广东经济出版社,2005.

[4] 刘俊彦.筹资管理学[M].北京:中国人民大学出版社,2003.

[5] 苏寿堂.以目标利润为导向的企业预算管理[M].北京:经济科学出版社,2001.

[6] 于增彪,梁文涛.现代公司预算编制起点问题的探讨:兼论公司财务报告的改进[J].会计研究,2002(3):18-23.

[7] 张长胜.财务改革探索与制度大全[M].北京:科学普及出版社,1996.

[8] 张长胜.企业内部控制实务[M].2版.北京:中国人民大学出版社,2020.

[9] 张长胜.企业全面预算编制实用手册[M].北京:北京大学出版社,2021.

[10] 张长胜,侯君邦.企业财务分析[M].北京:北京大学出版社,2013.

[11] 张长胜,朱晓红.企业财务制度设计与案例大全[M].北京:北京大学出版社,2006.